KB039190

신용정보법

개인정보 보호법 | 정보통신망법

이상복

박영사

머리말

 이 책은 신용정보법이 규율하는 신용정보업 등에 관하여 다루었다. 이 책은 다음과 같이 구성되어 있다. 제1편에서는 신용정보법의 목적, 개인정보 보호 관련 법규인 개인정보 보호법과 정보통신망법을 다루었다. 제2편에서는 신용정보와 신용정보회사 등을 다루고, 제3편에서는 신용정보업 등의 허가 등을 다루고, 제4편에서는 신용정보의 수집 및 유통을 다루었다. 또한 제5편에서는 신용정보 관련 산업을 다루고, 제6편에서는 신용정보주체의 보호를 다루었으며, 제7편에서는 신용정보회사 등에 대한 감독, 검사 및 제재를 다루었다.

 이 책을 집필하면서 다음과 같은 점들에 유념하였다.
 첫째, 이해의 편의를 돕고 실무자들의 의견을 반영하여 법조문 순서에 구애받지 않고 법률뿐만 아니라, 시행령, 시행규칙, 신용정보업감독규정, 신용정보업감독업무시행세칙을 모두 반영하였고, 2023년 12월 27일 금융위원회에서 의결한 신용정보업감독규정 일부 개정규정인 마이데이터 과금체계 관련 정비(안 제23조의4), 데이터전문기관의 중소핀테크 가명정보 활용 지원(안 제28조의3) 등의 내용도 마지막 교정단계에서 추가하였다.
 둘째, 개인정보 보호에 관한 일반법인 개인정보 보호법의 주요 내용을 반영하고, 특별법인 정보통신망법의 주요 내용도 반영하였다. 신용정보법을 적용하면서 경우에 따라 개인정보 보호의 기본법인 개인정보 보호법과 정보통신망법을 함께 살펴보아야 하는 경우가 있기 때문이다.
 셋째, 이론을 생동감 있게 하는 것이 법원의 판례임을 고려하여 판례를 반영하고, 신용정보법의 적용이 금융위원회에서 많이 이루어지는 점을 고려하여 금융위원회의 유권해석을 "금융위원회 질의회신" 형태로 반영하였다. 특히

2020년 2월 신용정보법의 전면 개정 후의 유권해석의 반영에 유념하였다.

넷째, 실무에서 신용정보업감독규정상의 서식 및 신용정보업감독업무시행세칙상의 서식이 많이 이용되는 점을 감안하여 서식을 부록으로 반영하였다. 이 책의 관련 부분을 공부하면서 부록의 서식을 함께 살펴보아야 현실감이 있고 이해하는데 도움이 되기 때문이다.

이 책을 출간하면서 감사드릴 분들이 많다. 바쁜 일정 중에도 초고를 읽고 조언과 논평을 김서윤 변호사, 양계원 변호사, 이일규 변호사, 이태영 변호사, 정동희 변호사에게 감사드린다. 박영사의 김선민 이사가 제작 일정을 잡아 적시에 출간이 되도록 해주어 감사드린다. 출판계의 어려움에도 출판을 맡아 준 박영사 안종만 회장님과 안상준 대표님께 감사의 말씀을 드리며, 기획과 마케팅에 애쓰는 최동인 대리의 노고에 감사드린다.

2024년 1월

이 상 복

차 례

제1편 총 설

제1장 서 론

제2장 신용정보법의 연혁

제3장 개인정보 보호 관련 법규

제 2 편 신용정보와 신용정보회사 등

제1장 신용정보의 개념

제2장 신용정보회사 등

━━━━━━━━━━━━━━━ 제3편 신용정보업 등의 허가 등

제1장 신용정보업 등의 허가

제2장 대주주의 변경승인 등

제 4 편　신용정보의 수집 및 유통

제1장 신용정보의 수집 및 처리

제2장 신용정보의 유통 및 관리

제5편 신용정보 관련 산업

제1장 신용정보업

제2장 본인신용정보관리업

제3장 공공정보의 이용·제공

제4장 신용정보집중기관 및 데이터전문기관 등

제5장 채권추심업

제6장 신용정보협회

제 6 편 신용정보주체의 보호

제1장 신용정보활용체제의 공시

제2장 개인신용정보 관련 보호 등

제3장 신용정보 관련 보호 등

제4장 가명처리·익명처리에 관한 행위규칙 등

제7편 신용정보회사등에 대한 감독, 검사 및 제재

제1장 감독 · 검사 등

제2장 개인정보 보호위원회의 조사 및 시정조치

제3장 제 재

제
1
편

총 설

제 1 장
/

서 론

제1절 신용정보 보호와 개인정보 보호 법제

Ⅰ. 신용정보의 보호 필요성

2014년 1월 발생한 신용카드 3개사(KB국민카드, NH농협카드, 롯데카드)의 대규모 개인신용정보 유출사고는 사회적으로 큰 파장을 불러일으켰다. 물론 그전에도 개인신용정보 유출사고는 여러 번 발생했으나, 2014년 사건이 사회적 관심을 끌게 된 것은 약 8천 500만 건이라는 대량의 개인신용정보가 유출되었기 때문이다. 카드사 정보유출 사고는 무분별한 개인정보의 수집과 유통, 계열사간 공유에 개인정보 관리자의 보안절차 및 규정 위반이 더해져 발생한 사상 최대의 유출사고였다. 이 사고에 대한 정부 차원의 대응으로 금융위원회를 중심으로 한 정부의 "금융회사 고객정보 유출 재발방지 대책(2014. 1. 22)"과 관계부처 합동으로 "금융분야 개인정보유출 재발방지 종합대책(2014. 3. 10)"을 발표하여 정보보호를 한층 강화할 것을 밝혔다.[1]

---

1) 한정미(2014), "외국의 신용정보 법제에 관한 비교법적 고찰", 은행법연구 제7권 제1호 (2014. 5), 3-4쪽.

이와 같은 문제는 정보기술(IT)분야에서의 기술혁신에 따른 부작용이라 할 수 있다. 모바일, 클라우드 컴퓨팅, 스마트 워크 등 IT 기술의 발달은 다양한 분야에서 정보화·전자화의 진전을 촉진하고 있다. 금융분야에 있어서도 금융과 IT의 융합으로 새로운 서비스의 제공이 가능하게 되고, 금융업 담당자들의 구성이나 영업모델에서도 변화가 발생하는 등 다양한 긍정적인 효과를 낳고 있는 반면, 전자금융사고의 발생이나 개인정보의 유출로 인한 막대한 피해 등 부정적인 효과도 함께 발생하고 있다.[2]

Ⅱ. 개인정보 보호 법제와 신용정보 법제

1. 개인정보 보호 법제의 체계

개인정보 보호에 관한 법은 일반법인 「개인정보 보호법」이 있고, 그 외의 특별법으로는 「정보통신망 이용촉진 및 정보보호 등에 관한 법률」("정보통신망법"), 「신용정보의 이용 및 보호에 관한 법률」("신용정보법") 등이 있다. 신용정보업을 건전하게 육성하고 신용정보의 효율적 이용과 체계적 관리를 통해 건전한 신용질서를 확립하기 위하여 신용정보법이 1995년에 제정되었고, 2011년에는 개인정보 보호법이 제정되어 다른 법률에 특별한 규정이 있는 경우에만 우선적으로 적용받게 함으로써 개인정보 보호에 관련된 일반법으로 전체를 관할하게 되었다. 또한 온라인상에서 금융거래 등과 관련된 개인정보를 보호하기 위하여 정보통신망법[3]이 특별법으로 제정되었다. 인식변화와 상황에 맞추어 법률이 제정되다 보니 일반법인 개인정보 보호법이 가장 나중에 입법화되었다. 2011년 9월 30일 공공·민간 부문을 통합하여 개인정보를 처리하는 자에게 적용되는 개인정보 보호법이 시행되면서 개인정보 보호의 규제는 개인정보 보호법을 일반법으로 하고, 영역별로 각기 다른 법률의 적용을 받는 개별영역형 규제체계라고 할 수 있다.[4]

---

2) 한정미(2014), 4쪽

3) 1986년 5월 12일 「전산망 보급확장과 이용촉진에 관한 법률」이 제정되었고, 1999년 2월 8일 전문개정되면서 「정보통신망 이용촉진 등에 관한 법률」로 법의 제명이 개정되었으며, 2001년 1월 16일 전문개정되면서 현재의 「정보통신망 이용촉진 및 정보보호 등에 관한 법률」로 법의 제명이 개정되었다.

4) 임정하(2013), "국가기관의 금융거래정보 접근·이용과 그 법적 쟁점: 금융실명법과 특정 금융거래보고법을 중심으로", 경제법연구 제12권 1호(2013. 6), 67-68쪽.

2. 신용정보 법제

우리나라에서 개인정보 보호의 기본적인 법률은 개인정보 보호법이다. 신용정보법은 신용정보업의 근거 법령이자 금융거래와 관련한 개인정보의 보호와 관련된 입법의 대표적인 법률이라 할 수 있다. 따라서 개인정보 보호법은 개인정보의 보호에 관한 일반법이고, 신용정보법은 금융 분야의 개인신용정보의 보호에 관한 특별법이다.

신용정보법은 주로 금융기관이 거래상대방 또는 잠재적인 거래상대방의 신용도나 신용거래 능력을 평가하는데 사용되는 정보와 관련된 사항을 규제하고 있다. 신용정보는 다수의 금융기관이 신용도 등의 평가와 관련된 정보를 공동으로 활용해야 할 필요성이 크기 때문에 개인정보 보호법이나 정보통신망법과는 다른 규제체계를 가지고 있으며, 보호대상이 되는 신용정보의 의미를 규정함에 있어서도 개인정보 보호법 및 정보통신망법과는 다른 규정 형식을 취하고 있다.

제2절 신용정보법의 목적

Ⅰ. 신용정보법의 목적

신용정보법("법") 제1조(목적)는 "이 법은 신용정보 관련 산업을 건전하게 육성하고 신용정보의 효율적 이용과 체계적 관리를 도모하며 신용정보의 오용·남용으로부터 사생활의 비밀 등을 적절히 보호함으로써 건전한 신용질서를 확립하고 국민경제의 발전에 이바지함"을 목적으로 한다고 규정하고 있다. 그런데 금융기관이나 일반기업이 고객(개인, 법인 등)과 거래를 할 때 고객에 대한 신용정보를 잘 파악해야 금융거래나 상거래의 신뢰성이 확보되어 건전한 거래 시장이 형성될 수 있다. 따라서 금융기관 입장에서는 고객의 신용정보 이용이 필요하며, 신용정보 파악 대상이 되는 개인 또는 법인 등은 이용되는 신용정보가 잘 관리되고 있는지가 관심 대상이 된다.

Ⅱ. 신용정보 관련 산업의 육성

금융위원회는 신용정보 제공능력의 향상과 신용정보의 원활한 이용에 필요하다고 인정하면 신용정보 관련 산업의 육성에 관한 계획을 세울 수 있다(법3①).

금융위원회는 계획을 원활하게 추진하기 위하여 필요하면 관계 행정기관의 장에게 협조를 요청할 수 있으며, 그 요청을 받은 관계 행정기관의 장은 정당한 사유가 없으면 그 요청에 따라야 한다(법3②).

제3절 다른 법률과의 관계 등

Ⅰ. 다른 법률과의 관계

신용정보의 이용 및 보호에 관하여 다른 법률에 특별한 규정이 있는 경우를 제외하고는 신용정보법에서 정하는 바에 따른다(법3의2①).

개인정보의 보호에 관하여 신용정보법에 특별한 규정이 있는 경우를 제외하고는 개인정보 보호법에서 정하는 바에 따른다(법3의2②).

▌ 관련 판례: 대법원 2019. 9. 26. 선고 2018다222303, 222310, 222327 판결

[1] 정보통신망 이용촉진 및 정보보호 등에 관한 법률("정보통신망법")은 정보통신분야의 개인정보 보호를 위해 제정된 법률이다. 여기서 규정하는 개인정보 보호조항은 기본적으로 정보통신서비스 제공자가 제공하는 정보통신서비스를 이용하는 상대방으로서의 정보주체를 보호하기 위한 것이다. 정보통신망법 제28조 제1항은 정보통신서비스 제공자가 정보통신서비스 이용자의 개인정보를 취급할 때에 개인정보의 안전성 확보에 필요한 기술적·관리적 조치를 취하여야 할 법률적 의무를 규정하고 있다 .

정보통신서비스 제공자가 정보주체로부터 개인정보를 최초로 수집할 때 반드시 정보통신서비스를 이용하여 수집하여야 하는 것은 아니다. 그러나 정

보통신서비스 제공자가 정보통신망법 제28조 제1항에 따라 부담하는 개인정보 보호조치의무는 불특정 다수의 개인정보를 수집·이용하는 경우를 전제로 하는 것이 아니라, 해당 정보통신서비스를 이용하는 이용자의 개인정보 취급에 관한 것이고, 여기서 정보통신서비스라 함은 정보통신서비스 제공자가 정보통신망을 통하여 행하는 각종 정보의 게시·전송·대여·공유 등 일련의 정보 제공 행위를 직접 행하거나 정보를 제공하려는 자와 제공받으려는 자를 연결시켜 정보의 제공이 가능하도록 하는 매개행위를 말한다.

또한 정보통신수단이 고도로 발달된 현대사회에서는 일상생활에서 대부분의 개인정보처리가 정보통신망을 통하여 이루어지고 이를 통해 수시로 정보 전송이 일어나는데, 개인정보 보호법을 비롯하여 금융, 전자거래, 보건의료 등 각 해당 분야의 개인정보를 다루는 개별 법령과의 관계나 정보통신망법의 입법 취지와 관련 규정의 내용에 비추어 보면, 이처럼 정보통신망을 활용하여 정보를 제공받거나 정보 제공의 매개 서비스를 이용하는 모든 이용자를 통틀어 정보통신망법에서 예정한 정보통신서비스 이용자에 해당한다고 할 수는 없다.

[2] 원심은, 원고들이 피고로부터 발급받은 카드를 이용하여 물품대금 등을 결제하거나 신용대출을 받을 때 가맹점 또는 대출업체에게 카드단말기, 컴퓨터 프로그램, ARS 서비스 등을 통하여 성명 등으로 특정된 결제정보 또는 인적사항을 제공하거나 매개하는 정보통신서비스가 이루어지므로 2010. 4.경 발생한 개인정보 유출사고에 정보통신망법이 적용된다고 보았다.

[3] 그러나 원심의 위와 같은 판단을 앞서 본 법리에 비추어 보면 다음과 같은 이유로 수긍하기 어렵다.

1) 정보통신망법 적용과 관련하여 원심이 1심을 인용하여 인정한 피고의 개인정보 보호의무 위반의 점은 정보통신망법 제28조 제1항과 그 시행령 제15조에서 규정하고 있는 정보통신서비스 제공자의 기술적·관리적 보호조치 위반에 따른 민법상 불법행위 책임이다. 이는 앞서 본 바와 같이 정보통신서비스 제공자와 이용자 사이의 정보통신서비스의 이용관계를 전제로 하는 것이다.

2) 그런데 2010. 4.경 개인정보 유출사고에서 유출된 원고들의 개인정보는

피고와 신용카드 등에 대한 사용 및 금융거래계약을 맺고 신용카드 등을 발급받아 사용하기 위한 목적으로 수집·이용된 개인정보로서 피고 사무실에 FDS 업데이트를 위하여 반입된 업무용 하드디스크에 저장되어 있다가 유출된 것이다. 이는 신용카드 회원의 개인정보로서 앞서 본 사실관계만으로는 원고들과 피고 사이에 개인정보 보호에 관한 다른 법령이 적용되는 것은 별론으로 하더라도 정보통신망법상 정보통신서비스 제공자와 이용자의 관계가 성립되었다고 볼 수 없고, 달리 원고들이 피고가 제공하는 홈페이지 서비스에 회원가입 절차를 거쳐 이를 이용하는 등으로 정보통신서비스 이용관계가 있었음을 인정할 증거도 없다.

3) 한편 정보통신망법 제5조에서는 정보통신망 이용촉진 및 정보보호 등에 관하여 다른 법률에서 특별히 규정된 경우에는 그 법률에 따르도록 규정하고 있다. 원고들이 신용카드를 이용하여 물품대금 등 결제서비스나 신용대출서비스를 받는 과정에서 정보통신망을 통하여 개인정보가 제공·이용되는 경우 이러한 개인정보는 신용정보의 이용 및 보호에 관한 법률("신용정보법")에서 규정하는 신용정보에 해당하여 정보통신망법이 아니라 신용정보법이 적용된다.

4) 따라서 원심이 2010. 4.경 개인정보 유출사고에 정보통신망법이 적용된다고 판단하기 위하여는 신용카드 회원인 원고들이 별도로 피고가 제공하는 정보통신서비스를 이용하여 정보통신망법에서 정하는 정보통신서비스 이용자에도 해당하는지를 살폈어야 한다. 따라서 원심판단에는 정보통신망법에 관한 법리를 오해하여 필요한 심리를 다하지 못한 잘못이 있다.

5) 그러나 피고는 앞서 본 바와 같이 비아이랩에 FDS 업데이트에 관한 용역을 의뢰하고 위 회사의 개발인력들에게 피고 카드 회원의 개인정보를 제공하여 취급하도록 하는 과정에서 개인정보의 유출을 막기 위한 조치를 취할 주의의무를 다하지 아니한 잘못이 인정되므로 여전히 민법상 불법행위에 따른 손해배상책임을 부담한다. 결국 원심의 위 잘못은 판결 결과에 영향을 미치지 않았다. 그러므로 이 부분 상고이유 주장은 받아들일 수 없다.

Ⅱ. 권한의 위임 · 위탁

1. 의의

신용정보법에 따른 금융위원회의 권한과 업무 중 일부 권한과 업무를 금융감독원장, 종합신용정보집중기관, 데이터전문기관, 신용정보협회, 금융보안원에게 위임하거나 위탁할 수 있다(법49, 영37①).

2. 수탁기관과 수탁업무

(1) 금융감독원

금융위원회는 [별표 3]에 따른 권한을 금융감독원장에게 위탁한다(영37②).

[별표 3] 금융위원회가 금융감독원장에게 위탁하는 권한의 범위(제37조 제2항 관련)

1. 법 제4조에 따른 신용정보업, 본인신용정보관리업 및 채권추심업 허가신청서 내용의 심사
2. 법 제8조에 따른 허가받은 사항 변경에 관한 신고의 수리 또는 보고의 접수
3. 법 제9조 제1항에 따른 대주주 변경승인 신청서 내용의 심사
4. 법 제9조의2 제1항에 따른 최대주주 자격심사의 심사 및 같은 조 제2항에 따른 보고의 접수
5. 법 제10조 제1항에 따른 신용정보업, 본인신용정보관리업, 채권추심업의 양도·양수·분할·합병 인가 신청서 내용의 심사
6. 법 제10조 제4항에 따른 신용정보업, 본인신용정보관리업, 채권추심업의 전부 또는 일부의 휴업·폐업에 관한 신고의 수리
7. 법 제11조 제1항에 따른 겸영업무 신고 신청의 접수 및 수리
8. 법 제11조의2 제1항에 따른 부수업무 신고 신청의 접수 및 수리
9. 법 제13조에 따른 신용정보회사, 본인신용정보관리회사 및 채권추심회사의 상임 임원이 다른 영리법인의 상무에 종사하는 것에 대한 승인신청의 접수
10. 법 제22조의2에 따른 개인신용평가회사, 개인사업자신용평가회사, 기업신용조회회사 및 본인신용정보관리회사의 보고의 접수(제18조의2 제2항에

따른 개선권고를 포함)

11. 법 제25조 제1항에 따른 신용정보집중기관의 허가신청서 내용의 심사
12. 법 제26조 제3항에 따른 신용정보집중관리위원회의 결정사항 보고의 접수 및 제22조 제5항에 따른 신용정보집중관리위원회의 결정사항에 대한 변경 권고
13. 법 제26조의3 제3항에 따른 개인신용평가체계 검증위원회의 심의결과의 보고의 접수
14. 법 제32조 제8항에 따른 제공 대상 신용정보의 범위 등에 대한 승인신청서 내용의 심사
15. 법 제38조 제5항에 따른 신용정보회사등의 처리결과에 대한 시정 요청의 접수
16. 법 제38조 제6항에 따른 신용정보회사등에 대한 시정명령 및 그 밖에 필요한 조치
17. 법 제38조 제8항에 따른 보고의 접수
18. 법 제39조의4 제3항에 따른 신고의 접수
19. 법 제39조의4 제6항에 따른 신용정보회사등에 대한 시정 요구
20. 제35조의2 제6항 및 제7항에 따른 보고의 접수
21. 법 제41조의2 제3항에 따른 위탁계약 해지 보고의 접수
22. 법 제45조 제1항에 따른 신용정보회사등에 대한 감독
23. 법 제46조에 따른 퇴임한 임원 등에 대한 조치 내용의 통보

(2) 종합신용정보집중기관

금융위원회는 ⅰ) 법 제26조의3 제4항에 따른 개인신용평가체계 검증위원회의 심의결과의 공개, ⅱ) 법 제34조의3에 따른 정보활용 동의등급의 부여 및 취소·변경 업무를 종합신용정보집중기관에 위탁한다(영37③).

(3) 데이터전문기관

금융위원회는 ⅰ) 법 제40조의2 제3항에 따른 익명처리의 적정성 심사 요청 접수, ⅱ) 법 제40조의2 제4항에 따른 익명처리의 적정성 인정 업무를 데이터전문기관에 위탁한다(영37④).

(4) 신용정보협회

금융위원회는 법 제27조 제3항에 따른 위임직채권추심인의 등록업무를 신용정보협회에 위탁한다(영37⑤).

(5) 금융보안원

금융위원회는 ⅰ) 법 제20조 제6항에 따른 개인신용정보의 관리 및 보호 실태 점검 결과의 접수, ⅱ) 법 제45조의5 제1항에 따른 신용정보관리·보호인의 점검 결과 제출의 확인, 그 결과의 점수 또는 등급 표시 및 같은 조 제2항에 따른 그 결과의 송부 업무를 금융보안원에 위탁한다(영37⑥).

3. 수탁업무 처리내용의 보고

금융감독원장, 종합신용정보집중기관, 데이터전문기관, 신용정보협회 및 금융보안원은 위탁받은 업무의 처리 내용을 6개월마다 금융위원회에 보고해야 한다(영37⑦).

Ⅲ. 민감정보 및 고유식별정보의 처리

1. 금융위원회, 금융감독원장 및 개인정보 보호위원회의 자료 처리

금융위원회(금융위원회의 업무를 위탁받은 자 포함), 금융감독원장 및 개인정보 보호위원회("보호위원회")는 다음 각 호의 사무(보호위원회는 제8호, 제8호의2, 제8호의5, 제11호 및 제12호의 사무에 한정)를 수행하기 위하여 불가피한 경우 범죄경력자료에 해당하는 정보(개인정보 보호법 시행령18(2)), 개인식별번호가 포함된 자료를 처리할 수 있다(영37의2①).

1. 법 제4조에 따른 신용정보업 허가 및 법 제8조에 따른 신고 또는 보고에 관한 사무
1의2. 법 제4조에 따른 본인신용정보관리업 허가에 관한 사무
2. 법 제9조에 따른 대주주 변경승인에 관한 사무
2의2. 법 제9조의2에 따른 최대주주의 자격심사에 관한 사무
3. 법 제10조에 따른 신용정보업·본인신용정보관리업 및 채권추심업의 양도·

양수 등의 인가 등에 관한 사무

4. 법 제11조 제1항에 따른 겸영업무 신고 수리에 관한 사무

5. 법 제13조에 따른 임원 겸직 승인에 관한 사무

6. 법 제14조에 따른 허가 등의 취소와 업무의 정지에 관한 사무

6의2. 법 제26조의4 제1항에 따른 데이터전문기관의 지정에 관한 사무

7. 법 제27조에 따른 위임직채권추심인의 등록에 관한 사무

8. 법 제38조 제5항·제6항·제8항에 따른 시정요청 처리에 관한 사무

8의2. 법 제39조의4 제6항에 따른 시정요구 처리에 관한 사무

8의3. 법 제40조의2 제4항에 따른 익명처리의 적정성 심사 및 인정 업무에 관한 사무

8의4. 법 제41조의2 제1항에 따른 모집업무수탁자에 대한 확인에 관한 사무 및 같은 조 제3항에 따른 보고에 관한 사무

8의5. 법 제42조의2에 따른 과징금의 부과 및 징수 등에 관한 사무

9. 법 제45조에 따른 감독·검사에 관한 사무 및 이에 따른 사후조치 등에 관한 사무

10. 법 제45조의2에 따른 조치명령에 관한 사무

11. 법 제45조의3에 따른 자료제출요구·조사 등에 관한 사무

12. 법 제45조의4에 따른 시정조치에 관한 사무

13. 법 제45조의5에 따른 평가에 관한 사무

14. 법 제48조에 따른 청문에 관한 사무

2. 신용정보회사, 본인신용정보관리회사 및 채권추심회사의 자료 수집·처리와 동의

신용정보회사, 본인신용정보관리회사 및 채권추심회사는 다음 각 호의 사무를 수행하기 위하여 불가피한 경우 개인정보 보호법 시행령 제18조 제2호에 따른 범죄경력자료에 해당하는 정보, 개인식별번호가 포함된 자료를 수집·처리할 수 있다(영37의2② 본문). 다만, 개인식별번호를 개인으로부터 직접 수집할 경우에는 그 개인의 동의를 받아야 한다(영37의2② 단서).

1. 법 제4조 제1항에 따른 신용정보업, 본인신용정보관리업 및 금융거래와 관련하여 수행하는 채권추심업에 관한 사무

2. 겸영업무 및 부수업무와 관련된 사무

3. 법 제22조(신용정보회사 임원의 자격요건 등) 제1항·제2항, 법 제22조의8 (본인신용정보관리회사의 임원의 자격요건) 및 제27조(채권추심업 종사자 및 위임직채권추심인 등) 제1항에 따른 임직원 채용·고용 시 결격사유 확인에 관한 사무

3. 신용정보집중기관 및 교환 대상자의 개인식별번호 수집 · 처리와 동의

신용정보집중기관 및 법 제25조(신용정보집중기관) 제4항에 따른 교환 대상자는 법 제25조 제1항 및 제25조의2(종합신용정보집중기관의 업무) 각 호에 따른 업무를 수행하기 위해 불가피한 경우 개인식별번호를 수집·처리할 수 있다(영37의2③ 본문). 다만, 개인식별번호를 개인으로부터 직접 수집할 경우에는 그 개인의 동의를 받아야 한다(영37의2③ 단서).

4. 공제조합 등의 개인식별번호 자료 수집 · 처리와 동의

신용정보법 제21조 제2항에 따른 기관들인 건설산업기본법에 따른 공제조합, 국채법에 따른 국채등록기관, 한국농수산식품유통공사, 신용회복위원회, 근로복지공단, 소프트웨어공제조합, 엔지니어링공제조합, 정리금융회사, 체신관서, 전기공사공제조합, 주택도시보증공사, 중소벤처기업진흥공단, 중소기업창업투자회사 및 벤처투자조합, 중소기업중앙회, 한국장학재단, 한국자산관리공사, 국민행복기금, 서민금융진흥원, 금융위원회에 등록한 대부업자등, 자본재공제조합, 소상공인시장진흥공단, 금융위원회에 자산유동화계획을 등록한 유동화전문회사, 농업협동조합자산관리회사, 한국교직원공제회, 여객자동차 운수사업법 제61조 제1항에 따라 설립된 공제조합, 화물자동차 운수사업법 제51조의2 제1항에 따라 설립된 공제조합, 기술신용평가 업무를 하는 기업신용조회회사, 온라인투자연계금융업자는 금융거래를 위하여 신용정보를 이용하는 사무를 수행하기 위하여 불가피한 경우 개인식별번호가 포함된 자료를 수집·처리할 수 있다(영37의2④ 본문). 다만, 개인식별번호를 개인으로부터 직접 수집할 경우에는 그 개인의 동의를 받아야 한다(영37의2④ 단서).

5. 본인신용정보관리회사의 개인식별번호 자료 처리와 동의

본인신용정보관리회사는 개인인 신용정보주체의 신용정보를 통합하여 신용

정보주체 본인에게 제공하기 위해 불가피한 경우 개인식별번호가 포함된 자료를 처리할 수 있다(영37의2⑤ 본문). 다만, 개인식별번호를 개인으로부터 직접 수집하는 경우에는 그 개인의 동의를 받아야 한다(영37의2⑤ 단서).

6. 신용정보제공·이용자등의 개인식별번호 자료 처리와 동의

신용정보제공·이용자등(본인신용정보관리회사는 제외)은 보유하고 있는 개인식별번호를 법 제22조의9(본인신용정보관리회사의 행위규칙) 제4항 및 법 제33조의2(개인신용정보의 전송요구) 제5항에 따라 개인인 신용정보주체를 식별하여 그 개인의 신용정보를 전송하기 위해 필요한 경우 개인식별번호가 포함된 자료를 처리할 수 있다(영37의2⑥).

제 2 장

신용정보법의 연혁

제1절 서설

신용정보법은 신용정보산업 육성 및 신용정보의 효율적 이용과 체계적 관리를 위해 1995년 1월에 제정된 법으로 일반법인 개인정보 보호법에 대하여 특별법의 지위를 가진다. 개인정보 보호법이 제정되기 이전부터 개인의 신용정보에 관한 활용과 처리에 대해 규율하였고, 1990년대 후반과 2000년대 개인정보 유출 사건 시마다 보호를 강화하는 방향으로 수차례 개정되었다. 개인정보 보호법이 제정된 이후에는 개인정보 보호법 개정사항에 맞추어 신용정보법도 개정되었다. 특히 2014년 카드사 개인정보 유출 사고를 계기로 소비자의 신용카드, 개인정보 활용에 대한 인식이 나빠지자 그동안 신용정보의 이용에 방점을 두었던 신용정보법도 신용정보의 보호 의무와 신용정보주체의 자기정보통제권 강화에 초점을 맞추는 방향으로 개정되었다.[1]

2020년 2월 4일 데이터 3법 개정 시, 개인정보 보호법과 함께 신용정보법도

---

[1] 임효진(2021), "개인정보의 보호와 활용에 관한 정책변동 연구: 데이터 3법 개정과정을 중심으로", 성균관대학교 국정전문대학원 박사학위논문(2021, 12), 23-24쪽.

상당히 많은 부분이 데이터 활용의 방향으로 개정되었다. 정부의 데이터 활용 의지는 신용정보법 개정이유를 통해 확인할 수 있다. 개정된 법에서는 가명정보를 도입하고 동의없이 활용 가능한 기준을 마련하여 개인정보를 활용한 새로운 사업이 가능하도록 하였다. 또한 데이터 활용 기조에 맞추어 신용정보사업 육성을 위해 정보사업의 종류를 세분화하고 개인사업자 CB, 본인신용정보관리업과 같은 신산업군을 도입하는 등 데이터 산업의 활성화와 새로운 서비스 산업의 창출을 위한 정보의 활용 정책에 초점을 두고 있다. 또한 2015년 개정 시 도입된 신용정보업자의 영리목적 겸업 금지 규제를 폐지함으로써 데이터 분석·가공, 컨설팅 업무 등이 가능하도록 하였다. 금융분야 빅데이터 분석·이용, 신용정보 관련 사업에 대한 규제 체계 개선, 마이데이터사업 도입 등 빅데이터를 이용한 신사업을 육성하기 위한 다수의 내용을 포함하고 있어 개인정보를 활용하려는 정책 방향성을 보여준다.[2]

제2절 제정배경

I. 제정이유

신용정보법은 1995년 1월 5일 제정되어 1995년 7월 6일부터 시행되었다.
신용조사업제도의 개선이 행정쇄신과제로 대두됨에 따라 신용정보업을 건전하게 육성하고 신용정보의 효율적 이용과 체계적 관리를 기하는 한편, 신용정보의 오용·남용으로부터 사생활의 비밀 등을 적절히 보호함으로써 건전한 신용질서를 확립하기 위하여 신용조사업법을 폐지하고 그 내용을 보완하여 새로이 신용정보법을 제정하였다.

---

2) 임효진(2021), 24-25쪽.

Ⅱ. 주요내용

주요내용은 다음과 같다.

① 신용정보라 함은 금융거래등 상거래에 있어서 거래상대방에 대한 식별·신용도·신용거래능력 등의 판단을 위하여 필요로 하는 정보를 말하며 그 구체적인 내용 및 범위는 대통령령으로 정함.

② 신용정보업자는 재무부장관의 허가를 받도록 하고 신용정보업자의 업무는 타인의 의뢰를 받아서 신용정보를 조사하고 이를 제공하는 업무, 신용정보를 수집·정리·처리하고 의뢰인의 조회에 따라 제공하는 업무 및 채권추심업무등으로 함.

③ 신용정보업자의 자본금 또는 기본재산은 100억원 이상으로 하여 공신력을 유지할 수 있도록 함.

④ 신용정보업자 또는 신용정보집중기관은 공공기관에 대하여 관계 법령의 규정에 의하여 공개가 허용되는 신용정보의 열람 또는 제공을 요청할 수 있도록 함.

⑤ 국가의 안보 및 기밀에 관한 정보, 기업의 경영비밀, 개인의 정치적 사상이나 종교적 신념 기타 신용정보와 무관한 사생활에 관한 정보등의 수집·조사를 제한함.

⑥ 재무부장관은 금융기관등이 보유하고 있는 신용정보를 집중관리·활용하게 하기 위하여 신용정보집중기관을 지정하거나 신용정보집중기관으로 등록하게 하도록 함.

⑦ 금융기관·백화점·할부판매회사등 신용정보제공·이용자가 비밀보장의 대상이 되는 금융거래정보·개인질병정보 등을 신용정보업자 등에게 제공하고자 하는 경우에는 당사자인 개인으로부터 사전에 서면에 의한 동의를 얻도록 함.

⑧ 신용정보주체는 신용정보업자 등에게 본인의 신용정보에 대한 열람을 청구할 수 있으며 본인의 신용정보가 사실과 다른 경우에는 정정을 청구할 수 있도록 함.

제3절 개정과정

Ⅰ. 1997년 8월 28일 개정(법률 제5378호)

1. 개정이유

신용정보업의 허가요건을 완화하여 신용정보업자간의 경쟁을 촉진하고, 채권추심전문회사의 설립을 허용하여 금융기관이 부실채권의 회수에 이용할 수 있도록 함으로써 소비자신용과 관련된 금융기관 업무의 효율성을 높이며, 기타 제도의 운영상 나타난 일부 미비점을 개선·보완하려는 것임.

2. 주요내용

① 공공성을 지닌 신용보증기금 등 5개 기관으로 제한되어 있는 신용정보업의 허가요건을 완화하여 금융기관이 50% 이상 출자한 법인도 허가를 받을 수 있도록 하고, 채권추심전문회사의 설립을 허용함.

② 전 금융기관으로부터 신용정보를 집중관리하고 있는 종합신용정보집중기관(銀行聯合會) 외에 개별 금융업권별(信用카드會社·保險社間등)로도 협회 등을 통하여 신용정보를 집중관리·활용할 수 있도록 함.

③ 금융기관간의 신용정보관리, 투자비용의 분담, 정보제공 태만시의 제재에 관한 사항 등을 협의·결정하기 위하여 종합신용정보집중기관(銀行聯合會)에 신용정보협회를 설치할 수 있도록 근거규정을 마련함.

Ⅱ. 1999년 1월 29일 개정(법률 제5694호)

1. 개정이유

신용정보업의 최저자본금을 낮추고, 신용정보업자가 허가사항을 변경하거나 일부 사업을 양도·양수하는 경우에 거쳐야 하는 절차를 간소화하는 등 관련 규제를 폐지 또는 완화하려는 것임.

2. 주요내용

① 신용정보업자가 허가사항을 변경할 경우 종전에는 원칙적으로 변경허가를 받되, 자본금 증액 등 대통령령이 정하는 경미한 사항은 미리 신고하고 이를 변경할 수 있도록 하였으나, 앞으로는 경미한 사항을 변경하는 경우에는 신고제도 자체를 폐지하여 신용정보업자의 편의를 도모함(제4조 제5항).

② 신용정보업의 허가요건인 최저자본금을 100억원에서 50억원으로 낮추어 신규진입 장벽을 완화함(제5조 제1호).

③ 신용정보업자가 사업을 양도·양수하는 경우 종전에는 그 범위에 관계없이 재정경제부장관의 인가를 받도록 하였으나, 앞으로는 사업의 일부를 양도·양수하는 경우에는 신고만으로 이를 양도·양수할 수 있도록 함(제8조 제1항 단서).

④ 금융기관 등이 보유한 신용정보를 집중하여 수집·관리하는 신용정보집중기관 제도의 운영에 있어서 금융기관이 보유한 신용정보를 수집·관리하는 신용정보집중기관은 재정경제부장관이 지정하도록 하고 있고, 금융기관 외의 사업자가 보유한 신용정보를 수집·관리하는 신용정보집중기관은 재정경제부장관에게 등록하도록 하고 있으나, 그 구분의 실익이 없으므로 이를 등록제로 일원화함(제17조 제1항 내지 제4항).

Ⅲ. 2000년 1월 21일 개정(법률 제6172호)

1. 개정이유

신용정보업의 허가요건 등을 법률에서 직접 규정하고, 신용정보업의 건전한 경영을 도모하기 위하여 신용정보업에 종사할 수 있는 자의 범위를 제한하는 한편, 운영상 나타난 일부 미비점을 개선·보완하려는 것임.

2. 주요내용

① 신용정보업의 허가를 받을 수 있는 자의 요건을 법률에서 직접 규정함으로써 신용정보업의 허가가 보다 객관적이고 투명하게 이루어질 수 있도록 함(제4조의2 신설).

② 종전에는 자신에 관한 신용정보를 확인하기 위하여서는 신용정보업자에게 본인의 신분을 나타내는 증표를 제시하여야만 하였으나, 앞으로는 컴퓨터통신 등을 통하여서도 본인에 관한 정보를 열람할 수 있도록 함(제25조).

③ 법을 위반하여 상사채권이 아닌 채권에 대하여 채권추심행위를 한 신용정보업자 등에 대한 벌칙을 새로이 정함(제32조 제3항 제8호 및 제9호 신설).

Ⅳ. 2001년 3월 28일 개정(법률 제6428호)

1. 개정이유

법령상의 근거없이 행하여지고 있는 유가증권에 대한 신용평가업무가 보다 객관적이고 공정하게 행하여질 수 있도록 하기 위하여 신용평가업무에 대한 법적 근거를 마련하고, 신용정보업자의 불법적인 채권추심행위를 방지하기 위하여 채권추심행위시 금지행위를 구체화하는 한편, 제도의 운영상 나타난 일부 미비점을 개선·보완하려는 것임.

2. 주요내용

① 신용정보업 업무의 종류에 신용평가업무를 추가하여 신용평가업을 영위하고자 하는 자는 금융감독위원회의 허가를 받도록 함(법 제6조 제4호 신설).

② 신용평가업자가 신용평가를 하는 때에는 재무상태·사업실적 등 현재의 상황뿐만 아니라 사업위험·경영위험 등 미래의 전망을 종합적으로 고려하도록 함(법 제9조의2 제1항).

③ 신용정보업자의 건전한 운영을 유도하기 위하여 신용정보업자의 자기자본이 일정한 기간 동안 자본금요건에 미달하는 경우 등에도 신용정보업의 허가를 취소할 수 있도록 함(법 제12조 제1항).

④ 신용정보업자의 불법적인 채권추심행위를 방지하기 위하여 신용정보업자가 채권추심행위를 함에 있어서 채무자 또는 그의 관계인의 사생활 또는 업무의 평온을 심히 해치는 행위 등을 금지하고, 이를 위반한 자는 3년 이하의 징역 또는 3천만원 이하의 벌금에 처하도록 함(제26조 제7호).

Ⅴ. 2001년 12월 31일 개정(법률 제6562호)

개인정보의 불법유출행위를 방지하기 위하여 개인의 성명·주소·주민등록
번호 등 개인식별 정보의 제공시 해당 개인의 서면동의를 받도록 하는 한편, 신
용정보업자 등이 개인에게 신용불량자 등록 등 불리한 조치를 취할 때에는 미리
해당 개인에게 통보하도록 하려는 것임.

Ⅵ. 2004년 1월 29일 개정(법률 제7110호)

1. 개정이유

신용정보 수집·조사업무의 효율성을 높이기 위하여 신용정보업자 또는 신
용정보집중기관이 공공기관에 대하여 신용정보의 열람 또는 제공을 요청한 경우
공공기관이 이에 응하도록 하고, 신용정보의 오용·남용을 막고 정보보호를 강화
하기 위하여 신용정보주체에게 신용정보업자 등으로부터 신용정보의 제공사실을
통보받을 수 있는 권리를 부여하는 등 제도의 운영상 나타난 일부 미비점을 개
선·보완하려는 것임.

2. 주요내용

① 금융감독위원회의 허가를 받아 신용조회업무, 신용조사업무 또는 대외채
권추심업무를 영위할 수 있는 자에 수출보험법에 의하여 설립된 한국수출보험공
사를 포함하도록 함(법 제4조 제2항 제5호 신설).

② 신용정보업자 또는 신용정보집중기관이 공공기관에 대하여 신용정보의
열람 또는 제공을 요청한 경우 특별한 사유가 없는 한 공공기관이 이에 응하도
록 함(법 제14조 제1항 후단 신설).

③ 신용정보제공·이용자가 성명·주소 등 개인을 식별할 수 있는 정보를 신
용정보업자 등에게 제공하고자 하는 경우에는 전화 또는 인터넷 홈페이지의 동
의란에 행하는 표시에 의하여 본인의 동의를 얻을 수 있도록 함(법 제23조 제2항
신설).

④ 신용정보주체는 신용정보업자 등에 대하여 본인에 관한 신용정보를 제공

받은 자, 그 이용목적, 제공일자, 제공한 본인정보의 주요내용 등을 통보하도록 요구할 수 있도록 함(법 제24조의2 신설).

Ⅶ. 2005년 1월 27일 개정(법률 제7344호)

신용불량자 등록제도는 일단 신용불량자로 등록되면 사실상 모든 금융거래가 중단되고, 신용불량자에 관한 정보를 고용하고자 하는 기업에 제공할 수 있도록 함으로써 취업을 불가능하게 하는 등 정상적인 경제활동을 영위하기 어렵게 하고 있어 여러 가지 부작용을 낳고 있으므로, 획일적인 신용불량자 제도를 폐지하여 개인별 신용도에 상응한 선진적인 금융거래 관행이 정착될 수 있도록 하고, 개인 신용정보의 제공범위에서 고용을 삭제함으로서 신용불량자의 취업을 지원하고자 하는 것임.

Ⅷ. 2006년 3월 24일 개정(법률 제7883호)

채무자의 권리보호 강화를 위하여 채권추심업체의 부당한 채권추심행위에 대한 규제를 강화하고, 채권추심규제의 일관성을 확보하기 위하여 신용정보법에 따른 채권추심 관련 규제를 「대부업의 등록 및 금융이용자 보호에 관한 법률」의 채권추심 관련 규제와 통일시키는 한편, 범죄 피해를 예방하기 위하여 긴급한 경우에는 영장의 발부 전에도 검사 또는 사법경찰관이 개인신용정보를 금융기관 등으로부터 제공받을 수 있도록 하는 등 신용정보 관련 제도를 개선하려는 것임.

Ⅸ. 2007년 12월 21일 개정(법률 제8701호)

이용자의 편익 증진과 더불어, 정보통신 산업의 발전과 국제경쟁력을 강화하기 위하여 정보활용동의서를 받는 방법에 정보제공 동의의 안정성과 신뢰성이 확보될 수 있는 유무선 통신으로 개인비밀번호를 입력하는 방식을 추가하려는 것임.

Ⅹ. 2009년 4월 1일 전부개정(법률 제9617호)

1. 개정이유

신용정보회사의 업무 영역을 확대하고, 신용정보주체의 자기정보통제권을 보강하여 개인의 사생활 보호를 강화하며, 신용조회회사 등에 신용정보를 보호하기 위한 엄격한 내부통제 절차를 마련하도록 하여 신용정보 활용에 있어 책임성을 높여 금융소비자의 신뢰를 높이는 등 제도의 운영상 나타난 일부 미비점을 개선·보완하는 한편, 법 문장을 원칙적으로 한글로 적고, 어려운 용어를 쉬운 용어로 바꾸며, 길고 복잡한 문장은 체계 등을 정비하여 간결하게 하는 등 국민이 법 문장을 이해하기 쉽게 정비하려는 것임.

2. 주요내용

① 신용정보회사의 업무 영역 확대(법 제11조)

1) 신용정보회사의 업무 범위가 지나치게 제한되어 있어 금융시장 발전에 따른 시장의 수요에 효율적으로 대응하기 어려움.

2) 신용정보회사의 겸업을 원칙적으로 허용하고, 신용평가회사의 평가 대상을 확대하는 등 업무 범위를 확대함.

3) 이렇게 하여 금융산업의 발전에 따라 신용정보회사가 새로운 업무영역을 만들어 내고 금융이용자의 새로운 수요에 적절하게 대응할 수 있을 것으로 기대됨.

② 개인질병정보의 수집·조사·제공에 대한 동의의 예외를 인정한 규정을 삭제함(법 제16조 제2항)

③ 신용정보관리·보호인 제도의 도입(법 제20조 제3항부터 제5항까지)

1) 신용정보는 복제와 전송이 쉬워 감독 당국의 규제를 통한 보호에 한계가 있어 신용정보를 보호하기 위한 내부통제를 강화할 필요가 있음.

2) 신용정보회사 및 금융기관 등에 신용정보의 관리 및 보호를 책임지는 신용정보관리·보호인의 지정·운용을 의무화함.

3) 신용정보 관리·보호에 대한 신용정보회사 등의 내부통제를 강화하여 신용정보 보호가 강화될 것으로 기대됨.

④ 신용평가회사의 준수사항(법 제29조)

1) 신용평가회사는 신용평가과정에서 자사나 계열사의 상품이나 서비스를 구매하거나 이용하도록 강요하지 못하게 함.

2) 신용평가회사로 하여금 내부통제기준을 마련하고, 그 준수 여부를 확인하게 하며, 신용평가대상의 특성에 적합한 신용평가기준의 도입에 관한 사항 등 내부통제기준에 포함되어야 할 사항을 규정함.

⑤ 신용조회회사를 통한 개인신용정보 집중·활용에 대한 개인의 동의제도 강화 (법 제32조 제1항 및 제2항)

1) 현재는 금융회사가 개인신용정보를 신용정보회사등에 집중하는 경우 고객의 동의가 필요하나, 신용정보회사로부터 고객의 신용평점 등을 조회할 경우에는 고객의 동의가 필요하지 아니하여 사생활 보호에 철저하지 못함.

2) 신용조회회사로부터 고객의 신용평점 등 결과물을 제공받는 단계에서도 고객의 동의를 받도록 함.

3) 이와 같이 하여 신용조회회사를 통한 개인신용정보의 유통을 효과적으로 통제할 수 있게 되어 개인의 자기정보통제권이 강화될 것으로 기대됨.

⑥ 개인신용정보의 제공·활용에 대한 동의 등(법 제32조 제1항 제4호, 같은 조 제2항)

1) 개인신용정보의 제공·활용에 대한 동의방식으로 유무선 통신으로 동의 내용을 해당 개인에게 알리고 동의를 얻는 방법을 규정하고, 이 경우 녹취의무와 사후고지절차를 규정함.

2) 개인신용정보를 제공받으려는 자로 하여금 해당 개인에게 개인신용정보의 조회 시 신용등급이 하락할 수 있음을 고지하도록 함.

⑦ 상거래 거절 근거 신용정보의 고지 등(법 제36조)

신용정보제공·이용자가 신용조회회사 등으로부터 제공받은 개인신용정보로서 대통령령으로 정하는 정보에 근거하여 상대방과의 상거래 설정을 거절하는 경우 등에는 거절의 근거가 된 정보를 본인에게 고지하도록 함.

⑧ 개인신용정보 제공·이용 동의 철회권 등(법 제37조)

1) 개인신용정보의 제공 등에 대한 동의 규정은 있으나 그 철회 절차는 없어 금융소비자가 자신의 정보에 대한 결정권을 행사하기 어려운 면이 있음.

2) 금융기관 등이 본인의 신용정보를 제휴회사에 제공하거나 판촉 목적으로

자신에게 연락하는 것을 중지할 것을 요청할 수 있도록 함.

3) 개인신용정보의 제공·이용 동의 철회권과 구매권유 중지청구권의 고지 방법을 서면, 전자문서, 구두 등으로 구체화하고, 구두에 의한 경우 대통령령으로 정하는 사후고지절차를 거치도록 함.

4) 금융소비자가 자신의 신용정보의 유통과 이용을 효과적으로 통제하여 사생활 보호가 강화될 것으로 기대됨.

⑨ 채권추심회사 등의 금지사항 및 손해배상 등(법 제41조 및 제43조)

1) 채권추심회사는 자기의 명의를 타인에게 빌려주어 채권추심업을 하게 하여서는 아니 됨.

2) 위임직채권추심인의 경우에도 채무자 및 그 관계인에게 손해를 입힌 경우 입증책임의 전환을 규정함.

3) 위임직채권추심인이 이 법이나 채권추심법에 위반하여 채무자나 채무자의 관계인에게 손해를 입힌 경우 채권추심회사도 연대하여 손해배상책임을 지도록 함.

XI. 2011년 5월 19일 개정(법률 제10690호)

1. 개정이유

신용정보의 종류를 명확하게 법률에 규정하고, 신용정보주체에게 불이익을 줄 수 있는 신용정보의 보존 및 활용기한은 5년을 넘지 않도록 하며, 금융거래 및 상거래 관계의 설정·유지 시 정보주체의 권익보호를 위한 절차와 방법 등을 명확히 함으로써 신용정보주체의 보호를 강화하려는 것임.

2. 주요내용

① 법률에서 신용정보를 항목별로 구체적으로 정의하되 세부적인 내용은 대통령령에 위임함(제2조 제1호).

② 신용정보주체에게 불이익을 줄 수 있는 신용정보는 최장 5년 이내에 삭제하도록 하고, 해당 신용정보의 구체적인 종류 및 기록보존 기간 등은 대통령령으로 정하도록 함(제18조 제2항 및 제3항).

③ 신용조회업자에게 신용정보의 활용범위, 활용기간, 제공 대상자 등을 금융위원회에 보고하도록 하고, 이러한 보고의무를 위반한 자에 대하여 1천만원 이하의 과태료를 부과하도록 함(제22조의2, 제52조 제3항 제4호의2).

④ 제32조 제5항의 의무주체를 "제공하려는 자 또는 제공받은 자"로 하고, 개인신용정보 주체 보호를 위하여 알리는 것을 원칙으로 하되, 예외적 상황인 경우에는 공시하도록 규정함(제32조 제5항).

XII. 2015년 3월 11일 개정(법률 제13216호)

1. 개정이유

개인정보 유출 사태를 계기로 신용정보의 보호를 강화할 필요성이 제기됨에 따라, 신용정보집중기관에 대한 공적 통제를 제고하고, 신용조회업의 부수업무 제한, 신용조회회사의 영리목적 겸업 및 계열회사에 대한 정보 제공 금지, 신용정보관리·보호인의 임원 지정, 신용정보 보존 기간 제한, 개인신용정보의 제공·활용에 대한 동의 절차 강화, 신용조회사실통지 및 개인신용정보 삭제 요구 제도 도입, 정보유출 시 신용정보회사 등에 대한 업무정지, 징벌적 과징금 및 징벌적 손해배상 책임, 법정손해배상책임 부과, 손해배상책임 보장을 위한 보험 가입 또는 적립금 예치, 정보유출 행위자에 대한 형벌 상향 등을 규정함으로써, 신용정보 유출에 대한 사전적 예방과 사후적 제재 및 소비자의 피해구제를 강화하려는 것임.

2. 주요내용

① 신용조회업의 부수업무를 본인인증 및 신용정보주체의 식별확인업무로서 금융위원회가 승인한 업무, 신용평가모형 및 위험관리모형의 개발 및 판매 업무로 제한함(제4조 제1항 제1호).

② 신용조회회사의 영리 목적 겸업을 금지함(제11조 제2항 신설).

③ 업무정지명령을 위반하거나 업무정지에 해당하는 행위를 한 신용정보회사가 과거 3년 이내에 업무정지처분을 받은 사실이 있는 경우 인가·허가를 취소할 수 있도록 함(제14조 제1항 제5호).

④ 신용정보회사의 업무정지 사유에, 신용정보 처리 위탁 시 식별정보 암호화 조치 또는 신용정보전산시스템 보안대책 수립·시행 의무를 위반하여 신용정보를 분실·도난·유출·변조 또는 훼손당한 경우, 신용정보업관련자가 업무상 알게 된 타인의 신용정보 등을 업무 목적 외에 누설하거나 이용한 경우, 신용조회회사가 계열회사 등에 신용정보를 제공한 경우를 추가함(제14조 제2항 제4호·제6호 및 제8호 신설).

⑤ 신용정보 수집·조사는 필요 최소한의 범위에서 하여야 하고, 신용정보 수집 시 해당 신용정보주체의 동의를 받도록 함(제15조).

⑥ 신용정보 처리 위탁 시 식별정보 암호화 등 보호 조치, 수탁자 교육, 안전한 정보 처리에 관한 사항의 위탁계약 반영을 의무화하고, 금융위원회가 인정하는 경우 이외에 신용정보 처리의 재위탁을 금지함(제17조 제4항부터 제7항까지 신설).

⑦ 신용정보회사 등은 금융위원회가 정하는 신용정보 관리기준을 준수하도록 함(제20조 제1항).

⑧ 대통령령으로 정하는 규모 이상의 신용정보제공·이용자는 신용정보관리·보호인을 임원으로 지정하도록 하고, 신용정보관리·보호인의 업무를 규정함(제20조 제3항 단서, 제4항 및 제5항 신설).

⑨ 신용정보제공·이용자의 개인신용정보 보유기간을 상거래 종료 후 5년 이내로 제한하고, 상거래가 종료된 신용정보주체의 개인신용정보는 현재 거래 중인 자의 정보와 분리하여 관리하며, 이를 활용하는 경우 본인에게 통지하도록 함(제20조의2 신설).

⑩ 신용조회회사는 신용조회업을 수행하기 위하여 개인신용정보를 제공하는 경우 또는 채권추심업 등의 목적으로 사용하는 자에게 개인신용정보를 제공하는 경우 이외에 지배주주 또는 계열회사에게 개인신용정보를 제공할 수 없도록 함(제22조의3 신설).

⑪ 공공기관으로부터 신용정보를 제공받을 수 있는 자의 범위에서 신용조회회사를 제외하여, 신용정보집중기관만이 공공기관으로부터 신용정보를 제공받을 수 있도록 함(제23조 제2항 및 제3항).

⑫ 신용정보집중기관 등록제를 허가제로 변경하고, 금융기관의 개별신용정보집중기관을 폐지하며, 신용정보집중기관과 신용조회회사 사이의 신용정보 교

환 및 이용은 신용조회회사의 의뢰에 따라 신용정보집중기관이 제공하는 방식으로 함(제25조 제1항부터 제5항까지).

⑬ 종합신용정보집중기관은 신용정보의 집중관리·활용, 공공 목적의 조사·분석, 신용정보의 가공·분석 및 제공, 신용정보주체 주소변경 통보 대행 등의 업무를 수행하도록 함(제25조의2 신설).

⑭ 신용정보집중관리위원회의 설치, 구성 및 업무에 관하여 규정함(제26조, 제26조의2 신설).

⑮ 개인신용정보를 타인에게 제공하거나 제공받는 경우 해당 개인으로부터 개별적 동의를 받도록 하되 필수적 동의사항과 선택적 동의사항을 구분하여 설명한 후 각각 동의를 받으며, 신용정보회사 등은 신용정보주체가 선택적 동의사항에 동의하지 아니한다는 이유로 서비스 제공을 거부할 수 없도록 함(제32조).

⑯ 법률에 따라 신용정보주체의 동의 없이 개인신용정보를 제공하는 경우 대통령령으로 정하는 불가피한 사유가 있는 경우를 제외하고는 해당 개인에게 사전에 통지하도록 함(제32조 제7항).

⑰ 영업양도·분할·합병 등의 이유로 권리·의무를 이전하면서 금융위원회의 승인을 받아 관련 개인신용정보를 제공하는 경우에는 현재 거래중인 신용정보주체의 개인신용정보와 분리하여 관리하도록 함(제32조 제9항 신설).

⑱ 신용정보회사 등은 개인신용정보를 이용 또는 제공한 경우 이용·제공 주체, 목적, 날짜, 신용정보의 내용 등을 신용정보주체가 조회할 수 있도록 하고, 신용정보주체의 요청이 있는 경우 이를 통지하도록 함(제35조).

⑲ 신용정보주체는 신용조회회사에 본인의 개인신용정보가 조회되는 사실을 통지하여 줄 것을 요청할 수 있고, 신용조회회사는 명의도용 가능성 등의 조회가 발생한 때에는 정보제공을 중지하고 신용정보주체에게 이를 통지하도록 함(제38조의2 신설).

⑳ 신용정보주체는 상거래 관계 종료 후 일정 기간이 경과한 경우 신용정보제공·이용자에게 개인신용정보의 삭제를 요구할 수 있도록 하고, 신용정보제공·이용자는 지체 없이 개인신용정보를 삭제한 후 그 결과를 통보하도록 함(제38조의3 신설).

㉑ 신용정보회사 등은 신용정보가 업무 목적 외로 누설되었음을 알게 된 때에는 누설된 정보의 항목, 누설 시점과 경위, 대응조치 및 피해 구제절차 등에

관하여 신용정보주체에게 알리고, 피해 최소화 대책을 마련하여야 하며, 대통령령으로 정한 규모 이상의 신용정보가 누설된 경우 금융위원회 또는 전문기관에 신고하도록 함(제39조의2 신설).

㉒ 신용정보제공·이용자는 모집업무를 제3자에게 위탁하는 경우 모집업무수탁자에 대하여 개인신용정보 취득 경로 등을 확인하고, 불법취득신용정보가 모집업무에 이용된 사실을 확인한 경우 위탁계약을 해지하도록 함(제41조의2 신설).

㉓ 개인비밀을 업무 목적 외에 누설하거나 이용한 경우, 불법 누설된 개인비밀임을 알고도 타인에게 제공하거나 이용한 경우 관련 매출액의 3퍼센트 이하의 과징금을, 신용정보전산시스템 보안대책 미수립으로 개인비밀을 분실·도난·누출·변조 또는 훼손당한 경우 50억원 이하의 과징금을 각각 부과할 수 있도록 함(제42조의2 신설).

㉔ 신용정보회사 등이나 신용정보이용자가 고의 또는 중대한 과실로 이 법을 위반하여 신용정보가 누설되거나 분실·도난·누출·변조 또는 훼손되어 신용정보주체에게 피해를 입힌 경우에는 해당 신용정보주체에 대하여 그 손해의 3배 이내에서 배상할 책임을 지도록 함(제43조 제2항 및 제3항 신설).

㉕ 신용정보회사 등이나 신용정보이용자가 고의 또는 과실로 이 법을 위반하여 개인신용정보가 누설되거나 분실·도난·누출·변조 또는 훼손된 경우에는 해당 신용정보주체에 대하여 300만원 이하의 범위에서 상당한 금액을 손해액으로 하여 배상할 책임을 지도록 함(제43조의2 신설).

㉖ 대통령령으로 정하는 신용정보회사 등은 이 법 위반에 따른 손해배상책임의 이행을 위하여 금융위원회가 정하는 기준에 따라 보험 또는 공제에 가입하거나 준비금을 적립하는 등 필요한 조치를 하도록 함(제43조의3 신설).

㉗ 개인비밀을 업무 목적 외에 누설하거나 이용한 경우, 불법 누설된 개인비밀임을 알고도 타인에게 제공하거나 이용한 경우 10년 이하의 징역 또는 1억원 이하의 벌금에 처하도록 형량을 상향하고, 그 밖에 정보보호 관련 의무위반 행위에 대하여 형량과 과태료 금액을 상향함(제50조 및 제52조).

XIII. 2017년 4월 18일 개정(법률 제14823호)

신용정보회사 등에서 퇴임한 임원 또는 퇴직한 직원이 재임 또는 재직 중이었다면 받았을 조치의 내용을 통보할 수 있는 근거를 마련하고 제재조치를 받은 퇴직자를 신용정보회사등의 임직원 결격요건에 포함시켜 제재의 실효성을 강화하고, 과징금 체납자의 부담이 과도하게 증가하는 문제를 감안하여 과징금 가산금 징수기간을 60개월로 제한하며, 유사 상호의 사용, 검사의 거부·방해 또는 기피, 업무보고서의 미제출 또는 허위제출에 대한 과태료 부과한도를 상향 조정하는 등 다른 금융법령과의 형평성을 제고하고 현행 제도의 운영상 나타난 일부 미비점을 개선·보완하는 한편, 민법상 성년후견인제도 도입에 따라 신용조회업 종사자와 신용조사회사 또는 채권추심회사의 임직원의 결격사유 중 금치산자 또는 한정치산자를 피성년후견인 또는 피한정후견인으로 대체하려는 것임.

XIV. 2017년 11월 28일 개정(법률 제15146호)

신용정보업의 한 종류로서 채권추심업을 규정하면서 무허가 채권추심업자에 대하여 5년 이하의 징역 또는 5천만원 이하의 벌금에 처하도록 하고 있으나, 무허가 채권추심업자에게 채권추심을 위탁한 금융회사 등에 대하여는 별도로 제재규정이 두지 아니하여 무허가 채권추심업자에게 추심을 위탁하는 사례가 발생하고 있는바, 대통령령으로 정하는 여신금융기관, 대부업자 등 신용정보 제공·이용자는 무허가 추심업자에 대한 업무위탁을 금지하도록 하고, 이를 위반하는 경우 5년 이하의 징역 또는 5천만원 이하의 벌금에 처하도록 하며, 채권추심회사에게 소속 위임직채권추심인을 성실하고 적절하게 관리·감독하도록 의무를 부여하고, 이를 위반하여 위임직채권추심인이 불법 추심행위를 한 경우 채권추심회사에 대하여 과태료를 부과함으로써 채권추심의 건전성을 확보하려는 것임.

XV. 2018년 8월 14일 개정(법률 제15748호)

2012년부터 시행된 「세종특별자치시 설치 등에 관한 특별법」에 따르면 "다른 법령에서 지방자치단체의 장, 시·도지사 또는 시장·군수·구청장을 인용하고 있는 경우에는 각각 세종특별자치시장을 포함한 것"으로 보도록 하는 법령 적용상의 특례를 두고 있으므로 개별법에서 특별자치시장을 별도로 명시하지 않더라도 법 적용상의 문제점은 발생하지 않을 수 있음. 그러나 개별법에 특별자치시장을 명시하지 않을 경우 국민에게 법 해석상의 혼란을 줄 여지가 있다는 지적이 있음.

이에 금융위원회의 권한 중 대통령령으로 정하는 권한을 대통령령으로 정하는 바에 따라 위임·위탁할 수 있는 지방자치단체의 장에 특별자치시장을 추가함으로써 법 해석상 국민의 혼란을 방지하려는 것임.

XVI. 2018년 12월 11일 개정(법률 제15933호)

법 제32조 제1항 제2호에서 "전자거래기본법 제2조 제1호에 따른 전자문서"로 규정되어 있으나, 전자거래기본법은 2012년에 전자문서 및 전자거래 기본법으로 개정되었음. 그러나 여전히 개정 이전 법률명으로 규정되어 있어 국민들에게 혼란을 줄 우려가 있으므로 "전자거래기본법"을 "전자문서 및 전자거래 기본법"으로 개정하여 혼란을 없애려는 것임.

XVII. 2018년 12월 31일 개정(법률 제16188호)

국민생활 및 기업활동과 밀접하게 관련되어 있는 신고 민원의 처리절차를 법령에서 명확하게 규정함으로써 관련 민원의 투명하고 신속한 처리와 일선 행정기관의 적극행정을 유도하기 위하여, 신용정보회사의 허가사항 변경신고, 영업 일시 중단 또는 폐업신고 및 겸업신고가 수리가 필요한 신고임을 명시하려는 것임.

XVIII. 2020년 2월 4일 일부개정(법률 제16957호)

1. 개정이유

데이터는 사물인터넷, 인공지능 등으로 대표되는 4차 산업혁명의 흐름 속에서 혁신성장의 토대가 될 것으로 기대되고 있는데, 특히 금융분야에서는 소비·

투자 행태, 위험성향 등 개인의 특성을 반영한 맞춤형 금융상품의 개발 등 데이터의 활용가치가 매우 높음.

그러나 우리나라는 빅데이터 이용률이 저조하고, 빅데이터 활용과 분석수준도 다른 나라에 비해 뒤처져 있는 실정인바, 데이터 경제로의 전환이라는 전 세계적 환경변화를 적극적으로 수용하면서 적극적인 데이터 활용으로 소비자 중심의 금융혁신 등의 계기를 마련하기 위하여 빅데이터 분석·이용의 법적 근거를 명확히 함과 동시에, 빅데이터 활용에 따라 발생할 수 있는 부작용을 방지하기 위한 안전장치를 강화하는 한편, 일반법인 개인정보 보호법과의 유사·중복 조항을 정비하는 등 데이터 경제의 활성화를 위하여 규제를 혁신하고, 본인신용정보관리업, 전문개인신용평가업 및 개인사업자신용평가업의 도입 등을 통하여 신용정보 관련 산업에 관한 규제체계를 선진화하며, 개인신용정보의 전송요구권 부여 등을 통해 신용정보주체의 권리를 강화하는 등 현행 제도의 운영상 나타난 일부 미비점을 개선·보완하려는 것임.

2. 주요내용

① 현재 대통령령에서 규정하고 있는 신용정보 등의 주요 개념을 법률에서 직접 규정하고, 기술의 발전과 금융환경 변화 등에 맞추어 신용정보 등의 개념을 체계적으로 정비함(제2조 제1호, 제2조 제1호의2부터 제1호의6까지 신설).

② 신용정보의 수집·생성·제공을 개념요소로 하여 지나치게 포괄적으로 규정되어 있는 현행 신용조회업무의 정의를 개정하여 개인신용평가업, 개인사업자신용평가업, 기업신용조회업으로 구분하여 정의함(제2조 제8호, 제2조 제8호의2 및 제8호의3 신설).

③ 개인인 신용정보주체의 신용관리를 지원하기 위하여 본인의 신용정보를 일정한 방식으로 통합하여 그 본인에게 제공하는 행위를 영업으로 하는 본인신용정보관리업을 도입함(제2조 제9호의2 및 제9호의3 신설).

④ 개인신용정보의 처리, 그 업무의 위탁, 유통 및 관리와 신용정보주체의 보호에 관하여 개인정보 보호법 등과의 관계를 명확히 하고, 유사·중복 조항 등을 정비함(제2조 제13호, 제15조 제1항·제2항, 현행 제16조 삭제, 제17조 제1항·제6항, 제20조 제4항·제5항, 제20조의2 제2항 등).

⑤ 가명처리, 가명정보의 개념을 도입하고, 통계작성, 연구, 공익적 기록보

존 등을 위하여 가명정보를 제공하는 경우 등 신용정보주체의 동의 없이도 개인
신용정보를 제공할 수 있는 사유를 추가함(제2조 제15호·제16호 및 제32조 제6항
제9호의2·제9호의4 신설).

⑥ 전문개인신용평가업과 기업신용조회업에 대해서는 허가를 받기 위하여
최소한으로 갖추어야 할 최소 자본금 또는 기본재산의 요건을 처리대상 정보나
업무의 특성 등을 고려하여 20억원 또는 5억원으로 하는 등 진입규제를 완화함
(제6조 제2항 제1호, 제6조 제2항 제1호의3 신설).

⑦ 신용정보회사 등에 적용되는 지배주주의 변경승인, 신용정보회사 임원의
자격요건 등을 금융사지배구조법에 준하여 정비함(제9조 및 제22조 제1항·제2항).

⑧ 개인신용평가회사 및 개인사업자신용평가회사에 대하여 금융사지배구조
법에 준하는 최대주주의 자격심사 등에 관한 제도를 도입함(제9조의2 신설).

⑨ 신용조회회사는 원칙적으로 영리를 목적으로 다른 업무를 겸업할 수 없
도록 한 규제를 폐지하면서, 신용정보주체 보호 및 신용질서를 저해할 우려가 없
는 업무에 대해서는 겸영을 허용하고, 허가를 받은 업무에 부수하는 업무를 수행
할 수 있음을 명확히 하는 등 신용정보회사 등의 업무체계를 정비함(제11조, 제11
조의2 신설).

⑩ 신용정보회사 등은 자기가 보유한 정보집합물을 제3자가 보유한 정보집
합물과 결합하려는 경우에는 금융위원회가 지정한 데이터전문기관을 통해서만
하도록 하고, 정보집합물의 결합 목적으로 데이터전문기관에게 개인신용정보를
제공하는 경우 신용정보주체의 동의 없이도 개인신용정보를 제공할 수 있도록
함(제17조의2 및 제32조 제6항 제9호의3 신설).

⑪ 신용정보회사 등의 신용정보관리·보호인은 처리하는 개인신용정보의 관
리 및 보호 실태를 정기적으로 점검하고, 그 결과를 금융위원회에 제출하도록 하
며, 금융위원회는 이를 확인하여 그 결과를 점수 또는 등급으로 표시하고, 금융
감독원이 신용정보회사 등의 업무와 재산상황을 검사할 때 그 점수나 등급을 활
용할 수 있도록 함(제20조 제6항 및 제45조의5 신설).

⑫ 가명정보를 이용하는 경우로서 그 이용 목적, 가명처리의 기술적 특성
등을 고려하여 대통령령으로 정하는 기간 동안 보존하는 경우 등에 대하여 개인
신용정보 보유 기간에 대한 특례를 부여함(제20조의2 제2항).

⑬ 개인신용평가 결과의 정확성, 공정성 등 개인신용평가 등에 관한 원칙을

규정하고, 개인신용평가회사, 개인사업자신용평가회사, 기업신용조회회사 및 신용조사회사의 행위규칙에 관한 사항을 신설함(제22조의3, 제22조의4부터 제22조의7까지 신설).

⑭ 개인신용평가회사 및 개인사업자신용평가회사의 평가에 사용되는 기초정보에 관한 심의 등을 수행하기 위하여 종합신용정보집중기관에 개인신용평가체계 검증위원회를 둠(제26조의3 신설).

⑮ 금융위원회는 정보집합물의 결합 및 익명처리의 적정성 평가를 전문적으로 수행하는 데이터전문기관을 지정할 수 있도록 함(제26조의4 신설).

⑯ 개인인 신용정보주체가 신용정보제공·이용자 등에 대하여 본인에 관한 개인신용정보를 본인이나 본인신용정보관리회사 등에게 전송하여 줄 것을 요구할 수 있는 개인신용정보의 전송요구권을 도입함(제33조의2 신설).

⑰ 보다 쉬운 용어나 단순하고 시청각적인 전달 수단 등을 사용하여 신용정보주체가 정보활용 동의 사항을 이해할 수 있도록 할 것 등 개인신용정보 등의 활용에 관한 동의의 원칙에 관한 사항을 정함(제34조의2 신설).

⑱ 대통령령으로 정하는 신용정보제공·이용자는 정보활용 동의사항에 대하여 금융위원회가 평가한 등급을 신용정보주체에게 알리고 정보활용 동의를 받도록 하고, 금융위원회는 사생활의 비밀과 자유를 침해할 위험, 신용정보주체가 받게 되는 이익 등을 고려하여 정보활용 동의등급을 부여하도록 함(제34조의3 신설).

⑲ 개인인 신용정보주체는 개인신용평가회사 등에게 개인신용평가 등의 행위에 자동화평가를 실시하는지 여부 등에 대하여 설명을 요구하고, 해당 신용정보주체에게 자동화평가 결과의 산출에 유리하다고 판단되는 정보의 제출 등을 할 수 있도록 함(제36조의2 신설).

⑳ 금융회사 등을 제외한 신용정보제공·이용자인 상거래기업 및 법인에 대해서는 금융위원회의 감독, 금융감독원의 검사 등을 대신하여 개인정보 보호위원회에 자료제출요구·검사권·출입권·시정명령, 과징금 및 과태료 부과 등의 권한을 부여함(제38조 제5항·제6항, 제39조의4 제4항, 제42조의2 제1항·제3항·제5항·제6항 및 제45조, 제45조의3, 제45조의4 및 제52조 제6항 단서 신설).

㉑ 대통령령으로 정하는 신용정보제공·이용자는 개인인 신용정보주체와의 금융거래로 발생한 채권을 취득하거나 제3자에게 양도하는 경우 해당 채권의 취득·양도·양수 사실 등에 관한 정보를 종합신용정보집중기관에 제공하도록 하

고, 개인인 신용정보주체는 종합신용정보집중기관이 보유하고 있는 본인에 대한 채권자변동정보를 교부받거나 열람할 수 있도록 함(제39조의2 신설).

㉒ 빅데이터 분석·이용에 따라 발생할 수 있는 부작용을 방지하기 위하여 가명처리·익명처리에 관한 행위규칙을 정함(제40조의2 신설).

㉓ 영리 또는 부정한 목적으로 특정 개인을 알아볼 수 있게 가명정보를 처리한 경우의 과징금 부과 및 처벌 근거를 마련함(제42조의2 제1항 제1호의4 및 제50조 제2항 제7호의2 신설).

㉔ 신용정보회사 등이 고의 또는 중대한 과실로 신용정보법을 위반하여 개인신용정보가 누설되거나 분실·도난·누출·변조 또는 훼손되어 신용정보주체에게 피해를 입힌 경우 해당 신용정보주체에 대한 손해배상의 범위를 그 손해의 3배를 넘지 아니하는 범위에서 그 손해의 5배를 넘지 아니하는 범위로 확대함(제43조 제2항).

XIX. 2021년 4월 20일 개정(법률 제18124호)

2011년 국제회계기준 도입으로 기업회계기준에서 대차대조표를 재무상태표(statement of financial position)로 변경하였는데, 아직 일제시대부터 사용하던 대차대조표 용어가 법률에 남아 있어 이를 재무상태표로 변경하려는 것임.

제 3 장

개인정보 보호 관련 법규

제1절 신용정보법 및 관련 법규

Ⅰ. 신용정보법

신용정보법은 "신용정보 관련 산업을 건전하게 육성하고 신용정보의 효율적 이용과 체계적 관리를 도모하며 신용정보의 오용·남용으로부터 사생활의 비밀 등을 적절히 보호함으로써 건전한 신용질서를 확립하고 국민경제의 발전에 이바지함"(법1)을 목적으로 하는 신용정보에 관한 기본법률이다. 신용정보법의 기본 구조는 그 목적과 용어에 대한 정의를 규정하고, 신용정보업 등의 허가 등, 신용정보의 수집 및 처리, 신용정보의 유통 및 관리, 신용정보 관련 산업, 신용정보주체의 보호, 보칙에 관한 규정을 두고 있다.

II. 관련 법규 및 판례

1. 법령 및 규정

(1) 법령

신용정보법 이외에 개인정보 보호와 관련된 법률로는 개인정보 보호법, 정보통신망법, 금융실명법, 특정금융정보법 등이 있다. 또한 법률 이외에 시행령과 시행규칙이 있다.

여기서는 데이터 3법이라고 불리는 개인정보 보호법과 정보통신망법, 신용정보법을 살펴본다.

(2) 규정

법령 이외에 구체적이고 기술적인 사항을 신속하게 규율하기 위하여 금융위원회 등이 제정한 규정이 적용된다.

(가) 신용정보업감독규정

신용정보업감독규정(금융위원회 고시 제2023-43호)은 신용정보의 이용 및 보호에 대한 규제의 핵심이 되는 규범이다.

이 규정은 신용정보법, 같은 법 시행령 및 같은 법 시행규칙에서 정하는 금융위원회 소관사항의 시행에 필요한 사항을 정함을 목적으로 한다(동규정1).

(나) 개인정보 보호위원회의 조사 및 처분에 관한 규정

개인정보 보호위원회의 조사 및 처분에 관한 규정(개인정보보호위원회 고시 제2020-12호)은 개인정보 보호위원회가 실시하는 조사 및 처분에 관한 핵심 규범이다.

이 규정은 개인정보 보호법 및 같은 법 시행령, 신용정보법 및 같은 법 시행령("개인정보보호 법령")에 따라 개인정보 보호위원회("보호위원회")가 실시하는 조사의 절차와 방법, 조사결과에 따른 처분 및 기타 필요한 사항을 정함으로써 조사업무의 원활과 공정을 기함을 목적으로 한다(동규정1).

(다) 금융기관 검사 및 제재에 관한 규정

금융기관 검사 및 제재에 관한 규정(금융위원회 고시)은 금융감독원장이 검사를 실시하는 금융기관에 적용되며, 필요한 범위 내에서 금융위원회법 및 금융업

관련법에 따라 금융위원회가 검사를 실시하는 금융기관에 준용한다. 또한 관계
법령 등에 의하여 금융감독원장이 검사를 위탁받은 기관에 대한 검사 및 그 검
사결과 등에 따른 제재조치에 대하여는 관계법령 및 검사를 위탁한 기관이 별도
로 정하는 경우를 제외하고는 이 규정을 적용한다(동규정2).

2. 판례

판례는 미국과 같은 판례법 주의 국가의 경우에는 중요한 법원이지만, 우리
나라와 같은 대륙법계 국가에서는 사실상의 구속력만 인정되고 있을 뿐 법원은
아니다.

우리나라의 경우 신용정보법 시행 이후 축적된 판례는 많지 않으나 신용정
보 이용 및 보호 과련 이해관계자의 권리의식 향상으로 판례가 축적되어 가는
과정인 것으로 보인다.

Ⅲ. 데이터 3법(2020년 개인정보 보호 관련 법령의 체계적 정비)

데이터 3법은 데이터 이용을 활성화하는 개인정보 보호법, 정보통신망법,
신용정보법 3개 법률을 말한다. 4차 산업혁명 시대를 맞아 핵심 자원인 데이터의
이용 활성화를 통한 신산업 육성이 국가적 과제로 대두되고 있다. 특히 신산업
육성을 위해서는 인공지능(AI), 인터넷기반 정보통신 자원통합(클라우드), 사물인
터넷(IoT) 등 신기술을 활용한 데이터 이용이 필요하다. 한편 안전한 데이터 이
용을 위한 사회적 규범 정립도 시급하다. 데이터 이용에 관한 규제 혁신과 개인
정보 보호 협치(거너번스) 체계 정비의 두 문제를 해결하기 위해 데이터 3법 개정
안이 발의되어 2020년 1월 9일 국회 본회의를 통과하였다. 관련 법률의 유사·중
복 규정을 일원화함으로써 개인정보의 보호와 관련 산업의 발전이 조화될 수 있
도록 개인정보 보호 관련 법령을 체계적으로 정비하였다.

개인정보 보호법과 신용정보법이 개정됨에 따라 AI 분야, 빅데이터 관련 산
업, 의료 분야, 금융 분야와 같이 대량의 데이터 처리가 필요하고 그 과정에서
개인정보의 처리를 수반할 수밖에 없으나 실제로 개인의 식별 값 자체는 중요하
지 아니한 산업 분야에서 데이터가 폭넓게 이용될 수 있는 기초가 마련되었다.
나아가 한·EU 간 개인정보 국외 전송에 대한 EU 집행위원회의 적정성 결정이

이루어질 가능성이 커졌다고 할 수 있고, 그에 따라 국외이전 절차를 위한 표준 계약체결 등의 절차를 생략할 수 있는 등 국내 기업의 해외 진출에도 큰 도움이 될 수 있을 것으로 기대된다.[1]

제2절 개인정보 보호법

I. 서설

1. 개인정보 보호법의 제정

2011년에 제정되어 시행된 개인정보 보호법은 모든 분야 및 모든 형태의 개인정보 처리에 적용되는 개인정보 보호에 관한 일반법이다. 개인정보 보호법 제정 이전에는 정보통신망법이 민간분야를 대표하는 개인정보를 보호하는 법률로 작용해 오고 있었다. 그러나 일반법이 아닌 개별법으로 개인정보를 보호하는 것은 예기치 못한 공백이 발생하는 문제가 있었다. 따라서 개별법을 통하여 보호받지 못한 개인정보 보호의 사각지대를 해소하는 역할로 제정된 법률이 개인정보 보호법이다.[2]

개인정보 보호에 관한 다른 개별법과의 관계에 있어 개인정보 보호법 제6조(다른 법률과의 관계)는 "개인정보의 처리 및 보호에 관하여 다른 법률에 특별한 규정이 있는 경우를 제외하고는 이 법에서 정하는 바에 따른다. 개인정보의 처리 및 보호에 관한 다른 법률을 제정하거나 개정하는 경우에는 이 법의 목적과 원칙에 맞도록 하여야 한다"고 규정하고 있다. 이는 개별법의 적용을 받는 자라고 해서 개인정보 보호법의 적용이 면제된다는 것을 의미하는 것이 아니라, 개인정보를 처리하는 자는 누구든지 개인정보 보호법의 적용을 받되, 개별법에 동법의 내용과 다른 특별한 규정이 있고 그 내용이 동법의 내용과 상충되는 경우 그것

---

1) 강태욱(2020), "데이터 3법 통과…의료·AI 등 산업 탄력전망", KISO JOURNAL Vol. 38, 25–29쪽.
2) 이주연(2012), "구글 스트리트뷰와 개인정보 보호법", 정보법학 제16권 제3호(2012. 12), 306쪽.

에 한해서만 개별법의 규정이 우선 적용된다는 의미이다. 또한 개별법에서 개인정보 보호법의 내용과 다른 규정을 두고 있다고 해서 해당 개별법의 규정이 우선 적용되는 것이 아니라, 개별법의 목적·취지 등을 고려해서 개인정보 보호법의 적용을 배제할 의도가 분명하다고 인정되는 경우 또는 개인정보 보호법의 규정을 적용할 경우 개인정보 보호법과 개별법 사이에 모순이 발생하거나 불합리한 상황 또는 왜곡된 결과가 발생하는 경우에만 개별법 규정이 적용된다는 의미이다.3)

2. 개인정보의 보호 필요성

개인정보 보호의 자각은 연혁적으로 볼 때 빅브라더스로 상징되는 국가권력의 감시로부터의 개인의 소극적 자유를 보장하고자 하는 것으로부터 출발하였다. 모든 정보가 전자 정보화되어 네트워크를 매개로 유통될 수 있는 "전자네트워크사회"가 도래하면서 신원확인기술의 발전과 검색이 가능한 데이터의 수집이라는 모니터링 기술의 발달로 인해 사회는 점차 감시사회 내지 사이버 원형감옥(Cyber-Panopticon)으로 바뀌어 가고 있다는 인식에서 전자네트워크를 매개로 정보주체도 모르는 사이에 식별할 수 있는 개인정보나 식별할 수 없는 개인정보를 식별 가능한 것으로 전환한 개인정보를 이용하여 개인을 지배할 수 있다는 가능성에 대한 경계로서 대규모 정보수집처리자, 즉 국가에 대한 규제를 시도하였다.4)

그러나 정보기술의 발달로 민간부문에서의 사업자 및 개인에 의한 개인정보의 용이한 수집 및 처리를 가능하게 함으로써 개인정보에 대한 침해가 국가에 한정되지 않고 민간부문으로 확대되고 있으며, 침해의 동기도 통제나 감시가 아닌 경제적 이익의 실현으로 바뀌고 있어 개인정보의 보호는 이전과는 다른 의미에서 필요성을 갖게 되었다. 또한 개인정보의 수집과 활용이 정보처리자의 일방적인 처분으로 이루어지는 것이 아니라 개인의 자발적인 정보제공에 의해 이루어지고 있어 일방적인 감시로부터의 소극적 자유라는 기존의 패러다임으로는 이를 적절하게 설명하기 어려워진 것도 큰 변화 중 하나이다. 즉 개인들은 국가와 기업으로부터 적절한 서비스를 제공받기 위하여 스스로 자신의 개인정보를 제공

---

3) 이주연(2012), 307-308쪽.
4) 윤종수(2009), "개인정보보호법제의 개관", 정보법학 제13권 제1호(2009. 5), 185쪽.

하고, 국가는 정책결정과 국민의 효율적인 관리를 위하여 개인정보를 수집하고 관리하게 되며, 기업 역시 효율적인 사업활동을 통한 이윤창출과 거래의 대상으로서의 개인정보를 확보하기 위하여 이를 수집하고 관리하는 것이다. 그렇다면 개인정보 보호의 필요성도 소극적 자유를 회복하기 위한 것을 넘어 복합적으로 될 수밖에 없다. 결국 개인정보의 보호는 국가권력의 감시로부터 벗어나기 위한 전통적인 소극적 동기에서 전자정부로 상징되는 행정서비스의 구현에 있어 정보의 악용에 대한 의심을 제거하여 원활한 행정기능을 수행할 수 있도록 하고 전자상거래나 정보산업에 대한 신뢰와 발전을 저해하는 개인정보 침해의 우려를 불식시켜 시스템을 안정시키려는 적극적 동기로 그 필요성이 확대되고 있다고 할 것이다. 그 밖에 개인정보의 수집에 의한 내면적 다양성의 위축이나 개인정보 분석에 의한 직접적인 마케팅으로 개개인의 취향이 사업자에 의하여 조종되거나 차별적 취급을 받게 되는 폐해 등도 개인정보 보호를 통해 극복해야 할 것으로 지적되기도 한다.[5]

3. 개인정보의 개념

개인정보 보호법에 따르면 "개인정보"란 살아 있는 개인에 관한 정보로서 ⅰ) 성명, 주민등록번호 및 영상 등을 통하여 개인을 알아볼 수 있는 정보(가목), ⅱ) 해당 정보만으로는 특정 개인을 알아볼 수 없더라도 다른 정보와 쉽게 결합하여 알아볼 수 있는 정보. 이 경우 쉽게 결합할 수 있는지 여부는 다른 정보의 입수 가능성 등 개인을 알아보는 데 소요되는 시간, 비용, 기술 등을 합리적으로 고려하여야 한다(나목), ⅲ) 앞의 가목 또는 나목을 가명처리함으로써 원래의 상태로 복원하기 위한 추가 정보의 사용·결합 없이는 특정 개인을 알아볼 수 없는 정보("가명정보")(다목)를 말한다(개인정보 보호법2(1)).

4. 개인정보 보호법상 용어의 정리

(1) 가명처리

"가명처리"란 개인정보의 일부를 삭제하거나 일부 또는 전부를 대체하는 등의 방법으로 추가 정보가 없이는 특정 개인을 알아볼 수 없도록 처리하는 것을

---

5) 윤종수(2009), 185-186쪽

말한다(개인정보 보호법2(1의2)).

(2) 처리

"처리"란 개인정보의 수집, 생성, 연계, 연동, 기록, 저장, 보유, 가공, 편집, 검색, 출력, 정정, 복구, 이용, 제공, 공개, 파기, 그 밖에 이와 유사한 행위를 말한다(개인정보 보호법2(2)).

(3) 정보주체

"정보주체"란 처리되는 정보에 의하여 알아볼 수 있는 사람으로서 그 정보의 주체가 되는 사람을 말한다(개인정보 보호법2(3)).

(4) 개인정보파일

"개인정보파일"이란 개인정보를 쉽게 검색할 수 있도록 일정한 규칙에 따라 체계적으로 배열하거나 구성한 개인정보의 집합물을 말한다(개인정보 보호법2(4)).

(5) 개인정보처리자

"개인정보처리자"란 업무를 목적으로 개인정보파일을 운용하기 위하여 스스로 또는 다른 사람을 통하여 개인정보를 처리하는 공공기관, 법인, 단체 및 개인 등을 말한다(개인정보 보호법2(5)).

(6) 영상정보처리기기
(가) 고정형 영상정보처리기기

"고정형 영상정보처리기기"란 일정한 공간에 설치되어 지속적 또는 주기적으로 사람 또는 사물의 영상 등을 촬영하거나 이를 유·무선망을 통하여 전송하는 장치로서 대통령령으로 정하는 장치6)를 말한다(개인정보 보호법2(7)).

---

6) "대통령령으로 정하는 장치"란 다음의 장치를 말한다(동법 시행령3①).
   1. 폐쇄회로 텔레비전: 다음의 어느 하나에 해당하는 장치
     가. 일정한 공간에 설치된 카메라를 통하여 지속적 또는 주기적으로 영상 등을 촬영하거나 촬영한 영상정보를 유무선 폐쇄회로 등의 전송로를 통하여 특정 장소에 전송하는 장치
     나. 가목에 따라 촬영되거나 전송된 영상정보를 녹화·기록할 수 있도록 하는 장치
   2. 네트워크 카메라: 일정한 공간에 설치된 기기를 통하여 지속적 또는 주기적으로 촬영

(나) 이동형 영상정보처리기기

"이동형 영상정보처리기기"란 사람이 신체에 착용 또는 휴대하거나 이동 가능한 물체에 부착 또는 거치(据置)하여 사람 또는 사물의 영상 등을 촬영하거나 이를 유·무선망을 통하여 전송하는 장치로서 대통령령으로 정하는 장치7)를 말한다(개인정보 보호법2(7의2)).

(7) 과학적 연구

"과학적 연구"란 기술의 개발과 실증, 기초연구, 응용연구 및 민간 투자 연구 등 과학적 방법을 적용하는 연구를 말한다(개인정보 보호법2(8)).

5. 다른 법률과의 관계

개인정보의 처리 및 보호에 관하여 다른 법률에 특별한 규정이 있는 경우를 제외하고는 이 법에서 정하는 바에 따른다(개인정보 보호법6①)). 개인정보의 처리 및 보호에 관한 다른 법률을 제정하거나 개정하는 경우에는 이 법의 목적과 원칙에 맞도록 하여야 한다(개인정보 보호법6②)).

따라서 개인정보 보호법은 정보통신망법, 신용정보법 등 다른 법률에 특별한 규정이 있는 경우를 제외하고는 개인정보 보호법이 적용되는바, 개인정보 보호법은 개인정보의 보호 및 처리에 있어서 일반법이다.

한 영상정보를 그 기기를 설치·관리하는 자가 유무선 인터넷을 통하여 어느 곳에서나 수집·저장 등의 처리를 할 수 있도록 하는 장치
7) "대통령령으로 정하는 장치"란 다음의 장치를 말한다(동법 시행령3②).
　 1. 착용형 장치: 안경 또는 시계 등 사람의 신체 또는 의복에 착용하여 영상 등을 촬영하거나 촬영한 영상정보를 수집·저장 또는 전송하는 장치
　 2. 휴대형 장치: 이동통신단말장치 또는 디지털 카메라 등 사람이 휴대하면서 영상 등을 촬영하거나 촬영한 영상정보를 수집·저장 또는 전송하는 장치
　 3. 부착·거치형 장치: 차량이나 드론 등 이동 가능한 물체에 부착 또는 거치(据置)하여 영상 등을 촬영하거나 촬영한 영상정보를 수집·저장 또는 전송하는 장치

Ⅱ. 개인정보 보호위원회

1. 설치 및 구성

(1) 설치

개인정보 보호에 관한 사무를 독립적으로 수행하기 위하여 국무총리 소속으로 개인정보 보호위원회("보호위원회")를 둔다(개인정보 보호법7①). 보호위원회는 정부조직법 제2조에 따른 중앙행정기관으로 본다(개인정보 보호법7②).

(2) 구성과 임기

보호위원회는 상임위원 2명(위원장 1명, 부위원장 1명)을 포함한 9명의 위원으로 구성한다(개인정보 보호법7의2①). 보호위원회의 위원은 개인정보 보호에 관한 경력과 전문지식이 풍부한 ⅰ) 개인정보 보호 업무를 담당하는 3급 이상 공무원(고위공무원단에 속하는 공무원 포함)의 직에 있거나 있었던 사람, ⅱ) 판사·검사·변호사의 직에 10년 이상 있거나 있었던 사람, ⅲ) 공공기관 또는 단체(개인정보처리자로 구성된 단체 포함)에 3년 이상 임원으로 재직하였거나 이들 기관 또는 단체로부터 추천받은 사람으로서 개인정보 보호 업무를 3년 이상 담당하였던 사람, ⅳ) 개인정보 관련 분야에 전문지식이 있고 고등교육법 제2조 제1호에 따른 학교에서 부교수 이상으로 5년 이상 재직하고 있거나 재직하였던 사람 중에서 위원장과 부위원장은 국무총리의 제청으로, 그 외 위원 중 2명은 위원장의 제청으로, 2명은 대통령이 소속되거나 소속되었던 정당의 교섭단체 추천으로, 3명은 그 외의 교섭단체 추천으로 대통령이 임명 또는 위촉한다(개인정보 보호법7의2②). 위원의 임기는 3년으로 하되, 한 차례만 연임할 수 있다(개인정보 보호법7의4①).

(3) 위원장의 업무

위원장과 부위원장은 정무직 공무원으로 임명하며(개인정보 보호법7의2③), 위원장, 부위원장, 사무처의 장은 정부위원이 된다(개인정보 보호법7의2④). 위원장은 보호위원회를 대표하고, 보호위원회의 회의를 주재하며, 소관 사무를 총괄한다(개인정보 보호법7의3①). 위원장은 국회에 출석하여 보호위원회의 소관 사무에 관하여 의견을 진술할 수 있으며, 국회에서 요구하면 출석하여 보고하거나 답변하여야 한다(개인정보 보호법7의3③). 위원장은 국무회의에 출석하여 발언할 수 있으며, 그 소관 사무에 관하여 국무총리에게 의안 제출을 건의할 수 있다(개인정보 보호법7의3④).

2. 소관 사무

보호위원회는 ⅰ) 개인정보의 보호와 관련된 법령의 개선에 관한 사항(제1호), ⅱ) 개인정보 보호와 관련된 정책·제도·계획 수립·집행에 관한 사항(제2호), ⅲ) 정보주체의 권리침해에 대한 조사 및 이에 따른 처분에 관한 사항(제3호), ⅳ) 개인정보의 처리와 관련한 고충처리·권리구제 및 개인정보에 관한 분쟁의 조정(제4호), ⅴ) 개인정보 보호를 위한 국제기구 및 외국의 개인정보 보호기구와의 교류·협력(제5호), ⅵ) 개인정보 보호에 관한 법령·정책·제도·실태 등의 조사·연구, 교육 및 홍보에 관한 사항(제6호), ⅶ) 개인정보 보호에 관한 기술 개발의 지원·보급 및 전문인력의 양성에 관한 사항(제7호), ⅷ) 개인정보 보호법 및 다른 법령에 따라 보호위원회의 사무로 규정된 사항(제8호) 등의 소관 사무를 수행한다(개인정보 보호법7의8).

3. 심의·의결 사항

보호위원회는 다음의 사항을 심의·의결한다(개인정보 보호법7의9①).

1. 법 제8조의2에 따른 개인정보 침해요인 평가에 관한 사항
2. 법 제9조에 따른 기본계획 및 제10조에 따른 시행계획에 관한 사항
3. 개인정보 보호와 관련된 정책, 제도 및 법령의 개선에 관한 사항
4. 개인정보의 처리에 관한 공공기관 간의 의견조정에 관한 사항
5. 개인정보 보호에 관한 법령의 해석·운용에 관한 사항
6. 법제18조 제2항 제5호에 따른 개인정보의 이용·제공에 관한 사항
6의2. 법 제28조의9에 따른 개인정보의 국외 이전 중지 명령에 관한 사항
7. 법 제33조 제4항에 따른 영향평가 결과에 관한 사항
8. 법 제64조의2에 따른 과징금 부과에 관한 사항
9. 법 제61조에 따른 의견제시 및 개선권고에 관한 사항
9의2. 법 제63조의2 제2항에 따른 시정권고에 관한 사항
10. 법 제64조에 따른 시정조치 등에 관한 사항

11. 법 제65조에 따른 고발 및 징계권고에 관한 사항
12. 법 제66조에 따른 처리 결과의 공표 및 공표명령에 관한 사항
13. 법 제75조에 따른 과태료 부과에 관한 사항
14. 소관 법령 및 보호위원회 규칙의 제정·개정 및 폐지에 관한 사항
15. 개인정보 보호와 관련하여 보호위원회의 위원장 또는 위원 2명 이상이 회의에 부치는 사항
16. 그 밖에 이 법 또는 다른 법령에 따라 보호위원회가 심의·의결하는 사항

4. 개인정보 보호지침

보호위원회는 개인정보의 처리에 관한 기준, 개인정보 침해의 유형 및 예방조치 등에 관한 표준 개인정보 보호지침("표준지침")을 정하여 개인정보처리자에게 그 준수를 권장할 수 있다(개인정보 보호법12①). 이에 따라 (개인정보보호위원회) 표준 개인정보 보호지침(개인정보보호위원회고시 제2020-1호)이 제정되어 시행되고 있다. 이 지침은 개인정보 보호법 제12조 제1항에 따른 개인정보의 처리에 관한 기준, 개인정보 침해의 유형 및 예방조치 등에 관한 세부적인 사항을 규정함을 목적으로 한다(동지침1).

중앙행정기관의 장은 표준지침에 따라 소관 분야의 개인정보 처리와 관련한 개인정보 보호지침을 정하여 개인정보처리자에게 그 준수를 권장할 수 있다(개인정보 보호법12②).

Ⅲ. 개인정보의 수집·이용·제공

1. 개인정보의 수집·이용

(1) 개인정보의 수집 사유와 이용 범위

개인정보처리자는 다음의 어느 하나에 해당하는 경우에는 개인정보를 수집할 수 있으며 그 수집 목적의 범위에서 이용할 수 있다(개인정보 보호법15①).

1. 정보주체의 동의를 받은 경우
2. 법률에 특별한 규정이 있거나 법령상 의무를 준수하기 위하여 불가피한 경우
3. 공공기관이 법령 등에서 정하는 소관 업무의 수행을 위하여 불가피한 경우
4. 정보주체와 체결한 계약을 이행하거나 계약을 체결하는 과정에서 정보주체

의 요청에 따른 조치를 이행하기 위하여 필요한 경우
5. 명백히 정보주체 또는 제3자의 급박한 생명, 신체, 재산의 이익을 위하여 필요하다고 인정되는 경우
6. 개인정보처리자의 정당한 이익을 달성하기 위하여 필요한 경우로서 명백하게 정보주체의 권리보다 우선하는 경우. 이 경우 개인정보처리자의 정당한 이익과 상당한 관련이 있고 합리적인 범위를 초과하지 아니하는 경우에 한한다.
7. 공중위생 등 공공의 안전과 안녕을 위하여 긴급히 필요한 경우

(2) 정보주체의 동의와 통지

개인정보처리자는 정보주체의 동의(개인정보 보호법15①(1))를 받을 때에는 ⅰ) 개인정보의 수집·이용 목적(제1호), ⅱ) 수집하려는 개인정보의 항목(제2호), ⅲ) 개인정보의 보유 및 이용 기간(제3호), ⅳ) 동의를 거부할 권리가 있다는 사실 및 동의 거부에 따른 불이익이 있는 경우에는 그 불이익의 내용(제4호) 등의 사항을 정보주체에게 알려야 한다(개인정보 보호법15② 전단). 위 4가지 사항을 변경하는 경우에도 이를 알리고 동의를 받아야 한다(개인정보 보호법15② 후단).

(3) 정보주체의 동의 없는 정보이용

개인정보처리자는 당초 수집 목적과 합리적으로 관련된 범위에서 정보주체에게 불이익이 발생하는지 여부, 암호화 등 안전성 확보에 필요한 조치를 하였는지 여부 등을 고려하여 정보주체의 동의 없이 개인정보를 이용할 수 있다(개인정보 보호법15③). 따라서 개인정보처리자는 정보주체의 동의 없이 개인정보를 이용 또는 제공("개인정보의 추가적인 이용 또는 제공")하려는 경우에는 ⅰ) 당초 수집 목적과 관련성이 있는지 여부(제1호), ⅱ) 개인정보를 수집한 정황 또는 처리 관행에 비추어 볼 때 개인정보의 추가적인 이용 또는 제공에 대한 예측 가능성이 있는지 여부(제2호), ⅲ) 정보주체의 이익을 부당하게 침해하는지 여부(제3호), ⅳ) 가명처리 또는 암호화 등 안전성 확보에 필요한 조치를 하였는지 여부(제4호)의 사항을 고려해야 한다(동법 시행령14의2①).

개인정보처리자는 위의 고려사항에 대한 판단기준을 개인정보 처리방침에 미리 공개하고, 개인정보 보호책임자가 해당 기준에 따라 개인정보의 추가적인 이용 또는 제공을 하고 있는지 여부를 점검해야 한다(동법 시행령14의2②).

2. 개인정보의 수집 제한

(1) 수집 제한과 입증책임

개인정보처리자는 법 제15조 제1항 각 호의 사유인 ⅰ) 정보주체의 동의를 받은 경우(제1호), ⅱ) 법률에 특별한 규정이 있거나 법령상 의무를 준수하기 위하여 불가피한 경우(제2호), ⅲ) 공공기관이 법령 등에서 정하는 소관 업무의 수행을 위하여 불가피한 경우(제3호), ⅳ) 정보주체와의 계약의 체결 및 이행을 위하여 불가피하게 필요한 경우(제4호), ⅴ) 정보주체 또는 그 법정대리인이 의사표시를 할 수 없는 상태에 있거나 주소불명 등으로 사전 동의를 받을 수 없는 경우로서 명백히 정보주체 또는 제3자의 급박한 생명, 신체, 재산의 이익을 위하여 필요하다고 인정되는 경우(제5호), ⅵ) 개인정보처리자의 정당한 이익을 달성하기 위하여 필요한 경우로서 명백하게 정보주체의 권리보다 우선하는 경우(이 경우 개인정보처리자의 정당한 이익과 상당한 관련이 있고 합리적인 범위를 초과하지 아니하는 경우에 한한다)(제6호), ⅶ) 공중위생 등 공공의 안전과 안녕을 위하여 긴급히 필요한 경우(제7호)에 해당하여 개인정보를 수집하는 경우에는 그 목적에 필요한 최소한의 개인정보를 수집하여야 한다(개인정보 보호법16① 전단). 이 경우 최소한의 개인정보 수집이라는 입증책임은 개인정보처리자가 부담한다(개인정보 보호법16① 후단).

(2) 정보주체의 동의 여부 고지와 수집 제한

개인정보처리자는 정보주체의 동의를 받아 개인정보를 수집하는 경우 필요한 최소한의 정보 외의 개인정보 수집에는 동의하지 아니할 수 있다는 사실을 구체적으로 알리고 개인정보를 수집하여야 한다(개인정보 보호법16②).

(3) 정보주체의 부동의와 재화 · 서비스 제공 거부금지

개인정보처리자는 정보주체가 필요한 최소한의 정보 외의 개인정보 수집에 동의하지 아니한다는 이유로 정보주체에게 재화 또는 서비스의 제공을 거부하여서는 아니 된다(개인정보 보호법16③).

3. 개인정보의 제공

(1) 개인정보의 제3자 제공 사유

개인정보처리자는 다음의 어느 하나에 해당되는 경우에는 정보주체의 개인 정보를 제3자에게 제공(공유를 포함)할 수 있다(개인정보 보호법17①).

1. 정보주체의 동의를 받은 경우
2. 법 제15조 제1항 제2호, 제3호 및 제5호부터 제7호까지에 따라 개인정보를 수집한 목적 범위에서 개인정보를 제공하는 경우

(2) 고지사항

개인정보처리자는 정보주체의 동의를 받을 때에는 ⅰ) 개인정보를 제공받는 자(제1호), ⅱ) 개인정보를 제공받는 자의 개인정보 이용 목적(제2호), ⅲ) 제공하는 개인정보의 항목(제3호), ⅳ) 개인정보를 제공받는 자의 개인정보 보유 및 이용 기간(제4호), ⅴ) 동의를 거부할 권리가 있다는 사실 및 동의 거부에 따른 불이익이 있는 경우에는 그 불이익의 내용(제5호) 등의 사항을 정보주체에게 알려야 한다(개인정보 보호법17② 전단). 위의 5가지 고지사항을 변경하는 경우에도 이를 알리고 동의를 받아야 한다(개인정보 보호법17② 후단).

(3) 정보주체의 동의 없는 정보이용

개인정보처리자는 당초 수집 목적과 합리적으로 관련된 범위에서 정보주체에게 불이익이 발생하는지 여부, 암호화 등 안전성 확보에 필요한 조치를 하였는지 여부 등을 고려하여 정보주체의 동의 없이 개인정보를 이용할 수 있다(개인정보 보호법17④).

따라서 개인정보처리자는 정보주체의 동의 없이 개인정보를 이용 또는 제공("개인정보의 추가적인 이용 또는 제공")하려는 경우에는 ⅰ) 당초 수집 목적과 관련성이 있는지 여부, ⅱ) 개인정보를 수집한 정황 또는 처리 관행에 비추어 볼 때 개인정보의 추가적인 이용 또는 제공에 대한 예측 가능성이 있는지 여부, ⅲ) 정보주체의 이익을 부당하게 침해하는지 여부, ⅳ) 가명처리 또는 암호화 등 안전성 확보에 필요한 조치를 하였는지 여부의 사항을 고려해야 한다(동법 시행령14의

2①).

개인정보처리자는 개인정보의 추가적인 이용 또는 제공이 지속적으로 발생하는 경우에는 위의 고려사항에 대한 판단 기준을 법 제30조 제1항에 따른 개인정보 처리방침에 공개하고, 법 제31조 제1항에 따른 개인정보 보호책임자가 해당 기준에 따라 개인정보의 추가적인 이용 또는 제공을 하고 있는지 여부를 점검해야 한다(동법 시행령14의2②).

4. 개인정보의 목적 외 이용·제공 제한

(1) 이용범위 초과 이용 및 제공 금지

개인정보처리자는 개인정보를 법 제15조 제1항에 따른 범위를 초과하여 이용하거나 법 제17조 제1항 및 제28조의8 제1항에 따른 범위를 초과하여 제3자에게 제공하여서는 아니 된다(개인정보 보호법18①).

(2) 이용범위 초과 및 제공 금지의 예외

개인정보처리자는 다음의 어느 하나에 해당하는 경우에는 정보주체 또는 제3자의 이익을 부당하게 침해할 우려가 있을 때를 제외하고는 개인정보를 목적 외의 용도로 이용하거나 이를 제3자에게 제공할 수 있다(개인정보 보호법18② 본문). 다만, 제5호부터 제9호까지에 따른 경우는 공공기관의 경우로 한정한다(개인정보 보호법18② 단서).

1. 정보주체로부터 별도의 동의를 받은 경우
2. 다른 법률에 특별한 규정이 있는 경우
3. 명백히 정보주체 또는 제3자의 급박한 생명, 신체, 재산의 이익을 위하여 필요하다고 인정되는 경우
4. 삭제 [2020.2.4] [시행일 2020.8.5]
5. 개인정보를 목적 외의 용도로 이용하거나 이를 제3자에게 제공하지 아니하면 다른 법률에서 정하는 소관 업무를 수행할 수 없는 경우로서 보호위원회의 심의·의결을 거친 경우
6. 조약, 그 밖의 국제협정의 이행을 위하여 외국정부 또는 국제기구에 제공하기 위하여 필요한 경우
7. 범죄의 수사와 공소의 제기 및 유지를 위하여 필요한 경우

8. 법원의 재판업무 수행을 위하여 필요한 경우

9. 형(刑) 및 감호, 보호처분의 집행을 위하여 필요한 경우

10. 공중위생 등 공공의 안전과 안녕을 위하여 긴급히 필요한 경우

(3) 개인정보의 목적 외 이용 또는 제3자 제공의 관리

공공기관은 법 제18조 제2항에 따라 개인정보를 목적 외의 용도로 이용하거나 이를 제3자에게 제공하는 경우에는 ⅰ) 이용하거나 제공하는 개인정보 또는 개인정보파일의 명칭, ⅱ) 이용기관 또는 제공받는 기관의 명칭, ⅲ) 이용 목적 또는 제공받는 목적, ⅳ) 이용 또는 제공의 법적 근거, ⅴ) 이용하거나 제공하는 개인정보의 항목, ⅵ) 이용 또는 제공의 날짜, 주기 또는 기간, ⅶ) 이용하거나 제공하는 형태, ⅷ) 법 제18조 제5항에 따라 제한을 하거나 필요한 조치를 마련할 것을 요청한 경우에는 그 내용의 사항을 보호위원회가 정하여 고시하는 개인정보의 목적 외 이용 및 제3자 제공 대장에 기록하고 관리해야 한다(동법 시행령15).

(4) 정보주체의 별도 동의와 고지사항

개인정보처리자는 정보주체로부터 별도의 동의(개인정보 보호법18②(1))를 받을 때에는 ⅰ) 개인정보를 제공받는 자(제1호), ⅱ) 개인정보의 이용 목적(제공 시에는 제공받는 자의 이용 목적)(제2호), ⅲ) 이용 또는 제공하는 개인정보의 항목(제3호), ⅳ) 개인정보의 보유 및 이용 기간(제공 시에는 제공받는 자의 보유 및 이용 기간)(제4호), ⅴ) 동의를 거부할 권리가 있다는 사실 및 동의 거부에 따른 불이익이 있는 경우에는 그 불이익의 내용의 사항을 정보주체에게 알려야 한다(개인정보 보호법18③ 전단). 위의 고지사항을 변경하는 경우에도 이를 알리고 동의를 받아야 한다(개인정보 보호법18③ 후단).

(5) 공공기관의 목적 외 이용·제공과 게재

공공기관은 앞의 제18조 제2항 제2호부터 제6호까지, 제8호부터 제10호까지에 따라 개인정보를 목적 외의 용도로 이용하거나 이를 제3자에게 제공하는 경우에는 그 이용 또는 제공의 법적 근거, 목적 및 범위 등에 관하여 필요한 사항을 보호위원회가 고시로 정하는 바에 따라 관보 또는 인터넷 홈페이지 등에 게재하여야 한다(개인정보 보호법18④).

개인정보 보호법 제18조 제4항·제22조 제2항, 같은 법 시행령 제15조·제34조 제1항·제41조 제3항 및 제5항·제43조 제3항·제44조 제2항·제45조 제2항에서 위임된 사항과 그 시행에 필요한 사항을 규정함을 목적으로 개인정보 처리방법에 관한 고시(개인정보보호위원회고시 제2023-12호)가 제정되어 시행되고 있다.

(6) 목적 외 용도로 제3자 제공 제한

개인정보처리자는 앞의 제18조 제2항 각 호의 어느 하나의 경우에 해당하여 개인정보를 목적 외의 용도로 제3자에게 제공하는 경우에는 개인정보를 제공받는 자에게 이용 목적, 이용 방법, 그 밖에 필요한 사항에 대하여 제한을 하거나, 개인정보의 안전성 확보를 위하여 필요한 조치를 마련하도록 요청하여야 한다(개인정보 보호법18⑤ 전단). 이 경우 요청을 받은 자는 개인정보의 안전성 확보를 위하여 필요한 조치를 하여야 한다(개인정보 보호법18⑤ 후단).

5. 개인정보를 제공받은 자의 이용·제공 제한

개인정보처리자로부터 개인정보를 제공받은 자는 ⅰ) 정보주체로부터 별도의 동의를 받은 경우(제1호), ⅱ) 다른 법률에 특별한 규정이 있는 경우(제2호)를 제외하고는 개인정보를 제공받은 목적 외의 용도로 이용하거나 이를 제3자에게 제공하여서는 아니 된다(개인정보 보호법19).

6. 정보주체 이외로부터 수집한 개인정보의 수집 출처 등 고지

(1) 고지사항

개인정보처리자가 정보주체 이외로부터 수집한 개인정보를 처리하는 때에는 정보주체의 요구가 있으면 즉시 다음의 모든 사항을 정보주체에게 알려야 한다(개인정보 보호법20①).

1. 개인정보의 수집 출처
2. 개인정보의 처리 목적
3. 법 제37조에 따른 개인정보 처리의 정지를 요구하거나 동의를 철회할 권리가 있다는 사실

(2) 개인정보 수집 출처 등 고지 대상

처리하는 개인정보의 종류·규모, 종업원 수 및 매출액 규모 등을 고려하여 대통령령으로 정하는 기준에 해당하는 개인정보처리자인 ⅰ) 5만명 이상의 정보주체에 관하여 민감정보 또는 고유식별정보를 처리하는 자, ⅱ) 100만명 이상의 정보주체에 관하여 개인정보를 처리하는 자(동법 시행령15의2①(1)(2))가 정보주체의 동의를 받은 경우(개인정보 보호법17①(1))에 따라 정보주체 이외로부터 개인정보를 수집하여 처리하는 때에는 위의 3가지 고지사항을 정보주체에게 알려야 한다(법20② 본문). 다만, 개인정보처리자가 수집한 정보에 연락처 등 정보주체에게 알릴 수 있는 개인정보가 포함되지 아니한 경우에는 그러하지 아니하다(개인정보 보호법20② 단서).

(3) 개인정보 수집 출처 등 고지 방법·시기

ⅰ) 5만명 이상의 정보주체에 관하여 민감정보 또는 고유식별정보를 처리하는 자, ⅱ) 100만명 이상의 정보주체에 관하여 개인정보를 처리하는 자(동법 시행령15의2①(1)(2))는 고지사항을 서면·전화·문자전송·전자우편 등 정보주체가 쉽게 알 수 있는 방법으로 개인정보를 제공받은 날부터 3개월 이내에 정보주체에게 알려야 한다(영15의2② 본문). 다만, ⅰ) 개인정보를 제공받는 자, ⅱ) 개인정보를 제공받는 자의 개인정보 이용 목적, ⅲ) 제공하는 개인정보의 항목, ⅳ) 개인정보를 제공받는 자의 개인정보 보유 및 이용 기간(법17②(1)-(4))의 사항에 대하여 정보주체의 동의를 받은 범위에서 연 2회 이상 주기적으로 개인정보를 제공받아 처리하는 경우에는 개인정보를 제공받은 날부터 3개월 이내에 정보주체에게 알리거나 그 동의를 받은 날부터 기산하여 연 1회 이상 정보주체에게 알려야 한다(동법 시행령15의2② 단서).

(4) 개인정보 파기 전까지의 보관·관리

ⅰ) 5만명 이상의 정보주체에 관하여 민감정보 또는 고유식별정보를 처리하는 자, ⅱ) 100만명 이상의 정보주체에 관하여 개인정보를 처리하는 자(동법 시행령15의2①(1)(2))는 정보주체에게 알린 경우 정보주체에게 알린 사실, 알린 시기, 알린 방법을 해당 개인정보를 파기할 때까지 보관·관리하여야 한다(동법 시행령15의2④).

(5) 적용 제외

앞에서 살펴본 고지사항과 개인정보 수집 출처 등 고지 대상(개인정보 보호법20① 및 ② 본문)은 ⅰ) 통지를 요구하는 대상이 되는 개인정보가 ㉠ 국가 안전, 외교상 비밀, 그 밖에 국가의 중대한 이익에 관한 사항을 기록한 개인정보파일, ㉡ 범죄의 수사, 공소의 제기 및 유지, 형 및 감호의 집행, 교정처분, 보호처분, 보안관찰처분과 출입국관리에 관한 사항을 기록한 개인정보파일, ㉢ 조세범처벌법에 따른 범칙행위 조사 및 관세법에 따른 범칙행위 조사에 관한 사항을 기록한 개인정보파일, ㉣ 공공기관의 내부적 업무처리만을 위하여 사용되는 개인정보파일, ㉤ 다른 법령에 따라 비밀로 분류된 개인정보파일(개인정보 보호법32② 각호)에 포함되어 있는 경우, ⅱ) 통지로 인하여 다른 사람의 생명·신체를 해할 우려가 있거나 다른 사람의 재산과 그 밖의 이익을 부당하게 침해할 우려가 있는 경우에는 적용하지 아니한다(개인정보 보호법20④ 본문). 다만, 개인정보 보호법에 따른 정보주체의 권리보다 명백히 우선하는 경우에 한한다(개인정보 보호법20④ 단서).

7. 개인정보의 파기

(1) 파기 사유

개인정보처리자는 보유기간의 경과, 개인정보의 처리 목적 달성, 가명정보의 처리 기간 경과 등 그 개인정보가 불필요하게 되었을 때에는 지체 없이 그 개인정보를 파기하여야 한다(개인정보 보호법21① 본문). 다만, 다른 법령에 따라 보존하여야 하는 경우에는 그러하지 아니하다(개인정보 보호법21① 단서).

(2) 복구 또는 재생 금지조치

개인정보처리자가 개인정보를 파기할 때에는 복구 또는 재생되지 아니하도록 조치하여야 한다(개인정보 보호법21②).

(3) 개인정보 보존과 분리·저장·관리

개인정보처리자가 개인정보를 파기하지 아니하고 보존하여야 하는 경우에는 해당 개인정보 또는 개인정보파일을 다른 개인정보와 분리하여서 저장·관리하여야 한다(개인정보 보호법21③).

(4) 개인정보의 파기방법

개인정보처리자는 개인정보를 파기할 때에는 다음의 구분에 따른 방법으로 해야 한다(동법 시행령16①).

1. 전자적 파일 형태인 경우: 복원이 불가능한 방법으로 영구 삭제. 다만, 기술적 특성으로 영구 삭제가 현저히 곤란한 경우에는 법 제58조의2에 해당하는 정보로 처리하여 복원이 불가능하도록 조치해야 한다.
2. 제1호 외의 기록물, 인쇄물, 서면, 그 밖의 기록매체인 경우: 파쇄 또는 소각

이에 따른 개인정보의 안전한 파기에 관한 세부 사항은 보호위원회가 정하여 고시한다(동법 시행령16①).

8. 동의를 받는 방법

(1) 동의사항 구분 고지와 동의

개인정보처리자는 개인정보 보호법에 따른 개인정보의 처리에 대하여 정보주체(법정대리인을 포함)의 동의를 받을 때에는 각각의 동의 사항을 구분하여 정보주체가 이를 명확하게 인지할 수 있도록 알리고 동의를 받아야 한다(개인정보 보호법22① 전단). 이 경우 다음의 경우에는 동의 사항을 구분하여 각각 동의를 받아야 한다(개인정보 보호법22① 후단).

1. 법 제15조 제1항 제1호에 따라 동의를 받는 경우
2. 법 제17조 제1항 제1호에 따라 동의를 받는 경우
3. 법 제18조 제2항 제1호에 따라 동의를 받는 경우
4. 법 제19조 제1호에 따라 동의를 받는 경우
5. 법 제23조 제1항 제1호에 따라 동의를 받는 경우
6. 법 제24조 제1항 제1호에 따라 동의를 받는 경우
7. 재화나 서비스를 홍보하거나 판매를 권유하기 위하여 개인정보의 처리에 대한 동의를 받으려는 경우
8. 그 밖에 정보주체를 보호하기 위하여 동의 사항을 구분하여 동의를 받아야 할 필요가 있는 경우로서 대통령령으로 정하는 경우

개인정보처리자는 법 제22조에 따라 개인정보의 처리에 대하여 정보주체의 동의를 받을 때에는 다음의 조건을 모두 충족해야 한다(동법 시행령17①).

1. 정보주체가 자유로운 의사에 따라 동의 여부를 결정할 수 있을 것
2. 동의를 받으려는 내용이 구체적이고 명확할 것
3. 그 내용을 쉽게 읽고 이해할 수 있는 문구를 사용할 것
4. 동의 여부를 명확하게 표시할 수 있는 방법을 정보주체에게 제공할 것

개인정보처리자는 정보주체로부터 법 제22조 제1항 각 호에 따른 동의를 받으려는 때에는 정보주체가 동의 여부를 선택할 수 있다는 사실을 명확하게 알 수 있도록 표시해야 한다(동법 시행령17④).

(2) 동의방법

개인정보처리자는 개인정보의 처리에 대하여 ⅰ) 동의 내용이 적힌 서면을 정보주체에게 직접 발급하거나 우편 또는 팩스 등의 방법으로 전달하고, 정보주체가 서명하거나 날인한 동의서를 받는 방법, ⅱ) 전화를 통하여 동의 내용을 정보주체에게 알리고 동의의 의사표시를 확인하는 방법, ⅲ) 전화를 통하여 동의 내용을 정보주체에게 알리고 정보주체에게 인터넷주소 등을 통하여 동의 사항을 확인하도록 한 후 다시 전화를 통하여 그 동의 사항에 대한 동의의 의사표시를 확인하는 방법, ⅳ) 인터넷 홈페이지 등에 동의 내용을 게재하고 정보주체가 동의 여부를 표시하도록 하는 방법, ⅴ) 동의 내용이 적힌 전자우편을 발송하여 정보주체로부터 동의의 의사표시가 적힌 전자우편을 받는 방법, ⅵ) 그 밖에 앞의 5가지 방법에 준하는 방법으로 동의 내용을 알리고 동의의 의사표시를 확인하는 방법으로 정보주체의 동의를 받아야 한다(동법 시행령17②).

중앙행정기관의 장은 동의방법 중 소관 분야의 개인정보처리자별 업무, 업종의 특성 및 정보주체의 수 등을 고려하여 적절한 동의방법에 관한 기준을 개인정보 보호지침으로 정하여 그 기준에 따라 동의를 받도록 개인정보처리자에게 권장할 수 있다(동법 시행령17⑥).

(3) 중요한 내용의 표시방법

개인정보처리자는 동의를 서면(전자문서법 제2조 제1호[8])에 따른 전자문서를 포함)으로 받을 때에는 개인정보의 수집·이용 목적, 수집·이용하려는 개인정보의 항목 등 대통령령으로 정하는 중요한 내용을 보호위원회가 고시로 정하는 방법에 따라 명확히 표시하여 알아보기 쉽게 하여야 한다(개인정보 보호법22②).

여기서 "대통령령으로 정하는 중요한 내용"이란 ⅰ) 개인정보의 수집·이용 목적 중 재화나 서비스의 홍보 또는 판매 권유 등을 위하여 해당 개인정보를 이용하여 정보주체에게 연락할 수 있다는 사실(제1호), ⅱ) 처리하려는 개인정보의 항목 중 다음의 사항(제2호), 즉 ㉠ 민감정보(가목), ㉡ 여권번호, 운전면허의 면허번호 및 외국인등록번호(나목), ⅲ) 개인정보의 보유 및 이용 기간(제공 시에는 제공받는 자의 보유 및 이용 기간)(제3호), ⅳ) 개인정보를 제공받는 자 및 개인정보를 제공받는 자의 개인정보 이용 목적(제4호)을 말한다(동법 시행령17③).

(4) 동의 정보의 구분과 입증책임

개인정보처리자는 정보주체의 동의 없이 처리할 수 있는 개인정보에 대해서는 그 항목과 처리의 법적 근거를 정보주체의 동의를 받아 처리하는 개인정보와 구분하여 법 제30조 제2항에 따라 공개하거나 전자우편 등 대통령령으로 정하는 방법에 따라 정보주체에게 알려야 한다(개인정보 보호법22③ 전단). 이 경우 동의 없이 처리할 수 있는 개인정보라는 입증책임은 개인정보처리자가 부담한다(개인정보 보호법22③ 후단).

위에서 "대통령령으로 정하는 방법"이란 서면, 전자우편, 팩스, 전화, 문자전송 또는 이에 상당하는 방법("서면등의 방법")을 말한다(동법 시행령17⑤).

(5) 정보 부동의와 재화·서비스 제공 거부금지

개인정보처리자는 정보주체가 선택적으로 동의할 수 있는 사항을 동의하지 아니하거나 제4항 및 제18조 제2항 제1호에 따른 동의를 하지 아니한다는 이유로 정보주체에게 재화 또는 서비스의 제공을 거부하여서는 아니 된다(개인정보 보호법22⑤).

---

8) 1. "전자문서"란 정보처리시스템에 의하여 전자적 형태로 작성, 송신·수신 또는 저장된 정보를 말한다.

9. 아동의 개인정보 보호

(1) 법정대리인의 동의

개인정보처리자는 만 14세 미만 아동의 개인정보를 처리하기 위하여 개인정보 보호법에 따른 동의를 받아야 할 때에는 그 법정대리인의 동의를 받아야 하며, 법정대리인이 동의하였는지를 확인하여야 한다(개인정보 보호법22의2①).

개인정보처리자는 법 제22조의2 제1항에 따라 법정대리인이 동의했는지를 확인하는 경우에는 다음의 어느 하나에 해당하는 방법으로 해야 한다(동법 시행령17의2①).

1. 동의 내용을 게재한 인터넷 사이트에 법정대리인이 동의 여부를 표시하도록 하고 개인정보처리자가 그 동의 표시를 확인했음을 법정대리인의 휴대전화 문자메시지로 알리는 방법
2. 동의 내용을 게재한 인터넷 사이트에 법정대리인이 동의 여부를 표시하도록 하고 법정대리인의 신용카드·직불카드 등의 카드정보를 제공받는 방법
3. 동의 내용을 게재한 인터넷 사이트에 법정대리인이 동의 여부를 표시하도록 하고 법정대리인의 휴대전화 본인인증 등을 통하여 본인 여부를 확인하는 방법
4. 동의 내용이 적힌 서면을 법정대리인에게 직접 발급하거나 우편 또는 팩스를 통하여 전달하고, 법정대리인이 동의 내용에 대하여 서명날인 후 제출하도록 하는 방법
5. 동의 내용이 적힌 전자우편을 발송하고 법정대리인으로부터 동의의 의사표시가 적힌 전자 우편을 전송받는 방법
6. 전화를 통하여 동의 내용을 법정대리인에게 알리고 동의를 받거나 인터넷주소 등 동의 내용을 확인할 수 있는 방법을 안내하고 재차 전화 통화를 통하여 동의를 받는 방법
7. 그 밖에 제1호부터 제6호까지의 규정에 준하는 방법으로서 법정대리인에게 동의 내용을 알리고 동의의 의사표시를 확인하는 방법

(2) 법정대리인의 동의 제외

법정대리인의 동의를 받기 위하여 필요한 최소한의 정보로서 법정대리인의 성명 및 연락처에 관한 정보(동법 시행령17의2②)는 법정대리인의 동의 없이 해당

아동으로부터 직접 수집할 수 있다(개인정보 보호법22의2②).

(3) 고지 방식

개인정보처리자는 만 14세 미만의 아동에게 개인정보 처리와 관련한 사항의 고지 등을 할 때에는 이해하기 쉬운 양식과 명확하고 알기 쉬운 언어를 사용하여야 한다(개인정보 보호법22의2③).

Ⅳ. 개인정보의 처리 제한

1. 민감정보의 처리 제한

(1) 민감정보의 범위

민감정보란 ⅰ) 유전자검사 등의 결과로 얻어진 유전정보(제1호), ⅱ) 형의 실효 등에 관한 법률("형실효법) 제2조 제5호9)에 따른 범죄경력자료에 해당하는 정보(제2호), ⅲ) 개인의 신체적, 생리적, 행동적 특징에 관한 정보로서 특정 개인을 알아볼 목적으로 일정한 기술적 수단을 통해 생성한 정보(제3호), ⅳ) 인종이나 민족에 관한 정보(제4호)를 말한다(개인정보 보호법23① 본문, 동법 시행령18 본문).

다만, 공공기관이 ⅰ) 개인정보를 목적 외의 용도로 이용하거나 이를 제3자에게 제공하지 아니하면 다른 법률에서 정하는 소관 업무를 수행할 수 없는 경우로서 보호위원회의 심의·의결을 거친 경우(개인정보 보호법18②(5)), ⅱ) 조약, 그 밖의 국제협정의 이행을 위하여 외국정부 또는 국제기구에 제공하기 위하여 필요한 경우(개인정보 보호법18②(6)), ⅲ) 범죄의 수사와 공소의 제기 및 유지를 위하여 필요한 경우(개인정보 보호법18②(7)), ⅳ) 법원의 재판업무 수행을 위하여 필요한 경우(개인정보 보호법18②(8)), ⅴ) 형(刑) 및 감호, 보호처분의 집행을 위하여 필요한 경우(개인정보 보호법18②(9))의 해당 정보는 제외한다(개인정보 보호법23

---

9) 형실효법 제2조(정의)
  5. "범죄경력자료"란 수사자료표 중 다음에 해당하는 사항에 관한 자료를 말한다.
    가. 벌금 이상의 형의 선고, 면제 및 선고유예
    나. 보호감호, 치료감호, 보호관찰
    다. 선고유예의 실효
    라. 집행유예의 취소
    마. 벌금 이상의 형과 함께 부과된 몰수, 추징, 사회봉사명령, 수강명령 등의 선고 또는 처분

① 본문, 동법 시행령18 단서),

(2) 민감정보의 처리 제한

개인정보처리자는 사상·신념, 노동조합·정당의 가입·탈퇴, 정치적 견해, 건강, 성생활 등에 관한 정보, 그 밖에 정보주체의 사생활을 현저히 침해할 우려가 있는 개인정보로서 "민감정보"를 처리하여서는 안된다(개인정보 보호법23① 본문).

(3) 민감정보의 처리 제한의 예외

ⅰ) 정보주체에게 개인정보의 수집·이용 목적, 수집하려는 개인정보의 항목, 개인정보의 보유 및 이용 기간, 동의를 거부할 권리가 있다는 사실 및 동의 거부에 따른 불이익이 있는 경우에는 그 불이익의 내용 또는 개인정보를 제공받는 자, 개인정보를 제공받는 자의 개인정보 이용 목적, 제공하는 개인정보의 항목, 개인정보를 제공받는 자의 개인정보 보유 및 이용 기간, 동의를 거부할 권리가 있다는 사실 및 동의 거부에 따른 불이익이 있는 경우에는 그 불이익의 내용을 알리고 다른 개인정보의 처리에 대한 동의와 별도로 동의를 받은 경우(제1호), ⅱ) 법령에서 민감정보의 처리를 요구하거나 허용하는 경우(제2호)에는 민감정보를 처리할 수 있다(개인정보 보호법23① 단서).

(4) 안전성 확보 조치

개인정보처리자가 민감정보를 처리하는 경우에는 그 민감정보가 분실·도난·유출·위조·변조 또는 훼손되지 아니하도록 안전성 확보에 필요한 조치를 하여야 한다(개인정보 보호법23②).

(5) 민감정보의 공개 가능성 및 비공개 선택 방법의 고지

개인정보처리자는 재화 또는 서비스를 제공하는 과정에서 공개되는 정보에 정보주체의 민감정보가 포함됨으로써 사생활 침해의 위험성이 있다고 판단하는 때에는 재화 또는 서비스의 제공 전에 민감정보의 공개 가능성 및 비공개를 선택하는 방법을 정보주체가 알아보기 쉽게 알려야 한다(개인정보 보호법23③).

2. 고유식별정보의 처리 제한

(1) 고유식별정보의 범위

고유식별정보는 주민등록번호, 여권번호, 운전면허의 면허번호, 외국인등록 번호를 말한다(동법 시행령19 본문). 다만, 공공기관이 ⅰ) 개인정보를 목적 외의 용도로 이용하거나 이를 제3자에게 제공하지 아니하면 다른 법률에서 정하는 소 관 업무를 수행할 수 없는 경우로서 보호위원회의 심의·의결을 거친 경우(개인 정보 보호법18②(5)), ⅱ) 조약, 그 밖의 국제협정의 이행을 위하여 외국정부 또는 국제기구에 제공하기 위하여 필요한 경우(개인정보 보호법18②(6)), ⅲ) 범죄의 수 사와 공소의 제기 및 유지를 위하여 필요한 경우(개인정보 보호법18②(7)), ⅳ) 법 원의 재판업무 수행을 위하여 필요한 경우(개인정보 보호법18②(8)), ⅴ) 형(刑) 및 감호, 보호처분의 집행을 위하여 필요한 경우(개인정보 보호법18②(9))의 해당 정 보는 제외한다(동법 시행령19 단서).

(2) 고유식별정보의 처리 제한

개인정보처리자는 ⅰ) 정보주체에게 개인정보의 수집·이용 목적, 수집하려 는 개인정보의 항목, 개인정보의 보유 및 이용 기간, 동의를 거부할 권리가 있다 는 사실 및 동의 거부에 따른 불이익이 있는 경우에는 그 불이익의 내용 또는 개 인정보를 제공받는 자, 개인정보를 제공받는 자의 개인정보 이용 목적, 제공하는 개인정보의 항목, 개인정보를 제공받는 자의 개인정보 보유 및 이용 기간, 동의 를 거부할 권리가 있다는 사실 및 동의 거부에 따른 불이익이 있는 경우에는 그 불이익의 내용을 알리고 다른 개인정보의 처리에 대한 동의와 별도로 동의를 받 은 경우(제1호), ⅱ) 법령에서 구체적으로 고유식별정보의 처리를 요구하거나 허 용하는 경우(제2호)를 제외하고는 법령에 따라 개인을 고유하게 구별하기 위하여 부여된 식별정보인 고유식별정보를 처리할 수 없다(개인정보 보호법24①).

(3) 고유식별정보의 안전성 확보 조치

개인정보처리자가 고유식별정보를 처리하는 경우에는 그 고유식별정보가 분실·도난·유출·위조·변조 또는 훼손되지 아니하도록 대통령령으로 정하는 바에 따라 암호화 등 안전성 확보에 필요한 조치를 하여야 한다(개인정보 보호법

24③).

(4) 보호위원회의 정기 조사

보호위원회는 처리하는 개인정보의 종류·규모, 종업원 수 및 매출액 규모 등을 고려하여 ⅰ) 공공기관, ⅱ) 5만명 이상의 정보주체에 관하여 고유식별정보를 처리하는 자가 안전성 확보에 필요한 조치를 하였는지에 관하여 정기적으로 조사하여야 한다(개인정보 보호법24④, 동법 시행령21②)). ⅰ) 공공기관, ⅱ) 5만명 이상의 정보주체에 관하여 고유식별정보를 처리하는 자에 대하여 안전성 확보에 필요한 조치를 하였는지를 2년마다 1회 이상 조사해야 한다(동법 시행령21③). 조사는 ⅰ) 공공기관, ⅱ) 5만명 이상의 정보주체에 관하여 고유식별정보를 처리하는 자에게 온라인 또는 서면을 통하여 필요한 자료를 제출하게 하는 방법으로 한다(동법 시행령21④).

보호위원회는 ⅰ) 한국인터넷진흥원, ⅱ) 조사를 수행할 수 있는 기술적·재정적 능력과 설비를 보유한 것으로 인정되어 보호위원회가 정하여 고시하는 법인, 단체 또는 기관으로 하여금 조사를 수행하게 할 수 있다(개인정보 보호법24⑤, 동법 시행령21⑤).

3. 주민등록번호 처리 제한

(1) 주민등록번호 처리 제한의 예외

개인정보처리자는 ⅰ) 법률·대통령령·국회규칙·대법원규칙·헌법재판소규칙·중앙선거관리위원회규칙 및 감사원규칙에서 구체적으로 주민등록번호의 처리를 요구하거나 허용한 경우(제1호), ⅱ) 정보주체 또는 제3자의 급박한 생명, 신체, 재산의 이익을 위하여 명백히 필요하다고 인정되는 경우(제2호), ⅲ) 앞의 제1호 및 제2호에 준하여 주민등록번호 처리가 불가피한 경우로서 보호위원회가 고시로 정하는 경우(제3호)를 제외하고는 주민등록번호를 처리할 수 없다(개인정보 보호법24의2①).

(2) 안전보관의무

개인정보처리자는 주민등록번호가 분실·도난·유출·위조·변조 또는 훼손되지 아니하도록 암호화 조치를 통하여 안전하게 보관하여야 한다(개인정보 보호법24의2② 전단).

(3) 암호화 적용 대상 및 대상별 적용 시기

암호화 조치를 하여야 하는 암호화 적용 대상은 주민등록번호를 전자적인 방법으로 보관하는 개인정보처리자로 한다(동법 시행령21의2①).

개인정보처리자에 대한 암호화 적용 시기는 ⅰ) 100만명 미만의 정보주체에 관한 주민등록번호를 보관하는 개인정보처리자: 2017년 1월 1일, ⅱ) 100만명 이상의 정보주체에 관한 주민등록번호를 보관하는 개인정보처리자: 2018년 1월 1일이다(동법 시행령21의2②).

(4) 회원가입 방법 제공

개인정보처리자는 법 제24조의2 제1항 각 호에 따라 주민등록번호를 처리하는 경우에도 정보주체가 인터넷 홈페이지를 통하여 회원으로 가입하는 단계에서는 주민등록번호를 사용하지 아니하고도 회원으로 가입할 수 있는 방법을 제공하여야 한다(개인정보 보호법24의2③).

(5) 보호위원회의 제반 조치의 마련 · 지원

보호위원회는 개인정보처리자가 법 제24조의2 제3항에 따른 방법을 제공할 수 있도록 관계 법령의 정비, 계획의 수립, 필요한 시설 및 시스템의 구축 등 제반 조치를 마련 · 지원할 수 있다(개인정보 보호법24의2④).

4. 고정형 영상정보처리기기의 설치 · 운영 제한

(1) 공개된 장소에 영상정보처리기기 설치 · 운영
(가) 고정형 영상정보처리기기 설치 · 운영 제한

누구든지 다음의 경우를 제외하고는 공개된 장소에 고정형 영상정보처리기기를 설치 · 운영하여서는 아니 된다(개인정보 보호법25①).

1. 법령에서 구체적으로 허용하고 있는 경우
2. 범죄의 예방 및 수사를 위하여 필요한 경우
3. 시설의 안전 및 관리, 화재 예방을 위하여 정당한 권한을 가진 자가 설치 · 운

영하는 경우

4. 교통단속을 위하여 정당한 권한을 가진 자가 설치·운영하는 경우

5. 교통정보의 수집·분석 및 제공을 위하여 정당한 권한을 가진 자가 설치·운영하는 경우

6. 촬영된 영상정보를 저장하지 아니하는 경우로서 대통령령으로 정하는 경우[10]

(나) 고정형 영상정보처리기기 설치시 의견 수렴

고정형 영상정보처리기기를 설치·운영하려는 공공기관의 장은 공청회·설명회의 개최 등 대통령령으로 정하는 절차를 거쳐 관계 전문가 및 이해관계인의 의견을 수렴하여야 한다(개인정보 보호법25③).

이에 따라 고정형 영상정보처리기기를 설치·운영하려는 공공기관의 장은 다음의 어느 하나에 해당하는 절차를 거쳐 관계 전문가 및 이해관계인의 의견을 수렴하여야 한다(동법 시행령23①).

1. 행정절차법에 따른 행정예고의 실시 또는 의견청취

2. 해당 고정형 영상정보처리기기의 설치로 직접 영향을 받는 지역 주민 등을 대상으로 하는 설명회·설문조사 또는 여론조사

(다) 안내판의 설치 등

1) 안내판 설치

고정형 영상정보처리기기를 설치·운영하는 자("고정형 영상정보처리기기 운영자")는 정보주체가 쉽게 인식할 수 있도록 ⅰ) 설치 목적 및 장소(제1호), ⅱ) 촬영 범위 및 시간(제2호), ⅲ) 관리책임자 성명 및 연락처(제3호)가 포함된 안내판을 설치하는 등 필요한 조치를 하여야 한다(개인정보 보호법25④ 본문). 다만, 「군사기지 및 군사시설 보호법」 제2조 제2호[11])에 따른 군사시설, 「통합방위법」 제2

---

10) "대통령령으로 정하는 경우"란 다음의 어느 하나에 해당하는 경우를 말한다(동법 시행령 22①).

　1. 출입자 수, 성별, 연령대 등 통계값 또는 통계적 특성값 산출을 위해 촬영된 영상정보를 일시적으로 처리하는 경우

　2. 그 밖에 제1호에 준하는 경우로서 보호위원회의 심의·의결을 거친 경우

11) 2. "군사시설"이란 전투진지, 군사목적을 위한 장애물, 폭발물 관련 시설, 사격장, 훈련장,

조 제13호[12])에 따른 국가중요시설, 「보안업무규정」 제32조[13])에 따른 국가보안시설(동법 시행령24④)에 대하여는 그러하지 아니하다(개인정보 보호법25④ 단서).

이에 따라 고정형 영상정보처리기기를 설치·운영하는 자("고정형 영상정보처리기기 운영자")는 고정형 영상정보처리기기가 설치·운영되고 있음을 정보주체가 쉽게 알아볼 수 있도록 법 제25조 제4항 각 호의 사항이 포함된 안내판을 설치하여야 한다(동법 시행령24① 본문). 다만, 건물 안에 여러 개의 고정형 영상정보처리기기를 설치하는 경우에는 출입구 등 잘 보이는 곳에 해당 시설 또는 장소 전체가 고정형 영상정보처리기기 설치지역임을 표시하는 안내판을 설치할 수 있다(동법 시행령24① 단서).

2) 안내판 설치에 갈음한 인터넷 홈페이지 게재

고정형 영상정보처리기기운영자가 설치·운영하는 고정형 영상정보처리기기가 다음의 어느 하나에 해당하는 경우에는 안내판 설치를 갈음하여 고정형영상정보처리기기운영자의 인터넷 홈페이지에 법 제25조 제4항 각 호의 사항을 게재할 수 있다(동법 시행령24②).

> 1. 공공기관이 원거리 촬영, 과속·신호위반 단속 또는 교통흐름조사 등의 목적으로 고정형 영상정보처리기기를 설치하는 경우로서 개인정보 침해의 우려

군용전기통신설비, 군사목적을 위한 연구시설 및 시험시설·시험장, 그 밖에 군사목적에 직접 공용(供用)되는 시설로서 대통령령으로 정하는 것을 말한다.

12) 13. "국가중요시설"이란 공공기관, 공항·항만, 주요 산업시설 등 적에 의하여 점령 또는 파괴되거나 기능이 마비될 경우 국가안보와 국민생활에 심각한 영향을 주게 되는 시설을 말한다.

13) ① 국가정보원장은 파괴 또는 기능이 침해되거나 비밀이 누설될 경우 전략적·군사적으로 막대한 손해가 발생하거나 국가안전보장에 연쇄적 혼란을 일으킬 우려가 있는 시설 및 항공기·선박 등 중요 장비를 각각 국가보안시설 및 국가보호장비로 지정할 수 있다.
② 국가정보원장은 관계 중앙행정기관등 및 지방자치단체의 장과 협의하여 제1항에 따라 국가보안시설 및 국가보호장비를 지정하는 데 필요한 기준("지정기준")을 마련해야 한다.
③ 전력시설 및 항공기 등 국가정보원장이 정하는 국가안전보장에 중요한 시설 또는 장비의 보안관리상태를 감독하는 기관의 장은 해당 시설 또는 장비가 지정기준에 부합한다고 판단할 경우 국가정보원장에게 해당 시설 또는 장비를 제1항에 따라 국가보안시설 또는 국가보호장비로 지정해줄 것을 요청해야 한다.
④ 국가정보원장은 제3항에 따른 지정 요청을 받은 경우 지정기준에 부합하는지를 심사하여 해당 시설 또는 장비의 국가보안시설 또는 국가보호장비 지정 여부를 결정하고, 그 결과를 요청 기관의 장에게 통보해야 한다.
⑤ 국가정보원장은 제1항부터 제4항까지의 규정에 따라 지정된 국가보안시설 또는 국가보호장비의 보안관리상태를 감독하는 기관("감독기관")의 장과 협의하여 지정기준을 수정·보완할 수 있다.

가 적은 경우

2. 산불감시용 고정형 영상정보처리기기를 설치하는 경우 등 장소적 특성으로 인하여 안내판을 설치하는 것이 불가능하거나 안내판을 설치하더라도 정보주체가 쉽게 알아볼 수 없는 경우

3) 인터넷 홈페이지 게재할 수 없는 경우의 공개

인터넷 홈페이지에 법 제25조 제4항 각 호의 사항을 게재할 수 없으면 고정형영상정보처리기기운영자는 다음의 어느 하나 이상의 방법으로 법 제25조 제4항 각 호의 사항을 공개하여야 한다(동법 시행령24③).

1. 고정형 영상정보처리기기 운영자의 사업장·영업소·사무소·점포 등("사업장등")의 보기 쉬운 장소에 게시하는 방법
2. 관보(고정형 영상정보처리기기 운영자가 공공기관인 경우만 해당)나 고정형 영상정보처리기기 운영자의 사업장등이 있는 시·도 이상의 지역을 주된 보급지역으로 하는 일반일간신문·일반주간신문 또는 인터넷신문에 싣는 방법

(2) 불특정 다수가 이용하는 목욕실 등 영상정보처리기기 설치·운영
(가) 고정형 영상정보처리기기 설치·운영 제한

누구든지 불특정 다수가 이용하는 목욕실, 화장실, 발한실(發汗室), 탈의실 등 개인의 사생활을 현저히 침해할 우려가 있는 장소의 내부를 볼 수 있도록 고정형 영상정보처리기기를 설치·운영하여서는 아니 된다(개인정보 보호법25② 본문).

(나) 고정형 영상정보처리기기 설치·운영 제한의 예외

교도소, 정신보건 시설 등 법령에 근거하여 사람을 구금하거나 보호하는 시설로서 대통령령으로 정하는 시설에 대하여는 고정형 영상정보처리기기를 설치·운영할 수 있다(개인정보 보호법25② 단서).

여기서 "대통령령으로 정하는 시설"이란 다음의 시설을 말한다(동법 시행령22②).

1. 형의 집행 및 수용자의 처우에 관한 법률 제2조 제1호[14]에 따른 교정시설
2. 정신건강증진 및 정신질환자 복지서비스 지원에 관한 법률 제3조 제5호부터

---

14) 1. "수용자"란 수형자·미결수용자·사형확정자 등 법률과 적법한 절차에 따라 교도소·구치소 및 그 지소("교정시설")에 수용된 사람을 말한다.

제7호[15])까지의 규정에 따른 정신의료기관(수용시설을 갖추고 있는 것만 해당), 정신요양시설 및 정신 재활시설

중앙행정기관의 장은 소관 분야의 개인정보처리자가 고정형 영상정보처리기기를 설치·운영하는 경우 정보주체의 사생활 침해를 최소화하기 위하여 필요한 세부 사항을 개인정보 보호지침으로 정하여 그 준수를 권장할 수 있다(동법 시행령22③).

(다) 고정형 영상정보처리기기 설치시 의견 수렴

고정형 영상정보처리기기를 설치·운영하려는 자는 공청회·설명회의 개최 등 대통령령으로 정하는 절차를 거쳐 관계 전문가 및 이해관계인의 의견을 수렴하여야 한다(개인정보 보호법25③).

이에 따른 시설에 고정형 영상정보처리기기를 설치·운영하려는 자는 다음의 사람으로부터 의견을 수렴하여야 한다(동법 시행령23②).

1. 관계 전문가
2. 해당 시설에 종사하는 사람, 해당 시설에 구금되어 있거나 보호받고 있는 사람 또는 그 사람의 보호자 등 이해관계인

(3) 영상정보처리기기 운영자의 준수사항
(가) 녹음 등 금지

고정형 영상정보처리기기 운영자는 고정형 영상정보처리기기의 설치 목적과 다른 목적으로 고정형 영상정보처리기기를 임의로 조작하거나 다른 곳을 비춰서는 아니 되며, 녹음기능은 사용할 수 없다(개인정보 보호법25⑤).

---

15) 5. "정신의료기관"이란 다음의 어느 하나에 해당하는 기관을 말한다.
　　가. 의료법에 따른 정신병원
　　나. 의료법에 따른 의료기관 중 제19조 제1항 후단에 따른 기준에 적합하게 설치된 의원
　　다. 의료법에 따른 병원급 의료기관에 설치된 정신건강의학과로서 제19조 제1항 후단에 따른 기준에 적합한 기관
　6. "정신요양시설"이란 제22조에 따라 설치된 시설로서 정신질환자를 입소시켜 요양 서비스를 제공하는 시설을 말한다.
　7. "정신재활시설"이란 제26조에 따라 설치된 시설로서 정신질환자 또는 정신건강상 문제가 있는 사람 중 대통령령으로 정하는 사람("정신질환자등")의 사회적응을 위한 각종 훈련과 생활지도를 하는 시설을 말한다.

(나) 안전성 확보 조치

고정형 영상정보처리기기 운영자는 개인정보가 분실·도난·유출·위조·변조 또는 훼손되지 아니하도록 법 제29조에 따라 안전성 확보에 필요한 조치를 하여야 한다(개인정보 보호법25⑥).

(4) 영상정보처리기기 운영 · 관리 방침 마련

고정형 영상정보처리기기 운영자는 대통령령으로 정하는 바에 따라 고정형 영상정보처리기기 운영·관리 방침을 마련하여야 한다(개인정보 보호법25⑦ 본문). 다만, 법 제30조에 따른 개인정보 처리방침을 정할 때 고정형 영상정보처리기기 운영·관리에 관한 사항을 포함시킨 경우에는 고정형 영상정보처리기기 운영·관리 방침을 마련하지 아니할 수 있다(개인정보 보호법25⑦ 단서).

이에 따라 고정형 영상정보처리기기 운영자는 다음의 사항이 포함된 고정형 영상정보처리기기 운영·관리 방침을 마련해야 한다(동법 시행령25①).

1. 고정형 영상정보처리기기의 설치 근거 및 설치 목적
2. 고정형 영상정보처리기기의 설치 대수, 설치 위치 및 촬영 범위
3. 관리책임자, 담당 부서 및 영상정보에 대한 접근 권한이 있는 사람
4. 영상정보의 촬영시간, 보관기간, 보관장소 및 처리방법
5. 고정형영상정보처리기기운영자의 영상정보 확인 방법 및 장소
6. 정보주체의 영상정보 열람 등 요구에 대한 조치
7. 영상정보 보호를 위한 기술적·관리적 및 물리적 조치
8. 그 밖에 고정형 영상정보처리기기의 설치·운영 및 관리에 필요한 사항

(5) 고정형 영상정보처리기기 설치 · 운영 사무의 위탁

고정형 영상정보처리기기 운영자는 고정형 영상정보처리기기의 설치·운영에 관한 사무를 위탁할 수 있다(개인정보 보호법25⑧ 본문).

다만, 공공기관이 고정형 영상정보처리기기 설치·운영에 관한 사무를 위탁하는 경우에는 대통령령으로 정하는 절차 및 요건에 따라야 한다(개인정보 보호법25⑧ 단서). 따라서 공공기관이 고정형 영상정보처리기기의 설치·운영에 관한 사무를 위탁하는 경우에는 다음의 내용이 포함된 문서로 하여야 한다(동법 시행령26①).

1. 위탁하는 사무의 목적 및 범위
2. 재위탁 제한에 관한 사항
3. 영상정보에 대한 접근 제한 등 안전성 확보 조치에 관한 사항
4. 영상정보의 관리 현황 점검에 관한 사항
5. 위탁받는 자가 준수하여야 할 의무를 위반한 경우의 손해배상 등 책임에 관한 사항

사무를 위탁한 경우에는 안내판 등에 위탁받는 자의 명칭 및 연락처를 포함시켜야 한다(동법 시행령26②).

5. 이동형 영상정보처리기기의 운영 제한

(1) 공개된 장소에서 이동형 영상정보처리기기로 촬영 제한

업무를 목적으로 이동형 영상정보처리기기를 운영하려는 자는 다음의 경우를 제외하고는 공개된 장소에서 이동형 영상정보처리기기로 사람 또는 그 사람과 관련된 사물의 영상(개인정보에 해당하는 경우로 한정)을 촬영하여서는 아니 된다(개인정보 보호법25의2①).

1. 법 제15조 제1항 각 호의 어느 하나에 해당하는 경우
2. 촬영 사실을 명확히 표시하여 정보주체가 촬영 사실을 알 수 있도록 하였음에도 불구하고 촬영 거부 의사를 밝히지 아니한 경우. 이 경우 정보주체의 권리를 부당하게 침해할 우려가 없고 합리적인 범위를 초과하지 아니하는 경우로 한정한다.
3. 그 밖에 제1호 및 제2호에 준하는 경우로서 대통령령으로 정하는 경우[16]

(2) 불특정 다수가 이용하는 목욕실 등에서 촬영 제한

누구든지 불특정 다수가 이용하는 목욕실, 화장실, 발한실, 탈의실 등 개인의 사생활을 현저히 침해할 우려가 있는 장소의 내부를 볼 수 있는 곳에서 이동형 영상정보처리기기로 사람 또는 그 사람과 관련된 사물의 영상을 촬영하여서

---

16) "대통령령으로 정하는 경우"란 범죄, 화재, 재난 또는 이에 준하는 상황에서 인명의 구조·구급 등을 위하여 사람 또는 그 사람과 관련된 사물의 영상(개인정보에 해당하는 경우로 한정)의 촬영이 필요한 경우를 말한다(동법 시행령27).

는 아니 된다(개인정보 보호법25의2② 본문). 다만, 인명의 구조·구급 등을 위하여 필요한 경우로서 대통령령으로 정하는 경우에는 그러하지 아니하다(개인정보 보호법25의2② 단서).

(3) 이동형 영상정보처리기기 촬영 사실 표시 등

법 제25조의2 제1항 각 호에 해당하여 이동형 영상정보처리기기로 사람 또는 그 사람과 관련된 사물의 영상을 촬영하는 경우에는 불빛, 소리, 안내판 등 대통령령으로 정하는 바에 따라 촬영 사실을 표시하고 알려야 한다(개인정보 보호법25의2③).

이에 따라 법 제25조의2 제1항 각 호에 해당하여 이동형 영상정보처리기기로 사람 또는 그 사람과 관련된 사물의 영상을 촬영하는 경우에는 불빛, 소리, 안내판, 안내서면, 안내방송 또는 그 밖에 이에 준하는 수단이나 방법으로 정보주체가 촬영 사실을 쉽게 알 수 있도록 표시하고 알려야 한다(동법 시행령27의2 본문). 다만, 드론을 이용한 항공촬영 등 촬영 방법의 특성으로 인해 정보주체에게 촬영 사실을 알리기 어려운 경우에는 보호위원회가 구축하는 인터넷 사이트에 공지하는 방법으로 알릴 수 있다(동법 시행령27의2 단서).

(4) 준용규정

이동형 영상정보처리기기의 운영에 관하여는 제25조 제6항부터 제8항까지의 규정을 준용한다(개인정보 보호법25의2④).

6. 업무위탁에 따른 개인정보의 처리 제한

(1) 업무 위탁시 포함사항

개인정보처리자가 제3자에게 개인정보의 처리 업무를 위탁하는 경우에는 ⅰ) 위탁업무 수행 목적 외 개인정보의 처리 금지에 관한 사항, ⅱ) 개인정보의 기술적·관리적 보호조치에 관한 사항, ⅲ) 위탁업무의 목적 및 범위, ⅳ) 재위탁 제한에 관한 사항, ⅴ) 개인정보에 대한 접근 제한 등 안전성 확보 조치에 관한 사항, ⅵ) 위탁업무와 관련하여 보유하고 있는 개인정보의 관리 현황 점검 등 감독에 관한 사항, ⅶ) 수탁자가 준수하여야 할 의무를 위반한 경우의 손해배상 등 책임에 관한 사항이 포함된 문서에 의하여야 한다(개인정보 보호법26①, 동법 시행령28①).

(2) 위탁자의 수탁자 공개

개인정보의 처리 업무를 위탁하는 개인정보처리자("위탁자")는 위탁하는 업무의 내용과 개인정보 처리 업무를 위탁받아 처리하는 자(개인정보 처리 업무를 위탁받아 처리하는 자로부터 위탁받은 업무를 다시 위탁받은 제3자를 포함하며, 이하 "수탁자"라 한다)를 정보주체가 언제든지 쉽게 확인할 수 있도록 개인정보 처리 업무를 위탁하는 개인정보처리자(이하 "위탁자"라 한다)가 위탁자의 인터넷 홈페이지에 위탁하는 업무의 내용과 수탁자를 지속적으로 게재하는 방법에 따라 공개하여야 한다(개인정보 보호법26②, 동법 시행령28②).

인터넷 홈페이지에 게재할 수 없는 경우에는 다음의 어느 하나 이상의 방법으로 위탁하는 업무의 내용과 수탁자를 공개하여야 한다(동법 시행령28③).

1. 위탁자의 사업장등의 보기 쉬운 장소에 게시하는 방법
2. 관보(위탁자가 공공기관인 경우만 해당)나 위탁자의 사업장등이 있는 시·도 이상의 지역을 주된 보급지역으로 하는 일반일간신문, 일반주간신문 또는 인터넷신문에 싣는 방법
3. 같은 제목으로 연 2회 이상 발행하여 정보주체에게 배포하는 간행물·소식지·홍보지 또는 청구서 등에 지속적으로 싣는 방법
4. 재화나 서비스를 제공하기 위하여 위탁자와 정보주체가 작성한 계약서 등에 실어 정보주체에게 발급하는 방법

(3) 재화·서비스 판매 권유 업무위탁과 정보주체에 대한 고지

위탁자가 재화 또는 서비스를 홍보하거나 판매를 권유하는 업무를 위탁하는 경우에는 서면, 전자우편, 팩스, 전화, 문자전송 또는 이에 상당하는 방법("서면등의 방법")에 따라 위탁하는 업무의 내용과 수탁자를 정보주체에게 알려야 한다(개인정보 보호법26③ 전단, 동법 시행령28④). 위탁하는 업무의 내용이나 수탁자가 변경된 경우에도 또한 같다(개인정보 보호법26③ 후단).

위탁자가 과실 없이 서면등의 방법으로 위탁하는 업무의 내용과 수탁자를 정보주체에게 알릴 수 없는 경우에는 해당 사항을 인터넷 홈페이지에 30일 이상 게재하여야 한다(동법 시행령28⑤ 본문). 다만, 인터넷 홈페이지를 운영하지 아니하는 위탁자의 경우에는 사업장등의 보기 쉬운 장소에 30일 이상 게시하여야 한다(동법 시행령28⑤ 단서).

(4) 위탁자의 수탁자 교육과 감독

위탁자는 업무 위탁으로 인하여 정보주체의 개인정보가 분실·도난·유출·위조·변조 또는 훼손되지 아니하도록 수탁자를 교육하고, 처리 현황 점검 등 대통령령으로 정하는 바에 따라 수탁자가 개인정보를 안전하게 처리하는지를 감독하여야 한다(개인정보 보호법26④).

이에 따라 위탁자는 수탁자가 개인정보 처리 업무를 수행하는 경우에 법 또는 이 영에 따라 개인정보처리자가 준수하여야 할 사항과 ⅰ) 위탁업무 수행 목적 외 개인정보의 처리 금지에 관한 사항, ⅱ) 개인정보의 기술적·관리적 보호조치에 관한 사항, ⅲ) 위탁업무의 목적 및 범위, ⅳ) 재위탁 제한에 관한 사항, ⅴ) 개인정보에 대한 접근 제한 등 안전성 확보 조치에 관한 사항, ⅵ) 위탁업무와 관련하여 보유하고 있는 개인정보의 관리 현황 점검 등 감독에 관한 사항, ⅶ) 수탁자가 준수하여야 할 의무를 위반한 경우의 손해배상 등 책임에 관한 사항을 준수하는지를 같은 조 제4항에 따라 감독하여야 한다(동법 시행령28⑥).

(5) 수탁자 준수사항 등

(가) 업무범위 초과 정보 이용·제공 금지

수탁자는 개인정보처리자로부터 위탁받은 해당 업무 범위를 초과하여 개인정보를 이용하거나 제3자에게 제공하여서는 아니 된다(개인정보 보호법26⑤).

(나) 재위탁과 위탁자의 동의

수탁자는 위탁받은 개인정보의 처리 업무를 제3자에게 다시 위탁하려는 경우에는 위탁자의 동의를 받아야 한다(개인정보 보호법26⑥).

(다) 손해배상책임과 직원 의제

수탁자가 위탁받은 업무와 관련하여 개인정보를 처리하는 과정에서 개인정보 보호법을 위반하여 발생한 손해배상책임에 대하여는 수탁자를 개인정보처리자의 소속 직원으로 본다(개인정보 보호법26⑦).

(라) 준용규정

수탁자에 관하여는 제15조부터 제18조까지, 제21조, 제22조, 제22조의2, 제23조, 제24조, 제24조의2, 제25조, 제25조의2, 제27조, 제28조, 제28조의2부터 제28조의5까지, 제28조의7부터 제28조의11까지, 제29조, 제30조, 제30조의2, 제31조, 제33조, 제34조, 제34조의2, 제35조, 제35조의2, 제36조, 제37조, 제37조의2, 제38

조, 제59조, 제63조, 제63조의2 및 제64조의2를 준용한다(개인정보 보호법26⑧).

7. 영업양도 등에 따른 개인정보의 이전 제한

(1) 개인정보처리자의 통지사항

개인정보처리자는 영업의 전부 또는 일부의 양도·합병 등으로 개인정보를 다른 사람에게 이전하는 경우에는 미리 ⅰ) 개인정보를 이전하려는 사실, ⅱ) 개인정보를 이전받는 자("영업양수자등")의 성명(법인의 경우에는 법인의 명칭), 주소, 전화번호 및 그 밖의 연락처, ⅲ) 정보주체가 개인정보의 이전을 원하지 아니하는 경우 조치할 수 있는 방법 및 절차를 서면등의 방법에 따라 해당 정보주체에게 알려야 한다(개인정보 보호법27①, 동법 시행령29①).

(2) 인터넷 홈페이지 게재

개인정보를 이전하려는 자("영업양도자등")가 과실 없이 서면등이 방법으로 통지사항을 정보주체에게 알릴 수 없는 경우에는 해당 사항을 인터넷 홈페이지에 30일 이상 게재하여야 한다(동법 시행령29② 본문). 다만, 인터넷 홈페이지에 게재할 수 없는 정당한 사유가 있는 경우에는 ⅰ) 영업양도자등의 사업장등의 보기 쉬운 장소에 30일 이상 게시하는 방법, 또는 ⅱ) 영업양도자등의 사업장등이 있는 시·도 이상의 지역을 주된 보급지역으로 하는 일반일간신문·일반주간신문 또는 인터넷신문에 싣는 방법으로 통지사항을 정보주체에게 알릴 수 있다(동법 시행령29② 단서).

(3) 영업양수자등의 통지

영업양수자등은 개인정보를 이전받았을 때에는 지체 없이 그 사실을 대통령령으로 정하는 방법에 따라 정보주체에게 알려야 한다(개인정보 보호법27② 본문). 다만, 개인정보처리자가 제1항에 따라 그 이전 사실을 이미 알린 경우에는 그러하지 아니하다(개인정보 보호법27② 단서).

(4) 영업양수자등의 정보 이용·제공 제한

영업양수자등은 영업의 양도·합병 등으로 개인정보를 이전받은 경우에는 이전 당시의 본래 목적으로만 개인정보를 이용하거나 제3자에게 제공할 수 있다

(개인정보 보호법27③ 전단). 이 경우 영업양수자등은 개인정보처리자로 본다(개인
정보 보호법27③ 후단).

Ⅴ. 가명정보의 처리에 관한 특례

1. 가명정보의 처리

(1) 정보주체의 동의 없는 가명정보 처리

개인정보처리자는 통계작성, 과학적 연구, 공익적 기록보존 등을 위하여 정
보주체의 동의 없이 가명정보를 처리할 수 있다(개인정보 보호법28의2①).

(2) 가명정보의 제3자 제공과 개인 암시 정보 포함 금지

개인정보처리자는 가명정보를 제3자에게 제공하는 경우에는 특정 개인을
알아보기 위하여 사용될 수 있는 정보를 포함해서는 아니 된다(개인정보 보호법28
의2②).

2. 가명정보의 결합 제한

(1) 결합전문기관의 가명정보의 결합 수행

통계작성, 과학적 연구, 공익적 기록보존 등을 위한 서로 다른 개인정보처리
자 간의 가명정보의 결합은 보호위원회 또는 관계 중앙행정기관의 장이 지정하
는 전문기관이 수행한다(개인정보 보호법28의3①). 결합전문기관은 통계작성, 과학
적 연구, 공익적 기록보존 등을 위한 서로 다른 개인정보처리자 간의 가명정보의
결합를 위해 보호위원회 또는 관계 중앙행정기관의 장이 지정하는 전문기관을
말한다.

(2) 결합전문기관의 지정 및 지정 취소
(가) 지정기준

결합전문기관의 지정기준은 ⅰ) 보호위원회가 정하여 고시하는 바에 따라
가명정보의 결합·반출 업무를 담당하는 조직을 구성하고, 개인정보 보호와 관련
된 자격이나 경력을 갖춘 사람을 3명 이상 상시 고용하여야 하고, ⅱ) 보호위원
회가 정하여 고시하는 바에 따라 가명정보를 안전하게 결합하기 위하여 필요한

공간, 시설 및 장비를 구축하고 가명정보의 결합·반출 관련 정책 및 절차 등을 마련하여야 하며, ⅲ) 보호위원회가 정하여 고시하는 기준에 따른 재정 능력을 갖추어야 하고, ⅳ) 최근 3년 이내에 공표 내용에 포함된 적이 없어야 한다(동법 시행령29의2①).

개인정보 보호법 제28조의3과 동법 시행령 제29조의2부터 제29조의4까지에 따른 결합전문기관 지정 및 가명정보의 결합·반출에 관한 기준·절차 등을 정함을 목적으로 가명정보의 결합 및 반출 등에 관한 고시(개인정보보호위원회고시 제2022-7호)가 시행되고 있다,

(나) 지정신청

법인, 단체 또는 기관이 결합전문기관으로 지정을 받으려는 경우에는 보호위원회가 정하여 고시하는 결합전문기관 지정신청서에 ⅰ) 정관 또는 규약, ⅱ) 지정기준을 갖추었음을 증명할 수 있는 서류로서 보호위원회가 정하여 고시하는 서류(전자문서를 포함)를 첨부하여 보호위원회 또는 관계 중앙행정기관의 장에게 제출해야 한다(동법 시행령29의2②).

(다) 결합전문기관 지정

보호위원회 또는 관계 중앙행정기관의 장은 지정신청서를 제출한 법인, 단체 또는 기관이 지정기준에 적합한 경우에는 결합전문기관으로 지정할 수 있다(동법 시행령29의2③).

(라) 결합전문기관 지정의 유효기간과 재지정

결합전문기관 지정의 유효기간은 지정을 받은 날부터 3년으로 하며, 보호위원회 또는 관계 중앙행정기관의 장은 결합전문기관이 유효기간의 연장을 신청하면 지정기준에 적합한 경우에는 결합전문기관으로 재지정할 수 있다(동법 시행령29의2④).

(마) 지정취소

보호위원회 또는 관계 중앙행정기관의 장은 결합전문기관이 ⅰ) 거짓이나 부정한 방법으로 결합전문기관으로 지정을 받은 경우(제1호), ⅱ) 결합전문기관 스스로 지정취소를 요청하거나 폐업한 경우(제2호), ⅲ) 결합전문기관의 지정기준을 충족하지 못하게 된 경우(제3호), ⅳ) 결합 및 반출 등과 관련된 정보의 유출 등 개인정보 침해사고가 발생한 경우(제4호), ⅴ) 그 밖에 개인정보 보호법 또는 이 영에 따른 의무를 위반한 경우(제5호)에는 결합전문기관의 지정을 취소할

수 있다(동법 시행령29의2⑤ 본문). 다만, ⅰ) 거짓이나 부정한 방법으로 결합전문
기관으로 지정을 받은 경우, ⅱ) 결합전문기관 스스로 지정취소를 요청하거나 폐
업한 경우에는 지정을 취소해야 한다(동법 시행령29의2⑤ 단서).

(바) 지정취소와 청문

보호위원회 또는 관계 중앙행정기관의 장은 결합전문기관의 지정을 취소하
려는 경우에는 청문을 해야 한다(동법 시행령29의2⑥).

(사) 공고 · 게시와 통보

보호위원회 또는 관계 중앙행정기관의 장은 결합전문기관을 지정, 재지정
또는 지정 취소한 경우에는 이를 관보에 공고하거나 보호위원회 또는 해당 관계
중앙행정기관의 홈페이지에 게시해야 한다(동법 시행령29의2⑦ 전단). 이 경우 관
계 중앙행정기관의 장이 결합전문기관을 지정, 재지정, 또는 지정 취소한 경우에
는 보호위원회에 통보해야 한다(동법 시행령29의2⑦ 후단).

(3) 개인정보처리자 간 가명정보의 결합 및 반출 등

결합을 수행한 기관 외부로 결합된 정보를 반출하려는 개인정보처리자는 가
명정보 또는 제58조의2(적용제외)에 해당하는 정보로 처리한 뒤 전문기관의 장의
승인을 받아야 한다(개인정보 보호법28의3②). 신용정보법은 시간 · 비용 · 기술 등
을 합리적으로 고려할 때 다른 정보를 사용하여도 더 이상 개인을 알아볼 수 없
는 정보에는 적용하지 아니한다(개인정보 보호법58의2).

(가) 결합신청

결합전문기관에 가명정보의 결합을 신청하려는 개인정보처리자("결합신청자")
는 보호위원회가 정하여 고시하는 결합신청서에 ⅰ) 사업자등록증, 법인등기부
등본 등 결합신청자 관련 서류, ⅱ) 결합 대상 가명정보에 관한 서류, ⅲ) 결합
목적을 증명할 수 있는 서류, ⅳ) 그 밖에 가명정보의 결합 및 반출에 필요하다
고 보호위원회가 정하여 고시하는 서류를 첨부하여 결합전문기관에 제출해야 한
다(동법 시행령29의3①).

(나) 결합전문기관의 가명정보 결합

결합전문기관은 가명정보를 결합하는 경우에는 특정 개인을 알아볼 수 없도
록 해야 한다(동법 시행령29의3② 전단). 이 경우 보호위원회는 필요하면 한국인터
넷진흥원 또는 보호위원회가 지정하여 고시하는 기관으로 하여금 특정 개인을

알아볼 수 없도록 하는 데에 필요한 업무를 지원하도록 할 수 있다(동법 시행령29의3② 후단).

(다) 결합된 정보의 외부 반출의 승인

결합신청자는 결합전문기관이 결합한 정보를 결합전문기관 외부로 반출하려는 경우에는 결합전문기관에 설치된 안전성 확보에 필요한 기술적·관리적·물리적 조치가 된 공간에서 결합된 정보를 가명정보 또는 법 제58조의2(적용제외)에 해당하는 정보로 처리한 뒤 결합전문기관의 승인을 받아야 한다(동법 시행령29의3③).

(라) 결합전문기관의 반출 승인

결합전문기관은 ⅰ) 결합 목적과 반출 정보가 관련성이 있고, ⅱ) 특정 개인을 알아볼 가능성이 없으며, ⅲ) 반출 정보에 대한 안전조치 계획이 있는 기준을 충족하는 경우에는 반출을 승인해야 한다(동법 시행령 29의3④전단). 이 경우 결합전문기관은 결합된 정보의 반출을 승인하기 위하여 반출심사위원회를 구성해야 한다(동법 시행령29의3④ 후단).

(마) 비용 청구

결합전문기관은 결합 및 반출 등에 필요한 비용을 결합신청자에게 청구할 수 있다(동법 시행령29의3⑤).

(4) 결합전문기관의 관리·감독 등

(가) 업무 수행능력 및 기술·시설 유지 여부 관리·감독

보호위원회 또는 관계 중앙행정기관의 장은 결합전문기관을 지정한 경우에는 해당 결합전문기관의 업무 수행능력 및 기술·시설 유지 여부 등을 관리·감독해야 한다(개인정보 보호법29의4①).

(나) 서류제출

결합전문기관은 관리·감독을 위하여 ⅰ) 가명정보의 결합·반출 실적보고서, ⅱ) 결합전문기관의 지정 기준을 유지하고 있음을 증명할 수 있는 서류, ⅲ) 가명정보의 안전성 확보에 필요한 조치를 하고 있음을 증명할 수 있는 서류로서 보호위원회가 정하여 고시하는 서류를 매년 보호위원회 또는 관계 중앙행정기관의 장에게 제출해야 한다(개인정보 보호법29의4②).

(다) 보호위원회의 관리·감독사항

보호위원회는 ⅰ) 결합전문기관의 가명정보의 결합 및 반출 승인 과정에서의 법 위반 여부, ⅱ) 결합신청자의 가명정보 처리 실태, ⅲ) 그 밖에 가명정보의 안전한 처리를 위하여 필요한 사항으로서 보호위원회가 정하여 고시하는 사항을 관리·감독해야 한다(개인정보 보호법29의4③).

3. 가명정보에 대한 안전성 확보 조치

(1) 가명정보에 대한 안전조치의무

개인정보처리자는 가명정보를 처리하는 경우에는 원래의 상태로 복원하기 위한 추가 정보를 별도로 분리하여 보관·관리하는 등 해당 정보가 분실·도난·유출·위조·변조 또는 훼손되지 않도록 대통령령으로 정하는 바에 따라 안전성 확보에 필요한 기술적·관리적 및 물리적 조치를 하여야 한다(개인정보 보호법28의4①).

이에 따라 개인정보처리자는 가명정보 및 가명정보를 원래의 상태로 복원하기 위한 추가 정보("추가정보")에 대하여 ⅰ) 안전성 확보 조치, ⅱ) 가명정보와 추가정보의 분리 보관(다만, 추가정보가 불필요한 경우에는 추가정보를 파기해야 한다), ⅲ) 가명정보와 추가정보에 대한 접근 권한의 분리(다만, 소상공인기본법 제2조에 따른 소상공인으로서 가명정보를 취급할 자를 추가로 둘 여력이 없는 경우 등 접근 권한의 분리가 어려운 정당한 사유가 있는 경우에는 업무 수행에 필요한 최소한의 접근 권한만 부여하고 접근 권한의 보유 현황을 기록으로 보관하는 등 접근 권한을 관리·통제해야 한다)의 안전성 확보 조치를 해야 한다(동법 시행령29의5①).

(2) 가명정보의 처리 기간

개인정보처리자는 제28조의2 또는 제28조의3에 따라 가명정보를 처리하는 경우 처리목적 등을 고려하여 가명정보의 처리 기간을 별도로 정할 수 있다(개인정보 보호법28의4②).

(3) 관련 기록 작성·보관의무

개인정보처리자는 가명정보를 처리하고자 하는 경우에는 가명정보의 처리 목적, 제3자 제공 시 제공받는 자 등 가명정보의 처리 내용을 관리하기 위하여

ⅰ) 가명정보 처리의 목적, ⅱ) 가명처리한 개인정보의 항목, ⅲ) 가명정보의 이용내역, ⅳ) 제3자 제공 시 제공받는 자, ⅴ) 가명정보의 처리 기간(가명정보의 처리 기간을 별도로 정한 경우로 한정), ⅵ) 그 밖에 가명정보의 처리 내용을 관리하기 위하여 보호위원회가 필요하다고 인정하여 고시하는 사항에 대한 관련 기록을 작성하여 보관하여야 한다(개인정보 보호법28의4③, 동법 시행령29의5②).

4. 가명정보 처리시 금지의무

가명정보를 처리하는 자는 특정 개인을 알아보기 위한 목적으로 가명정보를 처리해서는 아니 된다(개인정보 보호법28의5①). 개인정보처리자는 가명정보를 처리하는 과정에서 특정 개인을 알아볼 수 있는 정보가 생성된 경우에는 즉시 해당 정보의 처리를 중지하고, 지체 없이 회수·파기하여야 한다(개인정보 보호법28의5②).

Ⅵ. 개인정보의 안전한 관리

1. 안전조치의무

(1) 개인정보의 안전성 확보 조치

개인정보처리자는 개인정보가 분실·도난·유출·위조·변조 또는 훼손되지 아니하도록 내부 관리계획 수립, 접속기록 보관 등 대통령령으로 정하는 바에 따라 안전성 확보에 필요한 기술적·관리적 및 물리적 조치를 하여야 한다(개인정보 보호법29).

이에 따라 개인정보처리자는 법 제29조에 따라 다음의 안전성 확보 조치를 해야 한다(동법 시행령30①).

1. 개인정보의 안전한 처리를 위한 다음의 내용을 포함하는 내부 관리계획의 수립·시행 및 점검
   가. 개인정보취급자에 대한 관리·감독 및 교육에 관한 사항
   나. 개인정보 보호책임자의 지정 등 개인정보 보호 조직의 구성·운영에 관한 사항
   다. 제2호부터 제8호까지의 규정에 따른 조치를 이행하기 위하여 필요한 세부 사항

2. 개인정보에 대한 접근 권한을 제한하기 위한 다음의 조치

　가. 데이터베이스시스템 등 개인정보를 처리할 수 있도록 체계적으로 구성한 시스템("개인정보처리시스템")에 대한 접근 권한의 부여·변경·말소 등에 관한 기준의 수립·시행

　나. 정당한 권한을 가진 자에 의한 접근인지를 확인하기 위해 필요한 인증수단 적용 기준의 설정 및 운영

　다. 그 밖에 개인정보에 대한 접근 권한을 제한하기 위하여 필요한 조치

3. 개인정보에 대한 접근을 통제하기 위한 다음의 조치

　가. 개인정보처리시스템에 대한 침입을 탐지하고 차단하기 위하여 필요한 조치

　나. 개인정보처리시스템에 접속하는 개인정보취급자의 컴퓨터 등으로서 보호위원회가 정하여 고시하는 기준에 해당하는 컴퓨터 등에 대한 인터넷망의 차단. 다만, 전년도 말 기준 직전 3개월 간 그 개인정보가 저장·관리되고 있는 정보통신망법 제2조 제1항 제4호에 따른 이용자 수가 일일 평균 100만명 이상인 개인정보처리자만 해당한다.

　다. 그 밖에 개인정보에 대한 접근을 통제하기 위하여 필요한 조치

4. 개인정보를 안전하게 저장·전송하는데 필요한 다음의 조치

　가. 비밀번호의 일방향 암호화 저장 등 인증정보의 암호화 저장 또는 이에 상응하는 조치

　나. 주민등록번호 등 보호위원회가 정하여 고시하는 정보의 암호화 저장 또는 이에 상응하는 조치

　다. 정보통신망법 제2조 제1항 제1호에 따른 정보통신망을 통하여 정보주체의 개인정보 또는 인증정보를 송신·수신하는 경우 해당 정보의 암호화 또는 이에 상응하는 조치

　라. 그 밖에 암호화 또는 이에 상응하는 기술을 이용한 보안조치

5. 개인정보 침해사고 발생에 대응하기 위한 접속기록의 보관 및 위조·변조 방지를 위한 다음의 조치

　가. 개인정보처리시스템에 접속한 자의 접속일시, 처리내역 등 접속기록의 저장·점검 및 이의 확인·감독

　나. 개인정보처리시스템에 대한 접속기록의 안전한 보관

　다. 그 밖에 접속기록 보관 및 위조·변조 방지를 위하여 필요한 조치

6. 개인정보처리시스템 및 개인정보취급자가 개인정보 처리에 이용하는 정보기기에 대해 컴퓨터바이러스, 스파이웨어, 랜섬웨어 등 악성프로그램의 침투 여부를 항시 점검·치료할 수 있도록 하는 등의 기능이 포함된 프로그램의

설치·운영과 주기적 갱신·점검 조치
7. 개인정보의 안전한 보관을 위한 보관시설의 마련 또는 잠금장치의 설치 등 물리적 조치
8. 그 밖에 개인정보의 안전성 확보를 위하여 필요한 조치

안전성 확보 조치에 관한 세부 기준은 보호위원회가 정하여 고시한다(동법 시행령30③). 개인정보 보호법 제29조와 같은 법 시행령 제16조 제2항, 제30조 및 제30조의2에 따라 개인정보처리자가 개인정보를 처리함에 있어서 개인정보가 분실·도난·유출·위조·변조 또는 훼손되지 아니하도록 안전성 확보에 필요한 기술적·관리적 및 물리적 안전조치에 관한 최소한의 기준을 정하는 것을 목적으로 개인정보의 안전성 확보조치 기준(개인정보보호위원회고시 제2023-6호)이 시행되고 있다.

(2) 보호위원회의 지원
보호위원회는 개인정보처리자가 안전성 확보 조치를 하도록 시스템을 구축하는 등 필요한 지원을 할 수 있다(동법 시행령30②).

2. 개인정보 처리방침의 수립 및 공개

(1) 개인정보 처리방침 수립
개인정보처리자는 다음의 사항이 포함된 개인정보의 처리 방침("개인정보 처리방침")을 정하여야 한다(개인정보 보호법30① 전단). 이 경우 공공기관은 제32조에 따라 등록대상이 되는 개인정보파일에 대하여 개인정보 처리방침을 정한다(개인정보 보호법30① 후단).

1. 개인정보의 처리 목적
2. 개인정보의 처리 및 보유 기간
3. 개인정보의 제3자 제공에 관한 사항(해당되는 경우에만 정한다)
3의2. 개인정보의 파기절차 및 파기방법(법 제21조 제1항 단서에 따라 개인정보를 보존하여야 하는 경우에는 그 보존근거와 보존하는 개인정보 항목을 포함)
3의3. 민감정보의 공개 가능성 및 비공개를 선택하는 방법(해당되는 경우에만

정한다)

4. 개인정보처리의 위탁에 관한 사항(해당되는 경우에만 정한다)

4의2. 가명정보의 처리 등에 관한 사항(해당되는 경우에만 정한다)

5. 정보주체와 법정대리인의 권리·의무 및 그 행사방법에 관한 사항

6. 개인정보 보호책임자의 성명 또는 개인정보 보호업무 및 관련 고충사항을 처리하는 부서의 명칭과 전화번호 등 연락처

7. 인터넷 접속정보파일 등 개인정보를 자동으로 수집하는 장치의 설치·운영 및 그 거부에 관한 사항(해당하는 경우에만 정한다)

8. 그 밖에 개인정보의 처리에 관하여 대통령령으로 정한 사항[17]

(2) 개인정보 처리방침의 내용 및 공개방법

개인정보처리자가 개인정보 처리방침을 수립하거나 변경하는 경우에는 정보주체가 쉽게 확인할 수 있도록 대통령령으로 정하는 방법에 따라 공개하여야 한다(개인정보 보호법30②). 이에 따라 개인정보처리자는 수립하거나 변경한 개인정보 처리방침을 개인정보처리자의 인터넷 홈페이지에 지속적으로 게재하여야 한다(동법 시행령31②).

인터넷 홈페이지에 게재할 수 없는 경우에는 다음의 어느 하나 이상의 방법으로 수립하거나 변경한 개인정보 처리방침을 공개하여야 한다(동법 시행령31③).

1. 개인정보처리자의 사업장등의 보기 쉬운 장소에 게시하는 방법

2. 관보(개인정보처리자가 공공기관인 경우만 해당)나 개인정보처리자의 사업장등이 있는 시·도 이상의 지역을 주된 보급지역으로 하는 일반일간신문, 일반주간신문 또는 인터넷신문 에 싣는 방법

3. 같은 제목으로 연 2회 이상 발행하여 정보주체에게 배포하는 간행물·소식지·홍보지 또는 청구서 등에 지속적으로 싣는 방법

4. 재화나 서비스를 제공하기 위하여 개인정보처리자와 정보주체가 작성한 계약서 등에 실어 정보주체에게 발급하는 방법

---

17) "대통령령으로 정한 사항"이란 다음 각 호의 사항을 말한다(동법 시행령31①).

1. 처리하는 개인정보의 항목

2. 삭제 [2020.8.4]

3. 제30조에 따른 개인정보의 안전성 확보 조치에 관한 사항

(3) 계약내용이 다른 경우의 적용방법

개인정보 처리방침의 내용과 개인정보처리자와 정보주체 간에 체결한 계약의 내용이 다른 경우에는 정보주체에게 유리한 것을 적용한다(개인정보 보호법30③).

(4) 보호위원회의 준수 권장

보호위원회는 개인정보 처리방침의 작성지침을 정하여 개인정보처리자에게 그 준수를 권장할 수 있다(개인정보 보호법30④).

3. 개인정보 보호책임자의 지정

(1) 개인정보 보호책임자의 지정요건

개인정보처리자는 개인정보의 처리에 관한 업무를 총괄해서 책임질 개인정보 보호책임자를 지정하여야 한다(개인정보 보호법31①).

(가) 공공기관 및 공공기관 외의 개인정보처리자

개인정보처리자는 개인정보 보호책임자를 지정하려는 경우에는 다음의 구분에 따라 지정한다(동법 시행령32②).

1. 공공기관: 다음 각 목의 구분에 따른 기준에 해당하는 공무원 등
   가. 국회, 법원, 헌법재판소, 중앙선거관리위원회의 행정사무를 처리하는 기관 및 중앙행정기관: 고위공무원단에 속하는 공무원("고위공무원") 또는 그에 상당하는 공무원
   나. 가목 외에 정무직공무원을 장(長)으로 하는 국가기관: 3급 이상 공무원(고위공무원을 포함) 또는 그에 상당하는 공무원
   다. 가목 및 나목 외에 고위공무원, 3급 공무원 또는 그에 상당하는 공무원 이상의 공무원을 장으로 하는 국가기관: 4급 이상 공무원 또는 그에 상당하는 공무원
   라. 가목부터 다목까지의 규정에 따른 국가기관 외의 국가기관(소속 기관을 포함한다): 해당 기관의 개인정보 처리 관련 업무를 담당하는 부서의 장
   마. 시·도 및 시·도 교육청: 3급 이상 공무원 또는 그에 상당하는 공무원
   바. 시·군 및 자치구: 4급 공무원 또는 그에 상당하는 공무원
   사. 제2조 제5호에 따른 각급 학교: 해당 학교의 행정사무를 총괄하는 사람

아. 가목부터 사목까지의 규정에 따른 기관 외의 공공기관: 개인정보 처리 관련 업무를 담당하는 부서의 장. 다만, 개인정보 처리 관련 업무를 담당하는 부서의 장이 2명 이상인 경우에는 해당 공공기관의 장이 지명하는 부서의 장이 된다.

2. 공공기관 외의 개인정보처리자: 다음 각 목의 어느 하나에 해당하는 사람

가. 사업주 또는 대표자

나. 임원(임원이 없는 경우에는 개인정보 처리 관련 업무를 담당하는 부서의 장)

(나) 소상공인에 해당하는 경우

개인정보처리자가 소상공인기본법 제2조에 따른 소상공인에 해당하는 경우에는 별도의 지정 없이 그 사업주 또는 대표자를 개인정보 보호책임자로 지정한 것으로 본다(동법 시행령32③ 본문). 다만, 개인정보처리자가 별도로 개인정보 보호책임자를 지정한 경우에는 그렇지 않다(동법 시행령32③ 단서).

(2) 개인정보 보호책임자의 업무

개인정보 보호책임자는 ⅰ) 개인정보 보호 계획의 수립 및 시행, ⅱ) 개인정보 처리 실태 및 관행의 정기적인 조사 및 개선, ⅲ) 개인정보 처리와 관련한 불만의 처리 및 피해 구제, ⅳ) 개인정보 유출 및 오용·남용 방지를 위한 내부통제 시스템의 구축, ⅴ) 개인정보 보호 교육 계획의 수립 및 시행, ⅵ) 개인정보파일의 보호 및 관리·감독, ⅶ) 개인정보 처리방침의 수립·변경 및 시행, ⅷ) 개인정보 보호 관련 자료의 관리, ⅸ) 처리 목적이 달성되거나 보유기간이 지난 개인정보의 파기 업무를 수행한다(개인정보 보호법31②, 동법 시행령32①).

(3) 조사 및 보고

개인정보 보호책임자는 업무를 수행함에 있어서 필요한 경우 개인정보의 처리 현황, 처리 체계 등에 대하여 수시로 조사하거나 관계 당사자로부터 보고를 받을 수 있다(개인정보 보호법31③).

(4) 개선조치 및 보고

개인정보 보호책임자는 개인정보 보호와 관련하여 이 법 및 다른 관계 법령

의 위반 사실을 알게 된 경우에는 즉시 개선조치를 하여야 하며, 필요하면 소속
기관 또는 단체의 장에게 개선조치를 보고하여야 한다(개인정보 보호법31④).

(5) 정당한 이유 없는 불이익 금지

개인정보처리자는 개인정보 보호책임자가 업무를 수행함에 있어서 정당한
이유 없이 불이익을 주거나 받게 하여서는 아니 된다(개인정보 보호법31⑤).

(6) 교육과정의 개설·운영 등 지원

보호위원회는 개인정보 보호책임자가 법 제31조제2항의 업무를 원활히 수
행할 수 있도록 개인정보 보호책임자에 대한 교육과정을 개설·운영하는 등 지원
을 할 수 있다(동법 시행령32④).

4. 개인정보파일의 등록 및 공개

(1) 공공기관의 장의 개인정보파일 등록

(가) 등록사항

공공기관의 장이 개인정보파일을 운용하는 경우에는 다음의 사항을 보호위
원회에 등록하여야 한다(개인정보 보호법32① 전단) 등록한 사항이 변경된 경우에
도 또한 같다(개인정보 보호법32① 후단).

1. 개인정보파일의 명칭
2. 개인정보파일의 운영 근거 및 목적
3. 개인정보파일에 기록되는 개인정보의 항목
4. 개인정보의 처리방법
5. 개인정보의 보유기간
6. 개인정보를 통상적 또는 반복적으로 제공하는 경우에는 그 제공받는 자
7. 그 밖에 대통령령으로 정하는 사항[18]

---

18) "대통령령으로 정하는 사항"이란 다음의 사항을 말한다(동법 시행령33①).
  1. 개인정보파일을 운용하는 공공기관의 명칭
  2. 개인정보파일로 보유하고 있는 개인정보의 정보주체 수
  3. 해당 공공기관에서 개인정보 처리 관련 업무를 담당하는 부서
  4. 개인정보의 열람 요구를 접수·처리하는 부서
  5. 개인정보파일의 개인정보 중 법 제35조제4항에 따라 열람을 제한하거나 거절할 수 있

(나) 등록신청

개인정보파일(법 제32조 제2항 및 이 영 제33조 제2항에 따른 개인정보파일은 제외)을 운용하는 공공기관의 장은 그 운용을 시작한 날부터 60일 이내에 보호위원회가 정하여 고시하는 바에 따라 보호위원회에 법 제32조 제1항 및 이 영 제33조 제1항에 따른 등록사항의 등록을 신청하여야 한다(동법 시행령34① 전단). 등록 후 등록한 사항이 변경된 경우에도 또한 같다(동법 시행령34① 후단).

(다) 등록사항과 내용의 개선 권고

보호위원회는 필요하면 개인정보파일의 등록 여부와 그 내용을 검토하여 해당 공공기관의 장에게 개선을 권고할 수 있다(개인정보 보호법32③).

(라) 등록현황 공개

보호위원회는 정보주체의 권리 보장 등을 위하여 필요한 경우 개인정보파일의 등록 현황을 누구든지 쉽게 열람할 수 있도록 공개할 수 있다(개인정보 보호법32④). 이에 따라 보호위원회는 개인정보파일의 등록 현황을 공개하는 경우 이를 보호위원회가 구축하는 인터넷 사이트에 게재해야 한다(동법 시행령34②).

(2) 공공기관의 장의 개인정보파일 등록 제외

다음의 어느 하나에 해당하는 개인정보파일에 대하여는 법 제32조 제1항을 적용하지 아니한다(개인정보 보호법32②).

1. 국가 안전, 외교상 비밀, 그 밖에 국가의 중대한 이익에 관한 사항을 기록한 개인정보파일
2. 범죄의 수사, 공소의 제기 및 유지, 형 및 감호의 집행, 교정처분, 보호처분, 보안관찰처분 과 출입국관리에 관한 사항을 기록한 개인정보파일
3. 조세범처벌법에 따른 범칙행위 조사 및 관세법에 따른 범칙행위 조사에 관한 사항을 기록한 개인정보파일
4. 일회적으로 운영되는 파일 등 지속적으로 관리할 필요성이 낮다고 인정되어 대통령령으로 정하는 개인정보파일[19]

는 개인정보의 범위 및 제한 또는 거절 사유

19) "대통령령으로 정하는 개인정보파일"이란 다음의 어느 하나에 해당하는 개인정보파일을 말한다(동법 시행령33②).

　　1. 회의 참석 수당 지급, 자료·물품의 송부, 금전의 정산 등 단순 업무 수행을 위해 운영되는 개인정보파일로서 지속적 관리 필요성이 낮은 개인정보파일

5. 다른 법령에 따라 비밀로 분류된 개인정보파일

(3) 보호위원회의 전자시스템 구축 · 운영

보호위원회는 개인정보파일의 등록사항을 등록하거나 변경하는 업무를 전자적으로 처리할 수 있도록 시스템을 구축 · 운영할 수 있다(동법 시행령34③).

(4) 국회 등의 등록 및 공개

국회, 법원, 헌법재판소, 중앙선거관리위원회(그 소속 기관을 포함한다)의 개인정보파일 등록 및 공개에 관하여는 국회규칙, 대법원규칙, 헌법재판소규칙 및 중앙선거관리위원회규칙으로 정한다(개인정보 보호법32⑥).

5. 개인정보 보호 인증

(1) 인증과 인증 유효기간

보호위원회는 개인정보처리자의 개인정보 처리 및 보호와 관련한 일련의 조치가 개인정보 보호법에 부합하는지 등에 관하여 인증할 수 있다(개인정보 보호법32의2①). 인증의 유효기간은 3년으로 한다(개인정보 보호법32의2②).

(2) 개인정보 보호 인증의 기준 · 방법 · 절차 등
(가) 인증기준 고시

보호위원회는 영 제30조(개인정보의 안전성 확보 조치) 제1항 각 호의 사항을 고려하여 개인정보 보호의 관리적 · 기술적 · 물리적 보호대책의 수립 등을 포함한 인증의 기준을 정하여 고시한다(동법 시행령34의2①).

정보통신망법 제47조 제3항 · 제4항, 같은 법 시행령 제47조부터 제53조의2까지의 규정 및 같은 법 시행규칙 제3조에 따른 정보보호 관리체계 인증과, 개인정보 보호법 제32조의2, 같은 법 시행령 제34조의2부터 제34조의8까지의 규정에 따른 개인정보보호 인증의 통합 운영에 필요한 사항을 정하는 것을 목적으로 정보보호 및 개인정보보호 관리체계 인증 등에 관한 고시(개인정보보호위원회고시 제

---

2. 공중위생 등 공공의 안전과 안녕을 위하여 긴급히 필요한 경우로서 일시적으로 처리되는 개인정보파일

3. 그 밖에 일회적 업무 처리만을 위해 수집된 개인정보파일로서 저장되거나 기록되지 않는 개인정보파일

2023-8호, 과학기술정보통신부고시 제2023-33호)가 시행되고 있다.

(나) 인증신청서 제출

개인정보 보호의 인증을 받으려는 자("신청인")는 ⅰ) 인증 대상 개인정보 처리시스템의 목록, ⅱ) 개인정보 보호 관리체계를 수립·운영하는 방법과 절차, ⅲ) 개인정보 보호 관리체계 및 보호대책 구현과 관련되는 문서 목록이 포함된 개인정보 보호 인증신청서(전자문서로 된 신청서를 포함)를 개인정보 보호 인증 전문기관("인증기관")에 제출하여야 한다(동법 시행령34의2②).

(다) 인증기관과 신청인의 협의

인증기관은 인증신청서를 받은 경우에는 신청인과 인증의 범위 및 일정 등에 관하여 협의하여야 한다(동법 시행령34의2③).

(라) 인증심사

개인정보 보호 인증심사는 개인정보 보호 인증심사원이 서면심사 또는 현장심사의 방법으로 실시한다(동법 시행령34의2④).

(마) 인증위원회의 설치·운영

인증기관은 인증심사의 결과를 심의하기 위하여 정보보호에 관한 학식과 경험이 풍부한 사람을 위원으로 하는 인증위원회를 설치·운영하여야 한다(동법 시행령34의2⑤).

(3) 개인정보 보호 인증의 수수료

신청인은 인증기관에 개인정보 보호 인증 심사에 소요되는 수수료를 납부하여야 한다(동법 시행령34의3①). 보호위원회는 개인정보 보호 인증 심사에 투입되는 인증 심사원의 수 및 인증심사에 필요한 일수 등을 고려하여 수수료 산정을 위한 구체적인 기준을 정하여 고시한다(동법 시행령34의3②).

(4) 인증취소

(가) 사유

보호위원회는 ⅰ) 거짓이나 그 밖의 부정한 방법으로 개인정보 보호 인증을 받은 경우, ⅱ) 사후관리를 거부 또는 방해한 경우, ⅲ) 인증기준에 미달하게 된 경우, ⅳ) 개인정보 보호 관련 법령을 위반하고 그 위반사유가 중대한 경우에는 인증을 취소할 수 있다(개인정보 보호법32의2③ 본문). 다만, 거짓이나 그 밖의 부정한 방법으로 개인정보 보호 인증을 받은 경우에는 취소하여야 한다(개인정보 보호법32의2③ 단서).

(나) 인증위원회의 심의·의결

인증기관은 개인정보 보호 인증을 취소하려는 경우에는 인증위원회의 심의·의결을 거쳐야 한다(동법 시행령34의4①).

(다) 통보와 공고

보호위원회 또는 인증기관은 인증을 취소한 경우에는 그 사실을 당사자에게 통보하고, 관보 또는 인증기관의 홈페이지에 공고하거나 게시해야 한다(동법 시행령34의4②).

(5) 인증의 사후관리

(가) 연 1회 이상 사후관리 실시

보호위원회는 개인정보 보호 인증의 실효성 유지를 위하여 연 1회 이상 사후관리를 실시하여야 한다(개인정보 보호법32의2④).

(나) 심사

사후관리 심사는 서면심사 또는 현장심사의 방법으로 실시한다(동법 시행령34의5①).

(다) 인증취소 사유 발견과 보호위원회 제출

인증기관은 사후관리를 실시한 결과 인증취소 사유를 발견한 경우에는 인증위원회의 심의를 거쳐 그 결과를 보호위원회에 제출해야 한다(동법 시행령34의5②).

(6) 개인정보 보호 인증 전문기관

보호위원회는 대통령령으로 정하는 전문기관으로 하여금 인증, 인증 취소, 사후관리 및 인증 심사원 관리 업무를 수행하게 할 수 있다(개인정보 보호법32의2⑤).

여기서 "대통령령으로 정하는 전문기관"이란 ⅰ) 한국인터넷진흥원, ⅱ) 개인정보 보호 인증심사원 5명 이상을 보유하고, 보호위원회가 실시하는 업무수행 요건·능력 심사에서 적합하다고 인정받은 법인, 단체 또는 기관 중에서 보호위원회가 지정·고시하는 법인, 단체 또는 기관을 말한다(동법 시행령34의6①). 여기에 해당하는 법인, 단체 또는 기관의 지정과 그 지정의 취소에 필요한 세부기준 등은 보호위원회가 정하여 고시한다(동법 시행령34의6②).

(7) 인증의 표시 및 홍보

인증을 받은 자는 인증의 내용을 표시하거나 홍보할 수 있다(개인정보 보호법32의2⑥). 이에 따라 인증을 받은 자가 인증 받은 내용을 표시하거나 홍보하려는 경우에는 보호위원회가 정하여 고시하는 개인정보 보호 인증표시를 사용할 수 있다(동법 시행령34의7 전단). 이 경우 인증의 범위와 유효기간을 함께 표시해야 한다(동법 시행령34의7 후단).

(8) 개인정보 보호 인증심사원의 자격 및 자격 취소 요건

(가) 인증심사원의 자격

인증기관은 개인정보 보호에 관한 전문지식을 갖춘 사람으로서 인증심사에 필요한 전문 교육과정을 이수하고 시험에 합격한 사람에게 개인정보 보호 인증심사원("인증심사원")의 자격을 부여한다(동법 시행령34의8①).

(나) 인증심사원의 자격 취소

인증기관은 인증심사원이 ⅰ) 거짓이나 부정한 방법으로 인증심사원 자격을 취득한 경우, ⅱ) 개인정보 보호 인증 심사와 관련하여 금전, 금품, 이익 등을 부당하게 수수한 경우, ⅲ) 개인정보 보호 인증 심사 과정에서 취득한 정보를 누설하거나 정당한 사유 없이 업무상 목적 외의 용도로 사용한 경우 그 자격을 취소할 수 있다(동법 시행령34의8② 본문). 다만, 거짓이나 부정한 방법으로 인증심사원 자격을 취득한 경우에는 자격을 취소하여야 한다(동법 시행령34의8② 단서).

(다) 보호위원회 고시

전문 교육과정의 이수, 인증심사원 자격의 부여 및 취소 등에 관한 세부 사항은 보호위원회가 정하여 고시한다(동법 시행령34의8③).

6. 개인정보 영향평가

(1) 영향평가와 보호위원회 제출

(가) 영향평가와 평가기관

공공기관의 장은 "대통령령으로 정하는 기준에 해당하는 개인정보파일"의 운용으로 인하여 정보주체의 개인정보 침해가 우려되는 경우에는 그 위험요인의 분석과 개선사항 도출을 위한 평가("영향평가")를 하고 그 결과를 보호위원회에 제출하여야 한다(개인정보 보호법33① 전단). 이 경우 공공기관의 장은 영향평가를 보호위원회가 지정하는 기관("평가기관") 중에서 의뢰하여야 한다(개인정보 보호법 33① 후단).

(나) 개인정보 영향평가의 대상

법 제33조 제1항에서 "대통령령으로 정하는 기준에 해당하는 개인정보파일" 이란 개인정보를 전자적으로 처리할 수 있는 개인정보파일로서 ⅰ) 구축·운용 또는 변경하려는 개인정보파일로서 5만명 이상의 정보주체에 관한 민감정보 또는 고유식별정보의 처리가 수반되는 개인정보파일, ⅱ) 구축·운용하고 있는 개인정보파일을 해당 공공기관 내부 또는 외부에서 구축·운용하고 있는 다른 개인정보파일과 연계하려는 경우로서 연계 결과 50만명 이상의 정보주체에 관한 개인정보가 포함되는 개인정보파일, ⅲ) 구축·운용 또는 변경하려는 개인정보파일로서 100만명 이상의 정보주체에 관한 개인정보파일, ⅳ) 개인정보 영향평가를 받은 후에 개인정보 검색체계 등 개인정보파일의 운용체계를 변경하려는 경우 그 개인정보파일(이 경우 영향평가 대상은 변경된 부분으로 한정) 중 어느 하나에 해당하는 개인정보파일을 말한다(동법 시행령35).

(다) 영향평가시 고려사항

영향평가를 하는 경우에는 ⅰ) 처리하는 개인정보의 수, ⅱ) 개인정보의 제3 자 제공 여부, ⅲ) 정보주체의 권리를 해할 가능성 및 그 위험 정도, ⅳ) 민감정보 또는 고유식별정보의 처리 여부, ⅴ) 개인정보 보유기간을 고려하여야 한다 (개인정보 보호법33③, 동법 시행령37).

(2) 평가기관의 지정 및 지정취소

보호위원회는 대통령령으로 정하는 인력·설비 및 그 밖에 필요한 요건을 갖춘 자를 영향평가를 수행하는 기관("평가기관")으로 지정할 수 있으며, 공공기관의 장은 영향평가를 평가기관에 의뢰하여야 한다(개인정보 보호법33②).

(가) 평가기관의 지정요건

보호위원회는 다음의 요건을 모두 갖춘 법인을 개인정보 영향평가기관("평가기관")으로 지정할 수 있다(동법 시행령36①).

1. 최근 5년간 다음 각 목의 어느 하나에 해당하는 업무 수행의 대가로 받은 금액의 합계액이 2억원 이상인 법인

가. 영향평가 업무 또는 이와 유사한 업무

나. 전자정부법 제2조 제13호[20])에 따른 정보시스템(정보보호시스템을 포함)의 구축 업무 중 정보보호컨설팅 업무(전자적 침해행위에 대비하기 위한 정보시스템의 분석·평가와 이에 기초한 정보 보호 대책의 제시 업무)

다. 전자정부법 제2조 제14호[21])에 따른 정보시스템 감리 업무 중 정보보호 컨설팅 업무

라. 정보보호산업의 진흥에 관한 법률 제2조 제2호[22])에 따른 정보보호산업에 해당하는 업무 중 정보보호컨설팅 업무

마. 정보보호산업의 진흥에 관한 법률 제23조 제1항 제1호 및 제2호[23])에 따른 업무

2. 별표 1의2에 따른 전문인력을 10명 이상 상시 고용하고 있는 법인

3. 다음 각 목의 사무실 및 설비를 갖춘 법인

가. 신원 확인 및 출입 통제를 위한 설비를 갖춘 사무실

나. 기록 및 자료의 안전한 관리를 위한 설비

(나) 평가기관 지정신청

평가기관으로 지정받으려는 자는 보호위원회가 정하여 고시하는 평가기관 지정신청서에 ⅰ) 정관, ⅱ) 대표자의 성명, ⅲ) 전문인력의 자격을 증명할 수 있는 서류, ⅳ) 그 밖에 보호위원회가 정하여 고시하는 서류를 첨부하여 보호위원회에 제출해야 한다(동법 시행령36②).

(다) 보호위원회의 서류 확인

평가기관 지정신청서를 제출받은 보호위원회는 전자정부법 제36조 제1항에 따른 행정정보의 공동이용을 통하여 ⅰ) 법인 등기사항증명서, ⅱ) 외국인등록

---

20) 13. "정보시스템"이란 정보의 수집·가공·저장·검색·송신·수신 및 그 활용과 관련되는 기기와 소프트웨어의 조직화된 체계를 말한다.

21) 14. "정보시스템 감리"란 감리발주자 및 피감리인의 이해관계로부터 독립된 자가 정보시스템의 효율성을 향상시키고 안전성을 확보하기 위하여 제3자의 관점에서 정보시스템의 구축 및 운영 등에 관한 사항을 종합적으로 점검하고 문제점을 개선하도록 하는 것을 말한다.

22) 2. "정보보호산업"이란 정보보호를 위한 기술("정보보호기술") 및 정보보호기술이 적용된 제품("정보보호제품")을 개발·생산 또는 유통하거나 이에 관련한 서비스("정보보호서비스")를 제공하는 산업을 말한다.

23) 1. 정보통신기반 보호법 제8조에 따라 지정된 주요정보통신기반시설의 취약점 분석·평가 업무

　　2. 주요정보통신기반시설 보호대책의 수립 업무

사실증명(외국인인 경우만 해당)의 서류를 확인해야 한다(동법 시행령36③ 본문). 다만, 신청인이 외국인등록 사실증명(외국인 경우만 해당) 확인에 동의하지 않는 경우에는 신청인에게 그 서류를 첨부하게 해야 한다(동법 시행령36③ 단서).

(라) 평가기관 지정서 발급 및 관보 게시

보호위원회는 평가기관을 지정한 경우에는 지체 없이 평가기관 지정서를 발급하고, ⅰ) 평가기관의 명칭·주소 및 전화번호와 대표자의 성명, ⅱ) 지정 시 조건을 붙이는 경우 그 조건의 내용을 관보에 고시해야 한다(동법 시행령36④ 전단). 고시된 사항이 변경된 경우에도 또한 같다(동법 시행령36④ 후단).

(마) 평가기관의 지정취소

보호위원회는 지정된 평가기관이 다음의 어느 하나에 해당하는 경우에는 평가기관의 지정을 취소할 수 있다(개인정보 보호법33⑦ 본문). 다만, 제1호 또는 제2호에 해당하는 경우에는 평가기관의 지정을 취소하여야 한다(개인정보 보호법33⑦ 단서).

1. 거짓이나 그 밖의 부정한 방법으로 지정을 받은 경우
2. 지정된 평가기관 스스로 지정취소를 원하거나 폐업한 경우
3. 법 제33조 제2항에 따른 지정요건을 충족하지 못하게 된 경우
4. 고의 또는 중대한 과실로 영향평가업무를 부실하게 수행하여 그 업무를 적정하게 수행할 수 없다고 인정되는 경우
5. 그 밖에 대통령령으로 정하는 사유에 해당하는 경우[24]

(바) 신고사항

지정된 평가기관은 지정된 후 ⅰ) 제1항 각 호의 어느 하나에 해당하는 사항이 변경된 경우, ⅱ) 제4항 제1호에 해당하는 사항이 변경된 경우, ⅲ) 평가기관을 양도·양수하거나 합병하는 등의 사유가 발생한 경우에는 보호위원회가 정

---

24) "대통령령으로 정하는 사유에 해당하는 경우"란 다음 각 호의 어느 하나에 해당하는 경우를 말한다(동법 시행령36⑤).
　1. 제6항에 따른 신고의무를 이행하지 않은 경우
　2. 평가기관으로 지정된 날부터 2년 이상 계속하여 정당한 사유 없이 영향평가 실적이 없는 경우
　3. 제38조 제2항 각 호 외의 부분에 따른 영향평가서 등 영향평가 업무 수행 과정에서 알게 된 정보를 누설한 경우
　4. 그 밖에 법 또는 이 영에 따른 의무를 위반한 경우

하여 고시하는 바에 따라 그 사유가 발생한 날부터 14일 이내에 보호위원회에 신고해야 한다(동법 시행령36⑥ 본문). 다만, 평가기관을 양도·양수하거나 합병하는 등의 사유가 발생한 경우에는 그 사유가 발생한 날부터 60일 이내에 신고해야 한다(동법 시행령36⑥ 단서).

(사) 청문

보호위원회는 지정을 취소하는 경우에는 행정절차법에 따른 청문을 실시하여야 한다(동법 시행령33⑧).

(3) 영향평가 결과에 대한 의견 제시

보호위원회는 제출받은 영향평가 결과에 대하여 의견을 제시할 수 있다(개인정보 보호법33④).

(4) 등록시 영향평가 결과 첨부

공공기관의 장은 영향평가를 한 개인정보파일을 등록할 때에는 영향평가 결과를 함께 첨부하여야 한다(개인정보 보호법33⑤).

(5) 영향평가 기준의 개발·보급 등 조치 마련

보호위원회는 영향평가의 활성화를 위하여 관계 전문가의 육성, 영향평가 기준의 개발·보급 등 필요한 조치를 마련하여야 한다(개인정보 보호법33⑥).

(6) 영향평가의 평가기준 등
(가) 영향평가의 평가기준

영향평가의 평가기준은 ⅰ) 해당 개인정보파일에 포함되는 개인정보의 종류·성질, 정보주체의 수 및 그에 따른 개인정보 침해의 가능성, ⅱ) 법 제24조(고유식별정보의 처리 제한) 제3항, 제25조(영상정보처리기기의 설치·운영 제한) 제6항 및 제29조(안전조치의무)에 따른 안전성 확보 조치의 수준 및 이에 따른 개인정보 침해의 가능성, ⅲ) 개인정보 침해의 위험요인별 조치 여부, ⅳ) 그 밖에 법 및 이 영에 따라 필요한 조치 또는 의무 위반 요소에 관한 사항이다(동법 시행령38①).

(나) 평가기관의 영향평가서 작성 송부 등

영향평가를 의뢰받은 평가기관은 영향평가의 평가기준에 따라 개인정보파일의 운용으로 인한 개인정보 침해의 위험요인을 분석·평가한 후 ⅰ) 개인정보파일 운용과 관련된 사업의 개요 및 개인정보파일 운용의 목적(제1호), ⅱ) 영향평가 대상 개인정보파일의 개요(제2호), ⅲ) 평가기준에 따른 개인정보 침해의 위험요인에 대한 분석·평가 및 개선이 필요한 사항(제3호), ⅳ) 영향평가 수행 인력 및 비용(제4호)이 포함된 평가결과를 영향평가서로 작성하여 해당 공공기관의 장에게 보내야 하며, 공공기관의 장은 제35조 각 호에 해당하는 개인정보파일을 구축·운용 또는 변경하기 전에 그 영향평가서를 보호위원회에 제출(영향평가서에 제3호에 따른 개선 필요사항이 포함된 경우에는 그에 대한 조치내용을 포함)해야 한다(동법 시행령38②).

(다) 보호위원회의 고시

보호위원회는 법 및 이 영에서 정한 사항 외에 평가기관의 지정 및 영향평가의 절차 등에 관한 세부기준을 정하여 고시할 수 있다(동법 시행령38④).

(7) 국회 등 영향평가

국회, 법원, 헌법재판소, 중앙선거관리위원회(그 소속 기관을 포함)의 영향평가에 관한 사항은 국회규칙, 대법원규칙, 헌법재판소규칙 및 중앙선거관리위원회규칙으로 정하는 바에 따른다(개인정보 보호법33⑩).

(8) 공공기관 외의 개인정보처리자의 영향평가

공공기관 외의 개인정보처리자는 개인정보파일 운용으로 인하여 정보주체의 개인정보 침해가 우려되는 경우에는 영향평가를 하기 위하여 적극 노력하여야 한다(개인정보 보호법33⑪).

7. 개인정보 유출 통지 등

(1) 통지사항

개인정보처리자는 개인정보가 분실·도난·유출("유출등")되었음을 알게 되었을 때에는 지체 없이 해당 정보주체에게 다음의 사항을 알려야 한다(개인정보 보호법34① 본문). 다만, 정보주체의 연락처를 알 수 없는 경우 등 정당한 사유가 있는 경우에는 대통령령으로 정하는 바에 따라 통지를 갈음하는 조치를 취할 수 있다(개인정보 보호법34① 단서).[25)]

1. 유출등이 된 개인정보의 항목
2. 유출등이 된 시점과 그 경위
3. 유출등으로 인하여 발생할 수 있는 피해를 최소화하기 위하여 정보주체가 할 수 있는 방법 등에 관한 정보
4. 개인정보처리자의 대응조치 및 피해 구제절차
5. 정보주체에게 피해가 발생한 경우 신고 등을 접수할 수 있는 담당부서 및 연락처

(2) 피해대책 마련과 조치

개인정보처리자는 개인정보가 유출등이 된 경우 그 피해를 최소화하기 위한 대책을 마련하고 필요한 조치를 하여야 한다(개인정보 보호법34②).

(3) 개인정보 유출 신고의 범위 및 기관

개인정보처리자는 개인정보의 유출등이 있음을 알게 되었을 때에는 개인정보의 유형, 유출등의 경로 및 규모 등을 고려하여 대통령령으로 정하는 바에 따

---

25) 시행령 제39조(개인정보 유출 등의 통지) ① 개인정보처리자는 개인정보가 분실·도난·유출("유출등")되었음을 알게 되었을 때에는 서면등의 방법으로 72시간 이내에 법 제34조 제1항 각 호의 사항을 정보주체에게 알려야 한다. 다만, 다음의 어느 하나에 해당하는 경우에는 해당 사유가 해소된 후 지체 없이 정보주체에게 알릴 수 있다.
  1. 유출등이 된 개인정보의 확산 및 추가 유출등을 방지하기 위하여 접속경로의 차단, 취약점 점검·보완, 유출등이 된 개인정보의 회수·삭제 등 긴급한 조치가 필요한 경우
  2. 천재지변이나 그 밖에 부득이한 사유로 인하여 72시간 이내에 통지하기 곤란한 경우
  ② 제1항에도 불구하고 개인정보처리자는 같은 항에 따른 통지를 하려는 경우로서 법 제34조 제1항 제1호 또는 제2호의 사항에 관한 구체적인 내용을 확인하지 못한 경우에는 개인정보가 유출된 사실, 그때까지 확인된 내용 및 같은 항 제3호부터 제5호까지의 사항을 서면등의 방법으로 우선 통지해야 하며, 추가로 확인되는 내용에 대해서는 확인되는 즉시 통지해야 한다.
  ③ 제1항 및 제2항에도 불구하고 개인정보처리자는 정보주체의 연락처를 알 수 없는 경우 등 정당한 사유가 있는 경우에는 법 제34조 제1항 각 호 외의 부분 단서에 따라 같은 항 각 호의 사항을 정보주체가 쉽게 알 수 있도록 자신의 인터넷 홈페이지에 30일 이상 게시하는 것으로 제1항 및 제2항의 통지를 갈음할 수 있다. 다만, 인터넷 홈페이지를 운영하지 아니하는 개인정보처리자의 경우에는 사업장등의 보기 쉬운 장소에 법 제34조 제1항 각 호의 사항을 30일 이상 게시하는 것으로 제1항 및 제2항의 통지를 갈음할 수 있다.

라 제1항 각 호의 사항을 지체 없이 보호위원회 또는 한국인터넷진흥원(동법 시행령40③)에 신고하여야 한다(개인정보 보호법34③ 전단). 이 경우 보호위원회 또는 한국인터넷진흥원(동법 시행령40③)은 피해 확산방지, 피해 복구 등을 위한 기술을 지원할 수 있다(개인정보 보호법34③ 후단).

Ⅶ. 정보주체의 권리 보장

1. 개인정보의 열람

(1) 개인정보의 열람 요구 방법과 절차
(가) 정보주체의 열람요구

정보주체는 개인정보처리자가 처리하는 자신의 개인정보에 대한 열람을 해당 개인정보처리자에게 요구할 수 있다(개인정보 보호법35①).

(나) 개인정보처리자에 대한 개인정보의 열람절차

정보주체는 자신의 개인정보에 대한 열람을 요구하려면 ⅰ) 개인정보의 항목 및 내용, ⅱ) 개인정보의 수집·이용의 목적, ⅲ) 개인정보 보유 및 이용 기간, ⅳ) 개인정보의 제3자 제공 현황, ⅴ) 개인정보 처리에 동의한 사실 및 내용 중 열람하려는 사항을 개인정보처리자가 마련한 방법과 절차에 따라 요구하여야 한다(동법 시행령41①).

(다) 개인정보처리자의 열람 요구 방법과 절차 마련시 준수사항

개인정보처리자는 열람 요구 방법과 절차를 마련하는 경우 해당 개인정보의 수집 방법과 절차에 비하여 어렵지 아니하도록 ⅰ) 서면, 전화, 전자우편, 인터넷 등 정보주체가 쉽게 활용할 수 있는 방법으로 제공하여야 하고, ⅱ) 개인정보를 수집한 창구의 지속적 운영이 곤란한 경우 등 정당한 사유가 있는 경우를 제외하고는 최소한 개인정보를 수집한 창구 또는 방법과 동일하게 개인정보의 열람을 요구할 수 있도록 하여야 하며, ⅲ) 인터넷 홈페이지를 운영하는 개인정보처리자는 홈페이지에 열람 요구 방법과 절차를 공개하여야 한다(동법 시행령41②).

(2) 공공기관에 대한 열람요구

정보주체가 자신의 개인정보에 대한 열람을 공공기관에 요구하고자 할 때에는 공공기관에 직접 열람을 요구하거나 대통령령으로 정하는 바에 따라 보호위원회를 통하여 열람을 요구할 수 있다(개인정보 보호법35②).

따라서 정보주체가 보호위원회를 통하여 자신의 개인정보에 대한 열람을 요구하려는 경우에는 보호위원회가 정하여 고시하는 바에 따라 ⅰ) 개인정보의 항목 및 내용, ⅱ) 개인정보의 수집·이용의 목적, ⅲ) 개인정보 보유 및 이용 기간, ⅳ) 개인정보의 제3자 제공 현황, ⅴ) 개인정보 처리에 동의한 사실 및 내용 중 열람하려는 사항을 표시한 개인정보 열람요구서를 보호위원회에 제출해야 한다(동법 시행령41③ 전단). 이 경우 보호위원회는 지체 없이 그 개인정보 열람요구서를 해당 공공기관에 이송해야 한다(동법 시행령41③ 후단).

(3) 개인정보처리자의 정보주체에 대한 열람제공의무

개인정보처리자는 열람을 요구받았을 때에는 10일(동법 시행령41④) 내에 정보주체가 해당 개인정보를 열람할 수 있도록 하여야 한다(개인정보 보호법35③ 전단). 이 경우 해당 기간 내에 열람할 수 없는 정당한 사유가 있을 때에는 정보주체에게 그 사유를 알리고 열람을 연기할 수 있으며, 그 사유가 소멸하면 지체 없이 열람하게 하여야 한다(개인정보 보호법35③ 후단).

(4) 통지 등의 방법 및 절차

개인정보처리자는 개인정보 열람 요구를 받은 날부터 10일 이내에 정보주체에게 해당 개인정보를 열람할 수 있도록 하는 경우와 열람 요구 사항 중 일부를 열람하게 하는 경우에는 열람할 개인정보와 열람이 가능한 날짜·시간 및 장소 등(열람 요구 사항 중 일부만을 열람하게 하는 경우에는 그 사유와 이의제기방법을 포함)을 보호위원회가 정하여 고시하는 열람통지서로 해당 정보주체에게 알려야 한다(동법 시행령41⑤ 본문). 다만, 즉시 열람하게 하는 경우에는 열람통지서 발급을 생략할 수 있다(동법 시행령41⑤ 단서).

(5) 개인정보 열람의 제한·연기 및 거절
(가) 열람 제한 또는 거절 사유

개인정보처리자는 ⅰ) 법률에 따라 열람이 금지되거나 제한되는 경우, ⅱ) 다른 사람의 생명·신체를 해할 우려가 있거나 다른 사람의 재산과 그 밖의 이익을 부당하게 침해할 우려가 있는 경우, ⅲ) 공공기관이 ㉠ 조세의 부과·징수 또

는 환급에 관한 업무, ① 초·중등교육법 및 고등교육법에 따른 각급 학교, 평생
교육법에 따른 평생교육시설, 그 밖의 다른 법률에 따라 설치된 고등교육기관에
서의 성적 평가 또는 입학자 선발에 관한 업무, © 학력·기능 및 채용에 관한 시
험, 자격 심사에 관한 업무, @ 보상금·급부금 산정 등에 대하여 진행 중인 평가
또는 판단에 관한 업무, ® 다른 법률에 따라 진행 중인 감사 및 조사에 관한 업
무 중 어느 하나에 해당하는 업무를 수행할 때 중대한 지장을 초래하는 경우에
는 정보주체에게 그 사유를 알리고 열람을 제한하거나 거절할 수 있다(개인정보
보호법35④).

(나) 열람 일부 제한

개인정보처리자는 열람 요구 사항 중 일부가 법 제35조 제4항 각 호의 어느
하나에 해당하는 경우에는 그 일부에 대하여 열람을 제한할 수 있으며, 열람이
제한되는 사항을 제외한 부분은 열람할 수 있도록 하여야 한다(동법 시행령42①).

(다) 연기 또는 거절의 사유 및 이의제기방법의 통지

개인정보처리자가 정보주체의 열람을 연기하거나 열람을 거절하려는 경우
에는 열람 요구를 받은 날부터 10일 이내에 연기 또는 거절의 사유 및 이의제기
방법을 보호위원회가 정하여 고시하는 열람의 연기·거절 통지서로 해당 정보주
체에게 알려야 한다(동법 시행령42②).

2. 개인정보의 정정·삭제

(1) 정보주체의 정정·삭제 요구

(가) 정정·삭제 요구

자신의 개인정보를 열람한 정보주체는 개인정보처리자에게 그 개인정보의
정정 또는 삭제를 요구할 수 있다(개인정보 보호법36① 본문).

다만, 다른 법령에서 그 개인정보가 수집 대상으로 명시되어 있는 경우에는
그 삭제를 요구할 수 없다(개인정보 보호법36① 단서). 개인정보처리자는 정보주체
의 요구가 제1항 단서에 해당될 때에는 지체 없이 그 내용을 정보주체에게 알려
야 한다(개인정보 보호법36④).

(나) 정정·삭제 요구 방법과 절차

정보주체는 개인정보처리자에게 그 개인정보의 정정 또는 삭제를 요구하려
면 개인정보처리자가 마련한 방법과 절차에 따라 요구하여야 한다(동법 시행령43

① 전단). 이 경우 개인정보처리자가 개인정보의 정정 또는 삭제 요구 방법과 절차를 마련할 때에는 제41조 제2항을 준용하되, "열람"은 "정정 또는 삭제"로 본다(동법 시행령43① 후단).

따라서 개인정보처리자는 정정 또는 삭제 요구 방법과 절차를 마련하는 경우 해당 개인정보의 수집 방법과 절차에 비하여 어렵지 아니하도록 다음의 사항을 준수하여야 한다(동법 시행령41②). 즉 ⅰ) 서면, 전화, 전자우편, 인터넷 등 정보주체가 쉽게 활용할 수 있는 방법으로 제공하여야 하고, ⅱ) 개인정보를 수집한 창구의 지속적 운영이 곤란한 경우 등 정당한 사유가 있는 경우를 제외하고는 최소한 개인정보를 수집한 창구 또는 방법과 동일하게 개인정보의 열람을 요구할 수 있도록 하여야 하며, ⅲ) 인터넷 홈페이지를 운영하는 개인정보처리자는 홈페이지에 열람 요구 방법과 절차를 공개하여야 한다.

(다) 개인정보파일을 처리하는 개인정보처리자의 조치

다른 개인정보처리자로부터 개인정보를 제공받아 개인정보파일을 처리하는 개인정보처리자는 개인정보의 정정 또는 삭제 요구를 받으면 그 요구에 따라 해당 개인정보를 정정·삭제하거나 그 개인정보 정정·삭제에 관한 요구 사항을 해당 개인정보를 제공한 기관의 장에게 지체 없이 알리고 그 처리 결과에 따라 필요한 조치를 하여야 한다(동법 시행령43②).

(2) 개인정보처리자의 정정·삭제 및 통지의무

개인정보처리자는 정보주체의 요구를 받았을 때에는 개인정보의 정정 또는 삭제에 관하여 다른 법령에 특별한 절차가 규정되어 있는 경우를 제외하고는 지체 없이 그 개인정보를 조사하여 정보주체의 요구에 따라 정정·삭제 등 필요한 조치를 한 후 그 결과를 정보주체에게 알려야 한다(개인정보 보호법36②).

개인정보처리자는 조사를 할 때 필요하면 해당 정보주체에게 정정·삭제 요구사항의 확인에 필요한 증거자료를 제출하게 할 수 있다(개인정보 보호법36⑤).

(3) 개인정보 삭제와 복구·재생 불능 조치

개인정보처리자가 개인정보를 삭제할 때에는 복구 또는 재생되지 아니하도록 조치하여야 한다(개인정보 보호법36③).

(4) 통지 방법 및 절차

개인정보처리자는 개인정보 정정·삭제 요구를 받은 날부터 10일 이내에 해당 개인정보의 정정·삭제 등의 조치를 한 경우에는 그 조치를 한 사실을, 법 제36조 제1항 단서에 해당하여 삭제 요구에 따르지 아니한 경우에는 그 사실 및 이유와 이의제기방법을 보호위원회가 정하여 고시하는 개인정보 정정·삭제 결과 통지서로 해당 정보주체에게 알려야 한다(동법 시행령43③).

3. 개인정보의 처리정지 등

(1) 정보주체의 개인정보 처리의 정지 요구 또는 동의 철회

정보주체는 개인정보처리자에 대하여 자신의 개인정보 처리의 정지를 요구하거나 개인정보 처리에 대한 동의를 철회할 수 있다(개인정보 보호법37① 전단). 이 경우 공공기관에 대해서는 제32조에 따라 등록 대상이 되는 개인정보파일 중 자신의 개인정보에 대한 처리의 정지를 요구하거나 개인정보 처리에 대한 동의를 철회할 수 있다(개인정보 보호법37① 후단).

정보주체는 개인정보처리자에게 자신의 개인정보 처리의 정지를 요구하려면 개인정보처리자가 마련한 방법과 절차에 따라 요구하여야 한다(동법 시행령44① 전단). 이 경우 개인정보처리자가 개인정보의 처리 정지 요구 방법과 절차를 마련할 때에는 제41조 제2항을 준용하되, "열람"은 "처리 정지"로 본다(동법 시행령44① 후단).

(2) 개인정보처리자의 개인정보 처리의 정지

개인정보처리자는 제1항에 따른 처리정지 요구를 받았을 때에는 지체 없이 정보주체의 요구에 따라 개인정보 처리의 전부를 정지하거나 일부를 정지하여야 한다(개인정보 보호법37② 본문). 다만, 다음의 어느 하나에 해당하는 경우에는 정보주체의 처리정지 요구를 거절할 수 있다(개인정보 보호법37② 단서).

1. 법률에 특별한 규정이 있거나 법령상 의무를 준수하기 위하여 불가피한 경우
2. 다른 사람의 생명·신체를 해할 우려가 있거나 다른 사람의 재산과 그 밖의 이익을 부당하게 침해할 우려가 있는 경우
3. 공공기관이 개인정보를 처리하지 아니하면 다른 법률에서 정하는 소관 업무를 수행할 수 없는 경우

4. 개인정보를 처리하지 아니하면 정보주체와 약정한 서비스를 제공하지 못하는 등 계약의 이행이 곤란한 경우로서 정보주체가 그 계약의 해지 의사를 명확하게 밝히지 아니한 경우

(3) 동의 철회와 개인정보의 파기 등

개인정보처리자는 정보주체가 동의를 철회한 때에는 지체 없이 수집된 개인정보를 복구·재생할 수 없도록 파기하는 등 필요한 조치를 하여야 한다. 다만, 제2항 각 호의 어느 하나에 해당하는 경우에는 동의 철회에 따른 조치를 하지 아니할 수 있다(개인정보 보호법37③).

개인정보처리자는 정보주체의 요구에 따라 처리가 정지된 개인정보에 대하여 지체 없이 해당 개인정보의 파기 등 필요한 조치를 하여야 한다(개인정보 보호법37⑤).

(4) 처리정지 요구 거절 등의 통지

개인정보처리자는 처리정지 요구를 거절하거나 동의 철회에 따른 조치를 하지 아니하였을 때에는 정보주체에게 지체 없이 그 사유를 알려야 한다(개인정보 보호법37④).

(5) 통지 등의 방법 및 절차

개인정보처리자는 개인정보 처리정지 요구를 받은 날부터 10일 이내에 해당 개인정보의 처리정지 조치를 한 경우에는 그 조치를 한 사실을, 같은 항 단서에 해당하여 처리정지 요구에 따르지 않은 경우에는 그 사실 및 이유와 이의제기방법을 보호위원회가 정하여 고시하는 개인정보 처리정지 요구에 대한 결과통지서로 해당 정보주체에게 알려야 한다(동법 시행령44②).

4. 권리행사의 방법 및 절차

(1) 열람등요구의 대리

정보주체는 열람, 전송, 정정·삭제, 처리정지 및 동의 철회, 거부·설명 등의 요구("열람등요구")를 문서 등 대통령령으로 정하는 방법·절차에 따라 대리인에게 하게 할 수 있다(개인정보 보호법38①).

정보주체를 대리할 수 있는 자는 정보주체의 법정대리인과 정보주체로부터 위임을 받은 자이다(동법 시행령45①). 대리인이 정보주체를 대리할 때에는 개인정보처리자에게 보호위원회가 정하여 고시하는 정보주체의 위임장을 제출하여야 한다(동법 시행령45②).

(2) 아동의 개인정보 열람등요구 대리

만 14세 미만 아동의 법정대리인은 개인정보처리자에게 그 아동의 개인정보 열람등요구를 할 수 있다(개인정보 보호법38②).

(3) 수수료와 우송료 청구

개인정보처리자는 열람등요구를 하는 자에게 대통령령으로 정하는 바에 따라 수수료와 우송료(사본의 우송을 청구하는 경우에 한한다)를 청구할 수 있다(개인정보 보호법38③ 전단). 다만, 제35조의2 제2항에 따른 전송 요구의 경우에는 전송을 위해 추가로 필요한 설비 등을 함께 고려하여 수수료를 산정할 수 있다(개인정보 보호법38③ 후단).

(4) 방법과 절차 마련 및 공개

개인정보처리자는 정보주체가 열람등요구를 할 수 있는 구체적인 방법과 절차를 마련하고, 이를 정보주체가 알 수 있도록 공개하여야 한다(개인정보 보호법38④ 전단). 이 경우 열람등요구의 방법과 절차는 해당 개인정보의 수집 방법과 절차보다 어렵지 아니하도록 하여야 한다(개인정보 보호법38④ 후단).

(5) 이의제기 절차 마련 및 안내

개인정보처리자는 정보주체가 열람등요구에 대한 거절 등 조치에 대하여 불복이 있는 경우 이의를 제기할 수 있도록 필요한 절차를 마련하고 안내하여야 한다(개인정보 보호법38⑤).

제3절 정보통신망법

Ⅰ. 서설

1. 정보통신망법의 목적

정보통신망법 제1조(목적)는 "이 법은 정보통신망의 이용을 촉진하고 정보통신서비스를 이용하는 자를 보호함과 아울러 정보통신망을 건전하고 안전하게 이용할 수 있는 환경을 조성하여 국민생활의 향상과 공공복리의 증진에 이바지함을 목적으로 한다."고 규정하고 있다.

2. 정보통신망법상 용어의 정리

(1) 정보통신망

"정보통신망"이란 전기통신설비[26]를 이용하거나 전기통신설비와 컴퓨터 및 컴퓨터의 이용기술을 활용하여 정보를 수집·가공·저장·검색·송신 또는 수신하는 정보통신체제를 말한다(정보통신망법2①(1)).

(2) 정보통신서비스

"정보통신서비스"란 전기통신역무[27]와 이를 이용하여 정보를 제공하거나 정보의 제공을 매개하는 것을 말한다(정보통신망법2①(2)).

(3) 정보통신서비스 제공자

"정보통신서비스 제공자"란 전기통신사업자[28]와 영리를 목적으로 전기통신사업자의 전기통신역무를 이용하여 정보를 제공하거나 정보의 제공을 매개하는 자를 말한다(정보통신망법2①(3)).

---

26) "전기통신설비"란 전기통신을 하기 위한 기계·기구·선로 또는 그 밖에 전기통신에 필요한 설비를 말한다(전기통신사업법2(2)).
27) "전기통신역무"란 전기통신설비를 이용하여 타인의 통신을 매개하거나 전기통신설비를 타인의 통신용으로 제공하는 것을 말한다(전기통신사업법2(6)).
28) "전기통신사업자"란 전기통신사업에 따라 등록 또는 신고(신고가 면제된 경우 포함)를 하고 전기통신역무를 제공하는 자를 말한다(전기통신사업법2(8)).

(4) 이용자

"이용자"란 정보통신서비스 제공자가 제공하는 정보통신서비스를 이용하는 자를 말한다(정보통신망법2①(4)).

(5) 전자문서

"전자문서"란 컴퓨터 등 정보처리능력을 가진 장치에 의하여 전자적인 형태로 작성되어 송수신되거나 저장된 문서형식의 자료로서 표준화된 것을 말한다(정보통신망법2①(5)).

(6) 게시판

"게시판"이란 그 명칭과 관계없이 정보통신망을 이용하여 일반에게 공개할 목적으로 부호·문자·음성·음향·화상·동영상 등의 정보를 이용자가 게재할 수 있는 컴퓨터 프로그램이나 기술적 장치를 말한다(정보통신망법2(9)).

Ⅱ. 정보통신서비스의 안전한 이용환경 조성

1. 접근권한에 대한 동의

(1) 통지사항과 이용자의 동의

정보통신서비스 제공자는 해당 서비스를 제공하기 위하여 이용자의 이동통신단말장치 내에 저장되어 있는 정보 및 이동통신단말장치에 설치된 기능에 대하여 접근할 수 있는 권한("접근권한")이 필요한 경우 다음의 사항을 이용자가 명확하게 인지할 수 있도록 알리고 이용자의 동의를 받아야 한다(정보통신망법22의2①).

1. 해당 서비스를 제공하기 위하여 반드시 필요한 접근권한인 경우
    가. 접근권한이 필요한 정보 및 기능의 항목
    나. 접근권한이 필요한 이유
2. 해당 서비스를 제공하기 위하여 반드시 필요한 접근권한이 아닌 경우
    가. 접근권한이 필요한 정보 및 기능의 항목
    나. 접근권한이 필요한 이유
    다. 접근권한 허용에 대하여 동의하지 아니할 수 있다는 사실

(2) 접근권한의 범위

정보통신서비스 제공자가 이용자의 동의를 받아야 하는 경우는 이동통신단말장치의 소프트웨어를 통하여 ⅰ) 연락처, 일정, 영상, 통신내용, 바이오정보(지문, 홍채, 음성, 필적 등 개인을 식별할 수 있는 신체적 또는 행동적 특징에 관한 정보) 등 이용자가 이동통신단말장치에 저장한 정보, ⅱ) 위치정보, 통신기록, 인증정보, 신체활동기록 등 이동통신단말장치의 이용과정에서 자동으로 저장된 정보, ⅲ) 전기통신사업법 제60조의2 제1항[29])에 따른 고유한 국제 식별번호 등 이동통신단말장치의 식별을 위하여 부여된 고유정보, ⅳ) 촬영, 음성인식, 바이오정보 및 건강정보 감지센서 등 입력 및 출력 기능에 대하여 접근할 수 있는 권한("접근권한")이 필요한 경우로 한다(동법 시행령9의2① 본문). 다만, 이동통신단말장치의 제조·공급 과정에서 설치된 소프트웨어가 통신, 촬영, 영상·음악의 재생 등 이동통신단말장치의 본질적인 기능을 수행하기 위하여 접근하는 정보와 기능은 제외한다(동법 시행령9의2① 단서).

(3) 동의 방법

정보통신서비스 제공자는 이동통신단말장치의 소프트웨어를 설치 또는 실행하는 과정에서 소프트웨어 안내정보 화면 또는 별도 화면 등에 표시하는 방법으로 이용자에게 법 제22조의2 제1항 각 호의 통지사항을 알리고, 다음의 구분에 따라 이용자의 동의를 받아야 한다(동법 시행령9의2②).

1. 이동통신단말장치의 기본 운영체제(이동통신단말장치에서 소프트웨어를 실행할 수 있는 기반 환경을 말하며, 이하 "운영체제"라 한다)가 이용자가 접근권한에 대한 동의 여부를 개별적으로 선택할 수 있는 운영체제인 경우: 법 제22조의2 제1항 제1호 및 제2호에 따른 접근권한을 구분하여 알린 후 접근권한이 설정된 정보와 기능에 최초로 접근할 때 이용자가 동의 여부를 선택하도록 하는 방법

2. 이동통신단말장치의 운영체제가 이용자가 접근권한에 대한 동의 여부를 개

---

29) ① 전파법에 따라 할당받은 주파수를 사용하여 전기통신역무를 제공하는 전기통신사업자는 분실·또는 도난 등의 사유로 전기통신사업자에게 신고된 통신단말장치의 사용 차단을 위하여 해당 통신단말장치의 고유한 국제 식별번호("고유식별번호")를 전기통신사업자 간에 공유하여야 한다.

별적으로 선택할 수 없는 운영체제인 경우: 법 제22조의2 제1항 제1호에 따른 접근권한만을 설정하여 알린 후 소프트웨어를 설치할 때 이용자가 동의 여부를 선택하도록 하는 방법

3. 제1호 또는 제2호의 운영체제에 해당함에도 불구하고 제1호 또는 제2호의 방법이 불가능한 경우: 제1호 또는 제2호의 방법과 유사한 방법으로서 이용자에게 동의 내용을 명확하게 인지할 수 있도록 알리고 이용자가 동의 여부를 선택하도록 하는 방법

(4) 이용자의 동의 판단시 고려사항

이용자의 동의를 받아야 하는 사항이 법 제22조의2 제1항 제1호 또는 제2호에 따른 접근권한 중 어느 것에 해당하는지 여부를 판단할 때에는 이용약관, 개인정보 보호법 제30조 제1항[30])에 따른 개인정보처리방침 또는 별도 안내 등을 통하여 공개된 정보통신서비스의 범위와 실제 제공 여부, 해당 정보통신서비스에 대한 이용자의 합리적 예상 가능성 및 해당 정보통신서비스와 접근권한의 기술적 관련성 등을 고려하여야 한다(동법 시행령9의2③).

(5) 이용자의 부동의와 서비스 제공거부 금지

정보통신서비스 제공자는 해당 서비스를 제공하기 위하여 반드시 필요하지 아니한 접근권한을 설정하는 데 이용자가 동의하지 아니한다는 이유로 이용자에게 해당 서비스의 제공을 거부하여서는 아니 된다(정보통신망법22의2②).

---

30) ① 개인정보처리자는 다음 각 호의 사항이 포함된 개인정보의 처리 방침("개인정보 처리방침")을 정하여야 한다. 이 경우 공공기관은 제32조에 따라 등록대상이 되는 개인정보파일에 대하여 개인정보 처리방침을 정한다.
1. 개인정보의 처리 목적
2. 개인정보의 처리 및 보유 기간
3. 개인정보의 제3자 제공에 관한 사항(해당되는 경우에만 정한다)
3의2. 개인정보의 파기절차 및 파기방법(제21조 제1항 단서에 따라 개인정보를 보존하여야 하는 경우에는 그 보존근거와 보존하는 개인정보 항목을 포함)
4. 개인정보처리의 위탁에 관한 사항(해당되는 경우에만 정한다)
5. 정보주체와 법정대리인의 권리·의무 및 그 행사방법에 관한 사항
6. 제31조에 따른 개인정보 보호책임자의 성명 또는 개인정보 보호업무 및 관련 고충사항을 처리하는 부서의 명칭과 전화번호 등 연락처
7. 인터넷 접속정보파일 등 개인정보를 자동으로 수집하는 장치의 설치·운영 및 그 거부에 관한 사항(해당하는 경우에만 정한다)
8. 그 밖에 개인정보의 처리에 관하여 대통령령으로 정한 사항

(6) 이용자 정보보호 조치 마련

이동통신단말장치의 기본 운영체제(이동통신단말장치에서 소프트웨어를 실행할 수 있는 기반 환경)를 제작하여 공급하는 자와 이동통신단말장치 제조업자 및 이동통신단말장치의 소프트웨어를 제작하여 공급하는 자는 정보통신서비스 제공자가 이동통신단말장치 내에 저장되어 있는 정보 및 이동통신단말장치에 설치된 기능에 접근하려는 경우 접근권한에 대한 이용자의 동의 및 철회방법을 마련하는 등 이용자 정보보호에 필요한 조치를 하여야 한다(정보통신망법22의2③).

따라서 이동통신단말장치의 운영체제를 제작하여 공급하는 자, 이동통신단말장치 제조업자 및 이동통신단말장치의 소프트웨어를 제작하여 공급하는 자는 이용자 정보보호를 위하여 다음의 구분에 따라 필요한 조치를 하여야 한다(동법 시행령9의2④).

1. 이동통신단말장치의 운영체제를 제작하여 공급하는 자: 정보통신서비스 제공자가 제2항 각 호의 구분에 따른 방법으로 동의를 받을 수 있는 기능과 이용자가 동의를 철회할 수 있는 기능이 구현되어 있는 운영체제를 제작하여 공급하고, 운영체제에서 설정하고 있는 접근권한 운영 기준을 이동통신단말장치의 소프트웨어를 제작하여 공급하는 자가 이해하기 쉽도록 마련하여 공개할 것
2. 이동통신단말장치 제조업자: 제1호에 따른 동의 및 철회 기능이 구현되어 있는 운영체제를 이동통신단말장치에 설치할 것
3. 이동통신단말장치의 소프트웨어를 제작하여 공급하는 자: 제1호 및 제2호에 따른 조치를 한 운영체제와 이동통신단말장치에 맞는 동의 및 철회방법을 소프트웨어에 구현할 것

(7) 실태조사 실시

방송통신위원회는 해당 서비스의 접근권한의 설정이 법 제22의2 제1항부터 제3항까지의 규정에 따라 이루어졌는지 여부에 대하여 실태조사를 실시할 수 있다(정보통신망법22의2④).

2. 주민등록번호의 사용 제한

(1) 이용자의 주민등록번호 수집·이용 제한

정보통신서비스 제공자는 ⅰ) 본인확인기관으로 지정받은 경우, ⅱ) 기간통신사업자[31])로부터 이동통신서비스 등을 제공받아 재판매하는 전기통신사업자가 제23조의3에 따라 본인확인기관으로 지정받은 이동통신사업자의 본인확인업무 수행과 관련하여 이용자의 주민등록번호를 수집·이용하는 경우를 제외하고는 이용자의 주민등록번호를 수집·이용할 수 없다(정보통신망법23의2①).

(2) 대체수단의 제공

기간통신사업자로부터 이동통신서비스 등을 제공받아 재판매하는 전기통신 사업자가 제23조의3에 따라 본인확인기관으로 지정받은 이동통신사업자의 본인 확인업무 수행과 관련하여 이용자의 주민등록번호를 수집·이용할 수 있는 경우 에도 이용자의 주민등록번호를 사용하지 아니하고 본인을 확인하는 방법("대체수 단")을 제공하여야 한다(정보통신망법23의2②).

3. 본인확인기관의 지정 등

(1) 심사사항

방송통신위원회는 ⅰ) 본인확인업무의 안전성 확보를 위한 물리적·기술적· 관리적 조치계획, ⅱ) 본인확인업무의 수행을 위한 기술적·재정적 능력, ⅲ) 본 인확인업무 관련 설비규모의 적정성을 심사하여 대체수단의 개발·제공·관리 업 무("본인확인업무")를 안전하고 신뢰성 있게 수행할 능력이 있다고 인정되는 자를 본인확인기관으로 지정할 수 있다(정보통신망법23의3①).

(2) 심사사항별 세부 심사기준

심사사항별 세부 심사기준은 다음과 같다(동법 시행령9의3①).

---

31) 기간통신사업자는 다른 전기통신사업자가 요청하면 협정을 체결하여 자신이 제공하는 전 기통신서비스를 다른 전기통신사업자가 이용자에게 제공("재판매")할 수 있도록 다른 전 기통신사업자에게 자신의 전기통신서비스를 제공하거나 전기통신서비스의 제공에 필요한 전기통신설비의 전부 또는 일부를 이용하도록 허용("도매제공")할 수 있다(전기통신사업 법38①).

(가) 물리적·기술적·관리적 조치계획

물리적·기술적·관리적 조치계획은 ⅰ) 본인확인업무 관련 설비의 관리 및 운영에 관한 사항, ⅱ) 정보통신망 침해행위의 방지에 관한 사항, ⅲ) 시스템 및 네트워크의 운영·보안 및 관리에 관한 사항, ⅳ) 이용자 보호 및 불만처리에 관한 사항, ⅴ) 긴급상황 및 비상상태의 대응에 관한 사항, ⅵ) 본인확인업무를 위한 내부 규정의 수립 및 시행에 관한 사항, ⅶ) 대체수단의 안전성 확보에 관한 사항, ⅷ) 접속정보의 위조·변조 방지에 관한 사항, ⅸ) 그 밖에 본인확인업무를 위하여 방송통신위원회가 정하여 고시하는 사항에 대한 조치계획을 마련하여야 한다(동법 시행령9의3①(1)).

(나) 기술적 능력

기술적 능력은 ⅰ) 정보통신기사·정보처리기사 및 전자계산기조직응용기사 이상의 국가기술자격 또는 이와 동등 이상의 자격이 있다고 방송통신위원회가 인정하는 자격을 갖춘 자를 8명 이상 보유하거나, 또는 ⅱ) 방송통신위원회가 정하여 고시하는 정보보호 또는 정보통신운영·관리 분야에서 2년 이상 근무한 경력을 갖춘 자를 8명 이상 보유하여야 한다(동법 시행령9의3①(2)).

(다) 재정적 능력

재정적 능력은 자본금이 80억원 이상이어야 한다(국가기관 및 지방자치단체는 제외)(동법 시행령9의3①(3)).

(라) 설비규모의 적정성

설비규모의 적정성은 ⅰ) 이용자의 개인정보(개인정보 보호법 제2조 제1호[32])에 따른 개인정보)를 검증·관리 및 보호하기 위한 설비, ⅱ) 대체수단을 생성·발급 및 관리하기 위한 설비, ⅲ) 출입통제 및 접근제한을 위한 보안설비, ⅳ) 시스템 및 네트워크의 보호설비, 그리고 ⅴ) 화재·수해 및 정전 등 재난 방지를 위한 설비를 본인확인업무의 적절한 수행에 필요한 규모 이상 보유하여야

---

[32] 1. "개인정보"란 살아 있는 개인에 관한 정보로서 다음의 어느 하나에 해당하는 정보를 말한다.
　가. 성명, 주민등록번호 및 영상 등을 통하여 개인을 알아볼 수 있는 정보
　나. 해당 정보만으로는 특정 개인을 알아볼 수 없더라도 다른 정보와 쉽게 결합하여 알아볼 수 있는 정보. 이 경우 쉽게 결합할 수 있는지 여부는 다른 정보의 입수 가능성 등 개인을 알아보는 데 소요되는 시간, 비용, 기술 등을 합리적으로 고려하여야 한다.
　다. 가목 또는 나목을 제1호의2에 따라 가명처리함으로써 원래의 상태로 복원하기 위한 추가 정보의 사용·결합 없이는 특정 개인을 알아볼 수 없는 정보("가명정보")

한다(동법 시행령9의3①(4)).

(3) 본인확인기관의 지정절차
(가) 지정신청

본인확인기관으로 지정을 받으려는 자는 본인확인기관지정신청서(전자문서로 된 신청서를 포함)에 다음의 서류(전자문서를 포함), 즉 i) 조직·인력 및 설비 등의 현황을 기재한 사업계획서, ii) 심사사항별 세부 심사기준이 충족됨을 증명할 수 있는 서류, iii) 법인의 정관 또는 단체의 규약(법인 또는 단체인 경우에만 해당), iv) 그 밖에 본인확인업무 수행의 전문성과 재무구조의 건전성 등을 확인하기 위하여 필요한 서류로서 방송통신위원회가 정하여 고시하는 서류를 첨부하여 방송통신위원회에 제출하여야 한다(동법 시행령9의4①).

(나) 법인 등기사항증명서 확인

본인확인기관지정신청서를 제출받은 방송통신위원회는 전자정부법 제36조 제1항에 따른 행정정보의 공동이용을 통하여 법인 등기사항증명서(법인인 경우에만 해당)를 확인하여야 한다(동법 시행령9의4②).

(다) 지정심사와 자료제출 요청 및 의견청취

방송통신위원회는 신청을 심사하는 데 필요하다고 인정하는 경우에는 그 신청인에게 자료의 제출을 요청하거나 그 의견을 들을 수 있다(동법 시행령9의4③).

(라) 지정심사 기간과 심사결과 통지

방송통신위원회는 신청을 받은 경우에는 신청을 받은 날부터 90일 이내에 심사사항별 세부 심사기준의 충족 여부를 심사하여 그 심사결과를 신청인에게 통지하여야 한다(동법 시행령9의4④ 본문). 다만, 부득이한 사유가 있는 경우에는 그 사유를 알리고 30일의 범위에서 그 기간을 연장할 수 있다(동법 시행령9의4④ 단서).

(마) 본인확인기관지정서 발급과 관보 고시

방송통신위원회는 심사결과에 따라 본인확인기관을 지정한 경우에는 그 신청인에게 본인확인기관지정서를 발급하고, 본인확인기관의 명칭·소재지 및 지정일 등 지정내용을 관보에 고시하여야 한다(동법 시행령9의4⑤).

(4) 본인확인기관의 주민등록전산정보자료 확인 요청

본인확인기관으로 지정받은 자("본인확인기관")는 14세 미만의 아동 및 그 법정대리인의 신원 확인을 위하여 필요한 경우 행정안전부장관에게 주민등록전산정보자료의 확인을 요청할 수 있다(동법 시행령9의5).

(5) 본인확인업무의 휴지 · 폐지

(가) 휴지의 통보 및 신고

본인확인기관이 본인확인업무의 전부 또는 일부를 휴지하고자 하는 때에는 휴지기간을 정하여 휴지하고자 하는 날의 30일 전까지 이를 이용자에게 통보하고 방송통신위원회에 신고하여야 한다(정보통신망법23의3② 전단). 이 경우 휴지기간은 6개월을 초과할 수 없다(정보통신망법23의3② 후단).

(나) 폐지의 통보 및 신고

본인확인기관이 본인확인업무를 폐지하고자 하는 때에는 폐지하고자 하는 날의 60일 전까지 이를 이용자에게 통보하고 방송통신위원회에 신고하여야 한다(정보통신망법23의3③).

(다) 휴지 · 폐지시 통보사항

본인확인기관이 업무를 휴지 또는 폐지하려면 ⅰ) 휴지 또는 폐지의 사유, ⅱ) 휴지 또는 폐지의 일시(휴지의 경우에는 사업의 개시일시를 포함), ⅲ) 대체수단 및 개인정보의 이용 제한에 관한 사항(휴지의 경우에만 해당), ⅳ) 대체수단 및 개인정보의 파기에 관한 사항(폐지의 경우에만 해당)을 이용자에게 통보하여야 한다(동법 시행령9의6①).

(라) 휴지 · 폐지시 제출서류

본인확인기관은 본인확인업무의 휴지 또는 폐지를 신고할 때에는 본인확인업무 휴지 · 폐지 신고서에 ⅰ) 통보사항을 기재한 통보 서류, ⅱ) 대체수단 및 개인정보의 이용 제한 또는 파기 계획에 관한 서류, ⅲ) 이용자의 보호조치 계획에 관한 서류, ⅳ) 본인확인기관지정서(폐지의 경우에만 해당)를 첨부하여 방송통신위원회에 제출하여야 한다(동법 시행령9의6②).

4. 본인확인업무의 정지 및 지정취소

(1) 정지 및 지정취소 사유

방송통신위원회는 본인확인기관이 ⅰ) 거짓이나 그 밖의 부정한 방법으로 본인확인기관의 지정을 받은 경우(제1호), ⅱ) 본인확인업무의 정지명령을 받은 자가 그 명령을 위반하여 업무를 정지하지 아니한 경우(제2호), ⅲ) 지정받은 날부터 6개월 이내에 본인확인업무를 개시하지 아니하거나 6개월 이상 계속하여 본인확인업무를 휴지한 경우(제3호), ⅳ) 본인확인기관의 지정기준에 적합하지 아니하게 된 경우(제4호) 중 어느 하나에 해당하는 때에는 6개월 이내의 기간을 정하여 본인확인업무의 전부 또는 일부의 정지를 명하거나 지정을 취소할 수 있다(정보통신망법23의4① 본문). 다만, ⅰ) 거짓이나 그 밖의 부정한 방법으로 본인확인기관의 지정을 받은 경우(제1호), ⅱ) 본인확인업무의 정지명령을 받은 자가 그 명령을 위반하여 업무를 정지하지 아니한 경우(제2호),

(2) 정지 또는 지정취소의 기준

본인확인업무의 정지 또는 지정취소의 기준은 [별표 1]과 같다(동법 시행령9의7①).

(3) 정지 또는 지정취소의 관보 고시

방송통신위원회는 본인확인업무를 정지하거나 지정을 취소한 경우에는 그 사실을 관보에 고시하여야 한다(동법 시행령9의7②).

신용정보와 신용정보회사 등

제 1 장

신용정보의 개념

제1절 신용정보

Ⅰ. 의의

1. 신용정보의 유형

신용정보란 금융거래 등 상거래에서 거래상대방의 신용을 판단할 때 필요한 정보로서 ⅰ) 특정 신용정보주체를 식별할 수 있는 정보(나목부터 마목까지의 어느 하나에 해당하는 정보와 결합되는 경우만 신용정보에 해당)(가목), ⅱ) 신용정보주체의 거래내용을 판단할 수 있는 정보(나목), ⅲ) 신용정보주체의 신용도를 판단할 수 있는 정보(다목), ⅳ) 신용정보주체의 신용거래능력을 판단할 수 있는 정보(라목), ⅴ) 앞의 가목부터 라목까지의 정보 외에 신용정보주체의 신용을 판단할 때 필요한 정보(마목)를 말한다(법2(1)).

따라서 ⅰ)은 식별정보, ⅱ)는 신용거래정보, ⅲ)은 신용도판단정보, ⅳ)는 신용능력정보, ⅴ)는 공공기관 보유정보라고 할 수 있다. 아래서는 개별적으로 살펴본다.

2. 신용정보주체

위에서 "신용정보주체"란 처리된 신용정보로 알아볼 수 있는 자로서 그 신용정보의 주체가 되는 자를 말한다(법2(3)).

Ⅱ. 식별정보

식별정보는 "특정 신용정보주체를 식별할 수 있는 정보"로서 다음의 정보를 말한다(법2(1)의2)).

1. 살아 있는 개인에 관한 정보

식별정보는 살아 있는 개인에 관한 정보로서 다음의 정보를 말한다(법2(1의2) 가목 1)부터-4)까지).

(1) 성명, 주소, 전화번호, 전자우편주소 등

성명, 주소, 전화번호, 전자우편주소, 사회 관계망 서비스(Social Network Service) 주소, 성별, 국적, 그 밖에 이와 유사한 정보, 민법에 따른 거소는 식별정보이다(법2(1의2) 가목 1), 신용정보법 시행령2①, 신용정보업감독규정2의2①, 이하 각각 "영", "감독규정").

(2) 개인식별번호: 주민등록번호 등

개인식별번호, 즉 법령에 따라 특정 개인을 고유하게 식별할 수 있도록 부여된 정보로서 주민등록번호, 여권번호, 운전면허의 면허번호, 외국인등록번호, 국내거소신고번호는 식별정보이다(법2(1의2) 가목 2), 영2②).

(3) 특정 개인을 식별할 수 있는 정보

개인의 신체 일부의 특징을 컴퓨터 등 정보처리장치에서 처리[1]할 수 있도

---

1) "처리"란 신용정보의 수집(조사를 포함), 생성, 연계, 연동, 기록, 저장, 보유, 가공, 편집, 검색, 출력, 정정, 복구, 이용, 결합, 제공, 공개, 파기, 그 밖에 이와 유사한 행위를 말한다(법2(13)).

록 변환한 문자, 번호, 기호 또는 그 밖에 이와 유사한 정보로서 특정 개인을 식별할 수 있는 정보이다(법2(1의2) 가목 3)).

(4) 본인확인기관이 특정 개인을 고유하게 식별할 수 있도록 부여한 정보 등

앞의 (1), (2), (3)과 유사한 정보로서 ⅰ) 본인확인기관(정보통신망법23의3)[2]이 특정 개인을 고유하게 식별할 수 있도록 부여한 정보, ⅱ) 신용정보회사등(신용정보회사, 본인신용정보관리회사, 채권추심회사, 신용정보집중기관 및 신용정보제공·이용자)이 개인식별번호를 사용하지 않고 특정 개인을 고유하게 식별하거나 동일한 신용정보주체를 구분하기 위해 부여한 정보, ⅲ) 관세청이 발급하는 개인통관고유번호, ⅳ) 종합신용정보집중기관이 신용정보집중관리를 하기 위하여 신용정보주체에게 부여한 신용관리번호는 식별정보이다(법2(1의2) 가목 4), 영2③, 감독규정2의2②).

2. 기업 및 법인의 정보

식별정보는 기업 및 법인의 정보로서 다음의 정보를 말한다(법2(1의2) 나목). 여기서 기업은 사업을 경영하는 개인 및 법인과 이들의 단체를 말한다(법2(1의2) 나목).

(1) 상호 및 명칭
상호 및 명칭은 식별정보이다(법2(1의2) 나목 1)).

(2) 본점·영업소 및 주된 사무소의 소재지
본점·영업소 및 주된 사무소의 소재지는 식별정보이다(법2(1의2) 나목 2)).

(3) 업종 및 목적
업종 및 목적은 식별정보이다(법2(1의2) 나목 3)).

---

2) "본인확인기관"이란 ⅰ) 본인확인업무의 안전성 확보를 위한 물리적·기술적·관리적 조치계획, ⅱ) 본인확인업무의 수행을 위한 기술적·재정적 능력, ⅲ) 본인확인업무 관련 설비규모의 적정성을 심사하여 대체수단의 개발·제공·관리 업무를 안전하고 신뢰성 있게 수행할 능력이 있다고 인정되어 방송통신위원회가 지정하는 자를 말한다(정보통신망법23의3①).

(4) 개인사업자(사업을 경영하는 개인) · 대표자의 성명 및 개인식별번호

개인사업자(사업을 경영하는 개인) · 대표자의 성명 및 개인식별번호는 식별정
보이다(법2(1의2) 나목 4)).

(5) 법인등록번호 등

법령에 따라 특정 기업 또는 법인을 고유하게 식별하기 위하여 부여된 번호
인 ⅰ) 법인등록번호, ⅱ) 사업자등록번호 및 고유번호[3])는 식별정보이다(법2(1의
2) 나목 5), 영2④).

(6) 설립연월일 등

앞의 (1)부터 (5)까지의 정보에 유사한 정보로서 ⅰ) 설립연월일, ⅱ) 팩시밀
리번호, ⅲ) 국제사업자 등록번호(DUNS NUMBER)는 식별정보이다(법2(1의2) 나목
6), 영2⑤, 감독규정2의2③).

Ⅲ. 신용거래정보

신용거래정보는 "신용정보주체의 거래내용을 판단할 수 있는 정보"로서 다
음의 정보를 말한다(법2(1의3)).

1. 신용정보제공 · 이용자에게 신용위험이 따르는 정보

신용거래정보는 신용정보제공 · 이용자에게 신용위험이 따르는 거래로서 다음
각각의 거래의 종류, 기간, 금액, 금리, 한도 등에 관한 정보이다(법2(1의3) 가목).

(1) 신용정보제공 · 이용자의 개념

"신용정보제공 · 이용자"란 고객과의 금융거래 등 상거래를 위하여 본인의
영업과 관련하여 얻거나 만들어 낸 신용정보를 타인에게 제공하거나 타인으로부

---

3) 부가가치세법 시행령 제12조(등록번호) ① 사업자등록번호는 사업장마다 관할 세무서장
이 부여한다. 다만, 법 제8조 제3항부터 제5항까지의 규정에 따라 사업자 단위로 등록신
청을 한 경우에는 사업자 단위 과세 적용 사업장에 한 개의 등록번호를 부여한다.
② 관할 세무서장은 과세자료를 효율적으로 처리하기 위하여 법 제54조 제4항 또는 제5
항에 따른 자에게도 등록번호에 준하는 고유번호를 부여할 수 있다.

터 신용정보를 제공받아 본인의 영업에 이용하는 자와 그 밖에 이에 준하는 자로서 "대통령령으로 정하는 자"를 말한다(법2(7)). "대통령령으로 정하는 자"는 아래 신용정보제공·이용자의 범위에서 별도로 살펴본다.

(2) 신용정보제공·이용자의 범위

위에서 "대통령령으로 정하는 자"란 ⅰ) 체신관서, ⅱ) 상호저축은행중앙회, ⅲ) 중소기업창업투자회사 및 벤처투자조합 및 개인투자조합, ⅳ) 국채법에 따른 국채등록기관, ⅴ) 특별법에 따라 설립된 조합·금고 및 그 중앙회·연합회, ⅵ) 특별법에 따라 설립된 공사·공단·은행·보증기금·보증재단 및 그 중앙회·연합회, ⅶ) 특별법에 따라 설립된 법인 또는 단체로서 ㉠ 공제조합, ㉡ 공제회, ㉢ 그 밖에 이와 비슷한 법인 또는 단체로서 같은 직장·직종에 종사하거나 같은 지역에 거주하는 구성원의 상호부조, 복리증진 등을 목적으로 구성되어 공제사업을 하는 법인 또는 단체, ⅷ) 감사인, ⅸ) 서민금융진흥원 및 서민금융법 제26조[4])에 따른 사업수행기관, 신용회복위원회, 국민행복기금, 금융결제원, 새출발기금 등 자산관리공사법 제26조 제1항 제1호 및 제2호[5])의 업무를 수행하기 위하여 같은

---

4) 제26조(사업수행기관 지원) ① 진흥원은 사업수행기관에 대하여 다음의 지원을 할 수 있다.
   1. 자금대출 및 출연
   2. 사업실적 등을 감안한 운영경비·사업비 보조
   3. 교육 및 연수 제공
   4. 경영·법률 자문 및 전산 지원 등 업무 지원
   5. 그 밖에 사업수행기관의 원활한 사업수행을 위하여 대통령령으로 정하는 지원
   ② 사업수행기관은 제1항에 따른 지원을 받으려는 경우에는 진흥원에 대통령령으로 정하는 바에 따라 신청하여야 한다.
5) 1. 부실자산의 효율적 정리를 위한 다음 각 목의 업무
   가. 부실채권의 보전·추심(민사소송법 및 민사집행법에 따른 경매 및 소송 등에 관한 모든 행위를 포함)의 수임 및 인수정리
   나. 부실채권의 매입과 그 부실채권의 출자전환에 따른 지분증권의 인수
   다. 자산유동화법 제3조 제1항에 따른 유동화전문회사등이 발행하는 채권·증권의 인수
   라. 나목에 따라 지분증권을 취득하였거나 제4호 라목에 따라 출자를 한 법인("출자법인")에 대한 금전의 대여 및 공사의 납입자본금·이익준비금 및 사업확장적립금 합계액의 500%의 범위에서 대통령령으로 정하는 한도에서의 지급보증
   마. 공사가 인수한 자산(담보물 포함)의 매수자에 대한 연불매각(延拂賣却) 등 금융지원과 인수한 부실채권의 채무자의 경영정상화, 담보물의 가치의 보전·증대 등 부실자산의 효율적 정리에 필요한 자금의 대여·관리 및 라목에 따른 지급보증의 범위에서의 지급보증(차입원리금의 상환에 대한 지급보증은 제외)
   바. 부실채권의 보전·추심 및 채무관계자에 대한 재산조사
   사. 국외부실자산 정리 등에 관한 자문과 업무대행 및 대통령령으로 정하는 회사 등에

법 제26조 제1항 제4호 라목6)에 따라 설립된 기관을 말한다(영2⑱, 감독규정3).

(3) 신용정보제공·이용자에게 신용위험이 따르는 정보의 내용
(가) 신용공여

은행법 제2조 제1항 제7호에 따른 신용공여는 신용거래정보이다(법2(1의3) 가목1)).

1) 신용공여 범위

신용공여는 ⅰ) 대출(1호), ⅱ) 지급보증(2호), ⅲ) 지급보증에 따른 대지급금의 지급(3호), ⅳ) 어음 및 채권의 매입(4호), ⅴ) 그 밖에 거래 상대방의 지급불능 시 이로 인하여 은행에 손실을 끼칠 수 있는 거래(5호), ⅵ) 은행이 직접적으로 위 ⅰ)부터 ⅴ)까지에 해당하는 거래를 한 것은 아니나 실질적으로 그에 해당하는 결과를 가져올 수 있는 거래로서 금융위원회가 정하여 고시하는 것으로 한다(은행법2①(7), 은행법 시행령1의3①). 이에 따라 금융위원회는 신용공여의 범위를 <별표 2>와 같이 고시하고 있다(은행업감독규정3).

따라서 은행의 신용공여는 "채무자의 지급능력 부족으로 변제기에 채무를 불이행하여 채권자가 채권을 회수하지 못할 위험"을 떠안는 행위를 말한다.

2) 신용공여 범위 제외

금융위원회는 ⅰ) 은행에 손실을 끼칠 가능성이 매우 적은 것으로 판단되는 거래, ⅱ) 금융시장에 미치는 영향 등 해당 거래의 상황에 비추어 신용공여의 범위에 포함시키지 아니하는 것이 타당하다고 판단되는 거래 중 어느 하나에 해당하는 거래에 대해서는 신용공여의 범위에 포함시키지 아니할 수 있다(은행법 시행령 1의3②).

대하여 국외 부실자산에 대한 투자를 목적으로 하는 출자·투자
2. 부실징후기업 및 구조개선기업의 경영정상화 지원을 위한 다음 각 목의 업무
　가. 부실징후기업의 자구계획대상자산의 관리·매각의 수임 및 인수정리
　나. 부실징후기업 및 구조개선기업에 대한 경영진단과 정상화 지원을 위한 자문 및 기업 인수·합병의 알선
　다. 채무자회생법 제34조 또는 제35조에 따라 법원에 회생절차개시를 신청한 기업 등에 대한 자금 의 대여 및 지급보증을 위한 특수목적법인에 대한 출자. 이 경우 자금대여·지급보증의 대상·방식, 지급보증의 범위는 대통령령으로 정한다.
　라. 비업무용자산 및 구조개선기업의 자산의 관리·매각, 매매의 중개 및 인수정리
　마. 부실징후기업 및 구조개선기업의 경영정상화 지원을 위한 선박 관련 투자기구 등에 대한 출자·투자 및 제1호 라목에 따른 지급보증의 범위에서의 지급보증
6) 라. 공사의 업무수행에 따른 출자·투자

(나) 신용카드, 시설대여 및 할부금융거래

신용카드, 시설대여 및 할부금융거래는 신용거래정보이다(법2(1의3) 가목 2)).

1) 신용카드

신용카드란 "이를 제시함으로서 반복하여 신용카드가맹점에서 다음 각 목을 제외한 사항을 결제할 수 있는 증표로서 신용카드업자(외국에서 신용카드업에 상당하는 영업을 영위하는 자를 포함)가 발행한 것"을 말한다(여신전문금융업법2(3)). 신용카드로 결제할 수 없는 사항은 ⅰ) 금전채무의 상환(가목), ⅱ) 자본시장법 제3조 제1항에 따른 금융투자상품 또는 예금, 적금 및 부금(나목), ⅲ) 게임산업진흥에 관한 법률 제2조 제1호의2[7]에 따른 사행성게임물의 이용 대가 및 이용에 따른 금전의 지급[외국인(해외이주법 제2조에 따른 해외이주자를 포함)이 관광진흥법에 따라 허가받은 카지노영업소에서 외국에서 신용카드업에 상당하는 영업을 영위하는 자가 발행한 신용카드로 결제하는 것은 제외](다목), ⅳ) 그 밖에 사행행위 등 건전한 국민생활을 저해하고 선량한 풍속을 해치는 행위로 대통령령으로 정하는 사항의 이용 대가 및 이용에 따른 금전의 지급(라목)[8] 등이다(여신전문금융업법2(3)).

---

7) 1의2. "사행성게임물"이라 함은 다음에 해당하는 게임물로서, 그 결과에 따라 재산상 이익 또는 손실을 주는 것을 말한다.
　가. 베팅이나 배당을 내용으로 하는 게임물
　나. 우연적인 방법으로 결과가 결정되는 게임물
　다. 한국마사회법에서 규율하는 경마와 이를 모사한 게임물
　라. 경륜·경정법에서 규율하는 경륜·경정과 이를 모사한 게임물
　마. 관광진흥법에서 규율하는 카지노와 이를 모사한 게임물
　바. 그 밖에 대통령령이 정하는 게임물
8) "대통령령으로 정하는 사항의 이용 대가 및 이용에 따른 금전의 지급"이란 다음을 말한다(여신전문금융업법 시행령1의2②).
　1. 관광진흥법에 따른 카지노의 이용 대가 및 이용에 따른 금전의 지급. 다만, 외국인(해외이주법 제2조에 따른 해외이주자 포함)이 관광진흥법에 따라 허가받은 카지노영업소에서 외국에서 신용카드업에 상당하는 영업을 영위하는 자가 발행한 신용카드로 결제하는 것은 제외한다.
　2. 경륜·경정법 제2조 제1호 및 제2호에 따른 경륜 및 경정의 이용 대가 및 이용에 따른 금전의 지급
　3. 사행행위 등 규제 및 처벌특례법 제2조 제1항 제1호에 따른 사행행위의 이용 대가 및 이용에 따른 금전의 지급
　4. 전통 소싸움경기에 관한 법률 제2조 제2호에 따른 소싸움경기의 이용 대가 및 이용에 따른 금전의 지급
　5. 한국마사회법 제2조 제1호에 따른 경마의 이용 대가 및 이용에 따른 금전의 지급
　6. 신용카드업자와 상품권 신용카드 거래 계약[상품권 발행자(발행자와 상품권 위탁판매 계약을 맺은 자를 포함)가 신용카드회원에게 신용카드를 사용한 거래에 의하여 발행자가 발행한 상품권을 제공하는 계약을 말한다. 이하 제7호에서 같다]을 체결하지 아니

2) 시설대여

"시설대여"란 ⅰ) 시설, 설비, 기계 및 기구(제1호), ⅱ) 건설기계, 차량, 선박 및 항공기(제2호), ⅲ) 위 ⅰ) 및 ⅱ) 의 물건에 직접 관련되는 부동산 및 재산권(제3호), ⅳ) 중소기업(중소기업기본법 제2조)에 시설대여하기 위한 부동산으로서 금융위원회가 정하여 고시하는 기준을 충족하는 부동산(제4호),9) ⅴ) 그 밖에 국민의 금융편의 등을 위하여 총리령으로 정하는 물건(제5호)을 새로 취득하거나 대여받아 거래상대방에게 일정 기간 이상 사용하게 하고, 그 사용 기간 동안 일정한 대가를 정기적으로 나누어 지급받으며, 그 사용 기간이 끝난 후의 물건의 처분에 관하여는 당사자 간의 약정으로 정하는 방식의 금융을 말한다(여신전문금융업법2(10), 여신전문금융업법 시행령2①).

3) 할부금융

"할부금융"이란 재화와 용역의 매매계약에 대하여 매도인 및 매수인과 각각 약정을 체결하여 매수인에게 융자한 재화와 용역의 구매자금을 매도인에게 지급하고 매수인으로부터 그 원리금을 나누어 상환받는 방식의 금융을 말한다(여신전문금융업법2(13)).

(다) 금융투자업자의 신용공여 등

자본시장법 제34조 제2항(금융투자업자의 대주주에 대한 신용공여), 제72조(투

한 발행자가 발행한 상품권의 구입에 따른 금전의 지급

7. 개인 신용카드회원이 월 1백만원의 이용한도[선불카드 금액, 전자금융거래법 제2조 제14호에 따른 선불전자지급수단("선불전자지급수단") 금액 및 상품권 금액을 합하여 산정]를 초과한 선불카드, 선불전자지급수단 및 상품권(신용카드업자와 상품권 신용카드 거래 계약을 체결한 발행자가 발행한 상품권으로 한정)의 구입에 따른 금전의 지급

9) "금융위원회가 정하여 고시하는 기준을 충족하는 부동산"이란 시설대여업자가 다음의 기준을 충족 하여 중소기업(시설대여업자의 대주주 및 특수관계인은 제외)에 업무용부동산으로 시설대여한 부동산을 말한다(여신전문금융업감독규정2의2).

1. 중소기업은 업무용부동산 시설대여기간 중 업무용부동산 면적 전체를 사용해야 한다. 다만, 경영합리화 등 불가피한 사유에 따라 해당 업무용부동산 면적 전체를 사용하지 못하게 되는 경우에는 해당 업무용부동산 면적 전체의 50 이상을 사용하여야 한다.

2. 중소기업이 토지를 사용함에 있어서 그 지상의 건축물과 함께 사용하여야 한다. 이 경우 토지의 내용연수는 토지상의 건축물의 내용연수를 준용한다.

3. 시설대여업자가 중소기업에 대한 시설대여 목적으로 취득한 부동산은 그 시설대여업자의 대주주 및 특수관계인으로부터 취득한 것이 아니어야 한다.

4. 시설대여업자가 시설대여 목적으로 부동산을 취득하는 시점의 직전 회계연도말 기준으로 시행령 제2조 제1항 제1호 내지 제3호 기재 물건(다만, 차량은 제외)에 대한 시설대여 잔액은 총 자산의 30% 이상이어야 한다.

자매매업자 또는 투자중개업자의 투자자에 대한 신용공여), 제77조의3 제4항(종합금융
투자사업자가 전담중개업무를 영위하는 경우에 증권 외의 금전등에 대한 투자와 관련하
여 일반 사모집합투자기구등에 신용공여) 및 제342조 제1항(종합금융회사의 동일차주
에 대한 신용공여)에 따른 신용공여는 신용거래정보이다(법2(1의3) 가목 3)).

아래서는 각각의 규정에서 정하고 있는 신용공여의 의미를 살펴본다.

1) 금융투자업자의 대주주에 대한 신용공여

금융투자업자는 대주주(그의 특수관계인을 포함)에 대하여 신용공여를 하여서
는 아니 되며, 대주주는 그 금융투자업자로부터 신용공여를 받아서는 아니 된다
(자본시장법34② 본문). 여기서 신용공여란 금전·증권 등 경제적 가치가 있는 재
산의 대여, 채무이행의 보증, 자금 지원적 성격의 증권의 매입, 그 밖에 거래상의
신용위험을 수반하는 직접적·간접적 거래로서 "대통령령으로 정하는 거래"를
말한다(자본시장법34② 본문).

여기서 "대통령령으로 정하는 거래"란 다음의 어느 하나에 해당하는 거래를
말한다(자본시장법 시행령38①).

1. 대주주(그의 특수관계인을 포함)를 위하여 담보를 제공하는 거래
2. 대주주를 위하여 어음을 배서(어음법 제15조10) 제1항에 따른 담보적 효력이
   없는 배서는 제외)하는 거래
3. 대주주를 위하여 출자의 이행을 약정하는 거래
4. 대주주에 대한 금전·증권 등 경제적 가치가 있는 재산의 대여, 채무이행의
   보증, 자금지원적 성격의 증권의 매입, 제1호부터 제3호까지의 어느 하나에
   해당하는 거래의 제한을 회피할 목적으로 하는 거래로서 다음 각 목의 어느
   하나에 해당하는 거래
   가. 제3자와의 계약 또는 담합 등에 의하여 서로 교차하는 방법으로 하는 거래
   나. 장외파생상품거래, 신탁계약, 연계거래 등을 이용하는 거래
5. 그 밖에 채무인수 등 신용위험을 수반하는 거래로서 금융위원회가 정하여 고
   시하는 거래11)

---

10) 제15조(배서의 담보적 효력) ① 배서인은 반대의 문구가 없으면 인수와 지급을 담보한다.
    ② 배서인은 자기의 배서 이후에 새로 하는 배서를 금지할 수 있다. 이 경우 그 배서인은
    어음의 그 후의 피배서인에 대하여 담보의 책임을 지지 아니한다.

11) "금융위원회가 정하여 고시하는 거래"란 다음의 행위를 말한다(금융투자업규정3-72①).
    1. 채무의 인수
    2. 자산유동화회사 등 다른 법인의 신용을 보강하는 거래

2) 투자매매업자 또는 투자중개업자의 투자자에 대한 신용공여

가) 의의

자본시장법은 투자매매업자 및 투자중개업자(투자매매업자등)의 신용공여(자본시장법72)를 허용하고 있다. 투자매매·중개업자의 신용공여는 일반적으로 "미수거래" 등으로 인식되고 있어 대출과 다른 것으로 인식되고 있지만, 그 본질은 대출이다.

투자매매업·중개업자의 영업행위규제에서 자본시장법 제72조(신용공여)를 두면서 신용공여 정의규정은 시행령 제69조(신용공여)가 금융투자업규정 제4-21조(용어의 정의)에 위임하고 있다.

나) 신용공여의 방법

투자매매업자 또는 투자중개업자는 증권과 관련하여 금전의 융자 또는 증권의 대여의 방법으로 투자자에게 신용을 공여할 수 있다(자본시장법72① 본문). 이에 따라 투자매매업자 또는 투자중개업자는 ⅰ) 해당 투자매매업자 또는 투자중개업자에게 증권 매매거래계좌를 개설하고 있는 자에 대하여 증권의 매매를 위한 매수대금을 융자하거나 매도하려는 증권을 대여하는 방법, ⅱ) 해당 투자매매업자 또는 투자중개업자에게 계좌를 개설하여 전자등록주식등을 보유하고 있거나 증권을 예탁하고 있는 자에 대하여 그 전자등록주식등 또는 증권을 담보로 금전을 융자하는 방법으로 투자자에게 신용을 공여할 수 있다(자본시장법 시행령69①). 다만, 투자매매업자는 증권의 인수일부터 3개월 이내에 투자자에게 그 증권을 매수하게 하기 위하여 그 투자자에게 금전의 융자, 그 밖의 신용공여를 하여서는 아니 된다(자본시장법72① 단서).

다) 신용공여의 개념

"신용공여"란 투자매매업자 또는 투자중개업자가 증권에 관련하여 청약자금대출, 신용거래융자, 증권담보융자를 하는 것을 말한다. ⅰ) 청약자금대출은 모집·매출, 주권상장법인의 신주발행에 따른 주식을 청약하여 취득하는데 필요한 자금의 대출을 말하고, ⅱ) 신용거래융자는 증권시장에서의 매매거래(다자간매매체결회사에서의 매매거래를 포함)를 위하여 투자자(개인에 한한다)에게 제공하는 매수대금의 융자("신용거래융자") 또는 매도증권의 대여("신용거래대주")를 말하며,

---

3. 그 밖에 대주주의 지급불능시 이로 인하여 금융투자업자에 손실을 초래할 수 있는 거래

iii) 증권담보융자는 투자자 소유의 전자등록주식등(전자증권법에 따른 전자등록주식등) 또는 예탁증권을 담보로 하는 금전의 융자(이 경우 매도되었거나 환매 청구된 전자등록주식등 또는 예탁증권을 포함)를 말한다(자본시장법 시행령69③, 금융투자업규정4-21(1)).

3) 종합금융투자사업자가 전담중개업무를 영위하는 경우의 신용공여

종합금융투자사업자는 전담중개업무 외에 투자은행업무 활성화를 위해 기존에 금융투자업자에게 허용되지 않았던 기업에 대한 신용공여업무를 영위할 수 있는데(법77의3③(1)), 자본시장법 또는 다른 금융관련법령에도 불구하고 기업에 대한 신용공여업무를 영위할 수 있다(법77의3③(1)). 따라서 종합금융투자사업자는 대출, 기업어음증권에 해당하지 않는 어음의 할인·매입 등의 방법으로 신용공여를 할 수 있다(영77의5①). 종합금융투자사업자가 전담중개업무를 영위하는 경우에는 제72조에도 불구하고 증권 외의 금전등에 대한 투자와 관련하여 일반사모집합투자기구등에 신용공여를 할 수 있다(법77의3④).

기업신용공여 업무는 기업에 대한 대출과 어음할인을 의미하며, 전통적으로 은행, 저축은행, 보험회사, 여신전문금융회사 등에서 이루어지던 업무이다. 2013년 4월 자본시장법 개정 전까지는 증권과 관련된 신용공여(청약자금대출, 신용거래융자, 예탁증권담보융자)와 기업금융업무 또는 만기 3개월 이내의 프로젝트파이낸싱과 관련된 대출만이 증권회사의 업무로 허용되었는데, 2013년 4월 자본시장법 개정으로 기업에 대한 신용공여가 전면적으로 허용되었다.

4) 종합금융회사의 동일차주에 대한 신용공여

종합금융회사는 같은 개인·법인 및 그와 신용위험을 공유하는 자("동일차주")에 대하여 그 종합금융회사의 자기자본(국제결제은행의 기준에 따른 기본자본과 보완자본의 합계액)의 25%를 초과하는 신용공여를 할 수 없다(법342①). 여기서 신용공여란 대출, 어음의 할인, 지급보증, 자금지원적 성격의 증권의 매입, 어음의 매입, 지급보증에 따른 대지급금의 지급, 시설대여, 그 밖에 거래상대방의 지급불능시 이로 인하여 단기금융회사에 손실을 초래할 수 있는 거래, 단기금융회사가 직접적으로 앞의 거래를 한 것은 아니나, 실질적으로 그에 해당하는 결과를 가져올 수 있는 거래를 말한다(영336).

자본시장법 시행령 제336조는 신용공여의 구체적인 범위를 금융위원회가 정하여 고시한다고 규정한다. 이에 따라 금융투자업규정 제8-33조(신용공여의 범

위)는 신용공여의 구체적인 범위를 정하고 있다(별표 23).

(라) 상호저축은행법상 신용공여 등

앞의 1), 2), 3)과 유사한 거래로서 다음의 거래는 신용거래정보이다(법2(1의 3) 가목 4), 영2⑥).

1) 상호저축은행법상 신용공여

상호저축은행법 제2조 제6호에 따른 신용공여는 신용거래정보이다(영2⑥ (1)).

가) 신용공여 범위

"신용공여"란 급부, 대출, 지급보증, 자금지원적 성격의 유가증권의 매입, 그 밖에 금융거래상의 신용위험이 따르는 상호저축은행의 직접적·간접적 거래로서 "대통령령으로 정하는 것"을 말한다. 이 경우 누구의 명의로 하든지 본인의 계산으로 하는 신용공여는 그 본인의 신용공여로 본다(상호저축은행법2(6)).

여기서 "대통령령으로 정하는 것"이란 ⅰ) 회사채(공모의 방법으로 발행하는 것은 제외)의 매입(제1호), ⅱ) 기업어음(기업이 자금조달을 목적으로 발행하는 어음)의 매입(제2호), ⅲ) 예금등의 금액의 범위에서 담보권을 설정한 후 해당 예금자를 위하여 하는 보증(제3호),[12] ⅳ) 콜론[call loan, 30일 이내의 금융기관(금융위원회법 제38조에 따라 금융감독원의 검사를 받는 기관) 간 단기자금 거래에 의한 자금공여를 말하며, 상호저축은행중앙회를 통하여 하는 콜론 거래 중 상대방을 지정하지 아니하는 콜론 거래는 제외](제4호), ⅴ) 할부금융(제5호)에 해당하는 것을 말한다(상호저축은행법 시행령3의2② 본문).

나) 신용공여 범위 제외

예금자보호법 제2조 제2호에 따른 예금등에 해당하는 것은 제외한다(상호저축은행법 시행령 3의2② 단서). 여기서 예금등이란 ⅰ) 은행, 한국산업은행, 중소기업은행, 농협은행, 수협은행, 외국은행 국내 지점 및 대리점이 예금·적금·부금(賦金) 등을 통하여 불특정다수인에 대하여 채무를 부담함으로써 조달한 금전과 자본시장법 제103조(신탁재산의 제한 등) 제3항에 따라 원본(元本)이 보전(補塡)되는 금전신탁 등을 통하여 조달한 금전, ⅱ) 투자매매업자·투자중개업자, 증권금융회사가 고객으로부터 증권의 매매, 그 밖의 거래와 관련하여 예탁받은 금전(증

---

12) 이에 따라 채무보증도 할 수 있다(표준업무방법서5(8)).

권금융회사의 경우에는 예탁받은 금전을 포함)과 자본시장법 제103조 제3항에 따라 원본이 보전되는 금전신탁 등을 통하여 조달한 금전, ⅲ) 보험회사가 보험계약에 따라 받은 수입보험료, 변액보험계약에서 보험회사가 보험금 등을 최저보증하기 위하여 받은 금전 및 자본시장법 제103조 제3항에 따라 원본이 보전되는 금전신탁 등을 통하여 조달한 금전, ⅳ) 종합금융회사 및 종합금융회사와 합병한 은행 또는 투자매매업자·투자중개업자가 자본시장법 제336조(종합금융회사의 업무) 제1항에 따라 어음을 발행하여 조달한 금전과 불특정다수인을 대상으로 자금을 모아 이를 유가증권에 투자하여 그 수익금을 지급하는 금융상품으로 조달한 금전, ⅴ) 상호저축은행이 계금(契金)·부금·예금 및 적금 등으로 조달한 금전(다만, 상호저축은행중앙회의 경우에는 자기앞수표를 발행하여 조달한 금전만 해당)을 말한다(예금자보호법2(2)).

2) 신용협동조합법상 대출등

신용협동조합법상 대출등은 신용거래정보이다(영2⑥(2)). 여기서 "대출등"이란 조합의 대출·어음할인을 말한다(신용협동조합법2(5)).

3) 새마을금고법상 대출

새마을금고의 회원을 대상으로 한 자금의 대출은 신용거래정보이다(영2⑥(3), 새마을금고법28①(1) 나목).

4) 대부업법상 대부계약

대부업법 제6조에 따른 대부계약은 신용거래정보이다(영2⑥(4)). "대부"란 금전의 대부, 어음할인·양도담보, 그 밖에 이와 비슷한 방법을 통한 금전의 교부를 말한다(대부업법2(1)).

5) 보험업법상 신용공여 및 대출등

보험업법 제2조 제13호에 따른 신용공여 및 보험업법 제100조 제1항 제1호에 따른 대출등은 신용거래정보이다(영2⑥(5)). "대출등"이란 대출 등 해당 금융기관이 제공하는 용역을 말한다(보험업법100①(2)).

가) 신용공여의 개념

신용공여란 대출 또는 유가증권의 매입(자금 지원적 성격인 것만 해당)이나 그 밖에 금융거래상의 신용위험이 따르는 보험회사의 직접적·간접적 거래로서 대통령령으로 정하는 바에 따라 금융위원회가 정하는 거래를 말한다(보험업법2(13)).

나) 신용공여의 범위

신용공여의 범위는 ⅰ) 대출(제1호), ⅱ) 어음 및 채권의 매입(제2호), ⅲ) 그 밖에 거래상대방의 지급불능 시 이로 인하여 보험회사에 손실을 초래할 수 있는 거래(제3호), ⅳ) 보험회사가 직접적으로 앞의 제1호부터 제3호까지에 해당하는 거래를 한 것은 아니나 실질적으로 제1호부터 제3호까지에 해당하는 거래를 한 것과 같은 결과를 가져올 수 있는 거래(제4호)로서 그 구체적인 내용은 금융위원회가 정하여 고시한다(보험업법2(13), 보험업법 시행령2①).

보험업법 제2조 제13호 및 보험업법 시행령 제2조 제1항과 제2항에 따른 신용공여의 범위는 [별표 1의2]와 같다(보험업감독규정1-3).

다) 타인이 발행한 채권 소유와의 구분

보험업법 제2조 제13호에 의하면 신용공여의 수단에 유가증권이 포함되지만 유가증권의 구체적인 범위는 하위 규정에서 정할 수 있다. 보험업감독규정 [별표 1의2]는 기업어음, 대여 유가증권, 사모사채 등과 같은 타인이 발행한 채권을 유가증권의 범위에 포함시키고 있다. 그런데 보험업법 제106조(자산운용의 방법 및 비율)가 타인에 대한 신용공여와 타인이 발행한 채권 소유를 구분하여 비율 한도를 규제하고 있으므로 규제 중복을 피하려면 타인이 발행한 채권 소유에 위와 같은 타인이 발행한 채권은 포함되지 않는다고 보아야 한다.

6) 온라인투자연계금융업법상 연계대출

온라인투자연계금융업법 제2조 제1호에 따른 연계대출은 신용거래정보이다(영2⑥(6)). 여기서연계대출이란 투자자의 자금을 투자자가 지정한 해당 차입자에게 대출, 어음할인·양도담보, 그 밖에 이와 비슷한 방법을 통한 자금의 제공을 말한다(온라인투자연계금융업법2(1)).

7) 은행 등이 수행하는 유사한 거래

그 밖에 앞의 6가지 거래와 유사한 거래로서 다음의 기관 및 제21조 제2항 각 호[13]의 기관이 수행하는 거래는 신용거래정보이다(영2⑥(7)). 여기서 다음의

[13) 1. 건설산업기본법에 따른 공제조합, 2. 국채등록기관, 3. 한국농수산식품유통공사, 4. 신용회복위원회, 5. 근로복지공단, 6. 소프트웨어공제조합, 7. 엔지니어링공제조합, 8. 정리금융회사, 9. 체신관서, 10. 전기공사공제조합, 11. 주택도시보증공사, 12. 중소벤처기업진흥공단, 13. 중소기업창업투자회사 및 벤처투자조합, 14. 중소기업중앙회, 15. 한국장학재단, 16. 한국자산관리공사, 17. 국민행복기금, 18. 서민금융진흥원, 19. 금융위원회에 등록한 대부업자등, 20. 자본재공제조합, 21. 소상공인시장진흥공단, 22. 자산유동법에 따라 금융위원회에 자산유동화계획을 등록한 유동화전문회사, 23. 농업협동조합자산관리회사,

기관은 금융지주회사, 기술보증기금, 농업협동조합, 농업협동조합중앙회, 농협은행, 한국무역보험공사, 보험회사, 산림조합, 산림조합중앙회, 상호저축은행, 상호저축은행중앙회, 새마을금고, 새마을금고중앙회, 수산업협동조합, 수산업협동조합중앙회, 수협은행, 신용보증기금, 신용협동조합, 신용협동조합중앙회, 여신전문금융회사(여신전문금융업법 제3조 제3항 제1호에 따라 허가를 받거나 등록을 한 자를 포함), 예금보험공사 및 정리금융회사, 은행(외국은행 국내지점 포함), 금융투자업자·증권금융회사·종합금융회사·자금중개회사 및 명의개서대행회사, 중소기업은행, 신용보증재단과 그 중앙회, 한국산업은행, 한국수출입은행, 한국주택금융공사, 외국에서 앞의 금융기관(예금보험공사 및 정리금융회사 제외)과 유사한 금융업을 경영하는 금융기관, 외국 법령에 따라 설립되어 외국에서 신용정보업 또는 채권추심업을 수행하는 자 등이다.

2. 금융거래 관련 정보

"금융거래"의 종류, 기간, 금액, 금리 등에 관한 정보는 신용거래정보이다(법2(1의3) 나목). 여기서 "금융거래"란 금융회사등이 금융자산을 수입·매매·환매·중개·할인·발행·상환·환급·수탁·등록·교환하거나 그 이자, 할인액 또는 배당을 지급하는 것과 이를 대행하는 것을 말한다(금융실명법2(3)).

3. 보험상품 관련 정보

보험상품의 종류, 기간, 보험료 등 보험계약에 관한 정보 및 보험금의 청구 및 지급에 관한 정보는 신용거래정보이다(법2(1의3) 다목).

(1) 보험상품의 의의

보험상품이란 위험보장을 목적으로 우연한 사건 발생에 관하여 금전 및 그 밖의 급여를 지급할 것을 약정하고 대가를 수수하는 계약으로서 생명보험상품,

---

24. 한국교직원공제회, 25. 「여객자동차 운수사업법」 제61조 제1항에 따라 설립된 공제조합, 26. 「화물자동차 운수사업법」 제51조의2 제1항에 따라 설립된 공제조합, 27. 기술신용평가 업무를 하는 기업신용조회회사, 28. 온라인투자연계금융업자, 29. 그 밖에 신용정보를 보유한 금융기관 중 금융위원회가 정하여 고시하는 기관(＝새출발기금 등 자산관리공사법 제26조 제1항 제1호 및 2호의 업무를 수행하기 위하여 같은 법 제26조 제1항 제4호 라목에 따라 설립된 기관＝감독규정26의2①).

손해보험상품, 제3보험상품을 말한다(보험업법2(1)). 다만, 건강보험(국민건강보험법), 고용보험(고용보험법), 국민연금(국민연금법), 장기요양보험(노인장기요양보험법), 산업재해보상보험(산업재해보상보험법), 선불식 할부계약(할부거래법)은 제외한다(보험업법2(1)).

(2) 보험상품의 종류

보험업법은 보험상품을 생명보험상품, 손해보험상품, 제3보험상품으로 분류하고 있다. 이것은 보험목적과 보상방식에 따른 구분이다.

(가) 생명보험상품

생명보험상품은 위험보장을 목적으로 사람의 생존 또는 사망에 관하여 약정한 금전 및 그 밖의 급여를 지급할 것을 약속하고 대가를 수수하는 계약으로서 생명보험계약과 연금보험계약(퇴직보험계약을 포함)을 말한다(보험업법2(1) 가목 및 보험업법 시행령1의2②(1)(2)).

생명보험의 종류는 생명보험, 연금보험(퇴직보험을 포함)으로 구분된다(보험업법 시행령1의2②). 전자의 생명보험은 넓은 의미의 생명보험이고, 후자의 생명보험은 좁은 의미, 즉 넓은 의미의 생명보험 중에서 연금보험과 퇴직보험을 제외한 것이다. 보험업감독규정 [별표 1]은 생명보험, 연금보험, 퇴직보험의 정의를 규정하고 있다.

(나) 손해보험상품

손해보험상품은 위험보장을 목적으로 우연한 사건(질병·상해 및 간병은 제외)으로 발생하는 손해(계약상 채무불이행 또는 법령상 의무불이행으로 발생하는 손해를 포함)에 관하여 금전 및 그 밖의 급여를 지급할 것을 약속하고 대가를 수수하는 계약으로서 화재보험계약, 해상보험계약(항공·운송보험계약을 포함), 자동차보험계약, 보증보험계약, 재보험계약, 책임보험계약, 기술보험계약, 권리보험계약, 도난보험계약, 유리보험계약, 동물보험계약, 원자력보험계약, 비용보험계약, 날씨보험계약을 말한다(보험업법2(1) 나목 및 보험업법 시행령1의2③).

(다) 제3보험상품

제3보험상품은 위험보장을 목적으로 사람의 질병·상해 또는 이에 따른 간병에 관하여 금전 및 그 밖의 급여를 지급할 것을 약속하고 대가를 수수하는 계약으로서 상해보험계약, 질병보험계약, 그리고 간병보험계약이다(보험업법2(1) 다목).

4. 금융투자상품 관련 정보

자본시장법에 제3조에 따른 금융투자상품의 종류, 발행·매매명세, 수수료·보수 등에 관한 정보는 신용거래정보이다(법2(1의3) 라목).

(1) 금융투자상품의 의의

자본시장법은 금융투자상품을 i) (목적) 이익을 얻거나 손실을 회피할 목적으로, ii) (금전등의 지급) 현재 또는 장래의 특정 시점에 금전, 그 밖의 재산적 가치가 있는 것("금전등")을 지급하기로, iii) (권리) 약정함으로써 취득하는 권리로서, iv) (투자성) 그 권리를 취득하기 위하여 지급하였거나 지급하여야 할 금전등의 총액(판매수수료 등 대통령령으로 정하는 금액을 제외)이 그 권리로부터 회수하였거나 회수할 수 있는 금전등의 총액(해지수수료 등 대통령령으로 정하는 금액을 포함)을 초과하게 될 위험(투자성=원본손실위험)이 있는 것(자본시장법3① 본문)으로 정의한다.

자본시장법은 금융투자상품을 증권과 파생상품으로 구분하면서(자본시장법3②) i) 증권을 일반적으로 정의(자본시장법4①)한 후 다시 6가지 유형으로 나누고(자본시장법4②), 개별 증권의 추상적 개념을 정의하는 동시에 이에 해당하는 상품을 열거하는 한편(자본시장법4②), ii) 파생상품을 거래내용에 따라 선도, 옵션, 스왑으로 나누고(자본시장법5① 각 호) 거래되는 시장에 따라 장내파생상품과 장외파생상품으로 구분한다(자본시장법3②(2)).

(2) 증권
(가) 증권의 개념

증권이란 i) (발행인) 내국인 또는 외국인이 발행한, ii) (투자성) 금융투자상품으로서, iii) (추가지급의무 부존재) 투자자가 취득과 동시에 지급한 금전등 외에 어떠한 명목으로든지 추가로 지급의무를 부담하지 아니하는 것을 말한다(자본시장법4① 본문).

(나) 증권의 종류

자본시장법은 증권에 표시되는 권리의 종류에 따라 채무증권, 지분증권, 수익증권, 투자계약증권, 파생결합증권, 증권예탁증권으로 구분한다(자본시장법4②).

여기에 열거된 증권 외의 다른 유형의 증권은 인정되지 않는다.

1) 채무증권

채무증권이란 국채증권, 지방채증권, 특수채증권(법률에 의하여 직접 설립된 법인이 발행한 채권), 사채권(상법상 파생결합사채의 경우 이자연계 파생결합사채만 포함), 기업어음증권, 그 밖에 이와 유사한 것으로서 지급청구권이 표시된 것을 말한다(자본시장법4③).

2) 지분증권

지분증권이란 일반인들이 흔히 말하는 "주식"을 의미한다. 자본시장법은 지분증권을 "주권, 신주인수권이 표시된 것, 법률에 의하여 직접 설립된 법인이 발행한 출자증권, 상법에 따른 합자회사, 유한회사, 익명조합의 출자지분, 그 밖에 이와 유사한 것으로 출자지분이 표시된 것으로서 출자지분 또는 출자지분을 취득할 권리가 표시된 것"으로 정의하고 있다(자본시장법4④).

3) 수익증권

수익증권이란 신탁재산의 운용에서 발생하는 수익을 분배받고 그 신탁재산을 상환받을 수 있는 수익자의 권리(수익권)가 표시된 증권이다. 자본시장법상 수익증권은 신탁업자의 금전신탁계약에 의한 수익증권(자본시장법110),[14] 투자신탁의 수익증권(자본시장법189),[15] 그 밖에 이와 유사한 것으로서 신탁의 수익권이 표시된 것을 말한다(자본시장법4⑤). 자본시장법은 관리형신탁의 수익권을 제외(자본시장법3①(2))하고는 신탁의 수익권이 표시된 것을 모두 수익증권으로 정의하고 있다.

4) 투자계약증권

투자계약증권이란 특정 투자자가 그 투자자와 타인(다른 투자자를 포함) 간의 공동사업에 금전등을 투자하고 주로 타인이 수행한 공동사업의 결과에 따른 손익을 귀속받는 계약상의 권리가 표시된 것을 말한다(자본시장법4⑥).

5) 파생결합증권

파생결합증권이란 기초자산[16]의 가격·이자율·지표·단위 또는 이를 기초로

---

14) 제110조의 수익증권: 신탁업자가 발행하는것으로 금전신탁계약에 의한 수익권이 표시된 수익증권
15) 제189조의 수익증권: 투자신탁을 설정한 집합투자업자가 발행하는 것으로 투자신탁의 수익권을 균등하게 분할하여 표시한 수익증권
16) 기초자산이란 ⅰ) 금융투자상품(제1호), ⅱ) 통화(외국의 통화를 포함)(제2호), ⅲ) 일반상

하는 지수 등의 변동과 연계하여 미리 정하여진 방법에 따라 지급하거나 회수하는 금전등이 결정되는 권리가 표시된 것을 말한다(자본시장법4⑦). 현재 우리나라에서 거래되는 대표적인 파생결합증권은 주가연계증권(ELS: Equity Linked Securities), 기타파생결합증권(DLS),[17) 주식워런트증권(ELW: Equity Linked Warrant), 상장지수증권(ETN: Exchange Traded Note) 등이 있다. ELS는 주가지수 또는 특정주식가격의 변동과 연계되어 수익률이 결정되는 증권이고, DLS는 주가 외 기초자산(금리, 통화, 상품, 신용위험 등) 가격의 변동과 연계되어 수익률이 결정되는 증권이다. ELW는 주가지수 또는 특정주식 등의 기초자산을 사전에 정한 가격으로 미래시점에 사거나 팔 수 있는 권리를 나타내는 증권으로서 거래소에 상장되어 거래된다. ELW는 옵션(장내파생상품)과 경제적 효과는 동일하나 증권의 속성을 가지고 있어 투자손실은 원금에 한정된다. ETN은 기초자산 가격의 변동과 연계되어 수익률이 결정되는 증권으로 거래소에 상장되어 거래된다.

6) 증권예탁증권

증권예탁증권이란 채무증권, 지분증권, 수익증권, 투자계약증권, 파생결합증권을 예탁받은 자가 그 증권이 발행된 국가 외의 국가에서 발행한 것으로서 그 예탁받은 증권에 관련된 권리가 표시된 것을 말한다(자본시장법4⑧).

(3) 파생상품

파생상품(derivatives)은 그 가치가 기초를 이루는 자산에서 파생되는 상품을 말한다. 자본시장법은 파생상품을 기초자산의 가격을 기초로 손익(수익구조)이 결정되는 금융투자상품으로, ⅰ) 선도, 옵션, 스왑의 어느 하나에 해당하는 계약상의 권리(자본시장법5①)로 정의하고, ⅱ) 파생상품시장 등에서 거래되는 파생상품을 장내파생상품으로 규정하면서(자본시장법5②), ⅲ) 장내파생상품 외의 파생상

품(농산물·축산물·수산물·임산물·광산물·에너지에 속하는 물품 및 이 물품을 원료로 하여 제조하거나 가공한 물품, 그 밖에 이와 유사한 것을 말한다)(제3호), ⅳ) 신용위험(당사자 또는 제삼자의 신용등급의 변동, 파산 또는 채무재조정 등으로 인한 신용의 변동을 말한다)(제4호), ⅴ) 그 밖에 자연적·환경적·경제적 현상 등에 속하는 위험으로서 합리적이고 적정한 방법에 의하여 가격·이자율·지표·단위의 산출이나 평가가 가능한 것(제5호)을 말한다(자본시장법4⑩). 파생결합증권의 기초자산은 파생상품의 기초자산과 동일하다.
17) 자본시장법 제정 이전 종전 증권거래법 시행령에서 주식워런트증권과 주가연계증권이 파생결합증권과 별도로 구분되어 정의되었기 때문에 파생결합증권이 "기타파생결합증권"을 의미하는 것으로 통용되고 있다.

품을 장외파생상품으로 정의하고 있다(자본시장법5③).

5. 기본적 상행위 관련 정보

기본적 상행위(상법46)[18])에 따른 상거래의 종류, 기간, 내용, 조건 등에 관한 정보는 신용거래정보이다(법2(1의3) 마목).

6. 유사 정보

앞의 1.부터 5.까지의 정보와 유사한 정보로서 "대통령령으로 정하는 정보"로서 다음의 정보는 신용거래정보이다(법2(1의3) 바목). 여기서 "대통령령으로 정하는 정보"란 다음의 정보를 말한다(영2⑦).

(1) 공제계약의 종류 · 기간 · 공제료 등에 관한 정보 및 공제금의 청구 · 지급에 관한 정보

특별법에 따라 설립된 법인 또는 단체로서 ⅰ) 공제조합, ⅱ) 공제회, ⅲ)

---

18) 상법 제46조(기본적 상행위) 영업으로 하는 다음의 행위를 상행위라 한다. 그러나 오로지 임금을 받을 목적으로 물건을 제조하거나 노무에 종사하는 자의 행위는 그러하지 아니하다.
1. 동산, 부동산, 유가증권 기타의 재산의 매매
2. 동산, 부동산, 유가증권 기타의 재산의 임대차
3. 제조, 가공 또는 수선에 관한 행위
4. 전기, 전파, 가스 또는 물의 공급에 관한 행위
5. 작업 또는 노무의 도급의 인수
6. 출판, 인쇄 또는 촬영에 관한 행위
7. 광고, 통신 또는 정보에 관한 행위
8. 수신 · 여신 · 환 기타의 금융거래
9. 공중(公衆)이 이용하는 시설에 의한 거래
10. 상행위의 대리의 인수
11. 중개에 관한 행위
12. 위탁매매 기타의 주선에 관한 행위
13. 운송의 인수
14. 임치의 인수
15. 신탁의 인수
16. 상호부금 기타 이와 유사한 행위
17. 보험
18. 광물 또는 토석의 채취에 관한 행위
19. 기계, 시설, 그 밖의 재산의 금융리스에 관한 행위
20. 상호 · 상표등의 사용허락에 의한 영업에 관한 행위
21. 영업상 채권의 매입 · 회수등에 관한 행위
22. 신용카드, 전자화폐 등을 이용한 지급결제 업무의 인수

앞의 공제조합 및 공제회와 유사한 법인 또는 단체로서 같은 직장·직종에 종사하거나 같은 지역에 거주하는 구성원의 상호부조, 복리증진 등을 목적으로 구성되어 공제사업을 하는 법인 또는 단체("공제조합등")와 구성원 상호 간에 체결한 공제계약의 종류·기간·공제료 등에 관한 정보 및 공 제금의 청구·지급에 관한 정보는 신용거래정보이다(영2⑦(1)).

(2) 우체국예금보험법에 따른 보험계약의 종류 · 기간 · 보험료 등에 관한 정보 등

우체국예금보험법에 따른 보험계약의 종류·기간·보험료 등에 관한 정보 및 보험금의 청구·지급에 관한 정보는 신용거래정보이다(영2⑦(2)).

(3) 신용보증, 재보증 및 유동화회사보증 등의 종류 · 기간 · 내용 등에 관한 정보

다음의 어느 하나에 해당하는 거래의 종류·기간·내용 등에 관한 정보는 신용거래정보이다(영2⑦(3)).

(가) 신용보증, 재보증 및 유동화회사보증의 종류 · 기간 · 내용 등에 관한 정보

신용보증기금법에 따른 신용보증, 재보증 및 유동화회사보증의 종류·기간·내용 등에 관한 정보는 신용거래정보이다(영2⑦(3) 가목).

1) 신용보증

"신용보증"이란 기업이 부담하는 ⅰ) 기업이 금융회사등으로부터 자금의 대출·급부 등을 받음으로써 금융회사등에 대하여 부담하는 금전채무(제1호), ⅱ) 기업의 채무를 금융회사등이 보증하는 경우에 그 보증채무의 이행으로 인한 구상에 응하여야 할 금전채무(제2호), ⅲ) 모집(자본시장법119)하는 기업의 사채(제3호), ⅳ) 그 밖에 기업의 채무 중 "대통령령으로 정하는 금전채무"(제4호)를 신용보증기금("기금")이 보증하는 것을 말한다(신용보증기금법2(2)).

위 제4호에서 "대통령령으로 정하는 금전채무"란 다음의 어느 하나에 해당하는 것을 말한다(신용보증기금법 시행령3).

1. 기업이 부담하여야 할 국세 및 지방세
2. 기업에 자금을 융통함을 업으로 하는 자 중 금융회사등이 아닌 자에 대한 기업의 채무 중 운영위원회의 의결을 거쳐 금융위원회가 정하는 것

3. 기업이 상거래에 수반하여 발행(인수 및 배서를 포함)한 어음상의 채무와 상거래에 수반하여 취득한 어음에 자금융통등을 위하여 배서한 어음상의 채무

3의2. 중소기업의 상거래와 관련된 계약상의 대금지급채무 중 업무방법서에서 정하는 채무

3의3. 중소기업이 수출신용장(내국신용장을 포함)을 근거로 발행한 무역환어음의 인수를 한 자에 대하여 부담하는 채무

4. 기업이 시설대여업자로부터 시설·기계·기구등의 대여를 받음으로써 시설대여업자에 대하여 부담하는 채무

5. 중소기업이 중소벤처기업진흥공단으로부터 시설등의 대여를 받음으로써 중소벤처기업진흥 공단에 대하여 부담하는 채무

6. 기업이 정부, 지방자치단체, 공공기관운영법 제4조에 따른 공공기관, 그 밖에 금융위원회 가정하는 자와의 건설공사, 물품의 공급 또는 용역제공을 위한 계약(입찰을 포함)체결에 수반하여 부담하는 각종 보증금의 지급채무

7. 그 밖에 기업의 금전채무로서 금융위원회가 정하는 것

2) 재보증

"재보증"이란 기금이 원보증자(原保證者)가 보증("원보증")한 보증채무이행금액의 범위에서 이를 보전하여 주는 것을 말한다(신용보증기금법2(7)).

3) 유동화회사보증

"유동화회사보증"이란 기금이 자산유동화법에 따라 설립된 유동화전문회사("유동화회사")가 부담하는 채무를 보증하는 것을 말한다(신용보증기금법2(8)).

(나) 기술보증, 신용보증, 재보증 및 유동화회사보증의 종류·기간·내용 등에 관한 정보

기술보증기금법에 따른 기술보증, 신용보증, 재보증 및 유동화회사보증의 종류·기간·내용 등에 관한 정보는 신용거래정보이다(영2⑦(3) 나목).

1) 기술보증

"기술보증"이란 신기술사업자가 부담하는 ⅰ) 여신전문금융업법에 따른 신기술사업금융업자 또는 금융회사("금융회사등")로부터 자금의 대출·급부 등을 받음으로써 금융회사등에 대하여 부담하는 금전채무, ⅱ) 자본시장법 제119조(모집 또는 매출의 신고)에 따라 모집하는 사채, ⅲ) 기업의 채무를 금융회사가 보증하는 경우에 그 보증채무의 이행으로 구상에 따라야 할 금전채무, ⅳ) 납세, 어음의

발행 또는 유통, 공사·용역제공 등의 의무이행, 시설대여 등과 관련된 금전채무 그 밖에 기업의 금전채무로서 중소벤처기업부장관이 정하는 것을 보증하는 것을 말한다(기술보증기금법2(4), 기술보증기금법 시행령4①).

2) 신용보증

"신용보증"이란 상시 사용하는 종업원이 1천명 이하이고 총자산액이 1천억 원 이하인 기업이 부담하는 ⅰ) 금융회사로부터 자금의 대출·급부 등을 받음으로써 금융회사에 대하여 부담하는 금전채무, ⅱ) 자본시장법 제119조(모집 또는 매출의 신고)에 따라 모집하는 사채, ⅲ) 기업의 채무를 금융회사가 보증하는 경우에 그 보증채무의 이행으로 구상에 따라야 할 금전채무, ⅳ) 납세, 어음의 발행 또는 유통, 공사·용역제공 등의 의무이행, 시설대여 등과 관련된 금전채무 그 밖에 기업의 금전채무로서 중소벤처기업부장관이 정하는 것을 보증(기술보증은 제외)하는 것을 말한다(기술보증기금법2(5), 기술보증기금법 시행령4②).

3) 재보증

"재보증"이란 기술보증기금이 원보증자(原保證者)가 보증("원보증")한 보증채무 이행금액의 범위에서 이를 보전하여 주는 것을 말한다(기술보증기금법2(6)).

4) 유동화회사보증

"유동화회사보증"이란 기술보증기금이 자산유동화법에 따라 설립된 유동화전문회사("유동화회사")가 부담하는 금전채무를 보증하는 것을 말한다(기술보증기금법2(9)).

(다) 신용보증 및 재보증의 종류·기간·내용 등에 관한 정보

지역신용보증재단법에 따른 신용보증 및 재보증의 종류·기간·내용 등에 관한 정보는 신용거래정보이다(영2⑦(3) 다목).

1) 신용보증

"신용보증"이란 소기업등이 부담하는 ⅰ) 소기업등이 금융회사등으로부터 자금의 대출·급부 등을 받음으로써 금융회사등에 대하여 부담하는 금전채무, ⅱ) 소기업등의 채무를 금융회사등이 보증하는 경우 그 보증채무를 이행한 금융회사등으로부터의 구상에 응하여야 할 금전채무, ⅲ) 지방중소기업 육성계획에 해당하는 중소기업, 소기업, 소상공인 및 개인("소기업등")이 부담하여야 하는 국세 및 지방세, ⅳ) 소기업등이 상거래에 수반하여 발행(인수와 배서를 포함)한 어음상의 채무와 상거래에 수반하여 취득한 어음에 자금 융통 등을 위하여 배서한 어음상의 채무, v) 소기업등이 시설 대여를 받음으로써 부담하는 채무, vi) 소기업등이 공사, 물품의 공급, 용역의 제공 등을 위한 계약(입찰을 포함)의 체결에 수반하여 부담하는 각종 보증금의 지급채무, vii) 그 밖의 금전채무로서 중소벤처기업부장관이 정하여 고시하는 채무에 대하여 신용보증재단과 신용보증재단중앙회가 보증하는 것을 말한다(지역신용보증재단법2(5), 지역신용보증재단법 시행령4).

　2) 재보증

"재보증"이란 신용보증기금, 기술보증기금 또는 신용보증재단중앙회가 재단의 보증채무 이행금액의 범위에서 이를 보전하여 주는 것을 말한다(지역신용보증재단법2(9)

(라) 무역보험 등의 종류 · 기간 · 내용 등에 관한 정보

무역보험법에 따른 무역보험(무역보험법3), 공동보험 · 재보험(무역보험법3의2), 수출신용보증 및 수출용 원자재 수입신용보증(무역보험법53①(2)(4))의 종류 · 기간 · 내용 등에 관한 정보는 신용거래정보이다(영2⑦(3) 라목).

(마) 분양보증 등의 종류 · 기간 · 내용 등에 관한 정보

주택도시기금법 제26조 제1항 제2호 및 제4호에 따른 보증의 종류 · 기간 · 내용 등에 관한 정보는 신용거래정보이다(영2⑦(3) 마목).

여기서 주택도시기금법에 따른 보증은 분양보증, 임대보증금보증, 하자보수보증, 그 밖에 대통령령으로 정하는 보증업무(주택도시기금법26①(2))와 자산유동화법에 따른 유동화전문회사등이 발행한 유동화증권에 대한 보증업무(주택도시기금법26①(4))를 말한다.

아래서는 주택도시기금법에 따른 분양보증 등의 구체적인 내용을 살펴본다(주택도시기금법 시행령21①).

　1) 분양보증

분양보증은 사업주체(공동사업주체를 포함)가 사업계획의 승인을 받아 건설하는 주택(부대시설 및 복리시설을 포함) 또는 사업계획의 승인을 받지 아니하고 30세대 이상의 주택과 주택 외의 시설을 하나의 건축물로 건축하는 경우에 하는 다음의 보증을 말한다(주택도시기금법 시행령21①(1)).

　가) 주택분양보증

주택분양보증은 사업주체가 파산 등의 사유로 분양계약을 이행할 수 없게 되는 경우 해당 주택의 분양(사용검사 또는 사용승인과 소유권보존등기를 포함)의 이행 또는 납부한 계약금 및 중도금의 환급(해당 주택의 감리자가 확인한 실행공정률이 80% 미만이고, 입주자의 3분의 2 이상이 원하는 경우로 한정)을 책임지는 보증을 말한다(주택도시기금법 시행령21①(1) 가목).

나) 주택임대보증

주택임대보증은 사업주체가 파산 등의 사유로 임대계약을 이행할 수 없게 되는 경우 해당 주택의 임대(사용검사 및 소유권보존등기를 포함의 이행 또는 납부한 계약금 및 중도금의 환급(해당 주택의 감리자가 확인한 실행공정률이 80% 미만이고, 입주자의 3분의 2 이상이 원하는 경우로 한정)을 책임지는 보증을 말한다(주택도시기금법 시행령21①(1) 나목).

2) 임대보증금보증

임대보증금보증은 민간임대주택에 관한 특별법 제49조 제1항 및 같은 법 시행령 제38조에 따른 민간건설임대주택의 임대보증금을 책임지는 보증을 말한다(주택도시기금법 시행령21①(2)).

3) 하자보수보증

하자보수보증은 공동주택관리법 시행령 제36조 제1항에 따른 하자담보책임기간에 발생한 하자의 보수에 대한 보증을 말한다(주택도시기금법 시행령21①(3)).

4) 감리비 예치보증

감리비 예치보증은 주택법 시행령 제15조 제2항에 따른 등록사업자가 주택건설사업을 시행하는 경우의 감리와 관련하여 감리자에게 지급하여야 할 감리비의 지급에 대한 보증을 말한다(주택도시기금법 시행령21①(4)).

5) 조합주택 시공보증

조합주택 시공보증은 주택법 제5조 제2항에 따른 주택조합과 공동으로 사업을 시행하는 등록사업자(리모델링주택조합 및 도시정비법 제35조 또는 소규모주택정비법 제23조에 따른 정비사업조합의 경우에는 도급계약을 체결한 시공자)가 파산 등의 사유로 해당 주택에 대한 시공책임(착공신고일부터 사용검사일까지의 공사이행책임)을 이행할 수 없게 되는 경우에 시공을 이행하거나 일정금액을 납부하는 보증을 말한다(주택도시기금법 시행령21①(5)).

6) 주택상환사채에 대한 보증

주택상환사채에 대한 보증은 주택법 제80조 제1항에 따라 주택상환사채를 발행한 사업주체가 파산 등의 사유로 상환예정일에 주택으로 사채를 상환하지

못하는 경우에 이의 상환을 책임지는 보증을 말한다(주택도시기금법 시행령21①
(6)).

7) 주택사업금융보증

주택사업금융보증은 주택을 건설·매입 또는 리모델링하여 수요자에게 분양
또는 임대하는 사업에 지원되는 금융의 원리금 상환을 책임지는 보증을 말한다
(주택도시기금법 시행령21①(7)).

8) 하도급계약이행 및 대금지급보증

하도급계약이행 및 대금지급보증은 하도급법 제13조의2에 따른 보증 중 주
택건설 하도급의 계약이행 및 대금지급을 책임지는 보증을 말한다(주택도시기금
법 시행령21①(8)).

9) 도시재생사업보증

도시재생사업보증은 법 제9조 제2항 제2호 각 목19)의 어느 하나에 해당하
는 사업을 지원하는 금융의 원리금 상환을 책임지는 다음의 보증을 말한다(주택
도시기금법 시행령21①(9)).

가) 도시재생사업금융보증

도시재생사업금융보증은 해당 사업에서 발생하는 미래의 현금수입을 주요
상환재원으로 하는 금융의 원리금 상환을 책임지는 보증을 말한다(주택도시기금
법 시행령21①(9) 가목).

나) 도시재생사업특례보증

도시재생사업특례보증은 사회적기업법에 따른 사회적기업 등에 대해 적립
금 등 별도의 재원으로 원리금 상환을 책임지는 보증을 말한다(주택도시기금법 시
행령21①(9) 나목).

(4) 계약의 청약 및 승낙에 관한 정보

신용정보법 제2조 제1호의3 가목1)부터 4)까지의 규정에 따른 거래와 관련

---

19) 2. 다음의 사업 중 대통령령으로 정하는 요건을 충족하는 사업에 필요한 비용의 출자·투
    자 또는 융자
    가. 도시재생법 제2조 제1항 제7호에 따른 도시재생사업의 시행에 필요한 비용
    나. 도시재생법 제2조 제1항 제5호에 따른 도시재생활성화지역 내에서 해당 지방자치단체
        의 장이 도시재생을 위하여 필요하다고 인정하는 건축물의 건축에 필요한 비용(토지
        의 매입에 필요한 비용을 포함)
    다. 산업입지법 제2조 제11호에 따른 산업단지 재생사업의 시행에 필요한 비용

된 계약의 청약 및 승낙에 관한 정보는 신용거래정보이다(영2⑦(4)).

즉 앞에서 살펴본 ⅰ) 은행법 제2조 제1항 제7호에 따른 신용공여(법2(1의3) 가목 1)), ⅱ) 신용카드, 시설대여 및 할부금융거래(법2(1의3) 가목 2)), ⅲ) 자본시장법 제34조 제2항(금융투자업자의 대주주에 대한 신용공여), 제72조(투자매매업자 또는 투자중개업자의 투자자에 대한 신용공여), 제77조의3 제4항(종합금융투자사업자가 전담중개업무를 영위하는 경우에 증권 외의 금전등에 대한 투자와 관련하여 전문투자형 사모집합투자기구등에 신용공여) 및 제342조 제1항(종합금융회사의 동일차주에 대한 신용공여)에 따른 신용공여(법2(1의3) 가목 3)), ⅳ) 상호저축은행법상 신용공여, 신용협동조합법상 대출등, 새마을금고법상 대출, 대부업법상 대부계약, 보험업법상 신용공여 및 대출등, 온라인투자연계금융업법상 연계대출, 은행 등이 수행하는 유사한 거래(법2(1의3) 가목 4), 영2⑥)와 관련된 계약의 청약 및 승낙에 관한 정보는 신용거래정보이다(영2⑦(4)).

(5) 채권이 소멸한 사실 및 그 원인에 관한 정보

신용정보법 제2조 제1호의3 가목1)부터 4)까지의 규정에 따른 거래로 발생한 채권이 소멸한 사실 및 그 원인에 관한 정보는 신용거래정보이다(영2⑦(5)).

즉 앞에서 살펴본 ⅰ) 은행법 제2조 제1항 제7호에 따른 신용공여(법2(1의3) 가목 1)), ⅱ) 신용카드, 시설대여 및 할부금융거래(법2(1의3) 가목 2)), ⅲ) 자본시장법 제34조 제2항(금융투자업자의 대주주에 대한 신용공여), 제72조(투자매매업자 또는 투자중개업자의 투자자에 대한 신용공여), 제77조의3 제4항(종합금융투자사업자가 전담중개업무를 영위하는 경우에 증권 외의 금전등에 대한 투자와 관련하여 전문투자형 사모집합투자기구등에 신용공여) 및 제342조 제1항(종합금융회사의 동일차주에 대한 신용공여)에 따른 신용공여(법2(1의3) 가목 3)), ⅳ) 상호저축은행법상 신용공여, 신용협동조합법상 대출등, 새마을금고법상 대출, 대부업법상 대부계약, 보험업법상 신용공여 및 대출등, 온라인투자연계금융업법상 연계대출, 은행 등이 수행하는 유사한 거래(법2(1의3) 가목 4), 영2⑥)로 발생한 채권이 소멸한 사실 및 그 원인에 관한 정보는 신용거래정보이다(영2⑦(5)).

(6) 채무의 보증 및 담보에 관한 정보

신용정보법 제2조 제1호의3 각 목, 신용정보법 시행령 제2조 제6항 제1호부터 제7호까지의 규정 및 제7항 제3호 각 목에 따른 거래와 관련된 채무의 보증 및 담보에 관한 정보는 신용거래정보이다(영2⑦(6)).

즉 앞에서 살펴본 신용정보제공·이용자에게 신용위험이 따르는 정보(법2(1의3) 가목), 금융거래 관련 정보(법2(1의3) 나목), 보험상품 관련 정보(법2(1의3) 다목), 금융투자상품 관련 정보(법2(1의3) 라목), 기본적 상행위 관련 정보(법2(1의3) 마목), 유사 정보(법2(1의3) 바목), 상호저축은행법상 신용공여, 신용협동조합법상 대출등, 새마을금고법상 대출, 대부업법상 대부계약, 보험업법상 신용공여 및 대출등, 온라인투자연계금융업법상 연계대출, 은행 등이 수행하는 유사한 거래(영2⑥(1)-(7)) 및 신용보증, 재보증 및 유동화회사보증의 종류·기간·내용 등에 관한 정보(영2⑦(3) 가목), 기술보증, 신용보증, 재보증 및 유동화회사보증의 종류·기간·내용 등에 관한 정보(영2⑦(3) 나목), 신용보증 및 재보증의 종류·기간·내용 등에 관한 정보(영2⑦(3) 다목), 무역보험 등의 종류·기간·내용 등에 관한 정보(영2⑦(3) 라목), 분양보증 등의 종류·기간·내용 등에 관한 정보(영2⑦(3) 마목)는 신용거래정보이다(영2⑦(6)).

(7) 유사 정보

앞의 (1)부터 (6)까지의 정보와 유사한 정보로서 다음의 정보는 신용거래정보이다(영2⑦(7), 감독규정2의2④).

(가) 금융거래 등 상거래에 관한 정보

대출, 보증, 담보제공, 당좌거래(가계당좌거래를 포함), 신용카드, 할부금융, 시설대여 등 금융거래 등 상거래에 관한 정보는 신용거래정보이다(감독규정2의2④(1)).

다만 다음의 정보는 제외한다(감독규정2의2④(1)). 즉 ⅰ) 신용거래정보(법2(1의3) 가목-마목), ⅱ) 공제계약의 종류·기간·공제료 등에 관한 정보 및 공제금의 청구·지급에 관한 정보, 보험계약의 종류·기간·보험료 등에 관한 정보 및 보험금의 청구·지급에 관한 정보, 신용보증, 재보증 및 유동화회사보증 등의 종류·기간·내용 등에 관한 정보, 계약의 청약 및 승낙에 관한 정보, 채권이 소멸한 사실 및 그 원인에 관한 정보, 채무의 보증 및 담보에 관한 정보(영2⑦(1)-(6))는 제외한다(감독규정2의2④(1) 가목 및 나목).

(나) 소멸시효의 연장, 중단, 정지 및 중지에 관한 정보 등

신용거래정보(법2(1의3) 가목-마목), 공제계약의 종류·기간·공제료 등에 관한 정보 및 공제금의 청구·지급에 관한 정보, 보험계약의 종류·기간·보험료 등에 관한 정보 및 보험금의 청구·지급에 관한 정보, 신용보증, 재보증 및 유동화회사보증 등의 종류·기간·내용 등에 관한 정보, 계약의 청약 및 승낙에 관한 정보, 채권이 소멸한 사실 및 그 원인에 관한 정보, 채무의 보증 및 담보에 관한 정보(영2⑦(1)-(6)) 및 대출, 보증, 담보제공, 당좌거래(가계당좌거래를 포함), 신용카드, 할부금융, 시설대여 등 금융거래 등 상거래에 관한 정보(감독규정2의2④(1))의 거래에 관한 ⅰ) 소멸시효의 연장, 중단, 정지 및 중지 정보, ⅱ) 채권의 포기 정보, ⅲ) 채무의 면제 또는 승인 정보는 신용거래정보이다(감독규정2의2④(2)).

Ⅳ. 신용도판단정보

신용도판단정보란 "신용정보주체의 신용도를 판단할 수 있는 정보"로서 다음의 정보를 말한다(법2(1의4)).

1. 금융거래 관련 채무불이행 등 관련 정보

금융거래 등 상거래와 관련하여 발생한 채무의 불이행, 대위변제, 그 밖에 약정한 사항을 이행하지 아니한 사실과 관련된 정보는 신용도판단정보이다(법2(1의4) 가목).

2. 금융거래 관련 신용질서 문란행위 관련 정보

금융거래 등 상거래와 관련하여 신용질서를 문란하게 하는 행위와 관련된 정보로서 다음의 정보는 신용도판단정보이다(법2(1의4) 나목).

(1) 명의도용 정보

금융거래 등 상거래에서 다른 사람의 명의를 도용한 사실에 관한 정보는 신용도판단정보이다(법2(1의4) 나목 1)).

(2) 사기 또는 부정한 방법의 상거래 정보

보험사기, 전기통신금융사기를 비롯하여 사기 또는 부정한 방법으로 금융거래 등 상거래를 한 사실에 관한 정보는 신용도판단정보이다(법2(1의4) 나목 2)).

(3) 위조 · 변조 · 허위 자료 제출 정보

금융거래 등 상거래의 상대방에게 위조 · 변조하거나 허위인 자료를 제출한 사실에 관한 정보는 신용도판단정보이다(법2(1의4) 나목 3)).

(4) 부정한 방법의 대출 · 보험계약 등 체결 정보 등

대출금 등을 다른 목적에 유용하거나 부정한 방법으로 대출 · 보험계약 등을 체결한 사실에 관한 정보는 신용도판단정보이다(법2(1의4) 나목 4)).

(5) 부정한 방법으로 회생 등 결정을 받은 정보 등

거짓이나 그 밖의 부정한 방법으로 채무자회생법에 따른 회생 · 간이회생 · 개인회생 · 파산 · 면책 및 복권과 관련된 결정 또는 이와 유사한 판결을 받은 사실에 관한 정보는 신용도판단정보이다(법2(1의4) 나목 5), 영2⑧(1)).

(6) 부정한 목적으로 상거래를 하려는 자에게 개인식별정보를 제공한 사실에 관한 정보

부정한 목적으로 금융거래 등 상거래를 하려는 타인에게 자신의 개인식별정보를 제공한 사실에 관한 정보는 신용도판단정보이다(영2⑧(2)).

(7) 유사 정보

그 밖에 앞의 정보와 유사한 정보로서 다음의 정보는 신용도판단정보이다(영2⑧(3), 감독규정2의2⑤).

1. 외국환거래법 제20조(보고 · 검사)를 위반하여 허위의 보고를 하거나 거짓으로 자료를 제출한 자
2. 서민금융법에 따른 신용회복위원회에 허위의 자료를 제출하거나 허위의 진술을 하고 채무를 조정받았거나 조정된 채무를 이행하는 과정에서 재산의

도피, 은닉 또는 고의의 책임재산 감소행위를 한 자

3. 전자금융거래법 제6조 제3항[20] 각 호의 어느 하나에 해당하는 행위를 한 자. 다만, 다음의 어느 하나에 해당하는 경우는 제외한다.

　가. 다른 법률에 특별한 규정이 있는 경우

　나. 선불전자지급수단이나 전자화폐의 양도 또는 담보제공을 위하여 필요한 경우(전자금융거래법 제6조 제3항 제3호의 행위 및 이를 알선하는 행위는 제외)

4. 부정한 목적으로 다른 신용정보주체의 개인식별정보(영2②＝주민등록번호, 여권번호, 운전면허의 면허번호, 외국인등록번호, 국내거소신고번호)를 이용하여 금융거래 등 상거래를 하거나 그 상거래를 하려는 타인에게 자신의 개인식별정보를 제공한 자

5. 부정한 목적으로 금융거래 등 상거래와 관련하여 거래상대방에게 위조·변조되거나 허위인 신용정보를 제공한 자

6. 대출사기, 보험사기, 거짓이나 그 밖의 부정한 방법으로 알아낸 타인의 신용카드 정보를 이용한 거래 또는 이와 유사한 금융거래 등 상거래를 한 자

7. 거짓이나 그 밖의 부정한 방법으로 법원의 회생절차개시결정·간이회생절차개시결정·개인회생절차개시결정·파산선고 또는 이와 유사한 결정이나 판결을 받은 자

3. 금융거래 관련 신용정보주체가 법인을 사실상 지배하는 자에 관한 정보

위의 (1) 금융거래 관련 채무불이행 등 관련 정보(법2(1의4) 가목) 또는 (2) 금융거래 관련 신용질서 문란행위 관련 정보(법2(1의4) 나목)에 관한 신용정보주체가

---

20) 전자금융거래법 제6조(접근매체의 선정과 사용 및 관리) ③ 누구든지 접근매체를 사용 및 관리함에 있어서 다른 법률에 특별한 규정이 없는 한 다음의 행위를 하여서는 아니 된다. 다만, 선불전자지급수단이나 전자화폐의 양도 또는 담보제공을 위하여 필요한 경우(제3호의 행위 및 이를 알선·중개하는 행위는 제외)에는 그러하지 아니하다.
　1. 접근매체를 양도하거나 양수하는 행위
　2. 대가를 수수·요구 또는 약속하면서 접근매체를 대여받거나 대여하는 행위 또는 보관·전달·유통하는 행위
　3. 범죄에 이용할 목적으로 또는 범죄에 이용될 것을 알면서 접근매체를 대여받거나 대여하는 행위 또는 보관·전달·유통하는 행위
　4. 접근매체를 질권의 목적으로 하는 행위
　5. 제1호부터 제4호까지의 행위를 알선·중개·광고하거나 대가를 수수·요구 또는 약속하면서 권유하는 행위

법인인 경우 실제 법인의 경영에 참여하여 법인을 사실상 지배하는 자로서 "대통령령으로 정하는 자"에 관한 정보는 신용도판단정보이다(법2(1의4) 다목, 영2⑨).

(1) 과점주주 중 최다출자자로서 사실상 지배하는 자에 관한 정보

과점주주 중 최다출자자인 자로서 해당 법인의 경영에 참여하여 법인을 사실상 지배하는 자에 관한 정보는 신용도판단정보이다(영2⑨(1)).

여기서 과점주주란 주주 또는 합자회사의 유한책임사원, 유한책임회사의 사원, 또는 유한회사의 사원 1명과 "그의 특수관계인 중 대통령령으로 정하는 자"21)로서 그들의 소유주식 합계 또는 출자액 합계가 해당 법인의 발행 주식 총수 또는 출자총액의 50%을 초과하면서 그 법인의 경영에 대하여 지배적인 영향력을 행사하는 자들을 말한다(국세기본법39(2)).

(2) 과점주주이며 해당 법인의 이사 또는 감사로서 사실상 지배하는 자에 관한 정보

과점주주인 동시에 해당 법인의 이사 또는 감사로서 그 법인의 채무에 연대보증을 하고, 해당 법인의 경영에 참여하여 법인을 사실상 지배하는 자에 관한 정보는 신용도판단정보이다(영2⑨(2)).

(3) 의결권주의 30% 이상을 소유한 자로서 사실상 지배하는 자에 관한 정보

해당 법인의 의결권 있는 발행주식총수 또는 지분총액의 30% 이상을 소유하고 있는 자로서 법인의 경영에 참여하여 법인을 사실상 지배하는 자에 관한 정보는 신용도판단정보이다(영2⑨(3)).

---

21) "특수관계인 중 대통령령으로 정하는 자"란 해당 주주 또는 합자회사의 유한책임사원, 유한책임회사의 사원, 유한회사의 사원과 친족관계, 경제적 연관관계, 또는 경영지배관계 중 본인이 직접 또는 그와 친족관계 또는 경제적 연관관계에 있는 자를 통하여 법인의 경영에 대하여 지배적인 영향력을 행사하고 있는 경우 그 법인 및 개인 또는 법인이 직접 또는 그와 친족관계 또는 경제적 연관관계에 있는 자를 통하여 본인인 법인의 경영에 대하여 지배적인 영향력을 행사하고 있는 경우 그 개인 또는 법인 및 본인이 직접 또는 그와 경제적 연관관계 또는 개인 또는 법인이 직접 또는 그와 친족관계 또는 경제적 연관관계에 있는 자를 통하여 본인인 법인의 경영에 대하여 지배적인 영향력을 행사하고 있는 경우 그 개인 또는 법인의 관계에 있는 자를 통하여 어느 법인의 경영에 대하여 지배적인 영향력을 행사하고 있는 경우 그 법인의 관계에 있는 자를 말한다(국세기본법 시행령20②).

(4) 무한책임사원으로서 사실상 지배하는 자에 관한 정보

해당 법인의 무한책임사원으로서 법인의 경영에 참여하여 법인을 사실상 지배하는 자에 관한 정보는 신용도판단정보이다(영2⑨(4)).

4. 어음·수표를 지급하기로 한 약정 불이행 정보

어음 또는 수표를 지급하기로 한 약정을 이행하지 않은 사실에 관한 정보는 신용도판단정보이다(법2(1의4) 라목, 영2⑩(1)).

Ⅴ. 신용능력정보

신용능력정보란 "신용정보주체의 신용거래능력을 판단할 수 있는 정보"로서 다음의 정보를 말한다(법2(1의5)).

1. 개인의 직업·재산·채무·소득의 총액 및 납세실적

개인의 직업·재산·채무·소득의 총액 및 납세실적 정보는 신용능력정보이다(법2(1의5) 가목).

2. 기업 및 법인의 개황 등

기업 및 법인의 연혁·목적·영업실태·주식 또는 지분보유 현황 등 기업 및 법인의 개황(槪況), 대표자 및 임원에 관한 사항, 판매명세·수주실적 또는 경영상의 주요 계약 등 사업의 내용, 재무제표(연결재무제표를 작성하는 기업의 경우에는 연결재무제표를 포함) 등 재무에 관한 사항과 감사인[22]의 감사의견 및 납세실적은 신용능력정보이다(법2(1의5) 나목).

3. 기업 및 법인의 정부조달 실적 또는 수출·수입액 등에 관한 정보

기업(사업을 경영하는 개인 및 법인과 이들의 단체) 및 법인의 영업 관련 정보로서 정부 조달 실적 또는 수출·수입액 등에 관한 정보는 신용능력정보이다(법2(1

---

22) "감사인"이란 ⅰ) 공인회계사법 제23조에 따른 회계법인, ⅱ) 공인회계사법 제41조에 따라 설립된 한국공인회계사회에 총리령으로 정하는 바에 따라 등록을 한 감사반을 말한다(외부감사법2(7)).

의5) 다목, 영2⑪(1)).

4. 기업 및 법인의 설립 등에 관한 정보

기업 및 법인의 등록 관련 정보로서 설립, 휴업·폐업, 양도·양수, 분할·합병, 주식 또는 지분 변동 등에 관한 정보는 신용능력정보이다(법2(1의5) 다목, 영2⑪(2)).

5. 기업 및 법인 자산의 구매명세 등에 관한 정보

기업 및 법인 자산의 구매명세·매출처·매입처, 재고자산의 명세·입출내역 및 재고자산·매출 채권의 연령에 관한 정보는 신용능력정보이다(법2(1의5) 다목, 영2⑪(3)).

Ⅵ. 공공기관 보유정보

공공기관 보유정보란 앞에서 살펴본 식별정보, 신용거래정보, 신용도판단정보, 신용능력정보 외에 "신용정보주체의 신용을 판단할 때 필요한 정보"로서 다음의 정보를 말한다(법2(1의6)).

1. 법원의 재판 관련 정보 등

신용정보주체가 받은 법원의 재판, 행정처분 등과 관련된 정보로서 다음의 정보는 공공기관 보유정보이다(법2(1의6) 가목, 영2⑫).

(1) 성년후견 등 정보

민법에 따른 성년후견·한정후견·특정후견과 관련된 심판에 관한 정보는 공공기관 보유정보이다(영2⑫(1)).

(2) 실종선고 관련 심판 정보

민법에 따른 실종선고와 관련된 심판에 관한 정보는 공공기관 보유정보이다(영2⑫(2)).

(3) 채무불이행자명부의 등재·말소 결정 정보

민사집행법에 따른 채무불이행자명부의 등재·말소 결정에 관한 정보는 공공기관 보유정보이다(영2⑫(3)).

(4) 경매와 관련된 결정에 관한 정보

민사집행법에 따른 경매개시결정·경락허가결정 등 경매와 관련된 결정에 관한 정보는 공공기관 보유정보이다(영2⑫(4)).

(5) 체불사업주에 관한 정보

근로기준법 제43조의2(체불사업주 명단 공개) 및 제43조의3(임금등 체불자료의 제공)에 따른 체불사업주에 관한 정보는 공공기관 보유정보이다(영2⑫(5)).

(6) 상거래 관련 행정처분 정보

신용정보법 또는 다른 법령에 따라 국가 또는 지방자치단체로부터 받은 행정처분 중에서 금융거래 등 상거래와 관련된 처분에 관한 정보는 공공기관 보유정보이다(영2⑫(6)).

(7) 부재자에 관한 정보

민법 제22조[23])에 따른 부재자에 관한 정보는 공공기관 보유정보이다(영2⑫(7), 감독규정2의2⑥(1)).

(8) 공개한 실종아동등과 관련한 정보

실종아동법 제9조의2 제2항[24])에 따라 공개한 실종아동등과 관련한 정보는

---

23) 민법 제22조(부재자의 재산의 관리) ① 종래의 주소나 거소를 떠난 자가 재산관리인을 정하지 아니한 때에는 법원은 이해관계인이나 검사의 청구에 의하여 재산관리에 관하여 필요한 처분을 명하여야 한다. 본인의 부재중 재산관리인의 권한이 소멸한 때에도 같다.
② 본인이 그 후에 재산관리인을 정한 때에는 법원은 본인, 재산관리인, 이해관계인 또는 검사의 청구에 의하여 전항의 명령을 취소하여야 한다.
24) 실종아동법 제9조의2(공개 수색·수사 체계의 구축·운영) ① 경찰청장은 실종아동등의 조속한 발견과 복귀를 위하여 실종아동등의 공개 수색·수사 체계를 구축·운영할 수 있다.
② 경찰청장은 제1항에 따른 공개 수색·수사를 위하여 필요하면 실종아동등의 보호자의 동의를 받아 다음의 조치를 요청할 수 있다. 이 경우 경찰청장은 실종아동등의 발견 및 복귀를 위하여 필요한 최소한의 정보를 제공하여야 한다.

공공기관 보유정보이다(감독규정2의2⑥(2)).

(9) 공매 관련 정보

국세징수법에 따른 공매와 관련한 정보는 공공기관 보유정보이다(감독규정2
의2⑥(3)).

2. 조세 관련 정보 등

신용정보주체의 조세, 국가채권 등과 관련된 정보로서 ⅰ) 국세·지방세·관
세 또는 국가채권의 체납에 관한 정보, ⅱ) 벌금·과태료·과징금 또는 추징금 등
의 체납에 관한 정보는 공공기관 보유정보이다(법2(1의6) 나목, 영2⑬).

3. 채무조정 관련 정보

신용정보주체의 채무조정에 관한 정보로서 다음의 정보는 공공기관 보유정
보이다(법2(1의6) 다목, 영2⑭).

(1) 회생 등 결정 정보

채무자회생법에 따른 회생·간이회생·개인회생과 관련된 결정에 관한 정보
는 공공기관 보유정보이다(영2⑭(1)).

(2) 파산 등 결정 정보

채무자회생법에 따른 파산·면책·복권과 관련된 결정에 관한 정보는 공공
기관 보유정보이다(영2⑭(2)).

(3) 서민금융법상 채무조정 정보

서민금융법에 따른 채무조정에 관한 정보는 공공기관 보유정보이다(영2⑭
(3)).

---

1. 전기통신사업법 제2조 제8호에 따른 전기통신사업자 중 대통령령으로 정하는 주요 전
   기통신사 업자에 대한 필요한 정보의 문자나 음성 등 송신
2. 정보통신망법 제2조 제1항 제3호에 따른 정보통신서비스 제공자 중 대통령령으로 정하
   는 주요 정보통신서비스 제공자에 대한 필요한 정보의 인터넷 홈페이지 등 게시
3. 방송법 제2조 제3호에 따른 방송사업자에 대한 필요한 정보의 방송

(4) 기업구조조정 촉진법상 채무조정 정보

기업구조조정 촉진법에 따른 채무조정에 관한 정보는 공공기관 보유정보이다(영2⑭(4)). "채무조정"이란 금융채권자가 보유한 금융채권에 대하여 상환기일 연장, 원리금 감면, 채권의 출자전환 및 그 밖에 이에 준하는 방법으로 채무의 내용을 변경하는 것을 말한다(기업구조조정 촉진법2(9)).

(5) 자산관리공사의 채무재조정 약정 정보

자산관리공사법에 따른 한국자산관리공사의 채무재조정 약정에 관한 정보는 공공기관 보유정보이다(영2⑭(5)).

4. 개인신용평점 정보

개인신용평점 정보는 공공기관 보유정보이다(법2(1의6) 라목). 개인신용평점은 개인의 신용상태를 평가하기 위하여 정보를 처리함으로써 새로이 만들어지는 정보로서 기호, 숫자 등을 사용하여 점수나 등급 등으로 나타낸 정보를 말한다(법2(1의6) 라목).

5. 기업신용등급 정보

기업신용등급 정보는 공공기관 보유정보이다(법2(1의6) 마목 본문). 기업신용등급은 기업 및 법인의 신용을 판단하기 위하여 정보를 처리함으로써 새로이 만들어지는 정보로서 기호, 숫자 등을 사용하여 점수나 등급 등으로 표시한 정보를 말한다(법2(1의6) 마목 본문). 다만, 신용등급[25]은 제외한다(법2(1의6) 마목 단서).

6. 기술 관련 정보

기술에 관한 정보는 공공기관 보유정보이다(법2(1의6) 바목). 여기서 "기술"이란 ⅰ) 특허법등 관련 법률에 따라 등록 또는 출원된 특허, 실용신안, 디자인, 반도체집적회로의 배치설계 및 소프트웨어 등 지식재산, ⅱ) 앞의 ⅰ)의 기술이

---

[25] "신용평가업"이란 다음의 어느 하나에 해당하는 것에 대한 신용상태를 평가("신용평가")하여 그 결과에 대하여 기호, 숫자 등을 사용하여 표시한 등급("신용등급")을 부여하고 그 신용등급을 발행인, 인수인, 투자자, 그 밖의 이해관계자에게 제공하거나 열람하게 하는 행위를 영업으로 하는 것을 말한다(자본시장법9㉖).
1. 금융투자상품
2. 기업·집합투자기구, 그 밖에 대통령령으로 정하는 자

집적된 자본재, iii) 앞의 ⅰ) 또는 ⅱ)의 기술에 관한 정보, iv) 이전 및 사업화가 가능한 기술적·과학적 또는 산업적 노하우를 말한다(기술이전법2(1), 기술이전법 시행령2).

7. 기술신용정보

기술신용정보는 공공기관 보유정보이다(법2(1의6) 사목). 기술신용정보는 기업 및 법인의 신용을 판단하기 위하여 정보를 처리함으로써 새로이 만들어지는 정보로서 기업 및 법인인 신용정보주체의 신용을 판단하기 위하여 기술평가(기술보증기금법 제28조 제1항 제6호26)의 기술평가)를 하고 신용정보와 해당 기업 및 법인의 기술에 관한 정보를 활용함으로써 그 판단의 결과를 기호, 숫자 등을 사용하여 평점 또는 등급으로 표시한 정보, 그 기술의 가액 또는 평가의견 등("기술신용정보")을 말한다(법2(1의6) 사목 본문, 영2⑯). 다만, 신용등급은 제외한다(법2(1의6) 사목 단서).

기업 및 법인의 신용을 판단하기 위하여 정보에는 기업 및 법인의 기술과 관련된 기술성·시장성·사업성 등을 대통령령으로 정하는 바에 따라 평가한 결과를 포함한다(법2(1의6) 사목 본문). 이에 따른 기업 및 법인의 기술과 관련된 기술성·시장성·사업성 등의 평가는 업종, 규모 등 일정한 기준에 따라 기술을 분류하고 거래내용, 신용거래능력 등 기업 및 법인의 정보를 체계적으로 배열하여 평가하는 것으로 한다(영2⑮).

8. 유사정보

앞에서 살펴본 식별정보, 신용거래정보, 신용도판단정보, 신용능력정보, 법원의 재판 관련 정보 등, 조세 관련 정보 등, 채무조정 관련 정보, 개인신용평점정보, 기업신용등급, 기술 관련 정보, 기술신용정보와 유사한 정보로서 다음의 정보를 말한다(법2(1의6) 아목, 영2⑰).

(1) 동산담보권 등에 관한 정보
동산채권담보법 등에 따른 담보약정, 동산담보권, 채권담보권 및 지식재산

---

26) 6. 기술평가(해당 기술과 관련된 기술성·시장성·사업성 등을 종합적으로 평가하여 금액·등급·의견 또는 점수 등으로 표시하는 것을 말한다)

권담보권에 관한 정보는 공공기관 보유정보이다(영2⑰(1)).

(2) 등기부 및 부속서류 기록 정보

부동산등기법에 따른 등기부 및 그 부속서류에 기록되어 있는 사항에 관한 정보는 공공기관 보유정보이다(영2⑰(2)).

(3) 사회보험료 등의 정보

사회보험료·공공요금 또는 수수료 등에 관한 정보는 공공기관 보유정보이다(영2⑰(3)).

(4) 출생·사망 정보 등

개인의 주민등록 관련 정보로서 출생·사망·이민·부재에 관한 정보 및 주민등록번호·성명의 변경 등에 관한 정보는 공공기관 보유정보이다(영2⑰(4)).

(5) 개인신용평가회사 및 개인사업자신용평가회사의 신용정보 제공기록 등의 정보

개인신용평가회사 및 개인사업자신용평가회사의 신용정보 제공기록 또는 신용정보주체의 신용회복 등에 관한 정보로서 ⅰ) 신용회복위원회의 신용회복지원협약에 따른 신용회복지원 확정정보, ⅱ) 상법에 따라 설립된 주식회사 국민행복기금이 협약금융기관등으로부터 채권을 매입한 정보 및 채무조정 약정을 체결한 사실에 관한 정보는 공공기관 보유정보이다(영2⑰(5), 감독규정2의2⑦).

(6) 신용도판단정보를 제3자에게 제공한 신용조회기록 정보

신용정보주체의 신용도 판단에 이용되는 정보를 제3자에게 제공한 신용조회기록은 공공기관 보유정보이다(영2⑰(6)).

(7) 공장재단 및 광업재단에 관한 정보

공장저당법 제2조 제2호[27] 및 제3호[28]에 따른 공장재단 및 광업재단에 관

---

27) 2. "공장재단"이란 공장에 속하는 일정한 기업용 재산으로 구성되는 일단(一團)의 기업재산으로서 이 법에 따라 소유권과 저당권의 목적이 되는 것을 말한다.

한 정보는 공공기관 보유정보이다(영2⑰(7)).

(8) 상훈법 관련 정보

상훈법에 따라 서훈이 확정된 사람에 대한 정보로서 금융위원회가 정하여 고시하는 정보는 공공기관 보유정보이다(영2⑰(8)).

(9) 국세청의 모범납세자 정보

국세청의 모범납세자 정보는 공공기관 보유정보이다(영2⑰(9), 감독규정2의2 ⑧(1)).

(10) 성별 변경에 관한 법원의 재판 정보

성별 변경에 관한 법원의 재판 정보는 공공기관 보유정보이다(감독규정2의2 ⑧(2)).

(11) 특허권 등 보유 정보

특허권, 실용신안권, 디자인권 및 상표권의 보유와 관련한 정보는 공공기관 보유정보이다(감독규정2의2⑧(3)).

(12) 국적취득 등 정보

국적의 취득, 상실 및 복수 국적에 관한 정보는 공공기관 보유정보이다(감독 규정2의2⑧(4)).

(13) 자동차 등 등록원부 정보

자동차, 선박, 항공기 및 건설기계 등록원부에 관한 정보는 공공기관 보유정 보이다(감독규정2의2⑧(5)).

(14) 지적공부 등 정보

공간정보관리법에 따른 지적공부(地籍公簿) 및 부동산종합공부(不動産綜合公

---

28) 3. "광업재단"이란 광업권과 광업권에 기하여 광물을 채굴·취득하기 위한 각종 설비 및 이에 부속하는 사업의 설비로 구성되는 일단의 기업재산으로서 공장저당법에 따라 소유권과 저당권의 목적이 되는 것을 말한다.

簿)에 관한 정보는 공공기관 보유정보이다(감독규정2의2⑧(6)).

제2절 개인신용정보

개인신용정보란 기업 및 법인에 관한 정보를 제외한 살아 있는 개인에 관한 신용정보로서 ⅰ) 해당 정보의 성명, 주민등록번호 및 영상 등을 통하여 특정 개인을 알아볼 수 있는 정보(가목), ⅱ) 해당 정보만으로는 특정 개인을 알아볼 수 없더라도 다른 정보와 쉽게 결합하여 특정 개인을 알아볼 수 있는 정보(나목)를 말한다(법2(2)).

** 금융위원회 질의회신(2023. 4. 3.) ────────────

〈질의〉

□ 신용정보법 제2조 제2호에서 개인신용정보를 기업 및 법인에 관한 정보를 제외한 살아 있는 개인에 관한 신용정보라고 정의하고 있는데, 개인사업자와 법인 대표자에 대한 성명과 주민등록번호가 개인신용정보에 해당하는지?

〈회신〉

□ 원칙적으로 기업(사업을 경영하는 개인 및 법인과 이들의 단체) 및 법인에 관한 정보로서 개인사업자(사업을 경영하는 개인)·대표자의 성명 및 연락처는 개인신용정보에 해당하지 않습니다.

• 다만, 법인, 개인사업자 정보 등에 해당하면서 동시에 개인에 관한 정보로서 대표자의 주민등록번호, 개인 연락처 등은 개인정보에 해당합니다.

─ 한편, 예외적으로 해당 정보가 금융거래정보 등과 결합하여 사업자 개인의 직업·소득수준·활동영역·사회적 지위 등을 나타내는 정보로 이용되는 경우에는 개인신용정보로 볼 수도 있습니다.

〈이유〉

□ 신용정보법 제2조 제2호에서 개인신용정보란 기업 및 법인에 관한 정보

를 제외한 살아 있는 개인에 관한 신용정보로 정의하고 있습니다.

• 원칙적으로 기업(사업을 경영하는 개인 및 법인과 이들의 단체) 및 법인에 관한 정보로서 개인사업자(사업을 경영하는 개인)·대표자의 성명 및 연락처(이메일 주소 등)는 개인신용정보에 해당하지 않습니다.

• 다만, 법인, 개인사업자 정보 등에 해당하면서 동시에 개인에 관한 정보로서 대표자를 포함한 임직원의 주민등록번호, 자택주소 및 개인 연락처 등은 개인정보에 해당하며,

– 예외적으로 해당 정보가 금융거래정보 등과 결합하여 사업자 개인의 직업·소득수준·활동영역·사회적 지위 등을 나타내는 정보로 이용되는 경우 개인신용정보로 볼 수 있습니다(특정 신용정보주체를 식별할 수 있는 정보는 신용정보주체의 신용거래능력 등을 판단할 수 있는 정보와 결합된 경우 "개인신용정보"에 해당(신용정보법 제2조 제1호)).

제 2 장

신용정보회사 등

선진국의 경우 데이터를 다량으로 보유한 신용정보회사들이 데이터 기반 서비스를 다양하게 출시하여 빅데이터 시장을 선도하고 있는 반면,[1] 우리나라의 경우 정부·공공기관에 대한 분석·조사업무 등 일부 업무 외에는 영리 목적의 겸업이 원칙적으로 금지되어 있었다. 그런데 신용정보회사의 경우 양질의 데이터를 풍부하게 보유하고 있고, 데이터 분석·관리 역량이 높아 관련 업무의 수행에 강점이 있으므로 겸영금지 규제를 완화할 필요가 있다는 지적이 있었다.[2]

2020년 2월 개정법은 데이터 산업과 관련된 겸영업무 또는 부수업무를 폭넓게 허용하여 신용정보회사의 업무를 소상공인 상권분석 등으로 다양화함으로써 금융분야 빅데이터 산업에서 선도적 역할을 유도하고, 개인정보의 효율적 이용을 도모할 수 있을 것으로 기대된다.[3]

---

[1] 일례로, 미국 3대 신용정보회사 중 하나인 Experian사는 보유 데이터(금융거래정보, 임대료 정보 등)를 활용한 소비자 분석을 실시하여 기업에 전략수립 및 소비자분석 등 빅데이터 컨설팅 서비스를 제공하고 있다.

[2] 정무위원회(2020), "신용정보의 이용 및 보호에 관한 법률 일부개정법률안 심사보고서", 정무위원회(2020. 1), 68쪽.

[3] 정무위원회(2020), 70쪽.

제1절 신용정보회사

Ⅰ. 의의

"신용정보회사"란 신용정보업에 대하여 금융위원회의 허가를 받은 자로서 개인신용평가회사, 개인사업자신용평가회사, 기업신용조회회사, 신용조사회사를 말한다(법2(5)). 여기서 "신용정보업"이란 개인신용평가업, 개인사업자신용평가업, 기업신용조회업, 또는 신용조사업을 말한다(법2(4)).

1. 개인신용평가회사

개인신용평가회사란 개인신용평가업 허가를 받은 자를 말한다(법2(5) 가목).

2. 개인사업자신용평가회사

개인사업자신용평가회사란 개인사업자신용평가업 허가를 받은 자를 말한다 (법2(5) 나목).

2020년 2월 개인사업자신용평가업 도입의 입법배경을 살펴보면 우리나라의 신용평가체계의 경우 개인대출과 기업대출의 성격이 혼재되어 있는 개인사업자 대출의 특성을 반영한 평가체계가 부재한 것으로 지적되어 왔다. 이에 금융회사는 신용평가에 기초하기보다는 보증·담보에 의존하여 대출하는 관행이 지속되고 있으며, 개인사업자의 경우 실제 자금이 필요한 소상공인, 영세 자영업자보다는 담보확보가 용이한 부동산·임대업자 등에 대출이 집중되고 있는 실정이다.[4] 이에 소상공인, 영세자영업자 등 개인사업자 대출의 특수성을 반영한 신용평가체계를 운영하는 개인사업자신용평가업을 새롭게 도입한 것이다. 개인사업자신용평가업을 개인신용평가업과 별도로 규정함으로써 개인사업자에 대한 신용평가의 전문성을 제고하고, 담보능력이 부족한 소상공인 등에 대해서도 정확한 신용평가를 통하여 효율적으로 자금배분을 지원하려는 것이다.[5]

---

4) 2017년 중소벤처기업부에 따르면 소상공인 대출의 82%가 보증·담보기반 대출로 이루어지고 있다.
5) 정무위원회(2020), 46-47쪽.

3. 기업신용조회회사

기업신용조회회사란 기업신용조회업 허가를 받은 자를 말한다(법2(5) 다목).

신용조회회사의 업무 특성을 반영하여 기업신용조회업을 도입하면서, 기업신용조회업을 각 업무의 특성에 맞게 세분화하고 진입규제를 차등화하고 있다. 기업신용조회업을 ⅰ) 기업정보조회업(기업신용정보를 수집·통합·분석·가공하여 조회자에게 제공하는 업무), ⅱ) 기업신용등급제공업(기업·법인의 신용평가를 통해 등급을 생성·제공하는 업무), ⅲ) 기술신용평가업(기업의 기술가치 등을 평가하여 기술신용정보를 생성·제공하는 업무)로 구분하고 있다. 이에 관하여는 후술한다.

4. 신용조사회사

신용조사회사란 신용조사업 허가를 받은 자를 말한다(법2(5) 라목).

Ⅱ. 업무

1. 개인신용평가회사

(1) 고유업무: 개인신용평가업

개인신용평가업이란 개인의 신용을 판단하는 데 필요한 정보를 수집하고 개인의 신용상태를 평가("개인신용평가")하여 그 결과(개인신용평점을 포함)를 제3자에게 제공하는 행위를 영업으로 하는 것을 말한다(법2(8)).

(2) 겸영신고와 겸영업무
(가) 겸영신고
1) 의의

개인신용평가회사는 총리령으로 정하는 바에 따라 금융위원회에 미리 신고하고 신용정보주체 보호 및 건전한 신용질서를 저해할 우려가 없는 업무("겸영업무")를 겸영할 수 있다(법11① 전단). 이 경우 신용정보법 및 다른 법률에 따라 행정관청의 인가·허가·등록 및 승인 등의 조치가 필요한 겸영업무는 해당 개별 법률에 따라 인가·허가·등록 및 승인 등을 미리 받아야 할 수 있다(법11① 후단).

2) 신고서 기재사항과 첨부서류

개인신용평가회사는 겸영을 하려는 경우 금융위원회가 정하여 고시하는 신고서에 제1호의 사항을 기재하고, 제2호 및 제3호의 서류를 첨부하여 금융위원회에 제출해야 한다(신용정보법 시행규칙5, 이하 "시행규칙"). 시행규칙 제5조에 따라 겸영신고를 하려는 자는 [별지 제7호 서식]에 따른 신청서를 제출하여야 한다(감독규정13②).

1. 겸영업무(법11①)의 예상 영업규모, 손익 전망 등에 비추어 해당 개인신용평가회사의 건전한 경영을 저해할 염려가 없고 수익기반 확충에 기여할 수 있는지 여부
2. 겸영업무가 관련 법령에 따라 행정관청의 인가·허가·등록 및 승인 등을 받아야 하는 경우 해당 인가·허가·등록 및 승인 등을 받았음을 증명할 수 있는 서류 또는 확약서
3. 겸영업무를 수행함에 따라 발생할 수 있는 이해상충 및 불공정행위를 방지하기 위해 필요한 조직, 전문인력 및 적절한 업무체계를 갖췄음을 증명할 수 있는 서류 또는 확약서

3) 금융감독원의 심사 수리

금융감독원장은 법 제11조 제1항에 따라 개인신용평가회사가 겸영신고를 한 경우에는 시행규칙 제5조에 따른 요건에 적합한지 여부를 심사하여 수리한다(감독규정13①).

(나) 겸영업무

개인신용평가회사의 겸영업무는 ⅰ) 개인신용평가업 외의 신용정보업, ⅱ) 채권추심업, ⅲ) 정보통신망법 제23조의3[6])에 따른 본인확인기관의 업무, ⅳ) 본

---

6) 정보통신망법 제23조의3(본인확인기관의 지정 등) ① 방송통신위원회는 다음의 사항을 심사하여 대체수단의 개발·제공·관리 업무("본인확인업무")를 안전하고 신뢰성 있게 수행할 능력이 있다고 인정되는 자를 본인확인기관으로 지정할 수 있다.
1. 본인확인업무의 안전성 확보를 위한 물리적·기술적·관리적 조치계획
2. 본인확인업무의 수행을 위한 기술적·재정적 능력
3. 본인확인업무 관련 설비규모의 적정성
② 본인확인기관이 본인확인업무의 전부 또는 일부를 휴지하고자 하는 때에는 휴지기간을 정하여 휴지하고자 하는 날의 30일 전까지 이를 이용자에게 통보하고 방송통신위원회에 신고하여야 한다. 이 경우 휴지기간은 6개월을 초과할 수 없다.
③ 본인확인기관이 본인확인업무를 폐지하고자 하는 때에는 폐지하고자 하는 날의 60일

인신용정보관리업, ⅴ) 전자문서중계 업무 및 전자문서법 제31조의18[7])에 따른 공인전자문서중계자의 업무, ⅵ) 전문개인신용평가업의 경우 금융관계법률 외의 법률("비금융법률")에서 금지하지 않는 업무(비금융법률에 따라 행정관청의 인가·허가·등록 및 승인 등의 조치가 있는 경우 할 수 있는 업무로서 해당 행정관청의 인가·허가·등록 및 승인 등의 조치가 있는 경우를 포함), ⅶ) 클라우드컴퓨팅법 제2조 제3호[8])에 따른 클라우드컴퓨팅서비스를 제공하는 자("클라우드컴퓨팅서비스 제공자")의 업무, ⅷ) 전자금융거래법에 따른 전자금융업, ⅸ) 온라인투자연계금융업법에 따른 온라인투자연계금융업, ⅹ) 대출의 중개 및 주선에 관한 업무(법 제2조 제1호의3 가목 1)부터 4)까지의 규정[9])에 따른 거래의 확정 금리·한도를 비교·분석하고 판

전까지 이를 이용자에게 통보하고 방송통신위원회에 신고하여야 한다.

④ 제1항부터 제3항까지의 규정에 따른 심사사항별 세부 심사기준·지정절차 및 휴지·폐지 등에 관하여 필요한 사항은 대통령령으로 정한다.

7) 전자문서법 제31조의18(공인전자문서중계자의 인증 등) ① 과학기술정보통신부장관은 전자문서유통에 관하여 안정성과 신뢰성을 확보하고 있는 자를 공인전자문서중계자로 인증할 수 있다.

② 제1항에 따른 인증을 받으려는 자는 전자문서유통에 필요한 설비 및 기술능력을 갖추어 과학기술정보통신부장관에게 인증을 신청하여야 한다.

③ 제1항에 따른 인증의 유효기간은 3년으로 한다.

④ 과학기술정보통신부장관은 전자문서유통의 안정성과 신뢰성 확보를 위하여 공인전자문서중계자 업무준칙을 고시할 수 있다.

⑤ 과학기술정보통신부장관은 제1항에 따른 인증을 받은 공인전자문서중계자가 보유한 설비의 안전성을 정기적으로 점검하는 등 사후관리를 하여야 한다.

⑥ 제1항부터 제5항까지에서 규정한 사항 외에 공인전자문서중계자의 인증요건, 인증절차 및 사후관리에 관하여 필요한 사항은 대통령령으로 정한다.

8) 클라우드컴퓨팅법 제2조(정의) 이 법에서 사용하는 용어의 뜻은 다음과 같다.

1. "클라우드컴퓨팅"(Cloud Computing)이란 집적·공유된 정보통신기기, 정보통신설비, 소프트웨어 등 정보통신자원을 이용자의 요구나 수요 변화에 따라 정보통신망을 통하여 신축적으로 이용할 수 있도록 하는 정보처리체계를 말한다.

2. "클라우드컴퓨팅기술"이란 클라우드컴퓨팅의 구축 및 이용에 관한 정보통신기술로서 가상화 기술, 분산처리 기술 등 대통령령으로 정하는 것을 말한다.

3. "클라우드컴퓨팅서비스"란 클라우드컴퓨팅을 활용하여 상용(商用)으로 타인에게 정보통신자원을 제공하는 서비스로서 대통령령으로 정하는 것을 말한다.

4. "이용자 정보"란 클라우드컴퓨팅서비스 이용자가 클라우드컴퓨팅서비스를 이용하여 클라우드컴퓨팅서비스를 제공하는 자("클라우드컴퓨팅서비스 제공자")의 정보통신자원에 저장하는 정보(지능정보화 기본법 제2조 제1호에 따른 정보)로서 이용자가 소유 또는 관리하는 정보를 말한다.

9) 은행법상의 신용공여, 신용카드, 시설대여 및 할부금융거래, 금융투자업자의 대주주에 대한 신용공여, 투자매매업자 또는 투자중개업자의 투자자에 대한 신용공여, 종합금융투자사업자가 전담중개업무를 영위하는 경우의 신용공여, 종합금융회사의 동일차주에 대한 신용공여, 상호저축은행법상 신용공여, 신용협동조합법상 대출등, 새마을금고법상 대출, 대

매를 중개하는 업무), xi) 금융소비자보호법에 따른 금융상품자문업 업무이다(법11
②, 영11①, 감독규정13의3①).

(3) 부수업무 신고 등
(가) 부수업무 신고

개인신용평가회사는 해당 허가를 받은 영업에 부수하는 업무("부수업무")를
할 수 있다(법11의2① 전단). 이 경우 개인신용평가회사는 그 부수업무를 하려는
날의 7일 전까지 이를 금융위원회에 신고하여야 한다(법11의2① 후단).

금융위원회는 부수업무의 신고를 수리한 경우 지체 없이 그 내용을 관보에
공고하고 인터넷 홈페이지 등을 이용하여 일반인에게 알려야 한다(법7(4)).

(나) 부수업무 제한 명령 또는 시정명령

금융위원회는 부수업무에 관한 신고내용이 개인신용평가회사의 경영건전성
을 해치는 경우 그 부수업무를 하는 것을 제한하거나 시정할 것을 명할 수 있다
(법11의2⑧).

금융위원회는 부수업무에 대하여 제한명령 또는 시정명령을 한 경우 지체
없이 그 내용을 관보에 공고하고 인터넷 홈페이지 등을 이용하여 일반인에게 알
려야 한다(법7(5)).

(다) 제한 명령 또는 시정명령 방식

제한명령 또는 시정명령은 그 내용 및 사유가 구체적으로 적힌 문서로 하여
야 한다(법11의2⑨).

(라) 부수업무

개인신용평가회사의 부수업무는 i) 새로이 만들어 낸 개인신용평점, 그 밖
의 개인신용평가 결과를 신용정보주체 본인에게 제공하는 업무, ii) 개인신용정
보나 이를 가공한 정보를 본인이나 제3자에게 제공하는 업무, iii) 가명정보나 익
명처리한 정보를 이용하거나 제공하는 업무, iv) 개인신용정보, 그 밖의 정보를
기초로 하는 데이터 분석 및 컨설팅 업무, v) 개인신용정보 관련 전산처리시스
템, 솔루션 및 소프트웨어(개인신용평가 및 위험관리 모형을 포함) 개발 및 판매 업
무, vi) 금융상품에 대한 광고, 홍보 및 컨설팅, vii) 신용정보업과 관련된 연수,

부업법상 대부계약, 보험업법상 신용공여 및 대출등, 온라인투자연계금융업법상 연계대
출, 은행 등이 수행하는 유사한 거래.

교육 및 출판, 행사기획 등 업무, viii) 신용정보업과 관련된 연구, 조사 등 용역업무 및 상담업무, ix) 본인인증 및 신용정보주체의 식별확인 업무, ⅹ) 개인신용평가에 활용된 신용정보 아닌 정보 또는 이를 가공한 정보를 본인 또는 제3자에게 제공하는 업무, xi) 금융회사 등의 위탁에 따른 연체사실 등의 통지 대행, xii) 업무용 부동산의 임대차, xiii) 기업(사업을 경영하는 개인 및 법인과 이들의 단체) 및 법인 또는 그 상품 홍보·광고, xiv) 개인신용정보 제공사실 통지의 대행, xv) 법 제35조의3(신용정보제공·이용자의 사전통지)에 따른 정보 등록 예정 통지의 대행, xvi) 데이터 판매 및 중개 업무, xvii) 공개정보 중 신용정보가 아닌 정보를 제공하거나 이 정보를 기초로 하는 데이터 분석 및 컨설팅 업무이다(법11의2②, 영11의2①, 감독규정13의4①).

2. 개인사업자신용평가회사

(1) 고유업무: 개인사업자신용평가업

개인사업자신용평가업이란 개인사업자의 신용을 판단하는 데 필요한 정보를 수집하고 개인사업자의 신용상태를 평가하여 그 결과를 제3자에게 제공하는 행위를 영업으로 하는 것을 말한다(법2(8의2) 본문). 다만, 자본시장법 제9조 제26항에 따른 신용평가업은 제외한다(법2(8의2) 단서).

(2) 겸영신고와 겸영업무

(가) 겸영신고

1) 의의

개인사업자신용평가회사는 총리령으로 정하는 바에 따라 금융위원회에 미리 신고하고 신용정보주체 보호 및 건전한 신용질서를 저해할 우려가 없는 업무("겸영업무")를 겸영할 수 있다(법11① 전단). 이 경우 신용정보법 및 다른 법률에 따라 행정관청의 인가·허가·등록 및 승인 등의 조치가 필요한 겸영업무는 해당 개별 법률에 따라 인가·허가·등록 및 승인 등을 미리 받아야 할 수 있다(법11① 후단).

2) 신고서 기재사항과 첨부서류

개인사업자신용평가회사는 겸영을 하려는 경우 금융위원회가 정하여 고시하는 신고서에 제1호의 사항을 기재하고, 제2호 및 제3호의 서류를 첨부하여 금융위원회에 제출해야 한다(신용정보법 시행규칙5, 이하 "시행규칙"). 시행규칙 제5조에 따라 겸영신고를 하려는 자는 [별지 제7호 서식]에 따른 신청서를 제출하여야 한다(감독규정13②).

1. 겸영업무(법11①)의 예상 영업규모, 손익 전망 등에 비추어 해당 개인사업자 신용평가회사의 건전한 경영을 저해할 염려가 없고 수익기반 확충에 기여할 수 있는지 여부
2. 겸영업무가 관련 법령에 따라 행정관청의 인가·허가·등록 및 승인 등을 받아야 하는 경우 해당 인가·허가·등록 및 승인 등을 받았음을 증명할 수 있는 서류 또는 확약서
3. 겸영업무를 수행함에 따라 발생할 수 있는 이해상충 및 불공정행위를 방지하기 위해 필요한 조직, 전문인력 및 적절한 업무체계를 갖췄음을 증명할 수 있는 서류 또는 확약서

3) 금융감독원의 심사 수리

금융감독원장은 법 제11조 제1항에 따라 개인사업자신용평가회사가 겸영신고를 한 경우에는 시행규칙 제5조에 따른 요건에 적합한지 여부를 심사하여 수리한다(감독규정13①).

(나) 겸영업무

개인사업자신용평가회사의 겸영업무는 ⅰ) 개인사업자신용평가업 외의 신용정보업, ⅱ) 채권추심업, ⅲ) 정보통신망법 제23조의3에 따른 본인확인기관의 업무, ⅳ) 여신전문금융회사의 경우 여신전문금융업법 제46조 제1항 각 호10)에

---

10) 여신전문금융업법 제46조(업무) ① 여신전문금융회사가 할 수 있는 업무는 다음의 업무로 제한한다.
  1. 제3조에 따라 허가를 받거나 등록을 한 여신전문금융업(시설대여업의 등록을 한 경우에는 연불판매업무를 포함)
  2. 기업이 물품과 용역을 제공함으로써 취득한 매출채권(어음을 포함)의 양수·관리·회수 업무
  3. 대출(어음할인을 포함)업무
  4. 제13조 제1항 제2호 및 제3호에 따른 신용카드업자의 부대업무(신용카드업의 허가를 받은 경우만 해당)
  5. 그 밖에 제1호부터 제4호까지의 규정과 관련된 업무로서 대통령령으로 정하는 업무
  6. 제1호부터 제4호까지의 규정에 따른 업무와 관련된 신용조사 및 그에 따르는 업무
  6의2. 그 업무를 함께 하여도 금융이용자 보호 및 건전한 거래질서를 해할 우려가 없는 업무로서 대통령령으로 정하는 금융업무

따른 업무, ⅴ) 본인신용정보관리업, ⅵ) 클라우드컴퓨팅서비스 제공자의 업무, ⅶ) 전자금융거래법에 따른 전자금융업, ⅷ) 온라인투자연계금융업법에 따른 온라인투자연계금융업, ⅸ) 대출의 중개 및 주선에 관한 업무(법 제2조 제1호의3 가목 1)부터 4)까지의 규정11)에 따른 거래의 확정 금리·한도를 비교·분석하고 판매를 중개하는 업무), ⅹ) 금융소비자보호법에 따른 금융상품자문업 업무이다(법11③, 영11②, 감독규정13의3②).

(3) 부수업무 신고 등
(가) 부수업무 신고

개인사업자신용평가회사는 해당 허가를 받은 영업에 부수하는 업무("부수업무")를 할 수 있다(법11의2① 전단). 이 경우 개인사업자신용평가회사는 그 부수업무를 하려는 날의 7일 전까지 이를 금융위원회에 신고하여야 한다(법11의2① 후단).

금융위원회는 부수업무의 신고를 수리한 경우 지체 없이 그 내용을 관보에 공고하고 인터넷 홈페이지 등을 이용하여 일반인에게 알려야 한다(법7(4)).

(나) 부수업무 제한 명령 또는 시정명령

금융위원회는 부수업무에 관한 신고내용이 개인사업자신용평가회사의 경영건전성을 해치는 경우 그 부수업무를 하는 것을 제한하거나 시정할 것을 명할 수 있다(법11의2⑧).

금융위원회는 부수업무에 대하여 제한명령 또는 시정명령을 한 경우 지체 없이 그 내용을 관보에 공고하고 인터넷 홈페이지 등을 이용하여 일반인에게 알려야 한다(법7(5)).

(다) 제한 명령 또는 시정명령 방식

제한명령 또는 시정명령은 그 내용 및 사유가 구체적으로 적힌 문서로 하여야 한다(법11의2⑨).

---

7. 여신전문금융업에 부수하는 업무로서 소유하고 있는 인력·자산 또는 설비를 활용하는 업무
11) 은행법상의 신용공여, 신용카드, 시설대여 및 할부금융거래, 금융투자업자의 대주주에 대한 신용공여, 투자매매업자 또는 투자중개업자의 투자자에 대한 신용공여, 종합금융투자사업자가 전담중개업무를 영위하는 경우의 신용공여, 종합금융회사의 동일차주에 대한 신용공여, 상호저축은행법상 신용공여, 신용협동조합법상 대출등, 새마을금고법상 대출, 대부업법상 대부계약, 보험업법상 신용공여 및 대출등, 온라인투자연계금융업법상 연계대출, 은행 등이 수행하는 유사한 거래.

(라) 부수업무

개인사업자신용평가회사의 부수업무는 ⅰ) 새로이 만들어 낸 개인사업자의 신용상태에 대한 평가의 결과를 해당 개인사업자에게 제공하는 업무, ⅱ) 개인사업자에 관한 신용정보나 이를 가공한 정보를 해당 개인사업자나 제3자에게 제공하는 업무, ⅲ) 가명정보나 익명처리한 정보를 이용하거나 제공하는 업무, ⅳ) 개인사업자에 관한 신용정보, 그 밖의 정보를 기초로 하는 데이터 분석 및 컨설팅 업무, ⅴ) 개인사업자신용정보 관련 전산처리시스템, 솔루션 및 소프트웨어 (개인사업자의 신용상태에 대한 평가 및 위험관리 모형을 포함) 개발 및 판매 업무이다 (법11의2③).

3. 기업신용조회회사

(1) 고유업무: 기업신용조회업

기업신용조회업이란 기업정보조회업무, 기업신용등급제공업무, 기술신용평가업무를 영업으로 하는 것을 말한다(법2(8의3) 본문). 다만, 자본시장법 제9조 제26항에 따른 신용평가업은 제외한다(법2(8의3) 단서).

(가) 기업정보조회업무

기업정보조회업무는 기업 및 법인인 신용정보주체의 거래내용, 신용거래능력 등을 나타내기 위하여 "대통령령으로 정하는 정보"를 제외한 신용정보를 수집하고, "대통령령으로 정하는 방법"으로 통합·분석 또는 가공하여 제공하는 행위를 말한다(법2(8의3) 가목).

여기서 "대통령령으로 정하는 정보"란 기업신용등급(기업 및 법인의 신용을 판단하기 위하여 정보를 처리함으로써 새로이 만들어지는 정보로서 기호, 숫자 등을 사용하여 점수나 등급 등으로 표시한 정보) 및 기술신용정보를 말하고(영2⑲), "대통령령으로 정하는 방법"이란 신용정보를 금융거래 등 상거래에 활용하도록 하기 위해 신용정보회사가 아닌 자에게 제공하는 방법을 말하며(영2⑳), ⅰ) 공시 등을 통해 일반 대중에게 공개하는 방법, ⅱ) 금융결제원이 보유한 신용정보를 신용정보제공·이용자에게 제공하는 경우는 제외한다(영2⑳, 감독규정3의2).

** 금융위원회 질의회신(2022. 4. 5.) ─────────────

〈질의〉

□ 당사가 거래처[법인인 도매업자(대리점) 및 개인사업자인 소매업자]로부터 거래처의 소비자에 대한 제품 판매 관련 내역(거래 상품의 종류, 수량, 단가, 총 거래금액, 총 거래 건수, 결제수단 등) 정보를 주기적으로 제공받아 이를 분석·가공하여 각 거래처에 판매·시장 분석 리포트를 제공하려고 합니다.

• 당사는 거래처가 판매 전략을 수립·운영하는 것을 지원하는 것을 목적으로 해당 분석리포트를 무상으로 제공할 예정입니다.

□ 분석리포트를 제공하는 행위가 기업정보조회업 또는 본인신용정보관리업에 해당하여 허가를 받아야 하는지 여부

〈회신〉

□ 귀사가 거래처로부터 거래내역 정보를 제공받아 판매 전략 수립을 지원하기 위하여 분석리포트를 제공하는 행위는 기업정보조회업이나 본인신용정보관리업에 해당한다고 보기 어렵습니다.

〈이유〉

□ 기업정보조회업무란 기업 및 법인인 신용정보주체의 거래내용, 신용거래능력 등을 나타내기 위한 목적으로 일정한 신용정보를 수집하고 그 신용정보를 금융거래 등 상거래에 활용하도록 하기 위해 신용정보회사가 아닌 자에게 통합·분석 또는 가공하여 제공하는 행위를 하는 것을 의미합니다(신용정보법 제2조 제8호의3 가목, 같은 법 시행령 제2조 제20항).

• 귀사가 분석리포트를 작성·제공하기 위해 거래처의 제품 판매 관련 내역을 수집하는 것은 거래내용, 신용거래능력 등을 나타내기 위한 목적으로 신용정보를 수집하는 행위로 보기 어려우며, 거래처에 분석리포트를 제공하는 것을 신용정보를 제공하는 행위로 보기도 어렵습니다.

• 또한, 분석리포트의 주요 내용과 제공받는 자, 작성 취지 등을 고려할 때 해당 리포트는 거래처의 판매 전략 수립 등 내부 업무 목적을 위하여 작성·제공된 것으로 보이므로 금융거래 등 상거래에 활용하도록 하기 위한 목적은 아닌 것으로 판단됩니다.

□ 본인신용정보관리업이란 개인인 신용정보주체의 신용관리를 지원하기 위해 신용정보제공·이용자 또는 개인정보 보호법에 따른 공공기관이 보유한 개인신용정보 등을 수집하고 수집된 정보의 전부 또는 일부를 신용정보주체가 조회·열람할 수 있게 하는 방식으로 통합하여 그 신용정보주체에게 제공하는 행위를 영업으로 하는 것을 말합니다(신용정보법 제2조 제9호의2, 같은 법 시행령 제2조 제21항).

• 귀사가 분석리포트를 통하여 수집하려는 정보는 기업 및 법인 또는 개인사업자의 정보로 개인인 신용정보주체에 관한 것이 아니므로 신용정보법상 본인신용정보관리업에 해당한다고 보기 어렵습니다.

(나) 기업신용등급제공업무

기업신용등급제공업무는 기업 및 법인인 신용정보주체의 신용상태를 평가하여 기업신용등급을 생성하고, 해당 신용정보주체 및 그 신용정보주체의 거래상대방 등 이해관계를 가지는 자에게 제공하는 행위를 말한다(법2(8의3) 나목).

(다) 기술신용평가업무

기술신용평가업무는 기업 및 법인인 신용정보주체의 신용상태 및 기술에 관한 가치를 평가하여 기술신용정보를 생성한 다음 해당 신용정보주체 및 그 신용정보주체의 거래상대방 등 이해관계를 가지는 자에게 제공하는 행위를 말한다(법2(8의3) 다목).

(2) 겸영신고와 겸영업무
(가) 겸영신고
1) 의의

기업신용조회회사는 총리령으로 정하는 바에 따라 금융위원회에 미리 신고하고 신용정보주체 보호 및 건전한 신용질서를 저해할 우려가 없는 업무("겸영업무")를 겸영할 수 있다(법11① 전단). 이 경우 신용정보법 및 다른 법률에 따라 행정관청의 인가·허가·등록 및 승인 등의 조치가 필요한 겸영업무는 해당 개별 법률에 따라 인가·허가·등록 및 승인 등을 미리 받아야 할 수 있다(법11① 후단).

2) 신고서 기재사항과 첨부서류

기업신용조회회사는 겸영을 하려는 경우 금융위원회가 정하여 고시하는 신고서에 제1호의 사항을 기재하고, 제2호 및 제3호의 서류를 첨부하여 금융위원회에 제출해야 한다(신용정보법 시행규칙5, 이하 "시행규칙"). 시행규칙 제5조에 따라 겸영신고를 하려는 자는 [별지 제7호 서식]에 따른 신청서를 제출하여야 한다(감독규정13②).

1. 겸영업무(법11①)의 예상 영업규모, 손익 전망 등에 비추어 해당 기업신용조회회사의 건전한 경영을 저해할 염려가 없고 수익기반 확충에 기여할 수 있는지 여부
2. 겸영업무가 관련 법령에 따라 행정관청의 인가·허가·등록 및 승인 등을 받아야 하는 경우 해당 인가·허가·등록 및 승인 등을 받았음을 증명할 수 있는 서류 또는 확약서
3. 겸영업무를 수행함에 따라 발생할 수 있는 이해상충 및 불공정행위를 방지하기 위해 필요한 조직, 전문인력 및 적절한 업무체계를 갖췄음을 증명할 수 있는 서류 또는 확약서

3) 금융감독원의 심사 수리

금융감독원장은 법 제11조 제1항에 따라 기업신용조회회사가 겸영신고를 한 경우에는 시행규칙 제5조에 따른 요건에 적합한지 여부를 심사하여 수리한다(감독규정13①).

(나) 겸영업무

기업신용조회회사의 겸영업무는 ⅰ) 기업신용조회업 외의 신용정보업, ⅱ) 채권추심업, ⅲ) 기술이전법 제10조(기술거래기관의 지정·취소 및 지원)에 따른 기술거래기관의 사업(기술 신용평가업무를 하는 기업신용조회회사에 한정), ⅳ) 기술이전법 제12조(사업화 전문회사)에 따른 사업화 전문회사의 업무(기술신용평가업무를 하는 기업신용조회회사에 한정), ⅴ) 기술이전법 제35조(기술평가기관의 지정 등)에 따른 기술평가기관의 업무(기술신용평가업무를 하는 기업신용조회회사에 한정), ⅵ) 발명진흥법 제28조(발명의 평가기관 지정 등) 제1항에 따른 발명의 분석·평가 업무, ⅶ) 특허법 제58조(전문기관의 등록 등) 제1항에 따른 선행기술의 조사 업무, ⅷ) 클라우드컴퓨팅서비스 제공자의 업무, ⅸ) 본인신용정보관리업, ⅹ) 기업정

보조회업무만을 하는 기업신용조회업의 경우 비금융법률이 금지하지 않는 업무(비금융법률에 따라 행정관청의 인가·허가·등록 및 승인 등의 조치가 있는 경우 할 수 있는 업무로서 해당 행정관청의 인가·허가·등록 및 승인 등의 조치가 있는 경우를 포함), xi) 전자금융거래법에 따른 전자금융업, xii) 온라인투자연계금융업법에 따른 온라인투자연계금융업, xiii) 대출의 중개 및 주선에 관한 업무(법 제2조 제1호의3 가목 1)부터 4)까지의 규정12)에 따른 거래의 확정 금리·한도를 비교·분석하고 판매를 중개하는 업무)이다(법11④, 영11③, 감독규정13의3③).

(3) 부수업무 신고 등
(가) 부수업무 신고

기업신용조회회사는 해당 허가를 받은 영업에 부수하는 업무("부수업무")를 할 수 있다(법11의2① 전단). 이 경우 기업신용조회회사는 그 부수업무를 하려는 날의 7일 전까지 이를 금융위원회에 신고하여야 한다(법11의2① 후단).

금융위원회는 부수업무의 신고를 수리한 경우 지체 없이 그 내용을 관보에 공고하고 인터넷 홈페이지 등을 이용하여 일반인에게 알려야 한다(법7(4)).

(나) 부수업무 제한 명령 또는 시정명령

금융위원회는 부수업무에 관한 신고내용이 기업신용조회회사의 경영건전성을 해치는 경우 그 부수업무를 하는 것을 제한하거나 시정할 것을 명할 수 있다(법11의2⑧).

금융위원회는 부수업무에 대하여 제한명령 또는 시정명령을 한 경우 지체 없이 그 내용을 관보에 공고하고 인터넷 홈페이지 등을 이용하여 일반인에게 알려야 한다(법7(5)).

(다) 제한 명령 또는 시정명령 방식

제한명령 또는 시정명령은 그 내용 및 사유가 구체적으로 적힌 문서로 하여야 한다(법11의2⑨).

---

12) 은행법상의 신용공여, 신용카드, 시설대여 및 할부금융거래, 금융투자업자의 대주주에 대한 신용공여, 투자매매업자 또는 투자중개업자의 투자자에 대한 신용공여, 종합금융투자사업자가 전담중개업무를 영위하는 경우의 신용공여, 종합금융회사의 동일차주에 대한 신용공여, 상호저축은행법상 신용공여, 신용협동조합법상 대출등, 새마을금고법상 대출, 대부업법상 대부계약, 보험업법상 신용공여 및 대출등, 온라인투자연계금융업법상 연계대출, 은행 등이 수행하는 유사한 거래.

(라) 부수업무

기업신용조회회사의 부수업무는 ⅰ) 기업 및 법인에 관한 신용정보나 이를 가공한 정보를 본인이나 제3자에게 제공하는 업무(이 부수업무는 기업신용등급제공업무 또는 기술신용평가업무를 하는 기업신용조회회사로 한정), ⅱ) 가명정보나 익명처리한 정보를 이용하거나 제공하는 업무, ⅲ) 기업 및 법인에 관한 신용정보, 그 밖의 정보를 기초로 하는 데이터 분석 및 컨설팅 업무, ⅳ) 기업 및 법인에 관한 신용정보 관련 전산처리시스템, 솔루션 및 소프트웨어(기업신용등급 산출 및 위험관리 모형을 포함) 개발 및 판매 업무, ⅴ) 금융상품에 대한 광고, 홍보 및 컨설팅, ⅵ) 허가받은 신용정보업과 관련된 연수, 교육 및 출판, 행사기획 등 업무, ⅶ) 허가받은 신용정보업과 관련된 연구·조사 등 용역업무 및 상담업무, ⅷ) 사업체 및 사업장 현황조사, ⅸ) 기업 및 법인의 유동자산에 대한 가치평가, ⅹ) 기업 및 법인에 관한 신용정보 관련 조사, 분석, 연구, 컨설팅, 자문, 리서치 및 통계자료의 생성, ⅺ) 공개정보 중 신용정보가 아닌 정보를 제공하거나 이 정보를 기초로 하는 데이터 분석 및 컨설팅 업무, ⅻ) 기업신용평가에 활용된 정보 또는 이를 가공한 정보를 제3자에게 제공하는 업무(기업정보 조회업무를 하는 기업신용조회회사는 제외), ⅹⅲ) 개인신용평점 및 그 밖에 개인신용평가 결과에 관한 정 보를 제외한 정보로서 사업체의 실제 경영자 등에 대한 개인신용정보나 이를 가공한 정보를 본인이나 제3자에게 제공하는 업무(기업정보조회업무를 하는 기업신용조회회사는 제외), ⅹⅳ) 회계소프트웨어 등의 개발업무(기업정보조회업무를 하는 기업신용조회회사에 한한다), ⅹⅴ) 데이터 판매 및 중개 업무, ⅹⅵ) 법인의 재무제표 표시를 목적으로 하지 않는 기업가치평가 업무(이 경우 법인은 비상장법인으로 한정), ⅹⅶ) 업무용 부동산의 임대차, ⅹⅷ) 기업 및 법인 또는 그 상품 홍보·광고이다 (법11의2④, 영11의2②, 감독규정13의4②).

4. 신용조사회사

(1) 고유업무: 신용조사업

신용조사업이란 제3자의 의뢰를 받아 신용정보를 조사하고, 그 신용정보를 그 의뢰인에게 제공하는 행위를 영업으로 하는 것을 말한다(법2(9)).

(2) 겸영신고와 겸영업무

(가) 겸영신고

1) 의의

신용조사회사는 총리령으로 정하는 바에 따라 금융위원회에 미리 신고하고 신용정보주체 보호 및 건전한 신용질서를 저해할 우려가 없는 업무("겸영업무")를 겸영할 수 있다(법11① 전단). 이 경우 신용정보법 및 다른 법률에 따라 행정관청의 인가·허가·등록 및 승인 등의 조치가 필요한 겸영업무는 해당 개별 법률에 따라 인가·허가·등록 및 승인 등을 미리 받아야 할 수 있다(법11① 후단).

2) 신고서 기재사항과 첨부서류

신용조사회사는 겸영을 하려는 경우 금융위원회가 정하여 고시하는 신고서에 제1호의 사항을 기재하고, 제2호 및 제3호의 서류를 첨부하여 금융위원회에 제출해야 한다(신용정보법 시행규칙5, 이하 "시행규칙"). 시행규칙 제5조에 따라 겸영신고를 하려는 자는 [별지 제7호 서식]에 따른 신청서를 제출하여야 한다(감독규정13②).

1. 겸영업무(법11①)의 예상 영업규모, 손익 전망 등에 비추어 해당 신용조사회사의 건전한 경영을 저해할 염려가 없고 수익기반 확충에 기여할 수 있는지 여부
2. 겸영업무가 관련 법령에 따라 행정관청의 인가·허가·등록 및 승인 등을 받아야 하는 경우 해당 인가·허가·등록 및 승인 등을 받았음을 증명할 수 있는 서류 또는 확약서
3. 겸영업무를 수행함에 따라 발생할 수 있는 이해상충 및 불공정행위를 방지하기 위해 필요한 조직, 전문인력 및 적절한 업무체계를 갖췄음을 증명할 수 있는 서류 또는 확약서

3) 금융감독원의 심사 수리

금융감독원장은 법 제11조 제1항에 따라 신용조사회사가 겸영신고를 한 경우에는 시행규칙 제5조에 따른 요건에 적합한지 여부를 심사하여 수리한다(감독규정13①).

(나) 겸영업무

신용조사회사의 겸영업무는 ⅰ) 신용조사업 외의 신용정보업, ⅱ) 자산유동

화법 제10조(자산관리의 위탁)에 따른 유동화자산 관리 업무, ⅲ) 채권추심업, ⅳ) 대출의 중개 및 주선에 관한 업무(법 제2조 제1호의3 가목 1)부터 4)까지의 규정에 따른 거래의 확정 금리·한도를 비교·분석하고 판매를 중개하는 업무)이다(법11⑤, 영11 ④, 감독규정13의3④).

(3) 부수업무의 신고 등

(가) 부수업무 신고

신용조사회사는 해당 허가를 받은 영업에 부수하는 업무("부수업무")를 할 수 있다(법11의2① 전단). 이 경우 신용조사회사는 그 부수업무를 하려는 날의 7 일 전까지 이를 금융위원회에 신고하여야 한다(법11의2① 후단).

금융위원회는 부수업무의 신고를 수리한 경우 지체 없이 그 내용을 관보에 공고하고 인터넷 홈페이지 등을 이용하여 일반인에게 알려야 한다(법7(4)).

(나) 부수업무 제한 명령 또는 시정명령

금융위원회는 부수업무에 관한 신고내용이 신용조사회사의 경영건전성을 해치는 경우 그 부수업무를 하는 것을 제한하거나 시정할 것을 명할 수 있다(법 11의2⑧).

금융위원회는 부수업무에 대하여 제한명령 또는 시정명령을 한 경우 지체 없이 그 내용을 관보에 공고하고 인터넷 홈페이지 등을 이용하여 일반인에게 알려야 한다(법7(5)).

(다) 제한 명령 또는 시정명령 방식

제한명령 또는 시정명령은 그 내용 및 사유가 구체적으로 적힌 문서로 하여야 한다(법11의2⑨).

(라) 부수업무

신용조사회사의 부수업무는 ⅰ) 부동산과 동산의 임대차 현황 및 가격조사 업무, ⅱ) 사업체 및 사업장의 현황조사 업무, ⅲ) 허가받은 신용정보업과 관련된 연수, 교육 및 출판, 행사기획 등 업무, ⅳ) 허가받은 신용정보업과 관련된 연구·조사 등 용역업무 및 상담업무, ⅴ) 업무용 부동산의 임대차, ⅵ) 기업 및 법인 또는 그 상품의 홍보·광고, ⅶ) 민원서류 열람 및 교부신청 업무, ⅷ) 채권자 등에 대한 채권관리 관련 업무, ⅸ) 기한 전 채무납입 안내 대행 업무, ⅹ) 연체 전 채권의 변제청구 및 통지 등에 대한 대행 업무이다(법11의2⑤, 영11의2③, 감독규정13의4③).

제2절 본인신용정보관리회사

Ⅰ. 서설

1. 의의

본인신용정보관리회사란 본인신용정보관리업에 대하여 금융위원회로부터 허가를 받은 자를 말한다(법2(9의3)).

본인신용정보관리업(MyData업, 마이데이터 서비스업)이란 개인인 신용정보주체의 신용관리를 지원하기 위하여 신용정보주체의 거래내용 관련 정보를 통합하여 본인에게 제공하는 행위를 하는 영업을 말하며, 그 구체적인 서비스 유형으로는 신용정보 통합조회, 신용관리, 정보관리, 자산관리 등이 있다.[13]

마이데이터 서비스의 유형은 다음과 같다.

ⅰ) 신용정보 통합조회: 은행·카드·보험사·통신회사 등에 흩어져 있는 개인신용정보를 수집하여, 정보주체 본인이 알기 쉽게 통합하여 제공하는 것을 말하고, ⅱ) 신용관리: 정보주체의 소비패턴·신용도·재무위험 등 재무현황을 분석하고, 그 분석을 기초로 신용상태의 개선을 위한 맞춤형 재무 컨설팅을 제공하는 것을 말하며, ⅲ) 정보관리: 대출금리인하·신용평점상승 등에 필요한 정보를 금융회사·신용정보회사 등에 본인을 대신하여 제출하고, 부정적 정보의 삭제·정정 요청 등을 수행하는 것을 말하며, ⅳ) 자산관리: 개별 소비자별로 현재 재무현황에서 이용가능한 금융상품 목록을 제시하고, 금융상품별 가격·혜택을 비교하여 최적화된 금융상품을 추천하는 것을 말한다.

2. 입법취지

2020년 2월 신용정보법 개정 당시 본인신용정보관리업의 현황을 살펴보면,

---

13) 정무위원회(2020), 83-84쪽.

본인정보 관리서비스에 대한 수요가 증가하면서 신용정보회사는 유료 고객에 대해 본인 신용등급, 등급산정의 기초가 된 신용정보 상세내역을 제공 중이었으며, 일부 핀테크 업체에서 신용정보회사와 제휴하여 고객을 대신하여 계좌에 접속하는 방식 등을 통해 통합 정보관리 서비스를 제공하고 있었다.

그러나 ⅰ) 본인신용정보관리업이 구 신용정보법상 신용조회업과 명확히 구분되지 않고, ⅱ) 본인신용정보관리업을 영위하는 핀테크업체는 금융회사·신용정보회사 등과의 제휴관계를 기초로 고객정보에 접근하고 있어 정보의 본인 정보의 안정적인 확보가 어려우며, ⅲ) 본인 정보를 일괄 제공하기 위해 사용되고 있는 스크린 스크레이핑 방식(Screen Scraping)[14]이 보안상 취약하다는 한계 등으로 인해 본인신용정보관리업이 활성화되지 못하고 있는 실정었다.[15] 반면, EU에서는 「제2차 지급결제산업지침」(PSD2: Payment Services Directive 2)을 통해 2018년 1월부터 "본인 계좌정보 관리업(Account Information Service)"을 도입하여 다양한 핀테크기업이 해당 서비스를 제공하고 있었다.[16]

이에 2020년 2월 개정을 통해 신용정보업과 별도로 구분되는 본인신용정보관리업에 관한 법률상 규율체계를 도입하였다. 본인신용정보관리업의 도입은 다음의 측면에서 그 필요성이 인정된다. ⅰ) 정보주체가 스스로 정보이동을 요구하여 본인의 정보를 주도적으로 관리·활용할 수 있게 됨에 따라 개인정보 자기결정권이 실현되고, 효율적인 정보제공을 통한 금융소비자 보호가 강화될 수 있을 것으로 보이며, ⅱ) 기존의 신용정보업과 구분되는 본인신용정보관리업이라는 고부가가치의 금융분야 데이터 산업이 형성되면서 금융상품간 비교·공시가 강화되어 금융산업의 경쟁과 혁신을 촉진하고 양질의 일자리 창출에 기여할 수 있을 것으로 기대된다.[17] 구체적인 예로 신용정보법은 투자자문·일임업을 겸영업무로 규정함에 따라 고객 본인에 대한 데이터 분석결과를 바탕으로 로보어드바이저[18] 방식의 금융투자상품 자문이 가능해지고, 이는 기존에 금융회사에서 일

---

14) 고객의 로그인 정보, 공인인증서 등으로 고객계좌에 대리 접속한 후, 스크린에 나타나는 데이터 중 필요한 데이터만을 추출하는 방식을 말한다.

15) 마이데이터 서비스 관련 핀테크업체의 회원수 비교
 - (미국) Credit Karma 6,000만명('17), Mint 2,000만명('16), Yodlee 4,500만명('13)
 - (한국) 국내 업계 1위인 핀테크 업체는 최근 회원수 100만명을 돌파

16) 정무위원회(2020), 84-85쪽.

17) 미국의 경우 2017년 기준 상위 5개 마이데이터 관련 업체의 연간 매출액이 약 65.9억달러, 고용인원은 약1.3만명으로 추정된다.

부 자산가에 대해 제공하는 자산관리 서비스와 경쟁이 이루어질 것으로 생각된
다.[19]

3. 규율체계

(1) 개념

개념과 관련하여, 본인신용정보관리업은 정보주체의 권리행사에 기반하여
본인 정보를 보유한 금융회사 등으로부터 신용정보를 제공받아 본인에게 통합조
회 서비스를 제공하는 업으로서, 개인의 신용상태를 평가하여 제3자(금융회사 등)
에게 제공하는 신용조회업(CB)과 구분된다.[20]

(2) 진입규제

진입규제와 관련하여, 최소 자본금을 5억원으로 하고, 금융회사 출자요건은
적용하지 않는 등 진입장벽을 개인신용정보회사(최소 자본금 50억원, 금융회사 50%
출자)에 비해 크게 완화하고 있다.

(3) 업무범위

업무범위와 관련하여, 본인 신용정보 통합조회서비스 제공을 고유업무로 하
면서 투자자문·일임업을 겸영업무로, 데이터분석 및 컨설팅업무, 개인정보 자기
결정권의 대리행사 업무, 본인이 직접 수집한 개인신용정보(전기·가스·수도료 납
부 정보, 세금·사회보험료 납부내역 등)을 관리·활용할 수 있는 계좌제공 업무 등
을 부수업무로 규정하고 있다.

(4) 정보보안

정보보안과 관련하여, 스크린 스크레이핑 방식을 금지하고 금융회사 등은
안전성과 신뢰성이 보장될 수 있는 방식(예: 표준 API방식)으로 개인신용정보를
전송하도록 하고 있다.

---

18) 로보어드바이저(robo-advisor)는 로봇(robot)과 투자전문가(advisor)의 합성어로 고도화
   된 알고리즘과 빅데이터를 통해 인간 프라이빗 뱅커(PB) 대신 모바일 기기나 PC를 통해
   포트폴리오 관리를 수행하는 온라인 자산관리 서비스를 말한다.
19) 정무위원회(2020), 86-87쪽.
20) 정무위원회(2020), 85-86쪽.

〈 고객데이터 수집 · 처리 개선 방안 (API방식) 〉

① 정보주체(A씨)가 "개인신용정보이동권"을 행사
- 필요한 정보 항목을 선택하여 금융회사로 하여금 해당정보를 마이데이터 사업자에 제공할 것을 요구
② 금융회사는 A씨의 정보를 마이데이터 사업자로 전달
- 표준화된 전산처리방식(API)을 통해 정보전달
- 정보주체의 인증정보는 암호화하여 전달 (ID, PW Token으로 전환)
③ A씨는 정보를 마이데이터 사업자를 통해 본인정보를 일괄조회

①개인정보 이동권
③본인정보 일괄조회
금융회사
②정보전달 (API 방식)
마이데이터 사업자

Ⅱ. 업무

1. 고유업무: 본인신용정보관리업

"본인신용정보관리업"이란 개인인 신용정보주체의 신용관리를 지원하기 위하여 아래서 살펴볼 (1) 내지 (5)의 전부 또는 일부의 신용정보를 "대통령령으로 정하는 방식"으로 통합하여 그 신용정보주체에게 제공하는 행위를 영업으로 하는 것을 말한다(법2(9의2)). 여기서 "대통령령으로 정하는 방식"이란 신용정보제공 · 이용자 또는 개인정보 보호법에 따른 공공기관이 보유한 개인신용정보 등을 수집하고 수집된 정보의 전부 또는 일부를 신용정보주체가 조회 · 열람할 수 있게 하는 방식을 말한다(영2㉑ 본문). 다만, 금융위원회가 정하여 고시하는 방식21)은 제외한다(영2㉑ 단서).

아래서 살펴볼 법 제2조 제9호의2 가목부터 라목까지의 규정에서 "대통령령으로 정하는 정보"란 각각 [별표 1]에 해당하는 정보를 말한다(영2㉒). [별표 1]

---

21) "금융위원회가 정하여 고시하는 방식"이란 다음의 경우를 말한다(감독규정3의3①).
  1. 신용정보제공 · 이용자 또는 개인정보 보호법에 따른 공공기관의 시스템을 거치지 않고 수집된 정보를 신용정보주체가 조회 · 열람할 수 있도록 하는 인터페이스(Interface)만을 제공하는 경우로서 사업자가 해당 신용정보에 대한 접근 · 조회 · 관리 권한이 없는 경우
  2. 신용정보주체 보호 및 건전한 신용질서를 저해할 우려가 없는 경우로서 다른 법령에 따라 허용된 경우

은 본인신용정보관리업에 관한 신용정보의 범위(시행령 제2조 제22항 및 제2조 제 23항 제1호 관련)를 규정하고 있다. 여기서는 [별표 1]의 내용을 살펴본다.

(1) 법 제2조 제9호의2 가목에 따른 신용정보

법 제2조 제9호의2 가목에 따른 신용정보는 제1호의3 가목 1)·2) 및 나목의 신용정보로서 대통령령으로 정하는 정보를 말한다(가목). 즉 신용공여(은행법 2(7))·신용카드(여신전문금융업법2(3)), 시설대여(여신전문금융업법2(10)) 및 할부금융(여신전문금융업법2(13)) 거래 및 금융거래(금융실명법2(3))의 종류, 기간, 금액, 금리 등에 관한 정보로서 "대통령령으로 정하는 정보"를 말한다(법2(9의2) 가목).

여기서 "대통령령으로 정하는 정보"란 [별표 1]에 해당하는 정보를 말한다(영2㉒). [별표 1]의 법 제2조 제9호의2 가목에 따른 신용정보는 다음과 같다(별표 1 제1호).

(가) 계좌 정보

계좌 정보는 다음의 정보이다(별표 1 제1호 가목).

1) 고객 정보

고객 정보는 최초개설일, 인터넷뱅킹 가입 여부, 스마트뱅킹 가입 여부 및 그 밖에 이와 유사한 정보를 말한다(별표 1 제1호 가목 1)).

2) 계좌자산 정보

계좌자산 정보는 기준일, 계좌종류, 현재잔액, 통화코드, 최종거래일, 거래일시, 거래금액, 거래후잔액, 기본금리, 이자지급일 및 그 밖에 이와 유사한 정보를 말한다(별표 1 제1호 가목 2)).

3) 유사한 정보

그 밖에 1) 고객 정보 및 2) 계좌자산 정보와 유사한 정보를 말한다(별표 1 제1호 가목 3)).

(나) 대출 정보

대출 정보는 다음의 정보이다(별표 1 제1호 나목).

1) 일반 대출현황 정보

일반 대출현황 정보는 대출종류, 대출계좌정보, 대출원금, 대출한도, 대출기준금리, 월상환액, 대출잔액, 대출자산 거래내역 및 그 밖에 이와 유사한 정보를 말한다(별표 1 제1호 나목 1)).

2) 카드 대출현황 정보

카드 대출현황 정보는 리볼빙 이용 여부, 월별 리볼빙 이용내역, 단기대출 이용금액, 결제예정일, 이자율, 장기대출 종류, 대출일, 대출금액, 대출 만기일 및 그 밖에 이와 유사한 정보를 말한다(별표 1 제1호 나목 2)).

3) 금융투자 대출현황 정보

금융투자 대출현황 정보는 대출종류, 대출계좌정보, 상환계좌정보, 대출잔액, 이자금액, 대출만기일, 대출 상환일 및 그 밖에 이와 유사한 정보를 말한다(별표 1 제1호 나목 3)).

4) 유사한 정보

유사한 정보란 그 밖에 위의 1) 일반 대출현황 정보, 2) 카드 대출현황 정보, 3) 금융투자 대출현황 정보와 유사한 정보를 말한다(별표 1 제1호 나목 4)).

(다) 카드 정보

카드 정보는 다음의 정보이다(별표 1 제1호 다목).

1) 카드 상품 정보

카드 상품 정보는 카드사명, 카드상품명, 교통기능, 결제은행, 국제브랜드, 상품연회비 및 그 밖에 이와 유사한 정보를 말한다(별표 1 제1호 다목 1)).

2) 카드 고객 정보

카드 고객 정보는 본인/가족 구분, 카드번호(마스킹), 발급일, 신용/체크 구분, 결제예정일, 결제예정금액, 포인트 종류, 잔여포인트, 소멸예정포인트 및 그 밖에 이와 유사한 정보를 말한다(별표 1 제1호 다목 2)).

3) 카드 이용 정보

카드 이용 정보는 카드명, 사용일시, 사용구분, 결제예정일, 결제예정금액, 할부회차, 할부결제 후 잔액 및 그 밖에 이와 유사한 정보를 말한다(별표 1 제1호 다목 3)).

4) 유사한 정보

유사한 정보는 그 밖에 1) 카드 상품 정보, 2) 카드 고객 정보, 3) 카드 이용 정보와 유사한 정보를 말한다(별표 1 제1호 다목 4)).

(2) 법 제2조 제9호의2 나목에 따른 신용정보

법 제2조 제9호의2 나목에 따른 신용정보는 제1호의3 다목의 신용정보(=보험상품의 종류, 발행·매매 명세, 수수료·보수 등에 관한 정보)로서 "대통령령으로 정하는 정보"를 말한다(법2(9의2) 나목).

여기서 "대통령령으로 정하는 정보"란 [별표 1]에 해당하는 정보를 말한다(영22). [별표 1]의 법 제2조 제9호의2 나목에 따른 신용정보는 보험 정보를 말한다(별표 1 제2호 가목).

(가) 보험계약 정보

보험계약 정보는 계약자명, 보험사, 계약일, 만기일, 변액보험, 자동차보험, 여행자보험, 화재보험, 특약 관련 정보 및 그 밖에 이와 유사한 정보를 말한다(별표 1 제2호 가목 1)).

(나) 보험료 납입 정보

보험료 납입 정보는 납입기간, 납입종료일, 월납 보험료, 최종납일월, 최종납입숫자, 최종납입횟수 및 그 밖에 이와 유사한 정보를 말한다(별표 1 제2호 가목 2)).

(다) 보험료 납입내역 정보

보험료 납입내역 정보는 납입 금융기관, 납입일, 총 납입보험료 및 그 밖에 이와 유사한 정보를 말한다(별표 1 제2호 가목 3)).

(라) 유사한 정보

유사한 정보는 그 밖에 (가) 보험계약 정보, (나) 보험료 납입 정보, (다) 보험료 납입내역 정보와 유사한 정보를 말한다(별표 1 제2호 가목 4)).

(3) 법 제2조 제9호의2 다목에 따른 신용정보

법 제2조 제9호의2 다목에 따른 신용정보는 제1호의3 라목의 신용정보(=금융투자상품의 종류, 발행·매매 명세, 수수료·보수 등에 관한 정보)로서 "대통령령으로 정하는 정보"를 말한다(법2(9의2) 다목).

여기서 "대통령령으로 정하는 정보"란 [별표 1]에 해당하는 정보를 말한다(영22). [별표 1]의 법 제2조 제9호의2 다목에 따른 신용정보는 금융투자상품 정보를 말한다(별표 1 제3호 가목).

(가) 상품 기본 정보

상품 기본 정보는 상품종류, 상품명, 계좌번호, 세제혜택 여부 및 그 밖에 이와 유사한 정보를 말한다(별표 1 제3호 가목 1)).

(나) 상품 자산 정보

상품 자산 정보는 매입방법, 매입금액, 보유수량, 매도가능수량 및 그 밖에 이와 유사한 정보를 말한다(별표 1 제3호 가목 2)).

(다) 상품 거래내역

상품 거래내역은 거래종류, 거래수량, 거래단가, 거래금액 및 그 밖에 이와 유사한 정보를 말한다(별표 1 제3호 가목 3)).

(라) 체결내역

체결내역은 종목코드, 주문수량, 주문단가, 체결수량, 체결단가, 체결구분 및 그 밖에 이와 유사한 정보를 말한다(별표 1 제3호 가목 4)).

(마) 유사한 정보

유사한 정보란 위의 (가) 상품 기본 정보, (나) 상품 자산 정보, (다) 상품 거래내역, (라) 체결내역 정보와 유사한 정보를 말한다(별표 1 제3호 가목 5)).

(4) 법 제2조 제9호의2 라목에 따른 신용정보

법 제2조 제9호의2 라목에 따른 신용정보는 제1호의3 마목의 신용정보(상행위에 따른 상거래의 종류, 기간, 내용, 조건 등에 관한 정보)로서 "대통령령으로 정하는 정보"를 말한다(법2(9의2) 라목).

여기서 "대통령령으로 정하는 정보"란 [별표 1]에 해당하는 정보를 말한다(영22). [별표 1]의 법 제2조 제9호의2 라목에 따른 신용정보는 다음과 같다(별표 1 제4호).

(가) 증권계좌 정보

증권계좌 정보는 다음과 같다(별표 1 제4호 가목).

1) 고객 정보

고객 정보는 자동이체 설정금액·설정기간·날짜·입금계좌·출금계좌 및 그 밖에 이와 유사한 정보를 말한다(별표 1 제4호 가목 1)).

2) 계좌 및 계좌자산 정보

계좌 및 계좌자산 정보는 증권사명, 계좌종류, 계좌번호, 계좌상태, 계좌개설일, 세제혜택 여부, 예수금, 매입금액 및 그 밖에 이와 유사한 정보를 말한다(별표 1 제4호 가목 2)).

3) 계좌 거래내역

계좌 거래내역은 거래일시, 거래종류, 거래 후 잔액, 종목명, 거래수량, 거래단가, 거래금액, 상대은행명, 상대계좌번호 및 그 밖에 이와 유사한 정보를 말한다(별표 1 제4호 가목 3)).

4) 유사한 정보

유사한 정보는 그 밖에 1) 고객 정보, 2) 계좌 및 계좌자산 정보, 3) 계좌 거래내역 정보와 유사한 정보를 말한다(별표 1 제4호 가목 4)).

(나) 연금상품 정보

연금상품 정보는 다음과 같다(별표 1 제4호 나목).

1) 상품 정보

상품 정보는 연금종류, 상품명, 가입일 및 그 밖에 이와 유사한 정보를 말한다(별표 1 제4호 나목 1)).

2) 연금 납입 정보

연금 납입 정보는 납부총액, 기출금액, 최종납입일 및 그 밖에 이와 유사한 정보를 말한다(별표 1 제4호 나목 2)).

3) 연금 수령 정보

연금 수령 정보는 연금 기수령액 및 그 밖에 이와 유사한 정보를 말한다(별표 1 제4호 나목 3)).

4) 유사한 정보

유사한 정보는 그 밖에 1) 상품 정보, 2) 연금 납입 정보, 3) 연금 수령 정보와 유사한 정보를 말한다(별표 1 제4호 나목 4)).

(5) 법 제2조 제9호의2 마목에 따른 신용정보

법 제2조 제9호의2 마목에 따른 신용정보는 그 밖에 신용정보주체 본인의 신용관리를 위하여 필요한 정보로서 "대통령령으로 정하는 정보"를 말한다(마목).

여기서 "대통령령으로 정하는 정보"란 ⅰ) 법 제2조 제1호의3 가목 3) 및 4)의 신용정보로서 [별표 1]에 해당하는 정보(제1호), ⅱ) 그 밖에 금융위원회가 정하여 고시하는 정보(제2호)[22]를 말한다(영2㉓(1)). 따라서 ⅰ)의 법 제2조 제1호의

---

22) "그 밖에 금융위원회가 정하여 고시하는 정보"란 다음의 어느 하나에 해당하는 정보를 말한다(감독규정3의3②).

3 가목 3) 및 4)의 신용정보, 즉 자본시장법 제34조 제2항(금융투자업자의 대주주
에 대한 신용공여), 제72조(투자매매업자 또는 투자중개업자의 투자자에 대한 신용공여),
제77조의3 제4항(종합금융투자사업자가 전담중개업무를 영위하는 경우에 증권 외의 금
전등에 대한 투자와 관련하여 일반 사모집합투자기구등에 신용공여) 및 제342조 제1항
(종합금융회사의 동일차주에 대한 신용공여)에 따른 신용공여(법2(1의3) 가목 3)) 및
상호저축은행법상 신용공여, 신용협동조합법상 대출등, 새마을금고법상 대출, 대
부업법상 대부계약, 보험업법상 신용공여 및 대출등, 온라인투자연계금융업법상
연계대출, 금융지주회사 등이 수행하는 유사한 거래(법2(1의3) 가목 4), 영2⑥)의
신용정보로서 [별표 1]에 해당하는 정보를 말한다(영2㉓(1)).

[별표 1] 법 제2조 제9호의2 마목에 따른 신용정보는 다음과 같다(별표 1 제5호).
(가) 보험대출 정보
보험대출 정보는 다음과 같다(별표 1 제5호 가목).
1) 보험대출 현황 정보
보험대출 현황 정보는 대출형태, 총원금상환금액, 대출원금, 대출잔액, 계좌상
태, 신규일, 만기일 및 그 밖에 이와 유사한 정보를 말한다(별표 1 제5호 가목 1)).
2) 대출 상환내역
대출 상환내역은 상환일, 회차별 원금상환금액 및 그 밖에 이와 유사한 정
보를 말한다(별표 1 제5호 가목 2)).
3) 유사한 정보
유사한 정보는 위의 1) 보험대출 현황 정보, 2) 대출 상환내역 정보와 유사
한 정보를 말한다(별표 1 제5호 가목 3)).
(나) 전자지급수단 관련 정보
전자지급수단 관련 정보는 다음과 같다(별표 1 제5호 나목).
1) 전자화폐 정보
전자화폐 정보는 전자화폐 충전금액, 전자화폐 충전수단, 전자화폐 충전 등
록일 등을 말한다(별표 1 제5호 나목 1)).

---

1. 법 제2조 제9호의2 가목에 따른 신용정보로서 거래유형, 거래 상대방명(법인인 경우에
   는 법인의 상호 또는 명칭) 등 신용정보주체의 계좌 거래내역
2. 제1호와 유사한 정보로서 신용정보주체 및 거래상대방이 금융거래시 신용정보주체의
   계좌 거래내역으로 기록한 정보

2) 전자자금 송금 정보

전자자금 송금 정보는 송금등록 계좌번호, 송금내역 정보, 예약송금 내역정보 등을 말한다(별표 1 제5호 나목 2)).

3) 포인트 정보

포인트 정보는 포인트 금액, 포인트 종류, 포인트 내역 등을 말한다(별표 1 제5호 나목 3)).

4) 결제 정보

결제 정보는 결제등록 카드정보, 정기결제 관리정보, 결제내역 정보, 주문내역정보, 환불내역 정보 등을 말한다(별표 1 제5호 나목 4)).

5) 전용상품 정보

전용상품 정보는 전용카드 보유정보, 전용카드상품 보유정보, 전용카드 이용내역 등을 말한다(별표 1 제5호 나목 5)).

6) 유사한 정보

유사한 정보는 위의 1) 전자화폐 정보, 2) 전자자금 송금 정보, 3) 포인트 정보, 4) 결제 정보, 5) 전용상품 정보와 유사한 정보를 말한다(별표 1 제5호 나목 6)).

(다) 거래 관련 정보

거래 관련 정보는 대출종류, 대출계좌정보, 대출원금, 대출한도, 대출기준금리, 월상환액, 대출잔액, 대출자산 거래내역 및 그 밖에 이와 유사한 정보를 말한다(별표 1 제5호 다목).

2. 겸영신고와 겸영업무

(1) 겸영신고

(가) 의의

본인신용정보관리회사는 총리령으로 정하는 바에 따라 금융위원회에 미리 신고하고 신용정보주체 보호 및 건전한 신용질서를 저해할 우려가 없는 업무("겸영업무")를 겸영할 수 있다(법11① 전단). 이 경우 신용정보법 및 다른 법률에 따라 행정관청의 인가·허가·등록 및 승인 등의 조치가 필요한 겸영업무는 해당 개별 법률에 따라 인가·허가·등록 및 승인 등을 미리 받아야 할 수 있다(법11① 후단).

(나) 신고서 기재사항과 첨부서류

본인신용정보관리회사는 겸영을 하려는 경우 금융위원회가 정하여 고시하는 신고서에 제1호의 사항을 기재하고, 제2호 및 제3호의 서류를 첨부하여 금융 위원회에 제출해야 한다(신용정보법 시행규칙5, 이하 "시행규칙"). 시행규칙 제5조에 따라 겸영신고를 하려는 자는 [별지 제7호 서식]에 따른 신청서를 제출하여야 한 다(감독규정13②).

1. 겸영업무(법11①)의 예상 영업규모, 손익 전망 등에 비추어 해당 본인신용정 보관리회사의 건전한 경영을 저해할 염려가 없고 수익기반 확충에 기여할 수 있는지 여부
2. 겸영업무가 관련 법령에 따라 행정관청의 인가·허가·등록 및 승인 등을 받 아야 하는 경우 해당 인가·허가·등록 및 승인 등을 받았음을 증명할 수 있 는 서류 또는 확약서
3. 겸영업무를 수행함에 따라 발생할 수 있는 이해상충 및 불공정행위를 방지하 기 위해 필요한 조직, 전문인력 및 적절한 업무체계를 갖췄음을 증명할 수 있는 서류 또는 확약서

(다) 금융감독원의 심사 수리

금융감독원장은 법 제11조 제1항에 따라 본인신용정보관리회사가 겸영신고 를 한 경우에는 시행규칙 제5조에 따른 요건에 적합한지 여부를 심사하여 수리 한다(감독규정13①).

(2) 겸영업무

본인신용정보관리회사의 겸영업무는 다음과 같다(법11⑥).

(가) 투자자문업 또는 투자일임업

자본시장법에 따른 투자자문업 또는 투자일임업이다(법11⑥(1)). 이 경우 신 용정보주체의 보호 및 건전한 신용질서를 저해할 우려가 없는 경우로서 전자적 투자조언장치23)를 활용하여 일반투자자를 대상으로 투자자문업 또는 투자일임

---

23) "전자적 투자조언장치"란 다음의 요건을 모두 갖춘 자동화된 전산정보처리장치를 말한다 (자본시장법 시행령2(6)).
　가. 활용하는 업무의 종류에 따라 다음의 요건을 갖출 것
　　1) 집합투자재산을 운용하는 경우: 집합투자기구의 투자목적·투자방침과 투자전략에 맞게 운용할 것
　　2) 투자자문업 또는 투자일임업을 수행하는 경우: 투자자의 투자목적·재산상황·투자 경험 등을 고려하여 투자자의 투자성향을 분석할 것

업을 수행하는 경우로 한정한다(법11⑥(1), 영11⑤).

"투자자문업"이란 금융투자상품, 그 밖에 대통령령으로 정하는 투자대상자산[24]("금융투자상품등")의 가치 또는 금융투자상품등에 대한 투자판단(종류, 종목, 취득·처분, 취득·처분의 방법·수량·가격 및 시기 등에 대한 판단)에 관한 자문에 응

나. 정보통신망법 제2조 제7호에 따른 침해사고 및 재해 등을 예방하기 위한 체계 및 침해사고 또는 재해가 발생했을 때 피해 확산·재발방지와 신속한 복구를 위한 체계를 갖출 것
다. 그 밖에 투자자 보호와 건전한 거래질서 유지를 위해 금융위원회가 정하여 고시하는 요건을 갖출 것
위 제6호 다목에서 "금융위원회가 정하여 고시하는 요건"이란 다음의 요건을 말한다(금융투자업규정1-2의2).
1. 전자적 투자조언장치를 활용하는 업무의 종류에 따라 다음 각 목의 요건을 갖출 것
   가. 집합투자재산을 운용하는 경우: 전자적 투자조언장치의 활용이 집합투자규약등에 명기된 투자목적·투자방침과 투자전략 등에 부합하는지 주기적으로 점검할 것
   나. 투자자문업 또는 투자일임업을 수행하는 경우: 다음의 요건을 갖출 것
   1) 투자자문의 내용 또는 투자일임재산에 포함된 투자대상자산이 하나의 종류·종목에 집중되지 아니할 것
   2) 매 분기별로 1회 이상 다음의 사항을 평가하여 투자자문의 내용 또는 투자일임재산의 운용방법의 변경이 필요하다고 인정되는 경우 그 투자자문의 내용 또는 투자일임재산의 운용방법을 변경할 것
      가) 투자자문 내용 또는 투자일임재산의 안전성 및 수익성
      나) 영 제2조 제6호 가목 2)에 따른 투자자의 투자성향 분석을 고려하여 투자자문의 내용 또는 투자일임재산에 포함된 투자대상자산의 종목·수량 등이 적합한지 여부
2. 전자적 투자조언장치를 유지·보수하기 위하여 별표 29의 요건을 갖춘 전문인력을 1인 이상 둘 것
3. 영 제2조 제6호 가목부터 다목까지의 요건을 충족하는지를 확인하기 위하여 ㈜코스콤의 지원을 받아 외부전문가로 구성된 심의위원회가 수행하는 요건 심사 절차를 거칠 것
24) "대통령령으로 정하는 투자대상자산"이란 다음의 자산을 말한다(자본시장법 시행령6의2).
1. 부동산
2. 지상권·지역권·전세권·임차권·분양권 등 부동산 관련 권리
3. 제106조 제2항 각 호의 금융기관에의 예치금
4. 다음의 어느 하나에 해당하는 출자지분 또는 권리("사업수익권")
   가. 상법에 따른 합자회사·유한책임회사·합자조합·익명조합의 출자지분
   나. 민법에 따른 조합의 출자지분
   다. 그 밖에 특정사업으로부터 발생하는 수익을 분배받을 수 있는 계약상의 출자지분 또는 권리
5. 다음의 어느 하나에 해당하는 금지금[조세특례제한법 제106조의3 제1항 각 호 외의 부분에 따른 금지금(金地金)＝금괴(덩어리)·골드바 등 원재료 상태로서 순도가 1000분의 995 이상인 금]
   가. 거래소가 개설한 시장에서 거래되는 금지금
   나. 은행이 그 판매를 대행하거나 매매·대여하는 금지금
6. 법 제336조 제1항 제1호 또는 법 제360조 제1항에 따라 발행된 어음(＝단기금융업무)

하는 것을 영업으로 하는 것을 말한다(자본시장법6⑦).

　"투자일임업"이란 투자자로부터 금융투자상품등에 대한 투자판단의 전부 또는 일부를 일임받아 투자자별로 구분하여 그 투자자의 재산상태나 투자목적 등을 고려하여 금융투자상품등을 취득·처분, 그 밖의 방법으로 운용하는 것을 영업으로 하는 것을 말한다(자본시장법6⑧).

(나) 전자금융업 등

　그 밖에 신용정보주체 보호 및 건전한 거래질서를 저해할 우려가 없는 ⅰ) 전자금융거래법 제28조(전자금융업의 허가와 등록)에 따른 전자금융업, ⅱ) 금융소비자보호법 제2조 제4호25)에 따른 금융상품자문업, ⅲ) 신용정보업, ⅳ) 금융관계법률에 따라 허가·인가·등록 등을 받아 영업 중인 금융회사의 경우 해당 법령에서 허용된 고유·겸영·부대업무, ⅴ) 비금융법률이 금지하지 않는 업무(비금융법률에 따라 행정관청의 인가·허가·등록 및 승인 등의 조치가 있는 경우 할 수 있는 업무로서 해당 행정관청의 인가·허가·등록 및 승인 등의 조치가 있는 경우를 포함), ⅵ) 대출의 중개 및 주선 업무(법 제2조 제1호의3 가목 1)부터 4)까지의 규정26)에 따른 거래의 확정 금리·한도를 비교·분석하고 판매를 중개하는 업무), ⅶ) 온라인투자연계금융업법에 따른 온라인투자연계금융업, ⅷ) 정보통신망법 제23조의3에 따른 본인확인기관의 업무, ⅸ) 금융소비자보호법 제2조 제2호 나목에 따른 금융상품판매대리·중개업이다(법11⑥(2), 영11⑥, 감독규정13의3⑤).

---

25) 4. "금융상품자문업"이란 이익을 얻을 목적으로 계속적 또는 반복적인 방법으로 금융상품의 가치 또는 취득과 처분결정에 관한 자문("금융상품자문")에 응하는 것을 말한다. 다만, 다음 각 목의 어느 하나에 해당하는 것은 제외한다.

　가. 불특정 다수인을 대상으로 발행되거나 송신되고, 불특정 다수인이 수시로 구입하거나 수신할 수 있는 간행물·출판물·통신물 또는 방송 등을 통하여 조언을 하는 것

　나. 그 밖에 변호사, 변리사, 세무사가 해당 법률에 따라 자문업무를 수행하는 경우 등 해당 행위의 성격 및 금융소비자 보호의 필요성을 고려하여 금융상품자문업에서 제외할 필요가 있는 것으로서 대통령령으로 정하는 것

26) 은행법상의 신용공여, 신용카드, 시설대여 및 할부금융거래, 금융투자업자의 대주주에 대한 신용공여, 투자매매업자 또는 투자중개업자의 투자자에 대한 신용공여, 종합금융투자사업자가 전담중개업무를 영위하는 경우의 신용공여, 종합금융회사의 동일차주에 대한 신용공여, 상호저축은행법상 신용공여, 신용협동조합법상 대출등, 새마을금고법상 대출, 대부업법상 대부계약, 보험업법상 신용공여 및 대출등, 온라인투자연계금융업법상 연계대출, 금융지주회사 등이 수행하는 유사한 거래.

3. 부수업무의 신고 등

(1) 부수업무 신고

본인신용정보관리회사는 해당 허가를 받은 영업에 부수하는 업무("부수업무")
를 할 수 있다(법11의2① 전단). 이 경우 본인신용정보관리회사는 그 부수업무를
하려는 날의 7일 전까지 이를 금융위원회에 신고하여야 한다(법11의2① 후단).

금융위원회는 부수업무의 신고를 수리한 경우 지체 없이 그 내용을 관보에
공고하고 인터넷 홈페이지 등을 이용하여 일반인에게 알려야 한다(법7(4)).

(2) 부수업무 제한 명령 또는 시정명령

금융위원회는 부수업무에 관한 신고내용이 본인신용정보관리회사의 경영건
전성을 해치는 경우 그 부수업무를 하는 것을 제한하거나 시정할 것을 명할 수
있다(법11의2⑧).

금융위원회는 부수업무에 대하여 제한명령 또는 시정명령을 한 경우 지체
없이 그 내용을 관보에 공고하고 인터넷 홈페이지 등을 이용하여 일반인에게 알
려야 한다(법7(5)).

(3) 제한 명령 또는 시정명령 방식

제한명령 또는 시정명령은 그 내용 및 사유가 구체적으로 적힌 문서로 하여
야 한다(법11의2⑨).

(4) 부수업무

본인신용정보관리회사의 부수업무는 ⅰ) 해당 신용정보주체에게 제공된 본
인의 개인신용정보를 기초로 그 본인에게 하는 데이터 분석 및 컨설팅 업무, ⅱ)
신용정보주체 본인에게 자신의 개인신용정보를 관리·사용할 수 있는 계좌를 제
공하는 업무, ⅲ) 제39조의3 제1항 각 호27)의 권리를 대리 행사하는 업무, ⅳ)

---

27) ① 신용정보주체는 다음의 권리행사("열람등요구")를 서면 등 대통령령으로 정하는 방법·
   절차에 따라 대리인에게 하게 할 수 있다.
   1. 제33조의2 제1항에 따른 전송요구, 2. 제36조 제1항에 따른 고지요구, 3. 제36조의2 제
      1항에 따른 설명 요구 및 제2항 각 호의 어느 하나에 해당하는 행위, 4. 제37조 제1항
      에 따른 동의 철회 및 제2항에 따른 연락중지 청구, 5. 제38조 제1항 및 제2항에 따른
      열람 및 정정청구, 6. 제38조의2 제1항에 따른 통지 요청, 7. 제39조에 따른 무료열람,

금융상품에 대한 광고, 홍보 및 컨설팅, ⅴ) 본인신용정보관리업과 관련된 연수, 교육 및 출판, 행사기획 등 업무, ⅵ) 본인신용정보관리업과 관련된 연구·조사 용역 및 상담업무, ⅶ) 본인인증 및 신용정보주체의 식별확인 업무, ⅷ) 업무용 부동산의 임대차, ⅸ) 기업 및 법인 또는 그 상품 홍보·광고, ⅹ) 가명정보나 익명처리한 정보를 이용·제공하는 업무, ⅺ) 데이터 판매 및 중개 업무, ⅻ) 5. 신용정보주체의 전송요구권의 행사 및 전송요구 철회 등을 보조·지원하는 업무이다(법11의2⑥, 영11의2④, 감독규정13의4④).

제3절 채권추심회사

Ⅰ. 의의

채권추심회사란 채권추심업에 대하여 금융위원회로부터 허가를 받은 자를 말한다(법2(10의2)).

Ⅱ. 업무

1. 고유업무: 채권추심업

(1) 의의

"채권추심업"이란 채권자의 위임을 받아 변제하기로 약정한 날까지 채무를 변제하지 아니한 자에 대한 재산조사, 변제의 촉구 또는 채무자로부터의 변제금 수령을 통하여 채권자를 대신하여 추심채권을 행사하는 행위를 영업으로 하는 것을 말한다(법2(10)).

** 금융위원회 질의회신(2023. 4. 3.) ─────────────

〈질의〉

① 은행이 고객에게 신용정보회사를 설명·소개하고 담당부서 연락처를 제

───────────────
8. 제39조의2 제2항에 따른 교부 또는 열람

공하는 행위가 위법한 채권추심에 해당하는지?

② 은행 영업점에 신용정보회사의 채권추심업무를 안내하는 홍보책자를 비치하는 것이 위법한 채권추심 행위인지?

〈회신〉

①, ② 이 사안 각 행위가 신용정보회사에 대한 단순 홍보 또는 안내에 해당한다면 신용정보법 제2조 제10호에 따른 채권추심업에 해당하지 않는 것으로 보입니다.

• 다만, 이 사안 각 행위가 신용정보법령에 위반되는지 여부는 구체적인 제반 사정 등에 따라 달라질 수 있다는 점을 양지하여 주시기 바랍니다.

〈이유〉

①, ② 신용정보법 제2조 제10호에서는 채권추심업이란 채권자의 위임을 받아 변제하기로 약정한 날까지 채무를 변제하지 아니한 자에 대한 재산조사, 변제의 촉구 또는 채무자로부터의 변제금 수령을 통하여 채권자를 대신하여 추심채권을 행사하는 행위를 영업으로 하는 것으로 정의하고 있습니다.

---

(2) 채권추심 대상채권

채권추심의 대상이 되는 "채권"이란 상법에 따른 상행위로 생긴 금전채권, 판결 등에 따라 권원(權原)이 인정된 민사채권으로서 "대통령령으로 정하는 채권", 특별법에 따라 설립된 조합·공제조합·금고 및 그 중앙회·연합회 등의 조합원·회원 등에 대한 대출·보증, 그 밖의 여신 및 보험 업무에 따른 금전채권 및 다른 법률에서 채권추심회사에 대한 채권추심의 위탁을 허용한 채권을 말한다(법2(11)).

여기서 "대통령령으로 정하는 채권"이란 민사집행법 제24조(강제집행과 종국판결)[28]·제26조(외국재판의 강제집행)[29] 또는 제56조(그 밖의 집행권원)[30]에 따라

---

[28] 제24조(강제집행과 종국판결) 강제집행은 확정된 종국판결(終局判決)이나 가집행의 선고가 있는 종국판결에 기초하여 한다.

[29] 제26조(외국재판의 강제집행) ① 외국법원의 확정판결 또는 이와 동일한 효력이 인정되는 재판(이하 "확정재판등"이라 한다)에 기초한 강제집행은 대한민국 법원에서 집행판결로

강제집행을 할 수 있는 금전채권을 말한다(영2㉔).

2. 겸영신고와 겸영업무

(1) 겸영신고

(가) 의의

채권추심회사는 총리령으로 정하는 바에 따라 금융위원회에 미리 신고하고 신용정보주체 보호 및 건전한 신용질서를 저해할 우려가 없는 업무("겸영업무")를 겸영할 수 있다(법11① 전단). 이 경우 신용정보법 및 다른 법률에 따라 행정관청의 인가·허가·등록 및 승인 등의 조치가 필요한 겸영업무는 해당 개별 법률에 따라 인가·허가·등록 및 승인 등을 미리 받아야 할 수 있다(법11① 후단).

(나) 기재사항과 첨부서류

채권추심회사는 겸영을 하려는 경우 금융위원회가 정하여 고시하는 신고서에 제1호의 사항을 기재하고, 제2호 및 제3호의 서류를 첨부하여 금융위원회에 제출해야 한다(신용정보법 시행규칙5, 이하 "시행규칙"). 시행규칙 제5조에 따라 겸영신고를 하려는 자는 [별지 제7호 서식]에 따른 신청서를 제출하여야 한다(감독규정13②).

1. 겸영업무(법11①)의 예상 영업규모, 손익 전망 등에 비추어 해당 채권추심회사의 건전한 경영을 저해할 염려가 없고 수익기반 확충에 기여할 수 있는지 여부
2. 겸영업무가 관련 법령에 따라 행정관청의 인가·허가·등록 및 승인 등을 받

그 강제집행을 허가하여야 할 수 있다.

② 집행판결을 청구하는 소(訴)는 채무자의 보통재판적이 있는 곳의 지방법원이 관할하며, 보통재판적이 없는 때에는 민사소송법 제11조의 규정에 따라 채무자에 대한 소를 관할하는 법원이 관할한다.

30) 제56조(그 밖의 집행권원) 강제집행은 다음 가운데 어느 하나에 기초하여서도 실시할 수 있다.
 1. 항고로만 불복할 수 있는 재판
 2. 가집행의 선고가 내려진 재판
 3. 확정된 지급명령
 4. 공증인이 일정한 금액의 지급이나 대체물 또는 유가증권의 일정한 수량의 급여를 목적으로 하는 청구에 관하여 작성한 공정증서로서 채무자가 강제집행을 승낙한 취지가 적혀 있는 것
 5. 소송상 화해, 청구의 인낙(認諾) 등 그 밖에 확정판결과 같은 효력을 가지는 것

아야 하는 경우 해당 인가·허가·등록 및 승인 등을 받았음을 증명할 수 있는 서류 또는 확약서

3. 겸영업무를 수행함에 따라 발생할 수 있는 이해상충 및 불공정행위를 방지하기 위해 필요한 조직, 전문인력 및 적절한 업무체계를 갖췄음을 증명할 수 있는 서류 또는 확약서

(다) 금융감독원의 심사 수리

금융감독원장은 법 제11조 제1항에 따라 채권추심회사가 겸영신고를 한 경우에는 시행규칙 제5조에 따른 요건에 적합한지 여부를 심사하여 수리한다(감독규정13①).

(2) 겸영업무

채권추심회사의 겸영업무는 ⅰ) 신용정보업(제1호), ⅱ) 자산유동화법 제10조에 따른 유동화자산 관리 업무(제2호)이다(법11⑦).

3. 부수업무 신고 등

(1) 부수업무 신고

채권추심회사는 해당 허가를 받은 영업에 부수하는 업무("부수업무")를 할 수 있다(법11의2① 전단). 이 경우 채권추심회사는 그 부수업무를 하려는 날의 7일 전까지 이를 금융위원회에 신고하여야 한다(법11의2① 후단).

금융위원회는 부수업무의 신고를 수리한 경우 지체 없이 그 내용을 관보에 공고하고 인터넷 홈페이지 등을 이용하여 일반인에게 알려야 한다(법7(4)).

(2) 부수업무 제한 명령 또는 시정명령

금융위원회는 부수업무에 관한 신고내용이 채권추심회사의 경영건전성을 해치는 경우 그 부수업무를 하는 것을 제한하거나 시정할 것을 명할 수 있다(법11의2⑧).

금융위원회는 부수업무에 대하여 제한명령 또는 시정명령을 한 경우 지체 없이 그 내용을 관보에 공고하고 인터넷 홈페이지 등을 이용하여 일반인에게 알려야 한다(법7(5)).

(3) 제한 명령 또는 시정명령 방식

제한명령 또는 시정명령은 그 내용 및 사유가 구체적으로 적힌 문서로 하여야 한다(법11의2⑨).

(4) 부수업무

채권추심회사의 부수업무는 ⅰ) 채권자 등에 대한 채권관리시스템의 구축 및 제공 업무, ⅱ) 대통령령으로 정하는 자로부터 위탁받아 채권추심법 제5조(채무확인서의 교부)에 따른 채무확인서(원금, 이자, 비용, 변제기 등 채무를 증명할 수 있는 서류)를 교부하는 업무, ⅲ) 국민행복기금 지원업무, ⅳ) 금융회사 등의 고객관리업무 및 서류수령 대행 등의 업무, ⅴ) 업무용 부동산의 임대차, ⅵ) 기업 및 법인 또는 그 상품의 홍보·광고, ⅶ) 민원서류 열람 및 교부신청 업무, ⅷ) 기한 전 채무납입 안내 대행 업무, ⅸ) 연체 전 채권의 변제청구 및 통지 등에 대한 대행 업무, ⅹ) 신용회복지원 협약에 따른 신용회복, 회생·간이회생·개인회생, 파산·면책과 관련한 채권 서류의 집중 및 보관 업무이다(법11의2⑦, 영11의2⑤, 감독규정13의4⑤).

신용정보업 등의 허가 등

제 1 장

신용정보업 등의 허가

제1절 무허가 영업금지와 허가

I. 무허가 영업금지

누구든지 신용정보법에 따른 신용정보업, 본인신용정보관리업, 채권추심업 허가를 받지 아니하고는 신용정보업, 본인신용정보관리업 또는 채권추심업을 하여서는 아니 된다(법4①).

Ⅱ. 금융위원회 허가

신용정보업, 본인신용정보관리업 및 채권추심업을 하려는 자는 금융위원회 로부터 허가를 받아야 한다(법4②).

Ⅲ. 위반시 제재

다음의 어느 하나에 해당하는 자, 즉 ⅰ) 법 제4조 제1항을 위반하여 신용정보업, 본인신용정보관리업 또는 채권추심업 허가를 받지 아니하고 신용정보업, 본인신용정보관리업 또는 채권추심업을 한 자(제1호), ⅱ) 거짓이나 그 밖의 부정한 방법으로 법 제4조 제2항에 따른 허가를 받은 자(제2호)는 5년 이하의 징역 또는 5천만원 이하의 벌금에 처한다(법50②(1)(2)).

제2절 신용정보업 등의 허가를 받을 수 있는 자

Ⅰ. 개인신용평가업, 신용조사업 및 채권추심업 허가를 받을 수 있는 자

1. 허가대상

개인신용평가업, 신용조사업 및 채권추심업 허가를 받을 수 있는 자는 ⅰ) 대통령령으로 정하는 금융기관 등이 50% 이상을 출자한 법인(제1호), ⅱ) 신용보증기금(제2호), ⅲ) 기술보증기금(제3호), ⅳ) 신용보증재단(제4호), ⅴ) 한국무역보험공사(제5호), ⅵ) 신용정보업이나 채권추심업의 전부 또는 일부를 허가받은 자가 50% 이상을 출자한 법인(출자자가 출자를 받은 법인과 같은 종류의 업을 하는 경우는 제외)(제6호)으로 제한한다(법5① 본문).

위 제1호에서 "대통령령으로 정하는 금융기관"이란 금융지주회사, 기술보증기금, 농업협동조합중앙회, 농협은행, 한국무역보험공사, 보험회사, 산림조합중앙회, 상호저축은행중앙회, 새마을금고중앙회, 수산업협동조합중앙회, 수협은행, 신용보증기금, 신용협동조합중앙회, 여신전문금융회사(여신전문금융업법 제3조 제3항 제1호에 따라 허가를 받거나 등록을 한 자를 포함), 예금보험공사 및 정리금융회사, 은행(외국은행의 지점 또는 대리점 포함), 금융투자업자·증권금융회사·종합금융회사·자금중개회사 및 명의개서대행회사, 중소기업은행, 신용보증재단과 그 중앙회, 한국산업은행, 한국수출입은행, 한국주택금융공사, 외국에서 앞의 금융기관

(예금보험공사 및 정리금융회사 제외)과 유사한 금융업을 경영하는 금융기관, 외국
법령에 따라 설립되어 외국에서 신용정보업 또는 채권추심업을 수행하는 자를
말한다(영5②).

2. 허가대상의 예외: 전문개인신용평가업

(1) 의의

전문개인신용평가업은 개인신용평가업 중 금융거래에 관한 개인신용정보
및 종합신용정보집중기관이 집중관리·활용하는 개인신용정보를 제외한 정보만
처리하는 경우이다. 개인신용평가가 대출·카드실적 등 금융정보 위주로 이루어
져 금융이력이 부족한 경우 신용평가가 어려워 비금융정보의 체계적 활용을 통
한 신용평가가 이루어져야 한다는 지적이 있었는데, 비금융정보의 체계적 활용
을 위한 전문개인신용평가업을 도입하였다. 구체적인 내용은 다음과 같다.[1]

전문개인신용평가업을 대통령령으로 정하는 금융거래에 관한 개인신용정보
및 종합신용정보집중기관이 집중관리·활용하는 개인신용정보를 제외한 정보만
처리하는 개인신용평가업으로 정의하였다. 이는 금융정보를 제외한 정보만을 처
리하는 개인신용평가업으로서 통신·전기·가스 요금납부, 온라인 쇼핑 내역,
SNS 정보 등 비금융 개인신용정보만을 활용하여 개인신용을 평가하는 업으로 이
해된다. 예를 들어 대출실적이나 카드이용실적이 없더라도, 통신료 등을 성실하
게 납부한 경우에는 신용평가에 반영할 수 있도록 하려는 것이다.

"대통령령으로 정하는 금융거래에 관한 개인신용정보" 및 종합신용정보집중
기관이 집중관리·활용하는 개인신용정보를 제외한 정보만 처리하는 개인신용평
가업("전문개인신용평가업")에 대해서는 허가대상에서 제외된다(법5① 단서).

(2) 포함대상 정보

위에서 "대통령령으로 정하는 금융거래에 관한 개인신용정보"란 ⅰ) 신용정
보주체의 거래내용을 판단할 수 있는 정보 중 금융거래와 관련된 정보, ⅱ) 신용
정보주체의 신용도를 판단할 수 있는 정보 중 금융거래와 관련된 정보, ⅲ) 신용

---

1) 정무위원회(2020), 42-44쪽(최근 2년 내 대출이나 카드이용실적이 없는 국민이 1,107만명
에 달하는 반면, 이들에 대한 신용평가가 제대로 이루어지지 않는 현실을 고려할 때, 비금
융정보를 활용한 신용평가결과를 통해 금융이력이 부족한 소비자의 금융접근성을 제고한
다는 측면에서 개정안의 입법취지는 긍정적으로 보인다).

정보주체의 신용거래능력을 판단할 수 있는 정보 중 금융거래와 관련된 정보(감독규정5의2②)를 말한다(영5① 본문).

(3) 제외대상 정보

전문개인신용평가업이 처리하는 정보에서 위의 포함대상 정보 3가지를 제외하는 것이 신용정보주체의 이익을 침해하는 정보로서 전문개인신용평가업의 취지를 훼손하지 않는 범위에서 ⅰ) 신용평가모형의 개발을 위해 금융거래에 관한 개인신용정보를 처리하는 경우, ⅱ) 겸영업무 등 개인신용평가 외의 업무수행을 위해 금융거래에 관한 개인신용정보를 처리하는 경우, ⅲ) 전송요구권의 행사에 따라 전문개인신용평가회사에 신용정보주체 본인이 직접 금융거래에 관한 개인신용정보를 제공하는 경우, ⅳ) 신용정보주체 본인이 전문개인신용평가회사에 직접 금융거래에 관한 개인신용정보를 제공하거나 전송요구권을 행사하여 제3자로 하여금 전문개인신용평가회사에 금융거래에 관한 개인신용정보를 전송하도록 하는 경우는 제외한다(영5① 단서, 감독규정5의2①).

Ⅱ. 개인사업자신용평가업 허가를 받을 수 있는 자

개인사업자신용평가업 허가를 받을 수 있는 자는 ⅰ) 개인신용평가회사(전문개인신용평가회사 제외), ⅱ) 기업신용등급제공업무를 하는 기업신용조회회사, ⅲ) 신용카드업자, ⅳ) 법 제5조 제1항 제1호인 대통령령으로 정하는 금융기관 등이 50% 이상을 출자한 법인, ⅴ) 법 제5조 제1항 제6호인 신용정보업이나 채권추심업의 전부 또는 일부를 허가받은 자가 50% 이상을 출자한 법인(출자자가 출자를 받은 법인과 같은 종류의 업을 하는 경우는 제외)으로 한다(법5②).

신용카드업자에 대해서도 개인사업자신용평가업을 영위할 수 있도록 허용하고 있는데, 이는 신용카드업자가 가맹점별 상세 매출내역, 사업자 민원·사고 이력 정보 등을 보유하고 있어 사업의 성장성에 대한 평가가 가능하다는 점에서 허용하는 것으로 이해된다.[2]

---

2) 정무위원회(2020), 47쪽.

Ⅲ. 기업신용조회업 허가를 받을 수 있는 자

기업신용조회업의 영위 과정에서 발생할 수 있는 기업과의 이해상충 문제를 방지하기 위해 대기업집단계열회사 및 국내외 신용평가사 등의 진입을 제한하고 있다. 기업신용조회업을 세분화하고 대기업집단계열회사 등의 진입을 규제하는 것은 해당 업무가 기업의 이해관계와 직접적인 관계가 있어 업무수행의 공정성을 확보할 필요성을 고려할 때 합리적인 내용으로 생각되며, 다만 진입규제의 적정 수준에 대해서는 입법정책적으로 결정할 사항이라고 생각된다.[3]

1. 기업신용조회업 허가를 받을 수 있는 자의 범위

기업신용조회업 허가를 받을 수 있는 자는 ⅰ) 대통령령으로 정하는 금융기관 등이 50% 이상을 출자한 법인(법5①(1)), ⅱ) 신용보증기금, 기술보증기금, 신용보증재단, 한국무역보험공사, 신용정보업이나 채권추심업의 전부 또는 일부를 허가받은 자가 50% 이상을 출자한 법인(출자자가 출자를 받은 법인과 같은 종류의 업을 하는 경우는 제외)(법5①(2)-(6)), ⅲ) 상법에 따라 설립된 주식회사, ⅳ) 특허법인과 회계법인(영5③)으로 한다(법5③ 본문).

2. 기업신용등급제공업무 또는 기술신용평가업무를 하려는 자의 범위

기업신용등급제공업무 또는 기술신용평가업무를 하려는 자는 앞의 ⅰ) 대통령령으로 정하는 금융기관 등이 50% 이상을 출자한 법인(법5①(1)), ⅱ) 신용보증기금, 기술보증기금, 신용보증재단, 한국무역보험공사, 신용정보업이나 채권추심업의 전부 또는 일부를 허가받은 자가 50% 이상을 출자한 법인(출자자가 출자를 받은 법인과 같은 종류의 업을 하는 경우는 제외)(법5①(2)-(6)), ⅲ) 특허법인과 회계법인(영5③)으로 한정한다(법5③ 단서).

3. 기업신용등급제공업무 및 기술신용평가업무 허가 제외 대상자

다음의 어느 하나에 해당하는 자, 즉 ⅰ) 공정거래법 제31조 제1항[4]에 따른

---

3) 정무위원회(2020), 51-52쪽.
4) ① 공정거래위원회는 대통령령으로 정하는 바에 따라 산정한 자산총액이 5조원 이상인 기업집단을 대통령령으로 정하는 바에 따라 공시대상기업집단으로 지정하고, 지정된 공시대상기업집단 중 자산총액이 국내총생산액의 1천분의 5에 해당하는 금액 이상인 기업집단

공시대상기업집단 및 상호출자제한기업집단에 속하는 회사가 10%를 초과하여
출자한 법인(제1호), ⅱ) 자본시장법 제9조 제17항 제3호의2에 따른 자("신용평가
회사") 또는 외국에서 신용평가회사와 유사한 업을 경영하는 회사가 10%를 초과
하여 출자한 법인(제2호), ⅲ) 제1호 또는 제2호의 회사가 최대주주인 법인(제3호)
은 기업신용등급제공업무 및 기술신용평가업무의 허가를 받을 수 없다(법5④).

제3절 허가요건

신용정보업, 본인신용정보관리업 또는 채권추심업의 허가를 받으려는 자는
다음의 요건을 갖추어야 한다(법6①).

Ⅰ. 인력 및 물적 시설 요건

신용정보업, 본인신용정보관리업 또는 채권추심업을 하기에 충분한 인력(본
인신용정보관리업은 제외)과 전산설비 등 물적 시설을 갖추어야 한다(법6①(1)). 이
에 따라 신용정보업, 본인신용정보관리업 또는 채권추심업의 허가를 받으려는
자가 갖추어야 할 인력 및 물적 시설의 세부요건은 다음의 구분에 따른다(영6①).

1. 개인신용평가업 등을 하는 경우

개인신용평가업(전문개인신용평가업은 제외), 개인사업자신용평가업, 기업신용
등급제공업무 또는 기술신용평가업무를 하는 기업신용조회업 중 하나 이상의 업
을 하거나 개인신용평가업(전문개인신용평가업은 제외), 개인사업자신용평가업, 기
업신용등급제공업무 또는 기술신용평가업무를 하는 기업신용조회업 중 하나 이
상의 업과 전문개인신용평가업 또는 기업정보조회업무를 하는 기업신용조회업을
함께 하는 경우 다음에 해당하는 상시고용인력 10명 이상 및 설비를 갖추어야

을 대통령령으로 정하는 바에 따라 상호출자제한기업집단으로 지정한다. 이 경우 공정거
래위원회는 지정된 기업집단에 속하는 국내 회사와 그 회사를 지배하는 동일인의 특수관
계인인 공익법인에 지정 사실을 대통령령으로 정하는 바에 따라 통지하여야 한다.

한다(영6①(1)).

(1) 상시고용인력 요건

공인회계사, 기술사, 기술거래사 또는 변리사, 3년 이상 신용정보주체에 대한 신용상태를 평가하는 업무에 종사했던 사람, 3년 이상 기술에 관한 가치를 평가하는 업무에 종사했던 사람, 3년 이상 신용정보 등의 분석에 관한 업무(정보분석 및 정보기획업무 등을 포함)에 종사했던 사람, 3년 이상 신용정보집중기관에 근무한 경력이 있는 사람(영6②(1) 가목부터 사목까지, 마목 제외) 중 어느 하나에 해당하는 상시고용인력 10명 이상을 갖추어야 한다(영6①(1)).

(2) 설비요건

신용정보 등의 처리를 적정하게 수행할 수 있다고 금융위원회가 정하여 고시하는 정보처리·정보통신 설비(영6②(2))를 갖추어야 한다(영6①(1)). 여기서 "금융위원회가 정하여 고시하는 정보처리·정보통신 설비"란 해당 개인신용평가업, 개인사업자신용평가업, 기업신용조회업의 범위와 규모에 비추어 신용정보를 원활히 처리할 수 있는 수준의 정보처리·정보통신설비로서 [별표 2]에 규정된 사항을 말한다(감독규정6).

[별표 2]의 개인신용평가업, 개인사업자신용평가업, 기업신용조회업 허가에 필요한 정보처리·정보통신설비 요건은 다음과 같다.

(가) 시스템 구성

시스템 구성은 ⅰ) 시스템 구성에 D/B서버, 통신서버, 보안서버 등 통신구간 암호화 시스템, WEB서버(인터넷서비스를 제공할 경우에 한함), 저장장치, 그 밖에 주변장치를 포함하고, ⅱ) 백업 및 복구시스템, ⅲ) 시스템 보안 및 시설 보안을 포함한 보안관리 체계로 구성된다.

(나) 시스템 성능

시스템 성능은 ⅰ) 보유정보를 적절하게 처리할 수 있는 성능을 갖추어야 하고, ⅱ) 온라인서비스 또는 공중통신망을 통한 정보의 수집 및 제공을 적절하게 처리할 수 있는 성능을 갖추어야 하며, ⅲ) 백업 및 복구작업이 최소한의 시간내에 가능하여야 한다.

(다) 보안체계

보안체계는 ⅰ) 방화벽(Fire-Wall)을 갖추어야 하고, ⅱ) 침입을 탐지·경고· 차단할 수 있는 보안시스템을 갖추어야 하며, ⅲ) 내부네트워크와 신용조회네트 워크를 분리하여 운용하여야 하며, ⅳ) 정보이용자 확인 체계(사용자 인증)를 갖 추어야 하며, ⅴ) 데이터 암호화처리 체계를 갖추어야 하며, ⅵ) 외부침입 방지, 출입자관리 통제 및 데이터 반·출입 통제에 대한 대책을 강구하여야 하며, ⅶ) 백업 및 소산관리 대책을 강구하여야 한다.

(라) 운용능력

운용능력은 ⅰ) 시스템 운용능력을 갖추어야 하고, ⅱ) 프로그램 개발능력 을 갖추어야 한다.

2. 전문개인신용평가업만 하는 경우

전문개인신용평가업만 하는 경우 다음에 해당하는 상시고용인력 5명(법 제6 조 제2항 제1호 나목5)에 따른 전문개인신용평가업만 하는 경우 2명) 이상 및 설비를 갖추어야 한다(영6①(2)).

(1) 상시고용인력 요건

3년 이상 신용정보주체에 대한 신용상태를 평가하는 업무에 종사했던 사람, 3년 이상 신용정보 등의 분석에 관한 업무(정보분석 및 정보기획업무 등을 포함)에 종사했던 사람, 3년 이상 신용정보집중기관에 근무한 경력이 있는 사람(영6②(1) 다목· 바목·사목) 중 어느 하나에 해당하는 상시고용인력 5명(법 제6조 제2항 제1호 나목 에 따른 전문개인신용평가업만 하는 경우 2명) 이상을 갖추어야 한다(영6①(2)).

(2) 설비요건

신용정보 등의 처리를 적정하게 수행할 수 있다고 금융위원회가 정하여 고

---

5) 가. 다음 각각의 신용정보제공·이용자가 수집하거나 신용정보주체에 대한 상품 또는 서 비스 제공의 대가로 생성한 거래내역에 관한 개인신용정보를 처리하는 개인신용평가업을 하려는 경우: 20억원
   1) 전기통신사업법에 따른 전기통신사업자
   2) 한국전력공사법에 따른 한국전력공사
   3) 한국수자원공사법에 따른 한국수자원공사
   4) 1)부터 3)까지와 유사한 신용정보제공·이용자로서 대통령령으로 정하는 자
   나. 가목에 따른 각 개인신용정보 외의 정보를 처리하는 개인신용평가업을 하려는 경우: 5억원

시하는 정보처리·정보통신 설비(영6②(2))를 갖추어야 한다(영6①(2)). 여기서 "금
융위원회가 정하여 고시하는 정보처리·정보통신 설비"란 해당 신용정보업의 범
위와 규모에 비추어 신용정보를 원활히 처리할 수 있는 수준의 정보처리·정보통
신설비로서 [별표 2]에 규정된 사항을 말한다(감독규정6). [별표 2]는 앞에서 살펴
보았다.

3. 기업정보조회업무를 하는 기업신용조회업을 하는 경우

기업정보조회업무를 하는 기업신용조회업을 하는 경우 다음의 구분에 따른
상시고용인력 및 설비를 갖추어야 한다(영6①(3)).

(1) 전문개인신용평가업을 함께 하지 않는 경우

전문개인신용평가업을 함께 하지 않는 경우 다음에 해당하는 상시고용인력
2명 이상 및 설비를 갖추어야 한다(영6①(3) 가목).

(가) 상시고용인력 요건

공인회계사, 3년 이상 기업정보조회업무에 종사했던 사람, 3년 이상 신용
정보 등의 분석에 관한 업무(정보분석 및 정보기획업무 등을 포함)에 종사했던 사
람, 3년 이상 신용정보집중기관에 근무한 경력이 있는 사람(영6②(1) 가목·마목·
바목·사목)의 어느 하나에 해당하는 상시고용인력 2명 이상을 갖추어야 한다(영
6①(3) 가목).

(나) 설비요건

신용정보 등의 처리를 적정하게 수행할 수 있다고 금융위원회가 정하여 고
시하는 정보처리·정보통신 설비(영6②(2))를 갖추어야 한다(영6①(3)). 여기서 "금
융위원회가 정하여 고시하는 정보처리·정보통신 설비"란 해당 신용정보업의 범
위와 규모에 비추어 신용정보를 원활히 처리할 수 있는 수준의 정보처리·정보통
신설비로서 [별표 2]에 규정된 사항을 말한다(감독규정6). [별표 2]는 앞에서 살펴
보았다.

(2) 전문개인신용평가업을 함께 하는 경우

전문개인신용평가업을 함께 하는 경우 다음에 해당하는 상시고용인력 7명
(법 제6조 제2항 제1호 나목에 따른 전문개인신용평가업만 함께 하는 경우 4명) 이상 및

설비를 갖추어야 한다(영6①(3) 나목).

(가) 상시고용인력 요건

공인회계사, 3년 이상 신용정보주체에 대한 신용상태를 평가하는 업무에 종사했던 사람, 3년 이상 기업정보조회업무에 종사했던 사람, 3년 이상 신용정보 등의 분석에 관한 업무(정보분석 및 정보기획업무 등을 포함)에 종사했던 사람, 3년 이상 신용정보집중기관에 근무한 경력이 있는 사람 중 어느 하나에 해당하는 상시고용인력 7명(법 제6조 제2항 제1호 나목에 따른 전문개인신용평가업만 함께 하는 경우 4명) 이상을 갖추어야 한다(영6①(3) 나목).

(나) 설비요건

신용정보 등의 처리를 적정하게 수행할 수 있다고 금융위원회가 정하여 고시하는 정보처리·정보통신 설비(영6②(2))를 갖추어야 한다(영6①(3)). 여기서 "금융위원회가 정하여 고시하는 정보처리·정보통신 설비"란 해당 신용정보업의 범위와 규모에 비추어 신용정보를 원활히 처리할 수 있는 수준의 정보처리·정보통신설비로서 [별표 2]에 규정된 사항을 말한다(감독규정6). [별표 2]는 앞에서 살펴보았다.

4. 신용조사업과 채권추심업을 각각 또는 함께 하는 경우

신용조사업과 채권추심업을 각각 또는 함께 하는 경우 20명 이상의 상시고용인력 및 신용정보 등의 처리를 적정하게 수행할 수 있다고 금융위원회가 정하여 고시하는 정보처리·정보통신 설비(영6②(2))를 갖추어야 한다(영6①(4)).

여기서 "금융위원회가 정하여 고시하는 정보처리·정보통신 설비"란 해당 신용조사업과 채권추심업의 범위와 규모에 비추어 신용정보를 원활히 처리할 수 있는 수준의 정보처리·정보통신설비로서 [별표 2]에 규정된 사항을 말한다(감독규정6). [별표 2]에 의하면 허가받은 업무를 원활하게 수행하는데 필요한 메모리, 중앙처리장치, 디스크 용량 등을 갖춘 전산기기를 보유하고 적절한 보안대책을 수립하여야 한다.

5. 본인신용정보관리업을 하는 경우

본인신용정보관리업을 하는 경우 신용정보 등의 처리를 적정하게 수행할 수 있다고 금융위원회가 정하여 고시하는 정보처리·정보통신 설비(영6②(2))를 갖추어야 한다(영6①(5)). 여기서 "금융위원회가 정하여 고시하는 정보처리·정보통신설비"란 해당 본인신용정보관리업의 범위와 규모에 비추어 신용정보를 원활히 처리할 수 있는 수준의 정보처리·정보통신설비로서 [별표 2]에 규정된 사항을 말한다(감독규정6).

[별표 2]의 내용은 다음과 같다.

(1) 시스템 구성

시스템 구성은 ⅰ) 시스템 구성에 DB서버, 통신서버, 웹서버, 보안서버 등 서버 시스템, 저장장치, 단말기 등 기타 주변장치, 해당업무 영위를 위한 각종 S/W 프로그램을 포함하고, ⅱ) 백업 및 복구시스템을 갖추며, ⅲ) 내외부 네트워킹 등 통신시스템 구성 등을 갖추어야 한다.

(2) 보안체계

보안체계는 ⅰ) 침입차단시스템, 침입탐지시스템, 이동식저장장치 통제 프로그램, 바이러스 및 스파이웨어 탐지 및 백신프로그램을 갖추어야 하고, ⅱ) 업무 위탁 및 외부 시설·서비스의 이용 시 보호대책을 마련해야 하며, ⅲ) 직무분리 기준을 수립해야 하고, ⅳ) 안전한 비밀번호 작성 규칙을 마련해야 하며, ⅴ) 비상계획, 재해복구 훈련 실시 체계를 갖추어야 하고, ⅵ) 서버, 단말 등에 대한 접근통제 방안을 마련해야 하며, ⅶ) 전산실, 자료보관실 등에 대한 출입통제 절차를 마련해야 하고, ⅷ) 주요 데이터에 대한 접속기록을 유지하며, ⅸ) 정보처리시스템 및 정보통신망을 해킹 등 전자적 침해행위로부터 방지하기 위한 대책을 마련하고(전자금융감독규정 제15조 제1항 제3호 및 제5호6)를 준용하고, 클라우드컴퓨팅서비스 이용과 관련하여 같은 규정 제14조의2 제1항·제2항·제8항7)을 준용한다),

---

6) 3. 내부통신망과 연결된 내부 업무용시스템은 인터넷(무선통신망 포함) 등 외부통신망과 분리·차단 및 접속 금지. 다만, 다음의 경우에는 그러하지 아니하다.
　　가. 이용자의 고유식별정보 또는 개인신용정보를 처리하지 않는 연구·개발 목적의 경우(단, 금융회사 또는 전자금융업자가 자체 위험성 평가를 실시한 후 금융감독원장이 정한 망분리 대체 정보보호통제를 적용한 경우에 한한다)
　　나. 업무상 불가피한 경우로서 금융감독원장의 확인을 받은 경우
　5. 전산실 내에 위치한 정보처리시스템과 해당 정보처리시스템의 운영, 개발, 보안 목적으로 직접 접속하는 단말기에 대해서는 인터넷 등 외부통신망으로부터 물리적으로 분리할 것. 다만, 다음 각 목의 경우에는 그러하지 아니하다.
7) 제14조의2(클라우드컴퓨팅서비스 이용절차 등) ① 금융회사 또는 전자금융업자는 「클라우드컴퓨팅 발전 및 이용자 보호에 관한 법률」 제2조 제3호에 따른 클라우드컴퓨팅서비스를 이용하고자 하는 경우 다음 각 호의 절차를 수행하여야 한다.
　1. 다음의 기준에 따른 이용업무의 중요도 평가

x) 안전한 물리적 보안설비(통신회선 이중화, CCTV 등)를 갖추며, xi) 안전한 백업대책을 갖추고, xii) 안전한 데이터 암호화 처리방침 및 암호처리 시스템 구축하며, xiii) 외부에서 정보처리시스템 접속 시 안전한 접속 및 인증수단(VPN 등)을 적용해야 한다.

Ⅱ. 사업계획의 타당성과 건전성 요건

사업계획이 타당하고 건전해야 한다(법6①(2)). 즉 사업계획은 ⅰ) 수입·지출 전망이 타당하고 실현 가능성이 있어야 하며, ⅱ) 사업계획상의 조직구조 및 관리·운용체계가 사업계획의 추진에 적합하고 이해상충 및 불공정행위 등으로 신용정보업, 본인신용정보관리업 또는 채권추심업을 건전하게 하는 데에 지장을 주지 않아야 한다(영6③).

　　　가. 규모, 복잡성 등 클라우드컴퓨팅서비스를 통해 처리되는 업무의 특성
　　　나. 클라우드컴퓨팅서비스 제공자로부터 제공받는 서비스가 중단될 경우 미치는 영향
　　　다. 전자적 침해행위 발생 시 고객에게 미치는 영향
　　　라. 여러 업무를 같은 클라우드컴퓨팅서비스 제공자에게 위탁하는 경우 해당 클라우드컴퓨팅서비스 제공자에 대한 종속 위험
　　　마. 클라우드컴퓨팅서비스 이용에 대한 금융회사 또는 전자금융업자의 내부통제 및 법규 준수 역량
　　　바. 그 밖에 금융감독원장이 정하여 고시하는 사항
　2. 클라우드컴퓨팅서비스 제공자의 건전성 및 안전성 등에 대한 평가(단, 제1호의 평가를 통해 비중 요업무로 분류된 업무에 대해서는 <별표 2의2>의 평가항목 중 필수항목만 평가할 수 있다)
　3. 클라우드컴퓨팅서비스 이용과 관련한 업무 연속성 계획 및 안전성 확보조치의 수립·시행(단, 제1호의 평가를 통해 비중요업무로 분류된 업무에 대해서는 <별표 2의3> 및 <별표 2의4>의 필수 사항만 수립·시행할 수 있다)
　② 금융회사 또는 전자금융업자는 제1항 각 호에 따른 평가결과, 업무연속성 계획 및 안전성 확보조치에 대하여 제8조의2에 따른 정보보호위원회의 심의·의결을 거쳐야 한다.
　⑧ 제1항의 절차를 거친 클라우드컴퓨팅서비스 제공자의 정보처리시스템이 위치한 전산실에 대해서는 제11조 제11호 및 제12호, 제15조 제1항 제5호를 적용하지 아니한다. 다만, 금융회사 또는 전자금융업자(전자금융거래의 안전성 및 신뢰성에 중대한 영향을 미치지 않는 외국금융회사의 국내지점, 제50조의2에 따른 국외 사이버몰을 위한 전자지급결제대행업자는 제외)가 고유식별정보 또는 개인신용정보를 클라우드컴퓨팅서비스를 통하여 처리하는 경우에는 제11조 제12호를 적용하고, 해당 정보처리시스템을 국내에 설치하여야 한다.

Ⅲ. 대주주의 의의와 요건

현행 금융사지배구조법은 금융회사에 대하여 임원의 자격요건,[8] 대주주의 건전성 유지 등 금융회사의 지배구조에 관한 기본적인 사항을 정하고 있으며, 신용정보법은 신용정보업이 금융산업에서 갖는 중요성을 고려하여 신용정보회사의 지배구조에 있어서 금융회사와 유사한 규율체계를 마련하려는 취지로 이해된다.[9]

1. 대주주의 의의

대주주란 다음 각 목의 어느 하나에 해당하는 주주를 말한다(법2(18)).

가. 신용정보회사, 본인신용정보관리회사 및 채권추심회사의 의결권 있는 발행주식(출자지분 포함) 총수를 기준으로 본인 및 그와 대통령령으로 정하는 특수한 관계가 있는 자[10]("특수관계인")가 누구의 명의로 하든지 자기의 계

---

8) 제5조(임원의 자격요건), 제31조(대주주 변경승인 등), 제32조(최대주주의 자격 심사 등)
9) 정무위원회(2020),59-60쪽.
10) "대통령령으로 정하는 특수한 관계가 있는 자"란 본인과 다음 각 호의 구분에 따른 관계가 있는 자("특수관계인")를 말한다(영2㉕).
  1. 본인이 개인인 경우: 다음 각 목의 어느 하나에 해당하는 자. 다만, 공정거래법 시행령 제5조 제1항 제2호 가목에 따른 독립경영친족 및 같은 목에 따라 공정거래위원회가 동일인관련자의 범위로부터 분리를 인정하는 자는 제외한다.
    가. 배우자(사실상의 혼인관계에 있는 사람을 포함)
    나. 6촌 이내의 혈족
    다. 4촌 이내의 인척
    라. 양자의 생가(生家)의 직계존속
    마. 양자 및 그 배우자와 양가(養家)의 직계비속
    바. 혼인 외의 출생자의 생모
    사. 본인의 금전이나 그 밖의 재산으로 생계를 유지하는 사람 및 생계를 함께 하는 사람
    아. 본인이 혼자서 또는 그와 가목부터 사목까지의 규정에 따른 관계에 있는 사람과 합하여 법인이나 단체에 30% 이상을 출자하거나, 그 밖에 임원의 임면 등 법인이나 단체의 중요한 경영사항에 대해 사실상의 영향력을 행사하고 있는 경우에는 해당 법인 또는 단체와 그 임원(본인이 혼자서 또는 그와 가목부터 사목까지의 규정에 따른 관계에 있는 사람과 합하여 임원의 임면 등의 방법으로 그 법인 또는 단체의 중요한 경영사항에 대해 사실상의 영향력을 행사하고 있지 않음이 본인의 확인서 등을 통해 확인되는 경우에 그 임원은 제외)
    자. 본인이 혼자서 또는 그와 가목부터 아목까지의 규정에 따른 관계에 있는 자와 합하여 법인이나 단체에 30% 이상을 출자하거나, 그 밖에 임원의 임면 등 법인이나 단체의 중요한 경영사항에 대해 사실상의 영향력을 행사하고 있는 경우에는 해당

산으로 소유하는 주식(그 주식과 관련된 증권예탁증권 포함)을 합하여 그
수가 가장 많은 경우의 그 본인("최대주주")

나. 다음 각 1) 및 2)의 어느 하나에 해당하는 자

    1) 누구의 명의로 하든지 자기의 계산으로 신용정보회사, 본인신용정보관리
회사 및 채권추심회사의 의결권 있는 발행주식 총수의 10% 이상의 주식
(그 주식과 관련된 증권예탁증권 포함)을 소유한 자

    2) 임원[이사, 감사, 집행임원(상법 제408조의2에 따라 집행임원을 둔 경우
로 한정)]의 임면 등의 방법으로 신용정보회사, 본인신용정보관리회사
및 채권추심회사의 중요한 경영사항에 대하여 사실상의 영향력을 행사하
는 주주로서 대통령령으로 정하는 자[11]

2. 대주주 요건

대주주가 충분한 출자능력, 건전한 재무상태 및 사회적 신용을 갖추어야 한
다(법6①(3)). 이에 따라 대주주는 [별표 1의2]의 요건에 적합해야 한다(영6④). 시
행령 [별표 1의2]의 대주주의 요건은 아래서 살펴본다.

법인 또는 단체와 그 임원(본인이 혼자서 또는 그와 가목부터 아목까지의 규정에
따른 관계에 있는 자와 합하여 임원의 임면 등의 방법으로 그 법인 또는 단체의 중
요한 경영사항에 대해 사실상의 영향력을 행사하고 있지 않음이 본인의 확인서 등
을 통해 확인되는 경우에 그 임원은 제외)

2. 본인이 법인이나 단체인 경우: 다음 각 목의 어느 하나에 해당하는 자

  가. 임원

  나. 공정거래법 제2조 제12호에 따른 계열회사("계열회사") 및 그 임원

  다. 혼자서 또는 제1호 각 목의 관계에 있는 자와 합하여 본인에게 30% 이상을 출자하
거나, 그 밖에 임원의 임면 등 본인의 중요한 경영사항에 대해 사실상의 영향력을
행사하고 있는 개인(그와 제1호 각 목의 관계에 있는 자 포함) 또는 법인(계열회사
는 제외), 단체와 그 임원

  라. 본인이 혼자서 또는 그와 가목부터 다목까지의 규정에 따른 관계에 있는 자와 합
하여 다른 법인이나 단체에 30% 이상을 출자하거나, 그 밖에 임원의 임면 등 다른
법인이나 단체의 중요한 경영사항에 대해 사실상의 영향력을 행사하고 있는 경우
에는 해당 법인, 단체와 그 임원(본인이 혼자서 또는 그와 가목부터 다목까지의 규
정에 따른 관계에 있는 자와 합하여 임원의 임면 등의 방법으로 그 법인 또는 단체
의 중요한 경영사항에 대해 사실상의 영향력을 행사하고 있지 않음이 본인의 확인
서 등을 통해 확인되는 경우에 그 임원은 제외)

[11] "대통령령으로 정하는 자"란 다음 각 호의 자를 말한다(영2㉖).

1. 혼자서 또는 다른 주주와의 합의·계약 등에 따라 대표이사 또는 이사의 과반수를 선임
한 주주

2. 신용정보회사, 본인신용정보관리회사 및 채권추심회사의 경영전략·조직변경 등 주요
의사결정이나 업무집행에 지배적인 영향력을 행사한다고 인정되는 자로서 금융위원회
가 정하여 고시하는 주주

다음의 어느 하나에 해당하는 자, 즉 ⅰ) 최대주주인 법인의 최대주주(최대
주주인 법인의 주요 경영사항을 사실상 지배하는 자가 그 법인의 최대주주와 명백히 다른
경우에는 그 사실상 지배하는 자를 포함), ⅱ) 최대주주인 법인의 대표자에 대해서는
[별표 1의2] 제1호 다목 또는 제5호 다목의 요건만 적용한다. 다만, 최대주주인
법인이 기관전용 사모집합투자기구이거나 투자목적회사인 경우에는 [별표 1의2]
제6호의 요건을 적용한다(별표 1의2 비고 제1호).

[별표 1의2] 제1호 다목을 적용할 때 실질적으로 대주주의 동일성이 유지되
지 않은 경우 중 금융위원회가 정하여 고시하는 경우[12])에는 같은 목의 요건을
갖춘 것으로 본다(별표 1의2 비고 제2호). 한국산업은행이 대주주가 되려는 경우
(금융산업구조개선법에 따라 설치된 금융안정기금의 부담으로 주식을 취득하는 경우로
한정)에는 [별표 1의2] 제1호 각 목의 요건을 갖춘 것으로 본다(별표 1의2 비고 제
3호).

정부는 [별표 1의2]에도 불구하고 대주주가 될 수 있는 것으로 본다(별표 1
의2 비고 제7호).

(1) 금융기관인 경우

대주주가 영 제9조 제7항 제2호 나목에 따른 금융기관인 경우의 요건은 다
음과 같다(별표 1의2 제1호).

---

12) 영 별표1의2 비고 제2호에 따른 금융위원회가 정하여 고시하는 경우는 다음의 경우를 말
한다(감독규정7 별표 2의2 제7호 가목).
  1) 대주주가 합병회사로서 합병전 피합병회사의 사유로 인하여 영 별표1의2 제1호 다목
    및 같은 별표 제3호 나목에서 정하는 사실에 해당하는 경우(그 사실에 직접 또는 간접
    으로 관련되는 피합병회사의 임원, 최대주주 및 주요주주가 합병회사의 경영권에 관여
    하지 아니하거나 사실상 영향력을 행사할 수 없는 경우에 한한다)
  2) 대주주가 경영권이 변경된 회사로서 경영권 변경 전의 사유로 인하여 영 별표1의2 제1
    호 다목 및 같은 별표 제3호 나목에서 정하는 사실에 해당할 경우(그 사실에 직접 또
    는 간접으로 관련되는 경영권변경 전의 임직원, 최대주주 및 주요주주가 그 사실이 종
    료될 때까지 경영에 관여하거나 사실상 영향력을 행사하는 경우는 제외한다. 이와 관
    련하여 금융회사는 그 사실에 직접 또는 간접으로 관련되는 경영권변경 전의 임직원,
    최대주주 및 주요주주를 그 사실이 종료될 때까지 경영에 관여하는 직위에 임명할 수
    없다)
  3) 그 밖에 1) 및 2)와 유사한 경우로서 지분변동 등으로 실질적으로 대주주의 동일성이
    유지되고 있다고 인정하기 어려운 경우에 지배주주가 지분변동 등의 전의 사유로 인하
    여 영 별표1의2 제1호 다목 및 같은 별표 제3호 나목에서 정하는 사실에 해당하는 경우

가. 해당 금융기관에 적용되는 재무건전성에 관한 기준으로서 금융위원회가 정하여 고시하는 기준[13]을 충족할 것

나. 해당 금융기관이 금융사지배구조법 시행령 제26조 제7항 제2호 다목에 따른 상호출자제한기업집단등("상호출자제한기업집단등")이거나 주채무계열에 속하는 회사인 경우에는 해당 상호출자제한기업집단등 또는 주채무계열의 부채비율(금융위원회가 정하는 방법에 따라 산정한 부채비율)이 300% 이하로서 금융위원회가 정하여 고시하는 비율[14] 이하일 것

다. 다음 각각의 요건을 모두 충족할 것. 다만, 그 위반 등의 정도가 경미하다고 금융위원회가 인정하거나, 그 사실이 건전한 업무 수행을 어렵게 한다고 볼 수 없는 경우에는 그렇지 않다.

1) 최근 5년간 금융관계법률 또는 조세범 처벌법을 위반하여 벌금형 이상에 상당하는 처벌받은 사실이 없을 것

2) 최근 5년간 채무불이행 등으로 건전한 신용질서를 저해한 사실이 없을 것

3) 금융산업구조개선법 제2조 제2호에 따른 부실금융기관으로 지정되거나 금융관계법률에 따라 허가 · 인가 또는 등록이 취소된 금융기관의 대주주 또는 그의 특수관계인이 아닐 것. 다만, 법원의 판결에 의하여 부실책임이 없다고 인정된 자 또는 부실에 따른 경제적 책임을 부담한 경우 등 금융위원회가 정하는 기준에 해당하는 자[15]는 제외한다.

4) 그 밖에 1)부터 3)까지의 규정에 준하는 것으로서 금융위원회가 정하여 고시하는 건전한 금융거래질서를 저해한 사실[16]이 없을 것

---

13) 영 별표 1의2 제1호 가목에서 금융위원회가 정하여 고시하는 기준은 다음과 같다(감독규정7 별표 2의2 제1호 가목).
   1) 그 금융기관에 적용되는 금융산업구조개선법에 따른 적기시정조치의 기준이 있는 경우에는 그 금융기관의 재무상태가 동 기준을 상회할 것
   2) 그 금융기관에 적용되는 금융산업구조개선법에 따른 적기시정조치 기준이 없는 경우에는 그 금융기관의 재무상태가 그 금융기관과 유사업종을 영위하는 금융기관의 적기시정조치 기준을 상회할 것. 다만, 그 금융기관에 대하여 유사업종의 적기시정조치기준을 적용하는 것이 현저히 부적합한 경우에는 제3호 가목의 기준을 충족할 것
14) 영 별표 1의2 제1호 나목에서 금융위원회가 정하는 방법에 따라 산정한 비율 및 금융위원회가 정하는 고시하는 비율은 그 소속기업 중 금융회사를 제외한 기업의 수정재무제표를 합산하여 산출한 부채비율(최근 사업연도말 이후 승인신청일까지 유상증자에 따라 자기자본이 증가하거나 감자 또는 자기주식의 취득 등으로 자기자본이 감소하는 경우에는 이를 감안하여 산정한다. 이하 같다)이 200%를 말한다(감독규정7 별표 2의2 제1호 나목).
15) 영 별표 1의2 제1호 다목 3)에서 부실에 따른 경제적 책임을 부담한 경우 등 금융위원회가 정하는 기준에 해당하는 자란 「부실금융기관 대주주의 경제적 책임 부담기준」에 따라 경제적 책임부담의무를 이행 또는 면제받은 자를 말한다(감독규정7 별표 2의2 제1호 다목).

라. 자본금 납입자금은 주요출자자의 출자능력을 초과하여 금융기관 등으로부
터 단순차입(출자자가 법인인 경우에는 기업어음·회사채 발행 등 부채성
조달자금을 포함)에 따른 것이 아니고, 그 출처가 명확할 것(제4조에 따른
허가 신청의 경우에 한정)

(2) 기금등인 경우

대주주가 국가재정법 제5조[17])에 따른 기금 또는 그 기금을 관리·운용하는
법인("기금등")인 경우의 요건은 다음과 같다(별표 1의2 제2호).

---

16) 영 별표 1의2 제1호 다목 4)에서 금융위원회가 정하여 고시하는 건전한 금융거래질서를
저해한 사실이란 다음의 사실을 말한다. 다만, 그 사실이 영위하고자 하는 업무의 건전한
영위를 어렵게 한다고 볼 수 없는 경우, 금융산업의 신속한 구조개선을 지원할 필요가 있
는 경우, 그 위반 등의 정도가 경미하다고 인정되는 경우는 제외한다(감독규정7 별표 2의
2 제1호 라목).
  1) 최대주주가 되고자 하는 경우에는 최근 1년간 기관경고 조치 또는 최근 3년간 시정명
  령이나 중지명령, 업무정지 이상의 조치를 받은 사실(기관경고를 받은 후 최대주주 및
  그 특수관계인인 주주 전체가 변경된 경우에는 적용을 제외한다)
  2) 최근 5년간 파산절차·회생절차, 그 밖에 이에 준하는 절차의 대상인 기업이거나 그 기
  업의 최대주주 또는 주요주주로서 이에 직접 또는 간접으로 관련된 사실. 다만, 이에
  관한 책임이 인정되는 경우에 한한다.
17) 기금은 국가가 특정한 목적을 위하여 특정한 자금을 신축적으로 운용할 필요가 있을 때에
한정하여 법률로써 설치하되, 정부의 출연금 또는 법률에 따른 민간부담금을 재원으로 하
는 기금은 별표 2에 규정된 법률에 의하지 아니하고는 이를 설치할 수 없다(국가재정법5
①). 별표 2에 규정된 법률은 고용보험법, 공공자금관리기금법, 공무원연금법, 공적자금상
환기금법, 과학기술기본법, 관광진흥개발기금법, 국민건강증진법, 국민연금법, 국민체육진
흥법, 군인복지기금법, 군인연금법, 근로복지기본법, 금강수계 물관리 및 주민지원 등에
관한 법률, 자산관리공사법, 기술보증기금법, 낙동강수계 물관리 및 주민지원 등에 관한
법률, 남북협력기금법, 농림수산업자 신용보증법, 농수산물유통 및 가격안정에 관한 법률,
농어가 목돈마련저축에 관한 법률, 농어업재해보험법, 대외경제협력기금법, 문화예술진흥
법, 방송통신발전기본법, 보훈기금법, 복권 및 복권기금법, 사립학교교직원 연금법, 사회
기반시설에 대한 민간투자법, 산업재해보상보험법, 무역보험법, 신문 등의 진흥에 관한 법
률, 신용보증기금법, 농업·농촌 공익기능 증진 직접지불제도 운영에 관한 법률, 양곡관리
법, 수산업·어촌 발전 기본법, 양성평등기본법, 영산강·섬진강수계 물관리 및 주민지원
등에 관한 법률, 예금자보호법(예금보험기금채권상환기금에 한한다), 산업기술혁신 촉진
법, 외국환거래법, 원자력 진흥법, 응급의료에 관한 법률, 임금채권보장법, 자유무역협정
체결에 따른 농어업인 등의 지원에 관한 특별법, 장애인고용촉진 및 직업재활법, 전기사
업법, 정보통신산업 진흥법, 주택도시기금법, 중소기업진흥에 관한 법률, 지역신문발전지
원 특별법, 청소년기본법, 축산법, 한강수계 상수원수질개선 및 주민지원 등에 관한 법률,
한국국제교류재단법, 한국농촌공사 및 농지관리기금법, 한국사학진흥재단법, 한국주택금
융공사법, 영화 및 비디오물의 진흥에 관한 법률, 독립유공자예우에 관한 법률, 방사성폐
기물 관리법, 문화재보호기금법, 석면피해구제법, 범죄피해자보호기금법, 국유재산법, 소
기업 및 소상공인 지원을 위한 특별조치법, 공탁법, 자동차손해배상 보장법, 국제질병퇴치
기금법, 기후위기 대응을 위한 탄소중립·녹색성장 기본법이다.

위의 제1호 다목·라목의 요건을 충족하여야 한다.

기금등 중 예금보험공사, 한국자산관리공사, 국민연금공단이 대주주가 되려
는 경우에는 별표 1의2 제2호의 요건을 갖춘 것으로 본다(별표 1의2 비고 제4호).

(3) 내국법인인 경우

대주주가 제1호 및 제2호 외의 내국법인[자본시장법 제9조 제19항 제1호에 따
른 기관전용 사모집합투자기구 또는 같은 법 제249조의13 제1항에 따른 투자목적회사
("기관전용 사모집합투자기구등")는 제외]인 경우의 요건은 다음과 같다(별표 1의2 제
3호).

별표 1의2 제3호 나목을 적용할 때 실질적으로 대주주의 동일성이 유지되지
않은 경우 중 금융위원회가 정하여 고시하는 경우에는 같은 목의 요건을 갖춘
것으로 본다(별표 1의2 비고 제5호).

> 가. 최근 사업연도 말 현재 부채비율이 300% 이하로서 금융위원회가 정하여 고
>   시하는 비율[18] 이하일 것
> 나. 건전한 신용질서나 금융거래질서를 침해하는 경우로서 금융위원회가 정하
>   여 고시하는 경우[19]에 해당하지 않을 것
> 다. 제9조에 따른 대주주 변경승인 신청의 경우 출자금 중 차입으로 조성된 자
>   금의 비율이 3분의 2 이하일 것
> 라. 제9조에 따른 대주주 변경승인 신청의 경우 출자금 중 다음의 금액을 합한
>   금액의 비율이 3분의 2 이상일 것
>   1) 내부유보금
>   2) 유상증자를 통해 조달한 금액
>   3) 그 밖에 재무건전성을 저해하지 않는 방법으로 조달한 자금으로서 금융
>   위원회가 정하여 고시하는 자금[20]

---

18) 영 별표 1의2 제3호 가목에서 금융위원회가 정하여 고시하는 비율은 200%를 말한다(감독
규정7 별표 2의2 제3호 가목).
19) 영 별표 1의2 제3호 나목에서 금융위원회가 정하여 고시하는 경우는 최근 5년간 부도발
생, 그 밖에 이에 준하는 사유로 인하여 은행거래정지처분을 받은 경우를 말한다(감독규
정7 별표 2의2 제3호 나목).
20) 영 별표 1의2 제3호 라목 3)에서 금융위원회가 정하여 고시하는 자금이란 다음의 어느 하
나의 방법외의 방법에 따라 조성한 자금을 말한다(감독규정7 별표 2의2 제3호 다목).
   1) 1년내의 고정자산 매각

마. 제1호 나목부터 라목까지의 규정에서 정한 요건을 충족할 것

(4) 내국인으로서 개인인 경우

대주주가 내국인으로서 개인인 경우의 요건은 다음과 같다(별표 1의2 제4호).

가. 금융사지배구조법 제5조 제1항 각 호의 요건에 해당하지 않을 것
나. 건전한 신용질서나 금융거래질서를 침해하는 경우로서 금융위원회가 정하여 고시하는 경우[21]에 해당하지 않을 것
다. 제9조에 따른 대주주 변경승인 신청의 경우 출자금 중 사업소득 등 금융위원회가 정하여 고시하는 자금[22]을 모두 합한 금액의 비율이 3분의 1 이상일 것
라. 제1호 다목·라목의 요건을 충족할 것

(5) 외국 법인인 경우

대주주가 외국 법인인 경우의 요건은 다음과 같다(별표 1의2 제5호).

별표 1의2 제5호를 적용할 때 대주주인 외국 법인이 지주회사여서 별표 1의2 제5호 각 목의 전부 또는 일부를 그 지주회사에 적용하는 것이 곤란하거나 불합리한 경우에는 그 지주회사가 허가 또는 대주주 변경승인 신청 시 지정하는 회사(해당 지주회사의 경영을 사실상 지배하고 있는 회사 또는 해당 지주회사가 경영을 사실상 지배하고 있는 회사로 한정)가 별표 1의2 제5호 각 목의 전부 또는 일부를

---

2) 그 밖에 영 별표 1의2 제3호 라목 1)·2) 및 1)에 준하는 것으로 인정되는 방법
21) 영 별표 1의2 제4호 나목에서 금융위원회가 정하여 고시하는 경우란 다음의 어느 하나에 해당하는 사실이 있는 경우를 말한다(감독규정7 별표 2의2 제4호 가목).
　1) 최근 5년간 부도발생 및 그 밖에 이에 준하는 사유로 인하여 은행거래정지처분을 받은 사실
　2) 최근 3년간 법에 따른 종합신용정보집중기관에 금융질서 문란정보 거래처 또는 약정한 기일내에 채무를 변제하지 아니한 자로 등록된 사실
　3) 최대주주가 되고자 하는 경우에 최근 5년 이내에 금융회사 임원으로서 직무정지를 받거나 금융회사 직원으로서 정직요구 이상의 조치를 받은 사실.
　4) 제1호 라목 2)에서 정하는 사실
22) 영 별표 1의2 제4호 다목에서 금융위원회가 정하여 고시하는 자금이란 출자자금 중 객관적으로 자금출처를 확인할 수 있는 소명자료에 따라 확인된 다음의 어느 하나에 해당하는 재원으로 마련된 자금을 말한다(감독규정7 별표 2의2 제4호 나목).
　1) 상속세 및 증여세법에 따라 적법하게 취득한 상속재산 또는 수증재산 처분자금
　2) 이자, 배당소득, 사업소득, 근로소득, 퇴직소득, 기타소득, 임대소득, 양도소득
　3) 그 밖에 1) 및 2)에 준하는 소득재원

충족하면 그 지주회사가 그 요건을 충족한 것으로 본다(별표 1의2 비고 제6호).

> 가. 국제적으로 인정받는 신용평가기관으로부터 투자적격 이상의 신용평가등급
>   을 받거나 외국 법인이 속한 국가의 감독기관이 정하는 재무건전성에 관한
>   기준을 충족하고 있는 사실이 확인될 것
> 나. 최근 3년간 금융업의 영위와 관련하여 외국 법인이 속한 국가의 감독기관으
>   로부터 법인 경고 이상에 해당하는 행정처분(외국 법인이 속한 국가의 감독
>   기관이 제재 목적으로 해당 외국 법인에 부과한 활동·기능·영업에 대한
>   제한명령이나 등록의 취소·정지, 감독기관의 전체적인 제재수준, 위법행위
>   의 내용 등을 감안할 때 행정처분으로 볼 수 있는 민사 제재금 등을 포함)
>   을 받거나 벌금형 이상에 해당하는 형사처벌을 받은 사실이 없을 것
> 다. 제1호 다목·라목의 요건을 충족할 것

(6) 대주주가 기관전용 사모집합투자기구등인 경우

대주주가 기관전용 사모집합투자기구등인 경우의 요건은 다음과 같다(별표
1의2 제6호).

기관전용 사모집합투자기구의 업무집행사원과 그 출자지분이 30% 이상인
유한책임사원(기관전용 사모집합투자기구에 대해 사실상의 영향력을 행사하고 있지 않
다는 사실이 정관, 투자계약서, 확약서 등으로 확인된 경우는 제외) 및 기관전용 사모
집합투자기구를 사실상 지배하고 있는 유한책임사원이 다음 각 목의 어느 하나
에 해당하거나 투자목적회사의 주주나 사원인 기관전용 사모집합투자기구의 업
무집행사원과 그 출자지분이 30% 이상인 주주나 사원 및 투자목적회사를 사실
상 지배하고 있는 주주나 사원이 다음 각 목의 어느 하나에 해당하는 경우에는
각각 다음 각 목의 구분에 따른 요건을 충족할 것.

> 가. 제1호의 금융기관인 경우: 제1호의 요건
> 나. 제2호의 기금등인 경우: 제1호 다목의 요건
> 다. 제3호의 내국법인인 경우: 제1호 나목·다목 및 제3호 가목의 요건
> 라. 제4호의 내국인으로서 개인인 경우: 제1호 다목 및 제4호 가목의 요건
> 마. 제5호의 외국 법인인 경우: 제1호 다목 및 제5호 나목·다목의 요건

Ⅳ. 임원 요건

임원이 제22조(신용정보회사 임원의 자격요건 등) 제1·제2항, 제22조의8(본인 신용정보관리회사의 임원의 자격요건) 또는 제27조(채권추심업 종사자 및 위임직채권추심인 등) 제1항에 적합하여야 한다(법6①(3의2)). 아래서는 이에 관하여 구체적으로 살펴본다.

1. 신용정보회사 임원의 자격요건

(1) 개인신용평가회사, 개인사업자신용평가회사 및 기업신용조회회사의 임원의 자격요건

개인신용평가회사, 개인사업자신용평가회사 및 기업신용조회회사의 임원에 관하여는 금융사지배구조법 제5조를 준용한다(법22①). 따라서 다음의 어느 하나에 해당하는 사람은 금융회사의 임원이 되지 못한다(금융사지배구조법5①).

1. 미성년자·피성년후견인 또는 피한정후견인
2. 파산선고를 받고 복권되지 아니한 사람
3. 금고 이상의 실형을 선고받고 그 집행이 끝나거나(집행이 끝난 것으로 보는 경우를 포함) 집행이 면제된 날부터 5년이 지나지 아니한 사람
4. 금고 이상의 형의 집행유예를 선고받고 그 유예기간 중에 있는 사람
5. 신용정보법 또는 금융관계법령[23]에 따라 벌금 이상의 형을 선고받고 그 집행이 끝나거나 (집행이 끝난 것으로 보는 경우를 포함) 집행이 면제된 날부터 5년이 지나지 아니한 사람

---

23) "금융관계법령"이란 대통령령으로 정하는 금융 관계 법령 및 이에 상당하는 외국의 금융 관계 법령을 말한다(금융사지배구조법2(7)). 여기서 "대통령령으로 정하는 금융관계법령"이란 금융사지배구조법, 동법 시행령 및 다음의 금융관련법령, 즉 공인회계사법, 퇴직급여법, 금융산업구조개선법, 금융소비자보호법, 금융실명법, 금융위원회법, 금융지주회사법, 금융혁신지원 특별법, 자산관리공사법, 기술보증기금법, 농수산식품투자조합법, 농업협동조합법, 담보부사채신탁법, 대부업법, 문화산업법, 벤처투자법, 보험업법, 감정평가법, 부동산투자회사법, 민간투자법, 산업발전법, 상호저축은행법, 새마을금고법, 선박투자회사법, 소재부품장비산업법, 수산업협동조합법, 신용보증기금법, 신용정보법, 신용협동조합법, 여신전문금융업법, 예금자보호법, 온라인투자연계법, 외국인투자법, 외국환거래법, 유사수신행위법, 은행법, 자본시장법, 자산유동화법, 전자금융거래법, 전자증권법, 외부감사법, 주택법, 중소기업은행법, 채권추심법, 특정금융정보법, 한국산업은행법, 한국수출입은행법, 한국은행법, 한국주택금융공사법, 한국투자공사법, 해외자원개발법을 말한다(동법 시행령5).

6. 다음의 어느 하나에 해당하는 조치를 받은 금융회사의 임직원 또는 임직원이었던 사람(그 조치를 받게 된 원인에 대하여 직접 또는 이에 상응하는 책임이 있는 사람으로서 대통령령으로 정하는 사람24)으로 한정)으로서 해당 조치가 있었던 날부터 5년이 지나지 아니한 사람

가. 금융관계법령에 따른 영업의 허가·인가·등록 등의 취소

나. 금융산업구조개선법률 제10조 제1항에 따른 적기시정조치

다. 금융산업구조개선법 제14조 제2항에 따른 행정처분

7. 신용정보법 또는 금융관계법령에 따라 임직원 제재조치(퇴임 또는 퇴직한 임직원의 경우 해당 조치에 상응하는 통보를 포함)를 받은 사람으로서 조치의 종류별로 5년을 초과하지 아니하는 범위에서 대통령령으로 정하는 기간25)이

---

24) "대통령령으로 정하는 사람"이란 해당 조치의 원인이 되는 사유가 발생한 당시의 임직원으로서 다음의 어느 하나에 해당하는 사람을 말한다(금융사지배구조법 시행령7①).
 1. 감사 또는 법 제19조에 따른 감사위원회 위원("감사위원")
 2. 법 제5조 제1항 제6호 가목 또는 다목에 해당하는 조치의 원인이 되는 사유의 발생과 관련하여 위법·부당한 행위로 금융위원회 또는 금융감독원장으로부터 주의·경고·문책·직무정지·해임요구, 그 밖에 이에 준하는 조치를 받은 임원(업무집행책임자 제외)
 3. 법 제5조 제1항 제6호 나목에 해당하는 조치의 원인이 되는 사유의 발생과 관련하여 위법·부당한 행위로 금융위원회 또는 금융감독원장으로부터 직무정지·해임요구, 그 밖에 이에 준하는 조치를 받은 임원
 4. 법 제5조 제1항 제6호 각 목에 해당하는 조치의 원인이 되는 사유의 발생과 관련하여 위법·부당한 행위로 금융위원회 또는 금융감독원장으로부터 직무정지요구 또는 정직요구 이상에 해당하는 조치를 받은 직원(업무집행책임자 포함)
 5. 제2호부터 제4호까지의 제재 대상자로서 그 제재를 받기 전에 퇴임하거나 퇴직한 사람
25) "대통령령으로 정하는 기간"이란 다음의 구분에 따른 기간을 말한다(금융사지배구조법 시행령7②).
 1. 임원에 대한 제재조치의 종류별로 다음 각 목에서 정하는 기간
  가. 해임(해임요구 또는 해임권고 포함): 해임일(해임요구 또는 해임권고의 경우에는 해임요구일 또는 해임권고일)부터 5년
  나. 직무정지(직무정지의 요구 포함) 또는 업무집행정지: 직무정지 종료일(직무정지 요구의 경우에는 직무정지 요구일) 또는 업무집행정지 종료일부터 4년
  다. 문책경고: 문책경고일부터 3년
 2. 직원에 대한 제재조치의 종류별로 다음 각 목에서 정하는 기간
  가. 면직요구: 면직요구일부터 5년
  나. 정직요구: 정직요구일부터 4년
  다. 감봉요구: 감봉요구일부터 3년
 3. 재임 또는 재직 당시 금융관계법령에 따라 그 소속기관 또는 금융위원회·금융감독원장 외의 감독·검사기관으로부터 제1호 또는 제2호의 제재조치에 준하는 조치를 받은 사실이 있는 경우 제1호 또는 제2호에서 정하는 기간
 4. 퇴임하거나 퇴직한 임직원이 재임 또는 재직 중이었더라면 제1호부터 제3호까지의 조치를 받았을 것으로 인정되는 경우 그 받았을 것으로 인정되는 조치의 내용을 통보받은 날부터 제1호부터 제3호까지에서 정하는 기간

지나지 아니한 사람

8. 해당 금융회사의 공익성 및 건전경영과 신용질서를 해칠 우려가 있는 경우로
   서 대통령령으로 정하는 사람[26]

금융회사의 임원으로 선임된 사람이 제1항 제1호부터 제8호까지의 어느 하
나에 해당하게 된 경우에는 그 직(職)을 잃는다(금융사지배구조법5② 본문). 다만,
제1항 제7호에 해당하는 사람으로서 대통령령으로 정하는 경우[27]에는 그 직을
잃지 아니한다(금융사지배구조법5② 단서).

(2) 신용조사회사의 임원의 자격요건

신용조사회사는 다음의 어느 하나에 해당하는 사람을 임원으로 채용하여서
는 아니 된다(법22②).

1. 미성년자. 다만, 금융위원회가 정하여 고시하는 업무에 채용하거나 고용하는
   경우는 제외한다.

---

26) "대통령령으로 정하는 사람"이란 다음의 구분에 따른 사람을 말한다(금융사지배구조법 시
   행령7③).
   1. 해당 금융회사가 은행인 경우: 해당 은행, 해당 은행의 자회사등(은행법 제37조 제2항
      각 호 외의 부분 단서에 따른 자회사등을 말한다. 이하 "은행의 자회사등"이라 한다),
      해당 은행의 자은행(은 행법」 제37조 제5항에 따른 자은행을 말한다. 이하 "은행의 자
      은행"이라 한다), 해당 은행을 자회사로 하는 은행지주회사 또는 그 은행지주회사의 자
      회사등(금융지주회사법 제4조 제1항 제2호에 따른 자회사등을 말한다. 이하 "은행지주
      회사의 자회사등"이라 한다)과 여신거래(대출, 지급보증 및 자금지원 성격의 유가증권
      의 매입, 그 밖에 금융거래상의 신용위험이 따르는 금융회사의 직접 적·간접적 거래를
      말한다)가 있는 기업과 특수관계에 있는 등 해당 은행의 자산운용과 관련하여 특정 거
      래기업 등의 이익을 대변할 우려가 있는 사람
   2. 해당 금융회사가 금융지주회사인 경우: 해당 금융지주회사 또는 해당 금융지주회사의
      자회사등(금 융지주회사법 제4조 제1항 제2호에 따른 자회사등을 말한다. 이하 "금융
      지주회사의 자회사등"이라 한다)과 여신거래가 있는 기업과 특수관계에 있는 등 해당
      금융지주회사 또는 해당 금융지주회사의 자회사등의 자산운용과 관련하여 특정 거래
      기업 등의 이익을 대변할 우려가 있는 사람
   3. 해당 금융회사가 은행 또는 금융지주회사가 아닌 금융회사인 경우: 해당 금융회사와
      여신거래규모가 금융위원회가 정하여 고시하는 기준 이상인 기업과 특수관계가 있는
      사람으로서 해당 금융회사의 자산운용과 관련하여 특정 거래기업 등의 이익을 대변할
      우려가 있는 사람
27) "대통령령으로 정하는 경우"란 직무정지, 업무집행정지 또는 정직요구(재임 또는 재직 중
   이었더라면 조치를 받았을 것으로 통보를 받은 경우 포함) 이하의 제재를 받은 경우를 말
   한다(금융사지배구조법 시행령7④).

2. 피성년후견인 또는 피한정후견인

3. 파산선고를 받고 복권되지 아니한 사람

4. 금고 이상의 실형을 선고받고 그 집행이 끝나거나(집행이 끝난 것으로 보는 경우를 포함) 집행이 면제된 날부터 3년이 지나지 아니한 사람

5. 금고 이상의 형의 집행유예를 선고받고 그 유예기간 중에 있는 사람

6. 신용정보법 또는 그 밖의 법령에 따라 해임되거나 면직된 후 5년이 지나지 아니한 사람

7. 신용정보법 또는 그 밖의 법령에 따라 영업의 허가·인가 등이 취소된 법인이나 회사의 임원이었던 사람(그 취소사유의 발생에 직접 또는 이에 상응하는 책임이 있는 사람으로서 대통령령으로 정하는 사람[28]만 해당)으로서 그 법인 또는 회사에 대한 취소가 있은 날부터 5년이 지나지 아니한 사람

8. 재임 중이었더라면 신용정보법 또는 그 밖의 법령에 따라 해임권고(해임요구를 포함) 또는 면직요구의 조치를 받았을 것으로 통보된 퇴임한 임원으로서 그 통보가 있었던 날부터 5년(통보가 있었던 날부터 5년이 퇴임한 날부터 7년을 초과한 경우에는 퇴임한 날부터 7년으로 한다)이 지나지 아니한 사람

2. 본인신용정보관리회사 임원의 자격요건

본인신용정보관리회사의 임원에 관하여는 금융사지배구조법 제5조를 준용한다(법22의8). 이에 관하여는 앞에서 살펴보았다.

3. 채권추심회사 임원의 자격요건

채권추심회사는 다음의 어느 하나에 해당하는 자를 임원으로 채용하여서는

---

28) "대통령령으로 정하는 사람"이란 허가·인가 등의 취소 원인이 되는 사유가 발생했을 당시의 임직원(금융산업구조개선법 제14조에 따라 허가·인가 등이 취소된 법인 또는 회사의 경우에는 같은 법 제10조에 따른 적기시정조치의 원인이 되는 사유 발생 당시의 임직원)으로서 다음의 어느 하나에 해당하는 사람을 말한다(영18).
1. 감사 또는 감사위원회의 위원
2. 허가·인가 등의 취소 원인이 되는 사유의 발생과 관련하여 위법 또는 부당한 행위로 금융위원회 또는 금융감독원장으로부터 주의, 경고, 문책, 직무정지, 해임요구 또는 그 밖의 조치를 받은 임원
3. 허가·인가 등의 취소 원인이 되는 사유의 발생과 관련하여 위법 또는 부당한 행위로 금융위원회 또는 금융감독원장으로부터 정직요구 이상에 해당하는 조치를 받은 직원
4. 제2호 또는 제3호에 따른 제재 대상자로서 그 제재를 받기 전에 사임하거나 사직한 사람

아니 된다(법27①).

1. 미성년자. 다만, 금융위원회가 정하여 고시하는 업무에 채용하거나 고용하는 경우는 제외한다.
2. 피성년후견인 또는 피한정후견인
3. 파산선고를 받고 복권되지 아니한 자
4. 금고 이상의 실형을 선고받고 그 집행이 끝나거나(집행이 끝난 것으로 보는 경우를 포함) 집행이 면제된 날부터 3년이 지나지 아니한 자
5. 금고 이상의 형의 집행유예를 선고받고 그 유예기간 중에 있는 자
6. 신용정보법 또는 그 밖의 법령에 따라 해임되거나 면직된 후 5년이 지나지 아니한 자
7. 신용정보법 또는 그 밖의 법령에 따라 영업의 허가·인가 등이 취소된 법인이나 회사의 임직원이었던 자(그 취소사유의 발생에 직접 또는 이에 상응하는 책임이 있는 자로서 대통령령으로 정하는 자만 해당)로서 그 법인 또는 회사에 대한 취소가 있은 날부터 5년이 지나지 아니한 자
8. 위임직채권추심인이었던 자로서 등록이 취소된 지 5년이 지나지 아니한 자
9. 재임 중이었더라면 신용정보법 또는 그 밖의 법령에 따라 해임권고(해임요구를 포함) 또는 면직요구의 조치를 받았을 것으로 통보된 퇴임한 임원으로서 그 통보가 있었던 날부터 5년(통보가 있었던 날부터 5년이 퇴임 또는 퇴직한 날부터 7년을 초과한 경우에는 퇴임 또 는 퇴직한 날부터 7년으로 한다)이 지나지 아니한 사람

Ⅴ. 전문성 요건

신용정보업, 본인신용정보관리업 또는 채권추심업을 하기에 충분한 전문성을 갖추어야 한다(법6①(4)).

Ⅵ. 자본금 또는 기본재산 요건

신용정보업, 본인신용정보관리업 또는 채권추심업의 허가를 받으려는 자는 다음의 구분에 따른 자본금 또는 기본재산을 갖추어야 한다(법6②).

1. 개인신용평가업을 하려는 경우

전문개인신용평가업에 대해서는 일반 개인신용평가업에 비해 완화된 진입 규제를 적용하고 있다. 개인신용평가업의 경우 자본금 요건이 최소 50억원으로 규정되어 있는 반면, 전문개인신용평가업에 대해서는 20억원(통신료 납부내역 등 대량으로 수집된 정형정보를 활용하는 경우) 또는 5억원(그 밖의 SNS분석 정보 등 비정형정보를 활용하는 경우)으로 완화하고, 금융기관의 출자의무(50% 출자)를 배제하고 있다.[29]

(1) 개인신용평가업

개인신용평가업을 하려는 경우 50억원 이상의 금액으로 한다(법6②(1) 본문).

(2) 전문개인신용평가업

전문개인신용평가업만 하려는 경우에는 다음의 구분에 따른 금액 이상으로 한다(법6②(1) 단서). 즉 ⅰ) 다음 각각의 신용정보제공·이용자, 즉 전기통신사업자, 한국전력공사, 한국수자원공사, 도시가스사업자,[30] 공공기관운영법 제4조에 따라 지정된 공공기관(영6⑤)이 수집하거나 신용정보주체에 대한 상품 또는 서비스 제공의 대가로 생성한 거래내역에 관한 개인신용정보를 처리하는 개인신용평가업을 하려는 경우 20억원 이상(가목), ⅱ) 앞의 가목에 따른 각 개인신용정보 외의 정보를 처리하는 개인신용평가업을 하려는 경우 5억원(나목) 이상의 금액으로 한다.

2. 개인사업자신용평가업을 하려는 경우

개인사업자신용평가업을 하려는 경우 50억원 이상의 금액으로 한다(법6②(1의2)).

---

29) 정무위원회(2020), 43쪽.
30) "도시가스사업자"란 제3조에 따라 도시가스사업의 허가를 받은 가스도매사업자, 일반도시가스사업자, 도시가스충전사업자, 나프타부생가스·바이오가스제조사업자 및 합성천연가스제조사업자를 말한다(도시가스사업법2(2)).

3. 기업신용조회업을 하려는 경우

기업신용조회업을 하려는 경우에는 ⅰ) 기업정보조회업무는 5억원 이상, ⅱ) 기업신용등급제공업무는 20억원 이상, ⅲ) 기술신용평가업무는 20억원 이상의 금액으로 한다(법6②(1의3)).

기업신용조회업이 기업간 자금중개나 상거래 등을 지원하는 인프라적 성격이 강하다는 점에서 개인신용평가업이나 개인사업자신용평가업에 비해서 정보보호 필요성이 상대적으로 낮다고 보면서 최소자본금 요건이나 금융권 출자규정 등의 진입규제를 완화하고 있으나, 진입규제의 수준이 반드시 개인정보 보호의 필요성과 직접 관련된다고 보기는 어렵고, 기업신용조회업 중 기업등급제공, 기술신용평가 업무는 기업의 경제활동에 대한 영향력이 클 수 있다는 점에서 적정한 진입규제를 설정하는 것은 필요하다고 본다.[31]

4. 본인신용정보관리업을 하려는 경우

본인신용정보관리업을 하려는 경우 5억원 이상의 금액으로 한다(법6②(1의4)).

5. 신용조사업 및 채권추심업을 각각 또는 함께 하려는 경우

신용조사업 및 채권추심업을 각각 또는 함께 하려는 경우에는 30억원 이상의 금액으로 한다(법6②(2), 영7).

제4절 허가절차

Ⅰ. 신용정보업 등의 허가 등의 절차

ⅰ) 법 제4조에 따른 신용정보업, 본인신용정보관리업 및 채권추심업 허가 절차(제1호), ⅱ) 법 제10조에 따른 신용정보업, 본인신용정보관리업 및 채권추심업의 양도·양수·분할·합병(분할합병을 포함) 등의 인가 절차(제2호), ⅲ) 법 제25조

---

31) 정무위원회(2020), 52쪽.

에 따른 신용정보집중기관의 허가 절차(제3호)는 [별표 1][32]과 같다(감독규정5①).

여기서는 ⅰ)의 법 제4조에 따른 신용정보업, 본인신용정보관리업 및 채권추심업 허가 절차(제1호), ⅱ)의 법 제10조에 따른 신용정보업, 본인신용정보관리업 및 채권추심업의 양도·양수·분할·합병(분할합병을 포함) 등의 인가 절차(제2호)와 ⅲ)의 법 제25조에 따른 신용정보집중기관의 허가 절차(제3호)를 함께 살펴본다.

Ⅱ. 인허가신청

1. 예비허가 또는 예비인가

(1) 예비허가 또는 예비인가 신청

신청인은 허가 또는 인가 신청을 하기 전에 금융위원회에 예비허가 또는 예

---

32) [별표 1] 신용정보업 및 신용정보집중기관 허가 등의 절차(제5조 제1항 관련)

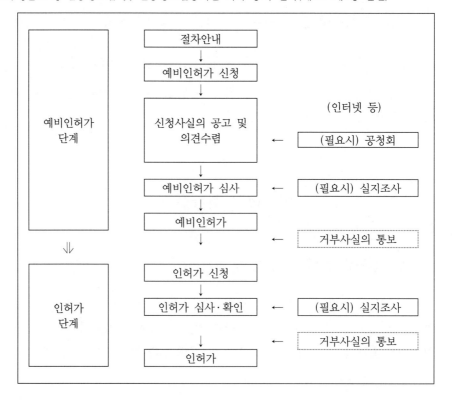

비인가를 신청할 수 있다(감독규정5⑨).

예비허가 신청 및 심사 절차는 감독규정 제5조 제2항부터 제8항까지의 규정을 준용한다(감독규정5⑪ 전단). 이 경우 "허가" 또는 "인가"는 각각 "예비허가" 또는 "예비인가"로 본다(감독규정5⑪ 후단).

예비허가 또는 예비인가를 신청하려는 자("신청인")는 다음에서 각각 정하는 서식 및 [별표 1의2]에 따른 신청서류를 제출하여야 한다(감독규정5②).

(가) 신용정보업, 본인신용정보관리업 및 채권추심업의 예비허가

영 제4조에 따라 신용정보업, 본인신용정보관리업 및 채권추심업의 예비허가를 받으려는 신청인은 [별지 제1호 서식] 및 [별표 1의2]에 따른 신청서류를 제출하여야 한다(감독규정5②(1)).

1) 신용정보업과 채권추심업

신용정보업 예비허가의 신청인은 ⅰ) 신용정보업, 채권추심업 예비허가신청서, ⅱ) 정관(안), ⅲ) 2년간의 사업계획서 및 예상수지계산서, ⅳ) 발기인 총회의사록(이사회의사록) 사본, ⅴ) 출자자(또는 주주) 구성 및 자금조달 계획, ⅵ) 출자자의 인감증명서가 첨부된 출자확약서(출자비율 5% 미만인 개인출자자는 제외), ⅶ) 출자자의 출자자금 조달계획서, ⅷ) 출자자가 금융회사인 경우는 당해 금융회사 인허가권자의 인허가서 사본 또는 등록증 사본, 법인등기부등본, 사업자등록증 사본, 최근사업연도의 감사보고서 및 당해 금융회사의 일반현황, ⅸ) 출자자가 (당해 법인이 금융회사가 아닌 출자자 중 최다 출자자에 한함)가 일반법인인 경우 법인등기부등본, 사업자 등록증 사본, 최근 사업연도의 재무제표,[33] ⅹ) 출자자(또는 주주) 관계가 법 제5조(신용정보업 등의 허가를 받을 수 있는 자)에 저촉되지 않음을 확인하는 서류 등, ⅺ) 합작계약서(합작법인인 경우), ⅻ) 대주주가 대주주 요건을 충족함을 확인하는 서류, ⅹⅲ) 인력 및 물적시설(채용, 구매 등이 예정된 인력·물적시설 포함)의 현황을 확인할 수 있는 서류, ⅹⅳ) 허가 신청한 업무의 전문성을 갖출 수 있음을 확인할 수 있는 자료, ⅹⅴ) 임원(예정자 포함)이력서를 제출하여야 한다(별표 1의2 제1조 제1항).

2) 본인신용정보관리업

본인신용정보관리업 예비허가의 신청인은 ⅰ) 본인신용정보관리업 예비허

---

33) 신청인이 이미 설립된 법인인 경우에는 상기 첨부서류에 준하는 서류로 대체 가능.

가신청서, ⅱ) 정관(안), ⅲ) 2년간의 사업계획서 및 예상수지계산서, ⅳ) 발기인 총회의사록(이사회의사록) 사본, ⅴ) 출자자(또는 주주) 구성 및 자금조달 계획, ⅵ) 출자자의 인감증명서가 첨부된 출자확약서(출자비율 5% 미만인 개인출자자는 제외), ⅶ) 출자자의 출자자금 조달계획서, ⅷ) 출자자가 금융회사인 경우는 당해 금융 회사 인허가권자의 인허가서 사본 또는 등록증 사본, 법인등기부등본, 사업자등 록증 사본, 최근사업연도의 감사보고서 및 당해 금융회사의 일반현황, ⅸ) 출자 자가(당해 법인이 금융회사가 아닌 출자자 중 최다 출자자에 한함)가 일반법인인 경우 법인등기부등본, 사업자 등록증 사본, 최근 사업연도의 재무제표,[34] ⅹ) 합작계 약서(합작법인인 경우), ⅺ) 대주주가 대주주 요건을 충족함을 확인하는 서류, ⅻ) 인력 및 물적시설(채용, 구매 등이 예정된 인력·물적시설 포함)의 현황을 확인할 수 있는 서류, ⅹⅲ) 허가 신청한 업무의 전문성을 갖출 수 있음을 확인할 수 있는 자료, ⅹⅳ) 임원(예정자 포함)이력서를 제출하여야 한다(별표 1의2 제2조 제1항).

(나) 신용정보업, 본인신용정보관리업 및 채권추심업의 변경허가

영 제4조에 따라 신용정보업, 본인신용정보관리업 및 채권추심업의 허가받 은 사항에 대한 변경허가를 받으려는 신청인은 [별지 제2호 서식] 및 [별표 1의 2]에 따른 신청서류를 제출하여야 한다(감독규정5②(2)).

(다) 신용정보업 등의 양도·양수·분할·합병의 예비인가

법 제10조 제1항에 따라 신용정보업, 본인신용정보관리업 및 채권추심업의 양도·양수·분할·합병 인가를 받으려는 신청인은 [별지 제2호의2 서식] 및 [별 표 1의2]에 따른 신청서류를 제출하여야 한다(감독규정5②(3)).

1) 신용정보업과 채권추심업

가) 분할·합병 예비인가

분할·합병 예비인가의 신청인은 ⅰ) 분할·합병 예비인가 신청서, ⅱ) 분 할·합병 목적 및 사유, ⅲ) 정관변경(안), ⅳ) 자본금 또는 기본재산의 지분을 기재한 서류, ⅴ) 재무제표, ⅵ) 2년간의 사업계획서(분할·합병 후 2년간 추정재무 제표, 인력 및 조직운영계획, 업무범위 및 영업전략 등) 및 예상수지계산서, ⅶ) 분할· 합병 관련 계약서 또는 예약서, ⅷ) 분할·합병에 관한 이사회 의사록, ⅸ) 본점 및 영업소의 현황 및 변경계획(명칭, 주소 등), ⅹ) 출자자(또는 주주) 구성 및 경영

---

34) 신청인이 이미 설립된 법인 경우에는 상기 첨부서류에 준하는 서류로 대체 가능.

지배구조 계획, xi) 채권자 등 이해관계인의 권익보호계획, xii) 분할 후 영위 할수 없는 업무가 있는 경우 그 업무의 정리계획을 제출하여야 한다(별표 1의2 제1조 제2항).

나) 합병 후 존속하는 법인 및 분할 또는 합병에 따라 설립되는 법인의 경우

합병 후 존속하는 법인 및 분할 또는 합병에 따라 설립되는 법인의 경우 i) 정관변경(안), ii) 임원(예정자 포함) 이력서, iii) 법 제5조, 법 제6조, 법 제22조, 법 제27조 제1항에 저촉되지 않음을 증명하는 서류(신용정보업 영위 허가 참조)를 제출하여야 한다(별표 1의2 제1조).

다) 사업양수 예비인가

사업양수 인가의 신청인은 i) 사업양수 예비인가 신청서, ii) 사업양수 목적 및 사유, iii) 정관변경(안), iv) 자본금 또는 기본재산의 지분을 기재한 서류, v) 재무제표, vi) 2년간의 사업계획서(양수 후 2년간 추정재무제표, 인력 및 조직운영계획, 업무범위 및 영업전략 등) 및 예상수지계산서, vii) 사업양수 관련 계약서 또는 예약서, viii) 사업양수에 관한 이사회 의사록, ix) 본점 및 영업소의 현황, x) 출자자(또는 주주) 구성 및 경영지배구조 계획, xi) 채권자 등 이해관계인의 권익보호계획, xii) 임원(예정자 포함) 이력서, xiii) 법 제5조, 법 제6조, 법 제22조, 법 제27조 제1항에 저촉되지 않음을 증명하는 서류(신용정보업 영위 허가 참조), xiv) 양수회사의 양수자금 조달계획서를 제출하여야 한다(별표 1의2 제1조 제3항).

라) 사업양도 예비인가

사업양도 예비인가의 신청인은 i) 사업양도 예비인가 신청서, ii) 사업양도 목적 및 사유, iii) 정관변경(안), iv) 재무제표, v) 2년간의 사업계획서(양도 후 2년간 추정재무제표, 인력 및 조직운영계획, 업무범위 및 영업전략 등)(일부양도의 경우에 한함), vi) 사업양도 관련 계약서 또는 예약서, vii) 사업양도에 관한 이사회 의사록, viii) 채권자 등 이해관계인의 권익보호계획, 자산 및 부채에 대한 조치내역 및 계획을 제출하여야 한다(별표 1의2 제1조 제4항).

2) 본인신용정보관리업

가) 분할 · 합병 예비인가

분할 · 합병 예비인가 신청인은 i) 분할 · 합병 예비인가 신청서, ii) 분할 · 합병 목적 및 사유, iii) 정관변경(안), iv) 자본금 또는 기본재산의 지분을 기재한 서류, v) 재무제표, vi) 2년간의 사업계획서(분할 · 합병 후 2년간 추정재무제표,

인력 및 조직운영계획, 업무범위 및 영업전략 등) 및 예상수지계산서, vii) 분할·합병 관련 계약서 또는 예약서, viii) 분할·합병에 관한 이사회 의사록, ix) 본점 및 영업소의 현황 및 변경계획(명칭, 주소 등), ⅹ) 출자자(또는 주주) 구성 및 경영지배구조 계획, xi) 채권자 등 이해관계인의 권익보호계획, xii) 분할 후 영위할 수 없는 업무가 있는 경우 그 업무의 정리계획을 제출하여야 한다(별표 1의2 제2조 제2항).

나) 합병 후 존속하는 법인 및 분할 또는 합병에 따라 설립되는 법인의 경우

합병 후 존속하는 법인 및 분할 또는 합병에 따라 설립되는 법인의 경우 ⅰ) 정관변경(안), ⅱ) 임원(예정자 포함) 이력서, ⅲ) 법 제6조, 법 제22조의8에 저촉되지 않음을 증명하는 서류(신용정보업 영위 허가 참조)를 제출하여야 한다(별표 1의2 제2조).

다) 사업양수 예비인가

사업양수 예비인가 신청인은 ⅰ) 사업양수 예비인가 신청서, ⅱ) 사업양수 목적 및 사유, ⅲ) 정관변경(안), ⅳ) 자본금 또는 기본재산의 지분을 기재한 서류, ⅴ) 재무제표, ⅵ) 2년간의 사업계획서(양수 후 2년간 추정재무제표, 인력 및 조직운영계획, 업무범위 및 영업전략 등) 및 예상수지계산서, vii) 사업양수 관련 계약서 또는 예약서, viii) 사업양수에 관한 이사회 의사록, ix) 본점 및 영업소의 현황, ⅹ) 출자자(또는 주주) 구성 및 경영지배구조 계획, xi) 채권자 등 이해관계인의 권익보호계획, xii) 임원(예정자 포함) 이력서, xiii) 법 제6조, 법 제22조의8에 저촉되지 않음을 증명하는 서류, xiv) 양수회사의 양수자금 조달계획서를 제출하여야 한다(별표 1의2 제2조 제3항).

라) 사업양도 예비인가

사업양도 예비인가 신청인은 ⅰ) 사업양도 예비인가 신청서, ⅱ) 사업양도 목적 및 사유, ⅲ) 정관변경(안), ⅳ) 재무제표, ⅴ) 2년간의 사업계획서(양도 후 2년간 추정재무제표, 인력 및 조직운영계획, 업무범위 및 영업전략 등)(일부양도의 경우에 한함), ⅵ) 사업양도 관련 계약서 또는 예약서, vii) 사업양도에 관한 이사회 의사록, viii) 채권자 등 이해관계인의 권익보호계획, 자산 및 부채에 대한 조치내역 및 계획을 제출하여야 한다(별표 1의2 제2조 제4항).

(라) 신용집중기관의 예비허가

영 제21조 제1항에 따라 신용정보집중기관으로 허가를 받으려는 신청인은 [별지 제2호의3 서식] 및 [별표 1의2]에 따른 신청서류를 제출하여야 한다(감독규

정5②(4)).

　신용집중기관의 예비허가 신청인은 ⅰ) 신용정보집중기관 예비허가신청서, ⅱ) 정관 또는 정관(안), ⅲ) 재산목록 및 그 내용을 확인할 수 있는 서류, ⅳ) 2년간 사업연도분의 사업계획 및 수입·지출 예산을 적은 서류 1부, ⅴ) 발기인총회의사록(이사회 의사록(이사회를 구성하지 아니한 경우 총회 회의록)), ⅵ) 신용정보집중관리위원회(공익위원선임위원회 및 소위원회 포함) 구성 및 운영(안)(종합신용정보집중기관에 한함), ⅶ) 영 제21조 제5항 제1호 가목에 따른 위험관리체계 및 내부통제장치를 마련할 수 있음을 확인할 수 있는 서류 1부, ⅷ) 영 제21조 제5항 제1호 나목에 따른 이해상충 방지체계를 마련할 수 있음을 확인할 수 있는 서류 1부(집중기관업무 외의 다른 업무를 하는 경우에 한함), ⅸ) 영 제21조 제5항 제1호 라목에 따른 사원의 구성에 관한 계획 및 업무방법 등을 마련할 수 있음을 확인할 수 있는 서류 1부(종합신용정보집중기관에 한함), ⅹ) 인력 및 물적시설(채용, 구매 등이 예정된 인력·물적시설 포함)의 현황을 확인할 수 있는 서류 1부, ⅺ) 신용정보를 집중관리·활용하는데 있어서 전문성을 갖출 수 있음을 확인할 수 있는 자료 1부, ⅻ) 임원(예정자 포함) 이력서 1부, ⅹⅲ) 주무부처의 비영리법인 설립허가증(개별신용정보집중기관에 한함), ⅹⅳ) 집중관리·활용의 필요성을 제출하여야 한다(별표 1의2 제3조).

(2) 예비 인허가 여부 결정 결과와 이유의 통지 등

　금융위원회는 예비허가 또는 예비인가 신청을 받은 경우에는 2개월 이내에 예비허가 또는 예비인가 여부를 결정하여 그 결과와 이유를 지체 없이 신청인에게 문서로 통지하여야 한다(감독규정5⑩ 전단). 이 경우 예비허가 또는 예비인가 신청에 관하여 흠결이 있는 경우에는 보완을 요구할 수 있다(감독규정5⑩ 후단).

2. 허가 또는 인가

(1) 신청서 제출

　신용정보업, 본인신용정보관리업 및 채권추심업을 하려는 자는 금융위원회로부터 허가를 받아야 한다(법4②). 허가를 받으려는 자는 금융위원회에 신청서를 제출하여야 한다(법4③).

(2) 첨부서류

신용정보업, 본인신용정보관리업 및 채권추심업의 허가를 받으려는 자는 금융위원회가 정하여 고시하는 신청서(전자문서로 된 신청서를 포함)에 ⅰ) 정관, ⅱ) 자본금 또는 기본재산의 지분을 적은 서류, ⅲ) 재무제표, ⅳ) 2년간의 사업계획서 및 예상 수입·지출 계산서, ⅴ) 그 밖에 금융위원회가 정하는 서류를 첨부하여 금융위원회에 제출해야 한다(영4 전단). 이 경우 금융위원회는 전자정부법 제36조 제1항35)에 따른 행정정보의 공동이용을 통하여 법인 등기사항증명서를 확인해야 한다(영4 후단).

허가 등을 신청하려는 자("신청인")는 다음에서 각각 정하는 서식 및 [별표 1의2]에 따른 신청서류를 제출하여야 한다(감독규정5②).

(가) 신용정보업, 본인신용정보관리업 및 채권추심업의 허가

영 제4조에 따라 신용정보업, 본인신용정보관리업 및 채권추심업의 허가를 받으려는 신청인은 [별지 제1호 서식] 및 [별표 1의2]에 따른 신청서류를 제출하여야 한다(감독규정5②(1)).

1) 신용정보업과 채권추심업

신용정보업과 채권추심업 허가 신청인은 ⅰ) 신용정보업, 채권추심업 허가신청서, ⅱ) 정관 및 법인등기부 등본, ⅲ) 재무제표, ⅳ) 2년간의 사업계획서 및 예상수지계산서, ⅴ) 자본금 또는 기본재산의 지분을 기재한 서류, ⅵ) 발기인 총회의사록(이사회의사록) 사본, ⅶ) 출자자(또는 주주) 관계 확인서류, ⅷ) 자본금 납입증명 서류, ⅸ) 외국인출자자인 경우 외국인의 출자가 외국환거래법 등에 저촉되지 않음을 확인하는 서류, ⅹ) 출자자(또는 주주) 관계가 법 제5조(신용정보업 등의 허가를 받을 수 있는 자)에 저촉되지 않음을 확인하는 서류 등, ⅺ) 합작계약서(합작법인인 경우), ⅻ) 대주주가 대주주 요건을 충족함을 확인하는 서류, ⅹⅲ) 인력 및 물적시설을 갖추었음을 확인하는 서류, ⅹⅳ) 허가 신청한 업무의 전문성을 갖추었음을 확인하는 자료, ⅹⅴ) 임직원에 관한 서류, ⅹⅵ) 임원의 이력서, ⅹⅶ) 직원의 상시고용을 확인하는 서류, ⅹⅷ) 법 제22조 또는 법 제27조 제1항에 저촉되지 않음을 확인하는 서류(필요시 이를 확인하는 각서 제출로 대체 가능), ⅹⅸ)

---

35) ① 행정기관등의 장은 수집·보유하고 있는 행정정보를 필요로 하는 다른 행정기관등과 공동으로 이용하여야 하며, 다른 행정기관등으로부터 신뢰할 수 있는 행정정보를 제공받을 수 있는 경우에는 같은 내용의 정보를 따로 수집하여서는 아니 된다.

감독규정 제22조 제2항에 따른 내부관리규정, xx) 회계처리·감사·조직관리 등 내부통제에 관한 규정, xxi) 예비허가내용 및 조건의 이행을 증명하는 서류를 제출하여야 한다(별표 1의2 제1조 제1항).

2) 본인신용정보관리업

본인신용정보관리업 허가 신청인은 ⅰ) 본인신용정보관리업 허가신청서, ⅱ) 정관 및 법인등기부 등본, ⅲ) 재무제표, ⅳ) 2년간의 사업계획서 및 예상수지계산서, ⅴ) 자본금 또는 기본재산의 지분을 기재한 서류, ⅵ) 발기인 총회의사록(이사회의사록) 사본, ⅶ) 출자자(또는 주주) 관계 확인서류, ⅷ) 자본금 납입증명 서류, ⅸ) 외국인출자자인 경우 외국인의 출자가 외국환거래법 등에 저촉되지 않음을 확인하는 서류, ⅹ) 합작계약서(합작법인인 경우), ⅺ) 대주주가 대주주 요건을 충족함을 확인하는 서류, ⅻ) 물적시설을 갖추었음을 확인하는 서류, ⅹⅲ) 허가 신청한 업무의 전문성을 갖추었음을 확인하는 자료, ⅹⅳ) 임직원에 관한 서류, ⅹⅴ) 임원의 이력서, ⅹⅵ) 직원의 상시고용을 확인하는 서류, ⅹⅶ) 법 제22조의8에 저촉되지 않음을 확인하는 서류(필요시 이를 확인하는 각서 제출로 대체 가능), ⅹⅷ) 감독규정 제22조의9 제2항에 따른 내부관리규정, ⅹⅸ) 회계처리·감사·조직관리 등 내부통제에 관한 규정, ⅹⅹ) 예비허가내용 및 조건의 이행을 증명하는 서류를 제출하여야 한다(별표 1의2 제2조 제1항).

(나) 신용정보업, 본인신용정보관리업 및 채권추심업의 변경허가

영 제4조에 따라 신용정보업, 본인신용정보관리업 및 채권추심업의 허가받은 사항에 대한 변경허가를 받으려는 신청인은 [별지 제2호 서식] 및 [별표 1의2]에 따른 신청서류를 제출하여야 한다(감독규정5②(2)).

(다) 신용정보업 등의 양도·양수·분할·합병의 인가

법 제10조 제1항에 따라 신용정보업, 본인신용정보관리업 및 채권추심업의 양도·양수·분할·합병 인가를 받으려는 신청인은 [별지 제2호의2 서식] 및 [별표 1의2]에 따른 신청서류를 제출하여야 한다(감독규정5②(3)).

1) 신용정보업과 채권추심업

가) 분할·합병 인가

분할·합병 인가 신청인은 ⅰ) 분할·합병 인가 신청서, ⅱ) 분할·합병 목적 및 사유, ⅲ) 정관 및 법인등기부등본, ⅳ) 자본금 또는 기본재산의 지분을 기재한 서류, ⅴ) 재무제표, ⅵ) 2년간의 사업계획서(분할·합병 후 2년간 추정재무제표, 인력 및 조직운영계획, 업무범위 및 영업전략 등) 및 예상수지계산서, vii) 분할·합병 관련 계약서 또는 예약서, viii) 분할·합병에 관한 이사회 의사록 및 주주총회 의사록, ix) 본점 및 영업소의 현황 및 변경계획(명칭, 주소 등), x) 출자자(또는 주주) 구성 및 경영지배구조, xi) 채권자 등 이해관계인의 보호절차 이행을 증명하는 서류, xii) 분할 후 영위할 수 없는 업무가 있는 경우 그 업무의 정리계획, xiii) 예비인가내용 및 조건의 이행을 증명하는 서류를 제출하여야 한다(별표 1의 2 제1조 제2항).

    나) 합병 후 존속하는 법인 및 분할 또는 합병에 따라 설립되는 법인의 경우
    합병 후 존속하는 법인 및 분할 또는 합병에 따라 설립되는 법인의 경우 i) 정관 및 법인등기부등본, ii) 임원 이력서, iii) 법 제5조, 법 제6조, 법 제22조, 법 제27조 제1항에 저촉되지 않음을 증명하는 서류(신용정보업 영위 허가 참조), iv) 감독규정 제22조 제2항에 따른 내부관리규정, v) 회계처리·감사·조직관리 등 내부통제에 관한 규정을 제출하여야 한다(별표 1의2 제1조).

    다) 사업양수 인가
    사업양수 인가 신청인은 i) 사업양수 인가 신청서, ii) 사업양수 목적 및 사유, iii) 정관 및 법인등기부등본, iv) 자본금 또는 기본재산의 지분을 기재한 서류, v) 재무제표, vi) 2년간의 사업계획서(양수 후 2년간 추정재무제표, 인력 및 조직운영계획, 업무범위 및 영업전략 등) 및 예상수지계산서, vii) 사업양수 관련 계약서 또는 예약서, viii) 사업양수에 관한 이사회 의사록 및 주주총회 의사록, ix) 본점 및 영업소의 현황, x) 출자자(또는 주주) 구성 및 경영지배구조, xi) 채권자 등 이해관계인의 보호절차 이행을 증명하는 서류, xii) 예비인가내용 및 조건의 이행을 증명하는 서류, xiii) 임원 이력서, xiv) 법 제5조, 법 제6조, 법 제22조, 법 제27조 제1항에 저촉되지 않음을 증명하는 서류(신용정보업 영위 허가 참조), xv) 감독규정 제22조 제2항에 따른 내부관리규정, xvi) 회계처리·감사·조직관리 등 내부통제에 관한 규정을 제출하여야 한다(별표 1의2 제1조 제3항).

    라) 사업양도 인가
    사업양도 인가 신청인은 i) 사업양도 인가 신청서, ii) 사업양도 목적 및 사유, iii) 정관, iv) 재무제표, v) 2년간의 사업계획서(양도 후 2년간 추정재무제표, 인력 및 조직운영계획, 업무범위 및 영업전략 등)(일부양도의 경우에 한함), vi) 사업양도 관련 계약서 또는 예약서, vii) 사업양도에 관한 이사회 의사록 및 주주총

회 의사록, viii) 채권자 등 이해관계인의 보호절차 이행을 증명하는 서류, ix) 사업양도후 해산하는 경우에는 청산사무의 추진계획, x) 사업의 일부 양도 후 영위할 수 없는 업무가 있는 경우 그 업무의 정리계획, xi) 예비인가내용 및 조건의 이행을 증명하는 서류를 제출하여야 한다(별표 1의2 제1조 제4항).

2) 본인신용정보관리업

가) 분할·합병 인가

분할·합병 인가 신청인은 i) 분할·합병 인가 신청서, ii) 분할·합병 목적 및 사유, iii) 정관 및 법인등기부등본, iv) 자본금 또는 기본재산의 지분을 기재한 서류, v) 재무제표, vi) 2년간의 사업계획서(분할·합병 후 2년간 추정재무제표, 인력 및 조직운영계획, 업무범위 및 영업전략 등) 및 예상수지계산서, vii) 분할·합병 관련 계약서 또는 예약서, viii) 분할·합병에 관한 이사회 의사록 및 주주총회 의사록, ix) 본점 및 영업소의 현황 및 변경계획(명칭, 주소 등), x) 출자자(또는 주주) 구성 및 경영지배구조, xi) 채권자 등 이해관계인의 보호절차 이행을 증명하는 서류, xii) 분할 후 영위할 수 없는 업무가 있는 경우 그 업무의 정리계획, xiii) 예비인가내용 및 조건의 이행을 증명하는 서류를 제출하여야 한다(별표 1의2 제2조 제2항).

나) 합병 후 존속하는 법인 및 분할 또는 합병에 따라 설립되는 법인의 경우

합병 후 존속하는 법인 및 분할 또는 합병에 따라 설립되는 법인의 경우 i) 정관 및 법인등기부등본, ii) 임원 이력서, iii) 법 제6조, 법 제22조의8에 저촉되지 않음을 증명하는 서류(신용정보업 영위 허가 참조), iv) 감독규정 제22조의9 제2항에 따른 내부관리규정, v) 회계처리·감사·조직관리 등 내부통제에 관한 규정을 제출하여야 한다(별표 1의2 제2조).

다) 사업양수 인가

사업양수 인가 신청인은 i) 사업양수 인가 신청서, ii) 사업양수 목적 및 사유, iii) 정관 및 법인등기부등본, iv) 자본금 또는 기본재산의 지분을 기재한 서류, v) 재무제표, vi) 2년간의 사업계획서(양수 후 2년간 추정재무제표, 인력 및 조직운영계획, 업무범위 및 영업전략 등) 및 예상수지계산서, vii) 사업양수 관련 계약서 또는 예약서, viii) 사업양수에 관한 이사회 의사록 및 주주총회 의사록, ix) 본점 및 영업소의 현황, x) 출자자(또는 주주) 구성 및 경영지배구조, xi) 채권자 등 이해관계인의 보호절차 이행을 증명하는 서류, xii) 예비인가내용 및 조건의

이행을 증명하는 서류, xiii) 임원 이력서, xiv) 법 제6조, 법 제22조의8에 저촉되지 않음을 증명하는 서류, xv) 감독규정 제22조의9 제2항에 따른 내부관리규정, xvi) 회계처리·감사·조직관리 등 내부통제에 관한 규정을 제출하여야 한다(별표 1의2 제2조 제3항).

라) 사업양도 인가

사업양도 인가 신청인은 ⅰ) 사업양도 인가 신청서, ⅱ) 사업양도 목적 및 사유, ⅲ) 정관, ⅳ) 재무제표, ⅴ) 2년간의 사업계획서(양도 후 2년간 추정재무제표, 인력 및 조직운영계획, 업무범위 및 영업전략 등)(일부양도의 경우에 한함), ⅵ) 사업양도 관련 계약서 또는 예약서, ⅶ) 사업양도에 관한 이사회 의사록 및 주주총회 의사록, ⅷ) 채권자 등 이해관계인의 보호절차 이행을 증명하는 서류, ⅸ) 사업양도후 해산하는 경우에는 청산사무의 추진계획, ⅹ) 사업의 일부 양도 후 영위할 수 없는 업무가 있는 경우 그 업무의 정리계획, xi) 예비인가내용 및 조건의 이행을 증명하는 서류를 제출하여야 한다(별표 1의2 제2조 제4항).

(라) 신용집중기관의 허가

영 제21조 제1항에 따라 신용정보집중기관으로 허가를 받으려는 신청인은 [별지 제2호의3 서식] 및 [별표 1의2]에 따른 신청서류를 제출하여야 한다(감독규정5②(4)).

신용집중기관의 허가 신청인은 ⅰ) 신용정보집중기관 허가신청서, ⅱ) 정관 또는 정관(안), ⅲ) 재산목록 및 그 내용을 확인할 수 있는 서류, ⅳ) 2년간 사업연도분의 사업계획 및 수입·지출 예산을 적은 서류 1부, ⅴ) 발기인 총회의사록(이사회 의사록(이사회를 구성하지 아니한 경우 총회 회의록)), ⅵ) 신용정보집중관리위원회(공익위원선임위원회 및 소위원회 포함) 구성 및 운영(안)(종합신용정보집중기관에 한함), ⅶ) 영 제21조 제5항 제1호 가목에 따른 위험관리체계 및 내부통제장치가 마련되어 있음을 입증하는 서류 1부, ⅷ) 영 제21조 제5항 제1호 나목에 따른 이해상충 방지체계가 마련되어 있음을 입증하는 서류 1부(집중기관업무 외의 다른 업무를 하는 경우에 한함), ⅸ) 영 제21조 제5항 제1호 라목에 따른 사원의 구성에 관한 계획 및 업무방법 등이 마련되어 있음을 입증하는 서류 1부(종합신용정보집중기관에 한함), ⅹ) 인력 및 물적시설(채용, 구매 등이 예정된 인력·물적시설 포함)의 현황을 확인할 수 있는 서류 1부, xi) 신용정보를 집중관리·활용하는데 있어서 전문성을 갖추었음을 확인할 수 있는 자료 1부, xii) 임원(예정자 포함) 이력서 1

부, xiii) 주무부처의 비영리법인 설립허가증(개별신용정보집중기관에 한함), xiv) 법인등기부등본, xv) 감독규정 제22조 제2항에 따른 내부관리규정, xvi) 집중관리·활용의 필요성, xvii) 예비허가내용 및 조건을 이행하였음을 확인할 수 있는 서류를 제출하여야 한다(별표 1의2 제3조).

Ⅲ. 인허가심사 절차

1. 인허가요건 충족 여부 심사

신용정보업, 본인신용정보관리업 및 채권추심업 허가신청서를 제출받은 금융위원회는 신청내용에 관한 사실 여부를 확인하고, 신청내용이 허가요건을 충족하는지를 심사해야 한다(시행규칙3①).

이에 따라 금융감독원장은 신청내용의 사실 여부를 확인하고 이해관계인 등으로부터 제출된 의견을 고려하여 신청내용이 법 제6조 및 영 제6조에 따른 허가기준, 영 제10조 제1항 각 호에 따른 인가기준, 법 제25조 제3항 각 호에 따른 허가기준을 충족하는지 심사한다(감독규정5③).

2. 이해관계자 등의 의견수렴과 공고

금융위원회는 신용정보업, 본인신용정보관리업 및 채권추심업 허가의 신청내용에 대하여 이해관계자 등의 의견을 수렴하기 위하여 신청인, 신청일자, 신청내용, 의견제시의 방법 및 기간 등을 인터넷 홈페이지 등에 공고해야 한다(시행규칙3②).

3. 의견요청과 공청회 개최

금융위원회는 신용정보업, 본인신용정보관리업 및 채권추심업의 허가를 함에 있어 의견수렴 외에 필요하다고 인정되는 경우 허가신청에 대하여 관계기관 및 이해관계자의 의견을 요청하거나 행정절차법에 따른 공청회를 개최할 수 있다(시행규칙3③).

4. 실지조사

금융감독원장은 신청내용을 확인하기 위하여 필요한 경우에는 이해관계인, 발기인 또는 임원과의 면담 등의 방법으로 실지조사를 할 수 있으며, 신청인은 이에 적극 협조하여야 한다(감독규정5④).

5. 불리한 의견 통지와 소명자료 제출

금융위원회는 수렴된 의견으로서 신용정보업, 본인신용정보관리업 및 채권추심업 허가의 신청인에게 불리하다고 판단되는 의견이 있으면 신청인에게 그 의견을 알리고 일정한 기한을 정하여 소명자료를 제출하도록 할 수 있다(시행규칙3④).

6. 허가시 고려사항

금융위원회는 신용정보업, 본인신용정보관리업 및 채권추심업의 허가를 함에 있어 수렴된 이해관계자 등의 의견과 신청인이 소명한 사항을 고려해야 한다(시행규칙3⑤).

Ⅳ. 조건부 허가 또는 인가

금융위원회는 허가에 조건을 붙일 수 있다(법4④). 이에 따라 금융위원회는 허가 또는 인가의 조건을 붙일 수 있다(감독규정5⑦). 금융위원회는 조건을 붙인 경우에는 금융감독원장으로 하여금 그 이행 여부를 확인하도록 하여야 한다(감독규정5⑧).

Ⅴ. 인허가기간 및 심사기간

1. 인허가기간과 흠결 보완 요구

금융위원회는 신청인에게 3개월 이내(예비허가 또는 예비인가를 받은 경우에는 1개월 이내)에 허가 또는 인가 여부를 결정하고, 그 결과와 이유를 지체 없이 신청인에게 문서로 통지하여야 한다(감독규정5⑤ 전단). 이 경우 신청서에 흠결이 있을 때에는 보완을 요구할 수 있다(감독규정5⑤ 후단).

2. 심사기간 산입 제외

심사기간을 산정할 때에는 다음의 어느 하나에 해당하는 기간은 심사기간에 산입하지 아니한다(감독규정5⑥).

1. 법 제6조 및 영 제6조에 따른 허가기준, 영 제10조 제1항 각 호에 따른 인가기준 또는 법 제25조 제3항 각 호에 따른 허가기준을 충족하는지를 확인하기 위하여 다른 기관 등으로부터 필요한 자료를 제공받는 데에 걸리는 기간
2. 제5항 후단에 따라 신청서 흠결의 보완을 요구한 경우에는 그 보완기간
3. 대주주를 상대로 형사소송 절차가 진행되고 있거나 금융위원회, 국세청 또는 금융감독원 등(외국기업인 경우에는 이들에 준하는 본국의 감독기관 등을 포함)에 의한 조사·검사 등 의 절차가 진행되고 있고, 그 소송이나 조사·검사 등의 내용이 승인심사에 중대한 영향을 미칠 수 있다고 인정되는 경우에는 그 소송이나 조사·검사 등의 절차가 끝날 때까지의 기간

Ⅵ. 허가의 공고

금융위원회는 신용정보업, 본인신용정보관리업 및 채권추심업 허가를 한 경우 지체 없이 그 내용을 관보에 공고하고 인터넷 홈페이지 등을 이용하여 일반인에게 알려야 한다(법7(1)).

Ⅶ. 허가요건의 유지

신용정보회사, 본인신용정보관리회사 및 채권추심회사는 해당 영업을 하는 동안에는 신용정보업, 본인신용정보관리업 또는 채권추심업을 하기에 충분한 인력(본인신용정보관리업은 제외)과 전산설비 등 물적 시설 요건을 계속 유지하여야 한다(법6④).

** 금융위원회 질의회신(2023. 9. 20.) ─────────────────

〈질의〉

▢ 본인신용정보관리업 허가를 취득한 회사가 클라우드컴퓨팅 서비스를 새롭게 이용할 경우 신용정보업감독규정 [별표2]에 따라 전자금융감독규정 제14조의2 제1항, 제2항, 제8항만 준용하면 되는지 여부

〈회신〉

▢ 본인신용정보관리업자가 허가를 득한 이후 클라우드컴퓨팅서비스를 새롭에 이용할 경우, 신용정보업감독규정 별표2에 따라 전자금융감독규정 제15조 제1항 제3호 및 제5호, 제14조의2 제1항, 제2항, 제8항이 준용됨을 알려드립니다.

〈이유〉

▢ 본인신용정보관리업자는 신용정보법 제6조 제1항 제1호에 따라 본인신용정보관리업을 영위하기에 충분한 전산설비 등 물적시설을 갖추어야 하며, 허가를 득한 이후에도 해당 영업을 하는 동안에는 동 물적시설 요건을 계속 유지하여야 합니다(신용정보법 제6조 제4항).

• 해당 물적시설 요건은 신용정보업감독규정 제6조 및 별표2에서 구체적으로 규정되어 있는바, 본인신용정보관리업자는 정보처리시스템 및 정보통신망을 해킹 등 전자적침해위로부터 방지하기 위한 대책을 마련하여야 하며, 전자금융감독규정 제15조 제1항 제3호 및 제5호, 클라우드컴퓨팅서비스 이용과 관련해서는 같은 규정 제14조의2 제1항, 제2항, 제8항을 준용하도록 하고 있습니다.

• 따라서 본인신용정보관리업자가 허가를 받은 이후 클라우드컴퓨팅서비스를 새롭게 이용하는 경우에도 전자금융감독규정 제15조 제1항 제3호 및 제5호, 제14조의2 제1항, 제2항, 제8항이 준용됨을 알려드립니다.

▢ 다만, 전자금융거래법 적용대상인 금융회사 또는 전자금융업자로서 본인신용정보관리업을 겸업하는 사업자는 전자금융감독규정을 모두 준수하여야 함을 유의하시기 바랍니다.

───

제5절 신고 및 보고사항

Ⅰ. 신고사항

신용정보회사, 본인신용정보관리회사 및 채권추심회사가 허가받은 사항 중
ⅰ) 자본금 또는 기본재산의 감소(제1호), ⅱ) 상호 등 정관의 변경(제2호)을 하려
면 미리 금융위원회에 신고하여야 한다(법8① 본문, 영8①).

위의 신고사항을 신고하려는 경우에는 [별지 제3호 서식]에 따라 신고하여
야 한다(감독규정9①).

1. 자본금 또는 기본재산의 감소 신고의 심사기준

위의 자본금 또는 기본재산의 감소 신고가 있는 경우에는 ⅰ) 자본금 또는
기본재산의 감소의 불가피성이 인정되고, ⅱ) 신용정보주체 및 채권자의 권익과
신용정보 보호에 지장을 줄 염려가 없는지에 적합한지 여부를 심사한다(감독규정
9②).

2. 상호 등 정관변경 신고의 심사기준

위의 상호 등 정관의 변경 신고가 있는 경우에는 ⅰ) 회사의 건전한 경영을
저해하지 아니하고, ⅱ) 신용정보법 및 다른 법령을 위반하지 아니할 것에 적합
한지 여부를 심사한다(감독규정9③).

Ⅱ. 보고사항

1. 경미한 사항

신용정보회사, 본인신용정보관리회사 및 채권추심회사가 허가받은 사항 중
ⅰ) 대표자 및 임원의 변경(제1호), ⅱ) 법령의 개정 내용을 반영하거나 법령에
따라 인가·허가받은 내용을 반영하는 사항(제2호), ⅲ) 정관의 실질적인 내용이
변경되지 아니하는 조문체계의 변경, 자구(字句) 수정 등에 관한 사항(제3호)을

변경하려면 그 사유가 발생한 날부터 7일 이내에 그 사실을 금융위원회에 보고하여야 한다(법8① 단서, 영8②).

2. 보고 방식

신용정보회사, 본인신용정보관리회사 및 채권추심회사가 위의 경미한 사항을 보고하려는 경우에는 [별지 제4호 서식]에 따라 보고하여야 한다(감독규정10).

Ⅲ. 신고수리

금융위원회는 신고를 받은 경우 그 내용을 검토하여 신용정보법에 적합하면 신고를 수리하여야 한다(법8②).

Ⅳ. 위반시 제재

법 제8조 제1항을 위반한 자에게는 1천만원 이하의 과태료를 부과한다(법52⑤).

제6절 허가 등의 취소와 업무의 정지

Ⅰ. 허가 또는 인가의 취소와 시정명령

1. 취소사유

금융위원회는 신용정보회사, 본인신용정보관리회사 및 채권추심회사가 다음의 어느 하나에 해당하는 경우에는 허가 또는 인가를 취소할 수 있다(법14① 본문).

1. 거짓이나 그 밖의 부정한 방법으로 신용정보업, 본인신용정보관리업 및 채권추심업의 허가(법4②)를 받거나 신용정보회사, 본인신용정보관리회사 및 채권추심회사가 그 사업의 전부 또는 일부를 양도·양수 또는 분할하거나, 다

른 법인과 합병(분할합병을 포함) 인가(법 10①)를 받은 경우

2. 개인신용평가업, 신용조사업 및 채권추심업 허가를 받을 수 있는 대통령령으로 정하는 금융기관 등이 50% 이상을 출자한 법인(법5①(1)), 개인사업자신용평가업 허가를 받을 수 있는 대통령령으로 정하는 금융기관 등이 50% 이상을 출자한 법인(법5②(4)), 기업신용조회업 허가를 받을 수 있는 대통령령으로 정하는 금융기관 등이 50% 이상을 출자한 법인(법5③(1))에 따른 금융기관 등의 출자요건을 위반한 경우. 다만, 신용정보회사 및 채권추심회사의 주식이 증권시장에 상장되어 있는 경우로서 대통령령으로 정하는 금융기관 등이 33% 이상을 출자한 경우에는 제외한다.[36]

4. 신용정보회사, 본인신용정보관리회사 및 채권추심회사[허가를 받은 날부터 3개 사업연도(개인신용평가업, 개인사업자신용평가업 및 기업신용조회업이 포함된 경우에는 5개 사업 연도)가 지나지 아니한 경우는 제외]의 자기자본(최근 사업연도 말 현재 대차대조표상 자산총액에서 부채총액을 뺀 금액)이 자본금 또는 기본재산의 요건(법6②)에 미치지 못한 경우

5. 업무정지명령을 위반하거나 업무정지에 해당하는 행위를 한 자가 그 사유발생일 전 3년 이내에 업무정지처분을 받은 사실이 있는 경우

6. 신용조사회사는 의뢰인에게 허위 사실을 알리는 행위를 하여서는 아니 되는데(법22의7① (1)), 이를 위반하여 의뢰인에게 허위사실을 알린 경우

6의2. 신용조사회사는 의뢰인에게 신용정보에 관한 조사 의뢰를 강요하는 행위를 하여서는 아니 되는데(법22의7①(2)), 이를 위반하여 신용정보에 관한 조사의뢰를 강요한 경우

6의3. 신용조사회사는 의뢰인에게 신용정보 조사 대상자에게 조사자료의 제공과 답변을 강요 하는 행위를 하여서는 아니 되는데(법22의7①(3)), 이를 위반하여 신용정보 조사 대상자에게 조사자료의 제공과 답변을 강요한 경우

6의4. 신용조사회사는 의뢰인에게 금융거래 등 상거래관계 외의 사생활 등을 조사하는 행위를 하여서는 아니 되는데(법22의7①(4)), 이를 위반하여 금융거래 등 상거래관계 외의 사생활 등을 조사한 경우[37]

8. 채권추심법 제9조[38] 각 호의 어느 하나를 위반하여 채권추심행위를 한 경우

---

36) 제3호 삭제 [2013. 5. 28].
37) 제7호 삭제 [2013. 5. 28].
38) 채권추심법 제9조(폭행·협박 등의 금지) 채권추심자는 채권추심과 관련하여 다음의 어느 하나에 해당하는 행위를 하여서는 아니 된다.
   1. 채무자 또는 관계인을 폭행·협박·체포 또는 감금하거나 그에게 위계나 위력을 사용하는 행위

(채권추심업만 해당)

9. 허가 또는 인가의 내용이나 조건을 위반한 경우

10. 정당한 사유 없이 1년 이상 계속하여 허가받은 영업을 하지 아니한 경우

11. 채권추심회사는 자기의 명의를 빌려주어 타인으로 하여금 채권추심업을 하게 하여서는 아니 되는데(법41①), 이를 위반하여 채권추심행위를 한 경우 (채권추심업만 해당)

2. 시정명령

신용정보회사, 본인신용정보관리회사 및 채권추심회사가 위의 취소사유 중 어느 하나에 해당하더라도 "대통령령으로 정하는 사유"에 해당하면 6개월 이내의 기간을 정하여 허가 또는 인가를 취소하기 전에 시정명령을 할 수 있다(법14① 단서).

여기서 "대통령령으로 정하는 사유"란 신용정보회사, 본인신용정보관리회사 및 채권추심회사가 위의 취소사유에 관한 법 제14조 제1항 제2호, 제4호 또는 제9호에 따른 허가 또는 인가의 취소사유에 해당하는 경우를 말한다(영12 본문). 다만, 취소사유가 해소될 가능성이 매우 적거나 공익을 해칠 우려가 있는 등 시정명령의 실익이 없다고 인정되는 경우는 제외한다(영12 단서).

---

2. 정당한 사유 없이 반복적으로 또는 야간(오후 9시 이후부터 다음 날 오전 8시까지에 채무자나 관계인을 방문함으로써 공포심이나 불안감을 유발하여 사생활 또는 업무의 평온을 심하게 해치는 행위

3. 정당한 사유 없이 반복적으로 또는 야간에 전화하는 등 말·글·음향·영상 또는 물건을 채무자나 관계인에게 도달하게 함으로써 공포심이나 불안감을 유발하여 사생활 또는 업무의 평온을 심하게 해치는 행위

4. 채무자 외의 사람(보증인을 포함)에게 채무에 관한 거짓 사실을 알리는 행위

5. 채무자 또는 관계인에게 금전의 차용이나 그 밖의 이와 유사한 방법으로 채무의 변제자금을 마련할 것을 강요함으로써 공포심이나 불안감을 유발하여 사생활 또는 업무의 평온을 심하게 해치는 행위

6. 채무를 변제할 법률상 의무가 없는 채무자 외의 사람에게 채무자를 대신하여 채무를 변제할 것을 요구함으로써 공포심이나 불안감을 유발하여 사생활 또는 업무의 평온을 심하게 해치는 행위

7. 채무자의 직장이나 거주지 등 채무자의 사생활 또는 업무와 관련된 장소에서 다수인이 모여 있는 가운데 채무자 외의 사람에게 채무자의 채무금액, 채무불이행 기간 등 채무에 관한 사항을 공연히 알리는 행위

3. 취소의 공고

금융위원회는 신용정보업, 본인신용정보관리업 및 채권추심업 허가 또는 양도·양수 등의 인가를 취소한 경우 지체 없이 그 내용을 관보에 공고하고 인터넷 홈페이지 등을 이용하여 일반인에게 알려야 한다(법7⑥).

Ⅱ. 업무정지명령

금융위원회는 신용정보회사, 본인신용정보관리회사 및 채권추심회사가 다음의 어느 하나에 해당하는 경우에는 6개월의 범위에서 기간을 정하여 그 업무의 전부 또는 일부의 정지를 명할 수 있다(법14②).

1. 신용정보회사, 본인신용정보관리회사 및 채권추심회사는 해당 영업을 하는 동안에는 신용정보업, 본인신용정보관리업 또는 채권추심업을 하기에 충분한 인력(본인신용정보관리업은 제외)과 전산설비 등 물적 시설 요건을 계속 유지하여야 하는데(법6④), 이를 위반한 경우
2. 제11조(겸영업무) 및 제11조의2(부수업무)를 위반한 경우[39]
4. 신용정보회사등은 신용정보의 처리를 위탁하기 위하여 수탁자에게 개인신용정보를 제공하는 경우 특정 신용정보주체를 식별할 수 있는 정보는 암호화 등의 보호 조치를 하여야 하거나(법17④) 또는 신용정보회사등은 신용정보 전산시스템(신용정보공동전산망을 포함)에 대한 제3자의 불법적인 접근, 입력된 정보의 변경·훼손 및 파괴, 그 밖의 위험에 대하여 기술적·물리적·관리적 보안대책을 수립·시행하여야 하며, 신용정보제공·이용자가 다른 신용정보제공·이용자 또는 개인신용평가회사, 개인사업자신용평가회사, 기업신용조회회사와 서로 신용정보법에 따라 신용정보를 제공하는 경우에는 신용정보 보안관리 대책을 포함한 계약을 체결하여야 하는데(법19), 이를 위반하여 신용정보를 분실·도난·유출·변조 또는 훼손당한 경우
5. 개인신용평가회사, 개인사업자신용평가회사 및 기업신용조회회사의 임원의 자격요건(법22①)이나 신용조사회사의 임직원 자격요건(법22②), 본인신용정보관리회사 임원의 자격요건(법22의8) 및 채권추심회사 임직원 자격요건

---

39) 제3호 삭제 [2020. 2. 4.].

(법27①)을 위반한 경우

5의2. 본인신용정보관리회사는 일정한 수단을 대통령령으로 정하는 방식으로 사용·보관함으로써 신용정보주체에게 교부할 신용정보를 수집하여서는 아니 되는데(법22의9③), 이를 위반하여 신용정보를 수집하거나 또는 신용정보제공·이용자등은 개인인 신용정보주체가 본인신용정보관리회사에 본인에 관한 개인신용정보의 전송을 요구하는 경우에는 정보제공의 안전성과 신뢰성이 보장될 수 있는 방식으로서 대통령령으로 정하는 방식으로 해당 개인인 신용정보주체의 개인신용정보를 그 본인신용정보관리회사에 직접 전송하여야 하는데(법22의9④), 이를 위반하여 개인신용정보를 전송한 경우

5의3. 신용정보회사등이 개인의 질병, 상해 또는 그 밖에 이와 유사한 정보를 수집·조사하거나 제3자에게 제공하려면 미리 서면 등(법32① 각 호)의 방식으로 해당 개인의 동의를 받아야 하며, 대통령령으로 정하는 목적으로만 그 정보를 이용하여야 하는데(법33②), 이를 위반한 경우[40]

7. 신용정보회사등은 정보원, 탐정, 그 밖에 이와 비슷한 명칭을 사용하는 일(법40①(5))을 하여서는 아니 되는데(법40①(5)), 이를 위반하여 정보원, 탐정, 그 밖에 이와 비슷한 명칭을 사용한 경우

8. 신용정보회사등과 신용정보의 처리를 위탁받은 자의 임직원이거나 임직원이었던 자("신용정보업관련자")는 업무상 알게 된 타인의 신용정보 및 사생활 등 개인적 비밀("개인비밀")을 업무 목적 외에 누설하거나 이용하여서는 아니 되며(법42①), 이를 위반하여 누설된 개인비밀을 취득한 자(그로부터 누설된 개인비밀을 다시 취득한 자를 포함)는 그 개인비밀이 이를 위반하여 누설된 것임을 알게 된 경우 그 개인비밀을 타인에게 제공하거나 이용하여서는 아니 되고(법42③), 신용정보회사등과 신용정보업관련자로부터 개인신용정보를 제공받은 자는 그 개인신용정보를 타인에게 제공하여서는 아니 되는데(법42④), 이를 위반한 경우

9. [별표][41]에 규정된 처분 사유에 해당하는 경우

---

40) 제6호 삭제 [2020. 2. 4.].

41) [별표] 신용정보회사에 대한 처분 사유(제14조 제2항 제9호 관련)
   1. 금융위원회는 승인을 받지 아니하고 취득등을 한 주식과 취득등을 한 후 승인을 신청하지 아니한 주식에 대하여 6개월 이내의 기간을 정하여 처분을 명할 수 있는데(법9③), 이에 따른 명령을 위반하여 금융위원회의 승인 없이 취득한 주식 또는 취득등을 한 후 승인을 신청하지 아니한 주식을 처분하지 아니한 경우
   2. 금융위원회 또는 보호위원회는 시정을 요청받으면 금융감독원장 또는 보호위원회가 지정한 자로 하여금 그 사실 여부를 조사하게 하고, 조사결과에 따라 신용정보회사등에 대하여 시정을 명할 수 있는데(법38⑥), 이에 따른 금융위원회의 시정명령에 따르지

10. 채권추심법 제12조 제2호·제5호[42]를 위반하여 채권추심행위를 한 경우(채권추심업만 해당)

11. 그 밖에 법령 또는 정관을 위반하거나 경영상태가 건전하지 못하여 공익을 심각하게 해치거나 해칠 우려가 있는 경우

Ⅲ. 행정처분의 기준

법 제14조 제2항에 따른 행정처분의 기준은 [별표]와 같다(시행규칙6).

행정처분의 기준(제6조 관련)

위반행위	해당 법조문	업무정지 기간	업무정지 범위
1. 법 제6조 제4항을 위반하여 허가의 요건을 계속 유지하지 않은 경우	법 제14조 제2항 제1호	6개월	전부

아니한 경우

3. 금융위원회는 감독에 필요하면 신용정보회사등에 대하여 그 업무 및 재산상황에 관한 보고 등 필요한 명령을 할 수 있는데(법45②), 이에 따른 업무 및 재산상황에 관한 보고 등의 명령에 따르지 아니한 경우

4. 금융감독원장은 검사에 필요하다고 인정하면 자료의 제출, 관계자의 출석 및 의견의 진술을 신용정보회사등에 요구할 수 있는데(법45④), 이에 따른 자료의 제출, 관계자의 출석 및 의견의 진술을 하지 아니한 경우

5. 금융위원회는 신용정보회사등이 신용정보법(채권추심회사의 경우에는 채권추심법을 포함) 또는 신용정보법에 따른 명령을 위반하여 신용정보 관련 산업의 건전한 경영과 신용정보주체의 권익을 해칠 우려가 있다고 인정하면 임원에 대한 해임권고, 직무정지 또는 직원에 대한 면직 요구하는데 (법45⑦(4)), 이에 따른 임원에 대한 해임권고 또는 직무정지 요구 및 직원에 대한 면직 요구에 따르지 아니한 경우

6. 금융위원회는 신용정보회사등이 신용정보법(채권추심회사의 경우에는 채권추심법을 포함) 또는 신용정보법에 따른 명령을 위반하여 신용정보 관련 산업의 건전한 경영과 신용정보주체의 권익을 해칠 우려가 있다고 인정하면 위반행위에 대한 시정명령 조치를 하는데(법45⑦(5)), 이에 따른 위반행위에 대한 시정명령을 따르지 아니한 경우

7. 금융위원회는 신용정보회사등이 신용정보법(채권추심회사의 경우에는 채권추심법을 포함) 또는 신용정보법에 따른 명령을 위반하여 신용정보 관련 산업의 건전한 경영과 신용정보주체의 권익을 해칠 우려가 있다고 인정하면 신용정보제공의 중지 조치를 하는데(법45⑦(6), 이에 따른 신용정보제공의 중지 조치에 따르지 아니한 경우

42) 채권추심법 제12조(불공정한 행위의 금지) 채권추심자는 채권추심과 관련하여 다음의 어느 하나에 해당하는 행위를 하여서는 아니 된다.

2. 채무자의 연락두절 등 소재파악이 곤란한 경우가 아님에도 채무자의 관계인에게 채무자의 소재, 연락처 또는 소재를 알 수 있는 방법 등을 문의하는 행위

5. 엽서에 의한 채무변제 요구 등 채무자 외의 자가 채무사실을 알 수 있게 하는 행위(제9조 제7호에 해당하는 행위는 제외)

2. 법 제9조 제3항에 따른 명령을 위반하여 금융위원회의 승인 없이 취득한 주식 또는 제9조 제1항에 따른 취득등을 한 후 승인을 신청하지 않은 주식을 처분하지 않은 경우	법 제14조 제2항 제9호, 법 별표 제1호	6개월	전부
3. 법 제11조 제1항을 위반하여 금융위원회에 미리 신고하지 않거나 거짓 또는 그 밖의 부정한 방법으로 신고하고 겸영업무를 한 경우	법 제14조 제2항 제2호	3개월	일부
4. 법 제11조의2 제1항을 위반하여 금융위원회에 미리 신고하지 않거나 거짓 또는 그 밖의 부정한 방법으로 신고하고 허가를 받은 영업에 부수하는 업무를 한 경우	법 제14조 제2항 제2호	3개월	일부
5. 삭제 <2020. 8. 5.>			
6. 법 제17조 제4항 또는 제19조를 위반하여 신용정보를 분실·도난·유출·변조 또는 훼손당한 경우	법 제14조 제2항 제4호	3개월	전부
7. 법 제22조 제1항을 위반하여 임원으로 채용·고용한 경우, 법 제22조 제2항을 위반하여 임직원으로 채용·고용한 경우, 법 제22조의8을 위반하여 임원으로 채용·고용한 경우 또는 법 제27조 제1항을 위반하여 임직원으로 채용·고용하거나 채권추심업무를 하게 한 경우	법 제14조 제2항 제5호	3개월	일부
8. 법 제22조의9 제3항을 위반하여 신용정보를 수집하거나 같은 조 제4항을 위반하여 개인신용정보를 전송한 경우	법 제14조 제2항 제5호의2	3개월	전부
8의2. 법 제33조 제2항을 위반하여 개인의 질병, 상해 또는 그 밖에 이와 유사한 정보를 수집·조사하거나 제3자에게 제공한 경우 또는 그 정보를 목적대로 이용하지 않은 경우	법 제14조 제2항 제5호의3	3개월	일부
9. 법 제38조 제6항에 따른 금융위원회의 시정명령에 따르지 않은 경우	법 제14조 제2항 제9호, 법 별표 제2호	1개월	일부
10. 법 제40조 제1항 제5호를 위반하여 정보원, 탐정, 그 밖에 이와 비슷한 명칭을 사용한 경우	법 제14조 제2항 제7호	1개월	일부
11. 법 제42조 제1항을 위반하여 개인비밀을 업무 목적 외에 누설하거나 이용한 경우 또는 법 제42조 제3항을 위반하여 개인비밀을 타인에게 제공하거나 이용한 경우	법 제14조 제2항 제8호	6개월	전부
12. 법 제42조 제4항을 위반하여 개인신용정보	법 제14조	6개월	전부

를 타인에게 제공한 경우	제2항 제8호		
13. 법 제45조 제2항에 따른 업무 및 재산상황에 관한 보고 등의 명령에 따르지 않은 경우	법 제14조 제2항 제9호, 법 별표 제3호	1개월	일부
14. 법 제45조 제4항에 따른 자료의 제출, 관계자의 출석 및 의견의 진술을 하지 않은 경우	법 제14조 제2항 제9호, 법 별표 제4호	1개월	일부
15. 법 제45조 제7항 제4호에 따른 임원에 대한 해임권고 또는 직무정지 요구 및 직원에 대한 면직 요구에 따르지 않은 경우	법 제14조 제2항 제9호, 법 별표 제5호	1개월	일부
16. 법 제45조 제7항 제5호에 따른 위반행위에 대한 시정명령을 따르지 않은 경우	법 제14조 제2항 제9호, 법 별표 제6호	1개월	일부
17. 법 제45조 제7항 제6호에 따른 신용정보제공의 중지 조치에 따르지 않은 경우	법 제14조 제2항 제9호, 법 별표 제7호	1개월	일부
18. 채권추심법 제12조 제2호·제5호를 위반하여 채권추심행위를 한 경우(채권추심업만 해당)	법 제14조 제2항 제10호	1개월	일부
19. 그 밖에 법령 또는 정관을 위반하거나 경영상태가 건전하지 못하여 공익을 심각하게 해칠 우려가 있는 경우	법 제14조 제2항 제11호	2개월	일부
20. 그 밖에 법령 또는 정관을 위반하거나 경영상태가 건전하지 못하여 공익을 심각하게 해친 경우	법 제14조 제2항 제11호	3개월	전부

Ⅳ. 허가취소와 청문

금융위원회는 신용정보업, 본인신용정보관리업 및 채권추심업의 허가의 취소에 해당하는 처분을 하려면 청문을 하여야 한다(법48(1)).

Ⅴ. 위반시 제재

법 제14조 제2항에 따른 업무정지 기간에 업무를 한 자는 3년 이하의 징역 또는 3천만원 이하의 벌금에 처한다(법50③(1)).

제 2 장

대주주의 변경승인 등

제1절 대주주 변경승인

Ⅰ. 의의

금융기관의 대주주는 해당 금융기관의 건전성과 영업행위규제를 비롯한 조직문화 전반에 걸쳐 영향을 미칠 수 있다. 따라서 금융감독당국은 대주주가 금융기관을 건전하게 영위할 만한 자격이 있는지 여부를 정기적으로 또는 수시로 점검하고 있다. 이와 관련하여 신용정보법은 최초 인허가시에 대주주의 적격요건을 심사하고, 대주주 변경시에는 금융위원회가 이를 승인하거나 금융위원회에 사후 보고를 하도록 하고 있다.

Ⅱ. 사전승인 대상

1. 의의

신용정보회사, 본인신용정보관리회사 및 채권추심회사가 발행한 주식을 취득·양수(실질적으로 해당 주식을 지배하는 것을 말하며, 이하 "취득등"이라 한다)하여 대주주(최대주주의 경우 최대주주의 특수관계인인 주주를 포함하며, 최대주주가 법인인 경우 그 법인의 중요한 경영사항에 대하여 사실상 영향력을 행사하고 있는 자로서 "대통령령으로 정하는 자"를 포함)가 되고자 하는 자는 건전한 경영을 위하여 조세범 처벌법 및 금융과 관련하여 "대통령령으로 정하는 법률"을 위반하지 아니하는 등 "대통령령으로 정하는 요건"을 갖추어 미리 금융위원회의 승인을 받아야 한다(법 9① 본문).

아래서는 "대통령령으로 정하는 자", "대통령령으로 정하는 법률", 그리고 "대통령령으로 정하는 요건"을 살펴본다.

2. 대통령령으로 정하는 자: 최대주주

대주주에는 최대주주의 경우 최대주주의 특수관계인인 주주를 포함하며, 최대주주가 법인인 경우 그 법인의 중요한 경영사항에 대하여 사실상 영향력을 행사하고 있는 자로서 "대통령령으로 정하는 자"를 포함한다(법9① 본문).

여기서 "대통령령으로 정하는 자"란 ⅰ) 법 제2조 제18호 가목에 따른 최대주주("최대주주")인 법인의 최대주주(최대주주인 법인의 주요 경영사항을 사실상 지배하는 자가 그 법인의 최대주주와 명백히 다른 경우에는 그 사실상 지배하는 자를 포함), ⅱ) 최대주주인 법인의 대표자를 말한다(영9①).

위에서 법 제2조 제18호 가목에 따른 최대주주는 신용정보회사, 본인신용정보관리회사 및 채권추심회사의 의결권 있는 발행주식(출자지분을 포함) 총수를 기준으로 본인 및 그와 대통령령으로 정하는 특수한 관계가 있는 자("특수관계인")[1]

---

1) "대통령령으로 정하는 특수한 관계가 있는 자"란 본인과 다음의 구분에 따른 관계가 있는 자("특수관계인")를 말한다(영2㉕).
   1. 본인이 개인인 경우: 다음 각 목의 어느 하나에 해당하는 자. 다만, 공정거래법 시행령 제3조의2 제1항 제2호 가목에 따른 독립경영친족 및 같은 목에 따라 공정거래위원회가 동일인관련자의 범위로부터 분리를 인정하는 자는 제외한다.
      가. 배우자(사실상의 혼인관계에 있는 사람 포함)
      나. 6촌 이내의 혈족
      다. 4촌 이내의 인척
      라. 양자의 생가(生家)의 직계존속
      마. 양자 및 그 배우자와 양가(養家)의 직계비속
      바. 혼인 외의 출생자의 생모
      사. 본인의 금전이나 그 밖의 재산으로 생계를 유지하는 사람 및 생계를 함께 하는 사람
      아. 본인이 혼자서 또는 그와 가목부터 사목까지의 규정에 따른 관계에 있는 사람과

가 누구의 명의로 하든지 자기의 계산으로 소유하는 주식(그 주식과 관련된 증권예
탁증권을 포함)을 합하여 그 수가 가장 많은 경우의 그 본인("최대주주")를 말한다
(법2(18) 가목).

3. 대통령령으로 정하는 법률: 금융관계법률 등

건전한 경영을 위하여 조세범 처벌법 및 금융과 관련하여 "대통령령으로 정
하는 법률"이란 ⅰ) 금융사지배구조법, ⅱ) 금융사지배구조법 시행령 제5조 각
호의 법률2) 및 이에 상당하는 외국의 금융 관계 법률("금융관계법률")을 말한다

　　합하여 법인이나 단체에 30% 이상을 출자하거나, 그 밖에 임원의 임면 등 법인이
　　나 단체의 중요한 경영사항에 대해 사실상의 영향력을 행사하고 있는 경우에는 해
　　당 법인 또는 단체와 그 임원(본인이 혼자서 또는 그와 가목부터 사목까지의 규정
　　에 따른 관계에 있는 사람과 합하여 임원의 임면 등의 방법으로 그 법인 또는 단체
　　의 중요한 경영사항에 대해 사실상의 영향력을 행사하고 있지 않음이 본인의 확인
　　서 등을 통해 확인되는 경우에 그 임원은 제외)
　자. 본인이 혼자서 또는 그와 가목부터 아목까지의 규정에 따른 관계에 있는 자와 합
　　하여 법인이나 단체에 30% 이상을 출자하거나, 그 밖에 임원의 임면 등 법인이나
　　단체의 중요한 경영사항에 대해 사실상의 영향력을 행사하고 있는 경우에는 해당
　　법인 또는 단체와 그 임원(본인이 혼자서 또는 그와 가목부터 아목까지의 규정에
　　따른 관계에 있는 자와 합하여 임원의 임면 등의 방법으로 그 법인 또는 단체의 중
　　요한 경영사항에 대해 사실상의 영향력을 행사하고 있지 않음이 본인의 확인서 등
　　을 통해 확인되는 경우에 그 임원은 제외)
　2. 본인이 법인이나 단체인 경우: 다음의 어느 하나에 해당하는 자
　가. 임원
　나. 공정거래법 제2조 제3호에 따른 계열회사 및 그 임원
　다. 혼자서 또는 제1호 각 목의 관계에 있는 자와 합하여 본인에게 30% 이상을 출자하
　　거나, 그 밖에 임원의 임면 등 본인의 중요한 경영사항에 대해 사실상의 영향력을
　　행사하고 있는 개인(그와 제1호 각 목의 관계에 있는 자를 포함) 또는 법인(계열회
　　사는 제외), 단체와 그 임원
　라. 본인이 혼자서 또는 그와 가목부터 다목까지의 규정에 따른 관계에 있는 자와 합
　　하여 다른 법인이나 단체에 30% 이상을 출자하거나, 그 밖에 임원의 임면 등 다른
　　법인이나 단체의 중요한 경영사항에 대해 사실상의 영향력을 행사하고 있는 경우
　　에는 해당 법인, 단체와 그 임원(본인이 혼자서 또는 그와 가목부터 다목까지의 규
　　정에 따른 관계에 있는 자와 합하여 임원의 임면 등의 방법으로 그 법인 또는 단체
　　의 중요한 경영사항에 대해 사실상의 영향력을 행사하고 있지 않음이 본인의 확인
　　서 등을 통해 확인되는 경우에 그 임원은 제외)
　2) 공인회계사법, 퇴직급여법, 금융산업구조개선법, 금융실명법, 금융위원회법, 금융지주회사
　　법, 금융혁신지원 특별법, 자산관리공사법, 기술보증기금법, 농수산식품투자조합법, 농업
　　협동조합법, 담보부사채신탁법, 대부업법, 문화산업법, 벤처기업법, 보험업법, 감정평가법,
　　부동산투자회사법, 민간투자법, 산업발전법, 상호저축은행법, 새마을금고법, 선박투자회사
　　법, 소재부품장비산업법, 수산업협동조합법, 신용보증기금법, 신용정보법, 신용협동조합법,
　　여신전문금융업법, 예금자보호법, 온라인투자연계금융업법, 외국인투자법, 외국환거래법,

(영9②).

4. 대통령령으로 정하는 요건: 대주주 요건

"대통령령으로 정하는 요건"이란 [별표 1의2]의 요건을 말한다(영9③). 시행령 [별표 1의2]의 대주주 요건은 허가요건에서 살펴보았다.

5. 사전승인의 예외

국가 및 공공기관(공공기관운영법4) 등 건전한 금융질서를 저해할 우려가 없는 자로서 "대통령령으로 정하는 자"는 사전승인을 받지 않아도 된다(법9① 단서).

여기서 "대통령령으로 정하는 자"란 ⅰ) 국가, ⅱ) 예금보험공사, ⅲ) 한국산업은행(금융안정기금3)의 부담으로 주식을 취득하는 경우만 해당), ⅳ) 최대주주 또는 그의 특수관계인인 주주로서 신용정보회사, 본인신용정보관리회사 및 채권추심회사의 의결권 있는 발행주식 총수 또는 지분의 1% 미만을 소유하는 자(다만, 제2조 제26항 각 호4)의 어느 하나에 해당하는 자는 제외), ⅴ) 한국자산관리공사, ⅵ) 국민연금공단, ⅶ) 회사의 합병·분할에 대해 금융관계법률에 따라 금융위원회의 승인을 받은 신용정보회사, 본인신용정보관리회사 및 채권추심회사의 신주를 배정받아 대주주가 된 자를 말한다(영9④).

Ⅲ. 사후승인 사유 및 승인신청 기간

주식의 취득등이 기존 대주주의 사망 등 사유로 인한 때에는 취득등을 한

유사수신행위법, 은행법, 자본시장법, 자산유동화법, 전자금융거래법, 전자증권법, 외부감사법, 주택법, 중소기업은행법, 중소기업창업법, 채권추심법, 특정금융정보법, 한국산업은행법, 한국수출입은행법, 한국은행법, 한국주택금융공사법, 한국투자공사법, 해외자원개발법(금융사지배구조법 시행령5).

3) 시장상황의 급격한 변동에 대응하여 금융산업구조개선법에 따른 자금지원을 효율적으로 함으로써 금융의 중개기능 제고와 금융시장의 안정에 이바지하기 위하여 한국산업은행에 금융안정기금을 설치한다(금융산업구조개선법23의2①).

4) 1. 혼자서 또는 다른 주주와의 합의·계약 등에 따라 대표이사 또는 이사의 과반수를 선임한 주주
   2. 신용정보회사, 본인신용정보관리회사 및 채권추심회사의 경영전략·조직변경 등 주요 의사결정이나 업무집행에 지배적인 영향력을 행사한다고 인정되는 자로서 금융위원회가 정하여 고시하는 주주

날부터 3개월 이내에서 ⅰ) 기존 주주의 사망에 따른 상속·유증·사인증여로 주식을 취득·양수(실질적으로 해당 주식을 지배하는 것을 말하며, 이하 "취득등"이라 한다)하여 대주주가 되는 경우 기존 주주가 사망한 날부터 3개월(제1호), ⅱ) 담보권의 실행, 대물변제의 수령 또는 그 밖에 이에 준하는 것으로서 금융위원회가 정하여 고시하는 원인5)으로 주식의 취득등을 하여 대주주가 되는 경우 주식 취득등을 한 날부터 1개월(제2호), ⅲ) 다른 주주의 감자(減資) 또는 주식처분 등의 원인으로 대주주가 되는 경우 대주주가 된 날부터 1개월(제3호) 이내에 금융위원회에 승인을 신청하여야 한다(법9②, 영9⑤).

Ⅳ. 승인신청

1. 변경승인신청서 제출

(1) 변경승인신청서 기재사항

승인을 받으려는 자는 ⅰ) 신청인에 관한 사항(제1호), ⅱ) 대주주가 되기 위해 신용정보회사, 본인신용정보관리회사 및 채권추심회사의 주식을 취득하려는 경우 해당 회사가 발행한 주식의 소유현황(제2호), ⅲ) 대주주가 되려는 자가 주식취득 대상 신용정보회사, 본인신용정보관리회사 및 채권추심회사가 발행했거나 발행할 주식을 취득하려는 경우 그 취득계획(제3호), ⅳ) 그 밖에 승인요건 심사에 필요한 사항으로서 금융위원회가 정하여 고시하는 사항(제4호)이 기재된 대주주 변경승인신청서("변경승인신청서")를 금융위원회에 제출해야 한다(영9⑥).

이에 따라 신용정보회사, 본인신용정보관리회사 및 채권추심회사의 대주주가 되고자 하는 자는 금융감독원장이 정하는 변경승인신청서 및 첨부서류를 금융위원회에 제출하여야 한다(감독규정11①).

(2) 외국인 또는 외국 법인의 대리인 지정

외국인 또는 외국 법인이 변경승인신청서를 제출하는 때에는 거주자를 대리인으로 지정하여야 한다(감독규정11②). 여기서 "거주자"란 대한민국에 주소 또는 거소를 둔 개인과 대한민국에 주된 사무소를 둔 법인을 말한다(외국환거래

---

5) "금융위원회가 정하여 고시하는 원인"이란 투자매매업자·투자중개업자가 증권의 인수업무를 영위하는 과정에서 다른 회사의 주식을 소유하게 되는 경우를 말한다(감독규정11④).

법3①(14)).

(3) 금융위원회의 확인사항

변경승인신청서를 제출받은 금융위원회는 전자정부법 제36조 제1항에 따른 행정정보의 공동이용을 통하여 ⅰ) 법인 등기사항증명서(신청인이 국내 법인인 경우만 해당)(제1호), ⅱ) 주민등록표 등본 또는 사업자등록증(제2호), ⅲ) 주식취득 대상 신용정보회사, 본인신용정보관리회사 및 채권추심회사의 법인 등기사항증명서(제3호)를 확인해야 한다(영9⑧ 본문). 다만, 주민등록표 등본 또는 사업자등록증의 경우에는 신청인이 확인에 동의하지 않으면 주민등록표 등본 또는 사업자등록증 사본을 첨부하도록 해야 한다(영9⑧ 단서).

2. 첨부서류

변경승인신청서에는 다음의 구분에 따른 서류를 첨부해야 한다(영9⑦).

(1) 대주주가 되려는 자가 법인인 경우

대주주가 되려는 자가 법인인 경우 ⅰ) 정관(가목), ⅱ) 최근 사업연도 말 현재의 재무제표(최근 사업연도 말 이후 6개월이 지난 경우에는 해당 연도의 반기재무제표)(나목), ⅲ) 최근 사업연도 말 현재의 재무제표에 대한 회계감사인의 감사보고서 및 검토보고서(다목)를 첨부해야 한다(영9⑦(1)).

(2) 대주주가 되려는 자가 외국 법인 등인 경우

대주주가 되려는 자가 ⅰ) 외국 법인인 경우 법인 등기사항증명서에 준하는 서류를 첨부해야 하고(가목), ⅱ) 금융위원회법 제38조에 따라 금융감독원의 검사를 받는 기관(기관전용 사모집합투자기구6) 또는 투자목적회사7) 및 국가재정법 제5조

---

6) 기관전용 사모집합투자기구란 자본시장법 제249조의11 제6항에 해당하는 자만을 사원으로 하는 투자합자회사인 사모집합투자기구를 말한다(자본시장법9⑲(1)).
7) 사모집합투자기구는 다음의 요건을 모두 충족하는 투자목적회사의 지분증권에 투자할 수 있다(자본시장법249의13①). 여기서 투자목적회사란 ⅰ) 주식회사 또는 유한회사이어야 하고, ⅱ) 특정 법인 또는 특정 자산 등에 대한 효율적인 투자를 목적으로 하여야 하며, ⅲ) 그 주주 또는 사원이 다음의, 즉 ㉠ 사모집합투자기구 또는 그 사모집합투자기구가 투자한 투자목적회사, ㉡ 투자목적회사가 투자하는 회사의 임원 또는 대주주, ㉢ 그 밖에 투자목적회사의 효율적 운영을 위하여 투자목적회사의 주주 또는 사원이 될 필요가 있는

에 따른 기금 또는 그 기금을 관리·운용하는 법인은 제외한다. 이하 이 조 및 제9조의2에서 "금융기관"이라 한다)인 경우 그 금융기관에 적용되는 재무건전성 기준에 따라 산출한 재무상태와 이에 대한 회계감사인의 검토보고서를 첨부해야 하며(나목), iii) 공정거래법에 따른 상호출자제한기업집단 및 채무보증제한기업집단 또는 전년말 현재 금융기관으로부터의 신용공여 잔액이 전전년말 현재 금융기관의 전체 신용공여잔액 대비 100,000분의 75 이상인 계열기업군에 속하는 경우("주채무계열")에 속하는 경우 부채비율 산출명세서 및 회계법인의 확인서(다목)를 첨부해야 한다(영9⑦(2)).

V. 승인심사기간

1. 승인 여부 결정과 통지

금융위원회는 변경승인신청서를 제출받은 경우에는 그 내용을 심사하여 60일 이내에 승인 여부를 결정하고, 그 결과와 이유를 지체 없이 신청인에게 문서로 통지해야 한다(영9⑨ 전단). 이 경우 변경승인신청서에 흠이 있는 경우에는 보완을 요구할 수 있다(영9⑨ 후단).

2. 심사기간 제외

심사기간을 계산할 때 변경승인신청서 흠의 보완기간 등 다음의 기간은 심사기간에 넣지 않는다(영9⑩, 감독규정11의2③).

1. 법 제9조 제1항의 요건을 충족하는지를 확인하기 위하여 다른 기관 등으로부터 필요한 자료를 제공받는 데에 걸리는 기간
2. 변경승인신청서 흠결의 보완을 요구한 경우에는 그 보완기간
3. 신용정보회사, 본인신용정보관리회사 및 채권추심회사의 대주주가 되려는 자를 상대로 형사소송 절차가 진행되고 있거나 금융위원회, 국세청, 검찰청 또

자로서 대통령령으로 정하는 자 중 어느 하나에 해당하되, 사모집합투자기구 또는 그 사모집합투자기구가 투자한 투자목적회사에 해당하는 주주 또는 사원의 출자비율이 대통령령으로 정하는 비율 이상이어야 하며, iv) 그 주주 또는 사원인 사모집합투자기구의 투자자 수와 사모집합투자기구가 아닌 주주 또는 사원의 수를 합산한 수가 100인 이내이어야 하며, ⅴ) 상근임원을 두거나 직원을 고용하지 아니하고, 본점 외에 영업소를 설치하지 아니한 회사를 말한다(자본시장법249의13①).

는 금융감독원 등(외국 금융회사인 경우에는 이들에 준하는 본국의 감독기
관 등을 포함)에 의한 조사·검사 등의 절차가 진행되고 있고, 그 소송이나
조사·검사 등의 내용이 심사에 중대한 영향을 미칠 수 있다고 인정되는 경
우에는 그 소송이나 조사·검사 등의 절차가 끝날 때까지의 기간

4. 천재·지변 그 밖의 사유로 불승인사유를 통지할 수 없는 기간

Ⅵ. 요건 미충족시의 조치

1. 주식처분명령

금융위원회는 승인을 받지 아니하고 취득등을 한 주식과 취득등을 한 후 승
인을 신청하지 아니한 주식에 대하여 6개월 이내의 기간을 정하여 처분을 명할
수 있다(법9③). 금융위원회는 주식의 처분을 명하는 경우에는 처분 대상 주식의
수, 처분 기한 등을 명시한 서면으로 해야 한다(영9⑪).

2. 의결권행사 제한

승인을 받지 아니하거나 승인을 신청하지 아니한 자는 승인 없이 취득하거
나 취득 후 승인을 신청하지 아니한 주식에 대하여 의결권을 행사할 수 없다(법9
④).

Ⅶ. 승인효력의 소멸

금융위원회 승인의 효력은 신용정보회사, 본인신용정보관리회사 및 채권추
심회사의 대주주가 되고자 하는 자가 승인을 받은 날부터 6개월 이내에 해당 신
용정보회사, 본인신용정보관리회사 및 채권추심회사의 주식을 취득하지 아니하
는 경우에는 소멸한다(감독규정11⑤ 본문). 다만, 금융위원회의 승인 당시 주식취
득기한을 따로 정하였거나 승인 후 주식취득기한의 연장에 대하여 금융위원회의
승인을 받은 경우에는 그 기간을 달리 정할 수 있다(감독규정11⑤ 단서).

Ⅷ. 주식취득 사실의 보고 및 통보

신용정보회사, 본인신용정보관리회사 및 채권추심회사의 대주주가 되고자 하는 자가 승인을 받은 후 주식을 취득한 때에는 그 사실을 지체 없이 금융감독 원장에게 보고하여야 하며, 해당 신용정보회사, 본인신용정보관리회사 및 채권추 심회사에 통보하여야 한다(감독규정11⑥).

Ⅸ. 대주주 변경승인업무의 수행과 통보

1. 금융감독원장의 대주주 변경승인업무의 수행

금융감독원장은 대주주 변경승인의 심사와 관련하여 ⅰ) 이해관계인 등의 의견을 수렴하기 위한 승인 신청내용, 의견제시 방법 및 기간 등의 공고, ⅱ) 접 수된 의견 중 신청인에게 불리하다고 판단되는 의견의 신청인에 대한 통보 및 소명 청취 업무를 수행할 수 있다(감독규정11의2①).

2. 업무수행 결과의 금융위원회에 통보

금융감독원장은 위의 업무를 수행한 후에 그 결과를 지체 없이 금융위원회 에 통보하여야 한다(감독규정11의2②).

Ⅹ. 위반시 제재

법 제9조 제1항을 위반하여 금융위원회의 승인 없이 신용정보회사, 본인신 용정보관리회사 및 채권추심회사의 주식에 대하여 취득등을 하여 대주주가 된 자(제1호), 법 제9조 제2항을 위반하여 승인신청을 하지 아니한 자(제1의2호), 법 제9조 제3항에 따른 명령을 위반하여 승인 없이 취득한 주식을 처분하지 아니한 자(제2호)는 1년 이하의 징역 또는 1천만원 이하의 벌금에 처한다(법50④).

제2절 최대주주의 적격성 심사

Ⅰ. 의의

금융위원회는 전문개인신용평가회사를 제외한 개인신용평가회사(영9의2①) 및 개인사업자신용평가회사("심사대상회사")의 최대주주 중 최다출자자 1인(최다출자자 1인이 법인인 경우 그 법인의 최대주주 중 최다출자자 1인을 말하며, 그 최다출자자 1인도 법인인 경우에는 최다출자자 1인이 개인이 될 때까지 같은 방법으로 선정한다 (법9의2① 본문). 다만, 법인 간 순환출자 구조인 경우에는 최대주주 중 "대통령령으로 정하는 최다출자자" 1인으로 한다. 이하 이 조에서 "적격성 심사대상"이라 한다)에 대하여 "대통령령으로 정하는 기간"마다 제9조 제1항에 따른 요건 중 조세범 처벌법 및 금융과 관련하여 금융관계법률(영9의2④)을 위반하지 아니하는 등 대통령령으로 정하는 요건("적격성 유지요건")에 부합하는지 여부를 심사하여야 한다(법9의2① 단서).

아래서는 적격성 심사대상, 대통령령으로 정하는 기간, 적격성 유지요건을 살펴본다.

Ⅱ. 승인대상

1. 적격성 심사대상

최다출자자 1인이란 최다출자자 1인이 법인인 경우 그 법인의 최대주주 중 최다출자자 1인을 말하며, 그 최다출자자 1인도 법인인 경우에는 최다출자자 1인이 개인이 될 때까지 같은 방법으로 선정한다(법9의2① 본문). 다만, 법인 간 순환출자 구조인 경우에는 최대주주 중 "대통령령으로 정하는 최다출자자" 1인으로 한다(법9의2① 단서).

여기서 "대통령령으로 정하는 최다출자자"란 순환출자 구조의 법인이 속한 기업집단(공정거래법 제2조 제2호[8])에 따른 기업집단)의 동일인(같은 호에 따른 동일

---

8) 2. "기업집단"이라 함은 동일인이 다음 각목의 구분에 따라 대통령령이 정하는 기준에 의하여 사실 상 그 사업내용을 지배하는 회사의 집단을 말한다.

인)을 말한다(영9의2② 본문). 다만, 동일인이 법인인 경우에는 그 법인의 최대주주 중 최다출자자 1인을 말하며, 그 최다출자자 1인도 법인인 경우에는 최다출자자 1인이 개인이 될 때까지 같은 방법으로 선정한다(영9의2② 단서).

2. 대통령령으로 정하는 기간: 2년

"대통령령으로 정하는 기간"이란 2년을 말한다(영9의2③ 본문). 다만, 다음의 어느 하나에 해당하는 경우에는 "금융위원회가 2년의 범위에서 정하여 고시하는 기간"을 말한다(영9의2③ 단서). "금융위원회가 2년의 범위에서 정하여 고시하는 기간"이란 2년을 말한다(감독규정11의3①).

1. 법 제9조의2 제1항 본문에 따른 심사대상회사가 같은 조 제2항에 따라 금융위원회에 보고하는 경우
2. 법 제9조의2 제1항 단서에 따른 적격성 심사대상("적격성 심사대상")과 심사대상회사의 불법거래 징후가 있는 등 특별히 필요하다고 인정하는 경우

3. 적격성 유지요건

적격성 유지요건이란 다음을 말한다(영9의2⑤).

1. 금융사지배구조법 제5조 제1항 제1호·제2호·제5호·제6호 및 제7호9)에 해

가. 동일인이 회사인 경우 그 동일인과 그 동일인이 지배하는 하나 이상의 회사의 집단
나. 동일인이 회사가 아닌 경우 그 동일인이 지배하는 2이상의 회사의 집단
9) 1. 미성년자·피성년후견인 또는 피한정후견인
2. 파산선고를 받고 복권되지 아니한 사람
5. 금융사지배구조법 또는 금융관계법령에 따라 벌금 이상의 형을 선고받고 그 집행이 끝나거나(집행이 끝난 것으로 보는 경우를 포함) 집행이 면제된 날부터 5년이 지나지 아니한 사람
6. 다음의 어느 하나에 해당하는 조치를 받은 금융회사의 임직원 또는 임직원이었던 사람(그 조치를 받게 된 원인에 대하여 직접 또는 이에 상응하는 책임이 있는 사람으로서 대통령령으로 정하는 사람으로 한정)으로서 해당 조치가 있었던 날부터 5년이 지나지 아니한 사람
가. 금융관계법령에 따른 영업의 허가·인가·등록 등의 취소
나. 금융산업구조개선법 제10조 제1항에 따른 적기시정조치
다. 금융산업구조개선법 제14조 제2항에 따른 행정처분
7. 금융사지배구조법 또는 금융관계법령에 따라 임직원 제재조치(퇴임 또는 퇴직한 임직원의 경우 해당 조치에 상응하는 통보를 포함)를 받은 사람으로서 조치의 종류별로 5년을 초과하지 아니하는 범위에서 대통령령으로 정하는 기간이 지나지 아니한 사람

당하지 않을 것

2. 다음의 요건을 모두 충족할 것. 다만, 그 위반 등의 정도가 경미하다고 인정
되거나 해당 심사대상회사의 건전한 업무 수행을 어렵게 한다고 볼 수 없는
경우는 제외한다.

　　가. 최근 5년간 금융관계법률 또는 조세범 처벌법을 위반하여 벌금형 이상에
상당하는 형사처벌을 받은 사실이 없을 것

　　나. 금융산업구조개선법 제2조 제2호에 따른 부실금융기관으로 지정되었거
나 금융관계법률에 따라 영업의 허가·인가·등록 등이 취소된 금융기관
의 대주주 또는 그 특수관계인이 아닐 것. 다만, 법원의 판결에 따라 부
실책임이 없다고 인정된 자 또는 부실에 따른 경제적 책임을 부담하는
등 금융위원회가 정하여 고시하는 기준에 해당하는 자는 제외한다.

　　다. 최근 5년간 부도발생 및 그 밖에 이에 준하는 사유로 은행거래정지처분
을 받은 사실이 없을 것

　　라. 최근 3년간 법 제25조 제2항 제1호에 따른 종합신용정보집중기관에 법
제2조 제1호의4 각 목의 정보의 주체로 등록된 사실이 없을 것

　　마. 최근 5년간 채무자회생법에 따른 회생절차 또는 파산절차를 진행 중인
기업의 최대주주 또는 주요주주로서 해당 기업을 회생절차 또는 파산절
차에 이르게 한 책임이 인정되지 않고 이에 직접 또는 간접으로 관련된
사실이 없을 것

4. 승인심사기간

(1) 적격성 심사 제출서류

적격성 심사 제출서류는 [별지 제1호의2 서식]을 따른다(신용정보업감독업무
시행세칙3①, 이하 "시행세칙").

(2) 심사기준일

심사기준일은 연도말로 하며, 적격성 심사대상은 서류를 연도말로부터 2개
월 이내에 금융감독원장에게 제출하여야 한다(시행세칙3②).

(3) 심사기간

금융감독원장은 서류제출기한 만료일로부터 3개월 이내에 심사를 완료하여
야 한다(시행세칙3③). 심사기간을 계산할 때 ⅰ) 최대주주 적격성 심사자료의 흠

결을 보완하는 기간(제1호), ii) 법 제9조의2 제1항의 요건을 충족하는지를 확인하기 위하여 다른 기관 등으로부터 필요한 자료를 제공받는 데에 걸리는 기간(제2호), iii) 천재·지변 그 밖의 사유로 자격심사 결과를 통지할 수 없는 기간(제3호)은 심사기간에 넣지 아니한다(시행세칙3④).

Ⅲ. 적격성 유지요건 미충족 발생보고

심사대상회사는 해당 심사대상회사의 적격성 심사대상이 적격성 유지요건을 충족하지 못하는 사유가 발생한 사실을 알게 된 경우에는 그 사실을 알게 된 날부터 7영업일 이내에 i) 적격성 심사대상이 충족하지 못하는 적격성 유지요건의 내용 및 충족하지 못하게 된 사유(제1호), ii) 향후 적격성 유지요건 충족 가능 여부(제2호), iii) 적격성 심사대상과 해당 심사대상회사의 거래 관계(제3호)를 금융위원회에 보고해야 한다(법9의2②, 영9의2⑥).

적격성 유지요건 미충족 발생보고는 [별지 제1호의3 서식]으로 한다(시행세칙3⑤).

Ⅳ. 자료 또는 정보 제공요구 등

1. 자료 또는 정보 제공요구

금융위원회는 심사를 위하여 필요한 경우에는 심사대상회사 또는 적격성 심사대상에 대하여 필요한 자료 또는 정보의 제공을 요구할 수 있다(법9의2③).

2. 제출 자료 또는 정보

금융위원회가 해당 심사대상회사 또는 해당 적격성 심사대상에게 i) 심사대상회사: 해당 심사대상회사 또는 그 최대주주 중 최다출자자 1인인 법인 등의 주주명부, 해당 적격성 심사대상 및 그 특수관계인에 대한 정보, ii) 적격성 심사대상: 주식예탁증서, 주식실물 사본, 특수관계인 범위 확인에 필요한 자료, iii) 그 밖에 심사에 필요한 자료 또는 정보로서 금융위원회가 정하는 자료 또는 정보의 제출을 요구하는 경우 해당 심사대상회사 또는 해당 적격성 심사대상은 10

영업일 이내에 자료 또는 정보를 제출해야 하며, 제출하기 어려운 경우에는 그 사유를 소명해야 한다(영9의2⑦).

V. 요건 미충족시의 조치

1. 요건 충족의무와 충족(이행)명령

금융위원회는 심사결과 적격성 심사대상이 적격성 유지요건을 충족하지 못하고 있다고 인정되는 경우 해당 적격성 심사대상에 대하여 6개월 이내의 기간을 정하여 해당 심사대상회사의 경영건전성을 확보하기 위한 ⅰ) 적격성 유지요건을 충족하기 위한 조치, ⅱ) 해당 적격성 심사대상과의 거래의 제한 등 이해상충 방지를 위한 조치, ⅲ) 적격성 심사대상의 적격성 유지조건을 충족하지 못하는 사유 및 앞의 ⅰ)의 조치 및 ⅱ)의 조치와 관련한 사항을 해당 심사대상회사의 주주 및 금융소비자들이 알 수 있도록 인터넷 홈페이지 등에 공시, ⅳ) 심사대상회사의 경영건전성을 위한 계획의 제출 요구, ⅴ) 심사대상회사의 경영건전성을 위한 계획의 수정 요구, ⅵ) 심사대상회사의 경영건전성을 위한 계획의 이행 촉구의 전부 또는 일부를 포함한 조치를 이행할 것을 명할 수 있다(법9의2④, 영9의2⑧, 감독규정11의3②).

2. 의결권행사 제한 명령

금융위원회는 심사결과 적격성 심사대상이 ⅰ) 조세범 처벌법 및 금융과 관련하여 금융관계법률 위반으로 금고 1년 이상의 실형을 선고받고 그 형이 확정된 경우, ⅱ) 적격성 유지요건 중 부실 금융기관으로 지정되었거나 금융관계법률에 따라 영업의 허가·인가·등록 등이 취소된 금융기관의 대주주 또는 그 특수관계인이 아니라는 요건을 충족하지 못하는 경우, ⅲ) 최근 5년간 부도발생 및 그 밖에 이에 준하는 사유로 인해 은행거래정지처분을 받은 경우, ⅳ) 최근 3년간 종합신용정보집중기관에 신용도판단정보인 금융거래 관련 채무불이행 등 관련 정보, 금융거래 관련 신용질서 문란행위 관련 정보, 금융거래 관련 신용정보주체가 법인을 사실상 지배하는 자에 관한 정보, 어음·수표를 지급하기로 한 약정 불이행 정보(법2(1의4) 가목부터 라목까지의 정보)의 주체로 등록된 경우로서 법령 위반 정도를 감안할 때 건전한 금융질서와 심사대상회사의 건전성이 유지되기 어렵다고 인정되는 경우 5년 내에 해당 적격성 심사대상이 보유한 심사대상회사의 의결권 있는 발행주식(최다출자자 1인이 법인인 경우 그 법인이 보유한 해당 심사대상회사의 의결권 있는 발행주식) 총수의 10% 이상에 대하여는 의결권을 행사할 수 없도록 명할 수 있다(법9의2⑤, 영9의2⑩ 본문, 영9의2⑨, 감독규정11의3③).

위 정보 중 iii)과 iv)의 정보는 그 사실이 발생한 날부터 1개월 이내에 그 사실이 해소된 경우는 제외한다(영9의2⑩ 단서).

Ⅵ. 분리 심리 및 선고

조세범 처벌법 및 금융과 관련하여 금융관계법률 위반에 따른 죄와 다른 죄의 경합범에 대하여는 형법 제38조[10]에도 불구하고 이를 분리 심리하여 따로 선고하여야 한다(법9의2⑥).

┃ 관련 판례

① 대법원 2018. 3. 27. 선고 2017도21122 판결

상고이유를 판단한다.

[1] 금융사지배구조법 제32조는 "최대주주의 자격심사 등"이라는 표제 아래, 제1항에서 금융위원회가 금융회사의 최대주주 중 최다출자자 1인(적격성 심사대상)에 대하여 일정한 기간마다 독점규제 및 공정거래에 관한 법률, 조세범 처벌법 및 금융과 관련하여 대통령령으로 정하는 법령을 위반하지 아니하는 등 대통령령으로 정하는 요건(적격성 유지요건)에 부합하는지 여부를

---

10) 형법 제38조(경합범과 처벌례) ① 경합범을 동시에 판결할 때에는 다음의 구분에 따라 처벌한다.
  1. 가장 무거운 죄에 대하여 정한 형이 사형, 무기징역, 무기금고인 경우에는 가장 무거운 죄에 대하여 정한 형으로 처벌한다.
  2. 각 죄에 대하여 정한 형이 사형, 무기징역, 무기금고 외의 같은 종류의 형인 경우에는 가장 무거운 죄에 대하여 정한 형의 장기 또는 다액(多額)에 그 2분의 1까지 가중하되 각 죄에 대하여 정한 형의 장기 또는 다액을 합산한 형기 또는 액수를 초과할 수 없다. 다만, 과료와 과료, 몰수와 몰수는 병과(倂科)할 수 있다.
  3. 각 죄에 대하여 정한 형이 무기징역, 무기금고 외의 다른 종류의 형인 경우에는 병과한다.
  ② 제1항 각 호의 경우에 징역과 금고는 같은 종류의 형으로 보아 징역형으로 처벌한다.

심사하여야 한다고 규정하고 있다. 이어 같은 조 제2항부터 제5항까지 적격성 심사대상의 적격성 유지요건 미충족 사유 발견 시 금융회사의 금융위원회에 대한 보고의무, 금융위원회의 적격성 심사를 위한 자료 또는 정보의 제공 요구, 심사 결과 적격성 유지요건을 충족하지 못한 경우의 조치 이행명령 및 건전성이 유지되기 어려운 경우의 의결권행사 제한명령 등을 규정하고, 제6항에서 제1항에 규정된 법령의 위반에 따른 죄와 다른 죄와의 경합범에 대하여는 형법 제38조에도 불구하고 이를 분리 심리하여 따로 선고하여야 한다고 규정하고 있다.

위와 같은 규정의 형식과 내용을 종합하여 보면, 금융사지배구조법 제32조는 금융회사의 경영건전성을 유지하기 위하여 금융위원회로 하여금 적격성 심사대상인 금융회사의 최대주주 중 최다출자자 1인에 대하여 주기적으로 일정한 법령위반 등 적격성 심사를 하도록 하고 그 심사와 조치에 필요한 사항들을 규정한 것으로 볼 수 있다.

따라서 금융사지배구조법 제32조 제6항은 피고인이 제1항에 규정된 적격성 심사대상인 최다출자자에 해당하는 경우에 적용되는 규정이라고 해석함이 타당하다.

[2] 이 사건 공소사실에는 신용정보의 이용 및 보호에 관한 법률 위반죄가 포함되어 있는데, 금융사지배구조법 제2조 제7호, 금융사지배구조법 시행령 제5조 제27호, 제27조 제3항에 의하면, 신용정보의 이용 및 보호에 관한 법률은 금융사지배구조법 제32조 제1항에 규정된 '금융과 관련하여 대통령령으로 정하는 법령'에 해당한다. 그러나 기록에 의하더라도 피고인이 금융사지배구조법 제32조 제1항 의 적격성 심사대상인 최다출자자에 해당한다고 볼 자료가 없다.

위와 같은 사정을 앞서 본 법리에 따라 살펴보면, 피고인의 신용정보의 이용 및 보호에 관한 법률 위반죄는 금융사지배구조법 제32조 제6항에서 규정한 분리 심리하여 따로 선고하여야 하는 경우에 해당하지 아니한다.

원심이 피고인에 대하여 신용정보의 이용 및 보호에 관한 법률 위반죄와 다른 죄를 분리 심리하여 따로 선고하지 아니한 것은 정당하다. 거기에 금융사지배구조법 제32조 제6항에 관한 법리를 오해한 잘못이 없다.

② 대법원 2009. 4. 23. 선고 2007다51666 판결

[1] 2005. 1. 27. 법률 제7344호로 개정되어 2005. 4. 28. 시행된 신용정보의 이용 및 보호에 관한 법률(이하 '신용정보법'이라 한다)은 신용정보업을 건전하게 육성하고 신용정보의 효율적 이용과 체계적 관리를 기하며 신용정보의 오용·남용으로부터 사생활의 비밀 등을 적절히 보호함으로써 건전한 신용질서의 확립에 이바지함을 목적으로 제정된 법률로서(제1조), 신용정보를 금융거래 등 상거래에 있어서 거래상대방에 대한 식별·신용도·신용거래능력 등의 판단을 위하여 필요로 하는 정보로서 대통령령이 정하는 정보라고 규정하고(제2조 제1호), 나아가 신용정보업자, 신용정보집중기관 및 신용정보제공·이용자(이하 '신용정보업자 등'이라 한다)는 수집·조사의 목적을 명확히 하고 그 목적의 달성에 필요한 범위 안에서 합리적이고 공정한 수단에 의하여 신용정보를 수집·조사하도록 제한하고 있다(제13조). 또한 개정전 신용정보법은 금융거래 등 상거래에서 발생한 대금 또는 대출금 등의 채무에 대하여 정당한 사유 없이 약정된 기일 내에 변제를 이행하지 아니한 자를 신용불량자로 규정하고 신용불량자 등록 등의 불리한 조치를 취할 수 있도록 허용함에 따라 일단 신용불량자로 등록되면 사실상 모든 금융거래가 중단되는 등 정상적인 경제활동을 영위하기 어렵게 하고 있어 여러 가지 부작용을 낳고 있었으므로, 개인별 신용도에 상응한 선진적인 금융거래관행이 정착될 수 있도록 하기 위하여 신용정보법은 획일적인 신용불량자 제도를 폐지하는 것으로 개정되었다.

신용정보법 제2조 제1호의 위임에 따라 제정된 구 신용정보법 시행령(2005. 5. 26. 대통령령 제18832호로 개정되기 전의 것, 이하 같다) 제2조 제1항 제3호는 금융거래 등 상거래와 관련하여 발생한 연체·부도·대지급 또는 허위 기타 부정한 방법에 의한 신용질서 문란행위 등 신용정보주체의 신용도를 판단할 수 있는 정보로서 재정경제부령이 정하는 정보를 그 신용정보의 하나로 규정하는 한편, 신용정보주체가 회사인 경우에는 같은 호 (다)목에서 정한 "당해 회사의 발행주식총수 또는 지분총액의 100분의 30 이상을 소유하고 있는 자로서 최다출자자인 자(이하 '이 사건 최다출자자'라 한다)"도 신용정보주체가 되도록 규정하였다[개정된 시행령 제2조 제1항 제3

호 (다)목의 내용도 같다].

[2] 신용정보법의 목적, 신용정보의 정의 및 그 수집·조사의 원칙과 신용불량자 제도를 폐지한 신용정보법 개정 취지 등을 종합하여 보면, 위 시행령 규정에서 이 사건 최다출자자를 회사와 별도의 신용정보주체로 취급하고 금융거래 등 상거래와 관련하여 발생한 회사의 연체·부도·대지급 등 회사의 신용도를 판단할 수 있는 정보를 이 사건 최다출자자에 관한 정보로 본 이유는, 이 사건 최다출자자가 회사의 경영을 사실상 지배하는 실질적인 운영자인 경우가 많으므로, 그 사실상 지배 과정에서 발생한 회사의 연체·부도·대지급 등에 대한 정보를 이 사건 최다출자자의 금융기관과의 거래에 관한 신용정보로 삼음으로써 신용정보의 효율적 이용과 체계적 관리를 하려는 데에 그 직접적인 목적이 있다고 봄이 상당하다. 따라서, 이 사건 최다출자자가 회사의 경영에 참여하여 이를 사실상 지배하였는지 여부에 관계없이 당해 회사의 신용정보를 이들의 신용정보와 같이 취급하는 것은 신용정보의 수집 목적에 부합하지 않고 이들의 경제활동의 자유에 대한 과도한 제한이라 할 것이어서 신용정보의 남용을 방지하려고 한 신용정보법의 목적에 어긋나므로, 이 사건 최다출자자가 실제로 회사의 경영에 참여하여 이를 사실상 지배한 경우에만 위 시행령 규정에 해당하는 것으로 보아, 이 사건 최다출자자를 연체 등의 사유가 발생한 회사의 관련인으로 등록할 수 있다고 해석함이 타당하다(대법원 2004. 12. 10. 선고 2003다67885 판결 참조).

③ 대법원 2004. 12. 10. 선고 2003다67885 판결

[1] 신용정보의 이용 및 보호에 관한 법률 제2조 제1호의 위임에 따른 같은법 시행령 제2조 제1항 제3호 (다)목은, 그 규정을 두게 된 목적이나 그 규정의 내용 등에 비추어 볼 때, 회사의 연체·부도 등 회사의 신용도를 판단할 수 있는 정보는 그 회사를 사실상 지배적으로 운영하여 왔던 과점주주나 30% 이상의 주식을 보유한 최다출자자 등의 신용도를 판단할 수 있는 정보로서 과점주주나 최다출자자를 신용정보주체로 하는 이들 자신의 신용정보로 볼 수 있다는 의미로 해석되므로, 위와 같은 과점주주나 최다출자자 등은 신용불량자가 아니라고 하더라도 신용불량자인 회사와 관련된 자로 등록될 수 있다고 판단한 원심을 수긍한 사례.

[2] 신용정보의 이용 및 보호에 관한 법률 시행령 제2조 제1항 제3호 (다)목에서 "당해 회사의 발행주식 총수 또는 지분총액의 100분의 30 이상을 소유하고 있는 자로서 최다출자자인 자"에 대하여 회사의 연체·부도 등 회사의 신용도를 판단할 수 있는 정보를 그들 자신의 신용도를 판단할 수 있는 정보로 할 수 있도록 관련인으로 등록하게 한 것은, 이러한 자들은 회사의 경영을 사실상 지배하는 실질적인 운영자인 경우가 많은바, 이들의 부실경영으로 인하여 발생한 회사의 연체·부도·대지급 및 금융기관에 손실을 초래한 것 등에 대한 정보를 교환·활용함으로써 이들의 금융기관과의 거래를 일정한 범위에서 규제하고 간접적으로 회사의 채무를 변제하도록 유도하며, 나아가 회사의 수익·재산은 자신에게 귀속시키고 그 손실은 회사에 떠넘김으로써 회사의 법인격을 악용하여 이를 형해화하는 것을 방지하고 건전한 신용질서를 확립하기 위한 것이다.

[3] 회사의 경영에 참여하여 이를 사실상 지배하였는지 여부에 관계없이 당해 회사의 100분의 30 이상의 지분이나 주식을 소유한 최다출자자라는 이유만으로 관련인으로 등록하도록 하는 것은 이들의 경제활동의 자유에 대한 과도한 제한이라고 할 것이므로, 신용정보의 이용 및 보호에 관한 법률 시행령 제2조 제1항 제3호 (다)목의 "당해 회사의 발행주식 총수 또는 지분총액의 100분의 30 이상을 소유하고 있는 자로서 최다출자자인 자"의 경우에는 이들이 실제 회사의 경영에 참여하여 이를 사실상 지배한 경우에만 관련인 등록을 할 수 있는 것으로 해석함이 타당하고, 그렇지 아니한 단순 출자자에 대해서도 관련인 등록을 허용하는 것으로 해석할 수는 없다.

제3절 신용정보업 등의 양도·양수 등의 인가 등

Ⅰ. 양도·양수 또는 분할·합병의 인가

1. 금융위원회 인가

신용정보회사, 본인신용정보관리회사 및 채권추심회사가 그 사업의 전부 또는 일부를 양도·양수 또는 분할하거나, 다른 법인과 합병(분할합병을 포함)하려는 경우에는 금융위원회의 인가를 받아야 한다(법10①).

금융위원회는 양도·양수 등을 인가한 경우 지체 없이 그 내용을 관보에 공고하고 인터넷 홈페이지 등을 이용하여 일반인에게 알려야 한다(법7(2)).

2. 심사기준

금융위원회는 신용정보업, 본인신용정보관리업 및 채권추심업의 양도·양수 또는 분할이나 합병의 인가를 하려는 경우에는 다음의 구분에 따른 기준에 적합한지를 심사해야 한다(영10①).

(1) 양도의 경우

양도의 경우 ⅰ) 해당 신용정보회사, 본인신용정보관리회사 및 채권추심회사의 경영 및 재무 상태 등에 비추어 부득이한 경우이어야 하고, ⅱ) 신용정보주체의 보호 및 건전한 신용질서 유지에 지장을 주지 않아야 하며, ⅲ) 상법 및 그 밖의 관계 법령에 따른 절차이행에 하자가 없어야 한다(영10①(1)).

(2) 양수·분할·합병의 경우

양수·분할·합병의 경우 ⅰ) 신용정보업, 본인신용정보관리업 및 채권추심업의 효율화 및 건전한 신용질서의 유지에 지장을 주지 않아야 하고, ⅱ) 사업의 양수·분할·합병에 따른 영업계획 및 조직운영계획이 적절하여야 하며, ⅲ) 사업의 양수·분할·합병에 따른 신용정보회사, 본인신용정보관리회사 및 채권추심회사의 소유구조 변경이 법령에 적합하여야 하고, ⅳ) 상법 및 그 밖의 관계 법령에 따른 절차이행에 하자가 없어야 한다(영10①(2)).

3. 양도·양수 등의 인가의 세부요건

신용정보업 등의 양도·양수 등의 인가의 세부요건은 [별표 2의2]와 같다(감독규정11의4). 아래서는 [별표 2의2]에 관하여 살펴본다.

(1) 사업의 전부 양도

ⅰ) 해당 신용정보회사의 경영 및 재무상태 등에 비추어 부득이하여야 하

고, ⅱ) 신용정보주체의 보호 및 건전한 신용질서 유지에 지장을 초래하지 않아야 하며, ⅲ) 상법 등 관계 법령에 따른 절차이행에 하자가 없어야 한다(별표 2의2 제1호).

(2) 사업의 일부 양도

ⅰ) 해당 신용정보회사의 경영 및 재무상태 등에 비추어 부득이하여야 하고, ⅱ) 신용정보주체의 보호 및 건전한 신용질서 유지에 지장을 초래하지 않아야 하며, ⅲ) 상법 등 관계 법령에 따른 절차이행에 하자가 없어야 하며, ⅳ) 사업의 일부 양도 후 2년간의 추정재무제표 및 수익전망이 영업계획에 비추어 타당성이 있어야 하며, ⅴ) 주된 시장, 주된 고객, 주된 서비스 내용 등 영업전략 및 업무범위가 적정하여야 하며, ⅵ) 사업의 일부 양도 후 영위할 수 없는 업무의 정리계획이 적정하여야 한다(별표 2의2 제2호).

(3) 분할의 경우

ⅰ) 신용정보업의 효율화 및 건전한 신용질서 유지에 관한 사항: ㉠ 신용정보업의 효율적 영위, 구조조정의 촉진 등 분할 목적이 타당하여야 하며, ㉡ 기존 거래자에 대한 불이익이 없어야 한다(별표 2의2 제3호 가목).

ⅱ) 영업계획 및 조직운영계획에 관한 사항: ㉠ 분할 이후 2년간의 추정재무제표 및 수익전망이 영업계획에 비추어 타당성이 있어야 하고, ㉡ 주된 시장, 주된 고객, 주된 서비스 내용 등 영업전략 및 업무범위가 적정하여야 하며, ㉢ 분할 후 영위할 수 없는 업무의 정리계획이 적정하여야 하며, ㉣ 조직 및 인력운영체제가 적합하여야 한다(별표 2의2 제3호 나목).

ⅲ) 소유구조 변경에 관한 사항: 분할 후 주주구성계획이 법 제5조(신용정보업 등의 허가를 받을 수 있는 자)에 적합하고 주요출자자는 영 제6조(허가의 세부요건 등) 제4항에 따른 [별표 1의2]의 대주주의 요건을 충족하여야 한다(별표 2의2 제3호 다목). [별표 1의2] 대주주의 요건은 앞에서 살펴보았다.

ⅳ) 상법 등 관계 법령에 따른 절차이행에 하자가 없어야 한다(별표 2의2 제3호 라목).

(4) 합병의 경우

ⅰ) 신용정보업의 효율화 및 건전한 신용질서 유지에 관한 사항: ㉠ 신용정보업의 효율적 영위, 구조조정의 촉진 등 합병의 목적이 타당하여야 하고, ㉡ 기존 거래자에 대한 불이익이 없어야 하며, ㉢ 합병에 대한 공정거래위원회의 경쟁제한성 검토결과가 적정하여야 한다(별표 2의2 제4호 가목).

ⅱ) 영업계획 및 조직운영계획에 관한 사항: ㉠ 합병 이후 2년간의 추정재무제표 및 수익전망이 영업계획에 비추어 타당성이 있어야 하고, ㉡ 주된 시장, 주된 고객, 주된 서비스 내용 등 영업전략 및 업무범위가 적정하여야 하며, ㉢ 합병 후 영위할 수 없는 업무의 정리계획이 적정하여야 하며, ㉣ 조직 및 인력운영체제가 적합하여야 한다(별표 2의2 제4호 나목).

ⅲ) 소유구조 변경에 관한 사항: 합병 후 주주구성계획이 법 제5조(신용정보업 등의 허가를 받을 수 있는 자)에 적합하고 주요출자자는 영 제6조(허가의 세부요건 등) 제4항에 따른 [별표 1의2]의 대주주의 요건을 충족하여야 한다(별표 2의2 제4호 다목). [별표 1의2] 대주주 요건은 앞에서 살펴보았다.

ⅳ) 상법 등 관계 법령에 따른 절차이행에 하자가 없어야 한다(별표 2의2 제4호 라목).

(5) 사업의 양수

앞의 합병의 경우를 준용한다(별표 2의2 제5호).

Ⅱ. 지위 승계

1. 양수인 등의 양도인 등의 지위 승계

신용정보회사, 본인신용정보관리회사 및 채권추심회사가 인가를 받아 그 사업을 양도 또는 분할하거나 다른 법인과 합병한 경우에는 양수인, 분할 후 설립되는 법인 또는 합병 후 존속하는 법인(신용정보회사, 본인신용정보관리회사 및 채권추심회사인 법인이 신용정보회사, 본인신용정보관리회사 및 채권추심회사가 아닌 법인을 흡수합병하는 경우는 제외)이나 합병에 따라 설립되는 법인은 양도인, 분할 전의 법인 또는 합병 전의 법인의 신용정보회사, 본인신용정보관리회사 및 채권추심회사로서의 지위를 승계한다(법10② 전단).

2. 종전 허가의 효력 상실

종전의 신용정보회사, 본인신용정보관리회사 및 채권추심회사에 대한 허가는 그 효력(일부 양도 또는 분할의 경우에는 그 양도 또는 분할한 사업의 범위로 제한)을 잃는다(법10② 후단).

Ⅲ. 준용규정

양수인, 합병 후 존속하는 법인 및 분할 또는 합병에 따라 설립되는 법인에 대하여는 제5조(신용정보업 등의 허가를 받을 수 있는 자), 제6조(허가의 요건), 제22조(신용정보회사 임원의 자격요건 등), 제22조의8(본인신용정보관리회사의 임원의 자격요건) 및 제27조(채권추심업 종사자 및 위임직채권추심인 등) 제1항부터 제7항까지의 규정을 준용한다(법10③).

Ⅳ. 영업의 휴업 또는 폐업의 신고

1. 휴·폐업신고서 제출 및 폐업신고 수리의 공고

(1) 휴·폐업신고서 제출

신용정보회사, 본인신용정보관리회사 및 채권추심회사가 영업의 전부 또는 일부를 일시적으로 중단하거나 폐업하려면 미리 금융위원회에 신고하여야 한다(법10④).

이에 따라 영업의 전부 또는 일부를 일시적으로 중단하거나 폐업하려는 신용정보회사, 본인신용정보관리회사 및 채권추심회사는 휴업 또는 폐업 업무범위 및 기간, 휴업 또는 폐업사유 등을 적은 휴·폐업신고서를 금융위원회에 제출해야 한다(시행규칙4). 휴업·폐업신고서는 [별지 제6호 서식]에 따른다(감독규정12).

(2) 폐업신고 수리의 공고

금융위원회는 폐업신고를 수리한 경우 지체 없이 그 내용을 관보에 공고하고 인터넷 홈페이지 등을 이용하여 일반인에게 알려야 한다(법7(3)).

2. 신고수리

금융위원회는 신고를 받은 경우 그 내용을 검토하여 신용정보법에 적합하면 신고를 수리하여야 한다(법10⑤).

V. 위반시 제재

1. 형사제재

거짓이나 그 밖의 부정한 방법으로 법 제10조 제1항에 따른 허가 또는 인가를 받은 자는 5년 이하의 징역 또는 5천만원 이하의 벌금에 처한다(법50②(2)).

2. 과태료

법 제10조 제4항을 위반한 자에게는 2천만원 이하의 과태료를 부과한다(법52④).

제4절 유사명칭의 사용금지와 임원의 겸직금지

I. 유사명칭의 사용금지

1. 사용금지

신용정보법에 따라 허가받은 신용정보회사, 본인신용정보관리회사, 채권추심회사 또는 신용정보집중기관이 아닌 자는 상호 또는 명칭 중에 신용정보·신용조사·개인신용평가·신용관리·마이데이터(MyData)·채권추심 또는 이와 비슷한 문자를 사용하지 못한다(법12 본문).

2. 사용금지의 예외

신용정보회사, 본인신용정보관리회사, 채권추심회사 또는 신용정보집중기관과 유사한 업무를 수행할 수 있도록 다른 법령에서 허용한 경우 등 대통령령으로 정하는 경우 유사명칭을 사용할 수 있다(법12 단서). 여기서 "대통령령으로 정하는 경우"란 다음의 어느 하나에 해당하는 경우를 말한다(영11의3).

1. 자본시장법 제335조의3에 따른 인가를 받은 신용평가회사가 상호 또는 명칭 중에 신용평가 또는 이와 비슷한 문자를 사용하는 경우
2. 본인신용정보관리 관련 정책을 추진하기 위하여 필요한 경우로서 기업 및 법인의 상호 또는 명칭 중에 마이데이터(MyData) 또는 이와 비슷한 문자를 사용할 수 있도록 관련 중앙 행정기관의 장이 인정하는 경우
3. 법 제2조 제9호의2 각 목의 어느 하나에 해당하는 개인신용정보를 수집하지 않는 등 본인신용정보관리업 또는 이와 유사한 서비스를 제공하지 않는 자가 상호 또는 명칭 중에 마이데이터(MyData) 또는 이와 비슷한 문자를 사용하는 경우

3. 위반시 제재

법 제12조를 위반하여 허가받은 신용정보회사, 본인신용정보관리회사, 채권추심회사 또는 신용정보집중기관이 아님에도 불구하고 상호 또는 명칭 중에 신용정보·신용조사·개인신용평가·신용관리·마이데이터(MyData)·채권추심 또는 이와 비슷한 명칭을 사용한 자에게는 5천만원 이하의 과태료를 부과한다(법52②(1)).

Ⅱ. 임원의 겸직금지

1. 상임 임원의 겸직 승인

신용정보회사, 본인신용정보관리회사 및 채권추심회사의 상임 임원은 금융위원회의 승인 없이 다른 영리법인의 상무(常務)에 종사할 수 없다(법13).

겸직승인 신청을 하는 경우에는 [별지 제8호 서식]에 따른 신청서를 제출하여야 한다(감독규정14②).

2. 겸직 승인 심사기준

신용정보회사, 본인신용정보관리회사 및 채권추심회사의 상임 임원의 겸직 승인 신청이 있는 경우에는 ⅰ) 상임 임원의 겸직이 관련 법규에 저촉되지 않아

야 하고, ⅱ) 해당 신용정보회사, 본인신용정보관리회사 및 채권추심회사의 건전한 경영을 저해할 우려가 없고 다른 영리법인과 이해가 상충되지 아니하여야 하는 기준에 적합한지 여부를 심사하여 승인한다(감독규정14①).

3. 위반시 제재

법 제13조를 위반하여 금융위원회의 승인 없이 다른 영리법인의 상무에 종사한 자에게는 1천만원 이하의 과태료를 부과한다(법52⑤(2의4)).

신용정보의 수집 및 유통

제 1 장

신용정보의 수집 및 처리

제1절 수집 및 처리의 원칙

Ⅰ. 합리적이고 공정한 수집 및 처리

신용정보회사, 본인신용정보관리회사, 채권추심회사, 신용정보집중기관 및 신용정보제공·이용자("신용정보회사등")는 신용정보를 수집하고 이를 처리할 수 있다(법15① 전단). 이 경우 신용정보법 또는 정관으로 정한 업무 범위에서 수집 및 처리의 목적을 명확히 하여야 하며, 신용정보법 및 개인정보 보호법 제3조 제1항 및 제2항[1])에 따라 그 목적 달성에 필요한 최소한의 범위에서 합리적이고 공정한 수단을 사용하여 신용정보를 수집 및 처리하여야 한다(법15① 후단).

---

1) 개인정보 보호법 제3조(개인정보 보호 원칙) ① 개인정보처리자는 개인정보의 처리 목적을 명확하게 하여야 하고 그 목적에 필요한 범위에서 최소한의 개인정보만을 적법하고 정당하게 수집하여야 한다.
② 개인정보처리자는 개인정보의 처리 목적에 필요한 범위에서 적합하게 개인정보를 처리하여야 하 며, 그 목적 외의 용도로 활용하여서는 아니 된다.

Ⅱ. 신용정보주체의 동의와 동의 제외

1. 신용정보주체의 동의

신용정보회사등이 개인신용정보를 수집하는 때에는 해당 신용정보주체의 동의를 받아야 한다(법15② 본문).

2. 동의 제외 사유

다음의 어느 하나에 해당하는 경우에는 신용정보주체의 동의를 받을 필요가 없다(법15② 단서).

(1) 개인정보 보호법상 불가피한 경우 등

개인정보 보호법 제15조 제1항 제2호부터 제6호까지의 어느 하나에 해당하는 경우에는 신용정보주체의 동의를 받을 필요가 없다(법15②(1)).

따라서 ⅰ) 법률에 특별한 규정이 있거나 법령상 의무를 준수하기 위하여 불가피한 경우, ⅱ) 공공기관이 법령 등에서 정하는 소관 업무의 수행을 위하여 불가피한 경우, ⅲ) 정보주체와의 계약의 체결 및 이행을 위하여 불가피하게 필요한 경우, ⅳ) 정보주체 또는 그 법정대리인이 의사표시를 할 수 없는 상태에 있거나 주소불명 등으로 사전 동의를 받을 수 없는 경우로서 명백히 정보주체 또는 제3자의 급박한 생명, 신체, 재산의 이익을 위하여 필요하다고 인정되는 경우, ⅴ) 개인정보처리자의 정당한 이익을 달성하기 위하여 필요한 경우로서 명백하게 정보주체의 권리보다 우선하는 경우(이 경우 개인정보처리자의 정당한 이익과 상당한 관련이 있고 합리적인 범위를 초과하지 아니하는 경우에 한한다)에는 동의를 받을 필요가 없다(개인정보 보호법15①(2)(3)(4)(5)(6)).

(2) 법령에 따라 공시되거나 공개된 정보를 수집하는 경우 등

다음의 어느 하나에 해당하는 정보를 수집하는 경우에는 신용정보주체의 동의를 받을 필요가 없다(법15②(2)).

따라서 ⅰ) 법령에 따라 공시(公示)되거나 공개된 정보를 수집하는 경우에는 동의를 받을 필요가 없고(가목), ⅱ) 출판물이나 방송매체 또는 「공공기관의 정보

공개에 관한 법률」("정보공개법") 제2조 제3호에 따른 공공기관²⁾의 인터넷 홈페이지 등의 매체를 통하여 공시 또는 공개된 정보를 수집하는 경우에는 동의를 받을 필요가 없으며(나목), iii) 신용정보주체가 스스로 사회관계망서비스 등에 직접 또는 제3자를 통하여 공개한 정보를 수집하는 경우에는 동의를 받을 필요가 없다(다목 전단). 이 경우 대통령령으로 정하는 바에 따라 해당 신용정보주체의 동의가 있었다고 객관적으로 인정되는 범위 내로 한정한다(다목 후단).

3. 동의 의제 정보

다음의 사항, 즉 i) 공개된 개인정보의 성격, 공개의 형태, 대상 범위(제1호), ii) 앞의 공개된 개인정보의 성격, 공개의 형태, 대상 범위로부터 추단되는 신용정보주체의 공개 의도 및 목적(제2호), iii) 신용정보회사등의 개인정보 처리의 형태(제3호), iv) 수집 목적이 신용정보주체의 원래의 공개 목적과 상당한 관련성이 있는지 여부(제4호), v) 정보제공으로 인하여 공개의 대상 범위가 원래의 것과 달라졌는지 여부(제5호), vi) 개인정보의 성질 및 가치와 이를 활용해야 할 사회·경제적 필요성(제6호)을 고려하여 신용정보주체의 동의가 있었다고 객관적으로 인정되는 범위의 정보는 법 제15조 제2항 제2호 다목 후단에 따른 동의가 있는 정보로 본다(영13).

Ⅲ. 위반시 제재

법 제15조 제2항을 위반한 자에게는 5천만원 이하의 과태료를 부과한다(법 52①(2)).

---

2) "공공기관"이란 i) 국가기관인 국회, 법원, 헌법재판소, 중앙선거관리위원회, 중앙행정기관(대통령 소속 기관과 국무총리 소속 기관을 포함) 및 그 소속 기관, 행정기관위원회법에 따른 위원회, ii) 지방자치단체, iii) 공공기관운영법 제2조에 따른 공공기관, iv) 지방공기업법에 따른 지방공사 및 지방공단, v) 유아교육법, 초·중등교육법, 고등교육법에 따른 각급 학교 또는 그 밖의 다른 법률에 따라 설치된 학교, vi) 지방출자출연법 제2조 제1항에 따른 출자기관 및 출연기관, vii) 특별법에 따라 설립된 특수법인, viii) 사회복지사업법 제42조 제1항에 따라 국가나 지방자치단체로부터 보조금을 받는 사회복지법인과 사회복지사업을 하는 비영리법인, ix) 보조금법 제9조 또는 지방재정법 제17조 제1항 각 호 외의 부분 단서에 따라 국가나 지방자치단체로부터 연간 5천만원 이상의 보조금을 받는 기관 또는 단체(다만, 정보공개 대상 정보는 해당 연도에 보조를 받은 사업으로 한정)를 말한다(정보공개법2(3), 정보공개법 시행령2).

제2절 수집된 신용정보 처리의 위탁

Ⅰ. 신용정보 처리업무 위탁

1. 신용정보 처리의 제3자 위탁

신용정보회사등은 제3자에게 신용정보의 처리 업무를 위탁할 수 있다(법17① 전단).

2. 개인신용정보의 처리위탁

위탁하는 경우 개인신용정보의 처리 위탁에 대해서는 개인정보 보호법 제26조 제1항부터 제3항까지의 규정을 준용한다(법17① 후단). 여기서는 준용규정을 살펴본다.

(1) 위탁 방식

개인정보처리자가 제3자에게 개인정보의 처리 업무를 위탁하는 경우에는 ⅰ) 위탁업무 수행 목적 외 개인정보의 처리 금지에 관한 사항, ⅱ) 개인정보의 기술적·관리적 보호조치에 관한 사항, ⅲ) 위탁업무의 목적 및 범위, ⅳ) 재위탁 제한에 관한 사항, ⅴ) 개인정보에 대한 접근 제한 등 안전성 확보 조치에 관한 사항, ⅵ) 위탁업무와 관련하여 보유하고 있는 개인정보의 관리 현황 점검 등 감독에 관한 사항, ⅶ) 수탁자가 준수하여야 할 의무를 위반한 경우의 손해배상 등 책임에 관한 사항이 포함된 문서에 의하여야 한다(개인정보 보호법26①, 개인정보 보호법 시행령28①).

(2) 위탁자의 수탁자 공개방법
(가) 인터넷 홈페이지 게재

개인정보의 처리 업무를 위탁하는 개인정보처리자("위탁자")는 위탁하는 업무의 내용과 개인정보 처리 업무를 위탁받아 처리하는 자("수탁자")를 정보주체가 언제든지 쉽게 확인할 수 있도록 위탁자의 인터넷 홈페이지에 위탁하는 업무의 내용과 수탁자를 지속적으로 게재하는 방법으로 공개하여야 한다(개인정보 보호법

26②, 개인정보 보호법 시행령28②).

(나) 인터넷 홈페이지에 게재할 수 없는 경우의 공개방법

인터넷 홈페이지에 게재할 수 없는 경우에는 ⅰ) 위탁자의 사업장등의 보기 쉬운 장소에 게시하는 방법, ⅱ) 관보(위탁자가 공공기관인 경우만 해당)나 위탁자의 사업장등이 있는 시·도 이상의 지역을 주된 보급지역으로 하는 일반일간신문, 일반주간신문 또는 인터넷신문에 싣는 방법, ⅲ) 같은 제목으로 연 2회 이상 발행하여 정보주체에게 배포하는 간행물·소식지·홍보지 또는 청구서 등에 지속적으로 싣는 방법, ⅳ) 재화나 용역을 제공하기 위하여 위탁자와 정보주체가 작성한 계약서 등에 실어 정보주체에게 발급하는 방법 중 어느 하나 이상의 방법으로 위탁하는 업무의 내용과 수탁자를 공개하여야 한다(개인정보 보호법 시행령28③).

(3) 재화 또는 서비스를 홍보하거나 판매를 권유하는 업무를 위탁하는 경우의 통지방법

(가) 서면등의 방법

위탁자가 재화 또는 서비스를 홍보하거나 판매를 권유하는 업무를 위탁하는 경우에는 서면, 전자우편, 팩스, 전화, 문자전송 또는 이에 상당하는 방법("서면등의 방법")으로 위탁하는 업무의 내용과 수탁자를 정보주체에게 알려야 한다(개인정보 보호법26③ 전단, 개인정보 보호법 시행령28④). 위탁하는 업무의 내용이나 수탁자가 변경된 경우에도 또한 같다(개인정보 보호법26③ 후단).

(나) 인터넷 홈페이지 게재 등

위탁자가 과실 없이 서면등의 방법으로 위탁하는 업무의 내용과 수탁자를 정보주체에게 알릴 수 없는 경우에는 해당 사항을 인터넷 홈페이지에 30일 이상 게재하여야 한다(개인정보 보호법 시행령28⑤ 본문). 다만, 인터넷 홈페이지를 운영하지 아니하는 위탁자의 경우에는 사업장등의 보기 쉬운 장소에 30일 이상 게시하여야 한다(개인정보 보호법 시행령28⑤ 단서).

** 금융위원회 질의회신(2021. 12. 16.) ─────────────

〈질의〉

□ 재보험위험 계약인수 심사 지원업무 등을 위탁하는 목적을 위해 미국 재보험사의 국내지점이 정보주체 동의없이 미국 재보험사 본점으로 개인신용정보

이전이 가능한지 여부

〈회신〉

□ 신용정보법에 따라 업무 위탁에 따른 정보처리업무를 위탁하는 목적인 경우 정보주체 동의없이 국내에 위치한 지점에서 미국 본점으로 개인신용정보 이전이 가능합니다.

• 다만, 보험업법, 개인정보 보호법 등 타 법령에서 정보의 이전을 제한하거나 별도의 규제가 있는 경우 해당 법령을 준수하는 범위 내에서 가능함을 알려드립니다.

〈이유〉

□ 신용정보법 제17조 제1항에 따라 보험회사를 포함한 신용정보회사등은 제3자에게 신용정보의 처리업무를 위탁할 수 있으며,

• 신용정보법 제32조 제6항 제2호에 따라 신용정보의 처리를 위탁하기 위하여 제공하는 경우 정보주체 동의없이 개인신용정보 제공(이전)이 가능합니다.

Ⅱ. 수탁자의 업무처리

1. 준용규정

신용정보회사등은 신용정보의 처리를 위탁할 수 있으며 이에 따라 위탁을 받은 자("수탁자")의 위탁받은 업무의 처리에 관하여는 제19조(신용정보전산시스템의 안전보호), 제20조(신용정보 관리책임의 명확화 및 업무처리기록의 보존), 제20조의2(개인신용정보의 보유기간 등), 제21조(폐업 시 보유정보의 처리), 제22조의4(개인신용평가회사의 행위규칙), 제22조의5(개인사업자신용평가회사의 행위규칙), 제22조의6(기업신용조회회사의 행위규칙), 제22조의7(신용조사회사의 행위규칙), 제22조의9(본인신용정보관리회사의 행위규칙), 제40조(신용정보회사등의 금지사항), 제43조(손해배상의 책임), 제43조의2(법정손해배상의 청구), 제45조(감독·검사 등), 제45조의2(금융위원회의 조치명령권), 제45조의3(보호위원회의 자료제출 요구·조사 등)(해당 조문에 대한 벌칙 및 과태료 규정을 포함)을 준용한다(법17②).

2. 수탁자의 재위탁 금지 원칙과 예외

(1) 수탁자의 재위탁 금지

수탁자는 위탁받은 업무를 제3자에게 재위탁하여서는 아니 된다(법17⑦ 본문).

(2) 수탁자의 재위탁 허용

수탁자는 신용정보의 보호 및 안전한 처리를 저해하지 아니하는 범위에서 ⅰ) 관련 법령에서 해당 업무의 위탁을 금지하고 있는 경우, ⅱ) 재위탁자 또는 재수탁자가 최근 3년 이내에 신용정보주체의 정보관리, 감독관련 자료 제출 등 감독기관의 검사와 관련한 사항으로 기관경고 이상의 제재 또는 형사처벌을 2회 이상 받은 사실이 있는 경우, ⅲ) 그 밖에 재위탁으로 인하여 재위탁자의 건전성 또는 신인도를 크게 저해하거나, 금융질서의 문란 또는 신용정보주체의 피해 발생이 심히 우려되는 경우에는 재위탁할 수 있다(법17⑦ 단서, 감독규정15④).

(3) 수탁자의 재위탁시 계약 포함사항

수탁자가 신용정보의 처리를 재위탁하는 경우 [별표 4] 중 재위탁에 관한 신용정보 보안관리 대책에 관한 사항을 재위탁계약의 내용에 포함하여야 한다(감독규정15⑤).

따라서 신용정보 처리의 재위탁에 따라 제공하는 경우 재위탁계약에 포함될 신용정보 보안관리 대책에 관한 사항은 ⅰ) 재위탁업무의 목적과 범위, 기간 및 재위탁하는 신용정보의 내용(가목), ⅱ) 재수탁자 및 재수탁자의 임직원의 보안서약서 작성 및 제출에 관한 사항(나목), ⅲ) 신용정보 보호 및 안전한 처리를 위한 기술적·물리적·관리적 보안대책에 관한 사항(다목), ⅳ) 목적 달성 후 파기, 반납에 관한 사항 및 파기확인서 등 그 결과를 원수탁자에게 통보하는 사항(라목), ⅴ) 원수탁자가 재수탁자를 관리·감독하는 사항(실태점검을 위하여 재수탁자의 업무공간에 출입하여 점검하는 사항을 포함)(마목), ⅵ) 앞의 가목부터 마목까지를 위반한 경우의 책임소재 및 제재에 관한 사항(바목)이다(감독규정 별표 4 제4호).

3. 신용정보의 범위 등 금융위원회 통지

(1) 통지 주체

신용정보의 처리를 위탁하려는 신용정보회사등으로서 신용정보회사, 본인 신용정보관리회사, 채권추심회사, 신용정보집중기관, 금융지주회사, 기술보증기금, 농업협동조합, 농업협동조합중앙회, 농협은행, 한국무역보험공사, 보험회사, 산림조합, 산림조합중앙회, 상호저축은행, 상호저축은행중앙회, 새마을금고, 새마을금고중앙회, 수산업협동조합, 수산업협동조합중앙회, 수협은행, 신용보증기금, 신용협동조합, 신용협동조합중앙회, 여신전문금융회사(여신전문금융업법 제3조 제3항 제1호에 따라 허가를 받거나 등록을 한 자를 포함), 예금보험공사 및 정리금융회사, 은행(외국은행의 지점 또는 대리점 포함), 금융투자업자·증권금융회사·종합금융회사·자금중개회사 및 명의개서대행회사, 중소기업은행, 신용보증재단과 그 중앙회, 한국산업은행, 한국수출입은행, 한국주택금융공사[법 제22조의9 제5항에 따른 중계기관 또는 거점중계기관(법 제33조의2에 따라 개인신용정보를 전송하는 행위 및 개인신용정보를 전송받는 행위를 중계하는 자)에 법 제33조의2에 따른 개인신용정보의 처리를 위탁하는 경우 제외]는 제공하는 신용정보의 범위 등을 금융위원회에 알려야 한다(법17③, 영14②, 감독규정15①).

(2) 통지기간

(가) 원칙

신용정보의 처리를 위탁하려는 자는 위탁계약 체결 예정일부터 7영업일 이전에 금융위원회가 정하여 고시하는 서식에 따라 제공하는 신용정보의 범위, 제공목적 및 기간과 고객정보 관리체계 등을 금융위원회에 알려야 한다(영14③ 본문).

(나) 예외

미리 알려야 할 필요성이 크지 아니한 경우로서 기업 및 법인에 관한 신용정보("기업신용정보")의 처리를 위탁하는 경우에는 위탁계약을 체결한 날부터 1개월 이내에 알려야 한다(영14③ 단서, 감독규정15②).

** 금융위원회 질의회신(2023. 9. 21.) ────────────────

〈질의〉

□ 당사는 통신사와 "메시지서비스 이용계약"을 체결하고 통신사의 장비 및 네트워크를 이용하여 채무자에게 고객의 수신번호, 당사의 발신번호, 정형화된 SMS 문구내용, 고객명, 채무금액 등을 발송하고 있습니다.

• 상기 내용과 같이 통신사 시스템을 이용하여 메시지를 전달할 경우 개인 신용정보처리 위탁 계약 체결이 필요한지 여부 및 위탁사실을 금융위원회에 알려야 하는지 여부

〈회신〉

□ 통신사가 개인신용정보 전달의 통로 역할만 수행하는 경우에는 신용정보 회사 등이 신용정보법 제17조 제3항 등에 따라 개인신용정보처리 위탁사실에 대해 금융위원회에 보고할 필요가 없을 것으로 판단됩니다.

• 다만, 통신사가 메시지서비스 과정에서 전송되는 개인신용정보에 대한 조회, 수정, 편집, 출력 등의 권한이 있는 경우에는 개인신용정보 전달의 통로 역할만 수행하는 것으로 보기 어려우므로 신용정보법상 개인신용정보처리 위탁사실 보고의무 등을 준수해야 합니다.

〈이유〉

□ 신용정보법(§2)에 따르면 "처리"란 신용정보의 수집, 생성, 연계, 연동, 기록, 저장, 보유, 가공, 편집, 검색, 출력, 정정(訂正), 복구, 이용, 결합, 제공, 공개, 파기(破棄), 그 밖에 이와 유사한 행위를 말합니다.

• 다만, 금융회사가 처리하는 정보를 단순히 전달, 전송, 통과만 시켜주는 행위는 "처리"에 해당하지 않습니다(개인정보보호위원회, 개인정보보호법령 및 지침 고시해설(2020), 15면 참조).

□ 따라서 통신사가 개인신용정보 전달의 통로 역할만 수행하는 경우에는 신용정보회사등이 신용정보법 제17조 제3항 등에 따라 개인신용정보처리 위탁사실에 대해 금융위원회에 보고할 필요가 없을 것으로 판단됩니다.

• 다만, 통신사가 메시지서비스 과정에서 전송되는 개인신용정보에 대한 조회, 수정, 편집, 출력 등의 권한이 있는 경우에는 개인신용정보 전달의 통로 역

할만 수행하는 것으로 보기 어려우므로 신용정보법상 개인신용정보처리 위탁사실 보고의무 등을 준수해야 합니다.

Ⅲ. 보호조치

신용정보회사등은 신용정보의 처리를 위탁하기 위하여 수탁자에게 개인신용정보를 제공하는 경우 특정 신용정보주체를 식별할 수 있는 정보는 암호화 등의 보호조치를 하여야 한다(법17④). 이에 따라 신용정보회사등이 개인신용정보를 제공하는 경우 다음의 구분에 따른 보호조치를 하여야 한다(영14④).

1. 정보통신망 또는 보조저장매체를 통하여 제공하는 경우

정보통신망 또는 보조저장매체를 통하여 제공하는 경우에는 "금융위원회가 정하여 고시하는 절차와 방법에 따른 보안서버의 구축 또는 암호화" 보호조치를 하여야 한다(영14④(1)).

여기서 "금융위원회가 정하여 고시하는 절차와 방법에 따른 보안서버의 구축 또는 암호화"란 [별표 3]의 Ⅱ. 3.의 보호조치를 말한다(감독규정15③). [별표 3]의 Ⅱ. 3.은 개인신용정보의 암호화를 규정하고 있는데, 그 내용은 다음과 같다.

(1) 본인 인증정보 암호화 등

신용정보회사등은 비밀번호, 바이오정보 등 본인임을 인증하는 정보는 암호화하여 저장하며, 이는 조회할 수 없도록 하여야 한다. 다만, 조회가 불가피하다고 인정되는 경우에는 그 조회사유·내용 등을 기록·관리하여야 한다(별표 3. Ⅱ. 3①).

(2) 보안서버 구축 등의 조치를 통한 암호화 등

신용정보회사등은 정보통신망을 통해 개인신용정보 및 인증정보를 송·수신할 때에는 보안서버 구축 등의 조치를 통해 이를 암호화해야 한다. 보안서버는 ⅰ) 웹서버에 SSL(Secure Socket Layer) 인증서를 설치하여 개인신용정보를 암호화하여 송·수신하는 기능, ⅱ) 웹서버에 암호화 응용프로그램을 설치하여 개인신용정보를 암호화하여 송·수신하는 기능을 갖추어야 한다(별표 3. Ⅱ. 3②).

(3) 개인신용정보의 PC 저장시 암호화

신용정보회사등은 개인신용정보를 PC에 저장할 때에는 이를 암호화해야 한다(별표 3. Ⅱ. 3③).

(4) 주민등록번호 암호화 등의 조치 기준

신용정보회사등은 다음의 기준에 따라 주민등록번호의 암호화 등의 조치를 취하여야 한다(별표 3. Ⅱ. 3④). 즉 ⅰ) 정보통신망을 통하여 송수신하거나 보조 저장매체를 통하여 전달하는 경우에는 암호화하여야 한다. ⅱ) 인터넷 구간 및 인터넷 구간과 내부망의 중간 지점(DMZ: Demilitarized Zone)에 저장할 때에는 암호화하여야 한다. ⅲ) 신용정보회사등이 내부망에 주민등록번호를 저장하는 경우에는 ㉠ 개인정보 보호법 제33조[3])에 따른 개인정보 영향평가의 대상이 되는 공공기관의 경우에는 해당 개인정보 영향평가의 결과, ㉡ 그 밖의 신용정보회사 등의 경우에는 개인신용정보처리시스템에 적용되고 있는 개인신용정보 보호를

---

3) 개인정보 보호법 제33조(개인정보 영향평가) ① 공공기관의 장은 대통령령으로 정하는 기준에 해당하는 개인정보파일의 운용으로 인하여 정보주체의 개인정보 침해가 우려되는 경우에는 그 위험요인의 분석과 개선 사항 도출을 위한 평가("영향평가")를 하고 그 결과를 보호위원회에 제출하여야 한다. 이 경우 공공기관의 장은 영향평가를 보호위원회가 지정하는 기관("평가기관") 중에서 의뢰하여야 한다.
② 영향평가를 하는 경우에는 다음의 사항을 고려하여야 한다.
1. 처리하는 개인정보의 수
2. 개인정보의 제3자 제공 여부
3. 정보주체의 권리를 해할 가능성 및 그 위험 정도
4. 그 밖에 대통령령으로 정한 사항
③ 보호위원회는 제1항에 따라 제출받은 영향평가 결과에 대하여 의견을 제시할 수 있다.
④ 공공기관의 장은 제1항에 따라 영향평가를 한 개인정보파일을 제32조 제1항에 따라 등록할 때에는 영향평가 결과를 함께 첨부하여야 한다.
⑤ 보호위원회는 영향평가의 활성화를 위하여 관계 전문가의 육성, 영향평가 기준의 개발·보급 등 필요한 조치를 마련하여야 한다.
⑥ 제1항에 따른 평가기관의 지정기준 및 지정취소, 평가기준, 영향평가의 방법·절차 등에 관하여 필요한 사항은 대통령령으로 정한다.
⑦ 국회, 법원, 헌법재판소, 중앙선거관리위원회(그 소속 기관을 포함)의 영향평가에 관한 사항은 국회규칙, 대법원규칙, 헌법재판소규칙 및 중앙선거관리위원회규칙으로 정하는 바에 따른다.
⑧ 공공기관 외의 개인정보처리자는 개인정보파일 운용으로 인하여 정보주체의 개인정보 침해가 우려되는 경우에는 영향평가를 하기 위하여 적극 노력하여야 한다.

위한 수단과 개인신용정보 유출시 신용정보주체의 권익을 해할 가능성 및 그 위험의 정도를 분석한 결과에 따라 암호화의 적용여부 및 적용범위를 정하여 시행할 수 있다. iv) 업무용 컴퓨터 또는 모바일 기기에 저장하여 관리하는 경우에는 상용 암호화 소프트웨어 또는 안전한 알고리즘을 사용하여 암호화하여야 한다.

(5) 개인식별정보 제공과 암호화

신용정보집중기관과 신용조회회사가 서로 개인식별번호를 제공하는 경우에는 상용 암호화 소프트웨어 또는 안전한 알고리즘을 사용하여 암호화하여야 한다(별표 3. Ⅱ. 3⑤).

(6) 개인신용정보 처리 위탁시 개인식별번호 암호화

신용정보회사등이 개인신용정보의 처리를 위탁하는 경우 개인식별번호를 암호화하여 수탁자에게 제공하여야 한다(별표 3. Ⅱ. 3⑥).

2. 기타 방법으로 제공하는 경우

위의 정보통신망 또는 보조저장매체를 통하여 제공하는 경우 외의 방법으로 제공하는 경우에는 봉함(封緘) 조치를 하여야 한다(영14④(2)).

Ⅳ. 수탁자 교육과 위탁계약 반영

신용정보회사등은 수탁자에게 신용정보를 제공한 경우 신용정보를 분실·도난·유출·위조·변조 또는 훼손당하지 아니하도록 수탁자를 교육하여야 하고 수탁자의 안전한 신용정보 처리에 관한 사항을 위탁계약에 반영하여야 한다(법17⑤).

1. 수탁자 소속 임직원 교육 실시

신용정보회사등은 수탁자와 위탁계약을 체결하거나 갱신하는 경우에는 연 1회 이상(위탁계약기간이 1년 미만인 경우에는 그 기간 동안 1회 이상) 신용정보의 분실·도난·유출·변조·훼손의 방지 및 안전한 신용정보의 처리에 관하여 수탁자의 소속 임직원에 대한 교육을 실시한다는 내용을 위탁계약에 반영하여야 하며,

그 위탁계약에 따라 교육을 실시하여야 한다(영14⑤ 전단).

2. 교육실시 의제

수탁자가 연 1회 이상 그 소속 임직원에 대한 교육을 실시한다는 내용이 위탁계약에 반영되어 있고, 신용정보회사등이 수탁자가 그 위탁계약에 따라 해당 교육을 실시한 사실을 확인한 경우에는 신용정보회사등이 수탁자의 소속 임직원에게 교육을 실시한 것으로 본다(영14⑤ 후단).

V. 수탁자의 개인신용정보 이용 또는 제3자 제공 금지

수탁자가 개인신용정보를 이용하거나 제3자에게 제공하는 경우에는 개인정보 보호법 제26조 제5항에 따른다(법17⑥). 따라서 수탁자는 위탁받은 해당 업무 범위를 초과하여 개인정보를 이용하거나 제3자에게 제공하여서는 아니 된다(개인정보 보호법26⑤).

VI. 금융회사의 정보처리 업무 위탁에 관한 규정 준용

신용정보처리 위탁에 관한 사항은 법, 영, 감독규정이 정한 사항을 제외하고 「금융회사의 정보처리 업무 위탁에 관한 규정("위탁규정")」을 준용한다(감독규정15⑥ 전단). 이 경우 위탁규정 제2조 제1항에 따른 "금융회사"는 "법 제15조 제1항 전단에 따른 신용정보회사등("신용정보회사등")"으로 본다(감독규정15⑥ 후단).

"금융위원회가 정하여 고시하는 자"(감독규정15①)가 수탁자가 위탁규정 제7조에 따라 금융감독원장에 보고한 경우에는 법 제17조 제3항에 따라 금융위원회에 알린 것으로 본다(감독규정15⑦).

VII. 위반시 제재

1. 형사제재

법 제17조 제6항을 위반한 자는 5년 이하의 징역 또는 5천만원 이하의 벌금에 처한다(법50②(4)).

2. 과태료

법 제17조 제4항을 위반한 자에게는 3천만원 이하의 과태료를 부과하고(법 52③(1)), 법 제17조 제7항을 위반한 자에게는 2천만원 이하의 과태료를 부과하며(법52④), 법 제17조 제5항을 위반한 자에게는 1천만원 이하의 과태료를 부과한다(법52⑤(4)).

▌관련 판례: 대법원 2018. 10. 25. 선고 2018다219406 판결

상고이유를 판단한다.

[1] 피고 주식회사 케이비국민카드의 상고이유 제1점에 관하여

(가) 원심은 그 판시와 같은 사실을 인정한 다음, 피고 주식회사 케이비국민카드(이하 '피고 국민카드'라 한다)가 구 개인정보 보호법(2015. 7. 24. 법률 제13423호로 개정되기 전의 것)이 정한 개인정보처리자로서 각 법률 및 시행령, 이를 구체화한 고시(개인정보 안전성 확보조치 기준) 등 관련 법령에서 정한 개인정보의 안전성 확보 또는 이용자정보의 보호에 필요한 조치를 취할 의무를 부담한다고 판단하였다. 그리고 피고 국민카드가 피고 코리아크레딧뷰로 주식회사(이하 '피고 크레딧뷰로'라 한다)와 카드사고분석시스템(Fraud Detection System, 이하 'FDS'라 한다) 업그레이드 관련 개발용역계약을 체결하고, 피고 크레딧뷰로의 개발인력들에게 카드고객의 개인정보를 제공하여 취급하도록 하는 과정에서, 위 법령들을 위반하여 보안프로그램 설치 및 관리·감독의무, 개인정보 처리업무 위탁 시 기술적·관리적 보호조치에 관한 문서약정 및 그 관리·감독의무, 암호화된 카드고객정보 제공의무, 단말기에 이용자 정보를 보관·공유하지 않을 의무, 접근권한 제한 등 보안조치를 취할 의무 등을 다하지 않았으므로, 이로 인해 개인정보가 유출된 원고(선정당사자) 및 선정자들에 대하여 위 개인정보 보호법 제39조 에 따라 손해를 배상할 책임이 있다고 판단하였다.

(나) 관련 규정과 기록에 비추어 살펴보면, 원심의 위와 같은 판단은 정당하고, 거기에 개인정보 안전성 확보조치 기준에 관한 해석을 잘못하여 손해배상책임의 성립에 관한 대법원의 판례와 상반되는 판단을 하는 등의 소액

사건심판법이 정한 상고이유를 찾아볼 수 없다.

[2] 피고 크레딧뷰로의 상고이유 제1 내지 4점에 관하여

(가) 원심은 그 판시와 같은 이유로, 피고 크레딧뷰로와 피고 국민카드의 FDS 개발용역계약에 따라 피고 크레딧뷰로가 FDS 개발업무를 수행하는 과정에서, 피고 국민카드로부터 신용정보법 제17조에 따라 신용정보 처리업무를 위탁받았음에도 신용정보인 카드고객정보의 안전성 확보를 위해 필요한 조치를 취하지 않았고, 이러한 사정 등을 기화로 피고 크레딧뷰로의 직원인 소외인이 FDS 개발용역 수행이라는 사무집행에 관하여 피고 국민카드의 카드고객정보를 유출하는 행위를 저질렀으며, 피고 크레딧뷰로가 제출한 증거들만으로는 피고 크레딧뷰로가 사용자로서 소외인에 대하여 선임 및 사무감독에 상당한 주의를 하였거나 상당한 주의를 하였어도 카드고객정보 유출로 인한 손해가 발생하였음을 인정하기에 부족하여, 피고 크레딧뷰로는 피고 국민카드와 공동하여 위와 같은 불법행위자 및 소외인의 사용자로서 원고(선정당사자) 및 선정자들에게 카드고객정보 유출로 인한 손해를 배상할 책임이 있다고 판단하였다.

(나) 관련 법리와 기록에 비추어 살펴보면, 원심의 위와 같은 판단은 정당하고, 거기에 상고이유 주장과 같이 사용자책임에 있어 사무집행 관련성 및 면책사유와 인과관계, 신용정보 처리업무 위탁관계에 관한 대법원의 판례와 상반되는 판단을 하는 등의 소액사건심판법이 정한 상고이유를 찾아볼 수 없다.

[3] 피고 국민카드의 상고이유 제2점 및 피고 크레딧뷰로의 상고이유 제5점에 관하여

(가) 개인정보를 처리하는 자가 수집한 개인정보가 정보주체의 의사에 반하여 유출된 경우, 그로 인하여 정보주체에게 위자료로 배상할 만한 정신적 손해가 발생하였는지는, 유출된 개인정보의 종류와 성격이 무엇인지, 개인정보 유출로 정보주체를 식별할 가능성이 발생하였는지, 제3자가 유출된 개인정보를 열람하였는지 또는 제3자의 열람 여부가 밝혀지지 않았다면 제3자의 열람 가능성이 있었거나 앞으로 열람 가능성이 있는지, 유출된 개인정보가 어느 범위까지 확산되었는지, 개인정보 유출로 추가적인 법익침해 가능성이

발생하였는지, 개인정보를 처리하는 자가 개인정보를 관리해 온 실태와 개인
정보가 유출된 구체적인 경위는 어떠한지, 개인정보 유출로 인한 피해 발생
및 확산을 방지하기 위하여 어떠한 조치가 취하여졌는지 등 여러 사정을 종
합적으로 고려하여 구체적 사건에 따라 개별적으로 판단하여야 한다(대법원
2012. 12. 26. 선고 2011다59834, 59858, 59841 판결 등 참조). 또한 불법행위로
입은 정신적 고통에 대한 위자료 액수에 관하여는 사실심 법원이 여러 사정
을 참작하여 그 직권에 속하는 재량에 의하여 확정할 수 있다(대법원 1999. 4.
23. 선고 98다41377 판결 등 참조).

   (나) 원심은 그 판시와 같은 사실을 인정한 다음, 이 사건 카드고객정보 유
출사고에서 유출된 개인정보는 원고(선정당사자) 및 선정자들 개인을 식별할
수 있을 뿐 아니라 개인의 사생활 및 신용과 밀접한 관련이 있는 정보들로
서, 유출사고의 전반적 경위 등을 종합해 볼 때 그 전파 및 확산과정에서 이
미 제3자에 의해 열람되었거나 앞으로 개인정보가 열람될 가능성이 크므로,
사회통념상 원고(선정당사자) 및 선정자들에게 개인정보 유출로 인한 정신적
손해가 현실적으로 발생하였다고 봄이 타당하다고 판단하고, 여러 사정을 고
려하여 피고들이 공동하여 원고(선정당사자) 및 선정자들에게 배상하여야 할
위자료를 각 10만 원으로 정하였다.

   (다) 앞서 본 법리와 기록에 비추어 살펴보면, 정신적 손해 발생 여부에 관
한 원심의 위와 같은 판단은 정당하고, 원심이 정한 위자료 액수 또한 형평
의 원칙에 현저히 반하여 재량의 한계를 일탈하였다고 인정할 만큼 과다하
다고 볼 수 없다. 따라서 원심의 판단에 피고들의 상고이유 주장과 같이 손
해배상책임의 범위에 관한 대법원의 판례와 상반되는 판단을 하는 등의 소
액사건심판법이 정한 상고이유를 찾아볼 수 없다.

   [4] 결론

   그러므로 상고를 모두 기각하고, 상고비용은 패소자가 부담하도록 하여,
관여 대법관의 일치된 의견으로 주문과 같이 판결한다.

** 금융위원회 질의회신(2023. 6. 29.) ───────────

〈질의〉

□ 금융회사가 신용정보원에게 암호화된 개인신용정보를 전송하기 위하여 제3자의 통신회선 서비스를 이용하고자 하는 경우, 신용정보법 제17조 개인신용정보의 처리 위탁에 해당되는지 여부

〈회신〉

□ 개인신용정보에 대한 정정, 이용 등의 권한을 갖지 아니하고 단순히 전달, 전송 또는 통과만 시켜주는 행위는 개인신용정보 '처리'에 해당하지 않으므로 신용정보법 제17조 개인신용정보 처리위탁에 해당하지 않는 것으로 보입니다.

───────────────────────────────

제3절 정보집합물의 결합 등

Ⅰ. 지정 데이터전문기관을 통한 결합의무

1. 의의

"신용정보회사등"은 자기가 보유한 정보집합물을 제3자가 보유한 정보집합물과 결합("데이터 결합")하려는 경우에는 제26조의4에 따라 지정된 데이터전문기관을 통하여 결합하여야 한다(법17의2①). "신용정보회사등"의 경우 상거래기업 및 법인(법45의3)은 제외한다(법17의2②, 영14의2①).

데이터 결합이란 개별 신용정보회사등이 보유하는 정보집합물을 결합하는 것으로 법 제2조 제13호[4]에 포함되어 있다. 2020년 2월 개정법은 법적 근거가 불명확하여 위법성 논란이 있었던[5] 데이터 결합의 법적 근거를 명확하게 마련하

───────────────────────────────

4) 13. "처리"란 신용정보의 수집(조사를 포함한다. 이하 같다), 생성, 연계, 연동, 기록, 저장, 보유, 가공, 편집, 검색, 출력, 정정(訂正), 복구, 이용, 결합, 제공, 공개, 파기(破棄), 그 밖에 이와 유사한 행위를 말한다.

5) 개인정보 비식별조치 가이드라인에 따라 데이터 결합을 수행한 총 24개 금융회사기업 및 분야별 전문기관들에 대하여 일부 시민단체에서 개인정보 유출 혐의로 고발한 바 있다 (2017년 11월).

면서, 데이터 결합 과정에서 발생할 수 있는 개인정보 침해 우려를 반영하여 국가가 지정한 데이터전문기관을 통해서만 이를 수행할 수 있도록 하고 있다.[6)]

데이터 결합은 이종 산업간 융합을 통해 4차 산업혁명 관련 혁신성장을 견인하고, 소비자 편익을 제고하는 등의 긍정적인 효과가 있을 것으로 보인다. 구체적으로 데이터 결합을 통한 산업간 융합은 핀테크(ICT 정보＋금융 정보), 자율주행자동차(위치 정보＋제조업 정보), 스마트 헬스케어(보험 정보＋바이오 정보) 등으로 구현될 수 있으며, 통신료 납부정보와 금융정보를 결합하여 통신료를 성실하게 납부한 자에 개인의 신용등급을 상향하거나, 자동차주행정보와 보험정보를 결합하여 자동차 사고발생 위험이 낮은 개인에게는 보험료 할인혜택을 제공하는 방식 등으로 소비자 편익이 제고될 수 있을 것으로 보인다.

2. 결합의뢰기관의 정보집합물의 결합 신청

정보집합물을 결합하려는 신용정보회사등 및 제3자("결합의뢰기관")는 공동으로 데이터전문기관에 정보집합물의 결합을 신청해야 한다(영14의2②).

이에 따라 결합의뢰기관 각각은 [별지 제8호의2 서식]에 따른 정보집합물 결합신청서를 제출하여 정보집합물의 결합을 신청하여야 한다(감독규정15의2① 본문). 다만, 결합할 정보집합물을 이용하려는 기관("정보집합물 이용기관")이 결합의뢰기관 일부 또는 전부를 대신하여 정보집합물 결합을 신청하려는 경우에는 정보집합물 이용기관이 해당 결합의뢰기관이 동 결합 신청에 동의한다는 결합의뢰기관의 동의서를 첨부한 결합신청서를 데이터전문기관에 제출하여 정보집합물의 결합을 신청할 수 있다(감독규정15의2① 단서).

3. 결합의뢰기관 및 데이터전문기관의 준수사항

결합의뢰기관 및 데이터전문기관은 정보집합물을 결합·제공·보관하는 경우에는 다음의 사항을 모두 준수해야 한다(영14의2③).

(1) 결합의뢰기관의 준수사항
(가) 개인신용정보가 포함된 정보집합물의 가명처리 등
결합의뢰기관이 정보집합물을 데이터전문기관에 제공하는 경우 다음의 조

---

6) 정무위원회(2020), 19-20쪽.

치를 하여 제공하여야 한다(영14의2③(1)). 즉 결합의뢰기관은 ⅰ) 하나의 정보집합
물과 다른 정보집합물 간에 둘 이상의 정보를 연계, 연동하기 위하여 사용되는 정
보는 해당 개인을 식별할 수 없으나 구별할 수 있는 정보("결합키")로 대체하여야
하며(가목), ⅱ) 개인신용정보가 포함된 정보집합물은 가명처리하여야 한다(나목).

(나) 결합키 생성 절차와 방식

결합의뢰기관이 결합키를 생성하는 절차와 방식은 금융위원회가 정하여 고
시하는 바에 따라 결합의뢰기관 간 상호 협의하여 결정하여야 한다(영14의2③
(2)). 이에 따라 결합의뢰기관은 ⅰ) 결합의뢰기관간 외에는 결합키 생성방식을
공개하지 아니하고(제1호), ⅱ) 결합키 생성방식 채택시 안전성, 보안성, 재식별
가능성 등을 충분히 고려하여(제2호) 결합키를 생성하여야 한다(감독규정15의2②).

(다) 암호화 등 보호조치 후 전달

결합의뢰기관이 데이터전문기관에 정보집합물을 제공하거나 데이터전문기
관이 결합한 정 보집합물을 결합의뢰기관에 전달하는 경우에는 해당 정보집합물
의 내용을 제3자가 알 수 없도록 암호화 등의 보호조치를 하여 전달하여야 한다
(영14의2③(3)).

(2) 데이터전문기관의 준수사항

(가) 결합키 추출 및 전달시 보호대책 마련과 조치

데이터전문기관은 결합의뢰기관이 추출결합(정보집합물의 일부만을 추출하여
결합하는 것)을 요청하는 경우 이를 위해 결합의뢰기관으로부터 결합키를 제공받
아 결합의뢰기관간 중복되는 결합키를 파악하고 이 중 일부 또는 전부를 추출하
여 추출된 결합키 등을 결합의뢰기관에 전달할 수 있다(감독규정15의2③ 전단). 이
경우 데이터전문기관은 각 결합의뢰기관이 추출된 결합키를 통해 타 결합의뢰기
관이 보유한 정보집합물의 특성 등을 파악할 수 없도록 결합키 추출 및 전달시
보호대책을 마련하고 필요한 조치를 하여야 한다(감독규정15의2③ 후단).

(나) 정보집합물 전달 전 결합키 삭제 또는 대체

데이터전문기관은 결합된 정보집합물을 결합의뢰기관에 전달하기 전 결합
키를 삭제하거나 "금융위원회가 정하여 고시하는 방법"으로 대체하여야 한다(영
14의2③(4)). 여기서 "금융위원회가 정하여 고시하는 방법"이란 다음을 준수하여
결합키를 대체하는 방법을 말한다(감독규정15의2④). 즉 데이터전문기관은 ⅰ) 결

합의뢰기관 등이 결합키를 재식별할 수 없도록 대체방식 등을 외부에 공개하지 아니하고(제1호), ⅱ) 대체방식 채택시 안전성, 보안성, 재식별가능성 등을 충분히 고려하는(제2호) 방법으로 대체하여야 한다.

(다) 가명처리 또는 익명처리의 적정성 평가

데이터전문기관은 결합된 정보집합물의 가명처리 또는 익명처리의 적정성을 평가한 후 적정하지 않다고 판단되는 경우 다시 가명처리 또는 익명처리하여 전달하여야 한다(영14의2③(5)).

(라) 결합한 정보집합물 전달 후 결합한 정보집합물 삭제

데이터전문기관은 결합한 정보집합물을 결합의뢰기관에 전달한 후 결합한 정보집합물 및 결합 전 정보집합물을 지체 없이 삭제하여야 한다(영14의2③(6)).

Ⅱ. 결합된 정보집합물의 전달 방법

데이터전문기관이 결합된 정보집합물을 해당 신용정보회사등 또는 그 제3자에게 전달하는 경우에는 가명처리 또는 익명처리가 된 상태로 전달하여야 한다(법17의2②).

Ⅲ. 데이터전문기관의 결합 관련 사항 기록·관리 및 보고 등

1. 데이터전문기관의 결합 관련 사항 기록·관리 및 보고

데이터전문기관은 책임자를 지정·운영하여 ⅰ) 결합의뢰기관명, 담당자, 결합대상기관명, 결합목적 등 결합신청과 관련한 사항, ⅱ) 결합일시, 적정성 평가 결과 등 결합과 관련한 사항, ⅲ) 결합키 삭제 또는 대체 여부, 가명·익명처리 방법 등 결합한 정보집합물((정보를 체계적으로 관리하거나 처리할 목적으로 일정한 규칙에 따라 구성되거나 배열된 둘 이상의 정보들)의 처리방법, 결합한 정보집합물의 제공·파기날짜 등 결합한 정보집합물의 제공 및 관리와 관련한 사항을 기록·관리하고 사용자의 접근권한을 통제하는 방법에 따라 결합 관련 사항을 기록·관리하고 매년 1회 금융위원회에 보고해야 한다(영14의2④, 감독규정15의2⑤).

2. 데이터전문기관의 자기 보유 정보집합물 결합

(1) 원칙: 다른 데이터전문기관을 통한 결합

데이터전문기관은 자기가 보유한 정보집합물을 결합하려는 경우에는 다른 데이터전문기관을 통하여 결합하여야 한다(감독규정15의2⑥ 본문).

(2) 예외: 다른 데이터전문기관을 통하지 아니한 결합

다음의 어느 하나에 해당하는 경우, 즉 ⅰ) 데이터전문기관(데이터전문기관으로 지정되기 전 상거래기업 및 법인에 해당했던 자 제외)이 ㉠ 영 제14조의2 제3항 제5호에 따른 적정성 평가("적정성 평가"를 타 데이터전문기관이 수행하고(가목), ㉡ 데이터전문기관이 적정성 평가 결과 등 금융감독원장이 정하는 정보집합물 결합 관련 사항을 금융감독원장이 정하는 바에 따라 금융감독원에 보고하며(나목), ㉢ 가목에 따른 요건을 회피할 목적으로 타 데이터전문기관과 서로 교차하여 적정성 평가를 의뢰하거나 수행하지 아니하는 경우(다목)의 요건을 모두 충족하여 정보집합물을 결합하는 경우(제1호), ⅱ) 그 밖에 결합목적, 정보집합물 이용기관, 관련 대가 지급 여부 등을 감안하여 이해상충 발생가능성이 없는 경우(제2호)에는 다른 데이터전문기관을 통하여 결합하지 아니할 수 있다(감독규정15의2⑥ 단서).

3. 데이터전문기관의 비용 청구

데이터전문기관은 데이터 결합 등에 필요한 비용을 결합의뢰기관에 청구할 수 있다(영14의2⑤).

4. 데이터전문기관의 정보집합물 분석

데이터전문기관은 결합의뢰기관이 결합된 데이터를 전달받기 전에 데이터전문기관의 전산설비 등을 활용하여 결합된 정보집합물을 분석하기를 요청하는 경우 데이터전문기관의 전산설비 등을 활용하여 가명처리 또는 익명처리가 된 상태의 정보집합물을 분석하게 할 수 있다(영14의2⑥).

5. 데이터전문기관의 적정성 평가 등 지원 허용여부 결정

데이터전문기관은 결합의뢰기관 또는 정보집합물 이용기관이 요청하는 경

우 적정성 평가 등을 결합의뢰기관 또는 정보집합물 이용기관이 지원하는 것을
허용할 수 있다(감독규정15의2⑦ 전단). 이 경우 데이터전문기관은 안정성, 보안성,
재식별가능성 등을 고려하여 허용여부를 결정하여야 한다(감독규정15의2⑦ 후단).

Ⅳ. 적용배제 규정

시행령 제14조의2 제2항, 제3항 및 제5항부터 제7항까지의 규정은 결합의뢰
기관이 데이터전문기관 중 개인정보 보호법 제28조의3 제1항[7]에 따른 전문기관
으로도 지정된 기관에서 같은 조 제3항에 따른 결합 절차와 방법, 반출 및 승인
기준·절차 등에 따라 정보집합물을 결합하려는 경우에는 적용하지 않는다(영14
의2⑧).

Ⅴ. 정보집합물 결합 · 제공 · 처리 · 보관의 절차

정보집합물 결합·제공·처리·보관의 절차는 [별표 2의4]와 같다(영14의2⑦,
감독규정15의2⑧).

---

7) 개인정보 보호법 제28조의3(가명정보의 결합 제한) ① 제28조의2에도 불구하고 통계작성,
   과학적 연구, 공익적 기록보존 등을 위한 서로 다른 개인정보처리자 간의 가명정보의 결
   합은 보호위원회 또는 관계 중앙행정기관의 장이 지정하는 전문기관이 수행한다.
   ② 결합을 수행한 기관 외부로 결합된 정보를 반출하려는 개인정보처리자는 가명정보 또
   는 제58조의2에 해당하는 정보로 처리한 뒤 전문기관의 장의 승인을 받아야 한다.
   ③ 제1항에 따른 결합 절차와 방법, 전문기관의 지정과 지정 취소 기준·절차, 관리·감독,
   제2항에 따른 반출 및 승인 기준·절차 등 필요한 사항은 대통령령으로 정한다.

[별표 2의4] 정보집합물 결합 관련 절차(제15조의2 제8항 관련)

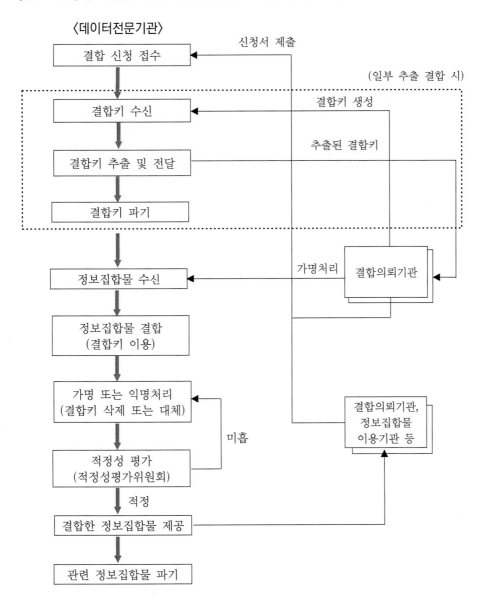

Ⅵ. 데이터전문기관의 세부사항 지정

데이터전문기관은 그 밖에 정보집합물 결합·제공·처리·보관과 관련하여 필요한 세부사항을 정할 수 있다(감독규정15의2⑨).

제 2 장

신용정보의 유통 및 관리

제1절 신용정보의 정확성 및 최신성의 유지

Ⅰ. 신용정보회사등의 신용정보 등록 · 변경 · 관리

신용정보회사등은 신용정보의 정확성과 최신성이 유지될 수 있도록 신용정보의 등록 · 변경 및 관리 등을 하여야 한다(법18①).

1. 신용정보제공 · 이용자의 사실과 다른 정보 등록금지

(1) 사실과 다른 신용정보 등록금지

신용정보제공 · 이용자는 신용정보를 신용정보집중기관 또는 개인신용평가회사, 개인사업자신용평가회사 또는 기업신용조회회사에 제공하려는 경우에는 그 정보의 정확성을 확인하여 사실과 다른 정보를 등록해서는 안 된다(영15①).

(2) 오래된 신용정보의 등록금지

신용정보제공 · 이용자는 어음 부도거래정보를 제외한 법 제2조 제1호의4의 정보(신용정보주체의 신용도를 판단할 수 있는 정보)를 ⅰ) 등록사유 발생일부터 7년(제1호), ⅱ) 채권관련정보는 소멸시효가 완성된 날(제2호)의 기간이 만료된 이후에는 신용정보집중기관, 개인신용평가회사, 개인사업자신용평가회사 또는 기업신용조회회사에 등록할 수 없다(감독규정18).

2. 신용정보집중기관 등의 등록·변경·관리 기준 마련의무

(1) 신용정보의 정확성 점검 기준 및 절차 마련

신용정보집중기관과 개인신용평가회사, 개인사업자신용평가회사 또는 기업신용조회회사는 등록되는 신용정보의 정확성을 점검할 수 있는 기준 및 절차를 마련하고 이에 따라 등록되는 신용정보의 정확성을 점검·관리해야 한다(영15②). 이에 따라 신용정보집중기관, 개인신용평가회사, 개인사업자신용평가회사 및 기업신용조회회사는 법 제2조 제1호부터 제1호의6까지의 신용정보별로 등록·변경·관리 기준을 마련한다(감독규정17①).

(2) 기준 및 절차 포함사항

신용정보집중기관, 개인신용평가회사, 개인사업자신용평가회사 및 기업신용조회회사가 등록되는 신용정보의 정확성과 최신성을 점검할 수 있는 기준 및 절차를 마련하는 경우에는 ⅰ) 신용정보를 등록하는 자의 선별기준(신용정보집중기관은 제외)(제1호), ⅱ) 신용정보를 등록하는 자별 정보 등록 방식에 관한 사항(제2호), ⅲ) 사실과 다른 정보 또는 제18조 각 호의 기간(등록사유 발생일부터 7년 또는 채권관련정보는 소멸시효가 완성된 날)이 만료된 정보의 등록시 제재에 관련한 사항(제3호)이 포함되어야 한다(감독규정17②).

(3) 신용조회기록의 정확성 점검에 관한 사항 마련

신용정보집중기관, 개인신용평가회사, 개인사업자신용평가회사 및 기업신용조회회사는 개인신용정보 이용자가 조회한 목적에 일치하는 조회사유코드를 입력하도록 하는 등 신용조회기록의 정확성 점검에 관한 사항을 마련하여야 한다(감독규정17③).

(4) 정확성 확인을 위한 자료제출 요구

신용정보집중기관 및 개인신용평가회사, 개인사업자신용평가회사, 기업신용조회회사는 등록되는 신용정보의 정확성을 점검하기 위하여 신용정보를 등록한 자에게 정확성 여부를 입증할 수 있는 자료의 제출을 요청할 수 있다(감독규정 16).

3. 신용정보의 등록 · 변경 · 관리

신용정보회사, 채권추심회사, 신용정보집중기관 및 신용정보제공 · 이용자는 신용정보의 정확성과 최신성이 유지될 수 있도록 금융위원회가 정하여 고시하는 기준과 절차에 따라 신용정보를 등록 · 변경 · 관리해야 한다(영15③).

Ⅱ. 오래된 신용정보의 삭제

1. 삭제 대상 신용정보

신용정보회사등은 신용정보주체에게 불이익을 줄 수 있는 신용정보를 그 불이익을 초래하게 된 사유가 해소된 날부터 최장 5년 이내에 등록 · 관리 대상에서 삭제하여야 한다(법18② 본문).

이에 따라 등록 · 관리 대상에서 삭제해야 하는 신용정보의 종류는 ⅰ) 법 제2조 제1호의4에 따른 신용정보 중 연체, 부도, 대위변제 및 대지급과 관련된 정보(제1호), ⅱ) 법 제2조 제1호의4에 따른 신용정보 중 신용질서 문란행위와 관련된 정보(제2호), ⅲ) 법 제2조 제1호의6 다목에 따른 신용정보 중 법원의 파산선고 · 면책 · 복권 결정 및 회생 · 간이회생 · 개인회생의 결정과 관련된 정보(제3호), ⅳ) 법 제2조 제1호의6 나목에 따른 체납 관련 정보(제4호), ⅴ) 법 제2조 제1호의6 아목 및 이 영 제2조 제17항 제3호에 따른 신용정보 중 체납 관련 정보(제5호), ⅵ) 그 밖에 제1호부터 제5호까지의 정보와 유사한 형태의 불이익정보로서 금융위원회가 정하여 고시하는 신용정보(제6호)이다(영15④).

위 제6호에서 "금융위원회가 정하여 고시하는 신용정보"란 ⅰ) 영 제2조 제14항 제3호의 신용정보(＝서민금융법에 따른 채무조정에 관한 정보)(제1호), ⅱ) 영 제2조 제14항 제5호의 신용정보(＝기업구조조정 촉진법 제2조 제9호에 따른 채무조정에 관한 정보)(제2호), ⅲ) 영 제2조 제14항 제6호의 신용정보(＝한국자산관리공사의

채무재조정 약정에 관한 정보)(제3호), iv) 감독규정 제2조의2 제7항의 신용정보(=
신용회복위원회의 신용회복지원협약에 따른 신용회복지원 확정정보, 국민행복기금, 새출
발기금 등 자산관리공사법 제26조 제1항 제1호 및 제2호의 업무를 수행하기 위하여 같은
법 제26조 제1항 제4호 라목에 따라 설립된 기관이 협약금융기관등으로부터 채권을 매입
한 정보 및 채무조정 약정을 체결한 사실에 관한 정보)를 말한다(감독규정18의2).

2. 삭제 대상 신용정보의 예외

ⅰ) 종합신용정보집중기관이 신용정보주체에게 채권자변동정보를 교부하거
나 열람하게 하는 업무를 수행하기 위한 경우(법25의2(1의3)), ⅱ) 종합신용정보
집중기관이 공공 목적의 조사 및 분석 업무(법25의2(2))를 수행하기 위한 경우,
ⅲ) 신용정보제공·이용자가 종합신용정보집중기관에 소멸시효 완성, 채무 면제
등 거래 종료 사유를 등록하기 위한 경우에는 등록·관리 대상에서 삭제하지 않
아도 된다(법18② 단서, 영15⑤).

3. 신용정보의 삭제 방법

신용정보의 삭제방법은 신용정보주체에게 불이익을 초래하게 된 사유가 해
소된 날("해제사유 발생일") 또는 등록사유 발생일부터 감독규정 제19조 제2항 각
호에 따른 신용정보의 관리기간 내에 신용정보집중기관, 개인신용평가회사, 개인
사업자신용평가회사 및 기업신용조회회사 등록·관리 대상에서 삭제하는 것을
말한다(감독규정19①).

4. 신용정보의 관리기간

등록·관리 대상에서 삭제해야 하는 신용정보(영15④)의 신용정보의 활용기
간 및 보존기간은 3년 이상 5년 이내의 범위에서 금융위원회가 정하여 고시한다
(영15⑥ 본문). 다만, 금융위원회는 신용정보의 특성, 활용용도 및 활용빈도 등을
고려하여 그 활용기간 및 보존기간을 단축할 수 있다(영15⑥ 단서).

이에 따라 신용정보를 등록·관리대상에서 삭제하는 경우에는 다음의 구분
에 따른 기간 이내에 삭제하여야 한다(감독규정19②).

1. 영 제15조 제4항 제1호, 제4호 및 제5호의 신용정보(제1호의2의 신용정보는

제외)는 해제 사유 발생일부터 변제 또는 납부하지 아니한 기간과 해제사유 발생일부터 1년 중 짧은 기간 이내. 다만, 다음 각 목의 어느 하나에 해당하는 경우에는 해제사유 발생일로부터 5년 이내의 기간으로 한다.

가. 신용정보집중기관, 개인신용평가회사, 개인사업자신용평가회사 및 기업신용조회회사가 분쟁의 입증자료 또는 정책자료로 활용하기 위하여 관리하는 경우

나. 개인신용평가회사, 개인사업자신용평가회사 및 기업신용조회회사가 개인신용평점(법 제2조 제1호의6에 따른 개인신용평점), 기업신용등급(법 제2조 제1호의6 마목에 따른 기업신용등급) 또는 기술신용정보(법 제2조 제1호의6 사목에 따른 기술신용정보)을 산정하거나 신용정보를 가공하여 제공하기 위하여 관리하는 경우

1의2. 영 [별표 2] 제1호 다목 4) 가)[1] 및 제2호 다목 2) 가)[2]의 사실에 관한 정보는 그 사실이 발생한 날부터 1년과 증권시장의 건전한 거래질서를 유지하기 위하여 증권시장업무규정에서 정하는 기간 중 짧은 기간 이내. 다만, 제1호 각 목의 어느 하나에 해당하는 경우에는 해당 사실이 발생한 날부터 5년 이내로 한다.

2. 영 제15조 제4항 제2호의 신용정보는 해제 사유 발생일부터 5년 이내

3. 영 제15조 제4항 제3호 및 제6호의 신용정보는 등록사유 발생일부터 5년 이내

5. 정보의 해제사유 발생일 의제

신용정보집중기관, 개인신용평가회사, 개인사업자신용평가회사 또는 기업신용조회회사에 등록되는 어음부도거래정보를 제외한 감독규정 제19조 제2항 제1호 및 제2호의 신용정보는 그 불이익을 초래하게 된 사유가 해소되지 않고 등록사유 발생일부터 7년이 경과한 경우에는 그 날을 당해 정보의 해제사유 발생일로 본다(감독규정19③).

---

1) 가) 증권시장에 상장된 증권의 매매와 관련하여 투자중개업자에게 매수대금 또는 매도증권을 결제일까지 납입하지 아니한 사실

2) 가) 증권시장에 상장된 증권의 매매와 관련하여 투자중개업자에게 매수대금 또는 매도증권을 결제일까지 납입하지 아니한 사실

6. 신용정보의 관리 기간의 예외

신용정보제공·이용자 및 개인신용평가회사, 개인사업자신용평가회사 또는 기업신용조회회사가 신용정보집중기관으로부터 입수하여 활용하는 감독규정 제19조 제2항의 신용정보의 관리기간은 당해 신용정보를 제공한 신용정보집중기관이 정하는 관리기간을 따른다(감독규정19④ 본문). 다만 개인신용평가회사, 개인사업자신용평가회사 또는 기업신용조회회사가 감독규정 제19조 제2항 제1호 및 제2호의 신용정보를 개인신용평점, 기업신용등급 또는 기술신용정보를 산정하거나 가공하여 제공하기 위해 관리하는 경우에는 관리기간을 해제사유 발생일부터 최장 5년 이내로 한다(감독규정19④ 단서).

Ⅲ. 위반시 제재

1. 형사제재

법 제18조 제2항을 위반한 자는 1년 이하의 징역 또는 1천만원 이하의 벌금에 처한다(법50④(4)).

2. 과태료

법 제18조 제1항을 위반한 자에게는 1천만원 이하의 과태료를 부과한다(법52⑤(5)).

▌관련 판례: 대법원 2013. 3. 28. 선고 2011다56613, 56620 판결

[1] 구 신용정보의 이용 및 보호에 관한 법률(2009. 4. 1. 법률 제9617호로 전부 개정되기 전의 것, 이하 '구법'이라 한다) 제18조 제2항은 '신용정보주체에 대한 불이익을 초래할 수 있는 오래된 신용정보는 대통령령이 정하는 바에 의하여 기록을 삭제하여야 한다'고 규정하고 있고, 구 신용정보의 이용 및 보호에 관한 법률 시행령(2009. 10. 1. 대통령령 제21765호로 전부 개정되기 전의 것, 이하 '구시행령'이라 한다) 제10조 제2항은 '신용정보업자 및 신용정보집중기관은 구법 제18조 제2항의 규정에 의한 신용정보주체에 대한 불이

익을 초래할 수 있는 오래된 신용정보를 금융위원회가 정하는 바에 따라 그 불이익을 초래하게 된 사유가 해소된 날부터 5년 이내에 보유대상 또는 집중관리대상에서 삭제하여야 한다'고 규정하고 있으며, 구 신용정보업감독규정(2009. 10. 2. 금융위원회 고시 제2009-56호로 전부 개정되기 전의 것, 이하 '구감독규정'이라 한다) 제11조 제4항은 '신용정보주체에게 불이익을 초래할 수 있는 신용정보는 해제사유의 발생일로부터 다음 각 호의 기간 내에서 관리한다'고 규정하면서, 그 제1호에서 '약정한 기일 내에 채무를 변제하지 아니한 정보'는 채무를 변제하지 아니한 기간 이내로 하되 최장 1년 이내라고 규정하고 있다.

[2] 그런데 면책결정정보는 직접적으로는 신용정보주체에 대하여 법원에서 면책결정을 하였다는 사실 그 자체를 의미하고, 간접적으로는 그 신용정보주체가 과거에 약정한 기일 내에 채무를 변제하지 아니하였다는 사실과 지급불능 상태에 있어 파산이 선고되었다가 파산절차에 의해 배당되지 아니한 잔여 채무에 관하여 그 책임이 면제되었다는 사실을 포함하는 신용정보로서, 구감독규정 제11조 제4항 제1호에서 정한 '약정한 기일 내에 채무를 변제하지 아니한 정보'와는 구별되는 별개의 신용정보라고 할 것이다. 그리고 면책결정정보는 면책결정을 원인으로 별개의 신용정보로서 등록되는 것이고 그 자체로서 독자적인 신용정보에 해당하므로, 면책결정으로 약정한 기일 내에 변제하지 않은 채무에 관한 책임이 면제된다고 하더라도 이로써 곧 바로 면책결정정보 그 자체에 대하여 구시행령 제10조 제2항에서 정한 그 불이익을 초래하게 된 사유가 해소된 경우에 해당한다고 할 수 없다.

[3] 원심이 그 판시와 같은 이유로 면책결정정보가 구감독규정 제11조 제4항 제1호에서 정한 '약정한 기일 내에 채무를 변제하지 아니한 정보'에 해당하지 않고, 또한 면책결정정보를 7년간 관리한 후 삭제하도록 한 구 신용정보관리규약(2009. 10. 26. 개정되기 전의 것)이 구시행령 제10조 제2항에 위반되지 않는다고 판단한 것은 앞서 본 법리에 따른 것으로서 정당하고, 거기에 원고들이 주장하는 것과 같은 불이익한 신용정보 및 면책결정정보의 성격과 '불이익을 초래하게 된 사유가 해소된 때'에 관한 법리오해 등의 잘못이 없다.

** 금융위원회 질의회신(2023. 4. 3.) ─────────────────

〈질의〉

□ 신용정보법 제18조(신용정보의 정확성 및 최신성 유지)에 대한 신용정보업 감독규정 제19조(오래된 신용정보의 삭제)를 신용정보제공·이용자도 준수해야 하는지?

〈회신〉

□ 신용정보제공·이용자도 신용정보업감독규정 제19조를 준수해야 합니다.

〈이유〉

□ 신용정보법 제18조는 신용정보회사등의 불이익한 정보 삭제의무를 규정하고 있으며, 동법 시행령 제15조 제7항을 통하여 삭제 방법, 기준 및 절차 등에 관하여 필요한 세부사항들을 신용정보업감독규정 제19조에 위임하고 있습니다.

• 이 때 신용정보회사등이란 신용정보회사, 본인신용정보관리회사, 채권추심회사, 신용정보집중기관 및 신용정보제공·이용자를 의미합니다.

□ 따라서 신용정보제공·이용자도 신용정보업감독규정 제19조에 따라 신용정보집중기관, 개인신용평가회사, 개인사업자신용평가회사 및 기업신용조회회사의 등록·관리대상에서 신용정보주체의 불이익한 정보를 삭제할 의무를 부담합니다.

───────────────────────────────

제2절 신용정보전산시스템의 안전보호

I. 기술적·물리적·관리적 보안대책의 수립

1. 보안대책의 수립·시행의무

신용정보회사등은 신용정보전산시스템(법 제25조 제6항에 따른 신용정보공동전산망을 포함)에 대한 제3자의 불법적인 접근, 입력된 정보의 변경·훼손 및 파괴,

그 밖의 위험에 대하여 기술적·물리적·관리적 보안대책을 수립·시행하여야 한다(법19①).

2. 기술적·물리적·관리적 보안대책 포함사항

신용정보회사등은 신용정보전산시스템의 안전보호를 위하여 ⅰ) 신용정보에 제3자가 불법적으로 접근하는 것을 차단하기 위한 침입차단시스템 등 접근통제장치의 설치·운영에 관한 사항(제1호), ⅱ) 신용정보전산시스템에 입력된 정보의 변경·훼손 및 파괴를 방지하기 위한 사항(제2호), ⅲ) 신용정보 취급·조회 권한을 직급별·업무별로 차등 부여하는 데에 관한 사항 및 신용정보 조회기록의 주기적인 점검에 관한 사항(제3호), ⅳ) 그 밖에 신용정보의 안정성 확보를 위하여 필요한 사항(제4호)이 포함된 기술적·물리적·관리적 보안대책을 세워야 한다(법19①, 영16①).

** 금융위원회 질의회신(2023. 4. 3.) ──────────────
〈질의〉
▢ 신용정보법 제19조를 준수하기 위해 카드 이용대금 명세서를 암호화하여 고객에게 전송해야 하는지 여부
• 카드 이용대금 명세서를 암호화해서 고객에게 전송해야 되는 경우 고객의 요청에 의해 암호화 하지 않고 전송할 수 있는지 여부

〈회신〉
▢ 신용정보법 제19조 등은 신용정보전산시스템의 안전한 보호를 위하여 신용정보회사 등이 기술적·물리적·관리적 보안대책을 수립·시행하도록 규정하고 있으며, 신용정보회사 등이 소비자에게 발송하는 이메일의 방식에 대해서는 규정하고 있지 않습니다.
▢ 다만, 개인정보 보호법, 전자금융거래법, 정보통신망법 등 다른 법령에서 이메일 전송 방법 등과 관련하여 정보보호·보안 요건 등을 규정하고 있다면 이를 준수하여야 할 것입니다.

〈이유〉

□ 신용정보법 제19조, 동법 시행령 제16조, 신용정보업감독규정 제20조 및 [별표3]은 신용정보회사 등이 신용정보전산시스템을 안전하게 보호하기 위하여 기술적·물리적·관리적 보안대책을 수립·시행하도록 규정하고 있습니다.

• 카드 이용대금 명세서를 어떠한 방식으로 이메일로 전송할지 여부는 신용정보회사 등의 신용정보전산시스템과 관련이 있다고 보기 어려우므로 신용정보법 제19조 등이 적용되지 않는다고 볼 수 있습니다.

Ⅱ. 기술적 · 물리적 · 관리적 보안대책의 구체적인 기준

신용정보회사등이 마련해야 할 기술적·물리적·관리적 보안대책의 구체적인 기준은 [별표 3]과 같다(감독규정20). 여기서는 [별표 3]의 기술적·물리적·관리적 보안대책 마련 기준을 살펴본다.

1. 기술적 · 물리적 보안대책

(1) 접근통제
(가) 개인신용정보처리시스템에 대한 접근권한 부여 인원

신용정보회사등은 개인신용정보를 처리할 수 있도록 체계적으로 구성한 전산시스템("개인신용정보처리시스템")에 대한 접근권한을 서비스제공을 위하여 필요한 최소한의 인원에게만 부여한다(별표 3. Ⅱ. 1①).

(나) 개인신용정보취급자 변경과 접근권한 변경 또는 말소

신용정보회사등은 전보 또는 퇴직 등 인사이동이 발생하여 신용정보회사등의 지휘·감독을 받아 개인신용정보를 처리하는 업무를 담당하는 자("개인신용정보취급자")가 변경되었을 경우 지체 없이 개인신용정보처리시스템의 접근권한을 변경 또는 말소한다(별표 3. Ⅱ. 1②).

(다) 권한 부여, 변경 또는 말소 내역 기록과 보관

신용정보회사등은 권한 부여, 변경 또는 말소에 대한 내역을 기록하고, 그 기록을 최소 3년간 보관한다(별표 3. Ⅱ. 1③).

(라) 침입차단시스템과 침입탐지시스템 설치

신용정보회사등은 개인신용정보처리시스템에 침입차단시스템과 침입탐지시스템을 설치하여 보호한다(별표 3. Ⅱ. 1④).

(마) 비밀번호 작성규칙 수립과 이행

신용정보회사등은 개인신용정보주체 및 개인신용정보취급자가 생일, 주민등록번호, 전화번호 등 추측하기 쉬운 숫자를 비밀번호로 이용하지 않도록 비밀번호 작성규칙을 수립하고 이행한다(별표 3. Ⅱ. 1⑤).

(바) 개인신용정보 비공개 설정

신용정보회사등은 취급 중인 개인신용정보가 인터넷 홈페이지, P2P, 공유설정 등을 통하여 열람 권한이 없는 자에게 공개되지 않도록 개인신용정보처리시스템 및 개인신용정보취급자의 PC를 설정한다(별표 3. Ⅱ. 1⑥).

(사) 업무장소 및 전산설비의 분리 설치 · 운영

신용정보회사등은 제휴, 위탁 또는 외부주문에 의한 개인신용정보처리시스템, 신용평가모형 또는 위험관리모형 개발업무에 사용되는 업무장소 및 전산설비는 내부 업무용과 분리하여 설치 · 운영한다(별표 3. Ⅱ. 1⑦).

(아) 외부사용자에 대한 접근권한 부여와 기록 보관

신용정보회사등은 업무목적을 위하여 불가피한 경우에만 외부사용자에게 개인신용정보처리시스템에 대한 최소한의 접근권한을 부여하고, 권한 부여에 관한 기록을 3년 이상 보관하는 등 적절한 통제시스템을 갖추어야 한다(별표 3. Ⅱ. 1⑧).

(2) 접속기록의 위 · 변조방지

(가) 개인정보 처리일시 등 접속기록 저장 및 확인 · 감독

신용정보회사등은 개인신용정보취급자가 개인신용정보처리시스템에 접속하여 개인신용정보를 처리한 경우에는 처리일시, 처리내역 등 접속기록을 저장하고 이를 월 1회 이상 정기적으로 확인 · 감독한다(별표 3. Ⅱ. 2①).

(나) 접속기록 저장 및 백업 보관

신용정보회사등은 개인신용정보처리시스템의 접속기록을 1년 이상 저장하고, 위 · 변조되지 않도록 별도 저장장치에 백업 보관한다(별표 3. Ⅱ. 2②).

(3) 개인신용정보의 암호화

(가) 암호화 저장과 조회

신용정보회사등은 비밀번호, 바이오정보 등 본인임을 인증하는 정보는 암호화하여 저장하며, 이는 조회할 수 없도록 하여야 한다(별표 3. Ⅱ. 3① 본문). 다만, 조회가 불가피하다고 인정되는 경우에는 그 조회사유·내용 등을 기록·관리하여야 한다(별표 3. Ⅱ. 3① 단서).

(나) 보안서비스 구축 조치와 보안서버의 기능

신용정보회사등은 정보통신망을 통해 개인신용정보 및 인증정보를 송·수신할 때에는 보안서버 구축 등의 조치를 통해 이를 암호화해야 한다(별표 3. Ⅱ. 3② 전단). 보안서버는 다음의 어느 하나의 기능을 갖추어야 한다(별표 3. Ⅱ. 3② 후단).

1. 웹서버에 SSL(Secure Socket Layer) 인증서를 설치하여 개인신용정보를 암호화하여 송·수신하는 기능
2. 웹서버에 암호화 응용프로그램을 설치하여 개인신용정보를 암호화하여 송·수신하는 기능

(다) 개인신용정보 PC 저장과 암호화

신용정보회사등은 개인신용정보를 PC에 저장할 때에는 이를 암호화해야 한다(별표 3. Ⅱ. 3③).

(라) 주민등록번호 암호화 조치 기준

신용정보회사등은 다음의 기준에 따라 주민등록번호의 암호화 등의 조치를 취하여야 한다(별표 3. Ⅱ. 3④).

1. 정보통신망을 통하여 송수신하거나 보조저장매체를 통하여 전달하는 경우에는 암호화하여야 한다.
2. 인터넷 구간 및 인터넷 구간과 내부망의 중간 지점(DMZ: Demilitarized Zone)에 저장할 때에는 암호화하여야 한다.
3. 신용정보회사등이 내부망에 주민등록번호를 저장하는 경우에는 다음의 기준에 따라 암호화의 적용여부 및 적용범위를 정하여 시행할 수 있다.
   가. 개인정보 보호법 제33조에 따른 개인정보 영향평가의 대상이 되는 공공기관의 경우에는 해당 개인정보 영향평가의 결과

　　나. 그 밖의 신용정보회사등의 경우에는 개인신용정보처리시스템에 적용되
　　　　고 있는 개인신용정보 보호를 위한 수단과 개인신용정보 유출시 신용정
　　　　보주체의 권익을 해할 가능성 및 그 위험의 정도를 분석한 결과
　4. 업무용 컴퓨터 또는 모바일 기기에 저장하여 관리하는 경우에는 상용 암호화
　　소프트웨어 또는 안전한 알고리즘을 사용하여 암호화하여야 한다.

(마) 개인식별번호 제공과 암호화

　신용정보집중기관과 신용조회회사가 서로 개인식별번호를 제공하는 경우에
는 상용 암호화 소프트웨어 또는 안전한 알고리즘을 사용하여 암호화하여야 한
다(별표 3. II. 3⑤).

(바) 개인신용정보 처리 위탁과 암호화 수탁

　신용정보회사등이 개인신용정보의 처리를 위탁하는 경우 개인식별번호를
암호화하여 수탁자에게 제공하여야 한다(별표 3. II. 3⑥).

(4) 컴퓨터바이러스 방지

(가) 악성프로그램의 침투 여부 점검 · 치료와 백신소프트웨어 설치

　신용정보회사등은 개인신용정보처리시스템 및 개인신용정보취급자가 개인
신용정보 처리에 이용하는 정보처리기기에 컴퓨터바이러스, 스파이웨어 등 악성
프로그램의 침투 여부를 항시 점검 · 치료할 수 있도록 백신 소프트웨어를 설치한
다(별표 3. II. 4①).

(나) 백신 소프트웨어의 갱신 · 점검

　백신 소프트웨어는 월 1회 이상 주기적으로 갱신 · 점검하고, 바이러스 경보
가 발령된 경우 및 백신 소프트웨어 제작 업체에서 업데이트 공지를 한 경우에
는 즉시 최신 소프트웨어로 갱신 · 점검한다(별표 3. II. 4②).

(5) 출력 · 복사시 보호조치

(가) 출력시 용도 특정과 항목 최소화

　신용정보회사등은 개인신용정보처리시스템에서 개인신용정보의 출력시(인
쇄, 화면표시, 파일생성 등) 용도를 특정하여야 하며, 용도에 따라 출력 항목을 최
소화한다(별표 3. II. 5①).

(나) 조회자의 신원 등 기록관리 및 외부 전송과 사전 승인

신용정보회사등은 개인신용정보를 조회(활용)하는 경우 조회자의 신원, 조회일시, 대상정보, 목적, 용도 등의 기록을 관리하여야 하며, 개인신용정보취급자가 개인신용정보를 보조저장매체에 저장하거나 이메일 등의 방법으로 외부에 전송하는 경우에는 관리책임자의 사전 승인을 받아야 한다(별표 3. Ⅱ. 5②).

(다) 내부시스템 구축 등

개인신용정보취급자는 제1항 및 제2항의 준수에 필요한 내부시스템을 구축하여야 하며 사전 승인시 승인신청자에게 관련 법령을 준수하여야 한다는 사실을 주지시켜야 한다(별표 3. Ⅱ. 5③).

2. 관리적 보안대책

(1) 신용정보관리 · 보호인

(가) 신용정보관리 · 보호인의 업무

신용정보관리 · 보호인은 다음의 업무를 담당한다(별표 3. Ⅲ. 1①).

1) 개인신용정보의 경우

개인신용정보의 경우 신용정보관리 · 보호인은 ⅰ) 개인정보 보호법 제31조 제2항 제1호부터 제5호3)까지의 업무(가목), ⅱ) 임직원 및 전속 모집인 등의 신용정보보호 관련 법령 및 규정 준수 여부 점검(나목)을 담당한다(별표 3. Ⅲ. 1①(1)).

2) 기업신용정보의 경우

기업신용정보의 경우 신용정보관리 · 보호인은 ⅰ) 신용정보의 수집 · 보유 · 제공 · 삭제 등 관리 및 보호 계획의 수립 및 시행(가목), ⅱ) 신용정보의 수집 · 보유 · 제공 · 삭제 등 관리 및 보호 실태와 관행에 대한 정기적인 조사 및 개선(나목), ⅲ) 신용정보 열람 및 정정청구 등 신용정보주체의 권리행사 및 피해구제(다목), ⅳ) 신용정보 유출 등을 방지하기 위한 내부통제시스템의 구축 및 운영(라목), ⅴ) 임직원 및 전속 모집인 등에 대한 신용정보보호 교육계획의 수립 및 시행(마목), ⅵ) 임직원 및 전속 모집인 등의 신용정보보호 관련 법령 및 규정 준수 여부 점검(바목) 업무를 담당한다(별표 3. Ⅲ. 1②(2)).

---

3) 1. 개인정보 보호 계획의 수립 및 시행, 2. 개인정보 처리 실태 및 관행의 정기적인 조사 및 개선, 3. 개인정보 처리와 관련한 불만의 처리 및 피해 구제, 4. 개인정보 유출 및 오용 · 남용 방지를 위한 내부통제시스템의 구축, 5. 개인정보 보호 교육 계획의 수립 및 시행

(나) 업무처리 기록보존과 점검결과 보고

신용정보관리·보호인은 업무처리에 따른 기록을 3년간 보존하며, 점검결과를 경영진에 보고하고 업무처리절차에 적절히 반영하여야 한다(별표 3. Ⅲ. 1②).

(2) 개인신용정보의 조회권한 구분

(가) 직급별·업무별 차등 부여

신용정보관리·보호인은 개인신용정보 조회 권한이 직급별·업무별로 차등 부여되도록 하여야 한다(별표 3. Ⅲ. 2①).

(나) 조회기록의 적정성 여부 점검과 업무 반영

신용정보회사등은 개인신용정보의 조회기록에 대하여는 다음에 따라 주기적으로 그 적정성 여부를 점검하여야 하며, 점검결과를 업무에 반영하여야 한다(별표 3. Ⅲ. 2②).

1. 개인신용정보취급자의 개인신용정보 취급상황을 확인할 수 있는 수단 및 이의 점검·감사 체제 정비
2. 개인신용정보 이상 과다 조회 부서 및 직원 등에 대해 수시 점검 실시
    가. 조회 권한을 초과하여 고객 정보 조회를 일정횟수 이상 시도한 직원에 대한 통제장치 마련
    나. 영업점 및 신용정보 관리부서의 개인신용정보 조회 건수에 대해 정기적으로 점검하고 조회건수가 평소보다 급증한 부서 및 직원들을 샘플링하여 점검 실시

(다) 신용조회기록의 정확성 점검

신용정보 관리·보호인은 개인신용정보취급자가 입력하는 조회사유의 정확성 등 신용조회기록의 정확성을 점검하여야 한다(별표 3. Ⅲ. 2③).

(3) 개인신용정보의 이용제한 등

(가) 신용평가모형 등 개발위탁시 이용제한

신용정보회사등은 신용평가모형 또는 위험관리모형 개발 위탁시 개인신용정보를 제공할 수 없다(별표 3. Ⅲ. 3① 본문). 다만, 모형 개발을 위하여 불가피한 경우에는 실제 개인신용정보를 변환하여 제공한 후 모형 개발 완료 즉시 삭제하

여야 한다(별표 3. Ⅲ. 3① 단서).

(나) 신용평가모형 개발과 이용제한

신용조회회사가 신용평가모형 및 위험관리모형을 개발하는 경우, 개인신용정보를 사용하지 않으면 모형 개발 또는 검증 등이 불가능하여 불가피하게 필요한 경우 외에는 실제 개인신용정보를 사용하여서는 아니 된다(별표 3. Ⅲ. 3②).

(4) 제재기준 마련

신용정보회사등은 개인신용정보 오·남용에 대한 자체 제재기준을 마련하여야 한다(별표 3. Ⅲ4).

Ⅲ. 신용정보 보안관리계약 체결

1. 의의

신용정보제공·이용자가 다른 신용정보제공·이용자 또는 개인신용평가회사, 개인사업자신용평가회사, 기업신용조회회사와 서로 신용정보법에 따라 신용정보를 제공하는 경우에는 금융위원회가 정하여 고시하는 바에 따라 신용정보 보안관리 대책을 포함한 계약을 체결하여야 한다(법19②).

따라서 신용정보제공·이용자가 다른 신용정보제공·이용자 또는 개인신용평가회사, 개인사업자신용평가회사, 기업신용조회회사와 서로 개인신용정보를 제공하는 경우에는 법 제19조 제2항에 따라 [별표 4]의 신용정보 보안관리 대책을 포함한 계약을 체결하여야 한다(감독규정21).

아래서는 [별표 4] 신용정보제공계약에 포함될 신용정보 보안관리 대책 내용을 살펴본다.

2. 신용정보제공·이용자 간에 신용정보를 제공하는 경우

신용정보제공·이용자 간에 신용정보를 제공하는 경우 신용정보제공계약에 포함될 신용정보 보안관리 대책 내용은 ⅰ) 제공되는 신용정보의 범위 및 제공·이용 목적(가목), ⅱ) 제공된 신용정보의 업무목적 외 사용 및 제3자 앞 제공 금지에 관한 사항(나목), ⅲ) 제공된 신용정보의 이용자 제한 및 전담 관리자 지정에 관한 사항(다목), ⅳ) 신용정보제공·이용자간 신용정보 송수신시정보유출 방지에 관한 사항(라목), ⅴ) 신용정보의 사용·보관 기간 및 동 기간 경과 후 신용정보의 폐기·반납에 관한 사항(마목), ⅵ) 앞의 가목부터 마목까지를 위반한 경우의 책임소재 및 제재에 관한 사항(바목)이다(별표 4 제1호).

3. 개인신용평가회사, 개인사업자신용평가회사, 기업신용조회회사와 신용정보제공·이용자 간에 신용정보를 제공하는 경우

개인신용평가회사, 개인사업자신용평가회사, 기업신용조회회사와 신용정보제공·이용자 간에 신용정보를 제공하는 경우 신용정보를 제공하는 경우 신용정보제공계약에 포함될 신용정보 보안관리 대책 내용은 ⅰ) 제1호의 가목부터 마목까지의 사항(가목), ⅱ) 신용정보를 제공받은 신용정보제공·이용자에 대한 신용정보법 등 관련 법규의 준수여부 점검 등에 관한 사항(나목), ⅲ) 개인신용정보를 조회하는 근거가 되는 자료 또는 서류 등의 보관에 관한 사항(다목), ⅳ) 개인신용정보 조회시 조회용도에 맞는 조회사유코드를 적절하게 입력하는 것에 관한 사항(라목), ⅴ) 신용정보 보호 등을 위한 교육에 관한 사항(마목), ⅵ) 앞의 가목부터 마목까지를 위반한 경우의 책임소재 및 제재에 관한 사항(바목)이다(별표 4 제2호).

4. 수집된 신용정보 처리 위탁에 따라 신용정보를 제공하는 경우

수집된 신용정보 처리 위탁에 따라 신용정보를 제공하는 경우 신용정보제공계약에 포함될 신용정보 보안관리 대책 내용은 ⅰ) 제1호의 가목부터 마목까지의 사항(가목), ⅱ) 수탁자에 대한 관리·감독에 관한 사항(나목), ⅲ) 신용정보주체의 신용정보 보호 및 비밀유지에 관한 사항(다목), ⅳ) 신용정보 처리 재위탁의 제한에 관한 사항(라목), ⅴ) 수탁자가 위탁받은 업무를 재위탁하는 경우 위탁자에 대한 보고에 관한 사항(마목), ⅵ) 그 밖에 신용정보 보호를 위하여 필요한 사항(바목), ⅶ) 앞의 가목부터 바목까지를 위반한 경우의 책임소재 및 제재에 관한 사항(사목)이다(별표 4 제3호).

5. 신용정보 처리의 재위탁에 따라 제공하는 경우

신용정보 처리의 재위탁에 따라 제공하는 경우 신용정보제공계약에 포함될 신용정보 보안관리 대책 내용은 ⅰ) 재위탁업무의 목적과 범위, 기간 및 재위탁하는 신용정보의 내용(가목), ⅱ) 재수탁자 및 재수탁자의 임직원의 보안서약서 작성 및 제출에 관한 사항(나목), ⅲ) 신용정보 보호 및 안전한 처리를 위한 기술적·물리적·관리적 보안대책에 관한 사항(다목), ⅳ) 목적 달성 후 파기, 반납에 관한 사항 및 파기확인서 등 그 결과를 원수탁자에게 통보하는 사항(라목), ⅴ) 원수탁자가 재수탁자를 관리·감독하는 사항(실태점검을 위하여 재수탁자의 업무공간에 출입하여 점검하는 사항을 포함)(마목), ⅵ) 앞의 가목부터 마목까지를 위반한 경우의 책임소재 및 제재에 관한 사항(바목)이다(별표 4 제4호).

Ⅳ. 위반시 제재

1. 형사제재

권한 없이 법 제19조 제1항에 따른 신용정보전산시스템의 정보를 변경·삭제하거나 그 밖의 방법으로 이용할 수 없게 한 자 또는 권한 없이 신용정보를 검색·복제하거나 그 밖의 방법으로 이용한 자는 5년 이하의 징역 또는 5천만원 이하의 벌금에 처한다(법50②(5)).

2. 과태료

법 제19조를 위반한 자에게는 5천만원 이하의 과태료를 부과한다(법52②).

제3절 신용정보 관리책임의 명확화 및 업무처리기록의 보존

Ⅰ. 신용정보관리기준 준수의무

신용정보회사등은 신용정보의 수집·처리·이용 및 보호 등에 대하여 금융위원회가 정하는 신용정보관리기준을 준수하여야 한다(법20①).

1. 신용정보관리기준

신용정보관리기준은 [별표 4의2]와 같다(법20①, 감독규정22①). 여기서는 감독규정 [별표 4의2] 신용정보관리기준의 내용을 살펴본다.

(1) 신용정보처리기준

(가) 개인식별정보의 처리에 대한 동의

1) 동의 형태

동의 형태는 개인신용정보 처리에 대한 동의와 별도 동의가 있다.

2) 동의 사항

동의 사항은 ⅰ) 개인식별정보의 수집·이용 목적, ⅱ) 수집하려는 개인식별 정보의 항목, ⅲ) 수집된 개인식별정보의 보유 및 이용 기간, ⅳ) 동의 사항 변경 시 신용정보주체에게 고지 후 동의 획득, ⅴ) 동의를 거부할 권리가 있다는 사실 및 동의 거부에 따른 불이익이 있는 경우에는 그 불이익의 내용이다.

(나) 개인신용정보의 수집·이용에 대한 동의

(공통) 동의 및 고지사항은 ⅰ) 개인신용정보의 수집·이용 목적, ⅱ) 수집하 려는 개인신용정보의 항목, ⅲ) 수집된 개인신용정보의 보유·이용 기간, ⅳ) 동 의와 관련하여 녹취시에는 녹취사실 고지, ⅴ) 영 제17조의2 제5항에 따른 금융 거래 등 상거래관계가 종료된 날에 관한 사항, ⅵ) 동의를 거부할 권리가 있다는 사실 및 동의 거부에 따른 불이익이 있는 경우에는 그 불이익의 내용이다.

(다) 개인신용정보의 제공에 대한 동의

1) 동의 및 고지사항

(공통) 동의 및 고지사항은 ⅰ) 개인신용정보를 제공받는 자, ⅱ) 개인신용 정보를 제공받는 자의 이용 목적, ⅲ) 제공하는 개인신용정보의 내용, ⅳ) 개인 신용정보를 제공받는 자의 정보 보유 기간 및 이용 기간, ⅴ) 동의와 관련하여 녹취 시에는 녹취사실 사전고지, ⅵ) 영 제17조의2 제5항에 따른 금융거래 등 상 거래관계가 종료된 날에 관한 사항, ⅶ) 동의를 거부할 권리가 있다는 사실 및 동의 거부에 따른 불이익이 있는 경우에는 그 불이익의 내용이다.

2) 필수적 제3자 제공에 대한 고지사항

필수적 제3자 제공에 대한 고지사항은 개인신용정보의 필수적 제3자 제공 과 금융거래 등 상거래 계약 체결 및 이행과의 관련성이다.

3) 선택적 제3자 제공에 대한 고지사항

선택적 제3자 제공에 대한 고지사항은 ⅰ) 개인신용정보의 선택적 제3자 제공은 금융거래 등 상거래 계약체결에 필수적이지 않다는 사실, ⅱ) 개인신용정보의 선택적 제3자 제공 시의 혜택이다.

(라) 동의를 받는 방법

동의서 양식은 ⅰ) 필수적 동의사항과 선택적 동의사항을 구분하여 동의를 받는 경우 "필수사항"과 "선택사항"을 별도 페이지로 구분하거나 각각의 동의서 양식을 구분하는 등 신용정보주체가 각각의 동의사항을 쉽게 구분하여 이해할 수 있도록 조치하고, ⅱ) 개인신용정보를 제공받는 제3자가 복수인 경우 사업내용, 연관된 부가서비스 등을 기준으로 개별 또는 다수 그룹으로 구분한다.

(마) 신용정보의 제공

1) 신용정보의 제공계약

신용정보의 보안관리 대책에 대하여는 [별표 4]를 적용하고, 신용정보의 제공에 대한 신용정보의 기술적·물리적·관리적 보안조치에 관한 사항에 대하여는 [별표 3]을 적용한다.

2) 법 제32조 제6항에 따른 개인신용정보의 제공

법 제32조 제7항에 따라 개인신용정보 제공 사실을 통지한다.

3) 신용정보를 제공받는 자의 확인

개인신용정보를 제공받는 자의 신원과 이용 목적을 확인하고, 신용정보의 이용·보관 기간 및 동 기간 경과 후 신용정보의 폐기 또는 반납에 관한 사항의 결과를 확인한다.

(바) 신용정보의 삭제

파기의 방법은 삭제 후 복구 및 재생되지 않는 방법으로 조치한다.

(사) 개인신용정보의 보유기간 등(법 제20조의2)

1) 선택적 신용정보 삭제

법 제20조의2 제1항에 따른 금융거래 등 상거래관계가 종료된 날부터 3개월 내에 선택적 신용정보를 삭제한다.

2) 필수적 신용정보 분리 보관 및 접근제한

ⅰ) 법 제20조의2 제1항에 따라 필수적 신용정보("필수적 신용정보")를 관리하는 경우 현재 거래 중인 고객 정보와 분리 보관하고, ⅱ) 필수적 신용정보를 관리하는 관리책임자를 지정하며, ⅲ) 관리책임자로부터 권한을 부여받은 개인신용정보취급자에 한하여 필수적 신용정보 접근이 가능하며, ⅳ) 필수적 신용정

보의 취급 권한부여 및 이용 내역을 기록보존(최소 3년)한다.

3) 신용정보 삭제

ⅰ) 법 제20조의2 제2항에 따라 금융거래 등 상거래관계가 종료된 날부터 최장 5년 내에 신용정보를 삭제하고, ⅱ) 개인신용정보 삭제의 시행 및 확인은 신용정보관리·보호인의 책임 하에 수행하며, ⅲ) 신용정보관리·보호인은 개인 신용정보 삭제 후 파기 결과를 확인하고, ⅳ) 신용정보제공·이용자는 개인신용 정보의 삭제에 관한 사항을 기록·관리한다.

4) 신용정보의 보관

ⅰ) 법 제20조의2 제1항에 따라 필수적 신용정보("필수적 신용정보")를 관리 하는 경우 현재 거래 중인 고객 정보와 분리 보관하고, ⅱ) 필수적 신용정보를 관리하는 관리책임자를 지정하며, ⅲ) 관리책임자로부터 권한을 부여받은 개인 신용정보취급자에 한하여 필수적 신용정보 접근이 가능하며, ⅳ) 필수적 신용정 보의 취급 권한부여 및 이용 내역을 기록보존(최소 3년)한다.

(아) 신용정보 처리의 위탁

1) 신용정보 보호 조치의무

신용정보의 보안관리 대책에 대하여는 [별표 4]를 적용하고, 신용정보의 제 공에 대한 신용정보의 기술적·물리적·관리적 보안조치에 관한 사항에 대하여는 [별표 3]을 적용한다.

2) 법 제17조 제5항에 따른 수탁자의 교육의 내용

신용정보 보호 관련 법령 및 제도의 내용과 신용정보의 보호 및 안전한 처 리에 관한 사항이다.

(2) 신용정보관리·보호인

(가) 신용정보관리·보호인의 업무

ⅰ) 법 제20조 제4항에 따른 업무, ⅱ) [별표 3]의 관리적 보안대책에서 정 하는 업무, ⅲ) 정보유출 대응매뉴얼(contingency plan) 마련, ⅳ) 관리적 보안대 책 시행결과에 따른 시정·개선에 필요한 조치이다.

(나) 신용정보관리·보호인의 공개

신용정보관리·보호인을 지정하거나 변경하는 경우 신용정보관리·보호인의 지정 및 변경 사실, 성명과 부서의 명칭, 전화번호 등 연락처를 홈페이지 등을 통하여 공개한다. 신용정보관리·보호인을 공개하는 경우 신용정보 보호와 관련한 고충처리 및 상담을 실제로 처리할 수 있는 연락처(담당자의 성명, 부서의 명칭, 전화번호)를 함께 기재한다.

(3) 신용정보의 누설 발생시 조치
(가) 개인신용정보의 누설의 예시

신용정보회사등의 신용정보에 대한 통제 상실 또는 권한 없는 자의 접근으로 신용정보회사등이 개인신용정보에 대하여 통제를 상실하거나 권한 없는 자의 접근을 허용한 경우로서 아래의 예시 및 이와 유사한 경우 등에는 개인신용정보 누설로 볼 수 있다.

ⅰ) 개인신용정보가 포함된 서면, 이동식 저장장치, 휴대용 컴퓨터 등을 분실하거나 도난당한 경우, ⅱ) 개인신용정보가 저장된 데이터베이스 또는 개인신용정보처리시스템에 권한 없는 자가 접근한 경우, ⅲ) 신용정보회사등의 고의 또는 과실로 개인신용정보가 포함된 파일 또는 종이문서, 기타 저장매체가 권한이 없는 자에게 잘못 전달된 경우이다.

(나) 신용정보주체에 대한 누설의 통지
1) 통지사항

통지사항은 ⅰ) 누설된 신용정보의 항목, ⅱ) 누설된 시점과 그 경위, ⅲ) 누설로 인하여 발생할 수 있는 피해를 최소화하기 위하여 신용정보주체가 할 수 있는 방법 등에 관한 정보, ⅳ) 신용정보회사등의 대응조치 및 피해 구제절차, ⅴ) 신용정보주체에게 피해가 발생한 경우 신고 등을 접수할 수 있는 담당부서 및 연락처이다.

2) 통지 시기 및 방법 등

ⅰ) 신용정보회사등은 누설 발생 확인시 1)의 통지사항을 서면, 전화, 전자우편 등의 방법으로 해당 신용정보주체에게 통지하고, ⅱ) 누설된 신용정보의 신용정보주체가 1만 명 이상인 경우에는 영 제34조의2 제2항 각 호에 따른 추가적인 공개 조치를 하며, ⅲ) (가)의 통지사항 통지 후 미확인 사실에 대하여는 확인 즉시 신용정보주체에게 통지한다.

(다) 누설 신고

신고방법은 ⅰ) 서면, 전자우편, 모사전송 또는 이와 유사한 방법을 통하여 금융위원회 또는 금융감독원에 신용정보 누설신고서를 제출하며, ⅱ) 특별한 사정이 있는 경우에는 우선 금융위원회 또는 금융감독원에 누설사실을 알리고 추가 유출방지를 위한 조치를 취한 후 신용정보 누설신고서를 제출한다.

(4) 신용정보주체의 권리보장
(가) 신용정보 이용 및 제공 사실의 조회(법 제35조)
1) 절차 보장

신용정보회사등은 신용정보주체가 영 제30조 제3항의 방법으로 본인확인 후 개인신용정보 이용 및 제공 사실을 조회할 수 있는 개인신용정보조회시스템을 홈페이지 등을 통하여 제공한다. 신용정보주체가 개인신용정보조회시스템 등에 대한 접근을 용이하게 할 수 있도록 편의조치한다.

2) 신용정보 이용 및 제공 사실 통지 청구권 보장

법 제35조 제2항에 따른 통지의 간격은 연 1회 이상 가능하도록 통지 시스템 구축하고, 영 제30조 제8항에 따른 수수료는 필요한 인적·물적 비용을 고려하여 적정한 수준에서 채택한다.

(나) 신용정보의 열람 및 정정청구권(법 제38조)
1) 절차 보장

ⅰ) 신용정보주체가 영 제30조 제3항의 방법으로 본인확인 후 본인 신용정보를 열람·정정 청구 가능한 시스템 또는 절차를 마련하고, ⅱ) 신용조회회사는 법 제39조 및 영 34조에 따라 개인신용정보주체에게 본인정보에 대한 무료 열람권을 제공하며, ⅲ) 신용정보의 정정청구 접수 후 7일 이내에 신용정보주체에 처리 결과 및 법 제38조 제5항에 따른 시정요청 절차를 고지한다.

2) 사실 조사

ⅰ) 정정청구를 접수받은 경우 지체 없이 사실 조사에 착수하고, ⅱ) 정정사유 확인 즉시 개인신용정보전산시스템에 정정청구 중 또는 사실조회 중임을 기입 및 해당 신용정보의 제공·이용을 중단하며, ⅲ) 정정 후 최근 6개월 이내에 제공받은 자와 해당 신용정보주체가 요구하는 자에게 정정 사실을 고지한다.

(다) 상거래 거절 근거 신용정보의 고지(법 제36조)
1) 절차 보장

본인확인 방법 및 신용정보주체의 요구에 따른 처리결과 고지의 업무처리방법을 마련한다.

2) 고지사항

고지사항은 ⅰ) 영 제31조 제1항 각 호에서 정하는 신용정보 중 신용정보주체와의 상거래관계 설정의 거절이나 중지의 근거가 된 신용정보, ⅱ) 해당 신용정보를 제공한 신용조회회사 및 신용정보집중기관의 명칭, 주소, 연락처, ⅲ) 개인신용평가회사, 개인사업자신용평가회사, 기업신용조회회사 및 신용정보집중기관이 상거래관계의 설정을 거절하거나 중지하도록 결정한 것이 아니라는 사실, ⅳ) 개인신용평가회사, 개인사업자신용평가회사, 기업신용조회회사 또는 신용정보집중기관으로부터 제공받은 정보 외에 다른 정보를 함께 사용하였을 경우에는 그 사실 및 그 다른 정보이다.

(라) 개인신용정보 제공 · 이용의 철회권(법 제37조)

1) 절차 보장

신용정보제공 · 이용자는 개인신용정보 제공 · 이용 동의 철회 청구 시스템 또는 절차를 마련하고, 앞에서 살펴본 선택적 제3자 제공에 대한 고지사항에 법 제37조 제1항 · 제2항 및 영 제32조 제1항 및 제2항에 따른 개인신용정보 제공 · 이용 동의 철회권 및 영업 목적 연락중지 청구권 행사방법 및 담당자 연락처 등을 포함한다.

2) 고지사항 등

철회 청구를 받은 날부터 1개월 내에 해당 제3자에 대한 신용정보의 신규 제공중단 및 신용정보의 영업 목적 연락 중지 조치를 취하고, 제공동의 철회권 행사로 인하여 중단되는 서비스가 있는 경우 이에 대한 설명의무를 진다.

(마) 개인신용정보의 삭제 요구권(법 제38조의3)

1) 절차 보장

개인신용정보주체가 본인 개인신용정보의 삭제를 요구할 수 있는 절차를 마련한다.

2) 고지사항 등

개인신용정보 삭제로 인하여 개인신용정보주체에게 불이익 발생할 경우 이에 대한 충분한 사전 설명 후 삭제 조치하고, 삭제 후 그 결과를 개인신용정보주체에게 통지하며, 삭제 청구에 불구하고 개인신용정보를 법 제38조의3 제1항 단서에 의하여 보관하는 경우에는 보관사유의 근거 및 안전한 보관에 관한 사항을 개인신용정보주체에 통지하고, 개인신용정보 삭제청구 처리 대장(최소 3년 이상 보존)을 고지한다.

(바) 개인신용정보의 전송요구권(법 제33조의2)

1) 절차 보장

개인신용정보주체가 본인의 개인신용정보에 대해 전송요구권(정기적인 전송요구 포함)을 행사 및 철회·중단을 할 수 있는 절차를 마련한다.

2) 고지사항 등

법 제33조의2 제8항에 따라 전송요구를 거절하거나 전송을 정지·중단하는 경우 그 근거가 되는 사유이다.

3) 정보주체 보호

다음의 행위를 금지하기 위한 조치를 취한다. 즉 ⅰ) 정보주체로부터 수집·이용동의를 받지 아니하였음에도 불구하고 자신에게 전송요구를 하도록 권유하거나 유도하는 행위, ⅱ) 제3자에게 제공하여 판매할 목적으로 자신에게 전송요구를 하도록 권유하거나 유도하는 행위, ⅲ) 개인인 신용정보주체에게 개인신용정보의 전송요구를 강요하거나 부당하게 유도하는 행위, ⅳ) 자신에 대해서만 전송요구를 하도록 강요하거나 부당하게 유도하는 행위, ⅴ) 제3자에게 전송요구를 하지 않도록 강요·요구하거나 제3자에 대한 전송요구를 철회·변경하도록 강요하는 행위, ⅵ) 정보를 전송받는 자가 자신에게 전송요구를 철회·변경한다는 이유로 정당한 이유없이 수수료, 위약금 등 금전적, 경제적 대가를 요구하는 행위를 금지하기 위한 조치를 취한다.

(5) 신용정보활용 체제의 공시(법 제31조)

(가) 공시방법

신용정보활용 체제의 변경과 관련하여 신용정보활용체제를 변경하는 경우에는 변경 및 시행의 시기, 변경된 내용을 지속적으로 공개하고, 변경된 내용은 정보주체가 쉽게 확인할 수 있도록 변경 전·후를 비교하여 공개한다.

(나) 작성기준

1) 필수적 기재사항

필수적 기재사항은 ⅰ) 관리하는 신용정보의 종류 및 이용 목적, ⅱ) 신용정보를 제3자에게 제공하는 경우 제공하는 신용정보의 종류, 제공 대상, 제공받는 자의 이용 목적, iii) 신용정보의 보유 기간 및 이용 기간이 있는 경우 해당 기간, 신용정보 파기의 절차 및 방법, iv) 법 제17조에 따라 신용정보의 처리를 위탁하는 경우 그 업무의 내용 및 수탁자, v) 신용정보주체의 권리와 그 행사방법, vi) 법 제20조 제3항에 따른 신용정보관리·보호인 또는 신용정보 관리·보호 관련 고충을 처리하는 사람의 성명, 부서 및 연락처, vii) 개인신용평점, 기업신용등급 또는 기술신용정보 산정에 반영되는 신용정보의 종류, 반영비중 및 반영기간(개인신용평가회사, 개인사업자신용평가회사 및 기업신용조회회사만 해당)이다.

2) 임의적 기재사항

임의적 기재사항은 신용정보주체의 권익침해에 대한 구제방법과 신용정보의 열람청구를 접수·처리하는 부서이다.

(6) 신용정보업무(신용조사업무 제외)

(가) 정보의 수집

1) 수집의 제한

법에서 수집을 금지하는 정보가 수집되지 않도록 수집항목을 구성·관리하고, 수집항목의 적정성을 정기적으로 점검하고 필요시 수집항목을 조정한다.

2) 수집절차·방법의 표준화

표준화된 정보수집을 위한 정보수집 기준을 마련하고, 정보 수집시 수집정보의 정확성을 확인할 수 있는 방법 및 절차를 마련한다.

3) 수집정보의 검증 및 정정

수집된 정보의 정확성을 검증하는 방법·기준 및 업무처리절차를 마련하고, 부정확하거나 사실과 다른 것으로 확인된 정보의 정정·삭제 기준 및 업무처리절차를 마련하며, 검증업무가 수집업무와 독립적으로 처리될 수 있는 업무처리절차 및 기준을 마련한다.

(나) 개인신용평점, 기업신용등급 또는 기술신용정보의 산출 및 제공

1) 신용등급의 산출

기업평가시 평가대상 기업의 규모 및 업종에 따른 평가기준을 마련하고, 등급산출의 적정성 심의 기준, 절차를 마련(등급평정위원회 등)하며, 심의시 독립적인 의사결정 보장을 위한 업무처리절차 및 기준을 마련한다.

2) 모형검증 등 사후관리

연 1회 이상 평가모형의 변별력 검증을 시행하고 관련 기록을 보존(최소 3년)하고, 평가업무와 독립적으로 검증업무가 처리될 수 있는 업무처리절차 및 기준을 마련하며, 모형검증 결과를 보고받는 별도 위원회 구성에 관한 사항을 정하고, 기업평가 이후 피평가기업의 신용상태에 중대한 영향을 미치는 상황변화 등이 발생한 경우 신용등급 변경 기준 및 업무처리절차를 마련한다.

3) 이해상충 방지

등급 산출과 관련한 이해상충 방지체계를 마련하고, 기업평가 관련 평가조직 및 영업조직을 분리한다.

4) 정보제공시 차별·강요금지

의뢰인에게 정보제공시 합리적 이유 없는 차별적 취급을 금지하고, 평가서 발급 의뢰인에게 상품·서비스의 가입·이용 강제를 금지한다.

2. 내부관리규정의 마련 등

(1) 내부관리규정의 마련

신용정보회사등은 신용정보관리기준의 준수 및 이행을 위해 신용정보회사등의 특성 등을 반영하여 내부관리규정을 구체적이고 상세하게 마련하여야 한다(감독규정22②). 그러나 신용정보회사등은 신용정보회사등의 특성 등에 따라 특별한 사정이 있는 경우 신용정보관리기준과 달리 내부관리규정을 마련하여 준수할 수 있다(감독규정22③ 본문). 다만, 이 경우에도 법, 영, 규칙 및 이 규정을 위반하여서는 아니 된다(감독규정22③ 단서).

(2) 시정명령

금융위원회는 마련한 내부관리규정이 신용정보 및 신용정보주체의 권익 보호에 적합하지 않다고 판단할 경우 시정을 명할 수 있다(감독규정22⑤).

(3) 특별 사정의 설명의무

신용정보회사등이 내부관리규정을 신용정보관리기준과 달리 마련하는 경우 그 특별한 사정을 내부관리규정에서 명확히 설명하여야 한다(감독규정22④).

Ⅱ. 개인신용정보 처리기록의 보존

신용정보회사등은 다음의 구분에 따라 개인신용정보의 처리에 대한 기록을 3년간 보존하여야 한다(법20②).

1. 개인신용정보를 수집·이용한 경우

이 경우는 ⅰ) 수집·이용한 날짜, ⅱ) 수집·이용한 정보의 항목, ⅲ) 수집·이용한 사유와 근거를 3년간 보존하여야 한다(법20②(1)).

2. 개인신용정보를 제공하거나 제공받은 경우

이 경우는 ⅰ) 제공하거나 제공받은 날짜, ⅱ) 제공하거나 제공받은 정보의 항목, ⅲ) 제공하거나 제공받은 사유와 근거를 3년간 보존하여야 한다(법20②(2)).

3. 개인신용정보를 폐기한 경우

이 경우는 ⅰ) 폐기한 날짜, ⅱ) 폐기한 정보의 항목, ⅲ) 폐기한 사유와 근거를 3년간 보존하여야 한다(법20②(3)).

** 금융위원회 질의회신(2023. 6. 28.) ────────────────

〈질의〉

▯ 개인신용정보를 폐기시 신용정보법 제20조 제2항에 따라 폐기한 개인의 성명 정보를 기록·보존해야 하는지 여부

〈회신〉

▯ 개인신용정보 폐기시 정보주체의 성명은 신용정보법 제20조 제2항에 따라 반드시 보존해야 할 업무처리기록이라고 보기 어렵습니다.

〈이유〉

▯ 신용정보법 제20조 제2항의 업무처리기록의 보존은 신용정보 관리책임의 명확화를 위해 신용정보회사 등이 개인신용정보의 수집·이용, 제공, 폐기 등을 적법하게 관리하고, 확인하도록 함에 그 입법적 목적이 있습니다.

• 신용정보법 제20조 제2항은 (i) 개인신용정보를 수집·이용할 경우 날짜, 수집·이용 정보의 항목, 수집·이용 사유와 근거를, (ii) 개인신용정보를 제공하는 경우에는 제공 날짜, 정보 항목, 제공 사유와 근거를, (iii) 개인신용정보 폐기 시에는 폐기한 날짜, 폐기정보의 항목, 폐기한 사유와 근거를 3년간 보존하도록 하고 있습니다.

• 동 조항은 신용정보회사 등이 정보 자체가 아니라 정보를 어떻게 처리하였는지 그 처리 내용을 보존하도록 규정하고 있는바, 성명의 경우에는 신용정보회사 등이 폐기시 반드시 보존해야 할 정보라고 보기는 어렵습니다.

□ 다만, 신용정보법 제20조 제2항에 따라 보존해야 할 업무처리기록에는 신용정보 관리책임의 명확화라는 목적을 달성하기 위한 필요최소한의 개인신용정보가 포함될 수 있습니다.

• 개인신용정보의 삭제(폐기)의무를 규정한 신용정보법 제20조의2 제2항은 단서에서 이 법의 의무를 이행하기 위하여 불가피한 경우 삭제대상이 아님을 규정하고 있으며, 개인정보 보호법 해설서(개인정보보호위원회, 개인정보보호 법령 및 지침 고시 해설서)도 신용정보법 제20조에 따른 업무처리기록의 보존에 관한 조항을 개인정보 보호법 제21조 제1항 단서의 파기 예외대상으로 명시하고 있습니다.

Ⅲ. 신용정보관리·보호인의 지정

1. 신용정보관리·보호인의 지정과 자격

(1) 신용정보관리·보호인 지정대상 기관

신용정보회사, 본인신용정보관리회사, 채권추심회사, 신용정보집중기관 및 "대통령령으로 정하는 신용정보제공·이용자"는 업무를 하는 신용정보관리·보호인을 1명 이상 지정하여야 한다(법20③ 본문).

여기서 "대통령령으로 정하는 신용정보제공·이용자"란 영 제2조 제6항 제7호 가목부터 허목까지 및 제21조 제2항 제1호부터 제21호까지의 자를 말한다(영17①).

(가) 시행령 제2조 제6항 제7호 가목부터 허목까지의 자

금융지주회사, 기술보증기금, 농업협동조합, 농업협동조합중앙회, 농협은행,

한국무역보험공사, 보험회사, 산림조합, 산림조합중앙회, 상호저축은행, 상호저축
은행중앙회, 새마을금고, 새마을금고중앙회, 수산업협동조합, 수산업협동조합중
앙회, 수협은행, 신용보증기금, 신용협동조합, 신용협동조합중앙회, 여신전문금융
회사(여신전문금융업법 제3조 제3항 제1호에 따라 허가를 받거나 등록을 한 자를 포함),
예금보험공사 및 정리금융회사, 은행(외국은행의 지점 또는 대리점 포함), 금융투자
업자·증권금융회사·종합금융회사·자금중개회사 및 명의개서대행회사, 중소기
업은행, 신용보증재단과 그 중앙회, 한국산업은행, 한국수출입은행, 한국주택금
융공사(영2⑥(7) 가목부터 허목)를 말한다.

(나) 시행령 제21조 제2항 제1호부터 제21호까지의 자

건설산업기본법에 따른 공제조합, 국채법에 따른 국채등록기관, 한국농수산
식품유통공사, 신용회복위원회, 근로복지공단, 소프트웨어 진흥법에 따른 소프트
웨어공제조합, 엔지니어링산업 진흥법에 따른 엔지니어링공제조합, 정리금융공
사, 체신관서, 전기공사공제조합, 주택도시보증공사, 중소벤처기업진흥공단, 중소
기업창업투자회사 및 벤처투자조합, 중소기업중앙회, 한국장학재단, 한국자산관
리공사, 국민행복기금, 서민금융진흥원, 금융위원회에 등록한 대부업자등, 산업
발전법 제40조 제1항 제1호에 따른 자본재공제조합, 소상공인시장진흥공단이다
(영21②(1)-(21)).

(2) 신용정보관리·보호인의 자격

지정하는 신용정보관리·보호인은 ⅰ) 사내이사, ⅱ) 집행임원(상법 제408
조의2[4])에 따라 집행임원을 둔 경우로 한정), ⅲ) 상법 제401조의2 제1항 제3호[5])

---

4) 제408조의2(집행임원 설치회사, 집행임원과 회사의 관계) ① 회사는 집행임원을 둘 수 있
  다. 이 경우 집행임원을 둔 회사("집행임원 설치회사")는 대표이사를 두지 못한다.
  ② 집행임원 설치회사와 집행임원의 관계는 민법 중 위임에 관한 규정을 준용한다.
  ③ 집행임원 설치회사의 이사회는 다음의 권한을 갖는다.
  1. 집행임원과 대표집행임원의 선임·해임
  2. 집행임원의 업무집행 감독
  3. 집행임원과 집행임원 설치회사의 소송에서 집행임원 설치회사를 대표할 자의 선임
  4. 집행임원에게 업무집행에 관한 의사결정의 위임(이 법에서 이사회 권한사항으로 정한
    경우는 제외)
  5. 집행임원이 여러 명인 경우 집행임원의 직무 분담 및 지휘·명령관계, 그 밖에 집행임
    원의 상호 관계에 관한 사항의 결정
  6. 정관에 규정이 없거나 주주총회의 승인이 없는 경우 집행임원의 보수 결정
  ④ 집행임원 설치회사는 이사회의 회의를 주관하기 위하여 이사회 의장을 두어야 한다.

에 해당하는 자로서 신용정보의 제공·활용·보호 및 관리 등에 관한 업무집행
권한이 있는 사람, ⅳ) 그 밖에 신용정보의 제공·활용·보호 및 관리 등을 총괄
하는 위치에 있는 직원으로 하여야 한다(영17③).

** 금융위원회 질의회신(2020. 9. 29.) ─────────────────

〈질의〉

□ 대부업법 제3조 제2항에 따라 금융위원회에 등록한 대부업자 중에서 대
부업 이외에 다른 영업을 주된 업으로 영위하는 대부업자도 신용정보법상 신용
정보관리·보호인을 지정하고 관련 업무를 수행해야 하는지 여부

〈회신〉

□ 금융위원회에 등록한 대부업자는 대부업 이외에 다른 영업을 영위하는
것과 관련 없이 신용정보관리·보호인을 1명 이상 지정하여야 하고,

• 직전 사업연도 말 기준으로 총 자산이 100억 원을 초과하는 대부업자의
신용정보관리·보호인은 처리하는 개인신용정보의 관리 및 보호 실태를 연 1회
이상 점검을 실시한 후, 그 결과를 금융위원회에 제출해야 합니다.

〈이유〉

□ 신용정보법 시행령 제17조 제1항에 따라 대부업법 제3조 제2항에 따른
금융위원회에 등록한 대부업자("대부업자") 등은 신용정보관리·보호인을 1명 이
상 지정해야 합니다.

• 신용정보법 시행령 제17조 제3항은 신용정보관리·보호인을 지정하고 있
는 대부업자 중에서 직전 사업연도 말 기준으로 총 자산이 100억 원을 초과하는
대부업자의 경우, 해당 기관의 신용정보관리·보호인은 개인신용정보의 관리 및
보호 실태를 연 1회 이상 점검을 실시하고, 그 결과를 금융위원회에 제출해야 합
니다.

□ 신용정보법에 따라 신용정보관리·보호인을 지정하고, 개인신용정보의

─────────────
이 경우 이사회 의장은 정관의 규정이 없으면 이사회 결의로 선임한다.
5) 3. 이사가 아니면서 명예회장·회장·사장·부사장·전무·상무·이사 기타 회사의 업무를
　　집행할 권한이 있는 것으로 인정될 만한 명칭을 사용하여 회사의 업무를 집행한 자

관리 및 보호 실태를 점검해야 하는 대부업자는 대부업 이외에 다른 영업을 주
된 영업으로 하고 있더라도 직전연도 말 기준으로 총자산이 100억 원을 초과한
다면 관련 규정을 준수해야 할 것으로 판단됩니다.

---

2. 임원인 신용정보관리·보호인 설치기관

(1) 설치의무기관

"총자산, 종업원 수 등을 감안하여 대통령령으로 정하는 자"는 신용정보관
리·보호인을 임원으로 하여야 한다(법20③ 단서).

여기서 "총자산, 종업원 수 등을 감안하여 대통령령으로 정하는 자"란 ⅰ)
종합신용정보집중기관(제1호), ⅱ) 개인신용평가회사, 개인사업자신용평가회사,
기업신용조회회사 및 본인신용정보관리회사(제2호), 또는 ⅲ) 신용조사회사, 채권
추심회사 및 시행령 제17조 제1항에서 정하는 자로서 직전 사업연도 말 기준으
로 총자산이 2조원 이상이고 "상시 종업원 수"가 300명 이상인 자(제3호 전단)를
말한다(영17②).

위 제3호의 경우 "상시 종업원 수"를 산정하는 경우 소득세법에 따른 원천
징수의무자가 근로소득세를 원천징수한 자의 수로 한다(영17② 제3호 후단, 감독규
정22의2①).

(2) 임원의 범위

임원에는 신용정보의 관리·보호 등을 총괄하는 지위에 있는 사람으로서 집
행임원(상법 제408조의2에 따라 집행임원을 둔 경우로 한정) 또는 상법 제401조의2
제1항 제3호[6]에 해당하는 자로서 신용정보의 제공·활용·보호 및 관리 등에 관
한 업무집행 권한이 있는 사람(영17③(2)(3))을 포함한다(법20③ 단서, 영17④).

3. 신용정보관리·보호인과 준법감시인 겸직

(1) 자격

신용정보회사등은 다른 법령에 따라 준법감시인을 두는 경우에는 그를 신용

---

6) 3. 이사가 아니면서 명예회장·회장·사장·부사장·전무·상무·이사 기타 회사의 업무를
   집행할 권한이 있는 것으로 인정될 만한 명칭을 사용하여 회사의 업무를 집행한 자

정보관리·보호인으로 지정할 수 있다(영17⑤ 본문). 다만, 법 제20조 제3항 단서
에 해당하는 경우(=총자산, 종업원 수 등을 감안하여 대통령령으로 정하는 자) 신용정
보관리·보호인으로 지정될 수 있는 준법감시인은 ⅰ) 사내이사, ⅱ) 집행임원(상
법 제408조의2에 따라 집행임원을 둔 경우로 한정), ⅲ) 상법 제401조의2 제1항 제3
호에 해당하는 자로서 신용정보의 제공·활용·보호 및 관리 등에 관한 업무집행
권한이 있는 사람(영17③(1)-(3))으로 하여야 한다(영17⑤ 단서).

(2) 신용정보관리·보호인의 업무 사항의 내부통제기준 반영

준법감시인을 신용정보관리·보호인으로 지정한 경우에는 신용정보관리·보
호인의 업무(법20④ 각 호의 업무)에 관한 사항을 준법감시인 선임의 근거가 된 법
령에 따른 내부통제기준에 반영하여야 한다(영17⑥).

Ⅳ. 신용정보관리·보호인의 업무

신용정보관리·보호인은 다음의 업무를 수행한다(법20④).

1. 개인신용정보의 경우

신용정보관리·보호인은 개인신용정보의 경우에는 ⅰ) 개인정보 보호법 제
31조 제2항 제1호부터 제5호[7])까지의 업무(가목), ⅱ) 임직원 및 전속 모집인 등의
신용정보보호 관련 법령 및 규정 준수 여부 점검업무(나목)를 수행한다(법20④(1)).

2. 기업신용정보의 경우

신용정보관리·보호인은 기업신용정보의 경우 ⅰ) 신용정보의 수집·보유·
제공·삭제 등 관리 및 보호 계획의 수립 및 시행(가목), ⅱ) 신용정보의 수집·보
유·제공·삭제 등 관리 및 보호 실태와 관행에 대한 정기적인 조사 및 개선(나
목), ⅲ) 신용정보 열람 및 정정청구 등 신용정보주체의 권리행사 및 피해구제(다
목), ⅳ) 신용정보 유출 등을 방지하기 위한 내부통제시스템의 구축 및 운영(라

---

7) 1. 개인정보 보호 계획의 수립 및 시행, 2. 개인정보 처리 실태 및 관행의 정기적인 조사
　　및 개선, 3. 개인정보 처리와 관련한 불만의 처리 및 피해 구제, 4. 개인정보 유출 및
　　오용·남용 방지를 위한 내부통제시스템의 구축, 5. 개인정보 보호 교육 계획의 수립
　　및 시행

목), ⅴ) 임직원 및 전속 모집인 등에 대한 신용정보보호 교육계획의 수립 및 시행(마목), ⅵ) 임직원 및 전속 모집인 등의 신용정보보호 관련 법령 및 규정 준수 여부 점검(바목) 업무를 수행한다(법20④(2)).

Ⅴ. 개인정보 보호법 준용

신용정보관리·보호인의 업무수행에 관하여는 개인정보 보호법 제31조 제4항 및 제6항의 규정을 준용한다(법20⑤). 여기서는 준용규정을 살펴본다.

1. 조사 또는 보고의 수령

신용정보관리·보호인은 업무를 수행에 있어서 필요한 경우 개인정보의 처리 현황, 처리 체계 등에 대하여 수시로 조사하거나 관계 당사자로부터 보고를 받을 수 있다(개인정보 보호법31④).

2. 불이익 금지

개인정보처리자는 신용정보관리·보호인이 업무를 수행함에 있어서 정당한 이유 없이 불이익을 주거나 받게 하여서는 아니 된다(개인정보 보호법31⑥).

3. 종합신용정보집중기관의 신용정보관리·보호인의 보고의무

종합신용정보집중기관의 신용정보관리·보호인은 법 제20조 제5항에 따라 보고서를 대표자 및 이사회에 보고하기 전에 영 제17조 제8항에 따른 신용정보집중관리위원회에 보고하여야 한다(감독규정22의2②).

Ⅵ. 개인신용정보의 관리 및 보호 실태점검과 그 결과의 제출

"대통령령으로 정하는 신용정보회사등"의 신용정보관리·보호인은 처리하는 개인신용정보의 관리 및 보호 실태를 "대통령령으로 정하는 절차와 방법"에 따라 정기적으로 점검하고, 그 결과를 금융위원회에 제출하여야 한다(법20⑥). 아래서는 "대통령령으로 정하는 신용정보회사등"과 "대통령령으로 정하는 절차와 방법"을 살펴본다.

1. 제출의무를 갖는 신용정보관리 · 보호인

위에서 "대통령령으로 정하는 신용정보회사등"이란 ⅰ) 신용정보회사, 본인 신용정보관리회사, 채권추심회사 및 신용정보집중기관(제1호), ⅱ) 금융지주회사, 농업협동조합, 농업협동조합중앙회, 농협은행, 한국무역보험공사, 보험회사, 산림조합, 산림조합중앙회, 상호저축은행, 상호저축은행중앙회, 수산업협동조합, 수산업협동조합중앙회, 수협은행, 신용보증기금, 신용협동조합, 신용협동조합중앙회, 여신전문금융회사(여신전문금융업법 제3조 제3항 제1호에 따라 허가를 받거나 등록을 한 자 포함), 은행(외국은행의 지점 또는 대리점 포함), 금융투자업자 · 증권금융회사 · 종합금융회사 · 자금중개회사 및 명의개서대행회사, 중소기업은행, 한국산업은행, 한국수출입은행, 한국주택금융공사(제2호), ⅲ) 신용회복위원회, 근로복지공단, 정리금융회사, 한국자산관리공사, 서민금융진흥원, 금융위원회에 등록한 대부업자등(직전 사업연도 말 기준으로 총 자산이 100억원을 초과하는 기관에 한정)(제3호)의 기관을 말한다(영17⑦).

2. 제출방법

위에서 "대통령령으로 정하는 절차와 방법"이란 신용정보관리 · 보호인이 개인신용정보의 경우 신용정보관리 · 보호인의 업무(법20④(1) 각 목에 따른 업무)에 대하여 연 1회 이상 점검을 실시한 후, 그 결과를 대표자 및 이사회에 보고하고 금융위원회가 정하여 고시하는 기준과 서식에 따라 금융위원회에 제출하는 것을 말한다(영17⑧).

이에 따라 신용정보관리 · 보호인은 ⅰ) 신용정보관리 · 보호인이 직전 연도 중 개인신용정보의 경우 신용정보관리 · 보호인의 업무(법20④(1) 각 목에 따른 업무)를 수행한 실적(제1호), ⅱ) 제1호의 실적을 기재한 보고서를 대표이사 또는 대표자 및 이사회에 보고한 실적(제2호)을 당해 연도 1분기 말일까지 [별지 제8호의3 서식]에 따라 제출하여야 한다(감독규정22의2③).

Ⅶ. 고객정보관리인의 신용정보관리 · 보호인 의제

금융지주회사등은 고객정보의 엄격한 관리를 위하여 그 임원 중에 1인 이상

을 고객정보를 관리할 자("고객정보관리인")로 선임하여야 하는데(금융지주회사법48
의2⑥), 이에 따라 선임된 고객정보관리인이 신용정보법 제20조 제6항의 자격요
건에 해당하면 지정된 신용정보관리·보호인으로 본다(법20⑧).

Ⅷ. 위반시 제재

1. 형사제재

법 제20조 제2항을 위반한 자는 1년 이하의 징역 또는 1천만원 이하의 벌금
에 처한다(법50④(5)).

2. 과태료

법 제20조 제6항을 위반한 자에게는 5천만원 이하의 과태료를 부과한다(법
52②(4)). 법 제20조 제1항 또는 제3항을 위반한 자(2호) 및 제20조 제3항 및 제4
항을 위반하여 신용정보관리·보호인을 지정하지 아니한 자(2의2호)에게는 3천만
원 이하의 과태료를 부과한다(법52③).

제4절 개인신용정보의 보유기간 등

Ⅰ. 개인신용정보의 관리

신용정보제공·이용자는 금융거래 등 상거래관계(고용관계는 제외)가 종료된
날부터 3개월(감독규정22의3①)의 기한까지 해당 신용정보주체의 개인신용정보가
안전하게 보호될 수 있도록 접근권한을 강화하는 등 대통령령으로 정하는 바에
따라 관리하여야 한다(법20의2①).

1. 개인신용정보의 관리방법

(1) 금융거래 등 상거래관계가 종료된 신용정보주체의 개인신용정보 관리방법

신용정보제공·이용자는 다음의 구분에 따른 방법으로 금융거래 등 상거래

관계(고용관계는 제외)가 종료된 신용정보주체의 개인신용정보를 관리하여야 한다
(영17의2①).

(가) 필수적인 개인신용정보의 경우

금융거래 등 상거래관계의 설정 및 유지 등에 필수적인 개인신용정보의 경
우 ⅰ) 상거래관계가 종료되지 아니한 다른 신용정보주체의 정보와 별도로 분리
하는 방법(가목), ⅱ) 금융위원회가 정하여 고시하는 절차에 따라 신용정보제공·
이용자의 임직원 중에서 해당 개인신용정보에 접근할 수 있는 사람을 지정하는
방법(나목),[8] ⅲ) 그 밖에 해당 신용정보주체의 개인신용정보가 안전하게 보호될
수 있는 방법으로서 금융위원회가 정하여 고시하는 방법(다목)[9]으로 관리하여야
한다(영17의2①(1)).

(나) 그 밖의 개인신용정보의 경우

위 (가) 외의 개인신용정보의 경우 그 정보를 모두 삭제하는 방법으로 관리
하여야 한다(영17의2①(2)).

(2) 개인신용정보가 포함된 문서 등의 관리방법

영 제17조의2 제1항 제1호 각 목의 구분에 따른 방법으로 상거래관계가 종
료된 신용정보주체의 개인신용정보를 관리하는 것이 불가능하거나 현저히 곤란
한 경우에는 다음의 방법으로 관리할 수 있다(감독규정22의4). 즉 ⅰ) 보존기간을
정하여 잠금장치가 있는 안전한 장소 등에 보관하여야 하고, ⅱ) 물리적 보관장
소에 대하여는 출입·통제 절차를 수립·운영하여야 하며, ⅲ) 보존되는 개인신
용정보의 현황파악, 열람, 대여 등에 관한 통제시스템을 확립하여야 하며, ⅳ) 보
존기간이 만료한 개인신용정보에 대한 안전한 폐기계획을 수립·시행하고 신용
정보관리·보호인 또는 대표이사 또는 대표자가 폐기결과를 확인하여야 한다.

---

8) 신용정보제공·이용자가 영 제17조의2 제1항 제1호 나목에 따라 접근할 수 있는 임직원을
   지정할 때에는 접근권한 관리책임자를 두어야 한다(감독규정22의3②).
9) 영 제17조의2 제1항 제1호 다목에 따라 신용정보제공·이용자는 개인신용정보가 안전하게
   보호될 수 있도록 접근권한을 부여받은 자가 해당 개인신용정보를 이용하려는 경우에는
   접근권한 관리책임자의 사전 승인을 얻어 그 개인신용정보를 이용하게 하고, 그 이용 내
   역을 3년간 보관하여야 한다(감독규정22의3③).

2. 필수적인 개인신용정보와 그 밖의 개인신용정보로 구분시 고려사항

신용정보제공·이용자는 금융거래 등 상거래관계가 종료된 경우 영 제17조의2 제1항 각 호의 구분에 따른 필수적인 개인신용정보와 그 밖의 개인신용정보로 구분한 때에는 ⅰ) 해당 개인신용정보가 없었다면 그 종료된 상거래관계가 설정·유지되지 아니하였을 것인지 여부(제1호), ⅱ) 해당 개인신용정보가 그 종료된 상거래관계에 따라 신용정보주체에게 제공된 재화 또는 서비스(신용정보주체가 그 신용정보제공·이용자에게 신청한 상거래관계에서 제공하기로 한 재화 또는 서비스를 그 신용정보제공·이용자와 별도의 계약 또는 약정 등을 체결한 제3자가 신용정보주체에게 제공한 경우를 포함)와 직접적으로 관련되어 있는지 여부(제2호), ⅲ) 해당 개인신용정보를 삭제하는 경우 신용정보법 또는 다른 법령에 따른 의무를 이행할 수 없는지 여부(제3호) 등을 고려하여야 한다(영17의2②).

Ⅱ. 개인신용정보의 삭제

1. 삭제 의무

개인정보 보호법 제21조 제1항[10]에도 불구하고 신용정보제공·이용자는 금융거래 등 상거래관계가 종료된 날부터 최장 5년 이내(해당 기간 이전에 정보 수집·제공 등의 목적이 달성된 경우에는 그 목적이 달성된 날부터 3개월 이내)에 해당 신용정보주체의 개인신용정보를 관리대상에서 삭제하여야 한다(법20의2② 본문).

2. 삭제의무의 예외(보존 정보)

다음의 경우에는 해당 신용정보주체의 개인신용정보를 관리대상에서 삭제하지 않고 보존할 수 있다(법20의2② 단서).

(1) 의무이행의 경우

신용정보법 또는 다른 법률에 따른 의무를 이행하기 위하여 불가피한 경우

---

10) 개인정보 보호법 제21조(개인정보의 파기) ① 개인정보처리자는 보유기간의 경과, 개인정보의 처리 목적 달성 등 그 개인정보가 불필요하게 되었을 때에는 지체 없이 그 개인정보를 파기하여야 한다. 다만, 다른 법령에 따라 보존하여야 하는 경우에는 그러하지 아니하다.

에는 삭제하지 아니하고 보존할 수 있다(법20의2②(1)).

(2) 생명·신체·재산의 이익을 위한 경우

개인의 급박한 생명·신체·재산의 이익을 위하여 필요하다고 인정되는 경우에는 삭제하지 아니하고 보존할 수 있다(법20의2②(2)).

(3) 가명정보를 이용하는 경우

가명정보를 이용하는 경우로서 그 이용 목적, 가명처리의 기술적 특성, 정보의 속성 등을 고려하여 ⅰ) 추가정보 및 가명정보에 대한 관리적·물리적·기술적 보호조치 수준, ⅱ) 가명정보의 재식별시 정보주체에 미치는 영향, ⅲ) 가명정보의 재식별 가능성, ⅳ) 가명정보의 이용목적 및 그 목적 달성에 필요한 최소 기간을 고려하여 가명처리한 자가 가명처리시 정한 기간 동안 보존하는 경우에는 삭제하지 아니하고 보존할 수 있다(법20의2②(2의2), 영17의2③).

(4) 예금·보험금의 지급을 위한 경우 등

그 밖에 ⅰ) 예금·보험금의 지급을 위한 경우(가목), ⅱ) 보험사기자의 재가입 방지를 위한 경우(나목), ⅲ) 개인신용정보를 처리하는 기술의 특성 등으로 개인신용정보를 보존할 필요가 있는 경우(다목), ⅳ) 앞의 3가지와 유사한 경우로서 개인신용정보를 보존할 필요가 있는 경우(라목)로서 "대통령령으로 정하는 경우"에는 삭제하지 아니하고 보존할 수 있다(법20의2②(3)).

여기서 "대통령령으로 정하는 경우"란 다음의 어느 하나에 해당하는 경우를 말한다(영17의2④).

1. 서민금융법 제2조 제3호[11])에 따른 휴면예금등의 지급을 위해 필요한 경우

---

11) 3. "휴면예금등"이란 다음의 어느 하나에 해당하는 것을 말한다.
　　가. 휴면예금: 금융회사의 예금등 중에서 관련 법률의 규정 또는 당사자의 약정에 따라 채권 또는 청구권의 소멸시효가 완성된 예금등
　　나. 실기주 과실(失期株 果實): 자본시장법 제314조에 따라 예탁자를 통하여 투자자에게 반환된 후 투자자의 명의로 명의개서가 되지 아니하여 한국예탁결제원("예탁결제원") 명의인 주권 ("실기주")의 권리행사에 따라 예탁결제원이 수취하여 10년 이상 관리한 배당 등 과실(금전으로 한정하고 금전 이외의 과실을 매각한 경우에는 그 매각대금을 포함)

2. 대출사기, 보험사기, 거짓이나 부정한 방법으로 알아낸 타인의 신용카드 정보를 이용한 거래, 그 밖에 건전한 신용질서를 저해하는 행위를 방지하기 위하여 그 행위와 관련된 신용 정보주체의 개인신용정보가 필요한 경우

3. 위험관리체제의 구축과 신용정보주체에 대한 신용평가모형 및 위험관리모형의 개발을 위하여 필요한 경우. 이 경우 다른 법률에 따른 의무를 이행하기 위하여 불가피한 경우 등을 제외하고 개인인 신용정보주체를 식별할 수 없도록 조치해야 한다.

4. 신용정보제공·이용자 또는 제3자의 정당한 이익을 달성하기 위하여 필요한 경우로서 명백하게 신용정보주체의 권리보다 우선하는 경우. 이 경우 신용정보제공·이용자 또는 제3자 의 정당한 이익과 상당한 관련이 있고 합리적인 범위를 초과하지 아니하는 경우로 한정한다.

5. 신용정보주체가 개인신용정보(영 제15조 제4항 각 호[12])의 개인신용정보는 제외)의 삭제 전에 그 삭제를 원하지 아니한다는 의사를 명백히 표시한 경우

6. 개인신용정보를 처리하는 기술의 특성상 개인신용정보 삭제 시 신용정보전산시스템의 안전성, 보안성 등을 해치는 경우로서 금융위원회가 정하여 고시하는 보호조치[13]를 하는 경우

** 금융위원회 질의회신(2022. 6. 2.) ──────────────────────

〈질의〉

① 금융소비자보호법('21. 3. 5. 시행)에서 계약체결 및 이행에 관한 자료를 기록하고 10년간 유지해야 하는 의무내용이 신용정보법 제20조의2에서 정한 거래종료 후 5년 이내 고객신용정보 삭제의무와 상충되는지(신용정보법 제20조의2

---

12) 1. 법 제2조 제1호의4에 따른 신용정보 중 연체, 부도, 대위변제 및 대지급과 관련된 정보
   2. 법 제2조 제1호의4에 따른 신용정보 중 신용질서 문란행위와 관련된 정보
   3. 법 제2조 제1호의6 다목에 따른 신용정보 중 법원의 파산선고·면책·복권 결정 및 회생·간이회생·개인회생의 결정과 관련된 정보
   4. 법 제2조 제1호의6 나목에 따른 체납 관련 정보
   5. 법 제2조 제1호의6 아목 및 이 영 제2조 제17항 제3호에 따른 신용정보 중 체납 관련 정보
   6. 그 밖에 제1호부터 제5호까지의 정보와 유사한 형태의 불이익정보로서 금융위원회가 정하여 고시 하는 신용정보
13) "금융위원회가 정하여 고시하는 보호조치"란 다음의 경우에 따른 조치를 말한다(감독규정 22의5).
   1. 개인신용정보를 암호화하여 이용하는 경우: 개인신용정보를 재식별할 수 없도록 재식별에 필요한 정보를 삭제할 것
   2. 개인신용정보와 연계된 정보를 이용하는 경우: 연계에 필요한 정보를 삭제할 것

제2항 제1호에 따른 이 법 또는 다른 법률에 따른 의무를 이행하기 위하여 불가피한 경우
에 해당하는지 여부)

　② 금융소비자보호법에서 10년 및 보장기간에 대한 기산점을 별도로 명시
하고 있지 않으나, 법의 취지상 계약체결 시점부터 10년간(보장성보험의 경우 보장
기간) 유지해야 하는 것으로 해석하여야 하는지 여부

　③ 금융소비자보호법 시행 이전 계약에 대해서도 10년간(보장성보험의 경우
보장기간)을 적용해야 하는지 여부

　〈회신〉

　▢ 금융소비자보호법 제28조에 따른 자료의 기록 및 유지·관리의무는 신용
정보법 제20조의2 제2항 제1호의 "다른 법률에 따른 의무를 이행하기 위하여 불
가피한 경우"에 해당된다고 보입니다.

　▢ 계약체결 및 이행에 관한 자료의 경우, 기산점을 각각 관련 자료 생성일
(계약체결 및 이행 시점)으로 보는 것이 타당하다고 보입니다.

　▢ 금융소비자보호법 제28조는 '21. 9. 25. 이후 금융상품 또는 금융상품자
문에 관한 계약의 체결을 권유하거나 계약을 체결하는 경우부터 적용됩니다.

　〈이유〉

　▢ 신용정보법 제20조의2 제2항 제1호에 의하면, 신용정보제공·이용자는
금융거래 등 상거래관계가 종료된 날부터 최장 5년 이내(해당 기간 이전에 정보 수
집·제공 등의 목적이 달성된 경우에는 그 목적이 달성된 날부터 3개월 이내)에 해당 신
용정보주체의 개인신용정보를 관리대상에서 삭제하는 것이 원칙이나, "다른 법
률에 따른 의무를 이행하기 위하여 불가피한 경우" 그 예외가 인정됩니다. (단,
신용정보법 제20조의2 제3항 등 관련 규정 준수 필요)

　• 한편, 금융소비자보호법 제28조 및 동법 시행령 제26조에서는 금융거래
자료의 훼손을 방지하기 위해 금융상품판매업자등에게 관리책임을 부과하고, 소
비자의 권리구제를 위해 해당 자료에 대한 소비자의 접근권을 보장하고 있습니
다. 이에 따라 계약체결 및 이행에 관한 자료는 10년간 유지·관리되어야 합니다.

　• 즉 금융소비자보호법 제28조에 따른 자료의 기록 및 유지·관리의무는
신용정보법 제20조의2 제2항 제1호의 "다른 법률에 따른 의무를 이행하기 위하

여 불가피한 경우"에 해당된다고 보입니다.

　□ 또한, 현행 금융소비자보호법상 기산점에 대해 별도의 규정(예: 거래종료일부터 기산한다)이 없고, 보장기간이 10년을 초과하는 보장성 상품의 경우, 해당 상품의 보장기간을 자료 유지·관리 기간으로 보는 만큼 계약체결 및 이행에 관한 자료의 기산점은 각각 관련 자료 생성일(계약체결 및 이행 시점)으로 보아야 합니다.

　□ 마지막으로 금융소비자보호법 제28조는 부칙(법률 제17112호)에 따라 금융소비자보호법 공포 후 1년 6개월이 경과한 '21.9.25 이후 금융상품 또는 금융상품자문에 관한 계약의 체결을 권유하거나 계약을 체결하는 경우부터 적용됩니다.

3. 보존 정보의 관리

　신용정보제공·이용자가 개인신용정보를 삭제하지 아니하고 보존하는 경우에는 현재 거래 중인 신용정보주체의 개인신용정보와 분리하는 등 대통령령으로 정하는 바에 따라 관리하여야 한다(법20의2③).

　이에 따라 신용정보제공·이용자가 개인신용정보를 관리하는 경우에는 영 제17조의2 제1항 제1호 각 목의 방법에 따른다(영17의2⑧). 따라서 신용정보제공·이용자가 개인신용정보를 관리하는 경우에는 ⅰ) 상거래관계가 종료되지 아니한 다른 신용정보주체의 정보와 별도로 분리하는 방법(가목), ⅱ) 금융위원회가 정하여 고시하는 절차에 따라 신용정보제공·이용자의 임직원 중에서 해당 개인신용정보에 접근할 수 있는 사람을 지정하는 방법(나목),[14] ⅲ) 그 밖에 해당 신용정보주체의 개인신용정보가 안전하게 보호될 수 있는 방법으로서 금융위원회가 정하여 고시하는 방법(다목)[15]으로 관리하여야 한다(영17의2①(1)).

---

14) 신용정보제공·이용자가 영 제17조의2 제1항 제1호 나목에 따라 접근할 수 있는 임직원을 지정할 때에는 접근권한 관리책임자를 두어야 한다(감독규정22의3②).

15) 영 제17조의2 제1항 제1호 다목에 따라 신용정보제공·이용자는 개인신용정보가 안전하게 보호될 수 있도록 접근권한을 부여받은 자가 해당 개인신용정보를 이용하려는 경우에는 접근권한 관리책임자의 사전 승인을 얻어 그 개인신용정보를 이용하게 하고, 그 이용내역을 3년간 보관하여야 한다(감독규정22의3③).

4. 보존 정보 활용의 신용정보주체에 대한 통지

신용정보제공·이용자가 분리하여 보존하는 개인신용정보를 활용하는 경우에는 신용정보주체에게 통지하여야 한다(법20의2④).

5. 삭제된 개인신용정보의 복구 또는 재생 금지조치

신용정보제공·이용자는 신용정보주체의 개인신용정보를 삭제하는 경우 그 삭제된 개인신용정보가 복구 또는 재생되지 아니하도록 조치하여야 한다(영17의2⑦).

** 금융위원회 질의회신(2021. 2. 24.) ─────────────────

〈질의〉

① 국가채권 관리법 제24조의 관리정지가 된 날을 신용정보법 시행령 제17조의2 제4항에 따른 상거래관계가 종료된 날로 볼 수 있는지?

② 주택도시기금 "생애최초주택 구입자금 대출" 등 신용정보주체의 정보를 영구보관하여 동일 상품의 이용을 제한해야 하는 경우 주택도시기금법 및 관련 규정에 따른 의무를 이행하기 위한 신용정보로 신용정보법 제20조의2 제2항 제1호 또는 신용정보법 시행령 제17의2 제3항 제4호를 적용할 수 있는지?

③ 주택도시기금 대출사기자의 재가입을 방지하기 위하여 동 신용정보주체의 정보를 영구보관하여야 하는 경우 신용정보법 제20조의2 제2항 제3호를 적용할 수 있는지?

〈회신〉

▢ 국가채권 관리법에 따른 관리정지로 더 이상 채무의 이행을 청구할 수 없는 것이 아니라면, 상거래 관계가 종료에 이르렀다고 보기 어려울 것으로 보이며, 주택도시기금법에 따른 의무를 이행하기 위하여 불가피한 경우 신용정보법 제20조의2 제2항 제1호를 적용할 수 있습니다.

• 다만, 국가채권 관리법 관리정지로 더 이상의 채무이행이 불가능한지 여부, 생애최초주택 구입자금 대출 등으로 신용정보주체의 정보를 영구적으로 확인하는 것이 주택도시기금법에 따른 의무인지 여부는 해당 법령 소관 부처의 해

석이 필요한 사항으로 보입니다.

    ▫ 주택도시기금 대출사기자의 재가입을 방지하기 위하여 동 신용정보주체의 정보를 영구보관하여야 하는 경우 신용정보법 제20조의2 제2항 제3호를 적용할 수 있을 것으로 판단됩니다.

    〈이유〉

    ① 신용정보법 시행령은 관계법령, 약관 또는 합의 등에 따라 계약기간의 만료, 해지권·해제권·취소권의 행사, 변제 등으로 인한 채권이 소멸하거나 소멸시효 완성 등으로 채권자가 더 이상 채무의 이행을 청구할 수 없는 경우 상거래 관계가 종료된 것으로 보고 있습니다.

    - 국가채권 관리법 제 24조 제2항은 사정변경 또는 그 밖의 사유가 있는 경우 관리정지 처분을 지체없이 취소할 수 있음을 규정하고 있어 관리정지로 더 이상의 채무의 이행을 청구할 수 없는 것이 아니라고 한다면, 상거래 관계가 종료에 이르렀다고 보기 어려울 것으로 보입니다.

    • 다만, 국가채권 관리법에 따른 관리정지로 더 이상 채무의 이행을 청구할 수 없는지에 대한 판단은 관리정지의 성질에 대한 국가채권 관리법 소관 부처의 해석에 따라야 할 것으로 보입니다.

    ▫ 주택도시기금법의 규정의 해석상 신용정보주체의 정보(생애최초주택 구입자금 대출 이용 여부 등)를 영구적으로 확인하여야 할 의무가 있다면, 다른 법률에 따른 의무를 이행하기 위하여 불가피한 경우(신용정보법 제20조의2 제2항 제1호)에 해당합니다.

    • 다만, 생애최초주택 구입자금 대출 등으로 신용정보주체의 정보를 영구적으로 확인하는 것이 "법률"에 따른 "의무"인지 여부는 주택도시기금법 및 관련 규정의 규정의 해석이 필요한 사항으로 판단됩니다.

    ▫ 주택도시기금 대출사기자의 재가입 방지를 위한 경우 신용정보법 제20조의2 제2항 제3호 적용이 가능합니다.

    • 신용정보법 제20조의2 제2항 제3호 및 같은 법 시행령 제17의2 제3항 제2호는 대출사기, 보험사기, 거짓이나 부정한 방법으로 알아낸 타인의 신용카드 정보를 이용한 거래, 그 밖에 건전한 신용질서를 저해하는 행위를 방지하기 위하여 그 행위와 관련된 신용정보주체의 개인신용정보가 필요한 경우 보유기간에 예외를 두고 있으며, 주택도시기금 대출사기자의 재가입 방지를 위한 경우도 대

출사기 방지를 위한 것으로 해당 조항의 적용이 가능하다고 판단됩니다.

** 금융위원회 질의회신(2021. 2. 9.) ─────────────

〈질의〉

① 개인신용정보의 인별 기준이 아닌 거래 건별(일자별)로 적용하여 계약기간 만료 5년 경과시점에 개인신용정보를 파기하는 것이 가능한지 여부

② 상법 제33조 제1항에 따라 거래신청서, 고객확인의무 이행자료를 5년 경과하여 보관하는 것이 신용정보법 제20조의2 제2항 제1호에 따른 다른 법률에 따른 의무를 이행하기 위하여 불가피한 경우에 해당하는지 여부

〈회신〉

① 개인신용정보를 거래 건별로 적용하여 계약기간 만료 5년 경과시점에 개인신용정보를 파기하는 것이 가능합니다. 다만, 특정금융정보법 제2조 제2호 가목의 금융거래의 경우 금융회사등과 고객 사이에 모든 채권채무관계가 종료한 날을 기준으로 고객확인자료를 보관하여야 합니다.

② 거래신청서, 고객확인의무 이행자료가 상법 제33조 제1항에 따른 상업장부와 영업에 관한 중요서류에 해당하는 경우, 신용정보법 제20조의2 제2항 제1호 따른 다른 법률에 따른 의무를 이행하기 위하여 불가피한 경우로서, 해당 자료를 5년 경과하여 보관하는 것이 가능합니다.

〈이유〉

□ 신용정보법 제20조의2 제2항에 따라 신용정보제공·이용자는 금융거래 등 상거래관계가 종료된 날부터 최장 5년 이내(해당 기간 이전에 정보 수집·제공 등의 목적이 달성된 경우에는 그 목적이 달성된 날부터 3개월 이내)에 해당 신용정보주체의 개인신용정보를 삭제해야 합니다.

• 해당 조항은 신용정보제공·이용자는 금융거래 등 상거래관계가 종료된 날부터 최장 5년 이내에 해당 신용정보주체의 개인신용정보를 삭제하도록 하는 조항이므로, 귀사가 인별 기준이 아닌 거래 건별 기준을 적용하여 계약기간 만료 5년 경과시점에 개인신용정보를 파기하는 것이 가능합니다.

• 다만, 특정금융정보법 제5조의4 제1항에서는 고객확인자료를 금융거래관계가 종료한 때부터 5년간 보존할 것을 규정하고 있으며, 동조 제2항에서는 금융거래관계가 종료한 때의 기준을 동법 제2조 제2호 가목의 경우 금융회사등과 고객 사이에 모든 채권채무관계가 종료한 날로 규정하고 있습니다. 이에 따라 특정금융정보법 제2조 제2호 가목의 금융거래의 경우 거래 건별 기준(일자별)을 적용할 수 없고 인별 기준을 적용하여야 합니다.

□ 한편, 다른 법률에 따른 의무를 이행하기 위하여 불가피한 경우 등 신용정보법 제20조의2 제2항 각 호에 해당하는 경우에는 신용정보제공·이용자는 금융거래 등 상거래관계가 종료된 날부터 최장 5년 이내에 신용정보주체의 개인신용정보를 삭제하지 않아도 됩니다.

• 귀사가 보유하고 있는 거래신청서, 고객확인의무 이행자료가 상법 제33조 제1항에 따른 상업장부와 영업에 관한 중요서류에 해당하는 경우에는 신용정보법 제20조의2 제2항 제1호에 따른 다른 법률에 따른 의무를 이행하기 위한 불가피한 경우에 해당하므로 해당 자료를 5년 경과하여 보관하는 것이 가능합니다.

Ⅲ. 상거래관계가 종료된 날

1. 상거래관계가 종료된 날의 의미

법 제20조의2 제1항 및 제2항에 따른 금융거래 등 상거래관계가 종료된 날은 신용정보제공·이용자와 신용정보주체 간의 상거래관계가 관계 법령, 약관 또는 합의 등에 따라 계약기간의 만료, 해지권·해제권·취소권의 행사, 소멸시효의 완성, 변제 등으로 인한 채권의 소멸, 그 밖의 사유로 종료된 날로 한다(영17의2 ⑤).

2. 동의 수령과 상거래관계가 종료된 날의 통지

신용정보제공·이용자는 법 제15조 제2항 각 호 외의 부분 본문(신용정보회사등이 개인신용정보를 수집하는 때에는 해당 신용정보주체의 동의를 받아야 하는 경우) 및 법 제32조 제2항 전단[개인신용평가회사, 개인사업자신용평가회사, 기업신용조회회사 또는 신용정보집중기관으로부터 개인신용정보를 제공받으려는 자는 해당 신용정보주체로부터 개인신용정보를 제공받을 때마다 개별적으로 동의(기존에 동의한 목적 또는 이용 범위에서 개인신용정보의 정확성·최신성을 유지하기 위한 경우는 제외)를 받아야 하는 경우]에 따른 동의를 받을 때 금융거래 등 상거래관계가 종료된 날을 신용정보주체에게 알려야 한다(영17의2⑥).

Ⅳ. 위반시 제재

법 제20조의2 제2항을 위반한 자에게는 3천만원 이하의 과태료를 부과하고(법52③(3)), 법 제20조의2 제1항·제3항 또는 제4항을 위반한 자에게는 1천만원 이하의 과태료를 부과한다(법52⑤(6)).

제5절 폐업시 보유정보의 처리

Ⅰ. 보유정보의 처분, 소거 또는 폐기

신용정보회사등(신용정보제공·이용자는 제외)이 폐업하려는 경우에는 금융감독원장이 소속 직원 중에서 지명하는 자의 입회하에 ⅰ) 신용정보 자료철 및 신용정보 관리대장, ⅱ) 신용정보 데이터베이스, ⅲ) 그 밖에 신용정보가 수록·보관된 파일등의 자료를 처분, 소거 또는 폐기하여야 한다(법21, 감독규정23).

Ⅱ. 위반시 제재

법 제21조를 위반한 자에게는 3천만원 이하의 과태료를 부과한다(법52③(4)).

제 5 편

신용정보 관련 산업

제 1 장

신용정보업

제1절 신용정보회사 임원의 자격요건 등

Ⅰ. 신용정보회사 임직원의 자격요건

1. 개인신용평가회사, 개인사업자신용평가회사 및 기업신용조회회사의 임원 자격요건

개인신용평가회사, 개인사업자신용평가회사 및 기업신용조회회사의 임원에 관하여는 금융사지배구조법 제5조를 준용한다(법22①). 따라서 다음의 어느 하나에 해당하는 사람은 임원이 되지 못한다(금융사지배구조법5①).

1. 미성년자·피성년후견인 또는 피한정후견인
2. 파산선고를 받고 복권되지 아니한 사람
3. 금고 이상의 실형을 선고받고 그 집행이 끝나거나(집행이 끝난 것으로 보는 경우 포함) 집행이 면제된 날부터 5년이 지나지 아니한 사람
4. 금고 이상의 형의 집행유예를 선고받고 그 유예기간 중에 있는 사람

5. 신용정보법 또는 금융관계법령[1])에 따라 벌금 이상의 형을 선고받고 그 집행이 끝나거나 (집행이 끝난 것으로 보는 경우를 포함) 집행이 면제된 날부터 5년이 지나지 아니한 사람

6. 다음의 어느 하나에 해당하는 조치를 받은 금융회사의 임직원 또는 임직원이었던 사람(그 조치를 받게 된 원인에 대하여 직접 또는 이에 상응하는 책임이 있는 사람으로서 대통령령으로 정하는 사람[2])으로 한정)으로서 해당 조치가 있었던 날부터 5년이 지나지 아니한 사람

   가. 금융관계법령에 따른 영업의 허가·인가·등록 등의 취소

   나. 금융산업구조개선법 제10조 제1항에 따른 적기시정조치

   다. 금융산업구조개선법 제14조 제2항에 따른 행정처분

7. 신용정보법 또는 금융관계법령에 따라 임직원 제재조치(퇴임 또는 퇴직한 임직원의 경우 해당 조치에 상응하는 통보를 포함)를 받은 사람으로서 조치의 종류별로 5년을 초과하지 아니하는 범위에서 대통령령으로 정하는 기간[3])이

---

1) "금융관계법령"이란 "대통령령으로 정하는 금융 관계 법령" 및 이에 상당하는 외국의 금융 관계 법령을 말한다(금융사지배구조법2(7)). 여기서 "대통령령으로 정하는 금융 관계 법령"이란 신용정보법, 신용정보법 시행령 및 "금융관련법령"인 공인회계사법, 퇴직급여법, 금융산업구조개선법, 금융소비자보호법, 금융실명법, 금융위원회법, 금융지주회사법, 금융혁신법, 자산관리공사법, 기술보증기금법, 농수산식품투자조합법, 농업협동조합법, 담보부사채신탁법, 대부업법, 문화산업법, 벤처투자법, 보험업법, 감정평가법, 부동산투자회사법, 민간투자법, 산업발전법, 상호저축은행법, 새마을금고법, 선박투자회사법, 소재부품장비산업법, 수산업협동조합법, 신용보증기금법. 신용정보법, 신용협동조합법, 여신전문금융업법, 예금자보호법, 온라인투자연계금융업법, 외국인투자법, 외국환거래법, 유사수신행위법, 은행법, 자본시장법, 자산유동화법, 전자금융거래법, 전자증권법, 외부감사법, 주택법, 중소기업은행법, 채권추심법, 특정금융정보법, 한국산업은행법, 한국수출입은행법, 한국은행법, 한국주택금융공사법, 한국투자공사법, 해외자원개발법을 말한다(금융사지배구조법 시행령5).

2) "대통령령으로 정하는 사람"이란 해당 조치의 원인이 되는 사유가 발생한 당시의 임직원으로서 다음의 어느 하나에 해당하는 사람을 말한다(금융사지배구조법 시행령7①).

   1. 감사 또는 법 제19조에 따른 감사위원회 위원("감사위원")

   2. 법 제5조 제1항 제6호 가목 또는 다목에 해당하는 조치의 원인이 되는 사유의 발생과 관련하여 위법·부당한 행위로 금융위원회 또는 금융감독원장으로부터 주의·경고·문책·직무정지·해임요구, 그 밖에 이에 준하는 조치를 받은 임원(업무집행책임자는 제외)

   3. 법 제5조 제1항 제6호 나목에 해당하는 조치의 원인이 되는 사유의 발생과 관련하여 위법·부당한 행위로 금융위원회 또는 금융감독원장으로부터 직무정지·해임요구, 그 밖에 이에 준하는 조치를 받은 임원

   4. 법 제5조 제1항 제6호 각 목에 해당하는 조치의 원인이 되는 사유의 발생과 관련하여 위법·부당한 행위로 금융위원회 또는 금융감독원장으로부터 직무정지요구 또는 정직요구 이상에 해당하는 조치를 받은 직원(업무집행책임자를 포함)

   5. 제2호부터 제4호까지의 제재 대상자로서 그 제재를 받기 전에 퇴임하거나 퇴직한 사람

지나지 아니한 사람
8. 해당 금융회사의 공익성 및 건전경영과 신용질서를 해칠 우려가 있는 경우로
서 대통령령으로 정하는 사람[4]

임원으로 선임된 사람이 제1항 제1호부터 제8호까지의 어느 하나에 해당하

---

3) "대통령령으로 정하는 기간"이란 다음의 구분에 따른 기간을 말한다(금융사지배구조법 시
행령7②).
 1. 임원에 대한 제재조치의 종류별로 다음에서 정하는 기간
  가. 해임(해임요구 또는 해임권고를 포함): 해임일(해임요구 또는 해임권고의 경우에는
   해임요구일 또는 해임권고일)부터 5년
  나. 직무정지(직무정지의 요구를 포함) 또는 업무집행정지: 직무정지 종료일(직무정지
   요구의 경우에는 직무정지 요구일) 또는 업무집행정지 종료일부터 4년
  다. 문책경고: 문책경고일부터 3년
 2. 직원에 대한 제재조치의 종류별로 다음에서 정하는 기간
  가. 면직요구: 면직요구일부터 5년
  나. 정직요구: 정직요구일부터 4년
  다. 감봉요구: 감봉요구일부터 3년
 3. 재임 또는 재직 당시 금융관계법령에 따라 그 소속기관 또는 금융위원회·금융감독원
  장 외의 감독·검사기관으로부터 제1호 또는 제2호의 제재조치에 준하는 조치를 받은
  사실이 있는 경우 제1호 또는 제2호에서 정하는 기간
 4. 퇴임하거나 퇴직한 임직원이 재임 또는 재직 중이었더라면 제1호부터 제3호까지의 조
  치를 받았을 것으로 인정되는 경우 그 받았을 것으로 인정되는 조치의 내용을 통보받
  은 날부터 제1호부터 제3호까지에서 정하는 기간
4) "대통령령으로 정하는 사람"이란 다음의 구분에 따른 사람을 말한다(금융사지배구조법 시
행령7③).
 1. 해당 금융회사가 은행인 경우: 해당 은행, 해당 은행의 자회사등(은행법 제37조 제2항
  각 호 외의 부분 단서에 따른 자회사등을 말한다. 이하 "은행의 자회사등"이라 한다),
  해당 은행의 자은행(은 행법 제37조 제5항에 따른 자은행을 말한다. 이하 "은행의 자은
  행"이라 한다), 해당 은행을 자회 사로 하는 은행지주회사 또는 그 은행지주회사의 자
  회사등(금융지주회사법 제4조 제1항 제2호에 따른 자회사등을 말한다. 이하 "은행지주
  회사의 자회사등"이라 한다)과 여신거래(대출, 지급보증 및 자금지원 성격의 유가증권
  의 매입, 그 밖에 금융거래상의 신용위험이 따르는 금융회사의 직접 적·간접적 거래)
  가 있는 기업과 특수관계에 있는 등 해당 은행의 자산운용과 관련하여 특정 거래 기업
  등의 이익을 대변할 우려가 있는 사람
 2. 해당 금융회사가 금융지주회사인 경우: 해당 금융지주회사 또는 해당 금융지주회사의
  자회사등(금 융지주회사법 제4조 제1항 제2호에 따른 자회사등을 말한다. 이하 "금융
  지주회사의 자회사등"이라 한다)과 여신거래가 있는 기업과 특수관계에 있는 등 해당
  금융지주회사 또는 해당 금융지주회사 의 자회사등의 자산운용과 관련하여 특정 거래
  기업 등의 이익을 대변할 우려가 있는 사람
 3. 해당 금융회사가 은행 또는 금융지주회사가 아닌 금융회사인 경우: 해당 금융회사와
  여신거래규모 가 금융위원회가 정하여 고시하는 기준 이상인 기업과 특수관계가 있는
  사람으로서 해당 금융회사 의 자산운용과 관련하여 특정 거래기업 등의 이익을 대변할
  우려가 있는 사람

게 된 경우에는 그 직(職)을 잃는다(금융사지배구조법5② 본문). 다만, 제1항 제7호에 해당하는 사람으로서 대통령령으로 정하는 경우5)에는 그 직을 잃지 아니한다(금융사지배구조법5② 단서).

2. 신용조사회사의 임직원 자격요건

신용조사회사는 다음의 어느 하나에 해당하는 사람을 임직원으로 채용하거나 고용하여서는 아니 된다(법22②).

1. 미성년자. 다만, 금융위원회가 정하여 고시하는 업무에 채용하거나 고용하는 경우는 제외한다.
2. 피성년후견인 또는 피한정후견인
3. 파산선고를 받고 복권되지 아니한 사람
4. 금고 이상의 실형을 선고받고 그 집행이 끝나거나(집행이 끝난 것으로 보는 경우 포함) 집행이 면제된 날부터 3년이 지나지 아니한 사람
5. 금고 이상의 형의 집행유예를 선고받고 그 유예기간 중에 있는 사람
6. 신용정보법 또는 그 밖의 법령에 따라 해임되거나 면직된 후 5년이 지나지 아니한 사람
7. 신용정보법 또는 그 밖의 법령에 따라 영업의 허가·인가 등이 취소된 법인이나 회사의 임직원이었던 사람(그 취소사유의 발생에 직접 또는 이에 상응하는 책임이 있는 사람으로서 대통령령으로 정하는 사람6)만 해당)으로서 그 법인 또는 회사에 대한 취소가 있은 날부터 5년이 지나지 아니한 사람

---

5) "대통령령으로 정하는 경우"란 직무정지, 업무집행정지 또는 정직요구(재임 또는 재직 중이었더라면 조치를 받았을 것으로 통보를 받은 경우를 포함) 이하의 제재를 받은 경우를 말한다(금융사지배구조법 시행령7④).
6) "대통령령으로 정하는 사람"이란 허가·인가 등의 취소 원인이 되는 사유가 발생했을 당시의 임직원(금융산업구조개선법 제14조에 따라 허가·인가 등이 취소된 법인 또는 회사의 경우에는 같은 법 제10조에 따른 적기시정조치의 원인이 되는 사유 발생 당시의 임직원)으로서 다음의 어느 하나에 해당하는 사람을 말한다(영18).
   1. 감사 또는 감사위원회의 위원
   2. 허가·인가 등의 취소 원인이 되는 사유의 발생과 관련하여 위법 또는 부당한 행위로 금융위원회 또는 금융감독원장으로부터 주의, 경고, 문책, 직무정지, 해임요구 또는 그 밖의 조치를 받은 임 원
   3. 허가·인가 등의 취소 원인이 되는 사유의 발생과 관련하여 위법 또는 부당한 행위로 금융위원회 또는 금융감독원장으로부터 정직요구 이상에 해당하는 조치를 받은 직원
   4. 제2호 또는 제3호에 따른 제재 대상자로서 그 제재를 받기 전에 사임하거나 사직한 사람

8. 재임 또는 재직 중이었더라면 신용정보법 또는 그 밖의 법령에 따라 해임권고(해임요구 포함) 또는 면직요구의 조치를 받았을 것으로 통보된 퇴임한 임원 또는 퇴직한 직원으로서 그 통보가 있었던 날부터 5년(통보가 있었던 날부터 5년이 퇴임 또는 퇴직한 날부터 7년을 초과한 경우에는 퇴임 또는 퇴직한 날부터 7년으로 한다)이 지나지 아니한 사람

Ⅱ. 신용정보 등의 보고

1. 업무내용 보고

개인신용평가회사, 개인사업자신용평가회사, 기업신용조회회사 및 본인신용정보관리회사는 법 제22조의2에 따라 전년도에 수행한 ⅰ) 신용정보의 수집·조사 대상자 및 수집·조사·처리 정보의 종류 등에 관한 사항(제1호), ⅱ) 신용정보의 제공 대상자 및 제공 범위 등에 관한 사항(제2호), ⅲ) 신용정보의 활용기간 및 보존기간 등에 관한 사항(제3호)의 업무내용을 그 다음 해 1월 31일까지 금융위원회에 보고해야 한다(법22의2, 영18의2①).

2. 업무처리절차 등 개선 권고

금융위원회는 보고내용이 건전한 신용질서 또는 금융소비자의 권익에 반하는 것으로 판단되는 경우에는 개인신용평가회사, 개인사업자신용평가회사, 기업신용조회회사 및 본인신용정보관리회사에 해당 보고내용과 관련된 업무처리절차 등을 개선하도록 권고할 수 있다(법22의2, 영18의2②).

제2절 개인신용평가 등에 관한 원칙

신용정보법은 신용정보업이 금융거래 등의 기초가 되는 산업으로 국민의 경제·금융생활에 영향력이 크기 때문에 정확하고 공정한 신용평가를 위한 제도적 통제장치를 마련하고 있다. 즉 개인정보 침해 우려를 방지하고 신용정보업의 정확성 및 공정성 훼손을 방지하기 위한 제도적 통제장치인 개인신용평가 등에 관

한 원칙, 개인신용평가회사의 행위규칙, 개인사업자신용평가회사의 행위규칙, 기업신용조회회사의 행위규칙, 신용조사회사의 행위규칙을 마련하고 있다.[7]

Ⅰ. 개인신용평가회사 및 그 임직원의 의무

개인신용평가회사 및 그 임직원은 개인신용평가에 관한 업무를 할 때 ⅰ) 개인신용평가 결과가 정확하고 그 평가체계가 공정한지 여부, ⅱ) 개인신용평가 과정이 공개적으로 투명하게 이루어지는지 여부를 고려하여 그 업무를 수행하여야 한다(법22의3①).

Ⅱ. 기업신용조회회사 및 그 임직원의 의무

기업신용등급제공업무 또는 기술신용평가업무를 하는 기업신용조회회사 및 그 임직원은 기업신용등급이나 기술신용정보의 생성에 관한 업무를 할 때 독립적인 입장에서 공정하고 충실하게 그 업무를 수행하여야 한다(법22의3②).

Ⅲ. 개인사업자신용평가회사 및 그 임직원의 의무

개인사업자신용평가회사 및 그 임직원에 대해서는 제1항 및 제2항을 준용한다(법22의3③). 따라서 개인사업자신용평가회사 및 그 임직원은 개인사업자신용평가에 관한 업무를 할 때 ⅰ) 개인사업자신용평가 결과가 정확하고 그 평가체계가 공정한지 여부, ⅱ) 개인사업자신용평가 과정이 공개적으로 투명하게 이루어지는지 여부를 고려하여 그 업무를 수행하여야 한다(법22의3③, 법22의3①). 또한 개인사업자신용평가회사 및 그 임직원은 개인사업자신용평가에 관한 업무를 할 때 독립적인 입장에서 공정하고 충실하게 그 업무를 수행하여야 한다(법22의3③, 법22의3②).

---

7) 정무위원회(2020), 77-78쪽.

제3절 개인신용평가회사의 행위규칙

개인신용평가회사의 행위규칙과 관련해서는 부정적 정보 외에 긍정적 정보 고려 및 차별행위 금지를 의무화하고, 전문개인신용평가회사에 대해서는 계열사로부터 상품 등을 제공받는 개인의 신용평점을 높이는 등 불공정행위를 추가적으로 금지하고 있다.

Ⅰ. 신용상태평가시 고려사항

개인신용평가회사가 개인인 신용정보주체의 신용상태를 평가할 경우 그 신용정보주체에게 개인신용평가에 불이익이 발생할 수 있는 정보 외에 개인신용평가에 혜택을 줄 수 있는 정보도 함께 고려하여야 한다(법22의4①).

Ⅱ. 개인신용평가시 금지행위

개인신용평가회사가 개인신용평가를 할 때에는 ⅰ) 성별, 출신지역, 국적 등으로 합리적 이유 없이 차별하는 행위, ⅱ) 개인신용평가 모형을 만들 때 특정한 평가항목을 합리적 이유 없이 유리하게 또는 불리하게 반영하는 행위, ⅲ) 정당한 이유 없이 개인신용평가회사 또는 그 계열회사의 상품이나 서비스를 구매하거나 이용하는 것을 조건으로 개인신용평점을 유리하게 산정하는 행위, ⅳ) 정당한 이유 없이 계열회사와 금융거래 등 상거래 관계를 맺거나 맺으려는 사람의 개인신용평점을 다른 사람의 개인신용평점에 비해 유리하게 산정하는 등 차별적으로 취급하는 행위를 하여서는 아니 된다(법22의4②, 영18의3①).

Ⅲ. 전문개인신용평가업을 하는 개인신용평가회사의 불공정행위 금지

전문개인신용평가업을 하는 개인신용평가회사는 계열회사8)로부터 상품 또

---

8) "계열회사"란 둘 이상의 회사가 동일한 기업집단에 속하는 경우에 이들 각각의 회사를 서로 상대방의 계열회사라 한다(공정거래법2(12)).

는 서비스를 제공받는 개인인 신용정보주체의 개인신용평점을 높이는 등 다음의 불공정행위를 하여서는 아니 된다(법22의4③, 영18의3②). 즉 ⅰ) 정당한 이유 없이 전문개인신용평가회사 또는 그 계열회사의 상품이나 서비스를 구매하거나 이용하는 것을 조건으로 개인신용평점을 유리하게 산정하는 행위(제1호), ⅱ) 정당한 이유 없이 계열회사와 금융거래 등 상거래 관계를 맺거나 맺으려는 사람의 개인신용평점을 다른 사람의 개인신용평점에 비해 유리하게 산정하는 등 차별적으로 취급하는 행위(제2호)를 하여서는 아니 된다(영18의3②).

Ⅳ. 위반시 제재

법 제22조의4 제1항 및 제2항을 위반하여 신용상태를 평가한 자(4의2호) 및 제22조의4 제3항을 위반하여 불공정행위를 한 자(4의3호)에게는 3천만원 이하의 과태료를 부과한다(법52③(4의2)(4의3)).

제4절 개인사업자신용평가회사의 행위규칙

신용카드업자에 대해서도 개인사업자신용평가업을 겸영할 수 있도록 허용하고 있는데, 신용카드업자의 경우 자사 또는 그 계열사의 카드서비스를 구매하도록 강요하는 등의 불건전영업행위의 유인이 크다는 점을 고려할 필요가 있다. 이와 관련하여 상거래관계가 있는 자와의 차별적 신용평가 금지, 자사 또는 그 계열사의 상품이나 서비스 구매 강요금지 등 개인사업자 대상의 불건전 영업행위를 방지하기 위한 신용평가의 행위규칙(법22의5)을 함께 마련하고 있다.[9]

개인사업자신용평가회사의 경우 개인신용평가회사와 기업신용조회회사의 행위규칙의 내용을 거의 대부분 규정하고 있는 것으로 보인다.

---

9) 정무위원회(2020), 47쪽.

Ⅰ. 신용상태평가시 준수사항

개인사업자신용평가회사가 개인사업자의 신용상태를 평가할 경우에는 ⅰ) 해당 개인사업자에게 평가에 불이익이 발생할 수 있는 정보 외에 평가에 혜택을 줄 수 있는 정보도 함께 고려하여야 하며, ⅱ) 개인사업자신용평가회사와 금융거래 등 상거래 관계가 있는 자와 그 외의 자를 합리적 이유 없이 차별하지 아니하여야 한다(법22의5①).

Ⅱ. 금지행위

개인사업자신용평가회사는 ⅰ) 개인사업자의 신용상태를 평가하는 과정에서 개인사업자신용평가회사 또는 그 계열회사의 상품이나 서비스를 구매하거나 이용하도록 강요하는 행위, ⅱ) 정당한 이유 없이 개인사업자신용평가회사 또는 계열회사의 상품이나 서비스를 구매하거나 이용하는 것을 조건으로 신용평가 결과를 유리하게 산정하는 행위, ⅲ) 정당한 이유 없이 계열회사와 금융거래 등 상거래 관계를 맺거나 맺으려는 자의 신용평가결과를 그 외의 자의 신용평가결과에 비해 유리하게 산정하는 등 차별적으로 취급하는 행위, ⅳ) 개인사업자신용평가정보 또는 그에 활용된 정보를 제공함에 있어 합리적 이유 없이 차별적으로 취급하는 행위, ⅴ) 신용평가와 관련하여 신용평가의 요청인 및 그의 이해관계자에게 재산상 이익을 제공하거나 이들로부터 재산상 이익을 제공받는 행위, ⅵ) 개인사업자신용평가업의 수행과정에서 업무상 취득한 정보를 이용하여 부당한 이익을 얻거나 타인이 부당한 이익을 얻도록 하는 행위, ⅶ) 개인사업자신용평가업무 수행을 위해 신용정보집중기관으로부터 제공받은 개인식별정보 등을 활용하여 유·무선 마케팅 등에 활용하는 행위를 하여서는 아니 된다(법22의5②, 영18의4①).

Ⅲ. 내부통제기준 제정

1. 개인사업자신용평가회사의 내부통제기준

개인사업자신용평가회사는 그 임직원이 직무를 수행할 때 지켜야 할 적절한 기준 및 절차로서 ⅰ) 평가조직과 영업조직의 분리에 관한 사항, ⅱ) 이해상충

방지에 관한 사항, ⅲ) 불공정행위의 금지에 관한 사항, ⅳ) 개인사업자의 특성
에 적합한 신용상태의 평가기준에 관한 사항, ⅴ) 신용평가 관련 자료의 기록과
보관에 관한 사항, ⅵ) 신용평가의 적정성을 검토하기 위한 내부절차 마련에 관
한 사항, ⅶ) 다음의 사항, 즉 ㉠ 임직원의 내부통제기준 준수 여부를 확인하는
절차·방법, ㉡ 불공정행위, 금지 및 제한사항의 위반을 방지하기 위한 절차나 기
준에 관한 사항을 포함하여 임직원이 업무를 수행할 때 준수해야 하는 절차에
관한 사항, ⅷ) 이해상충의 파악·평가와 관리에 관한 사항(개인사업자신용평가업
과 법 제11조 제3항10)에 따른 겸영업무 간 이해상충 행위 방지 및 담당 부서의 인적 분리
등에 관한 사항을 포함)을 포함하는 내부통제기준을 정하여야 한다(법22의5③ 본문,
영18의4②).

2. 개인신용평가회사의 내부통제기준

개인신용평가회사가 겸영업무(법11②)11)에 따라 개인사업자신용평가업을 하
는 경우로서 자동화평가의 방법으로 개인사업자의 신용상태를 평가하는 경우에
는 위의 개인사업자신용평가회사의 내부통제기준 중 평가조직과 영업조직의 분
리에 관한 사항을 포함하지 아니할 수 있다(법22의5③ 단서).

---

10) 개인사업자신용평가회사의 겸영업무는 ⅰ) 개인사업자신용평가업 외의 신용정보업, ⅱ)
채권추심업, ⅲ) 정보통신망법 제23조의3에 따른 본인확인기관의 업무, ⅳ) 여신전문금융
회사의 경우 여신전문금융업법 제46조 제1항 각 호에 따른 업무, ⅴ) 본인신용정보관리
업, ⅵ) 클라우드컴퓨팅서비스 제공자의 업무, ⅶ) 전자금융거래법에 따른 전자금융업,
ⅷ) 온라인투자연계금융업법에 따른 온라인투자연계금융업, ⅸ) 대출의 중개 및 주선에
관한 업무(법 제2조 제1호의3 가목1)부터 4)까지의 규정에 따른 거래의 확정 금리·한도
를 비교·분석하고 판매를 중개하는 업무), ⅹ) 금융소비자보호법에 따른 금융상품자문업
업무이다(법11③, 영11②, 감독규정13의3②).
11) 개인신용평가회사의 겸영업무는 ⅰ) 개인신용평가업 외의 신용정보업, ⅱ) 채권추심업,
ⅲ) 정보통신망법 제23조의3에 따른 본인확인기관의 업무, ⅳ) 본인신용정보관리업, ⅴ)
전자문서중계 업무 및 「전자문서 및 전자거래 기본법」 제31조의18에 따른 공인전자문서
중계자의 업무, ⅵ) 전문개인신용평가업의 경우 금융관계법률 외의 법률("비금융법률")에
서 금지하지 않는 업무(비금융법률에 따라 행정관청의 인가·허가·등록 및 승인 등의 조
치가 있는 경우 할 수 있는 업무로서 해당 행정관청의 인가·허가·등록 및 승인 등의 조
치가 있는 경우를 포함), ⅶ) 클라우드컴퓨팅서비스 제공자의 업무, ⅷ) 전자금융거래법에
따른 전자금융업, ⅸ) 온라인투자연계금융업법에 따른 온라인투자연계금융업, ⅹ) 대출의
중개 및 주선에 관한 업무(법 제2조 제1호의3 가목 1)부터 4)까지의 규정에 따른 거래의
확정 금리·한도를 비교·분석하고 판매를 중개하는 업무), ⅺ) 금융소비자보호법에 따른
금융상품자문업 업무이다(법11②, 영11①, 감독규정13의3①).

Ⅳ. 위반시 제재

법 제22조의5 제1항을 위반하여 신용상태를 평가한 자(4의4호), 제22조의5 제2항을 위반한 자(4의5호), 제22조의5 제3항을 위반한 자(4의6호)에게는 3천만원 이하의 과태료를 부과한다(법52③(4의4)(4의5)(4의6)).

제5절 기업신용조회회사의 행위규칙

기업신용조회회사의 행위규칙과 관련해서는 개인신용평가회사와 같이 부정적 정보 외에 긍정적 정보를 고려하도록 의무화하는 한편, 자본시장법상 규정[12]에 준하여 신용평가사의 행위규칙을 도입하고, 이해상충 방지 등을 위한 내부통제기준을 마련하도록 의무화하고 있다.

Ⅰ. 신용상태평가시 고려사항

기업신용조회회사(기업정보조회업무만 하는 기업신용조회회사는 제외)가 기업 및

---

[12] 자본시장법 제335조의8(임원 및 내부통제기준 등) ① 금융사지배구조법 제5조 및 제31조(제5항은 제외한다)는 신용평가회사 및 그 임원에게 준용한다.
② 신용평가회사는 그 임직원이 직무를 수행함에 있어서 준수하여야 할 적절한 기준 및 절차로서 다음 각 호의 사항을 포함하는 신용평가내부통제기준을 정하여야 한다.
1. 평가조직과 영업조직의 분리에 관한 사항
2. 이해상충방지체계에 관한 사항
3. 불공정행위의 금지에 관한 사항
4. 신용평가 대상의 특성에 적합한 신용평가기준 도입에 관한 사항
5. 그 밖에 신용평가내부통제기준에 관하여 필요한 사항으로서 대통령령으로 정하는 사항
제355조의11(신용평가회사의 행위규칙) ⑦ 신용평가회사는 다음 각 호의 어느 하나에 해당하는 행위를 하여서는 아니 된다.
1. 신용평가회사와 일정한 비율 이상의 출자관계에 있는 등 특수한 관계에 있는 자로서 대통령령으로 정하는 자와 관련된 신용평가를 하는 행위
2. 신용평가 과정에서 신용평가회사 또는 그 계열회사의 상품이나 서비스를 구매하거나 이용하도록 강요하는 행위
3. 그 밖에 투자자 보호 또는 건전한 거래질서를 해할 우려가 있는 행위로서 대통령령으로 정하는 행위

법인의 신용상태를 평가할 경우에는 해당 기업 및 법인에게 평가에 불이익이 발생할 수 있는 정보 외에 평가에 혜택을 줄 수 있는 정보도 함께 고려하여야 한다(법22의6①).

Ⅱ. 금지행위

기업신용조회회사(기업정보조회업무만 하는 기업신용조회회사는 제외)는 다음의 어느 하나에 해당하는 행위를 하여서는 아니 된다(법22의6②).

1. 일정한 자와 관련된 기업신용등급 및 기술신용정보를 생성하는 행위

기업신용조회회사는 기업신용조회회사와 일정한 비율 이상의 출자관계에 있는 등 특수한 관계에 있는 자로서 ⅰ) 해당 기업신용조회회사에 5% 이상 출자한 법인, ⅱ) 해당 기업신용조회회사가 5% 이상 출자한 법인, ⅲ) 해당 기업신용조회회사와 계열회사의 관계에 있는 법인, ⅳ) 해당 기업신용조회회사와 앞의 3가지의 관계에 있는 법인이 합하여 40% 이상 출자한 법인, ⅴ) 그 밖에 신용평가 업무와 관련하여 이해상충의 소지가 있는 자로서 해당 기업신용조회회사의 직전 사업연도 총수익의 10% 이상을 기여한 자(영18의5①(5), 감독규정23의2)와 관련된 기업신용등급 및 기술신용정보를 생성하는 행위를 하여서는 아니 된다(법22의6②(1)).

2. 상품 또는 서비스의 구매·이용 강요행위

기업신용조회회사는 기업신용등급 및 기술신용정보의 생성 과정에서 기업신용조회회사 또는 그 계열회사의 상품이나 서비스를 구매하거나 이용하도록 강요하는 행위를 하여서는 아니 된다(법22의6②(2)).

3. 신용정보주체 보호 또는 건전한 신용질서를 저해할 우려가 있는 행위

기업신용조회회사는 그 밖에 신용정보주체 보호 또는 건전한 신용질서를 저해할 우려가 있는 행위로서 다음의 어느 하나에 해당하는 행위를 하여서는 아니 된다(법22의6②(3), 영18의5②).

(1) 상품이나 서비스를 구매·이용하는 것을 조건으로 기업신용평가 결과를 유리하게 산정하는 행위

기업신용조회회사는 정당한 이유 없이 기업신용조회회사 또는 그 계열회사의 상품이나 서비스를 구매하거나 이용하는 것을 조건으로 기업신용평가 결과를 유리하게 산정하는 행위를 하여서는 아니 된다(영18의5②(1)).

(2) 계열회사와 상거래 관계 관련 차별적 취급행위

정당한 이유 없이 계열회사와 금융거래 등 상거래 관계를 맺거나 맺으려는 자의 기업신용 평가결과를 그 외의 자의 기업신용평가결과에 비해 유리하게 산정하는 등 차별적으로 취급하는 행위를 하여서는 아니 된다(영18의5②(2)).

(3) 교차 신용평가 행위

기업신용조회회사는 법 제22조의6 제2항 제1호 또는 제2호에 따른 금지 또는 제한을 회피할 목적으로 기업신용조회회사와 특수한 관계에 있는 자에 대해 다른 기업신용조회회사 간에 교차하여 신용평가를 하는 행위를 하여서는 아니 된다(영18의5②(3)).

(4) 신용등급 등을 제공함에 있어 합리적 이유 없는 차별적 취급행위

기업신용조회회사는 기업신용평가정보 또는 그에 활용된 정보 및 법 제2조 제1호의6 마목 본문에 따른 기업신용등급 등을 제공함에 있어 합리적 이유 없이 차별적으로 취급하는 행위를 하여서는 아니 된다(영18의5②(4)).

(5) 이해관계자 등에 대한 재산상 이익 제공·수령 행위

기업신용조회회사는 신용평가와 관련하여 신용평가의 요청인 및 그의 이해관계자에게 재산상 이익을 제공하거나 이들로부터 재산상 이익을 제공받는 행위를 하여서는 아니 된다(영18의5②(5)).

(6) 업무상 취득한 정보를 이용한 부당한 이득 취득 행위 등

기업신용조회회사는 기업신용조회업의 수행과정에서 업무상 취득한 정보를 이용하여 부당한 이익을 얻거나 타인이 부당한 이익을 얻도록 하는 행위를 하여서는 아니 된다(영18의5②(6)).

(7) 신용평가계약의 체결 등 정보의 이해관계자에 대한 제공행위

기업신용조회회사는 신용평가계약의 체결 또는 특정 신용평가결과가 부여될 가능성 또는 예상되는 신용등급(신용등급의 범위를 포함)에 대한 정보를 요청인 또는 그의 이해관계자에게 제공하는 행위를 하여서는 아니 된다(영18의5②(7)).

(8) 신용평가계약 체결 유인을 위한 신용등급 이용행위

기업신용조회회사는 신용평가계약의 체결을 유인하기 위해 신용등급을 이용하는 행위를 하여서는 아니 된다(영18의5②(8)).

(9) 의뢰자에 대한 홍보자료 등을 통한 평가결과 암시·약속행위

기업신용조회회사는 의뢰자에 홍보자료, 유선·방문설명 등을 통해 관대한 평가결과를 암시하거나 약속하는 행위를 하여서는 아니 된다(영18의5②(9)).

(10) 계약 대가인 사은품 제공행위

기업신용조회회사는 신용평가계약에 따른 대가로 사은품을 제공하는 행위를 하여서는 아니 된다(영18의5②(10)).

(11) 은행 영업점 방문 등을 통한 영업행위

기업신용조회회사는 은행 영업점 방문 등을 통한 기술평가자의 직접적인 영업행위를 하여서는 아니 된다(영18의5②(11)).

(12) 실적평가 등에 영업요소 포함행위

기업신용조회회사는 기술평가자 대상 실적평가 등에 평가유치 실적 및 은행 방문 등의 영업요소를 포함하는 행위를 하여서는 아니 된다(영18의5②(12)).

Ⅲ. 내부통제기준 제정

기업신용조회회사(기업정보조회업무만 하는 기업신용조회회사는 제외)는 그 임직원이 직무를 수행할 때 지켜야 할 적절한 기준 및 절차로서 ⅰ) 평가조직과 영업조직의 분리에 관한 사항, ⅱ) 이해상충 방지에 관한 사항, ⅲ) 불공정행위의 금지에 관한 사항, ⅳ) 기업 및 법인의 특성에 적합한 기업신용등급의 생성기준 또는 기술신용평가의 기준에 관한 사항, ⅴ) 신용평가 관련 자료의 기록과 보관에 관한 사항, ⅵ) 신용평가의 적정성을 검토하기 위한 내부절차 마련에 관한 사항, ⅶ) 다음의 사항, 즉 ㉠ 임직원의 내부통제기준 준수 여부를 확인하는 절차·방법, ㉡ 불공정행위, 금지 및 제한사항의 위반을 방지하기 위한 절차나 기준에 관한 사항을 포함하여 임직원이 업무를 수행할 때 준수해야 하는 절차에 관한 사항, ⅷ) 이해상충의 파악·평가와 관리에 관한 사항(기업신용조회업과 법 제11조 제4항[13])에 따른 겸영업무 간 이해상충 행위 방지 및 담당 부서의 인적 분리 등에 관한 사항을 포함)을 포함하는 내부통제기준을 정하여야 한다(법22의6③, 영18의5③).

Ⅳ. 기업정보조회업무를 하는 기업신용조회회사의 이용자관리규정 제정

기업정보조회업무를 하는 기업신용조회회사는 신용정보의 이용자 관리를 위하여 이용자관리규정을 정하여야 한다(법22의6④). 이용자관리규정에는 ⅰ) 이용자의 자격에 관한 사항, ⅱ) 이용자의 권리와 의무에 관한 사항을 포함해야 한다(영18의5④).

---

13) 기업신용조회회사의 겸영업무는 ⅰ) 기업신용조회업 외의 신용정보업, ⅱ) 채권추심업, ⅲ) 기술이전법 제10조(기술거래기관의 지정·취소 및 지원)에 따른 기술거래기관의 사업(기술신용평가업무를 하는 기업신용조회회사에 한정), ⅳ) 기술이전법 제12조(사업화 전문회사)에 따른 사업화 전문회사의 업무(기술신용평가업무를 하는 기업신용조회회사에 한정), ⅴ) 기술이전법 제35조(기술평가기관의 지정 등)에 따른 기술평가기관의 업무(기술신용평가업무를 하는 기업신용조회회사에 한정), ⅵ) 발명진흥법 제28조(발명의 평가기관 지정 등) 제1항에 따른 발명의 분석·평가 업무, ⅶ) 특허법 제58조(전문기관의 등록 등) 제1항에 따른 선행기술의 조사 업무, ⅷ) 클라우드컴퓨팅서비스 제공자의 업무, ⅸ) 본인신용정보관리업, ⅹ) 기업정보조회업무만을 하는 기업신용조회업의 경우 비금융법률이 금지하지 않는 업무(비금융법률에 따라 행정관청의 인가·허가·등록 및 승인 등의 조치가 있는 경우 할 수 있는 업무로서 해당 행정관청의 인가·허가·등록 및 승인 등의 조치가 있는 경우를 포함), ⅺ) 전자금융거래법에 따른 전자금융업, ⅻ) 온라인투자연계금융업법에 따른 온라인투자연계금융업, xiii) 대출의 중개 및 주선에 관한 업무(법 제2조 제1호의3 가목 1)부터 4)까지의 규정에 따른 거래의 확정 금리·한도를 비교·분석하고 판매를 중개하는 업무)이다(법11④, 영11③, 감독규정13의3③).

Ⅴ. 위반시 제재

법 제22조의6 제1항을 위반하여 신용상태를 평가한 자(4의4호), 제22조의6 제2항을 위반한 자(4의7호), 제22조의6 제3항을 위반한 자(4의8호)에게는 3천만원 이하의 과태료를 부과한다(법52③). 법 제22조의6 제4항을 위반하여 이용자관리규정을 정하지 아니한 자에게는 1천만원 이하의 과태료를 부과한다(법52⑤(7의2)).

제6절 신용조사회사의 행위규칙

Ⅰ. 금지행위

신용조사회사는 ⅰ) 의뢰인에게 허위사실을 알리는 행위(제1호), ⅱ) 신용정보에 관한 조사의뢰를 강요하는 행위(제2호), ⅲ) 신용정보 조사대상자에게 조사자료의 제공과 답변을 강요하는 행위(제3호), ⅳ) 금융거래 등 상거래관계 외의 사생활 등을 조사하는 행위(제4호)를 하여서는 아니 된다(법22의7①).

Ⅱ. 증표제시

신용조사업에 종사하는 임직원이 신용정보를 조사하는 경우에는 신용조사업에 종사하고 있음을 나타내는 증표를 지니고 이를 상대방에게 내보여야 한다(법22의7②).

Ⅲ. 위반시 제재

법 제22조의7 제1항 제1호를 위반하여 의뢰인에게 허위 사실을 알린 자(1의2호), 제22조의7 제1항 제2호를 위반하여 신용정보에 관한 조사 의뢰를 강요한 자(1의3호), 제22조의7 제1항 제3호를 위반하여 신용정보 조사 대상자에게 조사자료 제공과 답변을 강요한 자(1의4호), 제22조의7 제1항 제4호를 위반하여 금융거래 등 상거래관계 외의 사생활 등을 조사한 자(1의5호)는 3년 이하의 징역 또는 3천만원 이하의 벌금에 처한다(법50③).

제 2 장
/
본인신용정보관리업

제1절 본인신용정보관리회사의 임원의 자격요건

본인신용정보관리회사의 임원에 관하여는 금융사지배구조법 제5조를 준용한다(법22의8). 금융사지배구조법 제5조에 관하여는 앞의 신용정보회사 임원의 자격요건에서 살펴보았다.

제2절 본인신용정보관리회사의 행위규칙

Ⅰ. 금지행위

본인신용정보관리회사는 다음의 어느 하나에 해당하는 행위를 하여서는 아니 된다(법22의9①, 영18의6①, 감독규정23의3①).

1. 개인인 신용정보주체에 대한 개인신용정보의 전송요구 강요행위 등

본인신용정보관리회사는 개인인 신용정보주체에게 개인신용정보의 전송요구를 강요하거나 부당하게 유도하는 행위를 하여서는 아니 된다(법22의9①(1)).

** 금융위원회 질의회신(2023. 9. 20.) ─────────────────────
〈질의〉
□ 금융투자회사 등이 고객별 신용융자 리스크 관리를 목적으로 신용약정 체결시 본인신용정보관리 서비스(마이데이터)를 통해 수집한 정보를 고객 투자 경험 및 자산 파악에 활용하는 행위가 신용정보법 제22조의9 제1항 제1호를 위반하는지?

〈회신〉
□ 본인신용정보관리 서비스(마이데이터)를 통해 수집된 개인신용정보는 원칙적으로 통합 조회·열람의 목적으로 이용되어야 합니다(신용정보법 제2조 제9호의2, 동 법 시행령 제2조 제21항).
• 아울러 신용정보법 제22조의9, 동법 시행령 제18조의6, 신용정보업감독규정 제23조의3에서는 본인신용정보관리회사의 금지행위를 규정하고 있는바, 동 행위 규칙을 위반하지 않는 범위 내에서 본인신용정보관리 서비스(마이데이터)를 통해 수집한 개인신용정보의 처리가 가능합니다.
□ 다만, 고객으로부터 별도의 동의를 명시적으로 받은 경우 본인신용정보관리업 외의 목적으로 활용이 가능합니다.
• 이 경우 별도의 동의는 본인신용정보 관리 목적 등 외에 신용약정거래 승인 심사 목적 등으로 활용된다는 점, 해당 용도 활용을 거절하더라도 당초 원하는 서비스 이용에는 아무 지장이 없다는 사실을 명확히 알고 동의하는 것을 의미합니다.
□ 한편, 신용정보법 제22조의9 제1항 1호의 전송요구를 강요하거나 부당하게 유도하는 행위인지에 대한 판단은 전송요구 수행 절차 및 개인신용정보를 수집·이용하는 과정이 정당한지에 대한 면밀한 검토가 필요한바, 질의하신 내용만으로는 전송요구 수행 절차, 개인신용정보 수집·이용 과정을 정확히 파악하여

답변하기가 어려운 점을 양해하여 주시기 바랍니다.

〈이유〉

□ 본인신용정보관리 서비스(마이데이터)는 신용정보주체의 신용관리를 지원하기 위하여 신용정보제공·이용자 등이 보유한 개인신용정보 등을 수집하고 수집된 정보의 전부 또는 일부를 정보주체가 조회·열람할 수 있도록 하는 것인바(신용정보법 제2조제9호의2, 동법 시행령 제2조제21항)

• 원칙적으로 수집된 개인신용정보는 통합 조회·열람의 목적으로 이용되어야 합니다.

□ 특히, 신용정보법 제22조의9, 동법 시행령 제18조의6, 신용정보업감독규정 제23조의3에서는 본인신용정보관리회사의 금지행위를 규정하고 있는바, 동 행위 규칙을 위반하지 않는 범위 내에서 본인신용정보관리 서비스(마이데이터)를 통해 수집한 개인신용정보의 처리가 가능합니다.

• 신용정보법 제22조의9 제1항 제1호에 따르면 본인신용정보관리회사는 개인인 신용정보주체에게 개인신용정보의 전송요구를 강요하거나 부당하게 유도하는 행위를 하여서는 아니된다고 규정하고 있으며,

• 본인신용정보관리회사의 이익을 위해 금융소비자에게 적합하지 않다고 인정되는 계약체결을 추천 또는 권유하는 행위, 개인인 신용정보주체의 동의 없이 전송요구의 내용을 변경하거나 신용정보제공·이용자등에게 신용정보주체 본인이 전송요구한 범위 이상의 개인신용정보를 요구하는 행위, 특정 고객의 이익을 해하면서 자기 또는 제3자의 이익을 도모하는 행위 등이 금지됩니다(신용정보법 제22조의9, 동법 시행령 제18조의6, 신용정보업감독규정 제23조의3).

□ 다만, 고객으로부터 별도의 동의를 명시적으로 받은 경우에는 본인신용정보관리 서비스(마이데이터)를 통해 수집한 신용정보를 본인신용정보관리업 외의 목적으로 활용이 가능합니다.

• 그리고, 별도의 동의는 본인신용정보 관리 목적 등 외에 신용약정거래 승인 심사 목적 등으로 활용된다는 점, 해당 용도 활용을 거절하더라도 당초 원하는 서비스 이용에는 아무 지장이 없다는 사실을 명확히 알고 동의하는 것을 의미합니다.

□ 행위 규칙 가운데 전송요구를 강요하거나 부당하게 유도하는 행위인지에

대한 판단은 전송요구 수행 절차 및 개인신용정보를 수집·이용하는 과정이 정당한지에 대한 면밀한 검토가 필요한바, 질의하신 내용만으로는 전송요구 수행 절차, 개인신용정보 수집·이용 과정을 정확히 파악하여 답변하기가 어려운 점을 양해하여 주시기 바랍니다.

---

2. 본인신용정보관리회사 자신에 대해서만 전송요구를 하도록 하는 강요행위 등

본인신용정보관리회사는 본인신용정보관리회사 자신에 대해서만 전송요구를 하도록 강요하거나 부당하게 유도하는 행위를 하여서는 아니 된다(법22의9①(2), 영18의6①(1)).

3. 자신이 아닌 제3자에게 전송요구를 하지 않도록 강요·유도하는 행위 등

본인신용정보관리회사는 본인신용정보관리회사 자신이 아닌 제3자에게 전송요구를 하지 않도록 강요·유도하거나 제3자에 대한 전송요구를 철회하도록 강요하는 행위(본인신용정보관리회사 자신에게 전송요구를 하는 방법보다 제3자에게 전송요구를 하는 방법을 어렵게 하는 행위를 포함)를 하여서는 아니 된다(영18의6①(2)).

4. 전송요구 등 권리행사에 대한 대리행사 강요행위 등

본인신용정보관리회사는 법 제39조의3(신용정보주체의 권리행사 방법 및 절차) 제1항의 권리에 대한 대리행사를 강요하거나 부당하게 유도하는 행위를 하여서는 아니 된다(영18의6①(3)).

5. 전송요구의 변경 등의 방법을 최초 절차보다 어렵게 하는 행위

본인신용정보관리회사는 본인신용정보관리회사 자신 또는 제3자에 대한 전송요구의 변경 및 철회의 방법을 최초 전송요구에 필요한 절차보다 어렵게 하는 행위를 하여서는 아니 된다(영18의6①(4)).

6. 전송요구를 철회한다는 이유로 금전적, 경제적 대가를 요구하는 행위

본인신용정보관리회사는 본인신용정보관리회사 자신에게 전송요구를 철회한다는 이유로 정당한 이유 없이 수수료, 위약금 등 금전적, 경제적 대가를 요구하는 행위를 하여서는 아니 된다(영18의6①(5)).

7. 금융소비자에게 적합하지 않다고 인정되는 계약 체결 추천행위 등

본인신용정보관리회사는 본인신용정보관리회사의 이익을 위해 금융소비자에게 적합하지 않다고 인정되는 계약 체결을 추천 또는 권유하는 행위를 하여서는 아니 된다(영18의6①(6)).

8. 금융소비자에게 금융상품에 관한 중요한 사항을 설명하지 않는 행위

본인신용정보관리회사는 금융소비자에게 금융상품에 관한 중요한 사항을 이해할 수 있도록 설명하지 않는 행위를 하여서는 아니 된다(영18의6①(7)).

9. 신용정보주체의 신용정보를 즉시 삭제하지 않는 행위

본인신용정보관리회사는 개인인 신용정보주체의 요구에도 불구하고 해당 신용정보주체의 신용정보를 즉시 삭제하지 않는 행위를 하여서는 아니 된다(영18의6①(8)).

10. 신용정보주체의 신용정보 삭제 방법을 전송요구에 필요한 절차보다 어렵게 하는 행위

본인신용정보관리회사는 본인신용정보관리회사 자신이 보유한 개인인 신용정보주체의 신용정보 삭제 방법을 전송요구에 필요한 절차보다 어렵게 하는 행위를 하여서는 아니 된다(영18의6①(9)).

11. 신용정보주체 본인이 전송요구한 범위 이상의 개인신용정보를 요구하는 행위

본인신용정보관리회사는 개인인 신용정보주체의 동의 없이 전송요구의 내용을 변경하거나 법 제22조의9 제3항 제1호에 따른 신용정보제공·이용자등에게 신용정보주체 본인이 전송요구한 범위 이상의 개인신용정보를 요구하는 행위를 하여서는 아니 된다(영18의6①(10)).

여기서 법 제22조의9 제3항 제1호에 따른 신용정보제공 · 이용자등이란 "대통령령으로 정하는 신용정보제공 · 이용자"나 개인정보 보호법에 따른 공공기관으로서 "대통령령으로 정하는 공공기관" 또는 본인신용정보관리회사를 말한다 (법22의9③(1)).

위에서 "대통령령으로 정하는 신용정보제공 · 이용자"와 "대통령령으로 정하는 공공기관"은 다음과 같다.

(1) 대통령령으로 정하는 신용정보제공 · 이용자

"대통령령으로 정하는 신용정보제공 · 이용자"란 ⅰ) 영 제2조 제6항 제7호 가목부터 허목[1]까지 및 제21조 제2항 각 호[2]의 자(제1호), ⅱ) 전자금융거래법 제2조 제4호[3]에 따른 전자금융업자(제2호), ⅲ) 한국거래소 및 예탁결제원(제3호), ⅳ) 신용정보회사, 본인신용정보관리회사 및 채권추심회사(제4호), ⅴ) 여신전문금융업법 제2조 제16호[4]에 따른 겸영여신업자(제5호), ⅵ) 전기통신사업법

---

1) 금융지주회사, 기술보증기금, 농업협동조합, 농업협동조합중앙회, 농협은행, 한국무역보험공사, 보험회사, 산림조합, 산림조합중앙회, 상호저축은행, 상호저축은행중앙회, 새마을금고, 새마을금고중앙회, 수산업협동조합, 수산업협동조합중앙회, 수협은행, 신용보증기금, 신용협동조합, 신용협동조합중앙회, 여신전문금융회사(여신전문금융업법 제3조 제3항 제1호에 따라 허가를 받거나 등록을 한 자를 포함), 예금보험공사 및 정리금융회사, 은행(외국은행의 지점 또는 대리점 포함), 금융투자업자 · 증권금융회사 · 종합금융회사 · 자금중개회사 및 명의개서대행회사, 중소기업은행, 신용보증재단과 그 중앙회, 한국산업은행, 한국수출입은행, 한국주택금융공사(영2⑥(7) 가목부터 허목).
2) 건설산업기본법에 따른 공제조합, 국채법에 따른 국채등록기관, 한국농수산식품유통공사, 신용회복위원회, 근로복지공단, 소프트웨어 진흥법에 따른 소프트웨어공제조합, 엔지니어링산업 진흥법에 따른 엔지니어링공제조합, 정리금융공사, 체신관서, 전기공사공제조합, 주택도시보증공사, 중소벤처기업진흥공단, 중소기업창업투자회사 및 벤처투자조합, 중소기업중앙회, 한국장학재단, 한국자산관리공사, 국민행복기금, 서민금융진흥원, 금융위원회에 등록한 대부업자등, 산업발전법 제40조 제1항 제1호에 따른 자본재공제조합, 소상공인시장진흥공단, 자산유동화법에 따라 금융위원회에 자산유동화계획을 등록한 유동화전문회사, 농협구조개선법 제29조에 따른 농업협동조합자산관리회사, 한국교직원공제회법에 따른 한국교직원공제회, 여객자동차 운수사업법 제61조 제1항에 따라 설립된 공제조합, 화물자동차 운수사업법 제51조의2 제1항에 따라 설립된 공제조합, 기술신용평가 업무를 하는 기업신용조회회사, 온라인투자연계금융업자(영21②(1)-(28)).
3) 4. "전자금융업자"라 함은 제28조의 규정에 따라 허가를 받거나 등록을 한 자(금융회사는 제외)를 말한다.
4) 16. "겸영여신업자(兼營與信業者)"란 여신전문금융업에 대하여 제3조 제3항 단서에 따라

제6조에 따른 기간통신사업을 등록한 전기통신사업자(제6호), vii) 한국전력공사(제7호), viii) 한국수자원공사(제8호)를 말한다(영18의6④).

(2) 대통령령으로 정하는 공공기관

"대통령령으로 정하는 공공기관"이란 행정안전부, 보건복지부, 고용노동부, 국세청, 관세청, 조달청, 공무원연금공단, 주택도시보증공사, 한국주택금융공사, 근로복지공단, 신용회복위원회, 지방자치단체 및 지방자치단체조합, 국민건강보험공단, 국민연금공단을 말한다(영18의6⑤).

12. 금융위원회가 정하여 고시하는 행위

그 밖에 제1호부터 제10호까지와 유사한 행위로서 금융위원회가 정하여 고시하는 행위를 하여서는 아니 된다(영18의6①(11)). 여기서 "금융위원회가 정하여 고시하는 행위"란 다음의 행위를 말한다(감독규정23의3①).

1. 특정 고객의 이익을 해하면서 자기 또는 제3자의 이익을 도모하는 행위
2. 신용정보주체를 대리하여 법 제39조의3(신용정보주체의 권리행사 방법 및 절차) 제1항 제5호, 제7호, 제8호5)에 따른 권리를 행사하는 경우 개인신용평가회사가 제공한 개인신용정보 및 그 산출에 이용된 개인신용정보를 신용정보주체가 열람한 후에 개인신용정보주체의 별도 동의 없이 저장하는 행위
3. 개인식별정보 등을 신용정보주체 동의 없이 유·무선 마케팅등에 활용하거나 제3의 기관에 제공하는 행위
4. 개인인 신용정보주체의 요구에도 불구하고 전송요구를 즉시 철회·변경하지 않는 행위
5. 개인인 신용정보주체의 전송요구를 이유로 신용정보제공·이용자등의 전산설비에 과도하게 접근하여 부하를 일으키는 행위
6. 개인신용정보 전송 시 정기적 전송 여부 등을 고의로 변경하는 등 법 제22조의9 제6항에 따른 비용의 지불을 회피하는 행위

금융위원회의 허가를 받거나 금융위원회에 등록을 한 자로서 여신전문금융회사가 아닌 자를 말한다.
 5) 5. 제38조 제1항 및 제2항에 따른 열람 및 정정청구
    7. 제39조에 따른 무료열람
    8. 제39조의2 제2항에 따른 교부 또는 열람

7. 경제적 가치가 3만원을 초과하는 금전·편익·물품 등(추첨 등을 통하여 제공할 경우 평균 제공금액을 의미한다)을 제공하거나 제공할 것을 조건으로 하여 자신에 대해 전송요구권의 행사를 유도하거나 본인신용정보관리 서비스의 가입 등을 유도하는 행위

8. 본인신용정보관리서비스의 개발 및 주요기능 변경시 서비스 기능 등에 대해 금융보안원으로부터 적합성 심사를 받지 않거나 금융보안원, 전자금융감독규정 제37조의3 제1항에 따른 "평가전문기관" 또는 같은 규정 제37조의2 제2항에 따른 "자체전담반"으로부터 서비스 보안성에 대해 연 1회 이상 보안취약점 점검을 수행하지 않는 행위

9. 다음의 어느 하나에 해당하는 정보를 신용정보주체 본인 조회·분석 목적 이외의 목적으로 이용하거나 제3자에게 제공하는 행위
   가. 제3조의3(본인신용정보관리업) 제2항 각 호의 정보
   나. 만 19세 미만 신용정보주체의 개인신용정보

10. 만 19세 미만의 신용정보주체에게 본인신용정보관리 서비스를 제공하려는 경우 다음의 행위
    가. 만 19세 미만인 신용정보주체의 법정대리인이 본인신용정보관리 서비스 이용에 동의했는지 여부를 확인하지 아니하는 행위
    나. 만 19세 미만인 신용정보주체와 관련되어 다음의 어느 하나에 해당하지 않는 금융상품과 관련된 정보를 수집·제공하는 행위
    1) 금융소비자보호법 제3조 제1호에 따른 예금성 상품
    2) 여신전문금융업법 제2조 제6호 및 제8호에 따른 직불카드 및 선불카드
    3) 전자금융거래법 제2조 제13호 및 제14호에 따른 직불전자지급수단 및 선불전자지급수단
    4) 그 밖에 1)부터 3)까지의 규정에 따른 금융상품과 유사한 상품으로서 금융감독원장이 정하는 금융상품

II. 내부관리규정

1. 내부관리규정 마련의무

본인신용정보관리회사는 겸영업무(법11⑥) 및 제11조의2 제6항 제3호에 따른 부수업무(=제39조의3 제1항 각 호의 권리를 대리 행사하는 업무)를 수행하는 과정에서 개인인 신용정보주체와 본인신용정보관리회사 사이에 발생할 수 있는 이

해상충을 방지하기 위한 내부관리규정을 마련하여야 한다(법22의9②). 여기서는 법 제11조 제6항에 따른 겸영업무 및 법 제11조의2 제6항 제3호에 따른 부수업무를 살펴본다.

(1) 본인신용정보관리회사의 겸영업무

본인신용정보관리회사의 겸영업무는 다음과 같다(법11⑥).

(가) 투자자문업 또는 투자일임업

자본시장법에 따른 투자자문업 또는 투자일임업이다. 이 경우 신용정보주체의 보호 및 건전한 신용질서를 저해할 우려가 없는 경우로서 전자적 투자조언장치6)를 활용하여 일반투자자를 대상으로 투자자문업 또는 투자일임업을 수행하

---

6) "전자적 투자조언장치"란 다음의 요건을 모두 갖춘 자동화된 전산정보처리장치를 말한다(자본시장법 시행령2(6)).
　가. 활용하는 업무의 종류에 따라 다음의 요건을 갖출 것
　　1) 집합투자재산을 운용하는 경우: 집합투자기구의 투자목적·투자방침과 투자전략에 맞게 운용할 것
　　2) 투자자문업 또는 투자일임업을 수행하는 경우: 투자자의 투자목적·재산상황·투자경험 등을 고려하여 투자자의 투자성향을 분석할 것
　나. 정보통신망법 제2조 제7호에 따른 침해사고 및 재해 등을 예방하기 위한 체계 및 침해사고 또는 재해가 발생했을 때 피해 확산·재발방지와 신속한 복구를 위한 체계를 갖출 것
　다. 그 밖에 투자자 보호와 건전한 거래질서 유지를 위해 금융위원회가 정하여 고시하는 요건을 갖출 것
　위 제6호 다목에서 "금융위원회가 정하여 고시하는 요건"이란 다음의 요건을 말한다(금융투자업규정1-2의2).
　1. 전자적 투자조언장치를 활용하는 업무의 종류에 따라 다음 각 목의 요건을 갖출 것
　　가. 집합투자재산을 운용하는 경우: 전자적 투자조언장치의 활용이 집합투자규약등에 명기된 투자목적·투자방침과 투자전략 등에 부합하는지 주기적으로 점검할 것
　　나. 투자자문업 또는 투자일임업을 수행하는 경우: 다음의 요건을 갖출 것
　　　1) 투자자문의 내용 또는 투자일임재산에 포함된 투자대상자산이 하나의 종류·종목에 집중되지 아니할 것
　　　2) 매 분기별로 1회 이상 다음의 사항을 평가하여 투자자문의 내용 또는 투자일임재산의 운용방법의 변경이 필요하다고 인정되는 경우 그 투자자문의 내용 또는 투자일임재산의 운용방법을 변경할 것
　　　가) 투자자문 내용 또는 투자일임재산의 안전성 및 수익성
　　　나) 영 제2조 제6호 가목 2)에 따른 투자자의 투자성향 분석을 고려하여 투자자문의 내용 또는 투자일임재산에 포함된 투자대상자산의 종목·수량 등이 적합한지 여부
　2. 전자적 투자조언장치를 유지·보수하기 위하여 별표 29의 요건을 갖춘 전문인력을 1인 이상 둘 것
　3. 영 제2조 제6호 가목부터 다목까지의 요건을 충족하는지를 확인하기 위하여 ㈜코스콤

는 경우로 한정한다(법11⑥(1), 영11⑤).

"투자자문업"이란 금융투자상품, 그 밖에 대통령령으로 정하는 투자대상자산7)("금융투자상품등")의 가치 또는 금융투자상품등에 대한 투자판단(종류, 종목, 취득·처분, 취득·처분의 방법·수량·가격 및 시기 등에 대한 판단)에 관한 자문에 응하는 것을 영업으로 하는 것을 말한다(자본시장법6⑦).

"투자일임업"이란 투자자로부터 금융투자상품등에 대한 투자판단의 전부 또는 일부를 일임받아 투자자별로 구분하여 그 투자자의 재산상태나 투자목적 등을 고려하여 금융투자상품등을 취득·처분, 그 밖의 방법으로 운용하는 것을 영업으로 하는 것을 말한다(자본시장법6⑧).

(나) 전자금융업 등

그 밖에 신용정보주체 보호 및 건전한 거래질서를 저해할 우려가 없는 ⅰ) 전자금융거래법 제28조(전자금융업의 허가와 등록)에 따른 전자금융업, ⅱ) 금융소비자보호법 제2조 제4호8)에 따른 금융상품자문업, ⅲ) 신용정보업, ⅳ) 금융관계법률에 따라 허가·인가·등록 등을 받아 영업 중인 금융회사의 경우 해당 법령

의 지원을 받아 외부전문가로 구성된 심의위원회가 수행하는 요건 심사 절차를 거칠 것
7) "대통령령으로 정하는 투자대상자산"이란 다음의 자산을 말한다(자본시장법 시행령6의2).
　1. 부동산
　2. 지상권·지역권·전세권·임차권·분양권 등 부동산 관련 권리
　3. 제106조 제2항 각 호의 금융기관에의 예치금
　4. 다음의 어느 하나에 해당하는 출자지분 또는 권리("사업수익권")
　　가. 상법에 따른 합자회사·유한책임회사·합자조합·익명조합의 출자지분
　　나. 민법에 따른 조합의 출자지분
　　다. 그 밖에 특정사업으로부터 발생하는 수익을 분배받을 수 있는 계약상의 출자지분 또는 권리
　5. 다음의 어느 하나에 해당하는 금지금[조세특례제한법 제106조의3 제1항 각 호 외의 부분에 따른 금지금(金地金)＝금괴(덩어리)·골드바 등 원재료 상태로서 순도가 1000분의 995 이상인 금]
　　가. 거래소가 개설한 시장에서 거래되는 금지금
　　나. 은행이 그 판매를 대행하거나 매매·대여하는 금지금
　6. 법 제336조 제1항 제1호 또는 법 제360조 제1항에 따라 발행된 어음(＝단기금융업무)
8) 4. "금융상품자문업"이란 이익을 얻을 목적으로 계속적 또는 반복적인 방법으로 금융상품의 가치 또는 취득과 처분결정에 관한 자문("금융상품자문")에 응하는 것을 말한다. 다만, 다음 각 목의 어느 하나에 해당하는 것은 제외한다.
　가. 불특정 다수인을 대상으로 발행되거나 송신되고, 불특정 다수인이 수시로 구입하거나 수신할 수 있는 간행물·출판물·통신물 또는 방송 등을 통하여 조언을 하는 것
　나. 그 밖에 변호사, 변리사, 세무사가 해당 법률에 따라 자문업무를 수행하는 경우 등 해당 행위의 성격 및 금융소비자 보호의 필요성을 고려하여 금융상품자문업에서 제외할 필요가 있는 것으로서 대통령령으로 정하는 것

에서 허용된 고유·겸영·부대업무, ⅴ) 비금융법률이 금지하지 않는 업무(비금융법률에 따라 행정관청의 인가·허가·등록 및 승인 등의 조치가 있는 경우 할 수 있는 업무로서 해당 행정관청의 인가·허가·등록 및 승인 등 의 조치가 있는 경우를 포함), ⅵ) 대출의 중개 및 주선 업무(법 제2조 제1호의3 가목 1)부터 4)까지의 규정9)에 따른 거래의 확정 금리·한도를 비교·분석하고 판매를 중개하는 업무), ⅶ) 온라인투자연계금융업법에 따른 온라인투자연계금융업, ⅷ) 정보통신망법 제23조의3에 따른 본인확인기관의 업무이다(법11⑥(2), 영11⑥, 감독규정13의3④).

(2) 본인신용정보관리회사의 제11조의2 제6항 제3호에 따른 부수업무

본인신용정보관리회사의 부수업무 중 법 제11조의2 제6항 제3호에 따른 부수업무는 법 제39조의3 제1항 각 호10)의 권리를 대리 행사하는 업무를 말한다(법11의2⑥(3)).

2. 내부관리규정 포함사항

내부관리규정에 포함돼야 할 세부사항은 금융위원회가 정하여 고시한다(법22의9②, 영18의6②). 이에 따라 내부관리규정에 포함되어야 할 사항은 ⅰ) 개인신용정보 수집·처리의 기록과 보관에 관한 사항, ⅱ) 개인신용정보 관리체계의 구성 및 운영절차에 관한 사항, ⅲ) 금융소비자11)와의 이해상충이 발생할 수 있는

---

9) 은행법상의 신용공여, 신용카드, 시설대여 및 할부금융거래, 금융투자업자의 대주주에 대한 신용공여, 투자매매업자 또는 투자중개업자의 투자자에 대한 신용공여, 종합금융투자사업자가 전담중개업무를 영위하는 경우의 신용공여, 종합금융회사의 동일차주에 대한 신용공여, 상호저축은행법상 신용공여, 신용협동조합법상 대출등, 새마을금고법상 대출, 대부업법상 대부계약, 보험업법상 신용공여 및 대출등, 온라인투자연계금융업법상 연계대출, 은행 등이 수행하는 유사한 거래.

10) ① 신용정보주체는 다음의 권리행사("열람등요구")를 서면 등 대통령령으로 정하는 방법·절차에 따라 대리인에게 하게 할 수 있다.
    1. 제33조의2 제1항에 따른 전송요구
    2. 제36조 제1항에 따른 고지요구
    3. 제36조의2 제1항에 따른 설명 요구 및 제2항 각 호의 어느 하나에 해당하는 행위
    4. 제37조 제1항에 따른 동의 철회 및 제2항에 따른 연락중지 청구
    5. 제38조 제1항 및 제2항에 따른 열람 및 정정청구
    6. 제38조의2 제1항에 따른 통지 요청
    7. 제39조에 따른 무료열람
    8. 제39조의2 제2항에 따른 교부 또는 열람

11) "금융소비자"란 금융상품에 관한 계약의 체결 또는 계약 체결의 권유를 하거나 청약을 받

행위 발생 방지에 관한 사항(금융소비자의 이익에 부합하는 금융상품 추천·권유 알고리즘 운영 및 점검에 관한 사항을 포함), ⅳ) 개인인 신용정보주체의 신용정보를 편향·왜곡하여 분석하지 않도록 방지하기 위한 사항, ⅴ) 다음의 사항, 즉 ㉠ 임직원의 내부관리기준 준수 여부를 확인하는 절차·방법, ㉡ 불공정행위, 금지 및 제한 사항의 위반을 방지하기 위한 절차나 기준에 관한 사항을 포함한 임직원이 임무를 수행할 때 준수하여야 하는 절차에 관한 사항, ⅵ) 개인신용정보 관리계획 및 임직원에 대한 교육계획 수립·운영에 관한 사항을 말한다(감독규정23의3②).

Ⅲ. 금지되는 신용정보 수집 방식

1. 관련 규정

본인신용정보관리회사는 다음의 수단("접근수단")을 "대통령령으로 정하는 방식"으로 사용·보관함으로써 신용정보주체에게 교부할 신용정보를 수집하여서는 아니 된다(법22의9③).

> 1. "대통령령으로 정하는 신용정보제공·이용자"나 개인정보 보호법에 따른 공공기관으로서 "대통령령으로 정하는 공공기관" 또는 본인신용정보관리회사(이하 이 조 및 제33조의2 에서 "신용정보제공·이용자등")가 선정하여 사용·관리하는 신용정보주체 본인에 관한 수단으로서 전자금융거래법 제2조 제10호에 따른 접근매체
> 2. 본인임을 확인 받는 수단으로서 본인의 신분을 나타내는 증표 제시 또는 전화, 인터넷 홈페이지의 이용 등 "대통령령으로 정하는 방법"

여기서는 "대통령령으로 정하는 방식", "대통령령으로 정하는 신용정보제공·이용자", "대통령령으로 정하는 공공기관", "대통령령으로 정하는 방법"을 차례로 살펴본다.

2. 금지되는 수집 방식(=대통령령으로 정하는 방식)

"대통령령으로 정하는 방식"이란 법 제22조의9 제3항 각 호의 수단("접근수

는 것("금융상품계약체결등")에 관한 금융상품판매업자의 거래상대방 또는 금융상품자문업자의 자문업무의 상대방인 전문금융소비자 또는 일반금융소비자를 말한다(금융소비자보호법2(8)).

단")을 ⅰ) 접근수단을 직접 보관하는 방법, ⅱ) 개인인 신용정보주체의 접근수단
에 접근할 수 있는 권한을 확보하는 방법, ⅲ) 접근수단에 대한 지배권, 이용권
또는 접근권 등을 사실상 확보하는 방법을 통해 위임·대리·대행, 그 밖에 이와
유사한 방식으로 신용정보주체의 이름으로 열람하는 것을 말한다(법22의9③, 영18
의6③).

3. 접근수단

(1) 제1호의 접근수단

본인신용정보관리회사는 "접근수단"인 "대통령령으로 정하는 신용정보제공
·이용자나 개인정보 보호법에 따른 공공기관으로서 대통령령으로 정하는 공
공기관 또는 본인신용정보관리회사("신용정보제공·이용자등")가 선정하여 사용·
관리하는 신용정보주체 본인에 관한 수단으로서 전자금융거래법 제2조 제10
호[12])에 따른 접근매체"를 금지되는 수집 방식으로 사용·보관함으로써 신용정보
주체에게 교부할 신용정보를 수집하여서는 아니 된다(법22의9③(1)).

여기서 "대통령령으로 정하는 신용정보제공·이용자"와 "대통령령으로 정하
는 공공기관"은 다음과 같다.

(가) 대통령령으로 정하는 신용정보제공·이용자

"대통령령으로 정하는 신용정보제공·이용자"란 ⅰ) 영 제2조 제6항 제7호
가목부터 허목[13])까지 및 제21조 제2항 각 호[14])의 자(제1호), ⅱ) 전자금융거래법

---

12) 10. "접근매체"라 함은 전자금융거래에 있어서 거래지시를 하거나 이용자 및 거래내용의
    진실성과 정확성을 확보하기 위하여 사용되는 다음의 어느 하나에 해당하는 수단 또는 정
    보를 말한다.
    가. 전자식 카드 및 이에 준하는 전자적 정보
    나. 전자서명법 제2조 제3호에 따른 전자서명생성정보 및 같은 조 제6호에 따른 인증서
    다. 금융회사 또는 전자금융업자에 등록된 이용자번호
    라. 이용자의 생체정보
    마. 가목 또는 나목의 수단이나 정보를 사용하는데 필요한 비밀번호
13) 금융지주회사, 기술보증기금, 농업협동조합, 농업협동조합중앙회, 농협은행, 한국무역보험
    공사, 보험회사, 산림조합, 산림조합중앙회, 상호저축은행, 상호저축은행중앙회, 새마을금
    고, 새마을금고중앙회, 수산업협동조합, 수산업협동조합중앙회, 수협은행, 신용보증기금,
    신용협동조합, 신용협동조합중앙회, 여신전문금융회사(여신전문금융업법 제3조 제3항 제1
    호에 따라 허가를 받거나 등록을 한 자를 포함), 예금보험공사 및 정리금융회사, 은행(외
    국은행의 지점 또는 대리점 포함), 금융투자업자·증권금융회사·종합금융회사·자금중개
    회사 및 명의개서대행회사, 중소기업은행, 신용보증재단과 그 중앙회, 한국산업은행, 한국
    수출입은행, 한국주택금융공사(영2⑥(7) 가목부터 허목).

제2조 제4호[15])에 따른 전자금융업자(제2호), iii) 한국거래소 및 예탁결제원(제3호), iv) 신용정보회사, 본인신용정보관리회사 및 채권추심회사(제4호), ⅴ) 여신전문금융업법 제2조 제16호[16])에 따른 겸영여신업자(제5호), ⅵ) 전기통신사업법 제6조에 따른 기간통신사업을 등록한 전기통신사업자(제6호), ⅶ) 한국전력공사(제7호), ⅷ) 한국수자원공사(제8호)를 말한다(영18의6④).

(나) 대통령령으로 정하는 공공기관

"대통령령으로 정하는 공공기관"이란 행정안전부, 보건복지부, 고용노동부, 국세청, 관세청, 조달청, 공무원연금공단, 주택도시보증공사, 한국주택금융공사, 근로복지공단, 신용회복위원회, 지방자치단체 및 지방자치단체조합, 국민건강보험공단, 국민연금공단을 말한다(영18의6⑤).

(2) 제2호의 접근수단

본인신용정보관리회사는 "접근수단"인 "본인임을 확인받는 수단으로서 본인의 신분을 나타내는 증표 제시 또는 전화, 인터넷 홈페이지의 이용 등 대통령령으로 정하는 방법"을 금지되는 수집 방식으로 사용·보관함으로써 신용정보주체에게 교부할 신용정보를 수집하여서는 아니 된다(법22의9③(2)).

여기서 "대통령령으로 정하는 방법"이란 신용정보주체가 신용정보회사등에 본인의 신분을 나타내는 증표를 내보이거나, 전화 또는 인터넷 홈페이지 등을 이용하여 본인임을 확인받은 경우를 말한다(영18의6⑥).

---

14) 건설산업기본법에 따른 공제조합, 국채법에 따른 국채등록기관, 한국농수산식품유통공사, 신용회복위원회, 근로복지공단, 소프트웨어 진흥법에 따른 소프트웨어공제조합, 엔지니어링산업 진흥법에 따른 엔지니어링공제조합, 정리금융공사, 체신관서, 전기공사공제조합, 주택도시보증공사, 중소벤처기업진흥공단, 중소기업창업투자회사 및 벤처투자조합, 중소기업중앙회, 한국장학재단, 한국자산관리공사, 국민행복기금, 서민금융진흥원, 금융위원회에 등록한 대부업자등, 산업발전법 제40조 제1항 제1호에 따른 자본재공제조합, 소상공인시장진흥공단, 자산유동화법에 따라 금융위원회에 자산유동화계획을 등록한 유동화전문회사, 농협구조개선법 제29조에 따른 농업협동조합자산관리회사, 한국교직원공제회법에 따른 한국교직원공제회, 여객자동차 운수사업법 제61조 제1항에 따라 설립된 공제조합, 화물자동차 운수사업법 제51조의2 제1항에 따라 설립된 공제조합, 기술신용평가 업무를 하는 기업신용조회회사, 온라인투자연계금융업자(영21②(1)-(28)).

15) 4. "전자금융업자"라 함은 제28조의 규정에 따라 허가를 받거나 등록을 한 자(금융회사는 제외)를 말한다.

16) 16. "겸영여신업자(兼營與信業者)"란 여신전문금융업에 대하여 제3조 제3항 단서에 따라 금융위원회의 허가를 받거나 금융위원회에 등록을 한 자로서 여신전문금융회사가 아닌 자를 말한다.

Ⅳ. 전송 방식

1. 원칙

신용정보제공·이용자등은 개인인 신용정보주체가 본인신용정보관리회사에 본인에 관한 개인신용정보의 전송을 요구하는 경우에는 정보제공의 안전성과 신뢰성이 보장될 수 있는 방식으로서 "대통령령으로 정하는 방식"으로 해당 개인인 신용정보주체의 개인신용정보를 그 본인신용정보관리회사에 직접 전송하여야 한다(법22의9④).

여기서 "대통령령으로 정하는 방식"이란 영 제18의6 제3항에 따른 접근방식 외의 방식으로서 ⅰ) 개인신용정보를 전송하는 자와 전송받는 자 사이에 미리 정한 방식이어야 하고, ⅱ) 개인신용정보를 전송하는 자와 전송받는 자가 상호 식별·인증할 수 있는 방식이어야 하며, ⅲ) 개인신용정보를 전송하는 자와 전송받는 자가 상호 확인할 수 있는 방식이어야 하며, ⅳ) 정보 전송시 상용 암호화 소프트웨어 또는 안전한 알고리즘을 사용하여 암호화하는 방식이어야 하는 요건을 모두 갖춘 방식을 말한다(영18의6⑦).

2. 예외

신용정보제공·이용자등의 규모, 금융거래 등 상거래의 빈도 등을 고려하여 "대통령령으로 정하는 경우"에 해당 신용정보제공·이용자등은 "대통령령으로 정하는 중계기관"을 통하여 본인신용정보관리회사에 개인신용정보를 전송할 수 있다(법22의9⑤).

여기서는 "대통령령으로 정하는 경우"와 "대통령령으로 정하는 중계기관"을 살펴본다.

(1) 대통령령으로 정하는 경우

"대통령령으로 정하는 경우"란 신용정보제공·이용자등의 특성을 고려하여 자산 규모, 관리하고 있는 개인신용정보의 수, 시장 점유율, 외부 전산시스템 이용 여부 등 "금융위원회가 정하여 고시하는 기준"에 해당하는 경우를 말한다(영18의6⑧).

여기서 "금융위원회가 정하여 고시하는 기준"이란 신용정보제공·이용자등 이 다음의 어느 하나에 해당하지 않는 경우를 말한다(감독규정23의3③).

1. 영 제2조 제6항 제7호 사목에 따른 보험회사, 같은 호 버목에 따른 여신전문 금융회사(신용카드업자에 한한다), 같은 호 어목에 따른 은행, 같은 호 저목 에 따른 금융투자업자(투자중개업자에 한한다)인 경우에는 개인신용정보를 처리하는 자로서 다음 각 목에 모두 해당하는 경우

   가. 직전연도 말 기준 자산총액이 10조원 이상인 경우
   나. 직전연도 말 기준 해당 업권(은행은 은행업을 영위하는 자들을 하나의 업권으로, 금융 투자업자는 투자중개업을 영위하는 자들을 하나의 업권 으로, 보험회사는 생명보험업을 영위하는 자들과 손해보험업을 영위하는 자들을 각각 별개의 업권으로, 여신전문금융 회사는 신용카드업을 영위 하는 자들을 하나의 업권으로 본다) 전체가 보유하고 있는 개인신용정보 의 총수에서 해당 회사가 보유하고 있는 개인신용정보의 비율("시장점유 율")이 다음의 어느 하나에 해당하는 경우
      1) 시장점유율이 자기보다 높은 자의 시장점유율과 자기의 시장점유율을 합하여 90% 이하인 경우
      2) 해당 회사 단독으로 시장점유율이 5% 이상인 경우
   다. 자신의 정보처리 업무를 제3자에게 위탁하거나 자신의 정보처리 업무를 제3자와 공동으로 수행하지 않는 경우
2. 전기통신사업법 시행령 제37조의6 제1항에 따른 이동통신서비스를 제공하는 전기통신사 업자로서 같은 법 시행령 제58조 제1항 제3호에 따른 "전기통신 이용자" 수가 직전연도 말 기준 해당 업권 전체 전기통신이용자의 15% 이상 인 경우
3. 법 제2조 제5호에 따른 신용정보회사에 해당하는 경우. 다만, 신용조사회사 는 제외한다.

(2) 대통령령으로 정하는 중계기관

"대통령령으로 정하는 중계기관"이란 ⅰ) 종합신용정보집중기관, ⅱ) 금융 결제원, ⅲ) 상호저축은행중앙회, 각 협동조합의 중앙회 및 새마을금고중앙회, ⅳ) 온라인투자연계금융업법 제33조에 따른 중앙기록관리기관, ⅴ) 행정안전부, ⅵ) 코스콤, ⅶ) 한국정보통신진흥협회를 말한다(영18의6⑨, 감독규정23의3④).

Ⅴ. 기록 작성·보관과 통지

개인신용정보를 전송한 신용정보제공·이용자등과 개인신용정보를 전송받은 중계기관 및 본인신용정보관리회사는 전송내역에 대한 기록을 작성하고 보관해야 하며, 본인신용정보관리회사는 전송받은 신용정보내역에 관한 기록을 신용정보주체에게 연 1회 이상 통지해야 한다(영18의6⑩).

Ⅵ. 비용부담

신용정보제공·이용자 등은 제33조의2 제4항에 따라 개인신용정보를 정기적으로 전송할 경우에는 필요한 범위에서 최소한의 비용을 본인신용정보관리회사가 부담하도록 할 수 있다(법22의9⑥).

1. 의의

비용의 산정기준 등에 대해서는 대통령령으로 정한다(법22의9⑦). 이에 따른 비용의 산정기준 등은 전송요구권 행사 대상 개인신용정보의 특성·처리비용 및 요청한 개인신용정보의 범위·양 등을 고려하여 금융위원회가 정하여 고시한다(영18의6⑪).

이에 따라 2024년 12월 27일 개최된 금융위원회에서 신용정보법감독규정 제23조의4를 신설하여 마이데이터 과금체계 관련 정비(안 제23조의4)가 이루어졌다. 이는 마이데이터사업자의 정보전송비용에 대한 과금 산정이 투명하고 공정하게 이루어질 수 있도록 과금 산정원칙을 규정하고, 종합신용정보집중기관 내 협의체가 구체적 과금기준을 정할 수 있도록 규정하고 있다.

2. 개인신용정보 전송에 따른 비용의 산정기준

종합신용정보집중기관은 영 제28조의4에 따른 개인신용정보 전송에 관한 협의회("협의회") 논의를 거쳐 영 제18조의6 제11항에 따른 비용의 산정기준 등을 정한다(감독규정23의4①). 신용정보원 내 협의체가 구체적 과금기준을 정한다. 협의체는 신용정보원, 산업계, 학계, 회계전문가, 금융결제원, 금융보안원 등으로 구성된다.

3. 정보전송비용에 대한 과금 산정원칙

종합신용정보집중기관은 비용의 산정기준 등을 마련함에 있어 다음의 사항을 반영하여야 한다(감독규정23의4②).

1. 비용은 법 제33조의2 제4항에 따라 개인신용정보를 정기적으로 전송하는 데에 드는 적정 원가를 보상할 수 있는 수준·방식으로 산정한다.
2. 제1호에 따른 적정원가는 개인신용정보 전송에 필요한 시스템 구축·운영비 등을 바탕으로 산정한다.
3. 필요한 경우 본인신용정보관리회사의 특성, 본인신용정보관리업의 단계 등을 종합적으로 고려하여 본인신용정보관리회사가 부담하여야 할 비용의 일부를 감액할 수 있다.
4. 비용 산정 당시 예측할 수 없었던 불가피한 경제적 또는 경제외적 사유의 발생으로 적정 원가의 현저한 증감이 있을 경우에는 증감요인을 반영하여 새로이 비용 산정을 할 수 있다.

4. 내부규약과 협의회 운영

종합신용정보집중기관은 구체적 비용 항목, 비용 청구의 방식·시기 등에 대한 내부규약을 마련하여 협의회를 운영하여야 한다(감독규정23의4③).

5. 비용의 정산 대행과 지원

종합신용정보집중기관은 협의회 논의를 거쳐 금융결제원 등 결제·정산 관련 업무의 전문성이 있는 기관으로 하여금 산정된 비용의 정산을 대행하게 하거나 지원하도록 할 수 있다(감독규정23의4④).

Ⅶ. 위반시 제재

법 제22조의9 제3항을 위반하여 신용정보를 수집한 자(4의2호), 제22조의9 제4항 및 제5항을 위반하여 개인신용정보를 전송한 자(4의3호)에게는 5천만원 이하의 과태료를 부과하고(법52②), 법 제22조의9 제1항을 위반한 자(4의9호), 제22조의9 제2항을 위반한 자(4의10호)에게는 3천만원 이하의 과태료를 부과한다(법52③).

제 3 장

공공정보의 이용 · 제공

제1절 공공기관에 대한 신용정보의 제공 요청 등

Ⅰ. 신용정보의 제공 요청

1. 의의

신용정보집중기관이 국가 · 지방자치단체 또는 "대통령령으로 정하는 공공단체"("공공기관")의 장에게 신용정보주체의 신용도 · 신용거래능력 등의 판단에 필요한 신용정보로서 "대통령령으로 정하는 신용정보"의 제공을 요청하면 그 요청을 받은 공공기관의 장은 정보공개법, 개인정보 보호법, 국민건강보험법, 국민연금법, 한국전력공사법, 주민등록법에도 불구하고 해당 신용정보집중기관에 정보를 제공할 수 있다(법23② 전단).

아래서는 "대통령령으로 정하는 공공단체"("공공기관")와 "대통령령으로 정하는 신용정보"를 살펴본다.

2. 대통령령으로 정하는 공공단체

법 제23조 제2항 각 호 외의 부분 전단에서 "대통령령으로 정하는 공공단체"란 ⅰ) 공공기관운영법 제4조에 따른 공공기관으로서 금융위원회가 정하여 고시하는 기관(제1호), ⅱ) 국가 또는 지방자치단체가 자본금·기금 또는 경비를 투자·출연 또는 보조하는 기관으로서 금융위원회가 정하여 고시하는 기관(제2호), ⅲ) 특별법에 따라 설립된 특수법인으로서 금융위원회가 정하여 고시하는 기관(제3호), ⅳ) 어음법 및 수표법에 따라 지정된 어음교환소와 전자어음법 제3조에 따라 지정된 전자어음관리기관(제4호), ⅴ) 초·중등교육법, 고등교육법 및 그 밖의 다른 법률에 따라 설치된 각급 학교(제5호), ⅵ) 보험업법에 따른 보험요율산출기관(제6호), ⅶ) 신용회복위원회를 말한다(영19①).

위 제1호부터 제3호까지에 따른 "금융위원회가 정하여 고시하는 기관"의 범위는 [별표 5]에 따른다(감독규정24). [별표 5]는 한국은행, 금융감독원, 한국거래소, 한국장학재단, 한국전력공사, 대한무역투자진흥공사, 한국가스공사, 한국광물자원공사, 예금보험공사, 한국자산관리공사, 한국공인회계사회, 국민연금관리공단, 국민건강보험공단, 근로복지공단, 한국사회적기업진흥원, 한국자활복지개발원을 공공단체로 지정하고 있다.

3. 대통령령으로 정하는 신용정보

"대통령령으로 정하는 신용정보"란 ⅰ) 고용보험, 산업재해보상보험, 국민건강보험 및 국민연금에 관한 정보로서 보험료 납부 정보(제1호), ⅱ) 전기사용에 관한 정보로서 전력사용량 및 전기요금 납부 정보(제2호), ⅲ) 정부 납품 실적 및 납품액(제3호), ⅳ) 사망자 정보, 주민등록번호 및 성명 변경 정보(제4호), ⅴ) 국외 이주신고 및 이주포기신고의 정보(제5호), ⅵ) 공공기관(국가·지방자치단체 또는 영 제19조 제1항에 따른 공공단체)이 보유하고 있는 신용정보로서 관계 법령에 따라 신용정보집중기관에 제공할 수 있는 신용정보(제6호), ⅶ) 사회적 기업,[1] 협동조합 및 사회적 협동조합,[2] 자활기업(기초생활보장법18), 마을기업[3]의 인증·인

---

1) "사회적기업"이란 취약계층에게 사회서비스 또는 일자리를 제공하거나 지역사회에 공헌함으로써 지역주민의 삶의 질을 높이는 등의 사회적 목적을 추구하면서 재화 및 서비스의 생산·판매 등 영업활동을 하는 기업으로서 제7조에 따라 인증받은 자를 말한다(사회적기업법2(1)).

2) "협동조합"이란 재화 또는 용역의 구매·생산·판매·제공 등을 협동으로 영위함으로써 조합원의 권익을 향상하고 지역 사회에 공헌하고자 하는 사업조직을 말하고(협동조합 기본법2(1)), "사회적협동조합"이란 협동조합 중 지역주민들의 권익·복리 증진과 관련된 사업을 수행하거나 취약계층에게 사회서비스 또는 일자리를 제공하는 등 영리를 목적으로 하

가·인정·지정·등록 등의 여부에 관한 정보(제7호)를 말한다(영19②).

4. 신용정보의 구체적인 범위

신용정보집중기관에 제공할 수 있는 신용정보의 구체적인 범위는 공공기관의 장과 신용정보집중기관이 협의하여 결정한다(법23②, 영19③).

5. 신용정보 제공의 문서 요청 등

위의 ⅰ) 고용보험, 산업재해보상보험, 국민건강보험 및 국민연금에 관한 정보로서 보험료 납부 정보(제1호), ⅱ) 전기사용에 관한 정보로서 전력사용량 및 전기요금 납부 정보(제2호), ⅲ) 정부 납품 실적 및 납품액(제3호), ⅳ) 사망자 정보, 주민등록번호 및 성명 변경 정보(제4호), ⅴ) 국외 이주신고 및 이주포기신고의 정보(제5호), ⅵ) 공공기관이 보유하고 있는 신용정보로서 관계 법령에 따라 신용정보집중기관에 제공할 수 있는 신용정보(제6호), ⅶ) 사회적기업, 협동조합 및 사회적협동조합, 자활기업(기초생활보장법18), 마을기업의 인증·인가·인정·지정·등록 등의 여부에 관한 정보(제7호)(영19② 전단)를 제공받으려는 신용정보집중기관은 공공기관의 장에게 신용정보의 제공을 문서로 요청하여야 하며, 공공기관의 장은 그 신용정보를 제공하려는 경우에는 문서 또는 주기적 파일로 제공하거나 전자정부법 제37조 제1항4)에 따른 행정정보공동이용센터 등을 통하여 제공하여야 한다(영19④).

Ⅱ. 신용정보의 이용자에게 제공

신용정보집중기관은 공공기관으로부터 제공받은 신용정보를 다음의 어느 하나에 해당하는 자에게 제공할 수 있다(법23③, 영19⑥).

지 아니하는 협동조합을 말한다(협동조합 기본법2(3)).
3) "마을기업"이란 지역주민 또는 단체가 해당 지역의 인력, 향토, 문화, 자연자원 등 각종 자원을 활용하여 생활환경을 개선하고 지역공동체를 활성화하며 소득 및 일자리를 창출하기 위하여 운영하는 기업을 말한다(도시재생법2①)9)).
4) ① 행정안전부장관은 행정정보의 원활한 공동이용을 위하여 행정안전부장관 소속으로 행정정보 공동이용센터를 두고 대통령령으로 정하는 바에 따라 공동이용에 필요한 시책을 추진하게 할 수 있다.

1. 영 제2조 제6항 제7호 가목부터 버목까지 및 어목부터 허목까지의 자[금융지주회사, 기술 보증기금, 농업협동조합, 농업협동조합중앙회, 농협은행, 한국무역보험공사, 보험회사, 산림 조합, 산림조합중앙회, 상호저축은행, 상호저축은행중앙회, 새마을금고, 새마을금고중앙회, 수산업협동조합, 수산업협동조합중앙회, 수협은행, 신용보증기금, 신용협동조합, 신용협동 조합중앙회, 여신전문금융회사(여신전문금융업법 제3조 제3항 제1호에 따라 허가를 받거나 등록을 한 자를 포함), 은행(외국은행의 지점 또는 대리점 포함), 금융투자업자·증권금융회사·종합금융회사·자금중개회사 및 명의개서대행회사, 중소기업은행, 신용보증재단과 그 중앙회, 한국산업은행, 한국수출입은행, 한국주택금융공사]

2. 제21조 제2항 각 호의 어느 하나에 해당하는 자[건설산업기본법에 따른 공제조합, 국채법에 따른 국채등록기관, 한국농수산식품유통공사, 신용회복위원회, 근로복지공단, 소프트웨어 진흥법에 따른 소프트웨어공제조합, 엔지니어링산업진흥법에 따른 엔지니어링공제조합, 정리금융회사, 체신관서, 전기공사공제조합, 주택도시보증공사, 중소벤처기업진흥공단, 중소기업창업투자회사 및 벤처투자조합, 중소기업중앙회, 한국장학재단, 한국자산관리공사, 국민행복기금, 서민금융진흥원, 금융위원회에 등록한 대부업자등, 자본재공제조합, 소상공인시장진흥공단, 금융위원회에 자산유동화계획을 등록한 유동화전문회사, 농업협동조합자산관리회사, 한국교직원공제회, 여객자동차 운수사업법 제61조 제1항에 따라 설립된 공제조합, 화물자동차 운수사업법 제51조의2 제1항에 따라 설립된 공제조합, 기술신용평가 업무를 하는 기업신용조회회사, 온라인투자연계금융업자]

3. 개인신용평가회사

4. 개인사업자신용평가회사

5. 기업신용조회회사(기업정보조회업무만을 하는 기업신용조회회사는 제외)

Ⅲ. 해당 개인의 동의 여부 확인

1. 제공받으려는 자의 동의 여부 확인

신용정보집중기관 또는 신용정보의 이용자가 공공기관으로부터 제공받은 개인신용정보를 제공하는 경우에는 제공받으려는 자가 해당 개인으로부터 신용정보 제공·이용에 대한 동의를 받았는지를 확인하여야 한다(법23④ 본문).

2. 동의 불요 사유

법 제32조(개인신용정보의 제공·활용에 대한 동의) 제6항 각 호의 어느 하나에 해당하는 경우에는 그러하지 아니하다(법23④ 단서). 즉 다음의 경우에는 동의를 받았는지를 확인할 필요가 없다.

1. 신용정보회사 및 채권추심회사가 다른 신용정보회사 및 채권추심회사 또는 신용정보집중기관과 서로 집중관리·활용하기 위하여 제공하는 경우
2. 법 제17조(처리의 위탁) 제2항에 따라 신용정보의 처리를 위탁하기 위하여 제공하는 경우
3. 영업양도·분할·합병 등의 이유로 권리·의무의 전부 또는 일부를 이전하면서 그와 관련된 개인신용정보를 제공하는 경우
4. 채권추심(추심채권을 추심하는 경우만 해당), 인가·허가의 목적, 기업의 신용도 판단, 유가증권의 양수 등 대통령령으로 정하는 목적5)으로 사용하는

---

5) "채권추심(추심채권을 추심하는 경우만 해당), 인가·허가의 목적, 기업의 신용도 판단, 유가증권의 양수 등 대통령령으로 정하는 목적"이란 다음의 목적을 말한다(영28⑩).
  1. 채권추심을 의뢰한 채권자가 채권추심의 대상이 되는 자의 개인신용정보를 채권추심회사에 제공하거나 채권추심회사로부터 제공받기 위한 목적
  2. 채권자 또는 채권추심회사가 변제기일까지 채무를 변제하지 않은 자 또는 채권추심의 대상이 되는 자에 대한 개인신용정보를 개인신용평가회사, 개인사업자신용평가회사 및 기업신용조회회사로부터 제공받기 위한 목적
  3. 행정기관이 인가·허가 업무에 사용하기 위하여 개인신용평가회사, 개인사업자신용평가회사 및 기업 신용조회회사로부터 개인신용정보를 제공받기 위한 목적
  4. 해당 기업과의 금융거래 등 상거래관계의 설정 및 유지 여부 등을 판단하기 위하여 그 기업의 대표자 및 제2조 제9항 각 호의 어느 하나에 해당하는 자의 개인신용정보를 개인신용평가회사, 개인사업자신용평가회사, 기업신용조회회사 및 신용정보집중기관으로부터 제공받기 위한 목적
  5. 제21조 제2항에 따른 금융기관이 상거래관계의 설정 및 유지 여부 등을 판단하기 위하여 또는 어음·수표 소지인이 어음·수표의 발행인, 인수인, 배서인 및 보증인의 변제의사 및 변제자력을 확인하기 위하여 개인신용평가회사, 개인사업자신용평가회사, 기업신용조회회사 및 신용정보집중기관 으로부터 어음·수표의 발행인, 인수인, 배서인 및 보증인의 개인신용정보를 제공받기 위한 목적
  6. 민법 제450조에 따라 지명채권을 양수한 신용정보제공·이용자가 다음 각 목의 어느 하나에 해당하는 경우에 그 지명채권의 채무자의 개인신용정보를 개인신용평가회사, 개인사업자신용평가회사, 기업신용조회회사 또는 신용정보집중기관에 제공하거나 개인신용평가회사, 개인사업자신용평가회사, 기업신용조회회사 또는 신용정보집중기관으로부터 제공받기 위한 목적
    가. 지명채권의 양도인이 그 지명채권의 원인이 되는 상거래관계가 설정될 당시 법 제32조 제1항 각 호의 어느 하나에 해당하는 방식으로 채무자의 개인신용정보를 제

자에게 제공하는 경우

5. 법원의 제출명령 또는 법관이 발부한 영장에 따라 제공하는 경우

6. 범죄 때문에 피해자의 생명이나 신체에 심각한 위험 발생이 예상되는 등 긴급한 상황에서 제5호에 따른 법관의 영장을 발부받을 시간적 여유가 없는 경우로서 검사 또는 사법경찰관의 요구에 따라 제공하는 경우. 이 경우 개인신용정보를 제공받은 검사는 지체 없이 법관에게 영장을 청구하여야 하고, 사법경찰관은 검사에게 신청하여 검사의 청구로 영장을 청구하여야 하며, 개인신용정보를 제공받은 때부터 36시간 이내에 영장을 발부받지 못하 면 지체 없이 제공받은 개인신용정보를 폐기하여야 한다.

7. 조세에 관한 법률에 따른 질문·검사 또는 조사를 위하여 관할 관서의 장이 서면으로 요구하거나 조세에 관한 법률에 따라 제출의무가 있는 과세자료의 제공을 요구함에 따라 제공하는 경우

8. 국제협약 등에 따라 외국의 금융감독기구에 금융회사가 가지고 있는 개인신용정보를 제공하는 경우

9. 법 제2조 제1호의4 나목 및 다목의 정보를 개인신용평가회사, 개인사업자신용평가회사, 기업신용등급제공업무·기술신용평가업무를 하는 기업신용조회회사 및 신용정보집중기관에 제공하거나 그로부터 제공받는 경우

9의2. 통계작성, 연구, 공익적 기록보존 등을 위하여 가명정보를 제공하는 경우. 이 경우 통계작성에는 시장조사 등 상업적 목적의 통계작성을 포함하며, 연구에는 산업적 연구를 포함한다.

9의3. 법 제17조의2 제1항에 따른 정보집합물의 결합 목적으로 데이터전문기관에 개인신용정보를 제공하는 경우

9의4. 다음 각 목의 요소를 고려하여 당초 수집한 목적과 상충되지 아니하는 목적으로 개인신용정보를 제공하는 경우

　　가. 양 목적 간의 관련성

　　나. 신용정보회사등이 신용정보주체로부터 개인신용정보를 수집한 경위

　　다. 해당 개인신용정보의 제공이 신용정보주체에게 미치는 영향

　　라. 해당 개인신용정보에 대하여 가명처리를 하는 등 신용정보의 보안대책을 적절히 시행하였는지 여부

10. 신용정보법 및 다른 법률에 따라 제공하는 경우

공하거나 제공받는 것에 대하여 해당 채무자로부터 동의를 받은 경우
나. 법 또는 다른 법령에 따라 그 지명채권의 채무자의 개인신용정보를 제공하거나 제공받을 수 있는 경우

11. 제1호부터 제10호까지의 규정에 준하는 경우로서 대통령령으로 정하는 경우[6]

Ⅳ. 제공받은 정보의 제3자 제공 금지

개인신용정보를 제공받은 자는 그 정보를 제3자에게 제공하여서는 아니 된다(법23⑤).

Ⅴ. 비용 또는 수수료

신용정보의 제공을 요청하는 자는 관계 법령에 따라 열람료 또는 수수료 등을 내야 한다(법23⑥).

Ⅵ. 공공기관의 신용정보 제공 요청

신용정보회사등은 공공기관의 장이 관계 법령에서 정하는 공무상 목적으로 이용하기 위하여 신용정보의 제공을 문서로 요청한 경우에는 그 신용정보를 제공할 수 있다(법23⑦).

Ⅶ. 공공기관 제공 신용정보의 등록 및 이용기준

금융위원회는 공공기관의 장이 제공하는 정보의 활용 필요성 등을 고려하여 해당 정보의 등록 및 이용기준 등을 정하여 고시하여야 한다(영19⑤). 이에 따라 공공기관이 종합신용정보집중기관에 제공하는 신용정보의 등록 및 이용기준은 [별표 6] 제6호와 같다(감독규정24의2). [별표 6] 제6호는 다음과 같다.

---

6) "대통령령으로 정하는 경우"란 다음의 경우를 말한다(영28⑪).
　1. 장외파생상품 거래의 매매에 따른 위험 관리 및 투자자보호를 위해 장외파생상품 거래와 관련된 정보를 금융위원회, 금융감독원 및 한국은행에 제공하는 경우
　2. 상법 제719조에 따른 책임보험계약의 제3자에 대한 정보를 보험사기 조사·방지를 위해 신용정보집 중기관에 제공하거나 그로부터 제공받는 경우
　3. 상법 제726조의2에 따른 자동차보험계약의 제3자의 정보를 보험사기 조사·방지를 위해 신용정보집 중기관에 제공하거나 그로부터 제공받는 경우

[별표 6] 제6호 공공정보

등록정보	등록기관	등록기준		이용기관
		대상주체	등록시기	
− 경제법령 위반	영 제21조 제2항의 기관 중 해당 등록정보 보유기관	위반자	신용정보집중관리위원회가 정함	• 영 제21조 제2항의 기관 • 신용정보회사
− 사망자정보, 주민등록번호 또는 성명의 변경정보	법 제23조 제2항에 따른 공공기관 또는 영 제21조 제2항의 기관 중 해당 등록정보 보유기관	해당 개인	• 법 제23조 제2항에 따른 공공단체 보유정보 등록 시기는 해당 공공기관과 협의하여 정함 • 영 제21조 제2항의 기관 보유정보 등록시기는 신용정보집중관리위원회가 정함	위와 같음
− 국외이주신고 및 이주포기신고정보	위와 같음	위와 같음	위와 같음	위와 같음
− 성년후견·한정후견·특정후견 관련 결정, 회생·간이회생·개인회생 결정, 파산·면책 결정, 채무불이행자명부 등재·말소 결정 등 법원의 재판·결정정보 − 국세·지방세·관세의 체납정보 − 과태료·사회보험료·공공요금 등의 체납정보 및 임금체불정보 − 신용회복위원회의 신용회복지원협약에 따른 신용회복지원 확정 정보 − 한국자산관리공사	위와 같음	해당 주체	• 해당 공공기관과 협의하여 정함 • 영 제21조 제2항에 따른 기관 보유정보 등록시기는 신용정보집중관리위원회가 정함	위와 같음

의 신용회복지원 관련 규정에 의한 채무재조정 약정정보 －국민행복기금, 자산관리공사법 제26조 제1항 제1호 및 2호의 업무를 수행하기 위하여 같은 법 제26조 제1항 제4호 라목에 따라 설립된 기관이 협약금융기관등으로부터 채권을 매입한 정보 및 채무조정 약정을 체결한 정보 －사회적기업, 협동조합, 자활기업, 마을기업, 소셜벤처기업 및 이와 유사한 기업의 인증·인가·인정·지정·등록 등의 여부에 관한 정보 －공공기관이 보유하고 있는 신용정보로서 관계 법령에 따라 신용정보집중기관에 제공할 수 있는 신용정보 등 (특허권, 법인등록에 관한 정보 등)				
－고용보험, 산업재해보상보험, 국민건강보험 및 국민연금의 납부에 관한 정보	법 제23조 제2항에 따른 공공기관	위와 같음	해당 공공 기관과 협의하여 정함	영 제21조 제2항의 기관 및 신용정보회사(개인, 기업 및 법인의 신용을 평가하는데 활용하는 경우에 한한다)
－전기사용에 관한 정보로서 전력사용량 및 전기요금 납부 정보	위와 같음	위와 같음	위와 같음	위와 같음

			영 제21조 제2항의 기관, 신용정보회사(단, 신용정보회사는 영 제21조 제2항의 기관 이외에는 제공할 수 없음)
－정부납품실적 및 납품액	위와 같음	위와 같음	위와 같음

Ⅷ. 위반시 제재

법 제23조 제5항을 위반한 자에게는 3천만원 이하의 과태료를 부과한다(법 52③(5)).

제2절 주민등록전산정보자료의 이용

Ⅰ. 주민등록전산정보자료의 제공 요청

1. 전산자료 제공 요청 기관

신용정보집중기관 및 "대통령령으로 정하는 신용정보제공·이용자"는 전산자료 제공 요청 사유가 있는 경우에는 행정안전부장관에게 주민등록전산정보자료("전산자료")의 제공을 요청할 수 있다(법24① 전단).

여기서 "대통령령으로 정하는 신용정보제공·이용자"란 시행령 제2조 제6항 제7호 각 목의 자를 말한다(영20). 즉 금융지주회사, 기술보증기금, 농업협동조합, 농업협동조합중앙회, 농협은행, 한국무역보험공사, 보험회사, 산림조합, 산림조합중앙회, 상호저축은행, 상호저축은행중앙회, 새마을금고, 새마을금고중앙회, 수산업협동조합, 수산업협동조합중앙회, 수협은행, 신용보증기금, 신용협동조합, 신용협동조합중앙회, 여신전문금융회사(여신전문금융업법 제3조 제3항 제1호에 따라 허가를 받거나 등록을 한 자를 포함), 예금보험공사 및 정리금융회사, 은행(외국은행의 지점 또는 대리점 포함), 금융투자업자·증권금융회사·종합금융회사·자금중개회사 및 명의개서대행회사, 중소기업은행, 신용보증재단과 그 중앙회, 한국산업은행,

한국수출입은행, 한국주택금융공사, 외국에서 앞의 금융기관(예금보험공사 및 정리
금융회사 제외)과 유사한 금융업을 경영하는 금융기관, 외국 법령에 따라 설립되
어 외국에서 신용정보업 또는 채권추심업을 수행하는 자를 말한다(영20).

2. 전산자료 제공 요청 사유

전산자료 제공 요청 기관은 ⅰ) 상법 제64조[7] 등 다른 법률에 따라 소멸시
효가 완성된 예금 및 보험금 등의 지급을 위한 경우로서 해당 예금 및 보험금 등
의 원권리자에게 관련 사항을 알리기 위한 경우, ⅱ) 금융거래계약의 만기 도래,
실효, 해지 등 계약의 변경사유 발생 등 거래 상대방의 권리·의무에 영향을 미
치는 사항을 알리기 위한 경우에는 행정안전부장관에게 전산자료의 제공을 요청
할 수 있다(법24① 전단).

3. 행정안전부의 자료제공의무

전산자료 제공 요청 기관의 자료 제공 요청을 받은 행정안전부장관은 특별
한 사유가 없으면 그 요청에 따라야 한다(법24① 후단).

Ⅱ. 금융위원회의 심사

주민등록전산정보자료("전산자료")를 요청하는 경우에는 금융위원회 위원장
의 심사를 받아야 한다(법24②).

Ⅲ. 중앙행정기관의 심사 의제 등

금융위원회 위원장의 심사를 받은 경우에는 관계 중앙행정기관의 장의 심사
(주민등록법30①)를 거친 것으로 본다(법24③ 전단). 처리절차, 사용료 또는 수수료
등에 관한 사항은 주민등록법에 따른다(법24③ 후단).

---

7) 제64조(상사시효) 상행위로 인한 채권은 본법에 다른 규정이 없는 때에는 5년간 행사하지
아니하면 소멸시효가 완성한다. 그러나 다른 법령에 이보다 단기의 시효의 규정이 있는
때에는 그 규정에 의한다.

제 4 장

신용정보집중기관 및 데이터전문기관 등

제1절 신용정보집중기관

I. 금융위원회 허가

1. 의의

신용정보집중기관이란 신용정보를 집중하여 관리·활용하는 자로서 법 제25 조 제1항에 따라 금융위원회로부터 허가받은 자를 말한다(법2(6)).

신용정보집중기관이란 금융회사·공공기관으로부터 받은 신용정보를 집중 관리하여 이를 금융회사·신용정보회사와 공유하는 공적(公的)인 정보인프라 역할을 담당하는 기관이다. 신용정보집중기관은 신용정보회사와 달리 신용등급 등 새로운 정보를 생산하지 않고, 수집·관리하는 원천정보(Raw data)만을 제공한다는 차이가 있다.[1] 현재 한국신용정보원이 금융위원회의 허가를 받아 종합신용정보집중기관 업무를 수행하고 있다.[2]

---

1) 정무위원회(2020), 92-93쪽.
2) 신용정보집중기관에는 대통령령으로 정하는 금융기관 전체로부터 신용정보를 집중관리·

2. 허가

신용정보를 집중하여 수집·보관함으로써 체계적·종합적으로 관리하고, 신용정보회사등 상호 간에 신용정보를 교환·활용("집중관리·활용")하려는 자는 금융위원회로부터 신용정보집중기관으로 허가를 받아야 한다(법25①).

Ⅱ. 허가신청

신용정보집중기관으로 허가를 받으려는 자는 금융위원회가 정하여 고시하는 신청서(전자문서로 된 신청서를 포함)에 ⅰ) 기관의 명칭, 주소 및 대표자의 성명(제1호), ⅱ) 집중관리·활용하려는 신용정보의 범위 및 교환 대상자(제2호), ⅲ) 집중관리·활용의 필요성(제3호)을 적고 정관을 첨부하여 금융위원회에 제출하여야 한다(영21① 전단). 이 경우 금융위원회는 전자정부법 제36조 제1항에 따른 행정정보의 공동이용을 통하여 법인 등기사항증명서를 확인하여야 한다(영21① 후단).

Ⅲ. 구분 허가

신용정보집중기관은 다음의 구분에 따라 허가를 받아야 한다(법25②).

1. 종합신용정보집중기관

(1) 의의

종합신용정보집중기관은 "대통령령으로 정하는 금융기관" 전체로부터의 신용정보를 집중관리·활용하는 신용정보집중기관을 말한다(법25②(1)).

(2) 대통령령으로 정하는 금융기관

위에서 "대통령령으로 정하는 금융기관"이란 영 제2조 제6항 제7호 가목부

활용하는 종합신용정보집중기관과 이러한 금융기관 외의 같은 종류의 사업자가 설립한 협회 등의 협약에 따라 신용정보를 집중관리·활용하는 개별신용정보집중기관이 있다. 현재 종합신용정보집중기관은 한국신용정보원이 유일하며, 개별신용정보집중기관은 한국정보통신진흥협회(KAIT)가 유일하다. 참고로, KAIT는 방송통신사업자(이동통신사, 케이블방송사 등)로부터 통신료 연체정보 등을 집중하여 방송통신사업자에게만 제공하고 있다.

터 버목까지, 같은 호 어목부터 허목까지 및 다음의 기관을 말한다(영21②).

(가) 시행령 제2조 제6항 제7호 가목부터 버목까지, 어목부터 허목까지의 금융기관

시행령 제2조 제6항 제7호 가목부터 버목까지, 같은 호 어목부터 허목까지의 금융기관은 금융지주회사, 기술보증기금, 농업협동조합, 농업협동조합중앙회, 농협은행, 한국무역보험공사, 보험회사, 산림조합, 산림조합중앙회, 상호저축은행, 상호저축은행중앙회, 새마을금고, 새마을금고중앙회, 수산업협동조합, 수산업협동조합중앙회, 수협은행, 신용보증기금, 신용협동조합, 신용협동조합중앙회, 여신전문금융회사(여신전문금융업법 제3조 제3항 제1호에 따라 허가를 받거나 등록을 한 자를 포함), 은행(외국은행의 지점 또는 대리점 포함), 금융투자업자·증권금융회사·종합금융회사·자금중개회사 및 명의개서대행회사, 중소기업은행, 신용보증재단과 그 중앙회, 한국산업은행, 한국수출입은행, 한국주택금융공사를 말한다(영21②, 영2⑥ 가목부터 버목까지, 같은 호 어목부터 허목까지).

(나) 국채등록기관 등 다음에 해당하는 기관

건설산업기본법에 따른 공제조합, 국채법에 따른 국채등록기관, 한국농수산식품유통공사, 신용회복위원회, 근로복지공단, 소프트웨어공제조합, 엔지니어링공제조합, 정리금융회사, 체신관서, 전기공사공제조합, 주택도시보증공사, 중소벤처기업진흥공단, 중소기업창업투자회사 및 벤처투자조합, 중소기업중앙회, 한국장학재단, 한국자산관리공사, 국민행복기금, 서민금융진흥원, 금융위원회에 등록한 대부업자등, 자본재공제조합, 소상공인시장진흥공단, 금융위원회에 자산유동화계획을 등록한 유동화전문회사, 농업협동조합자산관리회사, 한국교직원공제회, 여객자동차 운수사업법 제61조 제1항에 따라 설립된 공제조합, 화물자동차 운수사업법 제51조의2 제1항에 따라 설립된 공제조합, 기술신용평가 업무를 하는 기업신용조회회사, 온라인투자연계금융업자, 그 밖에 신용정보를 보유한 금융기관 중 금융위원회가 정하여 고시하는 기관3)를 말한다(영21②(1)-(29)).

---

3) "금융위원회가 정하여 고시하는 기관"은 새출발기금 등 자산관리공사법 제26조 제1항 제1호 및 2호의 업무를 수행하기 위하여 같은 법 제26조 제1항 제4호 라목에 따라 설립된 기관을 말한다(감독규정26의2①).

(3) 신용정보의 등록 및 이용기준

위의 대통령령으로 정하는 금융기관은 영 제21조 제3항에서 정하는 집중관리·활용대상 신용정보를 집중관리·활용하기에 적합한 형태로 처리하여 종합신용정보집중기관에 등록하여야 한다(감독규정26).

(4) 집중관리·활용대상 신용정보의 범위

종합신용정보집중기관을 통하여 집중관리·활용되는 신용정보의 범위는 [별표 2]와 같다(영21③ 본문). 다만, 금융위원회는 [별표 2]에서 규정한 정보 외에 집중관리·활용이 필요하다고 인정하는 정보를 추가로 집중관리·활용의 대상이 될 정보로 지정하여 고시할 수 있다(영21③ 단서). 영 제21조 제3항 단서에 따라 추가로 집중관리·활용의 대상이 될 정보는 [별표 6]의 정보로 영 [별표 2]에서 정하지 아니한 정보를 말한다(감독규정26의2②). 감독규정 [별표 6]은 후술한다. [별표 2]는 다음과 같다.

[별표 2] 종합신용정보집중기관을 통하여 집중관리·활용되는 신용정보의 범위(제21조 제3항 관련)

1. 개인

구분	집중관리·활용 대상 정보
가. 식별정보	성명 및 개인식별번호
나. 신용거래정보	1) 대출·당좌거래 등에 관한 거래정보로서 다음 가)부터 다)까지의 정보 　가) 대출 현황(신청, 심사 사실 및 대출 약정의 이행 현황을 포함) 　나) 당좌예금·가계당좌예금의 개설 및 해지 사실 　다) 담보 및 채무보증 현황 2) 신용카드에 관한 거래정보로서 다음 가)부터 다)까지의 정보 　가) 신용카드의 발급·해지 사실 및 이용·결제·미결제 금액 　나) 2개 이상의 신용카드를 소지한 신용정보주체의 신용카드 이용금액, 이용한도, 신용카드에 의한 현금융통한도 　다) 신용카드의 분실·도난 등 사고 발생, 그 발생한 사고 종결에 따른 보상, 그 밖의 사고 종결의 처리 사실 3) 보험상품에 관한 거래정보로서 다음 가) 및 나)의 구분에 따른 정보. 이 경우 보험계약자가 기업, 법인 및 단체인 경우에도 피보험자 또는 보험금청구권자(보험수익자, 피보험자 또는 손해보험계약의 제3자 등으로서 보험금을 청구할 권리가 있는 자)가 개인인 경우에는 그 보험상품을 포함한다.

	가) 보험계약의 체결에 관한 정보: 보험계약 현황, 보험계약의 피보험자 또는 보험금청구권자에 관한 정보(성명, 개인식별번호, 직업 및 보험계약자와의 관계에 관한 정보) 및 해당 보험계약을 모집한 모집업무수탁자에 관한 정보 나) 보험금의 청구 및 지급에 관한 정보: 보험금의 청구·지급 현황, 보험금의 지급 사유(질병에 관한 정보, 손해보험계약에 따른 보험목적에 생긴 손해 사실, 그 밖의 보험사고에 관한 정보를 포함), 보험금청구권자(책임보험계약에 따라 손해를 보상받는 피해자를 포함)에 관한 정보(성명, 개인식별번호, 피보험자와의 관계에 관한 정보)
다. 신용도판단정보 등	1) 대출금, 신용카드 대금, 시설대여 이용료 등의 연체 사실 2) 대위변제·대지급 발생 사실 3) 어음·수표의 거래정지처분을 받은 사실 및 그 부도 사실 4) 증권의 투자매매업·투자중개업에 관한 정보로서 다음 가) 및 나)의 정보 　가) 증권시장에 상장된 증권의 매매와 관련하여 투자중개업자에게 매수대금 또는 매도증권을 결제일까지 납입하지 아니한 사실 　나) 증권시장에 상장된 증권의 매매를 위하여 투자자에게 제공하는 매수대금의 융자 또는 매도증권의 대여 거래에 관한 정보로서 상환 또는 납입기일까지 그 거래에 따른 채무를 이행하지 아니한 사실 5) 금융질서 문란 정보로서 다음 가)부터 라)까지의 정보 　가) 대출금 등을 용도 외로 유용한 사실 및 부정한 방법으로 대출을 받는 등 신용질서를 문란하게 한 사실 　나) 거짓이나 그 밖의 부정한 방법으로 신용카드를 발급받거나 사용한 사실 　다) 보험사기 사실 　라) 그 밖에 가)부터 다)까지의 사실과 비슷한 것으로서 금융질서를 문란하게 한 사실 6) 공공기관이 만들어 낸 정보로서 다음 가)부터 마)까지의 정보 　가) 법원의 회생·간이회생·개인회생과 관련된 결정, 파산선고·면책·복권과 관련된 결정, 채무불이행자명부의 등재·말소 결정, 성년후견·한정후견·특정후견과 관련된 심판을 받은 사실 　나) 국세·지방세·관세 또는 국가채권과 벌금·과태료·과징금·추징금 등의 체납 관련 정보 및 임금 체불 정보 　다) 사회보험료·공공요금 또는 수수료 등 관련 정보 　라) 주민등록 관련 정보로서 출생·사망·이민·부재에 관한 정보, 주민등록번호·성명의 변경 등에 관한 정보 　마) 다른 법령에 따라 국가, 지방자치단체 또는 공공기관으로부터 받은 행정처분에 관한 정보 중에서 금융거래 등 상거래

	와 관련된 정보
라. 신용거래능력 판단 정보	개인의 소득 총액과 관련된 정보(직장·직업 정보, 연소득정보, 연소득추정정보 및 주거 형태 등에 관한 정보)

2. 기업 및 법인

구분	집중관리·활용 대상 정보
가. 식별정보	기업 및 법인의 상호 및 명칭, 사업자등록번호, 법인등록번호 및 고유번호, 본점·영업소 및 기관의 소재지, 종목, 대표자의 성명·개인식별번호
나. 신용거래정보	1) 대출·당좌거래 등에 관한 거래정보로서 다음 가)부터 사)까지의 정보 가) 대출·지급보증 등 신용공여 현황 나) 시설대여 현황 다) 신용보증 현황 라) 보증보험 현황 마) 담보(동산 담보를 포함) 및 채무보증 현황 바) 당좌예금·가계당좌예금의 개설 및 해지 사실 사) 가)부터 바)까지의 정보로서 해당 기업 및 법인의 기술과 관련된 기술성·시장성·사업성 등을 종합적으로 평가함으로써 만들어진 정보 2) 신용카드에 관한 거래정보로서 다음 가) 및 나)의 정보 가) 신용카드의 발급·해지 사실 및 이용·결제·미결제 금액 나) 신용카드의 분실·도난 등 사고 발생, 그 발생한 사고 종결에 따른 보상, 그 밖의 사고 종결의 처리 사실
다. 신용도판단정보(제2조 제1항 제3호 각 목의 어느 하나에 해당하는 자의 정보도 포함)	1) 기업 및 법인의 신용도 판단 정보로서 다음 가)부터 바)까지의 정보 가) 대출금, 신용카드 자금, 시설대여 이용료 등의 연체 사실 나) 대위변제·대지급 발생 사실 다) 신용보증기금이 대위변제한 사실 라) 어음·수표의 거래정지처분을 받은 사실 및 그 부도 사실 마) 무보증사채의 상환불이행 사실 바) 가)부터 마)까지의 정보로서 해당 기업 및 법인의 기술과 관련된 기술성·시장성·사업성 등을 종합적으로 평가함으로써 이루어진 대출, 신용보증 등에 대하여 연체, 대위변제 등이 발생한 사실 2) 증권의 투자매매업·투자중개업에 관한 정보로서 다음 가) 및 나)의 정보 가) 증권시장에 상장된 증권의 매매와 관련하여 투자중개업자에게 매수대금 또는 매도증권을 결제일까지 납입하지 아니한 사실 나) 증권시장에 상장된 증권의 매매를 위하여 투자자에게 제공

	하는 매수대금의 융자 또는 매도증권의 대여 거래에 관한 정보로서 상환 또는 납입기일까지 그 거래에 따른 채무를 이행하지 아니한 사실
	3) 금융질서 문란 정보로서 다음 가)부터 라)까지의 정보
	가) 대출금 등을 용도 외로 유용한 사실 및 부정한 방법으로 대출을 받는 등 신용질서를 문란하게 한 사실
	나) 거짓이나 그 밖의 부정한 방법으로 신용카드를 발급받거나 사용한 사실
	다) 보험사기 사실
	라) 그 밖에 가)부터 다)까지의 사실과 비슷한 것으로서 금융질서를 문란하게 한 사실
	4) 공공기관이 만들어 낸 정보로서 다음 가)부터 마)까지의 정보
	가) 법원의 회생·간이회생·개인회생과 관련된 결정, 파산선고·면책·복권과 관련된 결정, 채무불이행자명부의 등재·말소 결정 사실
	나) 국세·지방세·관세 또는 국가채권과 벌금·과태료·과징금·추징금 등의 체납 관련 정보 및 임금체불 정보
	다) 사회보험료·공공요금 또는 수수료 등 관련 정보
	라) 주민등록 관련 정보로서 출생·사망·이민·부재에 관한 정보, 주민등록번호·성명의 변경 등에 관한 정보
	마) 다른 법령에 따라 국가, 지방자치단체 또는 공공기관으로부터 받은 행정처분에 관한 정보 중에서 금융거래 등 상거래와 관련된 정보
라. 신용거래능력 판단 정보 등	1) 계열기업체 현황 등 회사의 개황
	2) 사업의 내용
	3) 재무제표 등 재무에 관한 사항
	4) 자본금 증자 및 사채 발행 현황
	5) 기업의 영업에 관한 정보로서 다음 가) 및 나)의 정보
	가) 정부조달 실적 또는 수출·수입액 등의 관련 정보
	나) 기술신용정보 및 이와 관련된 신용정보
	6) 기업등록 관련 정보로서 설립, 휴업·폐업, 양도·양수, 분할·합병, 주식 또는 지분 변동 등에 관한 정보
	7) 동산담보정보 및 이와 관련된 신용정보

(5) 금융기관의 신용정보 제공의무 이행 실태 조사

종합신용정보집중기관은 집중되는 신용정보의 정확성·신속성을 확보하기 위하여 신용정보집중관리위원회가 정하는 바에 따라 신용정보를 제공하는 금융기관의 신용정보 제공의무 이행 실태를 조사할 수 있다(법25⑤).

2. 개별신용정보집중기관

(1) 의의

개별신용정보집중기관은 종합신용정보집중기관에서 "대통령령으로 정하는 금융기관" 외의 같은 종류의 사업자가 설립한 협회 등의 협약 등에 따라 신용정보를 집중관리·활용하는 신용정보집중기관을 말한다(법25②(2)).

(2) 정보의 범위

개별신용정보집중기관은 같은 종류의 사업자 간의 협약 등으로 집중관리·활용 대상 정보의 범위를 정하여 정관에 반영하여야 한다(영21④).

Ⅳ. 허가요건

신용정보집중기관으로 허가를 받으려는 자는 다음의 요건을 갖추어야 한다(법25③).

1. 비영리법인

민법 제32조[4]에 따라 설립된 비영리법인이어야 한다(법25③(1)).

2. 공공성과 중립성 요건

신용정보를 집중관리·활용하는 데 있어서 공공성과 중립성을 갖추어야 한다(법25③(2)). 이에 따라 신용정보집중기관으로 허가를 받으려는 자는 공공성과 중립성의 확보를 위하여 다음의 구분에 따른 요건을 모두 갖추어야 한다(영21⑤).

(1) 종합신용정보집중기관의 경우

종합신용정보집중기관의 경우 다음의 요건을 모두 갖추어야 한다(영21⑤(1) 가목부터 라목까지). 즉 ⅰ) 신용정보의 유출 등을 방지하기 위한 위험관리체계와 신용정보주체의 권익을 보호하기 위한 내부통제장치가 마련되어 있어야 하고

---

4) 제32조(비영리법인의 설립과 허가) 학술, 종교, 자선, 기예, 사교 기타 영리 아닌 사업을 목적으로 하는 사단 또는 재단은 주무관청의 허가를 얻어 이를 법인으로 할 수 있다.

(가목), ii) 법 제25조의2 각 호의 업무("집중기관업무") 외의 다른 업무를 하는 경우에는 집중기관업무와 그 다른 업무를 구분하는 등 이해상충을 방지하기 위한 체계를 마련하여야 하며(나목), iii) 법령을 위반하지 아니하고 건전한 신용질서를 해칠 염려가 없어야 하며(다목), iv) 시행령 제2조 제6항 제7호 가목부터 버목까지, 같은 호 어목부터 허목까지 및 제21조 제2항 각 호의 기관 간 또는 그 기관의 유형·업무특성 등에 따라 분류된 집단 간에 업무집행의 중립성을 보장하고 해당 집단의 대표성이 확보될 수 있도록 사원의 구성에 관한 계획 및 업무방법 등을 마련(라목)하여야 한다.

(2) 개별신용정보집중기관의 경우

개별신용정보집중기관의 경우 위 제1호 가목부터 다목까지의 규정에 따른 요건을 모두 갖추어야 한다(영21⑤(2)). 따라서 ⅰ) 신용정보의 유출 등을 방지하기 위한 위험관리체계와 신용정보주체의 권익을 보호하기 위한 내부통제장치가 마련되어 있어야 하고(가목), ii) 법 제25조의2 각 호의 업무("집중기관업무") 외의 다른 업무를 하는 경우에는 집중기관업무와 그 다른 업무를 구분하는 등 이해상충을 방지하기 위한 체계를 마련하여야 하며(나목), iii) 법령을 위반하지 아니하고 건전한 신용질서를 해칠 염려가 없어야 한다(다목).

3. 시설·설비 및 인력 요건

대통령령으로 정하는 시설·설비 및 인력을 갖추어야 한다(법25③(3)). 이에 따라 신용정보집중기관으로 허가를 받으려는 자가 갖추어야 할 시설·설비 및 인력의 세부요건은 다음과 같다(영21⑥).

(1) 정보처리설비 및 정보통신설비 요건

신용정보 집중관리·활용 업무를 적절하게 수행할 수 있다고 "금융위원회가 정하여 고시하는 정보처리설비 및 정보통신설비"를 갖추어야 한다(영21⑥(1)).

여기서 "금융위원회가 정하여 고시하는 정보처리 및 정보통신설비"는 제6조를 준용한다(감독규정26의4① 전단). 이 경우 "개인신용평가업, 개인사업자신용평가업, 기업신용조회업"은 "신용정보집중관리·활용업무"로 본다(감독규정26의4① 후단).

따라서 "금융위원회가 정하여 고시하는 정보처리 및 정보통신 설비"란 해당 신용정보업, 본인신용정보관리업 또는 채권추심업의 범위와 규모에 비추어 신용 정보를 원활히 처리할 수 있는 수준의 정보처리·정보통신설비로서 [별표 2]에 규정된 사항을 말한다(감독규정6).

[별표 2]의 정보처리 및 정보통신설비 요건은 다음과 같다.

(가) 시스템 구성

ⅰ) 시스템 구성에 D/B서버, 통신서버, 보안서버 등 통신구간 암호화 시스템, WEB서버(인터넷서비스를 제공할 경우에 한함), 저장장치, 그 밖에 주변장치를 포함하고, ⅱ) 백업 및 복구시스템, ⅲ) 시스템 보안 및 시설 보안을 포함한 보안 관리 체계로 구성된다.

(나) 시스템 성능

시스템 성능은 ⅰ) 보유정보를 적절하게 처리할 수 있는 성능을 갖추어야 하고, ⅱ) 온라인서비스 또는 공중통신망을 통한 정보의 수집 및 제공을 적절하게 처리할 수 있는 성능을 갖추어야 하며, ⅲ) 백업 및 복구작업이 최소한의 시간내에 가능하여야 한다.

(다) 보안체계

보안체계는 ⅰ) 방화벽(Fire-Wall)을 갖추어야 하고, ⅱ) 침입을 탐지·경고·차단할 수 있는 보안시스템을 갖추어야 하며, ⅲ) 내부네트워크와 신용조회네트워크를 분리하여 운용하여야 하며, ⅳ) 정보이용자 확인 체계(사용자 인증)를 갖추어야 하며, ⅴ) 데이터 암호화처리 체계를 갖추어야 하며, ⅵ) 외부침입 방지, 출입자관리 통제 및 데이터 반·출입 통제에 대한 대책을 강구하여야 하며, ⅶ) 백업 및 소산관리 대책을 강구하여야 한다.

(라) 운용능력

운용능력은 ⅰ) 시스템 운용능력을 갖추어야 하고, ⅱ) 프로그램 개발능력을 갖추어야 한다.

(2) 인력요건

상시고용인력에는 영 제2조 제6항 제7호 각 목 및 같은 조 제18항 제1호·제3호·제4호의 기관 또는 다음의 금융 관련 단체에서 3년 이상 신용정보 관련 업무에 종사한 경력이 있는 사람 5명 이상이 포함되어야 한다(영21⑥(2)). 여기서 다음의 기관 또는 다음의 금융 관련 단체는 금융지주회사, 기술보증기금, 농업협동조합, 농업협동조합중앙회, 농협은행, 한국무역보험공사, 보험회사, 산림조합, 산림조합중앙회, 상호저축은행, 상호저축은행중앙회, 새마을금고, 새마을금고중앙회, 수산업협동조합, 수산업협동조합중앙회, 수협은행, 신용보증기금, 신용협동조합, 신용협동조합중앙회, 여신전문금융회사(여신전문금융업법 제3조 제3항 제1호에 따라 허가를 받거나 등록을 한 자를 포함), 예금보험공사 및 정리금융회사, 은행(외국은행의 지점 또는 대리점 포함), 금융투자업자·증권금융회사·종합금융회사·자금중개회사 및 명의개서대행회사, 중소기업은행, 신용보증재단과 그 중앙회, 한국산업은행, 한국수출입은행, 한국주택금융공사, 외국에서 앞의 금융기관(예금보험공사 및 정리금융회사 제외)과 유사한 금융업을 경영하는 금융기관, 외국 법령에 따라 설립되어 외국에서 신용정보업 또는 채권추심업을 수행하는 자(영2⑥(7) 각목) 및 체신관서, 중소기업창업투자회사 및 벤처투자조합 및 개인투자조합, 국채법에 따른 국채등록기관 또는 개인신용평가회사, 개인사업자신용평가회사, 기업신용조회회사, 본인신용정보관리회사, 신용정보집중기관, 금융결제원을 말한다.

V. 허가의 세부요건

허가요건에 관하여 필요한 세부적인 기준은 금융위원회가 정하여 고시한다(영21⑦). 이에 따른 신용정보집중기관 허가의 세부요건은 [별표 5의2]와 같다(감독규정26의4②). [별표 5의2]의 세부요건을 살펴본다.

1. 인력

인력 요건은 다음과 같다(별표 5의2 제1호).

가. 신용정보주체를 보호하고 신용정보를 집중관리·활용하기 위한 전문성을 갖춘 다음의 어느 하나에 해당하는 인력을 적절하게 확보하고 배치할 것
  (1) 공인회계사, 변호사 등의 자격 소지자
  (2) 영 제2조 제18항 제1호·제3호·제4호에 해당하는 기관, 영 제2조 제6항 제7호 각 목에 해당하는 기관 또는 다음 각 목의 금융 관련 단체에서 3년 이상 신용정보 관련 업무에 종사한 경력이 있는 사람 5명 이상이 포

함될 것

가) 개인신용평가회사

나) 개인사업자신용평가회사

다) 기업신용조회회사

라) 본인신용정보관리회사

마) 신용정보집중기관

바) 금융결제원

사) 보험업법에 따른 보험요율산출기관

(3) 그 밖에 신용정보집중기관 업무에 대한 전문성이 상기 인력에 준한다고
볼 수 있는 상당한 근거가 있는 자

나. 신용정보집중기관의 임원이 다음의 어느 하나에 해당하는 사실이 없을 것

(1) 최근 5년간 종합신용정보집중기관에 금융질서문란행위자로 등록된 사실

(2) 그 밖에 금융위원회가 신용정보집중기관의 경영의 건전성에 현저한 영
향을 미칠 수 있다고 인정하는 것으로서 해당 대상자가 충분한 반증을
제시하지 못하는 사실

2. 물적 설비

물적 설비 요건은 다음과 같다(별표 5의2 제2호).

가. 제26조의4 제1항에 따른 정보처리·정보통신설비를 갖출 것

나. 업무공간과 사무장비

(1) 집중관리·활용하는 신용정보 중에서 개인의 건강에 대한 정보 등 특별
히 민감한 정보는 별도 업무공간을 갖추는 등 정보차단벽(Chinese Wall)
이 설치될 수 있도록 할 것

(2) 부서인원 대비 충분한 업무공간 및 사무장비를 갖출 것

(3) 내부기관 및 감독기관 등이 감독·검사업무를 수행함에 있어 법적 장애
가 없을 것

다. 업무의 연속성을 유지할 수 있는 보완설비

(1) 파업 등 불시사태 또는 비상사태에 대비한 비상계획(Contingency Plan)
이 마련되어 있을 것

3. 사업계획

사업계획 요건은 다음과 같다(별표 5의2 제3호).

가. 사업계획이 신용정보법 및 타 법령에 의하여 신용정보집중기관이 수행하도
    록 정한 업무를 적절하게 수행할 수 있을 것
나. 내부통제장치 및 신용정보주체 보호
  (1) 총회(이사회가 설치된 경우 이사회 포함)와 경영진의 관계, 총회(이사회
      가 설치된 경우 이사회 포함)의 구성 및 운영방향, 감사의 권한과 책임
      등이 적절할 것
  (2) 임직원의 법규준수, 정보보호 및 임직원 위법행위 예방을 위한 적절한
      감독 및 내부통제체계가 구축되어 있을 것

4. 업무방법

업무방법 요건은 다음과 같다(별표 5의2 제4호).

가. 업무방법의 마련 등이 집중관리 · 활용에 참여하는 기관의 종류에 따른 대표
    성과 중립성을 만족할 것
  (1) 종합신용정보집중기관의 경우 업무방법에 관한 절차 및 내용에 있어서
      참여하는 기관 및 집단 간의 대표성과 중립성이 만족될 수 있도록 업무
      방법을 마련할 것
  (2) 같은 종류의 금융회사 또는 같은 종류의 사업자간에 집중관리 · 활용하는
      신용정보의 경우 금융회사 또는 사업자간 대표성과 중립성이 만족될 수
      있도록 업무방법을 마련할 것
나. 신용정보주체를 보호할 수 있는 관리체계가 마련되어 있을 것
다. 신용정보의 효율적 이용과 체계적 관리를 도모할 수 있는 관리체계가 마련
    되어 있을 것

5. 지배구조 관련 사항

지배구조 관련 사항은 다음과 같다(별표 5의2 제5호).

가. 민법 제32조에 따라 설립된 비영리법인일 것

나. 사원구성계획이 집중관리·활용에 참여하는 기관의 종류에 따른 대표성과
중립성을 만족할 것

6. 업무분리계획

감독규정 제26조의3에 따른 업무분리계획(종합신용정보집중기관이 기타업무를
수행하는 경우에 한정)은 다음과 같다(별표 5의2 제6호).

가. 재무에 관한 사항
(1) 집중기관업무와 기타업무 사이에 별도의 회계장부를 마련하고 구분하여
회계처리할 것
(2) 집중기관업무에 관련된 예·결산에 대하여 신용정보집중관리위원회의
의결을 받을 것
나. 인사에 관한 사항
(1) 임원(대표권을 가진 이사, 감사를 제외)이 집중기관업무와 기타업무를
겸직하지 아니할 것
(2) 집중기관업무의 독립성 및 연속성을 담보할 수 있는 인사관리체계를 마
련할 것
다. 조직에 관한 사항
(1) 집중기관업무와 기타업무 간 정보의 교류를 차단할 것
(2) 집중기관업무와 기타업무 사이에 이해상충이 발생할 가능성을 파악·평
가하고, 이를 적절히 관리할 수 있는 내부통제기준을 마련할 것
라. 시설에 관한 사항
(1) 집중기관업무와 기타업무 사이에 사무실 등 업무공간을 분리할 것
(2) 집중기관업무와 기타업무 사이에 전산자료가 독립적으로 저장되어 관
리·감독·열람될 수 있도록 할 것

Ⅵ. 허가취소와 신용정보 교환 및 이용 방식 등

1. 허가취소

허가 및 그 취소 등에 필요한 사항과 집중관리·활용되는 신용정보의 내
용·범위 및 교환 대상자는 대통령령으로 정한다(법25④ 본문).
이에 따라 금융위원회는 신용정보집중기관이 ⅰ) 거짓이나 그 밖의 부정한

방법으로 허가를 받은 경우(제1호), ⅱ) 허가요건을 유지하지 못한 경우(제2호), ⅲ) 허가의 조건을 위반한 경우(제3호), ⅳ) 같은 종류의 업체 간에 협약의 불성립 또는 다른 법령에 따른 집중 제한 등 신용정보를 집중관리·활용할 수 없는 사유가 발생한 경우(제4호), ⅴ) 집중관리·활용하는 신용정보를 무단으로 교환하거나 활용하는 등 신용정보 보호에 관한 의무를 위반한 경우(제5호), ⅵ) 신용정보법 또는 다른 법령을 위반하여 공익을 심각하게 해친 경우(제6호)에는 그 허가를 취소할 수 있다(영21⑧).

2. 신용정보 교환 및 이용 방식

신용정보집중기관과 개인신용평가회사, 개인사업자신용평가회사, 기업신용조회회사(기업정보조회업무만 하는 기업신용조회회사는 제외) 사이의 신용정보 교환 및 이용은 개인신용평가회사, 개인사업자신용평가회사, 기업신용조회회사(기업정보조회업무만 하는 기업신용조회회사는 제외)의 의뢰에 따라 신용정보집중기관이 신용정보를 제공하는 방식으로 한다(법25④ 단서).

3. 신용정보의 교환 대상자

법 제25조 제4항에 따라 집중관리·활용되는 신용정보의 교환 대상자는 다음의 자로 하되, 다음의 자 사이에 집중관리·활용되는 신용정보의 구체적인 범위 및 신용정보별 세부적인 교환 대상자는 금융위원회가 정하여 고시한다(영21⑨).

1. 신용정보제공·이용자와 그 신용정보제공·이용자가 신용정보를 제공한 신용정보집중기관 간
2. 신용정보집중기관과 신용정보회사 간
3. 신용정보집중기관 간

4. 신용정보 등록 및 이용기준

영 제21조 제9항에 따라 종합신용정보집중기관을 통해 집중관리·활용되는 신용정보의 구체적인 등록 및 이용기준은 [별표 6]과 같다(감독규정26의4③). [별표 6]의 신용정보 등록 및 이용기준을 살펴본다.

(1) 식별정보

식별정보는 다음과 같다(별표 6 제1호).

등록정보	등록기관	등록기준		이용기관
		대상주체	등록시기	
영 [별표2]의 식별정보	영 제21조 제2항의 기관 중 당해 등록 정보 보유기관	해당 개인, 기업 및 법인	등록사유발생시	식별정보와 연결된 정보의 이용기관

1) 영 제21조 제2항의 기관이 「자산유동화에 관한 법률」제10조 제1항에 따라 유동화자산의 관리를 위탁받은 경우 해당 유동화자산의 등록정보 보유기관으로 본다. 이하 이 표에서 같다.

(2) 거래정보

거래정보는 다음과 같다(별표 6 제2호).

(가) 개인

등록정보	등록기관	등록기준		이용기관
		대상주체	등록시기	
가. 대출, 당좌거래 등 관련 거래 정보				
대출현황(대출 신청 및 심사 사실 관련 정보, 대출일자, 대출금액, 담보현황, 대출 관련 약정 이행 현황, 카드론·현금서비스 실적 등 포함)	영 제21조 제2항의 기관 중 해당 등록정보 보유기관	해당 개인 (단, 종합신용정보집중기관은 전산수용능력등을 감안하여 대출금 집중기준을 조정할 수 있음)	등록사유발생일부터 7영업일 이내	• 영 제21조 제2항의 기관 • 개인신용평가회사(전문개인신용평가회사를 제외한다), 개인사업자신용평가회사, 기업신용조회회사(기업정보조회업무만 하는 기업신용조회회사는 제외한다)(이하 이 별표에서 "신용정보회사"라 한다)(신용정보회사는 해당 정보를 영 제21조제2항의 기관에 대해서만 제공할 수 있음)

보험계약대출 현황(대출일자, 대출금액 등 포함)	위와 같음	위와 같음	위와 같음	위와 같음
대출성상품에 대한 청약 철회에 따른 원상회복채권 정보	영 제21조 제2항의 기관 중 해당 등록정보 보유 기관	해당 개인	위와 같음	위와 같음
채무보증현황(채무보증일자, 채무보증금액 등 포함)	영 제21조 제2항의 기관 중 해당 등록정보 보유 기관	위와 같음	위와 같음	위와 같음
당좌·가계당좌예금개설 및 해지 현황	은행(농·수협 포함)	위와 같음	위와 같음	• 영 제21조 제2항의 기관 • 신용정보회사
나. 신용카드 관련 거래 정보				
신용카드현황(발급·해지사실 및 이용·결제금액 포함)	은행(농·수협 포함) 및 여신전문금융회사	위와 같음	위와 같음	위와 같음
2개 이상의 신용카드를 소지한 신용정보주체에 관한 관련거래 정보(신용판매·현금서비스 이용금액, 신용판매·현금서비스 리볼빙 이용잔액, 연체금액, 신용판매·현금서비스 신용공여한도 등 포함)	은행(농·수협 포함) 및 여신전문금융회사 중 해당 등록정보 보유기관	위와 같음	위와 같음	은행(농·수협 포함) 및 여신전문금융회사 중 등록기관에 해당하는 자
신용카드의 도난·분실 등 사고 발생에 관한 정보, 사고 종결에 관한 보상 및 처리정보	위와 같음	위와 같음	위와 같음	위와 같음
다. 보험계약 관련 거래정보				
보험계약 현황(보험계약일, 보험기간, 보험상품명, 급부명, 가입금액, 보험료, 보험회사명 및 보험계약 상태, 피보험목적물 정보, 청약정보(청약시부터 계약 또는 거절시	영 제21조 제2항의 기관 중 해당 등록정보 보유 기관	해당 개인	위와 같음	영 제21조 제2항의 기관 중 등록기관에 해당하는 자

까지만 보유 가능) 등 포함)				
피보험자 또는 보험금 청구권자에 관한 정보(성명, 개인식별번호, 직업 및 보험계약자와의 관계에 관한 정보 등 포함)	위와 같음	해당 개인이 체결한 보험계약(이하 "해당 보험계약"이라 함)의 피보험자 또는 보험금 청구권자	위와 같음	위와 같음
모집업무수탁자 정보(해당 보험계약을 모집한 모집업무수탁자의 이름·명칭 및 등록번호 등 포함)	위와 같음	해당 보험계약을 모집한 보험설계사, 보험대리점 또는 보험중개사	위와 같음	위와 같음
보험금 청구·지급 현황(사고접수일자, 보험금 청구일자, 보험금 지급일자, 보험금액, 실지급금액, 병원·정비공장 정보 등 포함)	위와 같음	해당 보험계약의 보험금 청구권자	위와 같음	위와 같음
보험금 지급사유(사고발생일시, 사고원인, 질병·부상·치료정보, 피해물 및 보상정보, 자동차보험의 경우에는 사고운전자 성명, 주민등록번호 등 포함)	위와 같음	위와 같음	위와 같음	위와 같음
피해자 정보(피해자의 성명, 주민등록번호 포함)	위와 같음	해당 보험계약에서 보장하는 보험사고의 피해자	위와 같음	위와 같음
라. 금융투자상품 매매 관련				
코넥스소액전용투자계좌 관련 계좌 개설 및 폐쇄 정보 등	투자중개업자	해당 개인	등록사유발생 시	투자중개업자
마. 기타 금융거래 관련				
기타 금융거래 현황(거래 기관명, 종류1) 등 포함)	영 제21조 제2항의 기관 중 해당 등록정보 보유기관	해당 개인	등록사유발생일부터 7영업일 이내	영 제21조 제2항의 기관 중 해당 등록정보 보유기관

주 1) 금융실명법 제2조 제2호에 따른 금융자산의 범위를 준용하여 신용정보집중관리위원회가 정함

(나) 기업 및 법인

등록정보	등록기관	등록기준		이용기관
		대상주체	등록시기	
가. 대출, 당좌거래 등 관련 거래 정보				
신용공여 현황[1](담보, 한도거래, 신용공여기간 등 포함)	영 제21조 제2항의 기관 중 해당 등록정보 보유기관	• 해당 기업 및 법인(종합신용정보집중기관은 전산수용능력 등을 감안하여 대출금 집중기준을 조정할 수 있음) • 주채무계열 및 기타 계열기업군 소속기업체	신용정보집중관리위원회가 정함	• 영 제21조 제2항의 기관 • 신용정보회사(신용정보회사는 해당 정보를 영 제21조 제2항의 기관, 「공인회계사법」에 따른 공인회계사회, 영 제2조 제18항 제7호의 감사인 및 「자본시장과 금융투자업에 관한 법률」에 따른 신용평가회사에 대해서만 제공할 수 있음)
보험계약대출 현황(대출일자, 대출금액 등 포함)	위와 같음	위와 같음	위와 같음	위와 같음
가계당좌·당좌예금 개설 및 해지 현황	은행(농·수협 포함)	• 해당 기업 및 법인	위와 같음	• 영 제21조 제2항의 기관 • 신용정보회사
나. 신용카드 관련 거래 정보				
신용카드현황(발급·해지사실 및 이용·결제금액, 연체정보 포함)	은행(농·수협 포함) 및 여신전문금융회사	위와 같음	등록사유발생일부터 7영업일 이내	위와 같음
신용카드의 도난·분실 등 사고 발생에 관한 정보, 사고 종결에 관한 보상 및 처리정보	위와 같음	위와 같음	위와 같음	은행(농·수협 포함) 및 여신전문금융회사
다. 금융투자상품 매매 관련				
코넥스소액전용투자계좌 관련 계좌 개설 및 폐쇄 정보 등	투자중개업자	해당 기업체	등록사유발생시	투자중개업자

| 금융투자상품 발행, 매매 관련 정보2) (거래일, 거래내역 등 포함) | 영 제21조 제2항의 기관 중 해당 등록정보 보유기관 | 해당기업 및 법인 | 신용정보집중관리위원회가 정함 | 영 제21조 제2항의 기관 중 등록기관에 해당하는 자 |

주 1) 은행법 시행령 제1조의3 및 자본시장법 시행령 제336조에 따른 신용공여의 범위를 준용하여 신용정보집중관리위원회가 정함
주 2) 여신전문금융업법 제2조 제14호의2의 신기술사업자 및 이와 유사한 기업 및 법인에 대한 정보 중 공공목적으로 관리·활용되는 정보로서 신용정보집중관리위원회가 정하는 정보에 한함

(3) 신용도판단정보

신용도판단정보는 다음과 같다(별표 6 제3호).

등록정보	등록기관	등록기준 대상주체	등록기준 등록시기	이용기관
대출금 등의 연체 현황	영 제21조 제2항의 기관 중 해당 등록정보 보유기관	• 해당 개인 • 해당 기업 및 법인 • 관련인	신용정보집중관리위원회가 정함	• 영 제21조 제2항의 기관 • 신용정보회사
대위변제, 대지급 발생 현황	위와 같음	위와 같음	위와 같음	위와 같음
무보증사채 상환불이행 현황	위와 같음	위와 같음	위와 같음	위와 같음
어음·수표 거래정지 처분 또는 부도거래 현황	위와 같음	• 해당 기업 및 법인 • 관련인	위와 같음	위와 같음
금융투자상품의 투자 매매·중개 관련 정보	금융투자업자 중 등록정보 보유기관	• 해당 개인 • 해당 기업 및 법인	위와 같음	• 금융투자업자 중 등록기관에 해당하는 기관
영 [별표 2]의 금융질서 문란정보	영 제21조 제2항의 기관 중 해당 등록정보 보유기관	• 해당 개인 • 해당 기업 및 법인 • 관련인	위와 같음	• 영 제21조 제2항의 기관 • 신용정보회사
대출성상품에 대한 청약 철회에 따른 원상회복의무 불이행정보	영 제21조 제2항의 기관 중 해당 등록정보 보유기관	• 해당 개인	위와 같음	위와 같음

(4) 신용거래능력판단정보

신용거래능력판단정보는 다음과 같다(별표 6 제4호).

등록정보	등록기관	등록기준		이용기관
		대상주체	등록시기	
증자 및 사채발행계획 확정내용	협조기관 (금융감독원)	• 해당 기업 및 법인(종합신용 정보집중기관은 전산수용능력등을 감안하여 집중기준을 조정할 수 있음) • 주채무계열 및 기타 계열기업군 소속기업체	신용정보집중관리위원회가 정함	• 영 제21조 제2항의 기관 • 신용정보회사
법 제2조 제1호의5 나목에 따른 기업의 개황, 사업의 내용, 재무에 관한 사항, 감사인의 감사의견 및 납세실적 등과 영 [별표 2]에 의한 신용능력정보	영 제21조 제2항의 기관 중 해당 등록정보 보유기관	해당 기업 및 법인	위와 같음	위와 같음
개인의 소득 관련 정보(직장·직업정보, 연소득정보, 연소득추정정보 및 주거 형태에 관한 정보 등 포함)	위와 같음	해당 개인	위와 같음	• 영 제21조 제2항의 기관 • 신용정보회사(단, 신용정보회사는 영 제21조 제2항의 기관 이외에는 제공할 수 없음)

(5) 기술신용정보

기술신용정보는 다음과 같다(별표6 제5호).

등록정보	등록기관	등록기준		이용기관
		대상주체	등록시기	
기술신용정보	영 제21조 제2항의 기관 중 해당 등록정보 보유기관	해당 기업 및 법인	등록사유발생일부터 7영업일 이내	• 영 제21조 제2항의 기관 중 해당 등록정보 보유기관
신용공여 현황 및 신용도판단정보	위와 같음	위와 같음	위와 같음	위와 같음

(6) 공공정보

공공정보는 다음과 같다(별표 6 제6호).

등록정보	등록기관	등록기준		이용기관
		대상주체	등록시기	
- 경제법령 위반	영 제21조 제2항의 기관 중 해당 등록정보 보유기관	위반자	신용정보집중관리위원회가 정함	• 영 제21조제2항의 기관 • 신용정보회사
- 사망자정보, 주민등록번호 또는 성명의 변경정보	법 제23조 제2항에 따른 공공기관 또는 영 제21조 제2항의 기관 중 해당 등록정보 보유기관	해당 개인	• 법 제23조 제2항에 따른 공공단체 보유정보 등록 시기는 해당 공공기관과 협의하여 정함 • 영 제21조 제2항의 기관 보유정보 등록시기는 신용정보집중관리위원회가 정함	위와 같음
- 국외이주신고 및 이주포기신고정보	위와 같음	위와 같음	위와 같음	위와 같음
- 성년후견·한정후견·특정후견 관련 결정, 회생·간이회생·개인회생 결정, 파산·면책 결정, 채무불이행자명부 등재·말소 결정 등 법원의 재판·결정 정보 - 국세·지방세·관세의 체납정보 - 과태료·사회보험료·공공요금 등의	위와 같음	해당 주체	• 해당공공기관과 협의하여 정함 • 영 제21조 제2항에 따른 기관 보유정보 등록시기는 신용정보집중관리위원회가 정함	위와 같음

체납정보 및 임금 체불정보 ─ 신용회복위원회의 신용회복지원협약에 따른 신용회복지원 확정 정보 ─ 한국자산관리공사의 신용회복지원 관련 규정에 의한 채무재조정 약정정보 ─ 국민행복기금, 자산관리공사법 제26조 제1항 제1호 및 제2호의 업무를 수행하기 위하여 같은 법 제26조 제1항 제4호 라목에 따라 설립된 기관이 협약금융기관등으로부터 채권을 매입한 정보 및 채무조정 약정을 체결한 정보 ─ 사회적 기업, 협동조합, 자활기업, 마을기업, 소셜벤처기업 및 이와 유사한 기업의 인증·인가·인정·지정·등록 등의 여부에 관한 정보 ─ 공공기관이 보유하고 있는 신용정보로서 관계 법령에 따라 신용정보집중기관에 제공할 수 있는 신용정보 등 (특허권, 법인등록에 관한 정보 등)			
─ 고용보험, 산업재해보상보험, 국민건강보험 및 국민연금의 납부에 관한 정보	법 제23조 제2항에 따른 공공기관	위와 같음	해당 공공기관과 협의하여 정함	영 제21조 제2항의 기관 및 신용정보회사(개인, 기업 및 법인의 신

				용을 평가하는 데 활용하는 경우에 한한다)
−전기사용에 관한 정보로서 전력사용량 및 전기요금 납부 정보	위와 같음	위와 같음	위와 같음	위와 같음
−정부납품실적 및 납품액	위와 같음	위와 같음	위와 같음	영 제21조 제2항의 기관, 신용정보회사(단, 신용정보회사는 영 제21조 제2항의 기관 이외에는 제공할 수 없음)

(7) 동산담보정보

동산담보정보는 다음과 같다(별표 6 제7호).

등록정보	등록기관	등록기준		이용기관
		대상 주체	등록시기	
동산담보정보 및 이와 관련된 신용 공여현황 및 신용 도판단정보	영 제21조 제2항의 기관 중 해당 등록정보 보유기관	해당 기업 및 법인	등록사유발생시	영 제21조 제2항의 기관 중 해당 등록정보 보유기관

5. 신용정보 교환과 보호조치

신용정보집중기관과 개인신용평가회사, 개인사업자신용평가회사 또는 기업신용등급제공업무를 하는 기업신용조회회사가 집중관리·활용되는 신용정보를 교환할 때 개인인 신용정보주체를 식별할 수 있는 정보를 제공하려면 제14조 제4항 각 호의 구분에 따른 보호조치를 해야 한다(영21⑩).

이에 따라 신용정보회사등이 개인신용정보를 제공하는 경우 다음의 구분에 따른 보호조치를 하여야 한다(영14④).

(1) 정보통신망 또는 보조저장매체를 통하여 제공하는 경우

정보통신망 또는 보조저장매체를 통하여 제공하는 경우에는 "금융위원회가 정하여 고시하는 절차와 방법에 따른 보안서버의 구축 또는 암호화" 보호조치를 하여야 한다(영14④(1)).

여기서 "금융위원회가 정하여 고시하는 절차와 방법에 따른 보안서버의 구축 또는 암호화"란 [별표 3]의 Ⅱ. 3.의 보호조치를 말한다(감독규정15③). [별표 3]의 Ⅱ. 3.은 개인신용정보의 암호화를 규정하고 있는데, 그 내용은 다음과 같다.

(가) 본인 인증정보 암호화 등

신용정보회사등은 비밀번호, 바이오정보 등 본인임을 인증하는 정보는 암호화하여 저장하며, 이는 조회할 수 없도록 하여야 한다. 다만, 조회가 불가피하다고 인정되는 경우에는 그 조회사유·내용 등을 기록·관리하여야 한다(별표 3. Ⅱ. 3①).

(나) 보안서버 구축 등의 조치를 통한 암호화 등

신용정보회사등은 정보통신망을 통해 개인신용정보 및 인증정보를 송·수신할 때에는 보안서버 구축 등의 조치를 통해 이를 암호화해야 한다. 보안서버는 ⅰ) 웹서버에 SSL(Secure Socket Layer) 인증서를 설치하여 개인신용정보를 암호화하여 송·수신하는 기능, ⅱ) 웹서버에 암호화 응용프로그램을 설치하여 개인신용정보를 암호화하여 송·수신하는 기능을 갖추어야 한다(별표 3. Ⅱ. 3②).

(다) 개인신용정보의 PC 저장시 암호화

신용정보회사등은 개인신용정보를 PC에 저장할 때에는 이를 암호화해야 한다(별표 3. Ⅱ. 3③).

(라) 주민등록번호 암호화 등의 조치 기준

신용정보회사등은 다음의 기준에 따라 주민등록번호의 암호화 등의 조치를 취하여야 한다(별표 3. Ⅱ. 3④). 즉 ⅰ) 정보통신망을 통하여 송수신하거나 보조저장매체를 통하여 전달하는 경우에는 암호화하여야 한다. ⅱ) 인터넷 구간 및 인터넷 구간과 내부망의 중간 지점(DMZ: Demilitarized Zone)에 저장할 때에는 암호화하여야 한다. ⅲ) 신용정보회사등이 내부망에 주민등록번호를 저장하는 경우에는 ㉠ 개인정보 보호법 제33조[5]에 따른 개인정보 영향평가의 대상이 되는

---

5) 개인정보 보호법 제33조(개인정보 영향평가) ① 공공기관의 장은 대통령령으로 정하는 기준에 해당하는 개인정보파일의 운용으로 인하여 정보주체의 개인정보 침해가 우려되는 경우에는 그 위험요인의 분석과 개선 사항 도출을 위한 평가("영향평가")를 하고 그 결과를 보호위원회에 제출하여야 한다. 이 경우 공공기관의 장은 영향평가를 보호위원회가 지정하는 기관("평가기관") 중에서 의뢰하여야 한다.

공공기관의 경우에는 해당 개인정보 영향평가의 결과, ㉡ 그 밖의 신용정보회사 등의 경우에는 개인신용정보처리시스템에 적용되고 있는 개인신용정보 보호를 위한 수단과 개인신용정보 유출시 신용정보주체의 권익을 해할 가능성 및 그 위험의 정도를 분석한 결과에 따라 암호화의 적용여부 및 적용범위를 정하여 시행할 수 있다. iv) 업무용 컴퓨터 또는 모바일 기기에 저장하여 관리하는 경우에는 상용 암호화 소프트웨어 또는 안전한 알고리즘을 사용하여 암호화하여야 한다.

(마) 개인식별정보 제공과 암호화

신용정보집중기관과 신용조회회사가 서로 개인식별번호를 제공하는 경우에는 상용 암호화 소프트웨어 또는 안전한 알고리즘을 사용하여 암호화하여야 한다(별표 3. Ⅱ. 3⑤).

(바) 개인신용정보 처리 위탁시 개인식별번호 암호화

신용정보회사등이 개인신용정보의 처리를 위탁하는 경우 개인식별번호를 암호화하여 수탁자에게 제공하여야 한다(별표 3. Ⅱ. 3⑥).

(2) 기타 방법으로 제공하는 경우

위의 정보통신망 또는 보조저장매체를 통하여 제공하는 경우 외의 방법으로 제공하는 경우에는 봉함(封緘) 조치를 하여야 한다(영14④(2)).

---

② 영향평가를 하는 경우에는 다음의 사항을 고려하여야 한다.
1. 처리하는 개인정보의 수
2. 개인정보의 제3자 제공 여부
3. 정보주체의 권리를 해할 가능성 및 그 위험 정도
4. 그 밖에 대통령령으로 정한 사항
③ 보호위원회는 제1항에 따라 제출받은 영향평가 결과에 대하여 의견을 제시할 수 있다.
④ 공공기관의 장은 제1항에 따라 영향평가를 한 개인정보파일을 제32조 제1항에 따라 등록할 때에는 영향평가 결과를 함께 첨부하여야 한다.
⑤ 보호위원회는 영향평가의 활성화를 위하여 관계 전문가의 육성, 영향평가 기준의 개발·보급 등 필요한 조치를 마련하여야 한다.
⑥ 제1항에 따른 평가기관의 지정기준 및 지정취소, 평가기준, 영향평가의 방법·절차 등에 관하여 필요한 사항은 대통령령으로 정한다.
⑦ 국회, 법원, 헌법재판소, 중앙선거관리위원회(그 소속 기관을 포함)의 영향평가에 관한 사항은 국회규칙, 대법원규칙, 헌법재판소규칙 및 중앙선거관리위원회규칙으로 정하는 바에 따른다.
⑧ 공공기관 외의 개인정보처리자는 개인정보파일 운용으로 인하여 정보주체의 개인정보 침해가 우려되는 경우에는 영향평가를 하기 위하여 적극 노력하여야 한다.

6. 신용정보공동전산망 구축과 참여 등

신용정보집중기관은 신용정보공동전산망("공동전산망")을 구축할 수 있으며, 공동전산망에 참여하는 자는 그 유지·관리 등에 필요한 협조를 하여야 한다(법 25⑥ 전단). 이 경우 신용정보집중기관은 전기통신사업법 제2조 제1항 제1호에 따른 전기통신사업자이어야 한다(법25⑥ 후단).

이에 따른 신용정보공동전산망은 금융기관(영21②)으로부터 신용정보를 제공받아 집중관리·활용하는 신용정보집중기관과 금융기관(영21②) 외의 같은 업종의 사업자들로부터 신용정보를 제공받아 집중관리·활용하는 신용정보집중기관이 공동전산망에 참여하는 자를 각각 달리하여 구축한다(영21⑪).

7. 신용정보 제공·이용 방법

신용정보집중기관에 정보를 제공하거나 신용정보집중기관의 정보를 이용하는 자는 신용정보집중기관이 정하는 바에 따라 전산매체 또는 서면으로 신용정보를 제공·이용하여야 한다(감독규정26의4④).

Ⅶ. 위반시 제재

법 제25조 제1항을 위반하여 신용정보집중기관 허가를 받지 아니하고 신용정보집중기관 업무를 한 자는 5년 이하의 징역 또는 5천만원 이하의 벌금에 처한다(법50②(5의2)).

제2절 종합신용정보집중기관의 업무

Ⅰ. 업무 내용

종합신용정보집중기관은 ⅰ) 법 제25조 제2항 제1호에 따른 금융기관 전체로부터의 신용정보 집중관리·활용(제1호), ⅱ) 법 제23조 제2항에 따라 공공기관으로부터 수집한 신용정보의 집중관리 · 활용(제1호의2), iii) 법 제39조의2에 따라 신용정보주체에게 채권자변동정보를 교부하거나 열람하게 하는 업무(제1호의3), iv) 공공 목적의 조사 및 분석 업무(제2호), v) 신용정보의 가공 · 분석 및 제공 등과 관련하여 대통령령으로 정하는 업무(제3호), vi) 법 제26조의3에 따른 개인 신용평가체계 검증위원회의 운영(제3호의2),[6] vii) 신용정보법 및 다른 법률에서 종합신용정보집중기관이 할 수 있도록 정한 업무(제5호), viii) 그 밖에 제1호부터 제5호까지에 준하는 업무로서 대통령령으로 정하는 업무(제6호)를 업무를 수행한 다(법25의2).

제3호에서 "대통령령으로 정하는 업무"란 i) 신용정보를 활용하여 통계 작성, 연구, 공익적 기록보존 등의 목적을 위하여 가명처리 또는 익명처리한 정 보로 제공하는 업무, ii) 영 제21조 제9항에 따른 교환 대상자로부터 위탁받은 조사 및 분석 업무, iii) 신용정보의 이용에 관한 컨설팅 업무를 말한다(영21의 2①).

제6호에서 "대통령령으로 정하는 업무"란 i) 신용정보와 관련한 교육 · 홍 보 · 출판업무, ii) 기술신용정보를 만들어 내는 데에 필요한 기술에 관한 정보의 수집 · 조사 및 처리, iii) 신용정보주체가 동의내역 등을 관리할 수 있도록 지원 하는 업무, iv) 신용정보주체 식별, 전송요구 권리행사 현황 관리, 제28조의4 각 호에 따른 업무 등 개인신용정보의 전송(법 제22조의9 제5항에 따른 중계기관을 통 한 전송을 포함)요구가 원활히 운영될 수 있도록 지원하는 업무, v) 신용정보의 표준화에 관한 업무, vi) 그 밖에 금융위원회가 정하여 고시하는 업무[7]를 말한 다(영21의2②).

---

6) 제4호 삭제 [2020. 2. 4.].
7) "그 밖에 금융위원회가 정하여 고시하는 업무"란 다음의 업무를 말한다(감독규정26의5)
   1. 특정 개인을 알아볼 수 없는 정보에 관한 가공 · 분석 · 조사업무
   2. 전자정부법 제43조의2에 따른 정보전송을 지원하는 업무 등 금융기관과 공공기관 간 정보 연계 업무
   3. 신용정보주체의 전송요구권의 행사 및 전송요구권의 철회 등을 보조 · 지원하는 업무
   4. 신용정보주체 본인에게 자신의 개인신용정보를 관리 · 사용할 수 있는 계좌를 제공하는 업무

Ⅱ. 종합신용정보집중기관업무의 분리

종합신용정보집중기관이 법 제25조의2 각 호의 업무("집중기관업무") 외의 다른 업무("기타업무")를 수행하는 경우 다음에 따라 집중기관업무와 구별하여야 한다(감독규정26의3①).

1. 재무에 관한 사항
   가. 집중기관업무와 기타업무를 구분하여 별도의 회계장부를 마련하고 구분하여 회계처리할 것
   나. 집중기관업무 관련 예·결산에 관한 사항에 대하여 신용정보집중관리위원회가 심의·의결할 것
2. 임직원(대표자인 임원, 감사는 제외)이 집중기관업무와 기타업무를 겸직하지 아니할 것
3. 집중기관업무와 기타업무간에 정보의 교류를 차단하고, 정기적으로 이해상충이 발생할 가능성을 파악·평가할 것

Ⅲ. 종합신용정보집중기관의 보고의무

종합신용정보집중기관의 신용정보관리·보호인은 집중기관업무와 기타업무를 구별하여 관리하는 사항을 정기적으로 점검하여 신용정보집중관리위원회에 보고하여야 한다(감독규정26의3②).

제3절 신용정보집중관리위원회

Ⅰ. 설치와 업무

1. 설치

종합신용정보집중기관에 신용정보집중관리위원회("위원회")를 둔다(법26①).

2. 업무

신용정보집중관리위원회는 ⅰ) 종합신용정보집중기관의 업무로서 대통령령으로 정하는 업무8)와 관련한 중요 사안에 대한 심의, ⅱ) 신용정보의 집중관리·활용에 드는 경상경비, 신규사업의 투자비 등의 분담에 관한 사항, ⅲ) 종합신용정보집중기관과 관련하여 "대통령령으로 정하는 금융기관(법25②(1))"의 신용정보제공의무 이행 실태에 관한 조사 및 대통령령으로 정하는 바에 따른 제재9)를 부과하는 사항, ⅳ) 신용정보의 업무목적 외 누설 또는 이용의 방지대책에 관한 사항, ⅴ) 신용정보의 집중관리·활용업무에 관한 예산 및 결산의 심의, ⅵ) 신용정보집중기관의 임원의 인사에 관한 심의 업무를 수행한다(법26①, 영22④).

3. 제재금 부과

영 제22조 제2항에 따른 제재금의 부과에 관한 세부적인 기준과 절차는 신용정보집중관리위원회가 정한다(영22③).

4. 제재금의 최고한도 금액

영 제22조 제2항에 따른 제재금의 최고한도 금액은 신용정보 제공의 누락 및 지연, 거짓 등록 등 위반건당 1백만원으로 한다(감독규정26의6).

Ⅱ. 구성·운영

1. 구성

위원회는 위원장 1명을 포함한 15명 이내의 위원으로 구성한다(법26의2①).

---

8) "대통령령으로 정하는 업무"란 ⅰ) 법 제25조의2 제1호부터 제1호의3까지의 업무(＝법 제25조 제2항 제1호에 따른 금융기관 전체로부터의 신용정보 집중관리·활용, 법 제23조 제2항에 따라 공공기관으로부터 수집한 신용정보의 집중관리·활용, 법 제39조의2에 따라 신용정보주체에게 채권자변동정보를 교부하거나 열람하게 하는 업무)(제1호), ⅱ) 신용정보법 시행령 또는 다른 법령에서 신용정보집중관리위원회의 업무로 규정된 업무(제2호)를 업무를 말한다(영22①).
9) "대통령령으로 정하는 바에 따른 제재"란 제21조 제2항에 따른 금융기관 및 기관의 신용정보 제공의 누락 및 지연, 거짓 등록 등 위반행위의 종류와 정도에 따라 제재금을 부과하는 것을 말한다(영22②).

위원회의 위원장은 종합신용정보집중기관의 장으로 하며, 위원은 공익성, 중립성, 업권별 대표성, 신용정보에 관한 전문지식 등을 고려하여 구성한다(법26의2②).

신용정보집중관리위원회의 위원은 ⅰ) 종합신용정보집중기관의 장, ⅱ) 집중관리·활용되는 신용정보의 규모, 경비분담비율, 업권별 대표성 등을 고려하여 종합신용정보집중기관의 정관이 정하는 협회·중앙회·연합회 등의 장이 추천하는 사람 중에서 종합신용정보집중기관의 장이 위촉하는 사람, ⅲ) 신용정보의 집중관리·활용에 관한 공익성·전문성·중립성 및 성별 등을 고려하여 종합신용정보집중기관의 장이 위촉하는 사람으로 구성한다(영22의2①).

2. 운영

신용정보집중관리위원회는 집중관리·활용하는 신용정보의 특성 등을 고려하여 그 업무를 효율적으로 처리하기 위하여 소위원회를 둘 수 있다(영22의2②). 기타 구성 및 운영 등에 필요한 사항은 종합신용정보집중기관의 정관으로 정한다(영22의2③).

Ⅲ. 신용정보집중관리위원회 협의·심의·결정 사항의 보고

1. 금융위원회 보고

신용정보집중관리위원회는 업무 사항을 결정한 경우 금융위원회가 정하는 바에 따라 금융위원회에 보고하여야 한다(법26③). 이에 따라 신용정보집중관리위원회가 협의·심의·결정한 사항을 보고하는 경우에는 [별지 제12호 서식]에 따라 보고하여야 한다(감독규정28).

2. 결정 사항의 변경 권고

금융위원회는 신용정보집중관리위원회가 보고한 내용이 건전한 신용질서 또는 금융소비자의 권익에 반(反)하는 것으로 판단되는 경우에는 그 결정 사항의 변경을 권고할 수 있다(영22⑤).

제4절 개인신용평가체계 검증위원회

Ⅰ. 설치 및 업무

1. 설치

종합신용정보집중기관에 개인신용평가체계 검증위원회("위원회")를 둔다(법 26의3①).

2. 업무

개인신용평가체계 검증위원회는 ⅰ) 개인신용평가회사 및 개인사업자신용 평가회사("개인신용평가회사등")의 평가에 사용되는 기초정보에 관한 심의, ⅱ) 개 인신용평가회사등의 평가모형의 예측력, 안정성 등에 관한 심의, ⅲ) 개인신용평 가 및 개인사업자신용평가 관련 민원처리 분석결과 등에 관한 심의를 수행한다 (법26의3①, 영22의3①).

개인신용평가체계 검증위원회의 운영과 관련해서는 종합신용정보집중기관 으로 하여금 개인신용평가회사 등의 평가에 사용되는 기초정보, 평가모형 등을 심의하고, 그 결과를 고시하게 되면 개인신용평가회사 등이 기초정보의 수집 평 가모형 설계를 보다 정확하고 객관적으로 수행할 수 있도록 유도하는 효과가 있 을 것으로 보인다.10)

Ⅱ. 구성 및 운영

1. 구성

개인신용평가체계 검증위원회는 위원장 1명을 포함한 7명 이내의 위원으로 구성한다(법26의3②).

---

10) 정무위원회(2020), 93-94쪽.

2. 위원장과 위원

위원장은 종합신용정보집중기관의 장으로 한다(영22의3②). 위원은 ⅰ) 경영학·경제학·통계학 또는 법학 등을 전공하고 신용평가·개인정보 보호·금융소비자 보호 관련 전문지식을 갖춘 사람으로서 공인된 연구기관에서 조교수 이상 또는 이에 상당하는 직에 5년 이상 재직한 사람, ⅱ) 변호사·공인회계사로서 5년 이상 해당 분야에서 종사하고 신용평가·개인정보 보호·금융소비자 보호 관련 업무경험이 풍부한 사람 중에서 위원장이 위촉한다(영22의3③).

3. 임기

위원장을 제외한 검증위원회의 위원의 임기는 2년으로 하며, 두 차례만 연임할 수 있다(영22의3④).

4. 회의

검증위원회는 심의를 반기별로 1회 실시해야 한다(영22의3⑤).

5. 자료제출 및 의견진술 요구

검증위원회는 업무를 수행하기 위하여 개인신용평가회사등에 금융위원회가 정하여 고시하는 자료의 제출이나 의견의 진술 등을 요구할 수 있다(영22의3⑥). 자료제출 등을 요구받은 자는 특별한 사정이 없으면 이에 따라야 한다(영22의3⑦).

여기서 "금융위원회가 정하여 고시하는 자료"란 ⅰ) 개인신용평가회사등의 평가에 사용되는 기초정보에 관한 자료, ⅱ) 개인신용평가회사등의 평가모형의 예측력, 안정성 등에 관한 자료, ⅲ) 개인신용평가 및 개인사업자(사업을 경영하는 개인을 말한다)의 신용평가 관련 민원 및 민원처리 결과에 관한 자료를 말한다(감독규정28의2③).

6. 제척, 기피와 회피

(1) 제척

검증위원회 위원이 ⅰ) 위원 또는 그 배우자나 배우자였던 사람이 해당 안건의 당사자(당사자가 법인·단체 등인 경우에는 그 임원을 포함)가 되거나 그 안건의 당사자와 공동권리자 또는 공동의무자인 경우, ii) 위원이 해당 안건의 당사자와 민법 제777조[11])에 따른 친족이거나 친족이었던 경우, iii) 위원이나 위원이 속한 법인·단체 등이 해당 안건의 당사자의 대리인이거나 대리인이었던 경우에는 해당 심의·의결에서 제척된다(영22의3⑧).

(2) 기피와 회피

해당 안건의 당사자는 제척사유가 있거나 위원에게 공정한 평가를 기대하기 어려운 사정이 있는 경우에는 검증위원회에 기피신청을 할 수 있고, 검증위원회는 의결로 이를 결정한다. 이 경우 기피신청의 대상인 위원은 그 심의에 참여하지 못한다. 또한 위원이 제척 사유에 해당하는 경우에는 스스로 심의에서 회피(回避)해야 한다(영22의3⑨).

7. 해촉

위원장은 위원이 i) 심신장애(心神障礙)등의 사유로 직무를 수행할 수 없게 된 경우, ii) 검증위원회의 활동으로 알게 된 정보를 다른 사람에게 누설하거나 자신의 이익을 위하여 사용한 경우 등 직무와 관련한 비위사실이 있는 경우, iii) 직무태만, 품위손상, 그 밖의 사유로 위원의 직을 유지하는 것이 적합하지 않다고 인정되는 경우, iv) 제척사유 중 어느 하나에 해당함에도 불구하고 회피하지 않은 경우, v) 위원 스스로 직무를 수행하는 것이 어렵다는 의사를 밝히는 경우에는 해당 위원을 해촉할 수 있다(영22의3⑩).

8. 직무상 비밀누설 금지

검증위원회의 위원 또는 위원이었던 자, 검증위원회의 직에 있거나 있었던 자, 검증위원회의 위임·위탁 등에 따라 검증에 참여하거나 검증위원회의 업무를 수행한 전문가 또는 민간단체와 그 관계자는 검증위원회의 직무상 비밀을 누설

---

11) 제777조(친족의 범위) 친족관계로 인한 법률상 효력은 민법 또는 다른 법률에 특별한 규정이 없는 한 다음 각호에 해당하는 자에 미친다.
    1. 8촌 이내의 혈족
    2. 4촌 이내의 인척
    3. 배우자

하거나 검증위원회의 직무수행 이외의 목적을 위하여 이용하여서는 아니 된다
(감독규정28의2④).

Ⅲ. 심의결과 보고

1. 금융위원회 보고 및 통보

개인신용평가체계 검증위원회는 업무 사항을 심의하여 그 결과를 금융위원
회가 정하여 고시하는 바에 따라 금융위원회에 보고하고, 지체 없이 해당 개인신
용평가회사등에 통보해야 한다(법26의3③, 영22의3⑪).

이에 따라 개인신용평가체계 검증위원회는 [별지 제12호의2 서식]에 따라
심의결과를 금융위원회에 보고하고, [별지 제12호의3 서식]에 따라 해당 개인신
용평가회사 및 개인사업자신용평가회사("개인신용평가회사등")에 알려야 한다(감독
규정28의2①).

2. 심의결과 공개

금융위원회는 보고받은 심의결과를 금융위원회가 정하여 고시하는 바에 따
라 인터넷 홈페이지 등을 이용하여 공개하여야 한다(법26의3④).

이에 따라 금융위원회는 검증위원회가 심의결과를 해당 개인신용평가회사
등에 통보한 이후 검증위원회의 인터넷 홈페이지 등 정보통신망을 활용한 정보
공개시스템 등을 통하여 공개하는 방법으로 심의결과를 공개하여야 한다(감독규
정28의2② 전단). 이 경우 해당 개인신용평가회사등의 경영상·영업상 비밀에 관
한 사항으로서 공개될 경우 개인신용평가회사등의 정당한 이익을 현저히 해칠
우려가 있는 내용은 제외하고 공개하여야 한다(감독규정28의2② 후단).

제5절 데이터전문기관

I. 데이터전문기관의 지정과 업무

1. 지정과 공고

데이터전문기관은 정보집합물의 결합 및 익명처리의 적정성 평가를 전문적으로 수행하는 법인 또는 기관을 말하는데, 금융위원회는 데이터전문기관을 지정할 수 있다(법26의4①).

금융위원회는 데이터전문기관을 지정한 경우 지체 없이 그 내용을 관보에 공고하고 인터넷 홈페이지 등을 이용하여 일반인에게 알려야 한다(법7(7)).

2. 지정요건

금융위원회는 다음의 요건을 모두 갖춘 법인 또는 기관을 데이터전문기관으로 지정할 수 있다(영22의4①).

(1) 법인 또는 공공기관

다음의 어느 하나에 해당하는 법인 또는 기관이어야 한다(영22의4①(1)).

(가) 비영리법인

민법 제32조[12]에 따라 설립된 비영리법인이어야 한다(영22의4①(1) 가목).

(나) 공공기관

개인정보 보호법 제2조 제6호에 따른 공공기관이어야 한다(영22의4①(1) 나목). 개인정보 보호법 제2조 제6호에 따른 공공기관은 ⅰ) 국회, 법원, 헌법재판소, 중앙선거관리위원회의 행정사무를 처리하는 기관, 중앙행정기관(대통령 소속 기관과 국무총리 소속 기관을 포함) 및 그 소속 기관, 지방자치단체, ⅱ) 국가인권위원회법 제3조에 따른 국가인권위원회, ⅲ) 공수처법 제3조 제1항에 따른 고위공직자범죄수사처, ⅳ) 공공기관운영법 제4조에 따른 공공기관, ⅴ) 지방공기업법에 따른 지방공사와 지방공단, ⅵ) 특별법에 따라 설립된 특수법인, ⅶ) 초·중등

---

12) 민법 제32조(비영리법인의 설립과 허가) 학술, 종교, 자선, 기예, 사교 기타 영리 아닌 사업을 목적으로 하는 사단 또는 재단은 주무관청의 허가를 얻어 이를 법인으로 할 수 있다.

교육법, 고등교육법, 그 밖의 다른 법률에 따라 설치된 각급 학교를 말한다(개인
정보 보호법2(6), 개인정보 보호법 시행령2).

(다) 일정한 자본금 및 매출액 등 요건을 갖춘 법인

ⅰ) 직전 사업연도 말 기준 자본금 50억원 이상이며, ⅱ) 최근 5년간 개인정
보 또는 신용정보의 가공·분석 및 제공 등과 관련한 업무의 대가로 받은 매출액
의 합계액이 2억원 이상인 요건을 갖춘 법인이어야 한다(영22의4①(1) 다목, 감독
규정28의3①).

(2) 시설·설비 등 요건

금융위원회가 정하여 고시하는 시설·설비, 인력·조직 및 재정능력을 갖추
어야 한다(영22의4①(2)). 여기서 "금융위원회가 정하여 고시하는 시설·설비, 인
력·조직 및 재정능력"은 [별표 7]과 같다(감독규정28의3②).

[별표 7] 데이터전문기관의 시설·설비 및 인력·조직, 재정능력 등 요건(제28조
의3 제2항 관련)
1. 인력 및 조직
가. 신용정보회사등의 데이터를 보호하고 데이터전문기관의 역할을 적절히
수행하기 위한 전문성을 갖춘 다음의 어느 하나에 해당하는 인력을 8명 이상 상
시 고용하고, 데이터 및 보안 전문인력, 법률 전문인력을 각각 최소 2명 이상 포
함할 것
(1) 데이터 및 보안 전문인력
가. 국가기술자격법에 따른 정보관리기술사, 컴퓨터시스템응용기술사, 정
보통신기술사 자격을 취득한 자로서 2년 이상 관련 업무(개인정보 보호, 데이터
가공·분석·활용, 데이터 가명·익명처리 및 적정성 평가 등 이하 (1)에서 같다)를 수행
한 경력이 있는 자
나. 관련 분야(컴퓨터공학, 정보보호학, 데이터베이스공학, 통계학, 수학 등 이하
(1)에서 같다)에서 박사 학위를 취득한 자로서 2년 이상 관련 업무를 수행한 경력
이 있는 자
다. 관련 분야에서 석사 학위를 취득한 자로서, 4년 이상 관련 업무를 수행
한 경력이 있는 자

라. 관련 분야에서 학사 학위를 취득한 자로서 6년 이상 관련 업무를 수행한 경력이 있는 자

마. 관련 분야에서 8년 이상 관련 업무를 수행한 경력이 있는 자

(2) 법률 전문인력

가. 변호사의 자격을 소지한 자로서 1년 이상 관련 법률 업무(개인정보 보호, 데이터 가공·분석·활용, 데이터 가명·익명처리 및 적정성 평가 등 관련 법률 자문 또는 지원 업무 이하 (2)에서 같다)를 수행한 경력이 있는 자

나. 법학박사 학위를 취득한 자로서 2년 이상 관련 법률 업무를 수행한 경력이 있는 자

다. 법학석사 학위를 취득한 자로서 4년 이상 관련 법률 업무를 수행한 경력이 있는 자

라. 법학학사 학위를 취득한 자로서 6년 이상 관련 법률 업무를 수행한 경력이 있는 자

마. 8년 이상 관련 법률 업무를 수행한 경력이 있는 자

나. 데이터전문기관의 임원이 다음을 충족할 것. 다만, 국가·지방자치단체 및 공공기관은 제외한다

(1) 최근 5년간 종합신용정보집중기관에 법 제2조 제1호의4 나목에 해당하는 정보가 등록된 사실이 없을 것

(2) 금융사지배구조법 제5조 제1항 각 호의 어느 하나에 해당하지 아니할 것. 이 경우 "금융관계법령"은 "금융관계법령 및 개인정보 보호법"으로 본다.

2. 시설 및 설비

가. 다음의 정보처리·정보통신설비를 갖출 것

구성	세부 요건
시스템 구성	1. 시스템 구성에 다음 항목을 포함할 것 가. 정보집합물 결합 시스템 나. 가명·익명처리 시스템 다. 익명처리 적정성 심사 지원 시스템 라. 보안서버 및 통신구간 암호화 시스템 2. 백업 및 복구시스템

	3. 시스템 보안 및 시설 보안을 포함한 보안관리 체계
시스템 성능	1. 대용량 데이터를 결합하고 가명·익명처리 할 수 있는 성능을 갖출 것 2. 백업 및 복구작업이 최소한의 시간내에 가능할 것
보안체계	1. 방화벽과 침입탐지시스템을 갖출 것 2. 인터넷 구간의 네트워크와 데이터전문기관 업무 네트워크를 분리하여 운용할 것 3. 정보이용자 확인 체계(사용자 인증)를 갖출 것 4. 데이터 암호화처리 체계를 갖출 것 5. 외부침입 방지, 출입자관리 통제 및 데이터 반입·반출 통제에 대한 대책을 강구할 것 6. 백업 및 소산관리 대책을 강구할 것

나. 업무공간과 사무장비

(1) 신용정보회사등으로부터 제공 받은 정보집합물을 안전하게 결합하고 가명·익명처리하기 위한 전용 시스템 및 분리된 사무공간을 갖출 것

(2) 데이터전문기관 업무 수행 인원 대비 충분한 업무공간 및 사무장비를 갖출 것

(3) 내부기관 및 감독기관 등이 감독·검사업무를 수행함에 있어 법적 장애가 없을 것

다. 업무의 연속성을 유지할 수 있는 보완설비

(1) 파업 등 불시사태 또는 비상사태에 대비한 비상계획(Contingency Plan)이 마련되어 있을 것

3. 재정능력

가. 금융산업구조개선법 제2조 제1호에 따른 금융기관에 해당하는 기관은 그 기관의 설립·운영 등에 관한 법령상 경영개선권고, 경영개선요구 또는 경영개선명령 등의 요건이 되는 재무기준에 해당하지 아니할 것

나. 가목 이외의 경우에는 국가·지방자치단체이거나, 순자산 대비 부채총액의 비율이 100분의 200이내일 것. 다만, 다음 요건을 갖춘 신청인의 재무건전성 기준은 순자산 대비 부채총액의 비율이 100분의 1500 이내일 것으로 한다.

(1) 정부등(금융산업구조개선법 제5조 제8항에 따른 정부등)이 자본금·출자총액 또는 기본재산의 100분의 10 이상을 소유하고 있거나 출자하고 있을 것

(2) 신청인의 사업 수행이 곤란하게 되는 경우 정부등이 해당 사업을 인수할 것을 확약하는 등 그 사업의 연속성에 대하여 정부등이 보장하고 있을 것

(3) 사업 개시 후 5년 이내 나목 본문의 재무건전성 기준을 충족하는 것을 내용으로 하는 실현가능한 재무구조개선계획을 수립하여 관련서류와 함께 제출할 것

4. 관리체계

가. 신청인의 설립취지와 현재 영위하고 있는 사업영역이 데이터전문기관 업무 수행에 적합할 것

나. 데이터전문기관 업무 수행에 적합한 이해상충방지체계를 갖출 것

(3) 내부통제요건

신용정보의 유출 등을 방지하기 위한 위험관리체계와 신용정보주체의 권익을 보호하기 위한 내부통제장치가 마련되어 있어야 한다(영22의4①(3)).

3. 지정신청

(1) 지정신청서 제출

데이터전문기관 지정을 받으려는 자는 [별지 제12호의4 서식](감독규정28의3③)의 지정신청서에 ⅰ) 정관 또는 이에 준하는 규정, ⅱ) 지정요건을 갖췄는지를 확인할 수 있는 서류(전자문서를 포함)를 첨부하여 금융위원회에 제출해야 한다(영22의4② 전단). 이 경우 금융위원회는 전자정부법 제36조 제1항에 따른 행정정보의 공동이용을 통하여 해당 법인의 등기사항증명서(법인인 경우에만 해당)를 확인해야 하며, 해당 법인이 확인에 동의하지 않는 경우에는 이를 제출하도록 해야 한다(영22의4② 후단).

(2) 지정 심사

금융위원회는 금융감독원장으로 하여금 신청내용 등 관련 사실여부를 확인하여 신청내용이 영 제22조의4 제1항에 따른 지정기준을 충족하는지 심사하게 할 수 있다(감독규정28의3⑤). 이에 따른 심사, 확인, 조사 등을 위해 그 밖에 필요한 사항은 금융감독원장이 정한다(감독규정28의3⑨).

(3) 실지조사

금융감독원장은 내용을 확인하기 위하여 필요한 경우에는 이해관계인, 발기인 또는 임원과의 면담 등의 방법으로 실지조사를 할 수 있으며, 신청인은 이에 적극 협조하여야 한다(감독규정28의3⑧). 이에 따른 심사, 확인, 조사 등을 위해 그 밖에 필요한 사항은 금융감독원장이 정한다(감독규정28의3⑨).

(4) 심사기간과 통지

데이터전문기관 지정을 위한 심사기간, 지정 조건부과, 예비지정 등에 대해서는 제5조 제5항부터 제12항까지의 규정을 준용한다(감독규정28의3⑬). 이에 따라 금융위원회는 신청인에게 3개월 이내(예비허가 또는 예비인가를 받은 경우에는 1개월 이내)에 허가 또는 인가 여부를 결정하고, 그 결과와 이유를 지체 없이 신청인에게 문서로 통지하여야 한다. 이 경우 신청서에 흠결이 있을 때에는 보완을 요구할 수 있다(감독규정28의3⑬ 및 감독규정5⑤).

(5) 심사기간 제외

데이터전문기관 지정을 위한 심사기간, 지정 조건부과, 예비지정 등에 대해서는 제5조 제5항부터 제12항까지의 규정을 준용한다(감독규정28의3⑬). 이에 따라 심사기간을 산정할 때에는 다음의 어느 하나에 해당하는 기간은 심사기간에 산입하지 아니한다(감독규정28의3⑬ 및 감독규정5⑥).

1. 법 제6조 및 영 제6조에 따른 허가기준, 영 제10조 제1항 각 호에 따른 인가기준 또는 법 제25조 제3항 각 호에 따른 허가기준을 충족하는지를 확인하기 위하여 다른 기관 등으로부터 필요한 자료를 제공받는 데에 걸리는 기간
2. 제5항 후단에 따라 신청서 흠결의 보완을 요구한 경우에는 그 보완기간
3. 대주주를 상대로 형사소송 절차가 진행되고 있거나 금융위원회, 국세청 또는 금융감독원 등(외국기업인 경우에는 이들에 준하는 본국의 감독기관 등을 포함)에 의한 조사·검사 등 의 절차가 진행되고 있고, 그 소송이나 조사·검사 등의 내용이 승인심사에 중대한 영향을 미칠 수 있다고 인정되는 경우에는 그 소송이나 조사·검사 등의 절차가 끝날 때까지의 기간

(6) 지정 조건부과 등 준용

데이터전문기관 지정 조건부과, 예비지정 등에 대해서는 제5조 제7항부터 제12항까지의 규정을 준용한다(감독규정28의3⑬ 전단). 이 경우 "허가" 또는 "인가"는 "지정"으로 본다(감독규정28의3⑬ 후단).

4. 지정서 발급 및 공고

금융위원회는 신청을 받아 데이터전문기관을 지정한 경우에는 [별지 제12호의5 서식](감독규정28의3④)에 따른 데이터전문기관 지정서를 발급하고, 해당 데이터전문기관의 명칭·주소·전화번호 및 대표자의 성명을 공고해야 한다(영22의4③).

5. 지정취소

금융위원회는 지정된 데이터전문기관이 ⅰ) 거짓이나 그 밖의 부정한 방법으로 데이터전문기관 지정을 받은 경우, ⅱ) 지정된 데이터전문기관 스스로 지정취소를 원하는 경우나 해산·폐업한 경우, ⅲ) 지정요건을 충족하지 못하게 된 경우, ⅳ) 고의 또는 중대한 과실로 데이터전문기관 업무를 부실하게 수행하는 등 그 업무를 적정하게 수행할 수 없다고 인정되는 경우에는 데이터전문기관 지정을 취소할 수 있다(영22의4④ 본문). 다만, 앞의 ⅰ) 거짓이나 그 밖의 부정한 방법으로 데이터전문기관 지정을 받은 경우, ⅱ) 지정된 데이터전문기관 스스로 지정 취소를 원하는 경우나 해산·폐업한 경우에는 데이터전문기관 지정을 취소해야 한다(영22의4④ 단서).

6. 지정요건 불충족 여부 등 확인

금융감독원장은 데이터전문기관에 대하여 매 3년마다 영 제22조의4 제4항 제3호 및 제4호에 해당하는지 여부를 확인하여야 한다(감독규정28의3⑩ 전단). 이 때 금융감독원장은 필요한 경우 자료제출 요구 및 이해관계인, 임직원과의 면담 등의 방법으로 실지조사를 할 수 있으며, 데이터전문기관은 이에 적극 협조하여야 한다(감독규정28의3⑩ 후단). 이에 따른 확인, 조사 등을 위해 그 밖에 필요한 사항은 금융감독원장이 정한다(감독규정28의3⑪).

금융감독원장은 확인한 결과를 금융위원회에 보고하여야 한다(감독규정28의3

⑫).

7. 지정취소와 청문

금융위원회는 데이터전문기관 지정을 취소하려면 청문을 해야 한다(영22의4⑤).

8. 데이터전문기관의 업무

데이터전문기관은 ⅰ) 신용정보회사등이 보유하는 정보집합물과 제3자가 보유하는 정보집합물 간의 결합 및 전달, ⅱ) 신용정보회사등의 익명처리에 대한 적정성 평가, ⅲ) 정보집합물 간의 결합과 가명처리 또는 익명처리에 관한 조사·연구 및 이와 유사한 업무, ⅳ) 정보집합물 간의 결합과 가명처리 또는 익명처리의 표준화에 관한 업무, ⅴ) 데이터전문기관 간 업무 표준화 등을 위한 상호 협력에 관한 업무, ⅵ) 그 밖에 앞의 ⅲ), ⅳ), ⅴ)와 유사한 업무로서 금융위원회가 정하여 고시하는 업무를 수행한다(법26의4②, 영22의4⑦).

위의 ⅵ)에서 "금융위원회가 정하여 고시하는 업무"란 신용정보회사등의 정보집합물 간의 결합, 가명처리 또는 익명처리에 관한 지원 업무를 말한다(감독규정28의6⑥). 이 규정은 2023년 12월 27일 데이터전문기관의 중소핀테크 가명정보 활용 지원을 위해 신설된 규정으로 데이터전문기관이 중소 핀테크기업 등에 대해 데이터결합, 가명·익명처리 관련 컨설팅을 할 수 있도록 근거를 마련한 것이다.

Ⅱ. 적정성평가위원회 설치 및 업무

1. 설치

데이터전문기관은 ⅰ) 신용정보회사등이 보유하는 정보집합물과 제3자가 보유하는 정보집합물 간의 결합 및 전달과, ⅱ) 신용정보회사등의 익명처리에 대한 적정성 평가 업무를 전문적으로 수행하기 위하여 필요하면 적정성평가위원회를 둘 수 있다(법26의4③).

2. 업무

적정성평가위원회의 업무는 ⅰ) 데이터전문기관이 결합한 정보집합물의 가명처리 또는 익명처리에 대한 적정성 평가, ii) 신용정보회사등의 익명처리에 대한 적정성 평가, iii) 그 밖에 앞의 업무와 유사한 업무로서 금융위원회가 정하여 고시하는 업무이다(영22의4⑧).

위 iii)에서 "금융위원회가 정하여 고시하는 업무"란 신용정보회사등의 가명처리가 적합하게 이루어졌는지 여부를 평가하는 등의 지원 업무를 말한다(감독규정28의6⑦). 이 규정은 2023년 12월 27일 데이터전문기관의 중소핀테크 가명정보 활용 지원을 위해 신설된 규정으로 데이터전문기관이 중소 핀테크기업 등에 대해 데이터결합, 가명·익명처리 관련 컨설팅을 할 수 있도록 근거를 마련한 것이다.

3. 구성과 운영

평가위원회의 구성 및 운영에 관한 세부 사항은 데이터전문기관의 장이 정한다(영22의4⑨).

Ⅲ. 위험관리체계

1. 위험관리체계 마련 업무

데이터전문기관은 i) 데이터전문기관이 결합한 정보집합물의 가명처리 또는 익명처리에 대한 적정성 평가 업무와 신용정보회사등의 익명처리에 대한 적정성 평가 업무를 함께 수행하는 경우, ii) 데이터전문기관의 업무와 신용정보법 또는 다른 법령에 따른 업무를 함께 수행하는 경우에는 위험관리체계를 마련하여야 한다(법26의4④).

2. 위험관리체계의 구분

위험관리체계란 다음의 구분에 따른 위험관리체계를 말한다(영22의4⑩).

(1) 데이터전문기관과 신용정보회사등의 업무 공동수행

데이터전문기관이 결합한 정보집합물의 가명처리 또는 익명처리에 대한 적정성 평가 업무와 신용정보회사등의 익명처리에 대한 적정성 평가 업무를 함께 수행하는 경우에는 다음의 요건을 갖춘 위험관리체계를 말한다(영22의4⑩(1)).

가. 신용정보회사등이 보유하는 정보집합물과 제3자가 보유하는 정보집합물 간의 결합 및 전달 업무를 담당하는 직원이 신용정보회사등의 익명처리에 대한 적정성 평가 업무를 동시에 담당하지 않을 것. 다만, 대표자 및 부서장 등 업무의 집행을 지시하거나 감독하는 자는 그렇지 않다.

나. 그 밖에 금융위원회가 정하여 고시하는 기준을 갖출 것

(2) 데이터전문기관의 업무와 신용정보법상 업무 공동수행

데이터전문기관의 업무와 신용정보법 또는 다른 법령에 따른 업무를 함께 수행하는 경우에는 다음의 요건을 갖춘 위험관리체계를 말한다(영22의4⑩(2)).

가. 데이터전문기관의 업무("전문기관업무")를 담당하는 직원이 신용정보법 또는 다른 법령에 따른 다른 업무("다른 업무")를 동시에 담당하지 않을 것. 다만, 대표자 및 부서장 등 업무의 집행을 지시하거나 감독하는 자는 그렇지 않다.

나. 전문기관업무를 수행하는 서버와 다른 업무를 수행하는 서버를 별도로 분리할 것

다. 그 밖에 금융위원회가 정하여 고시하는 기준을 갖출 것

제 5 장
/
채권추심업

제1절 채권추심업 종사자 및 위임직채권추심인 등

I. 채권추심회사의 임직원 자격요건 등

채권추심회사는 다음의 어느 하나에 해당하는 자를 임직원으로 채용하거나 고용하여서는 아니 되며, 위임 또는 그에 준하는 방법으로 채권추심업무를 하여서는 아니 된다(법27①).

1. 미성년자. 다만, 금융위원회가 정하여 고시하는 업무[1])에 채용하거나 고용하는 경우는 제외한다.
2. 피성년후견인 또는 피한정후견인

---

1) "금융위원회가 정하여 고시하는 업무"란 다음의 어느 하나에 해당하는 업무를 말한다(감독규정29).
   1. 신용정보의 내부처리를 위한 자료의 작성, 입력 및 출력 등을 보조하는 업무
   2. 법 제23조 제2항에 따른 공공기관이 보유하는 신용정보로서 타인에게 제공되거나 공개되어도 신용정보주체에게 불이익을 초래할 우려가 없는 정보를 열람하거나 제공받는 업무

3. 파산선고를 받고 복권되지 아니한 자
4. 금고 이상의 실형을 선고받고 그 집행이 끝나거나(집행이 끝난 것으로 보는 경우를 포함) 집행이 면제된 날부터 3년이 지나지 아니한 자
5. 금고 이상의 형의 집행유예를 선고받고 그 유예기간 중에 있는 자
6. 신용정보법 또는 그 밖의 법령에 따라 해임되거나 면직된 후 5년이 지나지 아니한 자
7. 신용정보법 또는 그 밖의 법령에 따라 영업의 허가·인가 등이 취소된 법인이나 회사의 임직원이었던 자(그 취소사유의 발생에 직접 또는 이에 상응하는 책임이 있는 자로서 대통령령으로 정하는 자2)만 해당)로서 그 법인 또는 회사에 대한 취소가 있은 날부터 5년이 지나지 아니한 자
8. 위임직채권추심인이었던 자로서 등록이 취소된 지 5년이 지나지 아니한 자
9. 재임 또는 재직 중이었더라면 신용정보법 또는 그 밖의 법령에 따라 해임권고(해임요구를 포함) 또는 면직요구의 조치를 받았을 것으로 통보된 퇴임한 임원 또는 퇴직한 직원으로서 그 통보가 있었던 날부터 5년(통보가 있었던 날부터 5년이 퇴임 또는 퇴직한 날부터 7년을 초과한 경우에는 퇴임 또는 퇴직한 날부터 7년)이 지나지 아니한 사람

Ⅱ. 추심업무 수행 자격

채권추심회사는 ⅰ) 채권추심회사의 임직원, ⅱ) 채권추심회사가 위임 또는 그에 준하는 방법으로 채권추심업무를 하도록 한 자("위임직채권추심인")를 통하여 추심업무를 하여야 한다(법27②).

---

2) "대통령령으로 정하는 자"란 제18조 각 호의 어느 하나에 해당하는 자를 말한다(영23). 제18조 각 호에 해당하는 자는 다음과 같다(법18 각 호).
  1. 감사 또는 감사위원회의 위원
  2. 허가·인가 등의 취소 원인이 되는 사유의 발생과 관련하여 위법 또는 부당한 행위로 금융위원회 또는 금융감독원장으로부터 주의, 경고, 문책, 직무정지, 해임요구 또는 그 밖의 조치를 받은 임원
  3. 허가·인가 등의 취소 원인이 되는 사유의 발생과 관련하여 위법 또는 부당한 행위로 금융위원회 또는 금융감독원장으로부터 정직요구 이상에 해당하는 조치를 받은 직원
  4. 제2호 또는 제3호에 따른 제재 대상자로서 그 제재를 받기 전에 사임하거나 사직한 사람

Ⅲ. 위임직채권추심인의 등록과 업무

1. 등록

위임직채권추심인은 채권추심회사가 위임 또는 그에 준하는 방법으로 채권 추심업무를 하도록 한 자를 말하는데, 채권추심회사는 그 소속 위임직채권추심 인이 되려는 자를 금융위원회에 등록하여야 한다(법27③).

2. 업무 제한

위임직채권추심인은 소속 채권추심회사 외의 자를 위하여 채권추심업무를 할 수 없다(법27④).

3. 등록취소와 청문

금융위원회는 위임직채권추심인이 ⅰ) 거짓이나 그 밖의 부정한 방법으로 등록을 한 경우, ⅱ) 업무정지명령을 위반하거나 업무정지에 해당하는 행위를 한 자가 그 사유발생일 전 1년 이내에 업무정지처분을 받은 사실이 있는 경우, ⅲ) 채권추심법 제9조 각 호3)의 어느 하나를 위반하여 채권추심행위를 한 경우, ⅳ)

---

3) 채권추심법 제9조(폭행·협박 등의 금지) 채권추심자는 채권추심과 관련하여 다음의 어느 하나에 해당하는 행위를 하여서는 아니 된다.
    1. 채무자 또는 관계인을 폭행·협박·체포 또는 감금하거나 그에게 위계나 위력을 사용하는 행위
    2. 정당한 사유 없이 반복적으로 또는 야간(오후 9시 이후부터 다음 날 오전 8시까지)에 채무자나 관계인을 방문함으로써 공포심이나 불안감을 유발하여 사생활 또는 업무의 평온을 심하게 해치는 행위
    3. 정당한 사유 없이 반복적으로 또는 야간에 전화하는 등 말·글·음향·영상 또는 물건을 채무자나 관계인에게 도달하게 함으로써 공포심이나 불안감을 유발하여 사생활 또는 는 업무의 평온을 심하게 해치는 행위
    4. 채무자 외의 사람(제2조 제2호에도 불구하고 보증인을 포함)에게 채무에 관한 거짓 사실을 알리는 행위
    5. 채무자 또는 관계인에게 금전의 차용이나 그 밖의 이와 유사한 방법으로 채무의 변제 자금을 마련할 것을 강요함으로써 공포심이나 불안감을 유발하여 사생활 또는 업무의 평온을 심하게 해치는 행위
    6. 채무를 변제할 법률상 의무가 없는 채무자 외의 사람에게 채무자를 대신하여 채무를 변제할 것을 요구함으로써 공포심이나 불안감을 유발하여 사생활 또는 업무의 평온을 심하게 해치는 행위
    7. 채무자의 직장이나 거주지 등 채무자의 사생활 또는 업무와 관련된 장소에서 다수인이 모여 있는 가운데 채무자 외의 사람에게 채무자의 채무금액, 채무불이행 기간 등 채무

등록의 내용이나 조건을 위반한 경우, ⅴ) 정당한 사유 없이 1년 이상 계속하여 등록한 영업을 하지 아니한 경우에 해당하면 그 등록을 취소할 수 있다(법27⑥).

금융위원회는 법 제27조 제6항에 따른 위임직채권추심인의 등록 취소 처분을 하려면 청문을 하여야 한다(법48(2)).

4. 업무정지명령

금융위원회는 위임직채권추심인이 ⅰ) 위임직채권추심인은 소속 채권추심회사 외의 자를 위하여 채권추심업무를 할 수 없는데(법27④), 이에 위반한 경우, ⅱ) 신용정보회사등은 정보원, 탐정, 그 밖에 이와 비슷한 명칭을 사용하는 일이 금지되는데(법40①(5)), 이에 위반한 경우, ⅲ) 채권추심법 제12조 제2호·제5호[4]를 위반한 경우, ⅳ) 그 밖에 법령 또는 소속 채권추심회사의 정관을 위반하여 공익을 심각하게 해치거나 해칠 우려가 있는 경우에 해당하면 6개월의 범위에서 기간을 정하여 그 업무의 전부 또는 일부의 정지를 명할 수 있다(법27⑦).

5. 자격요건 및 등록절차

위임직채권추심인의 자격요건 및 등록절차는 대통령령으로 정한다(법27⑩).

(1) 자격요건

위임직채권추심인으로 등록할 수 있는 사람은 신용정보협회 또는 신용정보협회가 지정하는 채권추심회사에서 채권추심업무에 관한 연수과정을 이수한 사람, 신용정보협회가 주관하는 신용관리사 자격시험에 합격한 사람(영24①(3), 감독규정30①)으로 한다(영24①).

에 관한 사항을 공연히 알리는 행위

4) 채권추심법 제12조(불공정한 행위의 금지) 채권추심자는 채권추심과 관련하여 다음의 어느 하나에 해당하는 행위를 하여서는 아니 된다.
   2. 채무자의 연락두절 등 소재파악이 곤란한 경우가 아님에도 채무자의 관계인에게 채무자의 소재, 연락처 또는 소재를 알 수 있는 방법 등을 문의하는 행위
   5. 엽서에 의한 채무변제 요구 등 채무자 외의 자가 채무사실을 알 수 있게 하는 행위(제9조 제7호＝채무자의 직장이나 거주지 등 채무자의 사생활 또는 업무와 관련된 장소에서 다수인이 모여 있는 가운데 채무자 외의 사람에게 채무자의 채무금액, 채무불이행 기간 등 채무에 관한 사항을 공연히 알리는 행위는 제외)

(2) 등록절차

(가) 등록신청

채권추심회사가 그 소속 위임직채권추심인이 되려는 자를 등록하는 경우에는 금융위원회가 정하여 고시하는 신청서에 그 위임직채권추심인이 자격요건을 갖추었는지를 확인할 수 있는 서류를 첨부하여 금융위원회에 제출하여야 한다(영24②).

이에 따라 채권추심회사가 그 소속 위임직채권추심인이 되려는 자를 등록하고자 하는 때에는 [별지 제13호 서식]에 따른 등록신청서를 협회의 장에게 제출하여야 한다(감독규정30②). 등록신청서에는 소속 위임직채권추심인이 되고자 하는 자가 자격요건을 갖추었는지 여부를 확인할 수 있는 서류를 첨부하여야 한다(감독규정30③).

(나) 등록신청 수리와 통지

신용정보협회의 장이 위임직채권추심인 등록신청을 수리한 때에는 이를 [별지 제14호 서식]에 따른 위임직채권추심인등록부에 기재하고 그 사실을 채권추심회사에 지체없이 통지하여야 한다(감독규정30④).

(다) 등록 세부사항 마련

위임직채권추심인의 등록에 관하여 필요한 세부사항은 신용정보협회의 장이 정한다(감독규정30⑤).

(3) 등록수수료

위임직채권추심인이 되고자 하는 자가 등록을 신청한 때에는 총리령으로 정하는 바에 따라 수수료를 내야 한다(법27⑪). 이에 따른 위임직채권추심인 등록수수료는 등록절차 및 등록절차의 관리에 필요한 인적·물적 비용을 고려하여 신용정보협회의 장이 정한다(시행규칙7).

Ⅳ. 채권추심회사의 추심업무 제한

채권추심회사는 추심채권이 아닌 채권을 추심할 수 없으며 ⅰ) 등록되지 아니한 위임직채권추심인, ⅱ) 다른 채권추심회사의 소속으로 등록된 위임직채권추심인, ⅲ) 업무정지 중에 있는 위임직채권추심인을 통하여 채권추심업무를 하여서는 아니 된다(법27⑤).

Ⅴ. 증표제시의무

채권추심업에 종사하는 임직원이나 위임직채권추심인이 채권추심업무를 하려는 경우에는 채권추심업에 종사함을 나타내는 증표를 지니고 이를 채권추심법5)에 따른 채무자 또는 관계인에게 내보여야 한다(법27⑧).

Ⅵ. 채권추심회사의 위임직채권추심인 관리

채권추심회사는 그 소속 위임직채권추심인이 채권추심업무를 함에 있어 법령을 준수하고 건전한 거래질서를 해하는 일이 없도록 성실히 관리하여야 한다(법27⑨ 전단). 이 경우 그 소속 위임직채권추심인이 다음의 구분에 따른 위반행위를 하지 아니하도록 하여야 한다(법27⑨ 후단).

1. 채권추심법 제8조의3 제1항,6) 제9조,7) 제10조 제1항,8) 제11조 제1호 또는

---

5) 채권추심법 제2조(정의)
   2. "채무자"란 채무를 변제할 의무가 있거나 채권추심자로부터 채무를 변제할 의무가 있는 것으로 주장되는 자연인(보증인을 포함)을 말한다.
   3. "관계인"이란 채무자와 동거하거나 생계를 같이 하는 자, 채무자의 친족, 채무자가 근무하는 장소에 함께 근무하는 자를 말한다.
6) ① 채권추심자는 채권추심을 위하여 채무자의 소재, 연락처 또는 소재를 알 수 있는 방법 등을 문의하는 경우를 제외하고는 채무와 관련하여 관계인을 방문하거나 관계인에게 말·글·음향·영상 또는 물건을 도달하게 하여서는 아니 된다.
7) 제9조(폭행·협박 등의 금지) 채권추심자는 채권추심과 관련하여 다음의 어느 하나에 해당하는 행위를 하여서는 아니 된다.
   1. 채무자 또는 관계인을 폭행·협박·체포 또는 감금하거나 그에게 위계나 위력을 사용하는 행위
   2. 정당한 사유 없이 반복적으로 또는 야간(오후 9시 이후부터 다음 날 오전 8시까지)에 채무자나 관계인을 방문함으로써 공포심이나 불안감을 유발하여 사생활 또는 업무의 평온을 심하게 해치는 행위
   3. 정당한 사유 없이 반복적으로 또는 야간에 전화하는 등 말·글·음향·영상 또는 물건을 채무자나 관계인에게 도달하게 함으로써 공포심이나 불안감을 유발하여 사생활 또는 업무의 평온을 심하게 해치는 행위
   4. 채무자 외의 사람(제2조 제2호에도 불구하고 보증인을 포함)에게 채무에 관한 거짓 사실을 알리는 행위
   5. 채무자 또는 관계인에게 금전의 차용이나 그 밖의 이와 유사한 방법으로 채무의 변제

제2호[9]를 위반하는 행위

2. 채권추심법 제8조의3 제2항,[10] 제11조 제3호부터 제5호까지,[11] 제12조,[12] 제13조[13] 또는 제13조의2 제2항[14]을 위반하는 행위

자금을 마련 할 것을 강요함으로써 공포심이나 불안감을 유발하여 사생활 또는 업무의 평온을 심하게 해치는 행위

6. 채무를 변제할 법률상 의무가 없는 채무자 외의 사람에게 채무자를 대신하여 채무를 변제할 것을 요구함으로써 공포심이나 불안감을 유발하여 사생활 또는 업무의 평온을 심하게 해치는 행위

7. 채무자의 직장이나 거주지 등 채무자의 사생활 또는 업무와 관련된 장소에서 다수인이 모여 있는 가운데 채무자 외의 사람에게 채무자의 채무금액, 채무불이행 기간 등 채무에 관한 사항을 공연히 알리는 행위

8) ① 채권추심자는 채권발생이나 채권추심과 관련하여 알게 된 채무자 또는 관계인의 신용정보나 개인정보를 누설하거나 채권추심의 목적 외로 이용하여서는 아니 된다.

9) 1. 무효이거나 존재하지 아니한 채권을 추심하는 의사를 표시하는 행위
2. 법원, 검찰청, 그 밖의 국가기관에 의한 행위로 오인할 수 있는 말·글·음향·영상·물건, 그 밖의 표지를 사용하는 행위

10) ② 채권추심자는 관계인을 방문하거나 관계인에게 말·글·음향·영상 또는 물건을 도달하게 하는 경우 다음에 해당하는 사항을 관계인에게 밝혀야 하며, 관계인이 채무자의 채무내용 또는 신용에 관한 사실을 알게 하여서는 아니 된다.
1. 채권추심자의 성명·명칭 및 연락처(채권추심자가 법인인 경우에는 업무담당자의 성명 및 연락처를 포함)
2. 채권자의 성명·명칭
3. 방문 또는 말·글·음향·영상·물건을 도달하게 하는 목적

11) 3. 채권추심에 관한 법률적 권한이나 지위를 거짓으로 표시하는 행위
4. 채권추심에 관한 민사상 또는 형사상 법적인 절차가 진행되고 있지 아니함에도 그러한 절차가 진행되고 있다고 거짓으로 표시하는 행위
5. 채권추심을 위하여 다른 사람이나 단체의 명칭을 무단으로 사용하는 행위

12) 제12조(불공정한 행위의 금지) 채권추심자는 채권추심과 관련하여 다음의 어느 하나에 해당하는 행위를 하여서는 아니 된다.
1. 혼인, 장례 등 채무자가 채권추심에 응하기 곤란한 사정을 이용하여 채무자 또는 관계인에게 채권추심의 의사를 공개적으로 표시하는 행위
2. 채무자의 연락두절 등 소재파악이 곤란한 경우가 아님에도 채무자의 관계인에게 채무자의 소재, 연락처 또는 소재를 알 수 있는 방법 등을 문의하는 행위
3. 정당한 사유 없이 수화자부담전화료 등 통신비용을 채무자에게 발생하게 하는 행위
3의2. 채무자회생법 제593조 제1항 제4호 또는 제600조 제1항 제3호에 따라 개인회생채권에 대한 변제를 받거나 변제를 요구하는 일체의 행위가 중지 또는 금지되었음을 알면서 법령으로 정한 절차 외에서 반복적으로 채무변제를 요구하는 행위
4. 채무자회생법에 따른 회생절차, 파산절차 또는 개인회생절차에 따라 전부 또는 일부 면책되었음을 알면서 법령으로 정한 절차 외에서 반복적으로 채무변제를 요구하는 행위
5. 엽서에 의한 채무변제 요구 등 채무자 외의 자가 채무사실을 알 수 있게 하는 행위(제9조 제7호＝채무자의 직장이나 거주지 등 채무자의 사생활 또는 업무와 관련된 장소에서 다수인이 모여 있는 가운데 채무자 외의 사람에게 채무자의 채무금액, 채무불이행 기간 등 채무에 관한 사항을 공연히 알리는 행위는 제외)

13) 제13조(부당한 비용 청구 금지) ① 채권추심자는 채무자 또는 관계인에게 지급할 의무

Ⅶ. 위반시 제재

1. 형사제제

법 제27조 제3항을 위반하여 위임직채권추심인으로 금융위원회에 등록하지 아니하고 채권추심업무를 한 자(제6호), 제27조 제4항을 위반한 자(제7호), 제27조 제5항을 위반하여 추심채권이 아닌 채권을 추심하거나 등록되지 아니한 위임직채권추심인, 다른 채권추심회사의 소속으로 등록된 위임직채권추심인 또는 업무정지 중인 위임직채권추심인을 통하여 채권추심업무를 한 자(제8호), 제27조 제7항에 따른 업무정지 중에 채권추심업무를 한 자(제9호)는 1년 이하의 징역 또는 1천만원 이하의 벌금에 처한다(법50④).

2. 과태료

법 제27조 제8항을 위반하여 채권추심업무를 할 때 증표를 내보이지 아니한 자(제8호)에게는 1천만원 이하의 과태료를 부과한다(법52⑤).

제2절 무허가 채권추심업자에 대한 업무위탁의 금지

농협은행, 농업협동조합과 그 중앙회, 대부업자, 보험회사, 산림조합과 그 중앙회, 상호저축은행과 그 중앙회, 새마을금고와 그 중앙회, 수협은행, 수산업협동조합과 그 중앙회, 신용협동조합과 그 중앙회, 은행(외국은행의 지점 또는 대리점 포함), 여신전문금융회사(같은 법 제3조 제3항 제1호에 따라 허가를 받거나 등록을 한 자를 포함), 금융투자업자·증권금융회사·종합금융회사, 중소기업은행, 한국산업은행, 한국수출입은행, 온라인투자연계금융업자는 채권추심회사 외의 자에게 채권추심업무를 위탁하여서는 아니 된다(법27의2, 영24의2).

가 없거나 실제로 사용된 금액을 초과한 채권추 심비용을 청구하여서는 아니 된다. ② 채권추심자가 채무자 또는 관계인에게 청구할 수 있는 채권추심비용의 범위 등 제1항과 관련하여 필요한 사항은 대통령령으로 정한다.
14) ② 제1항에 따라 비용명세서의 교부를 요청받은 채권추심자는 정당한 사유가 없으면 지체 없이 이를 교부하여야 하고, 채무자 또는 관계인에게 그 교부에 따른 비용을 청구해서는 아니 된다.

제 6 장

신용정보협회

제1절 설립

신용정보회사, 본인신용정보관리회사 및 채권추심회사는 신용정보 관련 산업의 건전한 발전을 도모하고 신용정보회사, 본인신용정보관리회사 및 채권추심회사 사이의 업무질서를 유지하기 위하여 신용정보협회를 설립할 수 있다(법44①). 신용정보협회는 법인으로 한다(법44②).

제2절 업무

신용정보협회는 정관으로 정하는 바에 따라 ⅰ) 신용정보회사, 본인신용정보관리회사 및 채권추심회사 간의 건전한 업무질서를 유지하기 위한 업무, ⅱ) 신용정보 관련 산업의 발전을 위한 조사·연구 업무, ⅲ) 신용정보 관련 민원의 상담·처리, ⅳ) 신용정보법 및 다른 법령에서 신용정보협회가 할 수 있도록 허용한 업무, ⅴ) 신용정보회사, 본인신용정보관리회사 및 채권추심회사의 경영과 관련된 정보의 수집 및 통계의 작성 업무, ⅵ) 신용정보 관련 산업에 관한 교육 (아래 신용정보 관련 산업 임직원 등에 대한 교육 제외) 및 출판 업무(관련 시설의 운영을 포함), ⅶ) 신용정보법 또는 다른 법령에서 신용정보협회에 위임·위탁한 업무, ⅷ) 신용정보 관련 산업 임직원 등에 대한 교육 및 표준 교재 제작 업무를 한다 (법44③, 영36).

제3절 민법 준용

신용정보협회에 대하여 신용정보법에서 정한 것을 제외하고는 민법 중 사단 법인에 관한 규정을 준용한다(법44④).

신용정보주체의 보호

제 1 장

신용정보활용체제의 공시

제1절 공시기관

개인신용평가회사, 개인사업자신용평가회사, 기업신용조회회사, 신용정보집중기관 및 대통령령으로 정하는 신용정보제공·이용자는 공시사항을 공시하여야 한다(법31①).

위에서 "대통령령으로 정하는 신용정보제공·이용자"란 "시행령 제2조 제6항 제7호 가목부터 허목까지" 및 "제21조 제2항 제1호부터 제21호까지의 자"를 말한다(영27①). 여기서는 "시행령 제2조 제6항 제7호 가목부터 허목까지" 및 "제21조 제2항 제1호부터 제21호까지의 자"를 나누어 살펴본다.

I. 시행령 제2조 제6항 제7호 가목부터 허목까지의 자

시행령 제2조 제6항 제7호 가목부터 허목까지의 자는 금융지주회사, 기술보증기금, 농업협동조합, 농업협동조합중앙회, 농협은행, 한국무역보험공사, 보험회사, 산림조합, 산림조합중앙회, 상호저축은행, 상호저축은행중앙회, 새마을금고,

새마을금고중앙회, 수산업협동조합, 수산업협동조합중앙회, 수협은행, 신용보증기금, 신용협동조합, 신용협동조합중앙회, 여신전문금융회사(여신전문금융업법 제3조 제3항 제1호에 따라 허가를 받거나 등록을 한 자를 포함), 예금보험공사 및 정리금융회사, 은행(외국은행의 지점 또는 대리점 포함), 금융투자업자·증권금융회사·종합금융회사·자금중개회사 및 명의개서대행회사, 중소기업은행, 신용보증재단과 그 중앙회, 한국산업은행, 한국수출입은행, 한국주택금융공사(영2⑥(7) 가목부터 허목)를 말한다.

Ⅱ. 시행령 제21조 제2항 제1호부터 제21호까지의 자

시행령 제21조 제2항 제1호부터 제21호까지의 자는 건설산업기본법에 따른 공제조합, 국채법에 따른 국채등록기관, 한국농수산식품유통공사, 신용회복위원회, 근로복지공단, 소프트웨어 진흥법에 따른 소프트웨어공제조합, 엔지니어링산업 진흥법에 따른 엔지니어링공제조합, 정리금융공사, 체신관서, 전기공사공제조합, 주택도시보증공사, 중소벤처기업진흥공단, 중소기업창업투자회사 및 벤처투자조합, 중소기업중앙회, 한국장학재단, 한국자산관리공사, 국민행복기금, 서민금융진흥원, 금융위원회에 등록한 대부업자등, 산업발전법 제40조 제1항 제1호에 따른 자본재공제조합, 소상공인시장진흥공단(영21②(1)-(21))을 말한다.

제2절 공시사항

Ⅰ. 공시사항의 내용

공시사항은 ⅰ) 개인신용정보 보호 및 관리에 관한 기본계획(총자산, 종업원 수 등을 고려하여 대통령령으로 정하는 자로 한정)(제1호), ⅱ) 관리하는 신용정보의 종류 및 이용 목적(제2호), ⅲ) 신용정보를 제공받는 자(제3호), ⅳ) 신용정보주체의 권리의 종류 및 행사 방법(제4호), ⅴ) 신용평가에 반영되는 신용정보의 종류, 반영비중 및 반영기간(개인신용평가회사, 개인사업자신용평가회사 및 기업신용등급제공업무·기술신용평가업무를 하는 기업신용조회회사로 한정)(제5호), vi) 개인정보 보호법 제30조 제1항 제6호 및 제7호1)의 사항(제6호), vii) 검증위원회의 심의 결과 (법 제26조의3에 따른 개인신용평가체계 검증 대상인 자에 한정)(제7호, 영27③)를 말한다(법31①).

위 제1호에서 "대통령령으로 정하는 자"란 i) 개인신용평가회사, 개인사업자신용평가회사, 기업신용조회회사 및 신용정보집중기관 중 어느 하나에 해당하는 기관이어야 하고, ii) 직전 사업연도 말 기준으로 총자산이 2조원 이상이고 상시 종업원 수가 300명 이상이어야 한다. 이 경우 상시 종업원 수는 소득세법에 따른 원천징수의무자가 근로소득세를 원천징수한 자의 수로 한다(영27②, 감독규정33의4).

Ⅱ. 공시사항 변경

공시사항을 변경하는 경우에는 개인정보 보호법 제30조 제2항에 따른 방법을 준용한다(법31②). 따라서 공시사항을 변경하는 경우에는 신용정보주체가 쉽게 확인할 수 있도록 대통령령으로 정하는 방법에 따라 공개하여야 한다(개인정보 보호법30②).2)

---

1) 6. 제31조에 따른 개인정보 보호책임자의 성명 또는 개인정보 보호업무 및 관련 고충사항을 처리하는 부서의 명칭과 전화번호 등 연락처
   7. 인터넷 접속정보파일 등 개인정보를 자동으로 수집하는 장치의 설치·운영 및 그 거부에 관한 사항(해당하는 경우에만 정한다)
2) 개인정보 보호법 시행령 제31조(개인정보 처리방침의 내용 및 공개방법 등) ② 개인정보처리자는 법 제30조 제2항에 따라 수립하거나 변경한 개인정보 처리방침을 개인정보처리자의 인터넷 홈페이지에 지속적으로 게재하여야 한다.
   ③ 제2항에 따라 인터넷 홈페이지에 게재할 수 없는 경우에는 다음의 어느 하나 이상의 방법으로 수립하거나 변경한 개인정보 처리방침을 공개하여야 한다.
   1. 개인정보처리자의 사업장등의 보기 쉬운 장소에 게시하는 방법
   2. 관보(개인정보처리자가 공공기관인 경우만 해당)나 개인정보처리자의 사업장등이 있는 시·도 이상의 지역을 주된 보급지역으로 하는 신문법 제2조 제1호 가목·다목 및 같은 조 제2호에 따 른 일반일간신문, 일반주간신문 또는 인터넷신문에 싣는 방법
   3. 같은 제목으로 연 2회 이상 발행하여 정보주체에게 배포하는 간행물·소식지·홍보지 또는 청구서 등에 지속적으로 싣는 방법
   4. 재화나 용역을 제공하기 위하여 개인정보처리자와 정보주체가 작성한 계약서 등에 실어 정보주체에게 발급하는 방법

제3절 공시방법

공시사항을 공시하는 경우에는 ⅰ) 점포·사무소 안의 보기 쉬운 장소에 갖춰 두고 열람하게 하는 방법, 또는 ⅱ) 해당 기관의 인터넷 홈페이지를 통하여 해당 신용정보주체가 열람할 수 있게 하는 방법으로 해야 한다(영27④).

제4절 위반시 제재

법 제31조를 위반한 자(제9호)에게는 1천만원 이하의 과태료를 부과한다(법 52⑤(9)).

제 2 장

개인신용정보 관련 보호 등

제1절 개인신용정보의 제공·활용에 대한 동의

Ⅰ. 정보제공자와 정보수령자의 동의

1. 정보제공과 신용정보주체의 동의 여부

(1) 사전 개별 동의

신용정보제공·이용자가 개인신용정보를 타인에게 제공하려는 경우에는 해당 신용정보주체로부터 서면 등 일정한 방식으로 개인신용정보를 제공할 때마다 미리 개별적으로 동의를 받아야 한다(법32① 본문). 다만, 기존에 동의한 목적 또는 이용 범위에서 개인신용정보의 정확성·최신성을 유지하기 위한 경우에는 그러하지 아니하다(법32① 단서).

(2) 동의방식

신용정보제공·이용자가 개인신용정보를 타인에게 제공하려는 경우에는 해당 신용정보주체로부터 ⅰ) 서면(제1호), ⅱ) 전자서명법 제2조 제2호1)에 따른 전자서명(서명자의 실지명의를 확인할 수 있는 것)이 있는 전자문서(전자문서법 제2조 제1호2)에 따른 전자문서)(제2호), ⅲ) 개인신용정보의 제공 내용 및 제공 목적 등을 고려하여 정보 제공 동의의 안정성과 신뢰성이 확보될 수 있는 유무선 통신으로 개인비밀번호를 입력하는 방식(제3호), ⅳ) 유무선 통신으로 동의 내용을 해당 개인에게 알리고 동의를 받는 방법. 이 경우 본인 여부 및 동의 내용, 그에 대한 해당 개인의 답변을 음성녹음하는 등 증거자료를 확보·유지하여야 하며, 대통령령으로 정하는 바에 따른 사후 고지절차를 거친다(제4호). ⅴ) 그 밖에 대통령령으로 정하는 방식(제5호)으로 개인신용정보를 제공할 때마다 미리 개별적으로 동의를 받아야 한다(법32① 본문).

위 제5호에서 "대통령령으로 정하는 방식"이란 정보 제공 동의의 안전성과 신뢰성이 확보될 수 있는 수단을 활용함으로써 해당 신용정보주체에게 동의 내용을 알리고 동의의 의사표시를 확인하여 동의를 받는 방식을 말한다(영28④).

(3) 고려사항과 동의의 안전성과 신뢰성 확보

정보 제공 동의의 안전성과 신뢰성이 확보될 수 있는 수단을 활용함으로써 해당 신용정보주체에게 동의 내용을 알리고 동의의 의사표시를 확인하여 동의를 받는 방식(영28④)으로 해당 신용정보주체로부터 개인신용정보의 제공에 관한 동의를 받는 경우 신용정보제공·이용자와 개인신용평가회사, 개인사업자신용평가회사, 기업신용조회회사 또는 신용정보집중기관으로부터 개인신용정보를 제공받으려는 자는 다음의 사항 등을 고려하여 정보 제공 동의의 안전성과 신뢰성이 확보될 수 있는 수단을 채택하여 활용해야 한다(영28⑤).

1. 금융거래 등 상거래관계의 유형·특성·위험도
2. 다음의 어느 하나에 해당하는 자의 업무 또는 업종의 특성
　　가. 신용정보제공·이용자

---

1) 2. "전자서명"이란 다음의 사항을 나타내는 데 이용하기 위하여 전자문서에 첨부되거나 논리적으로 결합된 전자적 형태의 정보를 말한다.
　　가. 서명자의 신원
　　나. 서명자가 해당 전자문서에 서명하였다는 사실
2) 1. "전자문서"란 정보처리시스템에 의하여 전자적 형태로 작성·변환되거나 송신·수신 또는 저장된 정보를 말한다.

　　나. 개인신용평가회사, 개인사업자신용평가회사, 기업신용조회회사로부터 개
　　　 인신용정보를 제공받으려는 자
　　다. 신용정보집중기관으로부터 개인신용정보를 제공받으려는 자
　3. 정보 제공 동의를 받아야 하는 신용정보주체의 수

(4) 사전 고지사항과 동의

　신용정보제공·이용자는 해당 신용정보주체로부터 동의를 받으려면 ⅰ) 개
인신용정보를 제공받는 자(제1호), ⅱ) 개인신용정보를 제공받는 자의 이용 목적
(제2호), ⅲ) 제공하는 개인신용정보의 내용(제3호), ⅳ) 개인신용정보를 제공받는
자(개인신용평가회사, 개인사업자신용평가회사, 기업신용조회회사 및 신용정보집중기관
은 제외)의 정보 보유 기간 및 이용 기간(제4호), ⅴ) 동의를 거부할 권리가 있다
는 사실 및 동의 거부에 따른 불이익이 있는 경우에는 그 불이익의 내용(제5호)
을 사항을 미리 알려야 한다(영28② 본문). 다만, 동의 방식의 특성상 동의 내용을
전부 표시하거나 알리기 어려운 경우에는 해당 기관의 인터넷 홈페이지 주소나
사업장 전화번호 등 동의 내용을 확인할 수 있는 방법을 안내하고 동의를 받을
수 있다(영28② 단서).

　신용정보제공·이용자는 사전 고지사항의 내용에 변경이 있는 경우에는 인
터넷 홈페이지 게시 등을 통해 해당 신용정보주체에게 알려야 한다(감독규정34).

(5) 유무선 통신을 통한 동의와 고지사항의 고지

　신용정보제공·이용자는 법 제32조 제1항 제4호에 따라 유무선 통신을 통하
여 동의를 받은 경우에는 1개월 이내에 서면, 전자우편, 휴대전화 문자메시지의
방법으로 고지사항을 고지하여야 한다(영28③).

❚ 관련 판례
　① 대법원 2000. 7. 28. 선고 99도6 판결
　학교 졸업앨범 등을 통하여 입수한 졸업생의 이름, 주소, 전화번호 등은
같은 법령에서 그 제공 또는 사용시 개인의 서면 동의를 받도록 규정하고 있
는 "개인신용정보"에 속하지 않는다.
　② 대법원 2015.5.14. 선고 2015다1178 판결
　[1] 구 신용정보의 이용 및 보호에 관한 법률(2009. 4. 1. 법률 제9617호로

전부 개정되기 전의 것, 이하 '구 신용정보법'이라고 한다) 제23조 제1항에 의하면, 신용정보제공·이용자는 개인신용정보를 신용정보업자 등에게 제공하고자 하는 경우에는 개인으로부터 서면 등의 방식에 의한 동의를 얻어야 했다. 한편 개정 신용정보의 이용 및 보호에 관한 법률(2009. 4. 1. 법률 제9617호로 전부 개정되어 2009. 10. 2. 시행된 것, 이하 '개정 신용정보법'이라고 한다)은 신용정보제공·이용자가 대출, 보증에 관한 정보 등 개인신용정보를 타인에게 제공하려는 경우에는 해당 개인으로부터 서면 등의 방식으로 미리 동의를 받아야 하고(제32조 제1항), 신용조회회사 또는 신용정보집중기관으로부터 개인신용정보를 제공받으려는 자도 해당 개인으로부터 서면 등의 방식으로 동의를 받아야 하며 이때 개인신용정보를 제공받으려는 자는 해당 개인에게 개인신용정보의 조회 시 신용등급이 하락할 수 있음을 고지하여야 한다(제32조 제2항)고 규정하고 있다. 그리고 개정 신용정보법 부칙 제3조는, 개정 신용정보법 시행 전에 개인인 신용정보주체로부터 개정 신용정보법 제32조 제1항에 따른 동의를 받아 개인신용정보를 확인한 후 해당 개인과 금융거래 등 상거래관계를 설정한 경우 그 상거래관계의 유지·관리를 위한 목적으로 해당 신용정보주체에 관한 개인신용정보를 제공받으려는 경우에는 개정 신용정보법 제32조 제2항을 적용하지 아니한다고 규정하고 있다.

위와 같은 구 신용정보법 및 개정 신용정보법의 규정을 종합하면, 신용정보제공·이용자가 개정 신용정보법이 2009. 10. 2. 시행되기 전에 개인인 신용정보주체로부터 구 신용정보법 제23조 제1항에 따라 개인신용정보를 신용정보업자 등에게 제공하기 위한 서면 등의 방식에 의한 동의를 받아 해당 개인과 금융거래 등 상거래관계를 설정하였다면 개정 신용정보법이 시행된 이후에도 그 상거래관계의 유지·관리를 위한 목적으로 해당 신용정보주체에 관한 개인신용정보를 제공받으려는 경우에는 추가로 개정 신용정보법 제32조 제2항에 따른 동의를 받지 않아도 된다고 보아야 한다.

[2] 원심은, 그 채택 증거에 의하면 피고의 담당직원이 2011. 7. 15. 원고로부터 개정 신용정보법 제32조 제2항에 따른 동의를 받지 않고 원고의 신용정보를 무단으로 조회한 사실이 인정되므로 이와 같은 무단 신용정보 조회행위는 원고에 대하여 불법행위를 구성한다고 판단하였다.

[3] 그러나 원심의 위와 같은 판단은 다음과 같은 이유에서 수긍하기 어렵다.

원심판결 이유와 기록에 의하면, 원고는 2006. 3. 21. 피고와 최초 대출거래약정을 체결하면서 피고가 그 대출거래약정과 관련하여 원고로부터 취득한 신용정보를 다른 신용정보업자 등에게 제공하는 것에 동의하는 내용의 '개인신용정보의 제공활용 동의서'를 피고에게 작성·교부한 사실, 원고는 위 최초대출금의 상환을 연기하기 위하여 2010. 3. 8.과 2010. 4. 23. 및 2010. 7. 23. 피고와 사이에 3차례에 걸쳐 변경대출약정을 체결하면서 그 각 변경대출약정에 따른 대출금으로 직전의 대출금을 순차적으로 변제한 사실, 2010. 7. 23.자 변경대출약정에 따른 대출금의 변제기인 2011. 7. 25.이 다가오자, 피고 담당직원은 2011. 7. 15. 그 대출금의 변제기를 다시 연장할 것인지를 심사하기 위하여 나이스평가정보 주식회사에 원고의 신용정보를 조회한 사실을 알 수 있다.

이와 같은 사실관계를 위 법리에 비추어 살펴보면, 피고는 개정 신용정보법이 시행되기 전인 2006. 3. 21. 원고와 최초 대출거래약정을 체결하면서 구 신용정보법 제23조 제1항에 따라 원고로부터 개인신용정보를 신용정보업자 등에게 제공하기 위한 서면 동의를 받았고 위 대출거래약정에 따른 거래관계는 그 대출금 변제기를 연장하기 위한 변경대출약정을 통하여 계속되고 있었다고 보아야 하므로, 개정 신용정보법이 시행된 후라고 하더라도 그 변경대출약정에 따른 대출금의 변제기를 다시 연장할 것인지를 심사하기 위해서는 원고로부터 개정 신용정보법 제32조 제2항에 따른 동의를 추가로 받지 않아도 원고의 신용정보를 제공받을 수 있다고 할 것이다. 따라서 피고 담당직원이 2011. 7. 15. 원고의 동의를 받지 아니하고 위와 같이 신용정보를 조회하였다고 하더라도 이로 인하여 원고에 대한 불법행위가 성립하지 않는다.

그럼에도 원심이 이와 다른 전제에서 2011. 7. 15.자 신용정보 조회로 인하여 원고에 대한 불법행위가 성립한다고 판단하였으니, 이러한 원심판결에는 신용정보법상 개인신용정보의 제공·활용에 대한 동의에 관한 법리를 오해한 위법이 있다.

③ 대법원 2012. 9. 27. 선고 2011다31546 판결

[1] 원심판결 이유에 의하면, 원심은 그 채용증거들을 종합하여 원고는 피

고로부터 5,000만 원을 차용하였으나 2010. 3. 21. 이자 249,418원을 연체한 사실, 피고는 2010. 3. 말경 그 연체정보를 다른 금융기관에게 제공하여 원고로 하여금 하나카드 등으로부터 일시 거래정지를 당하게 한 사실 등을 인정한 다음, 구「신용정보의 이용 및 보호에 관한 법률」(2009. 4. 1. 법률 제9617호로 전부 개정되기 전의 것, 이하 '구 신용정보법'이라 한다) 제23조 제1항 및 그 시행령(2009. 10. 1. 시행령 제21765호로 전부 개정되기 전의 것, 이하 '구 시행령'이라 한다) 제2조 제1항, 제12조 제3항의 규정과 원고가 대출 당시 서명한 '개인신용정보의 제공·활용 동의서'에 의하면, 피고가 원고의 동의를 얻어 신용정보업자 등에게 제공할 수 있는 개인신용정보에 연체정보는 포함되지 않는 점, 신용정보관리규약 제6조 제1항에 의하면, 연체정보는 대출원금, 이자를 3개월 이상 연체한 경우에 등록한다고 규정되어 있는 점 등을 종합하면, 원고가 3개월 이상 연체하지 않았음에도 피고가 원고의 연체정보를 금융기관에 제공한 행위는 불법행위를 구성하므로 피고는 이로 인하여 원고가 입은 정신적 손해를 배상할 책임이 있다고 판단하여 원고의 청구를 일부 인용하였다.

[2] 그러나 원심의 위와 같은 판단은 다음과 같은 이유로 수긍하기 어렵다.

(가) 구 신용정보법은 2009. 4. 1. 법률 제9617호로 전부 개정되어 2009. 10. 1.부터 시행되었고, 개정된 신용정보법 제32조 제1항은 신용정보제공·이용자가 대출, 보증에 관한 정보 등 대통령령으로 정하는 개인신용정보를 타인에게 제공하려는 경우에는 해당 개인으로부터 일정한 방식으로 미리 동의를 받아야 한다고 규정하고 있다. 개정된 신용정보법에 따라 2009. 10. 1. 전부 개정되어 같은 날 시행된 신용정보법 시행령 제2조 제1항, 제2항, 제28조 제1항은 위 신용정보법 제32조 제1항에서 대통령령으로 정하는 개인신용정보라 함은, ① 성명·주소 등 개인을 식별할 수 있는 정보, ② 대출·보증 등 개인의 거래내용을 판단할 수 있는 정보, ③ 연체·부도 등 개인의 신용도를 판단할 수 있는 정보, ④ 재산·채무·소득의 총액·납세실적 등 개인의 신용거래능력을 판단할 수 있는 정보, ⑤ 법원의 금치산선고 등의 재판, 개인회생·파산·경매 등과 관련된 결정, 세금·벌금·과태료 등의 체납 관련 정보 등을 말하되, 다만 위 ③의 정보 중 신용정보집중기관 또는 신용조회회

사에 제공하려는 연체·부도 등 개인의 신용도를 판단할 수 있는 정보 등은 제외한다고 규정하고 있다.

(나) 위 신용정보법 및 시행령에 의하면, 금융기관인 피고가 영업과 관련하여 얻은 개인의 신용정보를 2009. 10. 1. 이후에 타인에게 제공한 행위에 관하여는 구 신용정보법이 아닌 개정된 신용정보법이 적용되어야 할 것이다. 또한 금융기관인 피고가 타인에게 개인의 신용정보를 제공하려면 미리 해당 개인으로부터 동의를 받아야 하지만, 신용정보집중기관 또는 신용조회회사에 개인의 연체에 관한 정보를 제공하는 경우에는 해당 개인의 동의 없이 제공할 수 있다고 봄이 상당하다.

원심판결 이유 및 기록에 의하면, 피고가 원고의 연체에 관한 정보를 타인에게 제공한 시기는 2010. 3. 말경인 사실을 알 수 있다. 따라서 원심으로서는 구 신용정보법 및 시행령에 의하여 판단할 것이 아니라, 2009. 4. 1. 전부 개정되어 2009. 10. 1. 시행된 개정 신용정보법 및 시행령을 적용하여 판단하였어야 할 것이다.

한편 원심은 피고가 원고의 연체에 관한 정보를 '다른 금융기관'에 제공하였다는 전제에서 피고의 불법행위책임을 인정하였다. 그러나 기록을 살펴보아도 원고는 피고가 원고의 연체정보를 '다른 금융기관'에게 제공하였다고 주장한 바는 없고, 또 그와 같은 사실을 인정할 증거도 없다. 오히려 기록에 의하면 피고는 한국신용정보 주식회사 등에게 원고의 연체 정보를 제공하였고 다른 금융기관은 한국신용정보 주식회사로부터 그 정보를 제공받은 것으로 보일 뿐이다.

그렇다면 원심으로서는 피고로부터 원고의 연체에 관한 정보를 제공받은 한국신용정보 주식회사 등이 신용정보집중기관 또는 신용조회회사에 해당하는지 등에 관하여 심리하고, 피고의 이 사건 연체정보 제공행위가 위 신용정보법 및 시행령에 위배되는지 여부를 판단하였어야 한다.

(다) 다른 한편 신용정보법에 의한 종합신용정보집중기관인 전국은행연합회가 제정한 신용정보관리규약에는 신용정보주체가 대출원금, 이자 등을 3개월 이상 연체한 경우에는 사유발생일로부터 10일 이내에 전국은행연합회에 등록하도록 규정되어 있지만, 이는 개별 금융기관이 전국은행연합회에 신용

정보를 등록하는 데 적용되는 기준을 정한 것일 뿐이므로, 신용조회회사 등에게 연체정보를 제공할 때도 그 기준을 따라야만 한다고 볼 것은 아니라 할 것이다. 따라서 원고가 대출원금 또는 이자를 3개월 이상 연체하지 않았다는 사정만으로 피고가 원고의 연체에 관한 정보를 한국신용정보 주식회사 등에게 제공한 행위가 불법행위를 구성한다고 보기도 어렵다고 보인다.

[3] 그럼에도 불구하고, 원심은 구 신용정보법 및 시행령의 규정 등에 비추어 볼 때 피고가 원고의 3개월 미만 연체정보를 다른 금융기관에 제공한 것은 불법행위가 성립한다고 판단하였으니, 원심판결에는 신용정보법 등에 관한 법리를 오해하는 등으로 판결 결과에 영향을 미친 위법이 있다.

④ 대법원 2006. 6. 15. 선고 2004도1639 판결

[1] '신용정보의 이용 및 보호에 관한 법률' 제2조 제1호, 같은 법 시행령 제2조 제1항 제1 내지 6호, 같은 법 시행규칙 제2조 제1항, 제2항에 의하면, 같은 법 제15조의 '개인신용정보'는 '금융거래 등 상거래에 있어서 거래상대방에 대한 식별·신용도·신용거래능력 등의 판단을 위하여 필요로 하는 정보로서 식별정보, 신용거래정보, 신용능력정보, 공공기록정보, 신용등급정보, 신용조회정보 등'을 말하고, '개인의 성명·주소·주민등록번호(외국인의 경우 외국인등록번호 또는 여권번호)·성별·국적 및 직업 등 특정 신용정보주체를 식별할 수 있는 정보'로서의 이른바 '식별정보'는 나머지 신용정보와 결합되는 경우에 한하여 개인신용정보에 해당한다.

기록에 의하면, 피고인 2는 ○○ 카드를 발급받지 아니한 자 중 신용도가 좋은 사람을 상대로 ○○ 카드발급을 권유하여 ○○ 카드회원으로 유치하기 위하여 피고인 1로부터 인터넷 업체 회원들의 성명, 주민등록번호 등의 식별정보가 수록된 콤팩트디스크를 건네받은 후 피고인 3 주식회사의 신용정보 조회 전산자료인 일명 '△△(영문명칭 생략)'를 검색하여 인터넷 업체 회원 개인이 ○○ 카드를 발급받았는지, 신용카드 사용대금을 연체하였는지, 신용불량자인지 여부를 알아본 사실을 인정할 수 있다.

이러한 사실관계를 앞서 본 법리에 비추어 살펴보면, 피고인 2가 피고인 1로부터 인터넷 업체 회원들의 식별정보가 수록된 콤팩트디스크를 넘겨받았다 하더라도 이것만으로는 개인신용정보 수집행위에 해당하지 아니한다 할

것이고, 위 전산자료의 내용이 부정확하다는 등의 자료가 없는 이 사건에서
는 피고인 3 주식회사의 신용정보조회 전산자료를 검색하여 신용카드 발급
여부 등을 알아보는 것만으로는 그 내용이 진실한지에 관하여 의문이 있는
불확실한 신용정보의 수집이나 조사라고 보기 어렵고, 달리 이를 인정할 만
한 증거도 없는 이상, 원심이 같은 취지에서 피고인들의 불확실한 개인신용
정보의 수집·조사와 관련한 공소사실에 관하여 무죄를 선고한 것은 정당하
고, 거기에 상고이유에서 주장하는 바와 같은 법리오해의 잘못이 없다.

[2] '신용정보의 이용 및 보호에 관한 법률' 제23조, 같은 법 시행령 제12
조, 금융감독위원회 신용정보감독규정 제20조, 같은 규정의 별지 제7호 서식
을 종합해 보면, 신용정보제공·이용자가 같은 법 제23조의 '개인신용정보'를
신용정보업자 등에게 제공하고자 하는 경우에는 제공할 신용정보의 내용, 제
공대상자, 용도 또는 목적이 명시된 서면에 의한 동의를 얻어야 하고, 동의
서에 명시된 신용정보의 내용, 제공대상자, 용도나 목적과 다르게 개인신용
정보를 제공하였다면 이는 서면에 의한 동의 없이 개인신용정보를 제공한
경우에 해당한다 할 것이다.

피고인 3 주식회사가 상고이유에서 주장하는 바와 같은 'ㅇㅇ 카드 가맹점
가입 신청서'의 '개인신용정보의 제공·활용 동의서'에는 개인신용정보 제공
의 용도나 목적이 "본인의 신용을 판단하기 위한 자료로서 활용하거나 또는
공공기관에서 정책자료로서 활용하도록 하는 데"로 제한되어 있음에도, 원심
에서 채용한 증거에 의하면, 피고인 2는 ㅇㅇ 카드회원을 모집하기 위하여
피고인 1에게 개인신용정보를 건네줌으로써 동의서에 명시하지 아니한 용도
나 목적으로 개인신용정보를 제공한 사실을 인정할 수 있는바, 이러한 사실
관계와 앞서 본 법리를 종합해 보면, 이는 서면에 의한 동의 없이 개인신용
정보를 신용정보업자 등에게 제공한 경우에 해당하고, 그뿐만 아니라 기록에
의하면 피고인 3 주식회사가 위 상고이유에서 주장하는 바와 같은 서면동의
를 받았다고 볼 만한 어떠한 자료도 찾아볼 수 없으므로, 원심이 이 부분 공
소사실을 유죄로 인정한 것은 정당하고, 거기에 상고이유에서 주장하는 바와
같이 채증법칙을 위반하여 사실을 잘못 인정한 위법 등이 없다.

** 금융위원회 질의회신(2023. 9. 20.) ────────────────────

〈질의〉

▫ 온라인대출모집인의 대출조회서비스 제공 과정에서 정보주체로부터 최초 1회 동의를 얻어 개인신용정보를 제휴 금융기관에게 정기 제공하는 것이 가능한지?

〈회신〉

▫ 온라인대출모집인의 대출조회 서비스 제공을 위하여 제휴 금융기관에게 개인신용정보를 제공하는 경우에는 제공할 때마다 미리 개별적으로 동의를 받아야 하나, (i) 최초 동의의 목적 또는 이용 범위 내에서 (ii) 개인신용정보의 정확성·최신성을 유지하기 위한 경우에는 그 예외를 인정할 수 있습니다.

〈이유〉

▫ 신용정보법은 신용정보제공·이용자가 개인신용정보를 타인에게 제공하려는 경우에는 해당 신용정보주체로부터 개인신용정보를 제공할 때마다 미리 개별적으로 동의를 받도록 하고 있습니다(신용정보법 제32조 제1항).

• 다만, (i) 기존에 동의한 목적 또는 이용 범위에서 (ii) 개인신용정보의 정확성·최신성을 유지하기 위한 경우에 한해 예외를 인정하고 있습니다(신용정보법 제32조 제1항 단서).

− 이는 개별 동의를 일률적으로 적용시 오히려 정보주체의 자기결정권 보장에 실익이 없는 반면, 금융서비스 제공 과정 등에서 정확한 신용도 판단이 곤란해 질 우려가 있다는 점 등을 고려한 것입니다.

▫ 구체적 사실관계에 따라 다를 수 있으나 (i) 처리 목적을 정기 조회 등으로 명시하고, 개인신용정보 이용·보유 기간을 정기 대출조회라는 동의 목적 달성을 위한 범위 내로 제한한 경우 등에는 기존 동의의 목적 또는 이용 범위의 변경이 발생했다고 보기는 어려울 것으로 판단됩니다.

• 한편, 정보주체가 동의한 범위 내에서, 정기적으로 정확한 금리정보, 대출한도 등을 산출하기 위해 개인신용정보를 제공하는 것은 특별한 사정이 없는 한 개인신용정보의 정확성·최신성을 유지하기 위한 경우로 볼 수 있을 것으로 판단됩니다.

** 금융위원회 질의회신(2023. 6. 29.) ───────────────

〈질의〉

□ 신용회복위원회가 신용정보에 해당하는 "신용회복위원회 지원정보"를 서울금융복지상담센터(이하 "서울상담센터")에 제공하는 것이 가능한지?

〈회신〉

□ 신용정보 제공·이용자인 신용회복위원회가 개인신용정보를 서울상담센터에 제공하려는 경우 신용정보주체로부터 제공할때마다 미리 개별적으로 동의를 받아야 합니다.

〈이유〉

□ 신용정보 제공·이용자는 개인신용정보를 타인에 제공하려는 경우 신용정보주체로부터 제공할때마다 미리 개별적으로 동의를 받아야 합니다(신용정보법 제32조 제1항).

• 이와 별개로 서울금융복지상담센터가 신용정보법 제15조 등에 따른 신용정보를 수집·처리할 수 있는 신용정보제공·이용자에 해당하는지 등에 대해서는 해당 기관의 성격 등에 대한 구체적인 사실관계 확인이 필요할 것으로 판단됩니다.

* 신용정보제공·이용자란 고객과의 금융거래 등 상거래를 위하여 본인의 영업과 관련하여 얻거나 만들어 낸 신용정보를 타인에게 제공하거나 타인으로부터 신용정보를 제공받아 본인의 영업에 이용하는 자와 그 밖에 이에 준하는 자를 일컫는바(신용정보법 제2조 제7호),

□ 한편, 신용정보제공·이용자인 신용회복위원회는 신용정보법 또는 정관으로 정한 업무범위에서 수집 처리의 목적을 명확히 하여야 하며, 그 목적달성에 필요한 최소한의 범위에서 개인신용정보를 처리하여야 합니다(신용정보법 제15조).

• 그러므로 신용회복위원회는 서울상담센터에 "신용회복위원회 지원정보"를 제공하는 것이 업무범위내인지, 그 목적달성에 필요한 최소한의 범위인지를 확인할 필요가 있을 것으로 사료됩니다.

───────────────────────────────

2. 정보수령자의 동의와 고지

(1) 개별 동의와 고지

개인신용평가회사, 개인사업자신용평가회사, 기업신용조회회사 또는 신용정보집중기관으로부터 개인신용정보를 제공받으려는 자는 해당 신용정보주체로부터 법 제32조 제1항 각 호의 어느 하나에 해당하는 방식(＝서면등)으로 개인신용정보를 제공받을 때마다 개별적으로 동의(기존에 동의한 목적 또는 이용 범위에서 개인신용정보의 정확성·최신성을 유지하기 위한 경우는 제외)를 받아야 한다(법32②전단). 이 경우 개인신용정보를 제공받으려는 자는 개인신용정보의 조회 시 개인신용평점이 하락할 수 있는 때에는 해당 신용정보주체에게 이를 고지하여야 한다(법32② 후단).

(2) 사전 고지사항과 동의

개인신용평가회사, 개인사업자신용평가회사, 기업신용조회회사 또는 신용정보집중기관으로부터 개인신용정보를 제공받으려는 자는 ⅰ) 개인신용정보를 제공하는 자(제1호), ⅱ) 개인신용정보를 제공받는 자의 이용 목적(제2호), ⅲ) 제공받는 개인신용정보의 항목(제3호), ⅳ) 개인신용정보를 제공받는 것에 대한 동의의 효력기간(제4호), ⅴ) 동의를 거부할 권리가 있다는 사실 및 동의 거부에 따른 불이익이 있는 경우에는 그 불이익의 내용(제5호)을 해당 개인에게 알리고 동의를 받아야 한다(영28⑥ 본문). 다만, 동의방식의 특성상 동의 내용을 전부 표시하거나 알리기 어려운 경우에는 해당 기관의 인터넷 홈페이지 주소나 사업장 전화번호 등 동의 내용을 확인할 수 있는 방법을 안내하고 동의를 받을 수 있다(영28⑥ 단서).

(3) 사전 고지사항 변경과 통지

사전 고지사항(영28⑥ 각호)의 내용에 변경이 있는 경우에는 인터넷 홈페이지 게시 등을 통해 해당 신용정보주체에게 알려야 한다(감독규정35).

3. 정보제공자의 정보수령자의 동의 여부 확인

(1) 동의 여부 확인과 점검

개인신용평가회사, 개인사업자신용평가회사, 기업신용조회회사 또는 신용정보집중기관이 개인신용정보를 제공하는 경우에는 해당 개인신용정보를 제공받으려는 자가 동의를 받았는지를 확인하여야 한다(법32③).

이에 따라 개인신용평가회사, 개인사업자신용평가회사, 기업신용조회회사 또는 신용정보집중기관은 개인신용정보를 제공받으려는 자가 해당 신용정보주체로부터 동의를 받았는지를 서면, 전자적 기록 등으로 확인하고, 확인한 사항의 진위 여부를 주기적으로 점검해야 한다(영28⑦).

(2) 조회동의 확인방식

개인신용평가회사, 개인사업자신용평가회사, 기업신용조회회사 또는 신용정보집중기관이 영 제28조 제7항에 따라 동의를 받았는지를 확인하고자 하는 경우에는 ⅰ) 동의서 사본을 제출받는 방식, ⅱ) 전자서명(서명자의 실지명의를 확인할 수 있는 것)이 있는 전자문서, ⅲ) 개인신용정보의 제공 내용 및 제공 목적 등을 고려하여 정보 제공 동의의 안정성과 신뢰성이 확보될 수 있는 유무선 통신으로 개인비밀번호를 입력하는 방식, ⅳ) 개인신용정보를 제공받으려는 자로부터 해당 개인의 조회동의 사실을 확인하였다는 기록을 전자적으로 제공받는 방식으로 확인할 수 있다(감독규정37①).

(3) 확인방식 선택

개인신용평가회사, 개인사업자신용평가회사, 기업신용조회회사 또는 신용정보집중기관은 개인신용정보를 제공받으려는 자의 업태, 정보관리능력 등을 고려하여 앞의 4가지 조회동의 확인방식 중 확인업무를 적절하게 수행할 수 있다고 판단되는 방식을 선택하여야 한다(감독규정37②).

(4) 사실확인의 진위 여부 점검

앞의 4가지 확인방식 중 개인신용정보를 제공받으려는 자로부터 해당 개인의 조회동의 사실을 확인하였다는 기록을 전자적으로 제공받는 방식을 통해 동의를 받았는지 확인하는 개인신용평가회사, 개인사업자신용평가회사, 기업신용조회회사 또는 신용정보집중기관은 사실 확인의 진위여부를 주기적으로 점검하여야 한다(감독규정37③).

4. 필수적 동의사항과 선택적 동의사항

(1) 구분 설명과 개별 동의

신용정보회사등은 개인신용정보의 제공 및 활용과 관련하여 동의를 받을 때에는 서비스 제공을 위하여 필수적 동의사항과 그 밖의 선택적 동의사항을 구분하여 설명한 후 각각 동의를 받아야 한다(법32④ 전단). 이 경우 필수적 동의사항은 서비스 제공과의 관련성을 설명하여야 하며, 선택적 동의사항은 정보제공에 동의하지 아니할 수 있다는 사실을 고지하여야 한다(법32④ 후단).

(2) 구분 설명시 필요적 고려사항

신용정보제공·이용자가 필수적 동의사항과 그 밖의 선택적 동의사항을 구분하는 경우에는 ⅰ) 신용정보주체가 그 동의사항에 대하여 동의하지 아니하면 그 신용정보주체와의 금융거래 등 상거래관계를 설정·유지할 수 없는지 여부(제1호), ⅱ) 해당 신용정보주체가 그 동의사항에 대하여 동의함으로써 제공·활용되는 개인신용정보가 신용정보제공·이용자와의 상거래관계에 따라 신용정보주체에게 제공되는 재화 또는 서비스(신용정보주체가 그 신용정보제공·이용자에게 신청한 상거래관계에서 제공하기로 한 재화 또는 서비스를 그 신용정보제공·이용자와 별도의 계약 또는 약정 등을 체결한 제3자가 신용정보주체에게 제공하는 경우를 포함한다)와 직접적으로 관련되어 있는지 여부(제2호), ⅲ) 신용정보주체가 그 동의사항에 대하여 동의하지 아니하면 신용정보법 또는 다른 법령에 따른 의무를 이행할 수 없는지 여부(제3호)를 고려해야 한다(영28⑧).

(3) 선택적 동의사항 부동의와 서비스 제공 거부 금지

신용정보회사등은 신용정보주체가 선택적 동의사항에 동의하지 아니한다는 이유로 신용정보주체에게 서비스의 제공을 거부하여서는 아니 된다(법32⑤).

(4) 구분 동의와 동의사항 이해

신용정보제공·이용자가 필수적 동의 사항과 그 밖의 선택적 동의사항을 구분하여 동의를 받는 경우 동의서 양식을 구분하는 등의 방법으로 신용정보주체가 각 동의사항을 쉽게 이해할 수 있도록 해야 한다(영28⑨).

Ⅱ. 정보제공과 동의 예외

1. 동의 예외 사유(제1호부터 제11호까지)

신용정보회사등(제9호의3을 적용하는 경우에는 데이터전문기관을 포함)이 개인
신용정보를 제공하는 경우로서 다음의 어느 하나에 해당하는 경우에는 앞에서
살펴본 법 제32조 제1항부터 제5항까지를 적용하지 아니한다(법32⑥).

1. 신용정보회사 및 채권추심회사가 다른 신용정보회사 및 채권추심회사 또는
   신용정보집중기관과 서로 집중관리·활용하기 위하여 제공하는 경우
2. 신용정보의 처리를 위탁하기 위하여 제공하는 경우
3. 영업양도·분할·합병 등의 이유로 권리·의무의 전부 또는 일부를 이전하면
   서 그와 관련된 개인신용정보를 제공하는 경우
4. 채권추심(추심채권을 추심하는 경우만 해당), 인가·허가의 목적, 기업의 신
   용도 판단, 유가 증권의 양수 등 대통령령으로 정하는 목적으로 사용하는 자
   에게 제공하는 경우
5. 법원의 제출명령 또는 법관이 발부한 영장에 따라 제공하는 경우
6. 범죄 때문에 피해자의 생명이나 신체에 심각한 위험 발생이 예상되는 등 긴
   급한 상황에서 제5호에 따른 법관의 영장을 발부받을 시간적 여유가 없는
   경우로서 검사 또는 사법경찰 관의 요구에 따라 제공하는 경우. 이 경우 개
   인신용정보를 제공받은 검사는 지체 없이 법관에게 영장을 청구하여야 하고,
   사법경찰관은 검사에게 신청하여 검사의 청구로 영장을 청구하여야 하며, 개
   인신용정보를 제공받은 때부터 36시간 이내에 영장을 발부받지 못하 면 지
   체 없이 제공받은 개인신용정보를 폐기하여야 한다.
7. 조세에 관한 법률에 따른 질문·검사 또는 조사를 위하여 관할 관서의 장이
   서면으로 요구하거나 조세에 관한 법률에 따라 제출의무가 있는 과세자료의
   제공을 요구함에 따라 제공하는 경우
8. 국제협약 등에 따라 외국의 금융감독기구에 금융회사가 가지고 있는 개인신
   용정보를 제공하는 경우
9. 법 제2조 제1호의4 나목 및 다목의 정보를 개인신용평가회사, 개인사업자신
   용평가회사, 기업신용등급제공업무·기술신용평가업무를 하는 기업신용조회
   회사 및 신용정보집중기관에 제공하거나 그로부터 제공받는 경우

9의2. 통계작성, 연구, 공익적 기록보존 등을 위하여 가명정보를 제공하는 경우.

이 경우 통계작성에는 시장조사 등 상업적 목적의 통계작성을 포함하며, 연구에는 산업적 연구를 포함한다.

9의3. 정보집합물의 결합 목적으로 데이터전문기관에 개인신용정보를 제공하는 경우

9의4. 다음의 요소를 고려하여 당초 수집한 목적과 상충되지 아니하는 목적으로 개인신용정보를 제공하는 경우

　가. 양 목적 간의 관련성

　나. 신용정보회사등이 신용정보주체로부터 개인신용정보를 수집한 경위

　다. 해당 개인신용정보의 제공이 신용정보주체에게 미치는 영향

　라. 해당 개인신용정보에 대하여 가명처리를 하는 등 신용정보의 보안대책을 적절히 시행하였는지 여부

10. 신용정보법 및 다른 법률에 따라 제공하는 경우

11. 제1호부터 제10호까지의 규정에 준하는 경우로서 대통령령으로 정하는 경우

신용정보법은 가명정보를 개인신용정보에 포함하면서 ⅰ) 가명정보에 대해서는 통계작성, 연구, 공익적 기록보존 등의 목적에 사용하는 경우(법32⑥(9의2)), ⅱ) 개인신용정보에 대해서는 당초 수집한 목적과 상충되지 않는 범위에서 일정한 요소를 고려하여(법32⑥(9의4)) 정보주체의 동의 없이 제공·활용할 수 있도록 함으로써 개인정보 보호를 위한 정보주체의 사전동의 규제를 완화하려는 취지로 이해된다.[3]

2. 동의 예외 사유: 채권추심 등의 목적(제4호)

위의 동의 예외 사유 제4호에서 "채권추심(추심채권을 추심하는 경우만 해당), 인가·허가의 목적, 기업의 신용도 판단, 유가증권의 양수 등 대통령령으로 정하는 목적"이란 다음의 목적을 말한다(영28⑩).

1. 채권추심을 의뢰한 채권자가 채권추심의 대상이 되는 자의 개인신용정보를 채권추심회사에 제공하거나 채권추심회사로부터 제공받기 위한 목적

2. 채권자 또는 채권추심회사가 변제기일까지 채무를 변제하지 않은 자 또는 채권추심의 대상이 되는 자에 대한 개인신용정보를 개인신용평가회사, 개인사

---

3) 정무위원회(2020), 13쪽.

업자신용평가회사 및 기업신용조회회사로부터 제공받기 위한 목적

3. 행정기관이 인가·허가 업무에 사용하기 위하여 개인신용평가회사, 개인사업
   자신용평가회사 및 기업신용조회회사로부터 개인신용정보를 제공받기 위한
   목적

4. 해당 기업과의 금융거래 등 상거래관계의 설정 및 유지 여부 등을 판단하기
   위하여 그 기업의 대표자 및 제2조 제9항 각 호의 어느 하나에 해당하는 자
   의 개인신용정보를 개인신용평가회사, 개인사업자신용평가회사, 기업신용조
   회회사 및 신용정보집중기관으로부터 제공받기 위한 목적

5. 영 제21조 제2항에 따른 금융기관이 상거래관계의 설정 및 유지 여부 등을
   판단하기 위하여 또는 어음·수표 소지인이 어음·수표의 발행인, 인수인, 배
   서인 및 보증인의 변제의사 및 변제자력을 확인하기 위하여 개인신용평가회
   사, 개인사업자신용평가회사, 기업신용조회회사 및 신용정보집중기관으로부
   터 어음·수표의 발행인, 인수인, 배서인 및 보증인의 개인신용정보를 제공
   받기 위한 목적

6. 민법 제450조에 따라 지명채권을 양수한 신용정보제공·이용자가 다음의 어
   느 하나에 해당 하는 경우에 그 지명채권의 채무자의 개인신용정보를 개인
   신용평가회사, 개인사업자신용 평가회사, 기업신용조회회사 또는 신용정보집
   중기관에 제공하거나 개인신용평가회사, 개인사업자신용평가회사, 기업신용
   조회회사 또는 신용정보집중기관으로부터 제공받기 위한 목적

   가. 지명채권의 양도인이 그 지명채권의 원인이 되는 상거래관계가 설정될
       당시 법 제32 조 제1항 각 호의 어느 하나에 해당하는 방식으로 채무자
       의 개인신용정보를 제공하거나 제공받는 것에 대하여 해당 채무자로부
       터 동의를 받은 경우

   나. 신용정보법 또는 다른 법령에 따라 그 지명채권의 채무자의 개인신용정
       보를 제공하거나 제공받을 수 있는 경우

** 금융위원회 질의회신(2023. 9. 20.) ─────────────────────────

〈질의〉

□ A제약회사에서 B병원과의 상거래 설정을 하기 위한 목적으로 사업자등
록증을 수령한 후, 병원 대표자 동의 없이 대표자의 신용정보를 조회한 사안에
서, 신용조회를 제공한 회사 크레딧뷰로㈜, 크레딧파트너오아시스 라는 업체가
동법 시행령 제28조 제10항 제4호의 개인신용평가회사, 개인사업자신용평가회

사, 기업신용조회회사, 신용정보집중기관 중 어느 하나에 해당하는지 여부 및 판단 근거, 앞선 과정이 신용정보법 제32조 제6항 제4호에 의거 적법한 행위인지 여부

〈회신〉

□ 신용정보법 제32조 제6항 제4호 등에 따라 A 제약회사가 B 병원과 상거래의 설정 및 유지여부를 판단하기 위하여 개인신용평가회사 등으로부터 대표자의 개인신용정보를 조회하는 것은 대표자의 동의가 없더라도 가능합니다.

• 다만, 이 경우 신용조회를 제공한 회사가 개인신용평가회사, 개인사업자신용평가회사, 기업신용조회회사, 신용정보집중기관 중 어느 하나에 해당하지 않는 경우에는 신용정보주체의 동의 없이 조회가 불가능할 것으로 판단됩니다.

〈이유〉

□ 신용정보법 제32조 제2항에 따라 개인신용평가회사 등으로부터 개인신용정보를 제공받으려는 자는 개인신용정보를 제공받을 때마다 개별적으로 동의를 받아야 하나 예외적으로 신용정보법 제32조 제6항 각 호의 사유에 해당하는 경우에는 정보주체의 동의 없이 개인신용정보를 제공할 수 있습니다.

• 구체적으로 신용정보법 제32조 제6항 제4호 및 동법 시행령 제28조에서는 해당기업과의 금융거래 등 상거래관계의 설정 및 유지여부 등을 판단하기 위하여 개인신용평가회사, 개인사업자신용평가회사, 기업신용조회회사 및 신용정보집중기관(이하 "개인신용평가회사 등")으로부터 그 기업의 대표자의 개인신용정보를 제공받는 경우를 규정하고 있습니다.

□ 따라서, A 제약회사가 B 병원과 상거래의 설정 및 유지여부를 판단하기 위하여 개인신용평가회사 등으로부터 대표자의 개인신용정보를 조회하는 것은 대표자의 동의가 없더라도 가능합니다.

** 금융위원회 질의회신(2023. 9. 20.) —————————————

〈질의〉

① 채무자의 동의 없는 채무자 개인신용정보 제공(조회)이 가능한지 여부

② 신용정보법 시행령 제28조 제10항 제2호에서 규정하는 채권자의 의미

③ 신용정보법 제32조 제6항 제4호의 채권추심시 동의 예외가 인정되는 경우란?

〈회신〉

① 신용정보법 제32조 제6항 제4호에 따르면 채권추심을 위해 사용하는 자에게 제공하는 경우에는 정보주체 동의의 예외를 인정하고 있습니다.

② 신용정보법 시행령 제28조 제10항 제2호의 채권자란 신용정보법 제2조 제11호의 채권추심의 대상의 되는 채권을 보유한 자를 의미합니다.

③ 신용정보법 제32조 제6항 제4호, 동법 시행령 제28조 제10항 제2호에 따르면 채권자 또는 채권추심회사가 변제기일까지 채무를 변제하지 않은 자 등에 대한 개인신용정보를 개인신용평가회사 등으로부터 제공받기 위한 목적인 경우에 정보주체 동의의 예외가 인정됩니다.

〈이유〉

□ 신용정보법 제32조 제1항에 따르면 개인신용정보를 타인에게 제공하려는 경우 원칙적으로 개인신용정보 제공(조회) 시마다 정보주체의 동의를 얻도록 규정하고 있으나,

• 신용정보법 제32조 제6항 제4호에 따르면 채권추심(추심채권을 추심하는 경우만 해당)을 위해 사용하는 자에게 제공하는 경우에는 동의의 예외를 인정하고 있습니다.

□ 신용정보법 시행령 제28조 제10항 제2호의 채권자란 신용정보법 제2조 제11호의 채권추심의 대상의 되는 채권을 보유한 자를 의미합니다.

• 채권추심의 대상이 되는 채권이란 상법에 따른 상행위로 생긴 금전채권, 판결 등에 따라 권원이 인정된 민사채권으로서 대통령령(신용정보법 시행령 제2조 제24호, 민사집행법에 따라 강제집행을 할 수 있는 금전채권을 의미)으로 정하는 채권, 특별법에 따라 설립된 조합, 공제조합, 금고 및 그 중앙회, 연합회 등의 조합원/회원 등에 대한 대출/보증, 그 밖의 여신 및 보험업무에 따른 금전채권 및 다른 법률에서 채권추심회사에 대한 채권추심의 위탁을 허용한 채권을 말합니다.

□ 일반적으로 채권추심이란 채무자에 대한 소재파악 및 재산조사, 채권에

대한 변제 요구, 채무자로부터 변제 수령 등 채권의 만족을 얻기 위한 일체의 행위를 의미(채권추심법 제2조 제4호)합니다

• 신용정보법 제32조 제6항 제4호의 채권추심시 동의 예외는 추심채권을 추심하는 경우 등 대통령령으로 정하는 목적으로 사용하는 자에게 제공하는 경우에 인정됩니다.

— 한편, 동법 시행령 제28조 제10항 제2호에서는 채권자 또는 채권추심회사가 변제기일까지 채무를 변제하지 않은 자 등에 대한 개인신용정보를 개인신용평가회사 등으로부터 제공받기 위한 목적인 경우에는 정보주체 동의의 예외를 인정하고 있습니다.

---

3. 동의 예외 사유: 대통령령으로 정하는 경우(제11호)

위의 동의 예외 사유 제11호에서 "대통령령으로 정하는 경우"란 다음의 경우를 말한다(영28⑪).

1. 장외파생상품 거래의 매매에 따른 위험관리 및 투자자보호를 위해 장외파생상품 거래와 관련된 정보를 금융위원회, 금융감독원 및 한국은행에 제공하는 경우
2. 상법 제719조에 따른 책임보험계약의 제3자에 대한 정보를 보험사기 조사·방지를 위해 신용정보집중기관에 제공하거나 그로부터 제공받는 경우
3. 상법 제726조의2에 따른 자동차보험계약의 제3자의 정보를 보험사기 조사·방지를 위해 신용정보집중기관에 제공하거나 그로부터 제공받는 경우

4. 해당 신용정보주체에 대한 사전통지

(1) 신용정보의 제공 사실 및 이유 통지

위의 동의 예외 사유에 따라 개인신용정보를 타인에게 제공하려는 자 또는 제공받은 자는 대통령령으로 정하는 바에 따라 개인신용정보의 제공 사실 및 이유 등을 사전에 해당 신용정보주체에게 알려야 한다(법32⑦ 본문). 다만, 대통령령으로 정하는 불가피한 사유가 있는 경우에는 인터넷 홈페이지 게재 또는 그 밖에 유사한 방법을 통하여 사후에 알리거나 공시할 수 있다(법32⑦ 단서).

(2) 통지 또는 공시의 시기 및 방법

신용정보회사등이 법 제32조 제7항 본문에 따라 신용정보주체에게 개인신용정보의 제공 사실 및 이유 등을 사전에 알리는 경우와 같은 항 단서에 따라 불가피한 사유로 인하여 사후에 알리거나 공시하는 경우에 그 제공의 이유 및 그 알리거나 공시하는 자별로 알리거나 공시하는 시기 및 방법은 [별표 2의2]와 같다(영28⑫).

[별표 2의2] 개인신용정보의 제공 사실 및 이유 등을 알리거나 공시하는 시기 및 방법
(제28조 제12항 관련)

제공의 이유	알리거나 공시하는 자	알리거나 공시하는 시기	알리거나 공시하는 방법
1. 법 제32조 제6항 제1호에 따라 신용정보회사 및 채권추심회사가 다른 신용정보회사 및 채권추심회사 또는 신용정보집중기관과 서로 집중관리·활용하기 위하여 개인신용정보를 제공하는 경우	개인신용정보를 제공하는 자	개인신용정보를 제공한 날부터 7일 이내	제34조의4 제2항 제1호 또는 제2호의 방법
2. 법 제32조 제6항 제2호에 따른 경우로서 법 제17조 제2항에 따라 개인신용정보의 처리를 위탁하기 위하여 제공하는 경우	개인신용정보를 제공하는 자	개인신용정보를 제공하기 전까지	제34조의4 제2항 제1호 또는 제2호의 방법
3. 법 제32조 제6항 제3호에 따라 영업양도·분할·합병 등의 이유로 권리·의무의 전부 또는 일부를 이전하면서 그와 관련된 개인신용정보를 제공하는 경우	개인신용정보를 제공하는 자	개인신용정보를 제공하기 전까지	다음 각 목의 구분에 따른 방법 가. 일반적인 경우: 서면, 전화, 문자메시지, 전자우편, 팩스 그 밖에 이와 유사한 방법으로 해당 신용정보주체에게 그 사실을 개별적으로 알리는 방법 (제4호의 경우에는 수임사실의 통지와 함께 알리는 방법을 포함)
4. 법 제32조 제6항 제4호 및 이 영 제28조 제10항 제1호에 따라 채권추심을 의뢰한 채권자가 채권추심의 대상이 되는 자의 개인신용정보를 채권추심회사에 제공하는 경우	채권추심회사	채권추심법 제6조에 따른 수임사실의 통지(이하 이 호에서 "수임사실의 통지"라 한다)를 하는 때까지	나. 고의 또는 과실 없이 신용정보주체의 연락처 등을 알 수 없는 경우: 제34조의4 제2항 각 호의 어느

5. 법 제32조 제6항 제4호 및 이 영 제28조 제10항 제1호에 따라 채권추심회사가 채권추심의 대상이 되는 자의 개인신용정보를 채권자에게 제공하는 경우	채권추심회사	개인신용정보를 제공하기 전까지	하나에 해당하는 방법
6. 법 제32조 제6항 제4호 및 이 영 제28조 제10항 제2호에 따라 채권자 또는 채권추심회사가 변제기일까지 채무를 변제하지 않은 자 또는 채권추심의 대상이 되는 자에 대한 개인신용정보를 개인신용평가회사, 개인사업자신용평가회사 및 기업신용조회회사로부터 제공받는 경우	채권자 또는 채권추심회사	개인신용정보를 제공받기 전까지	
7. 법 제32조 제6항 제4호 및 이 영 제28조 제10항 제3호에 따라 행정기관이 인가·허가 업무에 사용하기 위하여 개인신용평가회사, 개인사업자신용평가회사 및 기업신용조회회사로부터 개인신용정보를 제공받는 경우	해당 행정기관	개인신용정보를 제공받기 전까지	서면, 전화, 문자메시지, 전자우편, 팩스 그 밖에 이와 유사한 방법으로 해당 신용정보주체에게 그 사실을 개별적으로 알리는 방법
8. 법 제32조 제6항 제4호 및 이 영 제28조 제10항 제4호에 따라 해당 기업과의 금융거래 등 상거래관계의 설정 및 유지 여부 등을 판단하기 위하여 그 기업의 대표자 및 제2조 제9항 각 호의 어느 하나에 해당하는 자의 개인신용정보를 개인신용평가회사, 개인사업자신용평가회사, 기업신용조회회사 및 신용정보집중기관으로부터 제공받는 경우	개인신용정보를 제공받는 자	개인신용정보를 제공받기 전까지	
9. 법 제32조 제6항 제4호 및 이 영 제28조 제10항 제5호에 따라 제21조 제2항에 따른 금융기관이 상거래관계의 설정 및 유지 여부 등을	개인신용정보를 제공받는 자	개인신용정보를 제공받기 전까지	다음 각 목의 구분에 따른 방법 가. 일반적인 경우: 서면, 전화, 문자메시지, 전자우편, 팩스, 그 밖에 이와 유

판단하기 위하여 또는 어음·수표 소지인이 어음·수표의 발행인, 인수인, 배서인 및 보증인의 변제 의사 및 변제 자력을 확인하기 위하여 개인신용평가회사, 개인사업자신용평가회사, 기업신용조회회사 및 신용정보집중기관으로부터 어음·수표의 발행인, 인수인, 배서인 및 보증인의 개인신용정보를 제공받는 경우			사한 방법으로 해당 신용정보주체에게 그 사실을 개별적으로 알리는 방법 나. 고의 또는 과실 없이 신용정보주체의 연락처 등을 알 수 없는 경우: 제34조의4 제2항 각 호의 어느 하나에 해당하는 방법
10. 법 제32조 제6항 제4호 및 이 영 제28조 제10항 제6호에 따라 지명채권을 양수한 신용정보제공·이용자가 그 지명채권의 채무자의 개인신용정보를 개인신용평가회사, 개인사업자신용평가회사, 기업신용조회회사 또는 신용정보집중기관에 제공하거나 개인신용평가회사, 개인사업자신용평가회사, 기업신용조회회사 또는 신용정보집중기관으로부터 제공받는 경우	신용정보제공·이용자	개인신용정보를 제공하거나 제공받은 날부터 7일 이내	
10의2. 삭제 <2020. 8. 4.>			
11. 법 제32조 제6항 제5호에 따라 법원의 제출명령 또는 법관이 발부한 영장에 따라 제공하는 경우	개인신용정보를 제공하는 자	개인신용정보를 제공한 날부터 6개월 이내. 다만, 개인신용정보의 제공을 요구하는 자가 다음 각 목의 어느 하나에 해당하는 사유가 지속된다는 사실을 소명하고 개인신용정보의 제공 사실 및 이유 등을 알리는 것의 유예를 서면으로 반복하여 요청하는 경우에	다음 각 목의 구분에 따른 방법 가. 일반적인 경우: 서면, 전화, 문자메시지, 전자우편, 팩스, 그 밖에 이와 유사한 방법으로 해당 신용정보주체에게 그 사실을 개별적으로 알리는 방법 나. 고의 또는 과실 없이 신용정보주체의 연락처 등을 알 수 없는 경우: 제34조의4 제2항 각 호의 어느 하나에 해당하는 방법
12. 법 제32조 제6항 제6호에 따라 범죄 때문에 피해자의 생명이나 신체에 심각한 위험 발생이 예상되는 등 긴	개인신용정보를 제공하는 자		

급한 상황에서 같은 항 제5호에 따른 법관의 영장을 발부받을 시간적 여유가 없는 경우로서 검사 또는 사법경찰관의 요구에 따라 제공하는 경우		는 금융위원회가 정하여 고시하는 기간 동안 그 제공 사실 및 이유 등을 알리는 것을 유예할 수 있다.
13. 법 제32조 제6항 제7호에 따라 조세에 관한 법률에 따른 질문·검사 또는 조사를 위하여 관할 관서의 장이 서면으로 요구하거나 조세에 관한 법률에 따라 제출의무가 있는 과세자료의 제공을 요구함에 따라 제공하는 경우	개인신용정보를 제공하는 자	가. 그 제공 사실 및 이유 등을 알리는 것이 사람의 생명이나 신체의 안전을 위협할 우려가 있는 경우 나. 그 제공 사실 및 이유 등을 알리는 것이 증거 인멸, 증인 위협 등 공정한 사법절차의 진행을 방해할 우려가 명백한 경우 다. 그 제공 사실 및 이유 등을 알리는 것이 질문·조사 등의 행정절차의 진행을 방해하거나 과도하게 지연시킬 우려가 명백한 경우
14. 법 제32조 제6항 제8호에 따라 국제협약 등에 따라 외국의 금융감독기구에 금융회사가 가지고 있는 개인신용정보를 제공하는 경우	개인신용정보를 제공하는 자	개인신용정보를 제공하기 전까지
15. 법 제32조 제6항 제9호 및 법 제2조 제1의4 나목의 신용질서를 문란하게 하는 행위와 관련된 정보 및 기업의 과점주주, 최다출자자 등 관련인의 신용도를 판단할 수 있는 정보를 제공하는 경우	개인신용정보를 제공하는 자	개인신용정보를 제공하기 전까지

16. 법 제32조 제6항 제10호의 이 법 및 다른 법률에 따라 제공하는 경우	개인신용정보를 제공하는 자	다음 각 목의 구분에 따른 기한 가. 법 제23조 제2항에 따라 제공하는 경우: 개인신용정보를 제공한 날을 기준으로 6개월 이내 나. 개인신용정보 제공의 근거가 되는 법률에서 정하는 바가 없는 경우: 개인신용정보를 제공하기 전까지 다. 개인신용정보 제공의 근거가 되는 법률에서 사후에 알리거나 공시하는 것을 정한 경우로서 해당 법률에서 그 기한을 정하지 않은 경우: 개인신용정보를 제공한 날을 기준으로 6개월 이내 라. 개인신용정보 제공의 근거가 되는 법률에서 사후에 알리거나 공시하는 것을 정한 경우로서 해당 법률에서 그 기한을 정한 경우: 해당 법률에서 정한 기한	다음 각 목의 구분에 따른 방법. 다만, 개인신용정보의 제공의 근거가 되는 법률에서 알리거나 공시하는 방법을 달리 정하는 경우에는 그에 따른다. 가. 일반적인 경우: 서면, 전화, 문자메시지, 전자우편, 팩스 그 밖에 이와 유사한 방법으로 해당 신용정보주체에게 그 사실을 알리는 방법 나. 고의 또는 과실 없이 신용정보주체의 연락처 등을 알 수 없는 경우: 제34조의4 제2항 각 호의 어느 하나에 해당하는 방법
17. 법 제32조 제6항 제11호 및 이 영 제28조 제11항 제2호·제3호에 따라 책임보험	개인신용정보를 제공하는 자	개인신용정보를 제공하기 전까지	다음 각 목의 구분에 따른 방법 가. 일반적인 경우: 서면,

계약과 자동차보험계약의 제3자에 대한 정보를 제공하는 경우		전화, 문자메시지, 전자우편, 팩스 그 밖에 이와 유사한 방법으로 해당 신용정보주체에게 그 사실을 개별적으로 알리는 방법 나. 고의 또는 과실 없이 신용정보주체의 연락처 등을 알 수 없는 경우: 제34조의4 제2항 각 호의 어느 하나에 해당하는 방법

(3) 개인신용정보 제공사실의 통지유예

신용정보회사등은 영 [별표 2의2] 제11호, 제12호 및 제13호에 따른 개인신용정보 제공이 발생한 경우로서 신용정보 제공요구자가 ⅰ) 해당 통지가 사람의 생명이나 신체의 안전을 위협할 우려가 있는 경우(제1호), ⅱ) 해당 통지가 증거인멸, 증인 위협 등 공정한 사법절차의 진행을 방해할 우려가 명백한 경우(제2호), ⅲ) 해당 통지가 질문·조사 등의 행정절차의 진행을 방해하거나 과도하게 지연시킬 우려가 명백한 경우(제3호) 중 어느 하나에 해당하는 사유가 지속되고 있음을 제시하고 통지의 유예를 서면으로 반복하여 요청하는 경우에는 요청받은 날부터 두 차례만(제1호의 경우는 제외) 매 1회 3개월의 범위에서 유예요청기간 동안 통보를 유예할 수 있다(감독규정38의3).

Ⅲ. 영업양도 · 분할 · 합병 등으로 인한 개인신용정보 제공

1. 금융위원회 승인

영업양도·분할·합병 등의 이유로 권리·의무의 전부 또는 일부를 이전하면서 그와 관련된 개인신용정보를 제공하는 경우(법32⑥(3)) 개인신용정보를 타인에게 제공하는 신용정보제공·이용자로서 "대통령령으로 정하는 자"는 제공하는 신용정보의 범위 등 "대통령령으로 정하는 사항"에 관하여 금융위원회의 승인을 받아야 한다(법32⑧).

아래서는 "대통령령으로 정하는 자"와 "대통령령으로 정하는 사항"을 살펴본다.

2. 대통령령으로 정하는 자(=승인대상기관)

승인대상기관은 개인신용정보를 타인에게 제공하는 신용정보제공·이용자로서 대통령령으로 정하는 자이다(법32⑧). 여기서 "대통령령으로 정하는 자"란 영 제2조 제6항 제7호 가목부터 허목까지의 자를 말한다(영28⑬). 즉 금융지주회사, 기술보증기금, 농업협동조합, 농업협동조합중앙회, 농협은행, 한국무역보험공사, 보험회사, 산림조합, 산림조합중앙회, 상호저축은행, 상호저축은행중앙회, 새마을금고, 새마을금고중앙회, 수산업협동조합, 수산업협동조합중앙회, 수협은행, 신용보증기금, 신용협동조합, 신용협동조합중앙회, 여신전문금융회사(여신전문금융업법 제3조 제3항 제1호에 따라 허가를 받거나 등록을 한 자를 포함), 예금보험공사 및 정리금융회사, 은행(외국은행의 지점 또는 대리점 포함), 금융투자업자·증권금융회사·종합금융회사·자금중개회사 및 명의개서대행회사, 중소기업은행, 신용보증재단과 그 중앙회, 한국산업은행, 한국수출입은행, 한국주택금융공사(영2⑥(7) 가목부터 허목)이다.

3. 승인사항

승인사항인 "제공하는 신용정보의 범위 등 대통령령으로 정하는 사항"(법32⑧)이란 제공하는 개인신용정보의 범위, 제공받는 자의 신용정보 관리·보호 체계를 말한다(영28⑭).

4. 정보의 구분관리

승인을 받아 개인신용정보를 제공받은 자는 해당 개인신용정보를 금융위원회가 정하는 바에 따라 현재 거래 중인 신용정보주체의 개인신용정보와 분리하여 관리하여야 한다(법32⑨).

이에 따라 개인신용정보를 제공받은 자는 해당 개인신용정보를 다음의 구분에 따라 현재 거래 중인 신용정보주체의 개인신용정보와 구분하여 관리하여야 한다(감독규정38의4).

1. 제공받은 개인신용정보는 영업양도·분할·합병 등을 이유로 제공받은 개인신용정보라는 사실을 표시하여 관리

2. 개인신용정보를 제공받았을 때 이미 거래가 종료되어 분리보관 중인 개인신
용정보의 경우 제1호에 따른 표시를 하고 현재 거래 중인 신용정보주체의
개인신용정보와 분리하여 관리

Ⅳ. 개인신용정보를를 제공받는 자의 신원과 이용 목적 확인 등

1. 제공받는 자의 신원 확인

신용정보회사등이 개인신용정보를 제공하는 경우에는 금융위원회가 정하여
고시하는 바에 따라 개인신용정보를 제공받는 자의 신원(身元)과 이용 목적을 확
인하여야 한다(법32⑩).

이에 따라 신용정보회사등이 개인신용정보를 제공할 경우에는 제공받는 자
로부터 제공받는 자의 성명, 주민등록번호 및 주소(법인의 경우에는 법인명, 대표자
의 성명 및 본점 소재지) 등의 인적사항과 정보이용목적이 기재된 의뢰서 및 이용
목적을 확인할 수 있는 근거서류를 받아야 하며 다음의 증표 및 서류에 따라 제
공받는 자의 신원을 확인하여야 한다(감독규정39①).

1. 제공받는 자가 개인인 경우에는 주민등록증, 운전면허증 또는 성명, 주민등
록번호 및 주소가 기재되고 사진이 첨부된 그 밖의 신분증명서
2. 제공받는 자가 법인인 경우에는 법인의 대표자(또는 그로부터 위임받은 자)
임을 확인할 수 있는 서류와 해당 개인의 신분증명서

2. 신원 확인의 갈음

신용정보집중기관이 신용정보제공 · 이용자 및 개인신용평가회사, 개인사업
자신용평가회사, 기업신용조회회사에게 개인신용정보를 제공하는 경우와 개인신
용평가회사, 개인사업자신용평가회사, 본인신용정보관리회사, 기업신용조회회사
가 개인신용평가업, 개인사업자신용평가업, 기업신용조회업, 본인신용정보관리업
의 업무로 개인신용정보를 제공하는 경우에는 법 제20조 제2항4)의 기록을 보유

---

4) ② 신용정보회사등은 다음의 구분에 따라 개인신용정보의 처리에 대한 기록을 3년간 보존
하여야 한다.
1. 개인신용정보를 수집 · 이용한 경우
가. 수집 · 이용한 날짜
나. 수집 · 이용한 정보의 항목

하는 것으로 제공받는 자의 확인을 갈음한다(감독규정39②).

Ⅴ. 정보제공자의 증명

개인신용정보를 제공한 신용정보제공·이용자는 미리 개별적 동의를 받았는지 여부 등에 대한 다툼이 있는 경우 이를 증명하여야 한다(법32⑪).

Ⅵ. 위반시 제재

1. 형사제재

법 제32조 제1항 또는 제2항(제34조에 따라 준용하는 경우를 포함)을 위반한 자는 5년 이하의 징역 또는 5천만원 이하의 벌금에 처한다(법50②(6)).

2. 과태료

법 제32조 제4항 또는 제5항(제34조에 따라 준용하는 경우를 포함)을 위반한 자에게는 5천만원 이하의 과태료를 부과한다(법52②(5)). 법 제32조 제8항 또는 제9항(제34조에 따라 준용하는 경우를 포함)을 위반한 자에게는 3천만원 이하의 과태료를 부과한다(법52③(6)).

　　　다. 수집·이용한 사유와 근거
　　2. 개인신용정보를 제공하거나 제공받은 경우
　　　가. 제공하거나 제공받은 날짜
　　　나. 제공하거나 제공받은 정보의 항목
　　　다. 제공하거나 제공받은 사유와 근거
　　3. 개인신용정보를 폐기한 경우
　　　가. 폐기한 날짜
　　　나. 폐기한 정보의 항목
　　　다. 폐기한 사유와 근거
　　4. 그 밖에 대통령령으로 정하는 사항

제2절 개인신용정보의 이용

Ⅰ. 이용 목적의 제한

개인신용정보는 ⅰ) 해당 신용정보주체가 신청한 금융거래 등 상거래관계의 설정 및 유지 여부 등을 판단하기 위한 목적으로 이용하는 경우(제1호), ⅱ) 제1호의 목적 외의 다른 목적으로 이용하는 것에 대하여 신용정보주체로부터 동의를 받은 경우(제2호), ⅲ) 개인이 직접 제공한 개인신용정보(그 개인과의 상거래에서 생긴 신용정보를 포함)를 제공받은 목적으로 이용하는 경우(상품과 서비스를 소개하거나 그 구매를 권유할 목적으로 이용하는 경우는 제외)(제3호), ⅳ) 제32조 제6항 각 호의 경우(동의 예외 사유)(제4호) 중 어느 하나에 해당하는 경우에만 이용하여야 한다(법33①).

Ⅱ. 질병 등과 해당 개인의 동의

신용정보회사등이 개인의 질병, 상해 또는 그 밖에 이와 유사한 정보를 수집·조사하거나 제3자에게 제공하려면 미리 제32조 제1항 각 호의 방식(서면, 전자서명이 있는 전자문서, 유무선 통신으로 개인비밀번호를 입력하는 방식 등)으로 해당 개인의 동의를 받아야 하며, "대통령령으로 정하는 목적"으로만 그 정보를 이용하여야 한다(법33②).

여기서 "대통령령으로 정하는 목적"이란 ⅰ) 보험회사가 수행하는 보험업 또는 부수업무로서 개인의 건강 유지·증진 또는 질병의 사전예방 및 악화 방지 등의 목적으로 수행하는 업무(제1호), ⅱ) 신용카드업자가 수행하는 부수업무로서 신용카드회원으로부터 수수료를 받고 신용카드회원에게 사망 또는 질병 등 특정 사고 발생 시 신용카드회원의 채무(신용카드 이용과 관련된 대금의 결제와 관련된 채무에 한정)를 면제하거나 그 채무의 상환을 유예하는 업무(제2호), ⅲ) 체신관서가 수행하는 보험업무(제3호), ⅳ) 공제조합등이 수행하는 공제사업(제4호), ⅴ) 본인신용정보관리회사가 수행하는 본인신용정보관리업으로서 개인인 신용정보주체에게 본인의 질병에 관한 정보를 통합하여 제공하기 위한 업무(제5호), ⅵ)

종합신용정보집중기관이 수행하는 업무(제6호)를 수행하기 위해 필요한 경우 해당 각 호의 자가 개인의 질병, 상해 또는 그 밖에 이와 유사한 정보를 그 업무와 관련하여 이용하기 위한 목적을 말한다(영28의2).

Ⅲ. 위반시 제재

법 제33조(제34조에 따라 준용하는 경우를 포함)를 위반한 자는 5년 이하의 징역 또는 5천만원 이하의 벌금에 처한다(법50②(7)).

** 금융위원회 질의회신(2023. 4. 6.) ─────────────
〈질의〉
신용정보법상 신용정보회사등의 지위에 있는 "보험회사"가 건강보험공단을 통해 수집한 건강검진정보를 신용정보법 제2조 제1호 나목부터 마목까지의 정보와 결합하지 않고 이용하고자하는데, 그 수집/이용 등에 있어 개인정보보호법 제23조의 적용만 받을 뿐, 신용정보법 제33조 제2항의 적용이 배제되는지 여부

〈회신〉
보험회사가 건강보험공단을 통해 수집한 건강검진 정보를 이용하고자 하는 경우 신용정보법 제33조 제2항의 적용이 배제되지 않습니다.

〈이유〉
신용정보법 제33조 제2항은 개인의 질병, 상해 또는 그 밖에 이와 유사한 정보를 수집·조사하거나 제3자에게 제공하려는 경우 이용 목적을 제한하는 규정으로 그 적용대상정보는 신용정보일 것을 요건으로 하지 않습니다.
그러므로 개인의 질병, 상해 또는 그 밖에 이와 유사한 정에 해당하는 건강검진 정보를 이용하고자 하는 경우, 건강검진정보가 신용정보법 제2조 제1호 나목부터 마목까지의 정보와 결합한 것인지 여부와 무관하게, 신용정보법 제33조 제2항에서 정한 목적으로만 정보이용이 가능합니다.

** 금융위원회 질의회신(2022. 1. 19.) ────────────────

〈질의〉

▫ 본인신용정보관리업(마이데이터)을 통해 취득한 신용정보 활용에 대해 정보주체로부터 별도의 동의를 명확히 받은 경우 본래 영위하는 업무의 채권추심 목적으로 활용 가능한지 여부

▫ 직접적인 채권추심이 불가한 경우, 내부 업무목적(취합된 자산정보로 회수 가능여부 판단 및 우선순위 조정 등) 참고용으로 데이터 활용 가능한지 여부

〈회신〉

▫ 본래 영위하는 업무의 채권추심 목적으로 본인신용정보관리업을 통해 취득한 신용정보를 활용할 수 없습니다.

▫ 한편, 신용정보법 제33조 등에 따라 정보주체로부터 별도의 동의를 명확히 받은 경우 채권추심 목적이 아닌 내부 업무목적 참고용으로는 데이터를 활용할 수 있으나, 이 경우에도 정보주체의 이익에 반하는 활용은 금지됩니다.

〈이유〉

▫ 신용정보법 제11조 제6항 및 제7항은 채권추심업과 본인신용정보관리업의 겸영을 허용하고 있지 않고 있으며,

• 신용정보업감독규정 제23조의3 제1항 제1호는 특정 고객의 이익을 해하면서 자기의 이익을 도모하는 것을 금지하고 있습니다.

• 따라서 채권추심업의 겸영을 금하고 있는 취지를 고려할 때, 추심업무를 수행할 수 있는 금융회사라고 할지라도 정보주체의 이익에 반하여 본인신용정보관리업을 통해 취득한 신용정보를 본래 영위하는 업무의 채권추심 목적으로 활용할 수는 없을 것으로 판단됩니다.

▫ 한편, 신용정보법 제33조 등에 따라 정보주체로부터 별도의 동의를 명확히 받은 경우 채권추심 목적이 아닌 내부 업무목적 참고용으로는 데이터를 활용할 수 있으나, 이 경우에도 정보주체의 이익에 반하는 활용은 금지됩니다.

제3절 개인신용정보의 전송요구

개인신용정보 전송요구권과 관련해서는 정보주체의 적극적인 본인정보관리·활용을 보장하여 이를 통해 소비자가 보다 나은 금융서비스를 간편하게 선택·제공받고 적극적인 신용관리를 가능하게 하는 여건을 조성할 필요가 있다. 따라서 개인신용정보 전송요구권은 금융회사에 분산되어 있는 본인신용정보를 개인신용정보평가회사 및 본인신용정보관리회사에 전송하여 통합조회 서비스 및 그 밖에 맞춤형 금융상품 추천, 자문서비스 등을 제공할 수 있게 될 것이다.5)

I. 개인인 신용정보주체의 전송요구

1. 전송요구 대상자

개인인 신용정보주체는 신용정보제공·이용자등에 대하여 그가 보유하고 있는 본인에 관한 개인신용정보를 ⅰ) 해당 신용정보주체 본인(제1호), ⅱ) 본인신용정보관리회사(제2호), ⅲ) 대통령령으로 정하는 신용정보제공·이용자(제3호), ⅳ) 개인신용평가회사(제4호), ⅴ) 개인사업자신용평가회사(영28의3②)(제5호)에게 전송하여 줄 것을 요구할 수 있다(법33의2①).

위의 제3호에서 "대통령령으로 정하는 신용정보제공·이용자"란 영 제2조 제6항 제7호 가목부터 버목까지, 같은 호 어목부터 허목까지 및 제21조 제2항 각 호의 자를 말한다(영28의3①).

(1) 시행령 제2조 제6항 제7호 가목부터 버목까지, 어목부터 허목까지의 금융기관

시행령 제2조 제6항 제7호 가목부터 버목까지, 같은 호 어목부터 허목까지의 금융기관은 금융지주회사, 기술보증기금, 농업협동조합, 농업협동조합중앙회, 농협은행, 한국무역보험공사, 보험회사, 산림조합, 산림조합중앙회, 상호저축은행, 상호저축은행중앙회, 새마을금고, 새마을금고중앙회, 수산업협동조합, 수산업

---

5) 정무위원회(2020), 109-110쪽.

협동조합중앙회, 수협은행, 신용보증기금, 신용협동조합, 신용협동조합중앙회, 여신전문금융회사(여신전문금융업법 제3조 제3항 제1호에 따라 허가를 받거나 등록을 한 자를 포함), 은행(외국은행의 지점 또는 대리점 포함), 금융투자업자·증권금융회사·종합금융회사·자금중개회사 및 명의개서대행회사, 중소기업은행, 신용보증재단과 그 중앙회, 한국산업은행, 한국수출입은행, 한국주택금융공사(영21②, 영2⑥ 가목부터 버목까지, 같은 호 어목부터 허목까지)를 말한다.

(2) 시행령 제21조 제2항 각 호의 자

건설산업기본법에 따른 공제조합, 국채법에 따른 국채등록기관, 한국농수산식품유통공사, 신용회복위원회, 근로복지공단, 소프트웨어공제조합, 엔지니어링공제조합, 정리금융회사, 체신관서, 전기공사공제조합, 주택도시보증공사, 중소벤처기업진흥공단, 중소기업창업투자회사 및 벤처투자조합, 중소기업중앙회, 한국장학재단, 한국자산관리공사, 국민행복기금, 서민금융진흥원, 금융위원회에 등록한 대부업자등, 자본재공제조합, 소상공인시장진흥공단, 금융위원회에 자산유동화계획을 등록한 유동화전문회사, 농업협동조합자산관리회사, 한국교직원공제회, 여객자동차 운수사업법 제61조 제1항에 따라 설립된 공제조합, 화물자동차 운수사업법 제51조의2 제1항에 따라 설립된 공제조합, 기술신용평가 업무를 하는 기업신용조회회사, 온라인투자연계금융업자, 그 밖에 신용정보를 보유한 금융기관 중 금융위원회가 정하여 고시하는 기관6)를 말한다(영21②(1)-(29)).

2. 개인인 신용정보주체의 전송요구권 행사방법

개인인 신용정보주체는 개인신용정보의 전송요구권을 행사하는 경우에는 서면, 전자서명이 있는 전자문서, 유무선 통신으로 개인비밀번호를 입력하는 방식, 또는 유무선 통신으로 동의 내용을 해당 개인에게 알리고 동의를 받는 방법(법32① 각 호)으로 해야 한다(영28의3③ 본문). 다만, 개인인 신용정보주체의 요청으로 특약사항을 기재하거나 약정하여 해당 정보의 제3자 제공을 금지한 경우 또는 비대면 정보 조회를 금지한 경우에는 해당 정보에 대하여 대면으로 전송요

---

6) "금융위원회가 정하여 고시하는 기관"은 새출발기금 등 자산관리공사법 제26조 제1항 제1호 및 2호의 업무를 수행하기 위하여 같은 법 제26조 제1항 제4호 라목에 따라 설립된 기관을 말한다(감독규정26의2①).

구권을 행사해야 한다(영28의3③ 단서).

3. 신용정보제공 · 이용자등의 전송 방식

개인신용정보의 전송요구를 받은 신용정보제공 · 이용자등은 전송요구를 받은 개인신용정보를 컴퓨터 처리가 가능한 방식으로 즉시 전송해야 한다(영28의3④ 본문). 다만, 최근 5년 내의 개인신용정보가 아닌 경우에는 신용정보제공 · 이용자등이 정하는 방식으로 제공할 수 있다(영28의3④ 단서).

4. 전송지연과 통지 후 전송

개인신용정보의 전송이 전산시스템 장애 등으로 지연되거나 불가한 경우에는 전송이 지연된 사실 및 그 사유를 개인인 신용정보주체에게 통지하고, 그 사유가 해소된 즉시 개인신용정보를 전송해야 한다(영28의3⑤).

** 금융위원회 질의회신(2022. 1. 13.) ─────────────

〈질의〉

□ 여신전문금융회사가 농어업경영체법 제4조에 의하여 등록된 농업경영체(농업법인 및 농업을 경영하는 농업인)를 대상으로 농기계에 대한 금융리스 상품을 제공할 때, (1) 해당 여신전문금융회사가 보유하는 "(농업을 경영하는) 농업인에 대한 신용정보"는 "기업에 관한 정보"에 해당하는 것이 맞는지, (2) "(농업을 경영하는) 농업인"이 신용정보법 제33조의2 제1항에 따라 여신전문금융업자인 신용정보제공 · 이용자에 대하여 전송요구권을 갖는지 여부

〈회신〉

□ 농어업경영체법상 농업을 경영하는 농업인에 대한 신용정보는 신용정보법 제2조 제1호의2 나목에 따른 기업에 관한 정보로서 신용정보법 제33조의2 제1항에 따라 전송요구권 대상에 해당하지 않습니다.

〈이유〉

□ 신용정보법 제33조의2에 따른 전송요구권은 개인인 신용정보주체가 본인에 관한 개인신용정보를 전송하도록 요구할 수 있는 권리를 의미합니다.

• 신용정보법 제2조 제1호의2 나목은 사업을 경영하는 개인 및 법인과 이들의 단체를 기업으로 정의하고 있으며, 기업에 관한 신용정보는 신용정보법 제33조의2에 따른 전송요구권 대상에 해당하지 않습니다.

☐ 다른 농업인에게 고용되어 노동만을 제공하는 농업인이 아닌 농어업경영체법상 농업을 경영하는 농업인은 신용정보법 제2조 제1호의2 나목에 따른 기업으로서 농업을 경영하는 농업인에 대한 신용정보는 기업에 관한 정보에 해당하여 신용정보법 제33조의2 제1항에 따른 전송요구권 대상에 해당하지 않습니다.

** 금융위원회 질의회신(2020. 9. 29.) ─────────────

〈질의〉

☐ 정보주체가 대부업자에게 자신의 신용정보를 본인신용정보관리회사(이하, "마이데이터 사업자")에 전송하도록 요구하는 경우, 금융위원회에 등록한 모든 대부업체가 정보주체의 전송요구에 따라 본인신용정보관리회사에게 개인신용정보를 전송하기 위해 전산시스템을 구축해야 하는지 여부

〈회신〉

☐ 금융위원회에 등록한 모든 대부업체는 개인인 신용정보주체가 자신의 신용정보를 마이데이터 사업자에게 전송하도록 요구하는 경우, 대부업체가 보유하고 있는 신용정보주체의 개인신용정보를 직접 또는 중계기관을 통해 전송할 수 있도록 전산시스템을 구축해야 할 것으로 판단됩니다.

〈이유〉

☐ 신용정보법 제33조의2 제1항에 따라 개인인 신용정보주체는 같은 법 제22조의9 제3항에 따른 신용정보제공·이용자등에 대하여 그가 보유하고 있는 본인에 관한 개인신용정보를 해당 신용정보주체 본인, 마이데이터 사업자 등에게 전송하여 줄 것을 요구할 수 있도록 규정하고 있습니다.

• 신용정보제공·이용자등에는 신용정보법 시행령 제18조의6 제4항 제1호에 따라 금융위원회에 등록한 대부업자등이 포함됩니다.

☐ 신용정보법 제22조의9 제5항에 따라 금융위원회에 등록한 대부업자등은

신용정보주체가 마이데이터 사업자에게 자신의 신용정보를 전송하도록 요구하는
경우, 중계기관을 통해 전송할 수 있도록 규정하고 있습니다.

　• 이에 따라 금융위원회에 등록한 대부업자는 신용정보주체의 개인신용정
보를 전송할 수 있도록 API를 구축하거나 중계기관을 이용하기 위한 전산시스템
을 구축해야 할 것으로 판단됩니다.

Ⅱ. 개인인 신용정보주체의 전송요구 정보의 범위

1. 필요적 고려사항

　개인인 신용정보주체가 전송을 요구할 수 있는 본인에 관한 개인신용정보의
범위는 ⅰ) 해당 신용정보주체(법령 등에 따라 그 신용정보주체의 신용정보를 처리하
는 자를 포함)와 신용정보제공·이용자등 사이에서 처리된 신용정보로서 ㉠ 신용
정보제공·이용자등이 신용정보주체로부터 수집한 정보, ㉡ 신용정보주체가 신용
정보제공·이용자등에게 제공한 정보, 또는 ㉢ 신용정보주체와 신용정보제공·이
용자등 간의 권리·의무 관계에서 생성된 정보 중 어느 하나에 해당하는 정보이어
야 하고(제1호), ⅱ) 컴퓨터 등 정보처리장치로 처리된 신용정보이어야 하며(제2호),
ⅲ) 신용정보제공·이용자등이 개인신용정보를 기초로 별도로 생성하거나 가공한
신용정보가 아니어야 한다(제3호)는 요소를 모두 고려하여 정한다(법33의2②).

2. 본인에 관한 개인신용정보의 범위

　개인인 신용정보주체가 전송을 요구할 수 있는 본인에 관한 개인신용정보의
범위는 ⅰ) 법 제2조 제9호의2(본인신용정보관리업) 각 목에 따른 정보(제1호), ⅱ)
국세 및 지방세 납부정보(제2호), ⅲ) 고용보험, 산업재해보상보험, 국민건강보험,
국민연금 및 공적연금에 관한 정보로서 보험료 납부 정보(제3호), ⅳ) 영 제18조
의6 제4항 제6호[7])에 따른 전기통신사업자에 대한 통신료 납부정보, 소액결제정
보 및 이와 유사한 정보로서 신용정보주체의 거래내역을 확인할 수 있는 정보(제
4호)이다(영28의3⑥).

---

7) 6. 전기통신사업법 제6조에 따른 기간통신사업을 등록한 전기통신사업자

Ⅲ. 전송요구를 받은 신용정보제공·이용자등의 전송의무

본인으로부터 개인신용정보의 전송요구를 받은 신용정보제공·이용자등은 제32조(개인신용정보의 제공·활용에 대한 동의) 및 ⅰ) 금융실명법 제4조(금융거래의 비밀보장), ⅱ) 국세기본법 제81조의13(비밀유지), ⅲ) 지방세기본법 제86조(비밀유지), ⅳ) 개인정보 보호법 제18조(개인정보의 목적 외 이용·제공 제한), ⅴ) 개인정보 보호법 제17조(개인정보의 제공), ⅵ) 관세법 제116조(비밀유지), ⅶ) 여신전문금융업법 제54조의5(신용정보보호), ⅷ) 전자정부법 제42조(정보주체의 사전동의), ⅸ) 과세자료의 제출 및 관리에 관한 법률 제11조(비밀유지 의무), ⅹ) 온라인투자연계금융업법 제33조 제4항,[8] xi) 외국환거래법 제21조(국세청장 등에게의 통보 등) 중 어느 하나에 해당하는 법률의 관련 규정에도 불구하고 지체 없이 본인에 관한 개인신용정보를 컴퓨터 등 정보처리장치로 처리가 가능한 형태로 전송하여야 한다(법33의2③, 영28의3⑦).

Ⅳ. 신용정보주체 본인이 전송요구하는 경우

신용정보주체 본인이 개인신용정보의 전송을 요구하는 경우 신용정보제공·이용자등에 대하여 해당 개인신용정보의 정확성 및 최신성이 유지될 수 있도록 정기적으로 같은 내역의 개인신용정보를 전송하여 줄 것을 요구할 수 있다(법33의2④).

Ⅴ. 전송요구시 특정사항과 방법

개인인 신용정보주체가 법 제33조의2 제1항 각 호의 어느 하나에 해당하는 전송요구 대상자에게 전송요구를 할 때에는 ⅰ) 신용정보제공·이용자등으로서 전송요구를 받는 자, ⅱ) 전송을 요구하는 개인신용정보, ⅲ) 전송요구에 따라 개인신용정보를 제공받는 자, ⅳ) 정기적인 전송을 요구하는지 여부 및 요구하는

---

8) ④ 중앙기록관리기관은 제1항에 따라 제공받은 자료를 타인에게 제공하여서는 아니 된다. 다만, 자료의 정보주체인 이용자의 동의를 받은 온라인투자연계금융업자, 해당 투자자 본인 또는 해당 차입자 본인에게 제공하는 경우 및 그 밖에 대통령령으로 정하는 경우에는 이를 제공할 수 있다.

경우 그 주기, ⅴ) 전송요구의 종료시점(영28의3⑧), ⅵ) 전송을 요구하는 목적, 전송을 요구하는 개인신용정보의 보유기간(감독규정39의2①)을 모두 특정하여 전자문서나 그 밖에 안전성과 신뢰성이 확보된 방법으로 하여야 한다(법33의2⑤, 영28의3⑧).

Ⅵ. 본인에 대한 통지 생략

개인신용정보를 제공한 신용정보제공·이용자등은 법 제32조(개인신용정보의 제공·활용에 대한 동의) 제7항 및 ⅰ) 금융실명법 제4조의2(거래정보등의 제공사실의 통보), ⅱ) 개인정보 보호법 제20조(정보주체 이외로부터 수집한 개인정보의 수집 출처 등 고지), ⅲ) 위치정보법 제19조(개인위치정보의 이용 또는 제공)의 어느 하나에 해당하는 법률의 관련 규정에도 불구하고 개인신용정보의 전송 사실을 해당 신용정보주체 본인에게 통보하지 아니할 수 있다(법33의2⑥, 영28의3⑨).

Ⅶ. 전송요구의 철회 및 거절

1. 개인인 신용정보주체의 전송요구 철회 방법

개인인 신용정보주체는 전송요구를 철회할 수 있다(법33의2⑦). 개인인 신용정보주체는 전송요구를 철회하는 경우 서면, 전자서명이 있는 전자문서, 유무선 통신으로 개인비밀번호를 입력하는 방식, 또는 유무선 통신으로 동의 내용을 해당 개인에게 알리고 동의를 받는 방법(법32① 각호) 중 어느 하나에 해당하는 방법으로 한다(영28의3⑩).

2. 신용정보제공·이용자등의 전송요구의 거절·정지·중단의 사유

본인으로부터 개인신용정보의 전송요구를 받은 신용정보제공·이용자등은 신용정보주체의 본인 여부가 확인되지 아니하는 경우 등 "대통령령으로 정하는 경우"에는 전송요구를 거절하거나 전송을 정지·중단할 수 있다(법33의2⑧).
여기서 "대통령령으로 정하는 경우"란 ⅰ) 개인인 신용정보주체 본인이 전송요구를 한 사실이 확인되지 않은 경우, ⅱ) 신용정보주체 본인이 전송요구를 했으나 제3자의 기망이나 협박 때문에 전송요구를 한 것으로 의심되는 경우, ⅲ)

법 제33조의2 제1항 각 호의 자(해당 신용정보주체 본인, 본인신용정보관리회사, 대통령령으로 정하는 신용정보제공·이용자, 개인신용평가회사 등)가 아닌 자에게 전송해 줄 것을 요구한 경우, iv) 법 제33조의2 제5항에서 정한 사항이 준수되지 않은 경우, v) 개인인 신용정보주체의 인증정보 탈취 등 부당한 방법으로 인한 전송요구임을 알게 된 경우, 또는 vi) 전송요구에 응하여 개인신용정보를 제공할 경우 제3자의 정당한 권리 또는 이익을 부당하게 침해하는 경우(감독규정39의2②)를 말한다(영28의3⑪).

3. 전송요구의 거절·정지·중단의 통지

전송요구를 받은 신용정보제공·이용자등이 전송요구를 거절하거나 전송을 정지·중단한 경우에는 지체 없이 해당 사실을 개인인 신용정보주체에게 통지해야 한다(영28의3⑫).

Ⅷ. 거점중계기관을 통한 개인신용정보 전송

신용정보제공·이용자등은 전송요구권의 행사를 받은 경우로써 본인신용정보관리회사 외의 자에게 개인신용정보를 전송하는 경우 종합신용정보집중기관, 금융결제원, 코스콤, 상호저축은행중앙회, 각 협동조합의 중앙회 및 새마을금고중앙회, 온라인투자연계금융업법 제33조에 따른 중앙기록관리기관, 방송통신발전법에 따라 설립된 한국정보통신진흥협회, 행정안전부의 거점중계기관을 통하여 개인신용정보를 전송할 수 있다(감독규정39의2③).

Ⅸ. 위반시 제재

법 제33조의2 제3항 또는 제4항을 위반하여 개인신용정보를 전송하지 아니한 자에게는 3천만원 이하의 과태료를 부과한다(법52③(6의2)).

제4절 개인신용정보 전송에 관한 협의회 등의 운영

종합신용정보집중기관, 금융보안원 및 그 밖에 금융위원회가 지정하는 자는 법 제22조의9 제4항부터 제6항9)까지의 규정 및 법 제33조의2에 따른 개인신용정보의 전송에 관한 ⅰ) 전송을 요구할 수 있는 개인신용정보의 범위, 개인신용정보 규격 표준화, 검증 및 오류 관리(제1호), ⅱ) 전송요구에 따른 비용 산정(제2호), ⅲ) 금융소비자 권리보장(제3호), ⅳ) 법 제22조의9 제4항 및 법 제33조의2 제5항에 따른 안전성과 신뢰성이 보장된 방식의 관리(제4호), ⅴ) 개인신용정보 전송·관리를 위한 신용정보주체 등의 인증 기준(제5호), ⅵ) 안전한 개인신용정보 전송·관리를 위한 정보보호 및 보안(제6호)을 지원하는 협의회 및 기관 등을 둘 수 있다(영28의4).

제5절 개인식별정보의 수집·이용 및 제공

신용정보회사등이 개인을 식별하기 위하여 필요로 하는 정보로서 개인식별번호(영29)를 수집·이용 및 제공하는 경우에는 제15조(수집 및 처리의 원칙), 제32조(개인신용정보의 제공·활용에 대한 동의) 및 제33조(개인신용정보의 이용)를 준용한다(법34).

법 제32조의 벌칙 및 과태료 규정도 준용된다.

---

9) ④ 신용정보제공·이용자등은 개인인 신용정보주체가 본인신용정보관리회사에 본인에 관한 개인신용정보의 전송을 요구하는 경우에는 정보제공의 안전성과 신뢰성이 보장될 수 있는 방식으로서 대통령령으로 정하는 방식으로 해당 개인인 신용정보주체의 개인신용정보를 그 본인신용정보관리회사 에 직접 전송하여야 한다.
⑤ 제4항에도 불구하고 신용정보제공·이용자등의 규모, 금융거래 등 상거래의 빈도 등을 고려하여 대통령령으로 정하는 경우에 해당 신용정보제공·이용자등은 대통령령으로 정하는 중계기관을 통하여 본인신용정보관리회사에 개인신용정보를 전송할 수 있다.
⑥ 신용정보제공·이용자등은 제33조의2 제4항에 따라 개인신용정보를 정기적으로 전송할 경우에는 필요한 범위에서 최소한의 비용을 본인신용정보관리회사가 부담하도록 할 수 있다.

제6절 개인신용정보 등의 활용에 관한 동의의 원칙

개인신용정보의 제공·활용에 관한 동의제도는 정보주체가 개인정보의 제공·활용을 사전에 통제할 수 있도록 함으로써 개인정보 자기결정권을 실현하기 위한 핵심수단이 되고 있으나, 정보주체의 인지적 한계 등으로 인해 "알고하는 동의(Informed Consent)"가 이루어지지 못하고 제도가 형식화되는 측면이 있다. 이에 신용정보법은 신용정보주체가 정보활용 동의 사항을 이해할 수 있도록 정보활용 동의서를 단순화하고, 정보주체가 정보활용 현황을 활용목적별·기관별로 구분하여 개별적으로 동의여부를 선택할 수 있도록 하고 있다.10)

Ⅰ. 고지사항과 정보활용 동의

1. 원칙

신용정보회사등은 신용정보주체로부터 동의("정보활용 동의")를 받는 경우 개인정보 보호법 제15조 제2항,11) 제17조 제2항12) 및 제18조 제3항13)에 따라 신용정보주체에게 해당 각 조항에서 규정한 사항("고지사항")을 알리고 정보활용 동의를 받아야 한다(법34의2① 본문).

---

10) 정무위원회(2020), 99쪽.
11) ② 개인정보처리자는 제1항 제1호에 따른 동의를 받을 때에는 다음의 사항을 정보주체에게 알려야 한다. 다음의 어느 하나의 사항을 변경하는 경우에도 이를 알리고 동의를 받아야 한다.
   1. 개인정보의 수집·이용 목적
   2. 수집하려는 개인정보의 항목
   3. 개인정보의 보유 및 이용 기간
   4. 동의를 거부할 권리가 있다는 사실 및 동의 거부에 따른 불이익이 있는 경우에는 그 불이익의 내용
12) ② 신용정보회사등은 신용정보의 처리를 위탁할 수 있으며 이에 따라 위탁을 받은 자("수탁자")의 위탁받은 업무의 처리에 관하여는 제19조부터 제21조까지, 제22조의4부터 제22조의7까지, 제22조의9, 제40조, 제43조, 제43조의2, 제45조, 제45조의2 및 제45조의3(해당 조문에 대한 벌칙 및 과태료규정을 포함)을 준용한다.
13) ③ 제2항에 따른 해당 신용정보의 구체적인 종류, 기록보존 및 활용기간 등은 대통령령으로 정한다.

2. 예외

동의 방식이나 개인신용정보의 특성 등을 고려하여 "대통령령으로 정하는 경우"에 대해서는 정보활용 동의를 받지 않아도 된다(법34의2① 단서). 여기서 "대통령령으로 정하는 경우"란 ⅰ) 전화 등 동의 방식의 특성상 동의 내용을 전부 표시하거나 알리기 어려운 경우로서 신용정보회사등의 인터넷 홈페이지 주소나 사업자 전화번호 등 동의내용을 확인할 수 있는 방법을 안내하고 동의를 받는 경우, ⅱ) 신용정보법 또는 다른 법령에서 별도로 정한 경우를 말한다(영29의2①, 감독규정39의3).

3. 고지사항 일부 생략과 동의

(1) 고지사항 일부 또는 중요사항 발췌 통지와 동의

"대통령령으로 정하는 신용정보제공·이용자"는 고지사항 중 그 일부를 생략하거나 중요한 사항만을 발췌하여 그 신용정보주체에게 알리고 정보활용 동의를 받을 수 있다(법34의2③ 본문). 다만, 개인인 신용정보주체가 고지사항 전부를 알려줄 것을 요청한 경우에는 그러하지 아니하다(법34의2③ 단서).

여기서 "대통령령으로 정하는 신용정보제공·이용자"란 각각 영 제17조 제7항 제2호부터 제4호까지의 자를 말한다(영29의2②). 즉 ⅰ) 금융지주회사, 농업협동조합, 농업협동조합중앙회, 농협은행, 한국무역보험공사, 보험회사, 산림조합, 산림조합중앙회, 상호저축은행, 상호저축은행중앙회, 수산업협동조합, 수산업협동조합중앙회, 수협은행, 신용보증기금, 신용협동조합, 신용협동조합중앙회, 여신전문금융회사(여신전문금융업법 제3조 제3항 제1호에 따라 허가를 받거나 등록을 한 자 포함), 은행(외국은행의 지점 또는 대리점 포함), 금융투자업자·증권금융회사·종합금융회사·자금중개회사 및 명의개서대행회사, 중소기업은행, 한국산업은행, 한국수출입은행, 한국주택금융공사, ⅱ) 신용회복위원회, 근로복지공단, 정리금융회사, 한국자산관리공사, 서민금융진흥원, 금융위원회에 등록한 대부업자등(직전 사업연도 말 기준으로 총 자산이 100억원을 초과하는 기관에 한정)의 기관을 말한다(영17⑦(2)(3)).

(2) 필요적 고지사항

고지사항 중 그 일부를 생략하거나 중요한 사항만을 발췌하여 그 신용정보

주체에게 알리고 정보활용 동의를 받는 경우에는 ⅰ) 고지사항 중 ㉠ 개인정보
보호법 제15조 제2항 각 호[14])의 사항을 범주화한 사항, ㉡ 개인정보 보호법 제
17조 제2항 제1호부터 제4호[15])까지의 사항을 범주화한 사항, ㉢ 개인정보 보호
법 제18조 제3항 제1호부터 제4호[16])까지의 사항을 범주화한 사항(제1호), ⅱ) 법
제34조의2 제4항에 따라 고지사항 전부를 별도로 요청할 수 있다는 사실(제2호),
ⅲ) 법 제32조 제4항에 따른 선택적 동의사항에 대해 부여된 법 제34조의3 제1
항에 따른 정보활용 동의등급(제3호)을 반드시 고지해야 한다(영29의2③).

(3) 불이익 조치 고지사항 축소 통지 금지

고지사항을 알리는 경우 신용정보주체에게 불이익한 조치를 취할 수 있는
사항을 축소하여 알려서는 안 된다(영29의2⑤).

(4) 고지사항 전부의 별도 요청 통지

고지사항 중 그 일부를 생략하거나 중요한 사항만을 발췌하여 정보활용 동
의를 받는 경우에는 신용정보주체에게 고지사항 전부를 별도로 요청할 수 있음
을 알려야 한다(법34의2④).

(5) 고지사항 전부 통보 요청의 경우

개인인 신용정보주체가 고지사항 전부를 알려줄 것을 요청한 경우에는 지체
없이 고지사항 전부를 알려주어야 한다(영29의2④).

---

14) 1. 개인정보의 수집·이용 목적
   2. 수집하려는 개인정보의 항목
   3. 개인정보의 보유 및 이용 기간
   4. 동의를 거부할 권리가 있다는 사실 및 동의 거부에 따른 불이익이 있는 경우에는 그
      불이익의 내용
15) 1. 개인정보를 제공받는 자
   2. 개인정보를 제공받는 자의 개인정보 이용 목적
   3. 제공하는 개인정보의 항목
   4. 개인정보를 제공받는 자의 개인정보 보유 및 이용 기간
16) 1. 개인정보를 제공받는 자
   2. 개인정보의 이용 목적(제공 시에는 제공받는 자의 이용 목적)
   3. 이용 또는 제공하는 개인정보의 항목
   4. 개인정보의 보유 및 이용 기간(제공 시에는 제공받는 자의 보유 및 이용 기간)

Ⅱ. 신용정보제공·이용자의 고려사항과 정보활용 동의

"대통령령으로 정하는 신용정보제공·이용자"는 ⅰ) 보다 쉬운 용어나 단순하고 시청각적인 전달 수단 등을 사용하여 신용정보주체가 정보활용 동의 사항을 이해할 수 있도록 할 것(제1호), ⅱ) 정보활용 동의 사항과 금융거래 등 상거래관계의 설정 및 유지 등에 관한 사항이 명확하게 구분되도록 할 것(제2호), ⅲ) 정보를 활용하는 신용정보회사등이나 정보활용의 목적별로 정보활용 동의 사항을 구분하여 신용정보주체가 개별적으로 해당 동의를 할 수 있도록 할 것(제32조 제4항의 선택적 동의사항으로 한정)(제3호)을 고려하여 개인인 신용정보주체로부터 정보활용 동의를 받아야 한다(법34의2②).

여기서 "대통령령으로 정하는 신용정보제공·이용자"란 각각 영 제17조 제7항 제2호부터 제4호까지의 자를 말한다(영29의2②). 즉 ⅰ) 금융지주회사, 농업협동조합, 농업협동조합중앙회, 농협은행, 한국무역보험공사, 보험회사, 산림조합, 산림조합중앙회, 상호저축은행, 상호저축은행중앙회, 수산업협동조합, 수산업협동조합중앙회, 수협은행, 신용보증기금, 신용협동조합, 신용협동조합중앙회, 여신전문금융회사(여신전문금융업법 제3조 제3항 제1호에 따라 허가를 받거나 등록을 한 자 포함), 은행(외국은행의 지점 또는 대리점 포함), 금융투자업자·증권금융회사·종합금융회사·자금중개회사 및 명의개서대행회사, 중소기업은행, 한국산업은행, 한국수출입은행, 한국주택금융공사, ⅱ) 신용회복위원회, 근로복지공단, 정리금융회사, 한국자산관리공사, 서민금융진흥원, 금융위원회에 등록한 대부업자등(직전 사업연도 말 기준으로 총 자산이 100억원을 초과하는 기관에 한정)의 기관을 말한다(영17⑦(2)(3)).

Ⅲ. 위반시 제재

법 제34조의2 제1항을 위반하여 신용정보주체에게 알려야 할 사항을 알리지 아니한 자(6의3호), 제34조의2 제3항 단서를 위반하여 신용정보주체가 요청하였음에도 불구하고 이에 따르지 아니한 자(6의4호), 제34조의2 제4항을 위반하여 별도로 요청할 수 있음을 알리지 아니한 자(6의5호)에게는 3천만원 이하의 과태료를 부과한다(법52③).

제7절 정보활용 동의등급

개인정보보호 등급제를 도입함으로써, 정보주체의 인지적 한계를 보완할 수 있고 해당 개인신용정보를 제공·활용하는 금융회사 역시 업무상 불필요하게 정보를 요구하는 행태가 줄어들 것으로 기대된다.[17]

Ⅰ. 정보활용 동의등급의 통지와 동의

1. 정보활용 동의등급의 신용정보주체에 대한 통지와 동의 수령

"대통령령으로 정하는 신용정보제공·이용자"는 정보활용 동의 사항에 대하여 금융위원회가 평가한 등급("정보활용 동의등급")을 신용정보주체에게 알리고 정보활용 동의를 받아야 한다(법34의3① 전단).

여기서 "대통령령으로 정하는 신용정보제공·이용자"란 영 제29조의2 제2항에 해당하는 자를 말한다(영29의3①). 영 29조의2 제2항에 해당하는 "대통령령으로 정하는 신용정보제공·이용자"란 영 제17조 제7항 제2호부터 제3호까지의 자를 말한다.

즉 ⅰ) 금융지주회사, 농업협동조합, 농업협동조합중앙회, 농협은행, 한국무역보험공사, 보험회사, 산림조합, 산림조합중앙회, 상호저축은행, 상호저축은행중앙회, 수산업협동조합, 수산업협동조합중앙회, 수협은행, 신용보증기금, 신용협동조합, 신용협동조합중앙회, 여신전문금융회사(여신전문금융업법 제3조 제3항 제1호에 따라 허가를 받거나 등록을 한 자 포함), 은행(외국은행의 지점 또는 대리점 포함), 금융투자업자·증권금융회사·종합금융회사·자금중개회사 및 명의개서대행회사, 중소기업은행, 한국산업은행, 한국수출입은행, 한국주택금융공사, ⅱ) 신용회복위원회, 근로복지공단, 정리금융회사, 한국자산관리공사, 서민금융진흥원, 금융위원회에 등록한 대부업자등(직전 사업연도 말 기준으로 총 자산이 100억원을 초과하는 기관에 한정)의 기관을 말한다(영17⑦(2)(3)).

---

2. 중요사항 변경의 신용정보주체에 대한 통지와 동의 수령

정보활용 동의 사항 중 ⅰ) 고지사항, ⅱ) 정보활용 동의등급 등 중요사항을 변경한 경우에도 신용정보주체에게 알리고 정보활용 동의를 받아야 한다(법34의3 ① 후단, 영29의3②).

Ⅱ. 정보활용 동의등급 부여시 고려사항

금융위원회는 등급 평가를 할 때 ⅰ) 정보활용에 따른 사생활의 비밀과 자유를 침해할 위험에 관한 사항(활용되는 개인신용정보가 개인정보 보호법 제23조[18])에 따른 민감정보인지 여부를 포함), ⅱ) 정보활용에 따라 신용정보주체가 받게 되는 이익이나 혜택, ⅲ) 보다 쉬운 용어나 단순하고 시청각적인 전달 수단 등을 사용하여 신용정보주체가 정보활용 동의 사항을 이해할 수 있도록 하는 사항(법34의2②(1)), 정보활용 동의 사항과 금융거래 등 상거래관계의 설정 및 유지 등에 관한 사항이 명확하게 구분되도록 하는 사항(법34의2②(2)), ⅳ) 신용정보주체가 정보활용 동의사항을 읽기 쉽도록 글자 크기나 줄 간격을 확대하는 등의 방법으로 표기했는지 여부, ⅴ) 법 제34조의2 제3항 본문에 따라 고지사항 중 그 일부를 생략하거나 중요한 사항만을 발췌하여 그 신용정보주체에게 알린 것인지 여부를 고려하여 정보활용 동의등급을 부여하여야 한다(법34의3②, 영29의3③).

---

18) 개인정보 보호법 제23조(민감정보의 처리 제한) ① 개인정보처리자는 사상·신념, 노동조합·정당의 가입·탈퇴, 정치적 견해, 건강, 성생활 등에 관한 정보, 그 밖에 정보주체의 사생활을 현저히 침해할 우려가 있는 개인정보로서 대통령령으로 정하는 정보("민감정보")를 처리하여서는 아니 된다. 다만, 다음 각 호의 어느 하나에 해당하는 경우에는 그러하지 아니하다.
  1. 정보주체에게 제15조 제2항 각 호 또는 제17조 제2항 각 호의 사항을 알리고 다른 개인정보의 처리에 대한 동의와 별도로 동의를 받은 경우
  2. 법령에서 민감정보의 처리를 요구하거나 허용하는 경우
  ② 개인정보처리자가 제1항 각 호에 따라 민감정보를 처리하는 경우에는 그 민감정보가 분실·도난·유출·위조·변조 또는 훼손되지 아니하도록 제29조에 따른 안전성 확보에 필요한 조치를 하여야 한다.

Ⅲ. 정보활용 동의등급의 취소와 변경

1. 취소와 변경 사유

금융위원회는 신용정보제공·이용자가 거짓이나 그 밖의 부정한 방법으로 정보활용 동의등급을 부여받은 경우, 그 밖에 "대통령령으로 정하는 경우"에는 부여한 정보활용 동의등급을 취소하거나 변경할 수 있다(법34의3③).

여기서 "대통령령으로 정하는 경우"란 ⅰ) 정보활용 동의등급 기준 변경, 고지사항의 변경 등으로 기존에 부여한 정보활용 동의등급을 유지하는 것이 신용정보주체 보호나 건전한 신용질서 유지의 측면에서 불합리한 경우, ⅱ) 해당 신용정보제공·이용자가 해산하거나 폐업한 경우, ⅲ) 부여된 정보활용 동의등급의 미표시 및 왜곡 등으로 신용정보주체가 정보활용 동의등급을 쉽게 인지하기 어렵게 된 경우, ⅳ) 정보활용에 따라 신용정보주체가 받게 되는 이익이나 혜택이 변경된 경우를 말한다(영29의3④, 감독규정39의4①).

2. 취소와 변경의 사전 통지

금융위원회는 정보활용 동의등급을 취소하거나 변경하는 경우 미리 해당 신용정보제공·이용자에게 알려야 한다(영29의3⑤ 본문). 다만, 신용정보주체의 보호 및 건전한 신용질서를 유지하기 위해 급박한 경우에는 미리 알리지 않을 수 있다(영29의3⑤ 단서).

Ⅳ. 정보활용 동의등급의 부여·취소 및 변경의 방법·절차

1. 부여·취소·변경 절차 및 취소·변경시 준수사항

정보활용 동의등급의 부여·취소·변경 절차 및 취소·변경시 준수사항은 다음과 같다(감독규정39의4②). 즉 ⅰ) 정보활용 동의등급을 부여·변경하고자 하는 자의 신용정보관리·보호인은 [별지 제14호의2 서식]에 따라 종합신용정보집중기관에 제출하여야 한다(제1호). ⅱ) 부여받은 정보활용 동의등급이 변경·취소가 된 경우 이전에 부여받은 정보활용 동의등급을 사용할 수 없다(제2호). ⅲ) 부여받은 정보활용 동의등급이 취소된 경우, 정보활용 동의등급을 다시 부여받을 때까지 개인인 신용정보주체로부터 동일한 내용으로 정보활용 동의를 받을 수 없다(제3호).

2. 부여 · 취소 · 변경을 받은 자의 이의제기

정보활용 동의등급의 부여·취소·변경을 받은 자는 이를 고지받은 날부터 30일 이내에 이의를 제기할 수 있다(감독규정39의4⑤).

Ⅴ. 동의등급평가위원회

1. 업무

금융위원회는 정보활용 동의등급의 부여 및 취소 등의 업무를 공정하고 객관적으로 운영하기 위하여 종합신용정보집중기관에 ⅰ) 정보활용 동의등급의 부여·취소·변경 절차 방법의 제·개정(제1호), ⅱ) 정보활용 동의등급 부여를 위한 세부 기준 마련(제2호), ⅲ) 이의 신청의 처리절차 기준 마련(제3호) 업무를 수행하는 동의등급평가위원회를 운영할 수 있다(감독규정39의4③).

2. 의견제시

동의등급평가위원회는 금융위원회에 ⅰ) 정보활용 동의등급의 부여·취소·변경 절차 방법의 제·개정(제1호), ⅱ) 정보활용 동의등급 부여를 위한 세부 기준 마련(제2호), ⅲ) 이의 신청의 처리절차 기준 마련(제3호) 업무에 대한 의견을 제시할 수 있다(감독규정39의4④).

제8절 개인신용정보 제공 동의 철회권 등

Ⅰ. 동의 철회권

1. 신용도 등을 평가하기 위한 목적 외의 목적으로 행한 제공 동의 철회

개인인 신용정보주체는 서면, 전자서명이 있는 전자문서, 유무선 통신으로 개인비밀번호를 입력하는 방식, 유무선 통신으로 동의 내용을 해당 개인에게 알리고 동의를 받는 방법 등(법32① 각 호)으로 동의를 받은 신용정보제공·이용자에게 개인신용평가회사, 개인사업자신용평가회사 또는 신용정보집중기관에 제공하여 개인의 신용도 등을 평가하기 위한 목적 외의 목적으로 행한 개인신용정보 제공 동의를 철회할 수 있다(법37① 본문).

2. 계약 이행 곤란 등과 동의 철회

동의를 받은 신용정보제공·이용자 외의 신용정보제공·이용자에게 해당 개인신용정보를 제공하지 아니하면 해당 신용정보주체와 약정한 용역의 제공을 하지 못하게 되는 등 계약 이행이 어려워지거나 해당 신용정보주체가 신청한 금융거래 등 상거래관계의 설정 및 유지 여부 등을 판단하기 위한 목적(법33①(1))을 달성할 수 없는 경우에는 고객이 동의를 철회하려면 그 용역의 제공을 받지 아니할 의사를 명확하게 밝혀야 한다(법37① 단서).

3. 동의 철회 방법

개인인 신용정보주체는 동의 철회의 대상 및 내용 등을 특정하여 해당 기관의 인터넷 홈페이지, 유무선 통신, 서면, 신용정보제공·이용자의 사무실·점포 등을 방문하여 동의 철회서를 제출하는 방법으로 동의를 철회할 수 있다(영32①, 감독규정40의6).

Ⅱ. 상품 등 소개 목적 등 연락 중지청구

1. 연락 중지청구 방법

개인인 신용정보주체는 신용정보제공·이용자에 대하여 상품이나 용역을 소개하거나 구매를 권유할 목적으로 본인에게 연락하는 것을 중지하도록 청구할 수 있다(법37②).

이에 따라 개인인 신용정보주체는 상품이나 용역을 소개하거나 구매를 권유할 목적으로 연락하는 신용정보제공·이용자에 대하여 연락중지 청구의 대상 및 내용을 특정하여 해당 기관의 인터넷 홈페이지, 유무선 통신, 서면, 신용정보제공·이용자의 사무실·점포 등을 방문하여 동의 철회서를 제출하는 방법으로 본인에게 연락하는 것을 중지할 것을 청구할 수 있다(영32②).

2. 조치 완료 기간

청구를 받은 신용정보제공·이용자는 청구를 받은 날부터 1개월 이내에 그에 따른 조치를 완료하여야 한다(영32③).

Ⅲ. 권리의 내용, 행사방법 등 고지

1. 고지방법과 고지 수용 의무

신용정보제공·이용자는 서면, 전자문서 또는 구두에 의한 방법으로 권리의 내용, 행사방법 등을 거래 상대방인 개인에게 고지하고, 거래 상대방이 법 제37조 제1항 및 제2항의 요구를 하면 즉시 이에 따라야 한다(법37③ 전단).

2. 구두 고지와 사후 고지

구두에 의한 방법으로 이를 고지한 경우 추가적인 사후 고지절차를 거쳐야 한다(법37③ 후단). 이에 따라 신용정보제공·이용자가 거래 상대방인 개인에게 구두에 의한 방법으로 고지한 경우에는 고지한 날부터 1개월 이내에 고지 내용을 서면, 전자우편, 휴대전화 문자메시지, 인터넷 홈페이지의 방법으로 추가 고지하여야 한다(영32④).

Ⅳ. 의무이행 절차 마련과 조치

신용정보제공·이용자는 고지 수용 의무를 이행하기 위한 절차를 갖추어야 한다(법37④). 신용정보제공·이용자는 연락 중지 청구에 따라 발생하는 전화요금 등 금전적 비용을 개인인 신용정보주체가 부담하지 아니하도록 필요한 조치를 하여야 한다(법37⑤). 이에 따라 신용정보제공·이용자는 수신자 부담 전화, 수취인 부담 우편 등의 조치를 마련하여야 한다(영32⑤).

Ⅴ. 위반시 제재

법 제37조 제3항을 위반한 자에게는 3천만원 이하의 과태료를 부과한다(법 52③(8)).

제9절 개인신용정보의 삭제 요구

Ⅰ. 신용정보주체의 삭제 요구

1. 삭제 요구의 원칙: 상거래관계 종료와 일정 기간 경과

신용정보주체는 금융거래 등 상거래관계가 종료되고 ⅰ) 금융거래 등 상거래관계의 설정 및 유지 등에 필수적인 개인신용정보의 경우(영17의2①(1)): 5년(제1호), ⅱ) 앞의 제1호 외의 개인신용정보의 경우(영17의2①(2)): 3개월(제2호)이 경과한 경우 신용정보제공·이용자에게 본인의 개인신용정보의 삭제를 요구할 수 있다(법38의3① 본문, 영33의3①).

2. 삭제 요구의 예외

ⅰ) 신용정보법 또는 다른 법률에 따른 의무를 이행하기 위하여 불가피한 경우, ⅱ) 개인의 급박한 생명·신체·재산의 이익을 위하여 필요하다고 인정되는 경우, ⅲ) 가명정보를 이용하는 경우로서 그 이용 목적, 가명처리의 기술적 특성, 정보의 속성 등을 고려하여 대통령령으로 정하는 기간 동안 보존하는 경우, ⅳ) 예금·보험금의 지급을 위한 경우, 보험사기자의 재가입 방지를 위한 경우, 개인신용정보를 처리하는 기술의 특성 등으로 개인신용정보를 보존할 필요가 있는 경우, 앞의 3가지와 유사한 경우로서 개인신용정보를 보존할 필요가 있는 경우로서 "대통령령으로 정하는 경우(법20의2② 각 호)"에는 삭제를 요구할 수 없다(법38의3① 단서).

위에서 "대통령령으로 정하는 경우"란 다음의 어느 하나에 해당하는 경우를 말한다(영17의2④).

1. 서민금융법 제2조 제3호[19])에 따른 휴면예금등의 지급을 위해 필요한 경우
2. 대출사기, 보험사기, 거짓이나 부정한 방법으로 알아낸 타인의 신용카드 정보를 이용한 거래, 그 밖에 건전한 신용질서를 저해하는 행위를 방지하기 위하여 그 행위와 관련된 신용정보주체의 개인신용정보가 필요한 경우
3. 위험관리체제의 구축과 신용정보주체에 대한 신용평가모형 및 위험관리모형의 개발을 위하여 필요한 경우. 이 경우 다른 법률에 따른 의무를 이행하기 위하여 불가피한 경우 등을 제외하고 개인인 신용정보주체를 식별할 수 없도록 조치해야 한다.
4. 신용정보제공·이용자 또는 제3자의 정당한 이익을 달성하기 위하여 필요한 경우로서 명백하게 신용정보주체의 권리보다 우선하는 경우. 이 경우 신용정보제공·이용자 또는 제3자의 정당한 이익과 상당한 관련이 있고 합리적인 범위를 초과하지 아니하는 경우로 한정한다.
5. 신용정보주체가 개인신용정보(영 제15조 제4항 각 호[20])의 개인신용정보는 제외)의 삭제 전에 그 삭제를 원하지 아니한다는 의사를 명백히 표시한 경우
6. 개인신용정보를 처리하는 기술의 특성상 개인신용정보 삭제 시 신용정보전산시스템의 안전성, 보안성 등을 해치는 경우로서 금융위원회가 정하여 고시하는 보호조치[21])를 하는 경우

---

19) 3. "휴면예금등"이란 다음의 어느 하나에 해당하는 것을 말한다.
　　가. 휴면예금: 금융회사의 예금등 중에서 관련 법률의 규정 또는 당사자의 약정에 따라 채권 또는 청구권의 소멸시효가 완성된 예금등
　　나. 실기주 과실(失期株 果實): 자본시장법 제314조에 따라 예탁자를 통하여 투자자에게 반환된 후 투자자의 명의로 명의개서가 되지 아니하여 한국예탁결제원("예탁결제원") 명의인 주권("실기주")의 권리행사에 따라 예탁결제원이 수취하여 10년 이상 관리한 배당 등 과실(금전으로 한정하고 금전 이외의 과실을 매각한 경우에는 그 매각대금을 포함)

20) 1. 법 제2조 제1호의4에 따른 신용정보 중 연체, 부도, 대위변제 및 대지급과 관련된 정보
　　2. 법 제2조 제1호의4에 따른 신용정보 중 신용질서 문란행위와 관련된 정보
　　3. 법 제2조 제1호의6 다목에 따른 신용정보 중 법원의 파산선고·면책·복권 결정 및 회생·간이회생·개인회생의 결정과 관련된 정보
　　4. 법 제2조 제1호의6 나목에 따른 체납 관련 정보
　　5. 법 제2조 제1호의6 아목 및 이 영 제2조 제17항 제3호에 따른 신용정보 중 체납 관련 정보
　　6. 그 밖에 제1호부터 제5호까지의 정보와 유사한 형태의 불이익정보로서 금융위원회가 정하여 고시하는 신용정보

21) "금융위원회가 정하여 고시하는 보호조치"란 다음의 경우에 따른 조치를 말한다(감독규정 22의5).
　　1. 개인신용정보를 암호화하여 이용하는 경우: 개인신용정보를 재식별할 수 없도록 재식별에 필요한 정보를 삭제할 것
　　2. 개인신용정보와 연계된 정보를 이용하는 경우: 연계에 필요한 정보를 삭제할 것

Ⅱ. 신용정보제공·이용자의 삭제

1. 개인신용정보 삭제와 통지

신용정보제공·이용자가 삭제 요구를 받았을 때에는 지체 없이 해당 개인신용정보를 삭제하고 그 결과를 신용정보주체에게 통지하여야 한다(법38의3②).

2. 삭제 전 불이익 발생 여부 통지

삭제요구에 따라 신용정보제공·이용자가 개인신용정보를 삭제함으로써 해당 신용정보주체에게 불이익이 발생하는 경우에는 그 정보를 삭제하기 전에 그러한 불이익이 발생할 수 있다는 것을 해당 신용정보주체에게 알려야 한다(영33의3②).

Ⅲ. 삭제 요구의 예외와 개인신용정보의 구분 관리

신용정보제공·이용자는 신용정보주체의 요구가 삭제 요구의 예외 사유에 해당될 때에는 다른 개인신용정보와 분리하는 등 대통령령으로 정하는 바에 따라 관리하여야 하며, 그 결과를 신용정보주체에게 통지하여야 한다(법38의3③).

이에 따라 신용정보제공·이용자가 개인신용정보를 관리하는 경우에는 ⅰ) 상거래관계가 종료되지 아니한 다른 신용정보주체의 정보와 별도로 분리하는 방법(가목), ⅱ) 금융위원회가 정하여 고시하는 절차에 따라 신용정보제공·이용자의 임직원 중에서 해당 개인신용정보에 접근할 수 있는 사람을 지정하는 방법(나목)[22], ⅲ) 그 밖에 해당 신용정보주체의 개인신용정보가 안전하게 보호될 수 있는 방법으로서 금융위원회가 정하여 고시하는 방법(다목)[23](영17의2①(1) 각목)에 따라 관리한다(영33의3③).

---

22) 신용정보제공·이용자가 영 제17조의2 제1항 제1호 나목에 따라 접근할 수 있는 임직원을 지정할 때에는 접근권한 관리책임자를 두어야 한다(감독규정22의3②).

23) 영 제17조의2 제1항 제1호 다목에 따라 신용정보제공·이용자는 개인신용정보가 안전하게 보호될 수 있도록 접근권한을 부여받은 자가 해당 개인신용정보를 이용하려는 경우에는 접근권한 관리책임자의 사전 승인을 얻어 그 개인신용정보를 이용하게 하고, 그 이용 내역을 3년간 보관하여야 한다(감독규정22의3③).

Ⅳ. 삭제 요구에 따른 통지방법

통지의 방법은 금융위원회가 정하여 고시한다(법38의3④). 이에 따른 금융위원회가 정하여 고시하는 방법이란 서면, 전화, 전자우편, 휴대전화 문자메시지, 앞의 4가지 방법과 비슷한 방법을 말한다(감독규정43의3).

제10절 개인신용정보 누설통지 등

Ⅰ. 누설통지와 대책 마련

1. 누설통지

신용정보회사등은 개인신용정보가 업무 목적 외로 누설되었음을 알게 된 때에는 지체 없이 해당 신용정보주체에게 통지하여야 한다(법39의4① 전단).

2. 통지사항

통지하는 경우 통지하여야 할 사항은 개인정보 보호법 제34조 제1항 각 호의 사항을 준용한다(법39의4① 후단). 따라서 통지사항은 ⅰ) 유출된 개인정보의 항목(제1호), ⅱ) 유출된 시점과 그 경위(제2호), ⅲ) 유출로 인하여 발생할 수 있는 피해를 최소화하기 위하여 정보주체가 할 수 있는 방법 등에 관한 정보(제3호), ⅳ) 개인정보처리자의 대응조치 및 피해 구제절차(제4호), ⅴ) 정보주체에게 피해가 발생한 경우 신고 등을 접수할 수 있는 담당부서 및 연락처(제5호)이다(개인정보 보호법34①).

3. 통지방법

신용정보회사등이 통지하려는 경우에는 서면, 전화, 전자우편, 또는 휴대전화 문자메시지, 앞의 3가지 방법과 비슷한 방법(영33의2③)으로 개별 신용정보주체에게 개인신용정보가 누설되었다는 사실을 통지해야 한다(영34의4①).

4. 대책과 조치

신용정보회사등은 개인신용정보가 누설된 경우 그 피해를 최소화하기 위한 대책을 마련하고 필요한 조치를 하여야 한다(법39의4②).

5. 신용정보회사등의 조치에 대한 조사와 시정요구

금융위원회등 또는 보호위원회등은 신용정보회사등이 행한 조치에 대하여 조사할 수 있으며, 그 조치가 미흡하다고 판단되는 경우 금융위원회 또는 보호위원회는 시정을 요구할 수 있다(법39의4⑥).

Ⅱ. 대규모 개인신용정보의 누설

1. 누설통지와 조치결과의 금융위원회등 신고

신용정보회사등은 1만명 이상의 신용정보주체에 관한 개인신용정보(영34의4④)가 누설된 경우 통지 및 조치결과를 지체 없이 금융위원회 또는 금융감독원(영34의4⑤)("금융위원회등")에 신고하여야 한다(법39의4③ 전단). 이 경우 금융위원회등은 피해 확산 방지, 피해 복구 등을 위한 기술을 지원할 수 있다(법39의4③ 후단).

2. 금융위원회등의 보호위원회에 대한 신고사실 통지

금융위원회등은 신고를 받은 때에는 이를 개인정보 보호위원회에 알려야 한다(법39의4⑤).

3. 일정기간 누설 사실 공지

신용정보회사등은 1만명 이상의 신용정보주체에 관한 개인신용정보가 누설된 경우에는 서면, 전화, 전자우편, 또는 휴대전화 문자메시지, 앞의 3가지 방법과 비슷한 방법(영34의4①) 외에 ⅰ) 인터넷 홈페이지에 그 사실을 게시하는 방법(제1호), ⅱ) 사무실이나 점포 등에서 해당 신용정보주체로 하여금 그 사실을 열람하게 하는 방법(제2호), ⅲ) 주된 사무소가 있는 특별시·광역시·특별자치시·도 또는 특별자치도 이상의 지역을 보급지역으로 하는 일반일간신문, 일반주간신문 또는 인터넷신문에 그 사실을 게재하는 방법(제3호)으로 제1호 및 제2호의 경우에는 15일, 제3호의 경우에는 7일 동안 개인신용정보가 누설되었다는 사실을 널리 알려야 한다(영34의4②, 감독규정43의5).

4. 긴급조치와 사후 통지

개인신용정보 누설에 따른 피해가 없는 것이 명백하고 누설된 개인신용정보의 확산 및 추가 유출을 방지하기 위한 조치가 긴급히 필요하다고 인정되는 경우에는 해당 조치를 취한 후 지체 없이 신용정보주체에게 알릴 수 있다(영34의4③ 전단). 이 경우 그 조치의 내용을 함께 알려야 한다(영34의4③ 후단).

5. 신고해야 하는 신용정보회사등의 신고서 제출

1만명 이상의 신용정보주체에 관한 개인신용정보가 누설되어 신고해야 하는 신용정보회사등(상거래 기업 및 법인은 제외)은 그 신용정보가 누설되었음을 알게 된 때 지체 없이 금융위원회가 정하여 고시하는 신고서를 금융위원회 또는 금융감독원에 제출해야 한다(영34의4⑥). 이에 따라 신고하는 신용정보회사등은 [별지 제18호 서식]에 따른 신고서를 제출하여야 한다(감독규정43의6).

6. 긴급조치 후 신고서 제출

개인신용정보 누설에 따른 피해가 없는 것이 명백하고 누설된 개인신용정보의 확산 및 추가 유출을 방지하기 위한 조치가 긴급히 필요하다고 인정되는 경우에는 우선 금융위원회 또는 금융감독원에 그 개인신용정보가 누설된 사실을 알리고 추가 유출을 방지하기 위한 조치를 취한 후 지체 없이 신고서를 제출할 수 있다(영34의4⑦ 전단). 이 경우 그 조치의 내용을 함께 제출해야 한다(영34의4⑦ 후단).

Ⅲ. 상거래 기업 및 법인의 보호위원회등 신고

상거래기업 및 법인은 보호위원회 또는 한국인터넷진흥원("보호위원회등")에 신고하여야 한다(법39의4④, 영34의4⑧).

금융회사 등을 제외한 신용정보제공·이용자인 상거래 기업 및 법인에 대해

서는 개인정보보호위원회에게 자료제출요구·검사권·출입권·질문권·시정명령
권한·과징금 및 과태료 부과 등의 권한을 부여하고 있다(법38⑤⑥⑦⑧, 법39의4④,
법42의2①, 법45의3, 법45의4, 법52⑥). 금융회사에 대해서는 여전히 금융위원회에
게 행정권한을 부여하고 있는데, 이는 금융회사의 영업행위와 데이터 생성·활용
이 분리하기 어렵고, 금융위원회설치법에서 금융위원회의 소관 사무로 금융기관
에 대한 상시적 감독 및 검사·제재 업무를 규정하고 있기 때문이다.[24]

---

24) 정무위원회(2020), 35쪽.

제 3 장
/

신용정보 관련 보호 등

제1절 신용정보 이용 및 제공사실의 조회

Ⅰ. 신용정보주체의 개인신용정보 조회

1. 신용정보회사등의 조회 허용

(1) 원칙

신용정보회사등은 개인신용정보를 이용하거나 제공한 경우 다음의 구분에 따른 사항을 신용정보주체가 조회할 수 있도록 하여야 한다(법35① 본문).

(가) 개인신용정보를 이용한 경우

개인신용정보를 이용한 경우 이용 주체, 이용 목적, 이용 날짜, 이용한 신용정보의 내용, 해당 개인신용정보의 보유기간 및 이용기간을 조회할 수 있도록 하여야 한다(법35①(1), 영30⑤).

(나) 개인신용정보를 제공한 경우

개인신용정보를 제공한 경우 제공 주체, 제공받은 자, 제공 목적, 제공한 날짜, 제공한 신용정보의 내용, 해당 개인신용정보를 제공받은 자의 보유기간 및 이용기간을 조회할 수 있도록 하여야 한다(법35①(2), 영30⑥).

(2) 예외

내부 경영관리의 목적으로 이용하거나 반복적인 업무위탁을 위하여 제공하는 경우 등 대통령령으로 정하는 경우에는 신용정보주체가 조회할 수 있도록 하지 않아도 된다(법35① 단서).

여기서 "내부 경영관리의 목적으로 이용하거나 반복적인 업무위탁을 위하여 제공하는 경우 등 대통령령으로 정하는 경우"란 ⅰ) 신용위험관리 등 위험관리와 내부통제(제1호), ⅱ) 고객분석과 상품 및 서비스의 개발(제2호), ⅲ) 성과관리(제3호), ⅳ) 위탁업무의 수행(제4호), ⅴ) 업무와 재산상태에 대한 검사(제5호), ⅵ) 그 밖에 다른 법령에서 정하는 바에 따른 국가 또는 지방자치단체에 대한 자료 제공(제6호) 중 어느 하나에 해당하는 목적으로 이용하거나 제공하는 경우를 말한다(영30④ 본문). 다만, 상품 및 서비스를 소개하거나 구매를 권유할 목적으로 이용하거나 제공하는 경우는 제외한다(영30④ 단서).

2. 조회방법

(1) 원칙

신용정보회사등은 다음의 구분에 따른 방법으로 개인신용정보를 이용하거나 제공한 날부터 7일 이내(감독규정39의5 본문)[1] 이내에 신용정보주체에게 조회사항(개인신용정보를 이용한 경우와 개인신용정보를 제공한 경우의 구분에 따른 사항)을 조회할 수 있도록 해야 한다(영30① 본문).

(가) 신용정보회사등으로서 다음에 해당하는 자(제1호)

신용정보회사등으로서 다음에 해당하는 자의 경우 신용정보주체가 조회사항을 편리하게 확인할 수 있도록 하기 위한 개인신용정보조회시스템을 구축하고, 인터넷 홈페이지 등에 그 개인신용정보조회시스템을 이용하는 방법 및 절차 등을 게시하는 방법으로 조회할 수 있도록 해야 한다(영30①(1)). 즉 다음에 해당하는 자는 신용정보집중기관(가목), 개인신용평가회사(나목), 개인사업자신용평가회사(다목), 기업신용조회회사(라목), 본인신용정보관리회사(마목), 영 제2조 제6항

---

1) 다만, 법, 영 및 그 밖에 다른 법령에서 달리 정하는 경우에는 그 법령에서 정하는 바에 따른다(감독규정39의5 단서).

제7호 가목부터 허목까지의 기관인 금융지주회사, 기술보증기금, 농업협동조합, 농업협동조합중앙회, 농협은행, 한국무역보험공사, 보험회사, 산림조합, 산림조합중앙회, 상호저축은행, 상호저축은행중앙회, 새마을금고, 새마을금고중앙회, 수산업협동조합, 수산업협동조합중앙회, 수협은행, 신용보증기금, 신용협동조합, 신용협동조합중앙회, 여신전문금융회사(여신전문금융업법 제3조 제3항 제1호에 따라 허가를 받거나 등록을 한 자를 포함), 예금보험공사 및 정리금융회사, 은행(외국은행의 지점 또는 대리점 포함), 금융투자업자·증권금융회사·종합금융회사·자금중개회사 및 명의개서대행회사, 중소기업은행, 신용보증재단과 그 중앙회, 한국산업은행, 한국수출입은행, 한국주택금융공사(개인신용정보를 관리하는 전산시스템이 없는 기관으로서 1만명 미만의 신용정보주체에 관한 개인신용정보를 보유한 기관은 제외)(영5②(1)-(21))(바목), 영 제21조 제2항 제1호부터 제23호까지의 규정에 따른 기관(개인신용정보를 관리하는 전산시스템이 없는 기관으로서 1만명 미만의 신용정보주체에 관한 개인신용정보를 보유한 기관은 제외)인 건설산업기본법에 따른 공제조합, 국채법에 따른 국채등록기관, 한국농수산식품유통공사, 신용회복위원회, 근로복지공단, 소프트웨어공제조합, 엔지니어링공제조합, 정리금융회사, 체신관서, 전기공사공제조합, 주택도시보증공사, 중소벤처기업진흥공단, 중소기업창업투자회사 및 벤처투자조합, 중소기업중앙회, 한국장학재단, 한국자산관리공사, 국민행복기금, 서민금융진흥원, 금융위원회에 등록한 대부업자등, 자본재공제조합, 소상공인시장진흥공단, 금융위원회에 자산유동화계획을 등록한 유동화전문회사, 농업협동조합자산관리회사(사목)이다.

(나) 신용정보회사등으로서 제1호에서 정하는 자 외의 자(제2호)

신용정보회사등으로서 제1호에서 정하는 자 외의 자의 경우 제1호에서 정하는 방법 또는 사무소·점포 등에서 신용정보주체가 조회사항을 열람하게 하는 방법으로 조회할 수 있도록 해야 한다(영30①(2)).

(2) 예외

법 제32조 제7항 단서에 따른 불가피한 사유가 있는 경우에는 [별표 2의2]에 따라 알리거나 공시하는 시기에 조회할 수 있도록 해야 한다(영30① 단서). [별표 2의2]는 앞에서 살펴보았다.

3. 조회가능 조회사항

신용정보회사등이 신용정보주체에게 조회할 수 있도록 하여야 하는 조회사항은 그 조회가 의뢰된 날을 기준으로 최근 3년간의 조회사항으로 한다(영30②).

4. 조회요구자의 신용정보주체 본인 여부 확인

신용정보회사등은 조회사항을 신용정보주체가 조회할 수 있도록 하는 경우에는 그 조회를 요구하는 사람이 그 조회사항에 관한 신용정보주체 본인인지 여부를 확인하여야 한다(영30③ 전단). 이 경우 신용정보회사등은 금융거래 등 상거래관계의 유형·특성·위험도 등을 고려하여 본인 확인의 안전성과 신뢰성이 확보될 수 있는 수단을 채택하여 활용할 수 있다(영30③ 후단).

Ⅱ. 신용정보 이용 및 제공사실의 통지요구 등

1. 신용정보주체의 통지 요청과 금융위원회의 통지

신용정보회사등은 조회를 한 신용정보주체의 요청이 있는 경우 개인신용정보를 이용하거나 제공하는 때에 이용과 제공 구분에 따른 사항을 신용정보주체에게 통지하여야 한다(법35②).

이에 따라 신용정보회사등은 신용정보주체로부터 통지의 요청을 받으면 금융위원회가 정하여 고시하는 서식 및 방법에 따라 그 요청을 받은 때부터 정기적으로 해당 신용정보주체에게 조회사항을 통지하여야 한다(영30⑦). 따라서 신용정보회사등이 신용정보주체에게 본인의 개인신용정보를 이용하거나 제공한 사항을 통지하는 경우에는 [별지 제15호 서식]에 따라 서면, 전자우편, 문자메시지, 그 밖에 이와 유사한 방법으로 통지한다(감독규정40①).

2. 신용정보회사등의 통지요청권의 통보

신용정보회사등은 신용정보주체에게 통지를 요청할 수 있음을 알려주어야 한다(법35③). 이에 따라 신용정보회사등은 신용정보주체에게 통지를 요청할 수 있다는 사실, 통지요청의 방법, 통지의 주기 및 수수료 등을 알려야 한다(감독규정40②).

Ⅲ. 조회 또는 통지 비용과 보존

1. 조회 또는 통지 비용 부담

신용정보회사등은 조회나 통지에 직접 드는 비용을 그 신용정보주체에게 부담하게 할 수 있다(영30⑧ 본문). 다만, 개인신용정보조회시스템을 통하여 조회사항을 조회할 수 있도록 한 경우에는 신용정보주체가 1년에 1회 이상 무료로 조회할 수 있도록 하여야 한다(영30⑧ 단서).

2. 조회 또는 통지의 내용 보존

신용정보회사등은 신용정보주체가 조회한 내용과 신용정보주체에게 통지한 내용을 3년간 보존하여야 한다(영30⑨).

Ⅳ. 위반시 제재

법 제35조를 위반한 자에게는 1천만원 이하의 과태료를 부과한다(법52⑤(11)).

제2절 개인신용평점 하락 가능성 등에 대한 설명의무

Ⅰ. 설명의무

"대통령령으로 정하는 신용정보제공·이용자"는 개인인 신용정보주체와 신용위험이 따르는 금융거래로서 "대통령령으로 정하는 금융거래"를 하는 경우 설명사항을 해당 신용정보주체에게 설명하여야 한다(법35의2).

여기서는 "대통령령으로 정하는 신용정보제공·이용자"와 "대통령령으로 정하는 금융거래"를 살펴본다.

1. 대통령령으로 정하는 신용정보제공·이용자

"대통령령으로 정하는 신용정보제공·이용자"란 다음의 자를 말한다(영30의2①).

1. 은행, 금융투자업자, 증권금융회사, 종합금융회사 및 명의개서대행회사, 보험회사, 상호저축은행과 그 중앙회, 신용협동조합 및 그 중앙회, 여신전문금융회사 및 겸영여신업자, 농협은행, 수협은행, 다른 법령에서 금융감독원이 검사를 하도록 규정한 기관(금융위원회법38 각 호의 자)
2. 영 제21조 제2항 각 호에 해당하는 기관을 말한다(감독규정40의3①). 즉 건설산업기본법에 따른 공제조합, 국채법에 따른 국채등록기관, 한국농수산식품유통공사, 신용회복위원회, 근로복지공단, 소프트웨어공제조합, 엔지니어링공제조합, 정리금융회사, 체신관서, 전기공사공제조합, 주택도시보증공사, 중소벤처기업진흥공단, 중소기업창업투자회사 및 벤처투자조합, 중소기업중앙회, 한국장학재단, 한국자산관리공사, 국민행복기금, 서민금융진흥원, 금융위원회에 등록한 대부업자등, 자본재공제조합, 소상공인시장진흥공단, 금융위원회에 자산유동화계획을 등록한 유동화전문회사, 농업협동조합자산관리회사, 한국교직원공제회, 여객자동차 운수사업법 제61조 제1항에 따라 설립된 공제조합, 화물자동차운수사업법 제51조의2 제1항에 따라 설립된 공제조합, 기술신용평가 업무를 하는 기업신용조회회사, 온라인투자연계금융업자를 말한다(영21②(1)-(28)).

2. 대통령령으로 정하는 금융거래

"대통령령으로 정하는 금융거래"란 법 제2조 제1호의3 가목에 따른 신용정보제공·이용자에게 신용위험이 따르는 거래를 말한다(영30의2②). 법 제2조 제1호의3 가목에 따른 신용정보제공·이용자에게 신용위험이 따르는 거래는 다음 각각의 거래의 종류, 기간, 금액, 금리, 한도 등에 관한 정보이다(가목). 즉 ⅰ) 신용공여, ⅱ) 신용카드, 시설대여 및 할부금융거래, ⅲ) 자본시장법 제34조 제2항(금융투자업자의 대주주에 대한 신용공여), 제72조(투자매매업자 또는 투자중개업자의 투자자에 대한 신용공여), 제77조의3 제4항(종합금융투자사업자가 전담중개업무를 영위하는 경우에 증권 외의 금전등에 대한 투자와 관련하여 전문투자형 사모집합투자기구

등에 신용공여) 및 제342조 제1항(종합금융회사의 동일차주에 대한 신용공여)에 따른 신용공여, ⅳ) 앞의 3가지와 유사한 거래로서 ㉠ 상호저축은행법 제2조 제6호에 따른 신용공여, ㉡ 신용협동조합법 제2조 제5호에 따른 대출등, ㉢ 새마을금고법 제28조 제1항 제1호 나목에 따른 대출, ㉣ 대부업법 제6조에 따른 대부계약, ㉤ 보험업법 제2조 제13호에 따른 신용공여 및 같은 법 제100조 제1항 제1호에 따른 대출등, ㉥ 온라인투자연계금융업법 제2조 제1호에 따른 연계대출, ㉦ 그 밖에 앞의 6가지 거래와 유사한 거래로서 제5조 제2항 각 호 및 제21조 제2항 각 호의 기관이 수행하는 거래(영2⑥)를 말한다.

Ⅱ. 설명사항

신용정보제공·이용자는 ⅰ) 해당 금융거래로 인하여 개인신용평가회사가 개인신용평점을 만들어 낼 때 해당 신용정보주체에게 불이익이 발생할 수 있다는 사실(제1호), ⅱ) 그 밖에 해당 금융거래로 인하여 해당 신용정보주체에게 영향을 미칠 수 있는 사항으로서 대통령령으로 정하는 사항(제2호)인 설명사항을 해당 신용정보주체에게 설명하여야 한다(법35의2).

위 제2호에서 "대통령령으로 정하는 사항"이란 ⅰ) 개인신용평점 하락시 불이익 발생 가능성이 있는 금융거래 종류, ⅱ) 평균적으로 연체율이 높은 금융권역의 신용공여는 은행 등 다른 금융권역의 신용공여보다 신용점수가 더 큰 폭으로 하락할 수 있다는 사실, ⅲ) 평균적으로 연체율이 높은 형태의 신용공여는 일반적인 신용공여보다 신용점수가 더 큰 폭으로 하락할 수 있다는 사실, ⅳ) 해당 금융거래가 변제나 이에 준하는 방식으로 거래가 종료된 경우에도 일정기간 개인신용평점의 산정에 영향을 줄 수 있다는 사실을 말한다(영30의2③, 감독규정40의3②).

제3절 신용정보제공 · 이용자의 사전통지

Ⅰ. 개인신용정보 통지의무

"대통령령으로 정하는 신용정보제공 · 이용자"가 법 제2조 제1호 다목의 정보(신용정보주체의 신용도를 판단할 수 있는 정보) 중 개인신용정보를 개인신용평가회사, 개인사업자신용평가회사, 기업신용조회회사 및 신용정보집중기관에 제공하여 그 업무에 이용하게 하는 경우에는 통지사항을 신용정보주체 본인에게 통지하여야 한다(법35의3①).

여기서 "대통령령으로 정하는 신용정보제공 · 이용자"란 다음 각 호의 자를 말한다(영30의3①).

1. 영 제2조 제6항 제7호 각 목의 자[금융지주회사, 기술보증기금, 농업협동조합, 농업협동조합중앙회, 농협은행, 한국무역보험공사, 보험회사, 산림조합, 산림조합중앙회, 상호저축은행, 상호저축은행중앙회, 새마을금고, 새마을금고중앙회, 수산업협동조합, 수산업협동조합 중앙회, 수협은행, 신용보증기금, 신용협동조합, 신용협동조합중앙회, 여신전문금융회사(여신전문금융업법 제3조 제3항 제1호에 따라 허가를 받거나 등록을 한 자를 포함), 예금보험 공사 및 정리금융회사, 은행(외국은행의 지점 또는 대리점 포함), 금융투자업자 · 증권금융회사 · 종합금융회사 · 자금중개회사 및 명의개서대행회사, 중소기업은행, 신용보증재단과 그 중앙회, 한국산업은행, 한국수출입은행, 한국주택금융공사, 외국에서 앞의 금융기관(예금보험공사 및 정리금융회사 제외)과 유사한 금융업을 경영하는 금융기관, 외국 법령에 따라 설립되어 외국에서 신용정보업 또는 채권추심업을 수행하는 자]
2. 영 제21조 제2항 각 호의 자(건설산업기본법에 따른 공제조합, 국채법에 따른 국채등록기관, 한국농수산식품유통공사, 신용회복위원회, 근로복지공단, 소프트웨어공제조합, 엔지니어링공제조합, 정리금융회사, 체신관서, 전기공사공제조합, 주택도시보증공사, 중소벤처기업진흥공단, 중소기업창업투자회사 및 벤처투자조합, 중소기업중앙회, 한국장학재단, 한국자산관리공사, 국민행복기금, 서민금융진흥원, 금융위원회에 등록한 대부업자등, 자본재공 제조

합, 소상공인시장진흥공단, 금융위원회에 자산유동화계획을 등록한 유동화전
문회사, 농업협동조합자산관리회사, 한국교직원공제회, 여객자동차 운수사업
법 제61조 제1항에 따라 설립된 공제조합, 화물자동차 운수사업법 제51조의
2 제1항에 따라 설립된 공제조합, 기술신용평가 업무를 하는 기업신용조회회
사, 온라인투자연계금융업자)

3. 상거래 기업 및 법인
4. 그 밖에 금융위원회가 정하여 고시하는 자

Ⅱ. 통지사항

신용정보주체 본인에게 통지해야 하는 사항은 ⅰ) 채권자, ⅱ) 약정한 기일
까지 채무를 이행하지 아니한 사실에 관한 정보로서 금액 및 기산일과 해당 정
보 등록이 예상되는 날짜, ⅲ) 정보 등록 시 개인신용평점 또는 기업신용등급이
하락하고 금리가 상승하는 등 불이익을 받을 수 있다는 사실(신용정보집중기관에
등록하는 경우에는 신용정보집중기관이 제3자에게 정보를 제공함으로써 신용정보주체가
불이익을 받을 수 있다는 사실), ⅳ) 정보 등록 후 연체금을 상환하여도 신용점수가
일정기간 회복되지 않을 수 있다는 사실, ⅴ) 정보 등록 후 연체금을 상환하여도
일정기간 그 기록이 보관된다는 사실, ⅵ) 법 제38조(신용정보의 열람 및 정정청구
등)에 규정된 교부, 열람 및 정정청구 등 신용정보주체의 권리의 종류와 내용 및
그 행사방법에 관한 사항이다(법35의3①, 영30의3②, 감독규정40의4①).

Ⅲ. 통지의 기한과 방법

1. 원칙: 통지 기한

통지는 개인신용정보를 제공하기 7일 전까지 서면, 전화, 전자우편, 휴대전
화 문자메시지, 안전성, 보안성, 접근편의성 등을 갖춘 방법으로서 앞의 4가지
방법과 비슷한 방법으로 해야 한다(영30의3③ 본문, 감독규정40의4②). 다만, 연체
사실에 관한 정보를 제공하는 경우로서 연체 발생일부터 해당 정보의 등록이 예
상되는 날까지의 기간이 7일 미만인 경우에는 개인신용정보를 제공하기 1일 전
까지 통지할 수 있다(영30의3③ 단서).

2. 예외: 통지 기한

다음의 경우, 즉 ⅰ) 신용정보주체가 정보제공으로 불이익을 받지 않는 경우로서 금융위원회가 정하여 고시하는 경우: 개인신용정보를 제공하기 전(제1호), ⅱ) 연체사실에 관한 정보를 제공하는 경우로서 연체 발생일부터 해당 정보의 등록이 예상되는 날까지의 기간이 5영업일 미만인 경우(제1호의 경우는 제외): 개인신용정보를 제공하기 1영업일 전(제2호)까지 통지를 할 수 있다(영30의3④).

** 금융위원회 질의회신(2023. 6. 28.) ─────────────────

〈질의〉

□ 신용정보집중기관에 연체정보가 등록되어 있는 채권을 신용보증채무 이행에 따라 대위변제자가 대위변제하게 되는 경우

• 대위변제자는 해당 채권에 대한 대위변제 정보를 신용정보집중기관에게 제공할때 신용정보법 제35조의3에 따라 신용정보주체 본인에게 사전통지 의무가 있는지?

• 통지의무가 있다면 사전통지 내용의 범위

〈회신〉

□ 연체정보가 등록되어 있는 채권을 대위변제한 경우 신용정보법 제35조의3에 따라 정보주체 본인에게 통지를 하여야 합니다.

〈이유〉

□ 신용정보법 제35조의3은 일정한 신용정보제공·이용자로 하여금 "신용정보주체의 신용도를 판단할 수 있는 개인신용정보"를 신용정보집중기관 등에 제공하여 그 업무에 이용하게 하는 경우 채권자 등의 정보를 신용정보주체 본인에게 통지하도록 하고 있습니다.

• 한편, 대위변제 정보는 신용정보법 제2조 제1의4호 가목에 따라 "신용정보주체의 신용도를 판단할 수 있는 정보"에 해당합니다.

• 따라서 동 대위변제에 관한 정보가 개인차주 등에 관한 정보로서 개인신용정보에 해당하고, 질의하신 대위변제자가 신용정보법 시행령 제30조의3 제1항

에서 정하는 신용정보제공·이용자로서 상거래 기업 및 법인, 금융회사 등에 해당한다면, 신용정보법 제35조의3에 따라 정보주체 본인에게 통지를 하여야 합니다.

• 대위변제자가 정보주체에게 통지하여야 하는 내용은 법 제35조의3 제1항 각호 및 동법 시행령 제30조의3 제2항 각호에 규정되어 있으며 해당 내용을 모두 통지하여야 합니다.

** 금융위원회 질의회신(2022. 1. 13.) ────────────

〈질의〉

① 채무자가 채권추심에 응하기 위한 대리인을 선임한 경우, 채권추심자는 채권추심법 제8조의2에 의하여 신용정보법 제35조의3의 사전통지를 채무자(신용정보주체)의 대리인에게만 해야 하는지?

② 연체채권의 개인회생폐지 결정에 따라 종합신용정보집중기관(신용정보원)에 연체정보를 재등록하는 경우, 재등록의 시점이 언제인지?

〈회신〉

① 채무자가 채권추심에 응하기 위한 대리인을 선임하여 계약관계에 따라 해당 대리인이 통지의 전달 등을 할 수 있는 경우, 채권추심법 제8조의2와 민법 제114조 제2항에 따라 채권추심자는 채무자 본인이 선임한 해당 대리인에게만 통지하여야 합니다.

• 다만, 채권추심법 제8조의2에 따라 채무자 본인이 통지받는 것을 채무자와 대리인이 동의하였거나 계약관계에 따라 대리인이 통지의 전달 등을 할 수 없는 경우 등 채권추심자가 대리인에게 연락할 수 없는 정당한 사유가 있을시 채무자 본인에게 신용정보법 제35조의3의 사전통지를 할 수 있습니다.

② 연체정보의 등록시점은 신용정보업 감독규정 제26조의4 제3항 및 별표6에 따라 신용정보집중관리위원회가 정하도록 하고 있으므로, 종합신용정보집중기관인 신용정보원에 문의하시기 바랍니다.

〈이유〉

신용정보법 제35조의3은 신용정보제공·이용자가 신용도 판단정보를 신용

정보집중기관 등에 제공하여 그 업무에 이용하게 하는 경우, 채권 관련 사항을
신용정보주체 본인에게 통지하도록 규정하고 있습니다.
- 민법 제114조 제2항에 따르면, 대리인에 대한 의사표시는 직접 본인에게
효력이 있으므로, 채권추심법 제8조의2에 따라 채권추심과 관련하여 채무자 본
인에 대한 연락을 금지한 경우에는 신용정보법 제35조의3의 사전통지도 대리인
에게 하여야 하는 것으로 판단됩니다.

** 금융위원회 질의회신(2021. 2. 24.) ——————————
〈질의〉
ㅁ 신용정보집중기관에 연체정보가 등록되어 있는 채권을 대부업법에 따른
대부채권매입추심업자가 타인으로부터 매입한 경우
- 위 대부채권매입추심업자는 해당 채권에 대한 정보를 신용정보집중기관
에게 제공할 때 신용정보법 제35조의3에 따라 사전통지 의무가 있는지?
- 통지의무가 있다면, 같은 조 제1항 제2호 나목에 따른 "해당 정보 등록이
예상되는 날짜"를 기재해야 하는지?

〈회신〉
ㅁ 신용정보집중기관에 연체정보가 등록되어 있는 채권을 대부업법에 따른
대부채권매입추심업자가 타인으로부터 매입하여 재등록하는 경우에는 신용정보
법 제35조의3에 따라 사전통지할 의무가 없습니다.

〈이유〉
ㅁ 신용정보집중기관에 연체정보가 등록되어 있는 채권을 대부업법에 따른
대부채권매입추심업자가 타인으로부터 매입하여 정보를 재등록하는 경우에는 신
용정보법 제35조의3에 따라 사전통지할 의무가 없습니다.
- 신용정보법 제35조의3 신용정보제공·이용자의 사전통지는 채무자가 연
체정보 등록 전에 불이익 등에 대한 안내를 받아 연체금을 상환하는 등 불이익
에 선제적으로 대비할 수 있도록 하기 위하여 도입된 제도입니다(금융위원회 보도
자료,「대출 연체정보 등록 등에 대한 소비자 안내 가이드라인」시행(2018.9.5.) 참조)

• 최초 연체정보제공이 아닌 정보관리의 편의를 도모하기 위한 재제공 인 경우 채무자를 보호하기 위한 입법취지와 무관하므로 제35조의3 제1항에 해당하는 것으로 보기 어렵습니다.

• 따라서 연체채권으로 등록된 채권을 양수한 대부채권매입추심업자는 동일 채권에 대하여 채권등록기관의 변경을 위해 동일정보를 재제공하는 것이므로, 사전통지의무를 갖는 정보제공이 아닌 것으로 판단됩니다.

제4절 상거래 거절 근거 신용정보의 고지 등

I. 상거래 거절 근거 정보와 고지사항

신용정보제공·이용자가 개인신용평가회사, 개인사업자신용평가회사, 기업신용조회회사(기업정보조회업무만 하는 기업신용조회회사는 제외) 및 신용정보집중기관으로부터 제공받은 개인신용정보로서 "대통령령으로 정하는 정보"에 근거하여 상대방과의 상거래관계 설정을 거절하거나 중지한 경우에는 해당 신용정보주체의 요구가 있으면 그 거절 또는 중지의 근거가 된 정보 등 "대통령령으로 정하는 사항"을 본인에게 고지하여야 한다(법36①).

아래서는 상거래 설정 거절·중지 근거 신용정보인 "대통령령으로 정하는 정보"와 고지사항인 "거절 또는 중지의 근거가 된 정보 등 대통령령으로 정하는 사항"을 살펴본다.

1. 상거래 설정 거절·중지 근거 신용정보

상거래 설정 거절·중지 근거 신용정보인 "대통령령으로 정하는 정보"란 다음 각 호의 신용정보를 말한다(법36①, 영31①).

1. "신용정보주체의 신용도를 판단할 수 있는 정보"인 신용도판단정보로서 금융거래 관련 채무불이행 등 관련 정보(가목), 금융거래 관련 신용질서 문란행위 관련 정보(나목), 금융거래 관련 신용정보주체가 법인을 사실상 지배하는

자에 관한 정보(다목), 앞의 가목부터 다 목까지의 정보와 유사한 정보(라목)(법 제2조 제1호의4에 따른 신용정보)

2. "신용정보주체의 신용을 판단할 때 필요한 정보"인 공공기관 보유정보로서 법원의 재판 관련 정보 등(가목), 조세 관련 정보 등(나목), 채무조정 관련 정보(다목), 사회보험료·공공요금 또는 수수료 등에 관한 정보(아목, 영2⑰(3): 체납 관련 정보 한정), 개인신용평가회사 및 개인사업자신용평가회사의 신용정보 제공기록 또는 신용정보주체의 신용회복 등에 관한 정보로서 금융위원회가 정하여 고시하는 정보[2](아목 영2⑰(5)), 신용정보주체의 신용도 판단에 이용되는 정보를 제3자에게 제공한 신용조회기록(아목 영2⑰(6))

2. 고지사항

고지사항인 "거절 또는 중지의 근거가 된 정보 등 대통령령으로 정하는 사항"이란 ⅰ) 상거래관계 설정의 거절이나 중지의 근거가 된 신용정보(제1호), ⅱ) 제1호의 정보를 제공한 개인신용평가회사, 개인사업자신용평가회사, 기업신용조회회사 및 신용정보집중기관의 명칭·주소 및 전화번호 등(제2호), ⅲ) 개인신용평가회사, 개인사업자신용평가회사, 기업신용조회회사 및 신용정보집중기관이 상거래관계의 설정을 거절하거나 중지하도록 결정한 것이 아니라는 사실 및 개인신용평가회사, 개인사업자신용평가회사, 기업신용조회회사 또는 신용정보집중기관으로부터 제공받은 정보 외에 다른 정보를 함께 사용했을 경우에는 그 사실과 그 다른 정보(제3호)를 말한다(법36①, 영31②).

Ⅱ. 신용정보주체의 이의와 신용정보의 정확성 확인 요청

신용정보주체는 고지받은 본인정보의 내용에 이의가 있으면 고지를 받은 날부터 60일 이내에 해당 신용정보를 수집·제공한 개인신용평가회사, 개인사업자신용평가회사, 기업신용조회회사(기업정보조회업무만 하는 기업신용조회회사는 제외한다) 및 신용정보집중기관에게 그 신용정보의 정확성을 확인하도록 요청할 수

---

2) "금융위원회가 정하여 고시하는 정보"란 다음의 정보를 말한다(감독규정2의2⑦).
  1. 신용회복위원회의 신용회복지원협약에 따른 신용회복지원 확정정보
  2. 상법에 따라 설립된 주식회사 국민행복기금이 협약금융기관등으로부터 채권을 매입한 정보 및 채무조정 약정을 체결한 사실에 관한 정보

있다(법36②).

Ⅲ. 신용정보의 정확성 확인절차

확인절차 등에 관하여는 신용정보의 열람 및 정정청구 등에 관한 규정인 법 제38조를 준용한다(법36③). 법 제38조는 후술한다.

Ⅳ. 위반시 제재

법 제36조 제1항 또는 제3항을 위반한 자에게는 3천만원 이하의 과태료를 부과한다(법52③(7)).

제5절 자동화평가 결과에 대한 설명 및 이의제기 등

"자동화평가"란 법 제15조 제1항에 따른 신용정보회사등의 종사자가 평가 업무에 관여하지 아니하고 컴퓨터 등 정보처리장치로만 개인신용정보 및 그 밖의 정보를 처리하여 개인인 신용정보주체를 평가하는 행위를 말한다(법2(14)).

빅데이터 기술 확산으로 개인신용평가, 금리·보험료 산정 등을 위한 개인 정보 처리가 기계에 의해 자동으로 이루어지는 프로파일링(Profiling)이 증가하고 있으며, 프로파일링이 무분별하게 이루어질 경우 정보주체의 권리가 침해될 소지가 있다. 따라서 기계화·자동화된 데이터 처리 결과(프로파일링)에 대하여 정보주체의 설명요구·이의제기권을 보장함으로써 자동화된 의사결정에 대한 금융소비자의 대응을 통하여 빅데이터 활용의 공정성·투명성을 확보하고 데이터 활용 관련 국민신뢰를 제고할 수 있다.[3]

---

3) 정무위원회(2020), 108-109쪽.

I. 개인인 신용정보주체의 자동화평가 결과에 대한 설명 요구

개인인 신용정보주체는 개인신용평가회사 및 "대통령령으로 정하는 신용정보제공·이용자"("개인신용평가회사등")에 대하여 다음의 사항을 설명하여 줄 것을 요구할 수 있다(법36의2①).

1. 대통령령으로 정하는 신용정보제공·이용자

위에서 "대통령령으로 정하는 신용정보제공·이용자"란 금융위원회법 제38조 각 호의 자를 말한다(영31의2①). 즉 금융감독원의 검사대상기관인 은행, 금융투자업자, 증권금융회사, 종합금융회사 및 명의개서대행회사, 보험회사, 상호저축은행과 그 중앙회, 신용협동조합 및 그 중앙회, 여신전문금융회사 및 겸영여신업자, 농협은행, 수협은행, 다른 법령에서 금융감독원이 검사를 하도록 규정한 기관 등을 말한다.

2. 개인신용평가 등에 대한 자동화평가를 하는지 여부

개인인 신용정보주체는 개인신용평가회사등에 대하여 다음의 행위, 즉 ⅰ) 개인신용평가(가목), ⅱ) 대통령령으로 정하는 금융거래의 설정 및 유지 여부, 내용의 결정(대통령령으로 정하는 신용정보제공·이용자에 한정)(나목), ⅲ) 그 밖에 컴퓨터 등 정보처리장치로만 처리하면 개인신용정보 보호를 저해할 우려가 있는 경우로서 대통령령으로 정하는 행위(다목)에 자동화평가를 하는지 여부를 설명하여 줄 것을 요구할 수 있다(법36의2①(1)).

위의 나목에서 "대통령령으로 정하는 금융거래"란 ⅰ) 신용공여, ⅱ) 신용카드, 시설대여 및 할부금융거래, ⅲ) 자본시장법 제34조 제2항(금융투자업자의 대주주에 대한 신용공여), 제72조(투자매매업자 또는 투자중개업자의 투자자에 대한 신용공여), 제77조의3 제4항(종합금융투자사업자가 전담중개업무를 영위하는 경우에 증권 외의 금전등에 대한 투자와 관련하여 전문투자형 사모집합투자기구등에 신용공여) 및 제342조 제1항(종합금융회사의 동일차주에 대한 신용공여)에 따른 신용공여, ⅳ) 앞의 3가지와 유사한 거래로서 ㉠ 상호저축은행법 제2조 제6호에 따른 신용공여, ㉡ 신용협동조합법 제2조 제5호에 따른 대출등, ㉢ 새마을금고법 제28조 제1항 제1호 나목에 따른 대출, ㉣ 대부업법 제6조에 따른 대부계약, ㉤ 보험업법 제2조 제13호에 따른 신용공여 및 같은 법 제100조 제1항 제1호에 따른 대출등, ⒝ 온라인투자연계금융업법 제2조 제1호에 따른 연계대출, ⒢ 그 밖에 앞의 6가지 거래와 유사한 거래로서 제5조 제2항 각 호 및 제21조 제2항 각 호의 기관이 수행하는 거래(영2⑥)를 말한다(영31의2②).

위의 나목에서 "대통령령으로 정하는 신용정보제공·이용자"란 제1항에 따른 신용정보제공·이용자를 말한다(영31의2③).

위의 다목에서 "대통령령으로 정하는 행위"란 나목의 대통령령으로 정하는 금융거래에 관한 계약의 청약 또는 승낙 여부의 결정을 말한다(영31의2④).

3. 자동화평가를 하는 경우 자동화평가의 결과 등

개인인 신용정보주체는 개인신용평가회사등에 대하여 자동화평가를 하는 경우 ⅰ) 자동화평가의 결과(가목), ⅱ) 자동화평가의 주요 기준(나목), ⅲ) 자동화평가에 이용된 기초정보("기초정보")의 개요(다목)를 설명하여 줄 것을 요구할 수 있다(법36의2①(2)).

Ⅱ. 개인인 신용정보주체의 요구 행위

개인인 신용정보주체는 개인신용평가회사등에 대하여 ⅰ) 해당 신용정보주체에게 자동화평가 결과의 산출에 유리하다고 판단되는 정보의 제출(제1호), ⅱ) 자동화평가에 이용된 기초정보의 내용이 정확하지 아니하거나 최신의 정보가 아니라고 판단되는 경우 ㉠ 기초정보를 정정하거나 삭제할 것을 요구하는 행위(가목), ㉡ 자동화평가 결과를 다시 산출할 것을 요구하는 행위(나목)의 어느 하나에 해당하는 행위(제2호)를 할 수 있다(법36의2②).

Ⅲ. 개인신용평가회사등의 요구거절

1. 요구거절 사유

개인신용평가회사등은 ⅰ) 신용정보법 또는 다른 법률에 특별한 규정이 있거나 법령상 의무를 준수하기 위하여 불가피한 경우, ⅱ) 해당 신용정보주체의 요구에 따르게 되면 금융거래 등 상거래관계의 설정 및 유지 등이 곤란한 경우,

iii) 개인인 신용정보주체가 정정 또는 삭제 요청한 내용이 사실과 다른 경우, iv) 정당한 사유 없이 동일한 금융거래 등에 대해 3회 이상 반복적으로 법 제36조의2(자동화평가 결과에 대한 설명 및 이의제기 등) 제1항 및 제2항에 따른 권리를 행사하는 경우에는 개인인 신용정보주체의 요구를 거절할 수 있다(법36의2③, 영31의2⑤).

2. 요구거절 근거 및 사유 안내

개인신용평가회사등은 개인인 신용정보주체의 요구를 거절한 경우 거절의 근거 및 사유를 서면, 전자우편, 인터넷 홈페이지 또는 어플리케이션 등을 통해 안내해야 한다(영31의2⑨).

Ⅳ. 개인인 신용정보주체의 권리행사

개인인 신용정보주체는 서면, 전자우편, 인터넷 홈페이지 또는 어플리케이션 등을 통해 금융위원회가 정하여 고시하는 서식에 따라 권리를 행사해야 한다(영31의2⑥). 여기서 "금융위원회가 정하여 고시하는 서식"이란 [별지 제15호의2 서식] 및 [별지 제15호의3 서식]을 말한다(감독규정40의5①).

Ⅴ. 개인신용평가회사등의 설명과 안내

1. 개인신용평가회사등의 조치와 설명

개인신용평가회사등은 권리를 행사한 신용정보주체에게 설명·정정·삭제 등 필요조치를 하고 그 결과를 서면, 전자우편, 인터넷 홈페이지 또는 어플리케이션 등을 통해 금융위원회가 정하여 고시하는 서식에 따라 해당 신용정보주체에게 설명해야 한다(영31의2⑦). 여기서 "금융위원회가 정하여 고시하는 서식"이란 [별지 제15호의4 서식]을 말한다(감독규정40의5②).

2. 구분 설명의무

개인신용평가회사등은 개인인 신용정보주체에게 설명을 하는 경우 다음의 구분에 따라 설명해야 한다(영31의2⑧).

(1) 자동화평가의 결과

자동화평가의 결과(법36의2①(2) 가목)을 설명하는 경우 개인인 신용정보주체의 별도 요청이 없으면 요구 시점에서 가장 최근에 실시한 자동화평가의 결과로서, 개인신용평가회사등이 자체적으로 정한 신용등급 또는 점수(백분율을 포함)등으로 표시할 수 있다(영31의2⑧(1)).

(2) 자동화평가의 주요 기준

자동화평가의 주요 기준(법36의2①(2) 나목)을 설명하는 경우 자동화평가시법 제2조 제1호에서 정하고 있는 신용정보의 종류별(신용거래 판단정보, 신용도 판단정보, 신용거래능력 판단정보 등) 반영 비중을 안내하거나 또는 각 금융권역 협회에서 마련한 양식에 따라 안내할 수 있다(영31의2⑧(2)).

(3) 자동화평가에 이용된 기초정보("기초정보")의 개요

자동화평가에 이용된 기초정보("기초정보")의 개요(법36의2①(2) 다목)를 설명하는 경우 설명을 요구한 개인인 신용정보주체 본인, 종합신용정보집중기관 및 개인신용평가회사등으로부터 금융회사 등이 직접 입수한 신용정보를 안내할 수 있다(영31의2⑧(3) 본문). 다만, 금융회사 등이 기초정보를 자체적으로 가공하여 생성 또는 추론한 정보는 제외할 수 있다(영31의2⑧(3) 단서).

제6절 신용정보의 열람 및 정정청구 등

Ⅰ. 신용정보의 교부 또는 열람 청구

1. 교부 또는 열람 청구

신용정보주체는 신용정보회사등에 본인의 신분을 나타내는 증표를 내보이거나 전화, 인터넷 홈페이지의 이용 등 "대통령령으로 정하는 방법"으로 본인임을 확인받아 신용정보회사등이 가지고 있는 신용정보주체 본인에 관한 신용정보로서 "대통령령으로 정하는 신용정보"의 교부 또는 열람을 청구할 수 있다(법38①).

2. 본인확인 방법

본인확인 방법인 "본인의 신분을 나타내는 증표를 내보이거나 전화, 인터넷 홈페이지의 이용 등 대통령령으로 정하는 방법"이란 ⅰ) 본인의 신분을 나타내는 증표를 내보이는 방법, ⅱ) 전화, 인터넷 홈페이지를 이용하는 방법, ⅲ) 앞의 2가지 방법 외의 방법으로서 본인확인의 안전성과 신뢰성이 확보될 수 있는 수단을 활용하여 본인정보의 제공·열람을 청구하는 자가 신용정보주체 본인임을 확인하는 방법(이 경우 신용정보회사등은 금융거래 등 상거래관계의 유형·특성·위험도 등을 고려하여 본인 확인의 안전성과 신뢰성이 확보될 수 있는 수단을 채택하여 활용할 수 있다)을 말한다(법38①, 영33①).

3. 본인정보 제공 또는 열람 방법

신용정보주체는 본인정보를 제공받거나 열람하는 경우 서면, 전자문서 또는 인터넷 홈페이지 등을 통하여 할 수 있다(영33②).

4. 교부 또는 열람 청구 신용정보

교부 또는 열람 청구 대상 신용정보인 "대통령령으로 정하는 신용정보"란 법 제33조의2(개인신용정보의 전송요구) 제2항에 따른 개인신용정보 범위에 속하는 개인신용정보를 말한다(법38①, 영33③).

** 금융위원회 질의회신(2020. 9. 29.) ───────────────

〈질의〉

▢ 금융회사(당사)가 보유하고 있는 고객 업무 처리 시 발생한 개인 신용정보 조회이력 정보(전산이력)가

① 신용정보법 제38조 제1항에 따라 신용정보 주체가 열람 청구 가능한 본인정보인지?

② 내부 업무 처리에 관한 자료로 고객이 열람할 수 없는 정보(신용정보업감독규정 제20조 근거)인지?

〈회신〉

□ 신청서에 기재된 내용만으로 정확히 판단하는 것은 어려우나, 질의주신 내용을 근거로 판단할 때, 고객 업무처리 시 발생한 개인 신용정보 조회이력정보는 신용정보 주체가 열람청구 가능한 본인정보에 해당합니다.

〈이유〉

□ 신용정보법 제35조에 따라 신용정보회사 등은 개인신용정보를 이용하거나 제공한 경우, 신용정보주체가 이용 및 제공한 내역을 조회할 수 있도록 해야 합니다.

• 이 경우 개인의 신용정보를 이용한 경우에는 이용 주체, 이용 목적, 이용 날짜, 이용한 신용정보의 내용 등을 조회할 수 있도록 하고,

• 개인의 신용정보를 제공한 경우에는 제공 주체, 제공받은 자, 제공 목적, 제공한 날짜, 제공한 신용정보의 내용 등을 조회할 수 있도록 해야 합니다.

□ 다만, 신용정보회사등이 내부 경영관리의 목적으로 이용하거나 반복적인 업무위탁을 위하여 제공하는 등의 경우에는 신용정보 주체의 열람 청구가 가능한 본인정보에 해당하지 않습니다.

□ 신청서에 기재된 내용만으로 정확히 판단하는 것은 어려우나, 질의주신 내용을 근거로 판단할 때, 고객 업무처리 시 발생한 개인 신용정보 조회이력정보는 신용정보 주체가 열람청구 가능한 본인정보에 해당합니다.

Ⅱ. 신용정보의 정정청구

자신의 신용정보를 열람한 신용정보주체는 본인 신용정보가 사실과 다른 경우에는 금융위원회가 정하여 고시하는 바에 따라 정정을 청구할 수 있다(법38②).

1. 신용정보주체의 정정청구 신청방법

신용정보주체가 신용정보회사등에게 본인정보의 정정을 청구하고자 할 때에는 정정대상정보와 정정청구사유를 기재하여 서면 또는 신용정보회사등의 인터넷홈페이지를 통해 신청하여야 한다(감독규정41①).

2. 신용정보회사등의 증빙자료 제시 요청

정정청구를 받은 신용정보회사등은 사실여부의 조사·확인을 위하여 필요한 경우 신용정보주체에게 관련 증빙자료의 제시를 요청할 수 있다(감독규정41②).

3. 입증자료 요청

신용정보집중기관, 개인신용평가회사, 개인사업자신용평가회사, 기업신용조회회사 및 본인신용정보관리회사는 신용정보주체의 정정청구에 따른 사실 확인을 위하여 필요한 경우에는 당해 신용정보를 등록한 신용정보제공·이용자에게 등록된 정보의 사실 여부를 입증할 수 있는 자료를 요청할 수 있다(감독규정41③).

Ⅲ. 신용정보의 정정

1. 신용정보의 삭제와 정정

정정청구를 받은 신용정보회사등은 정정청구에 정당한 사유가 있다고 인정하면 지체 없이 해당 신용정보의 제공·이용을 중단한 후 사실인지를 조사하여 사실과 다르거나 확인할 수 없는 신용정보는 삭제하거나 정정하여야 한다(법38③).

2. 신용정보의 삭제와 정정 내용 통지

신용정보를 삭제하거나 정정한 신용정보회사등은 해당 신용정보를 최근 6개월 이내에 제공받은 자와 해당 신용정보주체가 요구하는 자에게 해당 신용정보에서 삭제하거나 정정한 내용을 알려야 한다(법38④).

3. 처리결과의 통지 및 처리결과에 대한 이의와 시정요청

(1) 시정요청서 금융위원회 제출

신용정보회사등은 처리결과를 7일 이내에 해당 신용정보주체에게 알려야 하며, 해당 신용정보주체는 처리결과에 이의가 있으면 따라 금융위원회에 그 시정을 요청할 수 있다(법38⑤ 본문).

이에 따라 신용정보주체가 시정요청을 하려는 경우에는 처리결과의 통지를
받은 날(통지가 없는 경우에는 정정청구를 하고 7영업일이 지난 날)부터 15일 이내에
금융위원회가 정하여 고시하는 시정요청서에 i) 신용정보회사등에 정정청구를
한 내용을 적은 서면, ii) 신용정보회사등으로부터 처리결과를 통지받은 경우에
는 그 통지 내용, iii) 시정요청의 대상이 된 신용정보의 사실 여부를 확인할 수
있는 근거자료를 첨부하여 금융위원회에 제출하여야 한다(영33④). 시정요청은
[별지 제16호 서식]에 따른다(감독규정42).

(2) 시정요청서 보호위원회 제출

개인신용정보에 대한 상거래기업 및 법인의 처리에 대하여 이의가 있으면
대통령령으로 정하는 바에 따라 개인정보 보호법에 따른 개인정보 보호위원회
("보호위원회")에 그 시정을 요청할 수 있다(법38⑤ 단서).

이에 따라 신용정보주체가 보호위원회에 시정요청을 하려는 경우에는 처리
결과의 통지를 받은 날(통지가 없는 경우에는 정정청구를 하고 7영업일이 지난 날)부
터 15일 이내에 금융위원회가 정하여 고시하는 시정요청서에 i) 신용정보회사
등에 정정청구를 한 내용을 적은 서면, ii) 상거래 기업 및 법인으로부터 처리결
과를 통지받은 경우에는 그 통지내용, iii) 시정요청의 대상이 된 신용정보의 사
실 여부를 확인할 수 있는 근거자료를 첨부하여 보호위원회에 제출해야 한다(영
33⑤). 시정요청은 [별지 제16호 서식]에 따른다(감독규정42).

금융회사 등을 제외한 신용정보제공·이용자인 상거래 기업 및 법인에 대해
서는 개인정보보호 위원회에게 자료제출요구·검사권·출입권·질문권·시정명령
권한·과징금 및 과태료 부과 등의 권한을 부여하고 있다(법38⑤⑥⑦⑧, 법39의4④,
법42의2①, 법45의3, 법45의4, 법52⑥).

4. 사실 여부 조사와 시정명령

금융위원회 또는 보호위원회는 시정을 요청받으면 금융감독원장 또는 보호
위원회가 지정한 자로 하여금 그 사실 여부를 조사하게 하고, 조사결과에 따라
신용정보회사등에 대하여 시정을 명하거나 그 밖에 필요한 조치를 할 수 있다(법
38⑥ 본문). 다만, 필요한 경우 보호위원회는 해당 업무를 직접 수행할 수 있다(법
38⑥ 단서).

5. 증표제시

조사를 하는 자는 그 권한을 표시하는 증표를 지니고 이를 관계인에게 내보여야 한다(법38⑦).

6. 시정조치 결과 보고

신용정보회사등이 금융위원회 또는 보호위원회의 시정명령에 따라 시정조치를 한 경우에는 그 결과를 금융위원회 또는 보호위원회에 보고하여야 한다(법38⑧). 이에 따라 신용정보회사등이 시정조치를 한 경우에는 [별지 제17호 서식]에 따라 그 결과를 보고하여야 한다(감독규정43).

Ⅳ. 위반시 제재

법 제38조 제3항부터 제6항까지 또는 제8항을 위반한 자에게는 3천만원 이하의 과태료를 부과한다(법52③(9)).

제7절 신용조회사실의 통지 요청

Ⅰ. 신용정보주체의 조회사실 통지 요청

1. 통지 요청

신용정보주체는 개인신용평가회사, 개인사업자신용평가회사에 대하여 본인의 개인신용정보가 조회되는 사실을 통지하여 줄 것을 요청할 수 있다(법38의2① 전단).

2. 신용정보주체의 본인확인 방식

통지 요청을 하는 경우 신용정보주체는 금융위원회가 정하는 방식에 따라 본인임을 확인받아야 한다(법38의2① 후단). 여기서 "금융위원회가 정하는 방식"이란 영 제30조 제3항에 따른 방식을 말한다(감독규정43의2①). 즉 조회를 요구하는 사람이 그 조회사항에 관한 신용정보주체 본인인지 여부를 확인방식을 말한다(영30③)

Ⅱ. 정보제공 중지의 요건 및 신용정보주체에 대한 통지사항 등

신용조회사실의 통지 요청을 받은 개인신용평가회사 또는 개인사업자신용평가회사는 명의도용 가능성 등 대통령령으로 정하는 사유에 해당하는 개인신용정보 조회가 발생한 때에는 해당 조회에 따른 개인신용정보의 제공을 중지하고 그 사실을 지체 없이 해당 신용정보주체에게 통지하여야 한다(법38의2②).

1. 정보제공 중지 사유

개인신용평가회사 또는 개인사업자신용평가회사는 신용정보주체로부터 신용조회사실의 통지 요청을 받은 경우로서 ⅰ) 해당 신용정보주체의 개인신용정보가 누설된 사실(제1호), ⅱ) 해당 신용정보주체가 신분증을 분실(제2호), ⅲ) 앞의 제1호 또는 제2호와 비슷한 사실로서 금융위원회가 정하여 고시하는 사실(제3호)의 어느 하나에 해당하는 사실이 발생함에 따라 그 요청을 받은 것으로 인정되는 경우에 그 사실로 인하여 그 신용정보주체의 개인신용정보가 도용됨으로써 신용정보제공·이용자, 그 밖의 이용자("정보제공의뢰자")로부터 개인신용정보의 제공을 의뢰받은 것으로 의심되면 지체 없이 해당 신용정보주체의 개인신용정보를 정보제공의뢰자에게 제공하는 행위를 중지해야 한다(영33의2①).

영 제33조의2 제1항에서 각 호의 어느 하나에 해당하는 사실이 발생함에 따라 그 요청을 받은 것으로 인정되는 경우란 ⅰ) 신용정보회사등이 누설 통지 또는 누설 신고를 한 이후 신용정보주체가 조회사실 통지를 요청한 경우, ⅱ) 신용정보주체가 주민등록증 분실신고 또는 이와 유사한 방법으로 개인식별번호가 포함된 신분증을 분실한 사실을 입증하고 조회사실 통지를 요청한 경우를 말한다(감독규정43의2②).

2. 통지사항

개인신용평가회사 또는 개인사업자신용평가회사가 신용정보주체에게 통지해야 할 사항은 ⅰ) 정보제공의뢰자에게 해당 신용정보주체의 개인신용정보를 제공하여 법 제38조의2 제1항에 따라 통지한 경우: 개인신용정보를 제공받은 자, 제공의 목적, 제공한 내용, 제공한 날짜(제1호), ⅱ) 정보제공의뢰자에게 해당 신용정보주체의 개인신용정보를 제공하지 아니하고 법 제38조의2 제2항에 따라 통지한 경우: 정보제공의뢰자, 의뢰의 목적, 의뢰된 날짜(제2호)를 말한다(영33의2②).

3. 통지방법

개인신용평가회사 또는 개인사업자신용평가회사는 서면, 전화, 전자우편, 휴대전화 문자메시지, 앞의 4가지 방법과 비슷한 방법으로 해당 신용정보주체에게 영 제33조의2 제2항의 구분에 따른 사항을 통지해야 한다(영33의2③).

4. 통지비용 부담

개인신용평가회사 또는 개인사업자신용평가회사는 해당 신용정보주체에게 통지에 드는 비용을 부담하게 할 수 있다(영33의2④ 본문). 다만, 해당 신용정보주체의 개인신용정보가 누설된 사실(영33의2①(1))이 발생한 경우로서 신용정보회사등에 책임 있는 사유로 그 사실이 발생함에 따라 그 통지를 하게 된 경우에는 그 신용정보회사등에 그 비용을 부담하게 해야 한다(영33의2④ 단서).

제8절 무료 열람권

Ⅰ. 무료 열람 대상 신용정보

개인인 신용정보주체는 4개월(영34①)마다 개인신용평가회사(영34②=전문개인신용평가회사는 제외)에 대하여 ⅰ) 개인신용평점, ⅱ) 개인신용평점의 산출에 이용된 개인신용정보, ⅲ) 자동화평가에 이용된 기초정보를 1회 이상 무료로 교부받거나 열람할 수 있다(법39, 영34③).

Ⅱ. 과태료

법 제39조를 위반한 자에게는 3천만원 이하의 과태료를 부과한다(법52③ (12)).

제9절 채권자변동정보의 열람 등

채권자변동정보의 열람과 관련해서 개인채무자들이 종합신용정보집중기관을 통해 자신의 채무에 대한 정보를 손쉽게 확인·관리할 수 있다는 점에서 개인채무자 보호를 증진할 수 있을 것으로 보인다.[4]

Ⅰ. 채권자변동정보의 종합신용정보집중기관 제공

"대통령령으로 정하는 신용정보제공·이용자"는 개인인 신용정보주체와의 금융거래로서 "대통령령으로 정하는 금융거래"로 인하여 발생한 채권을 취득하거나 제3자에게 양도하는 경우 해당 채권의 취득·양도·양수 사실에 관한 정보, 그 밖에 신용정보주체의 보호를 위하여 필요한 정보로서 "대통령령으로 정하는 정보"("채권자변동정보")를 종합신용정보집중기관에 제공하여야 한다(법39의2①).

여기서는 "대통령령으로 정하는 신용정보제공·이용자", "대통령령으로 정하는 금융거래", "대통령령으로 정하는 정보"("채권자변동정보")를 살펴본다.

1. 대통령령으로 정하는 신용정보제공·이용자

"대통령령으로 정하는 신용정보제공·이용자"란 영 제2조 제6항 제7호 가목

---

4) 정무위원회(2020), 93쪽.

부터 버목까지, 같은 호 어목부터 허목까지 및 제21조 제2항 각 호의 자를 말한
다(영34의2①).

(1) 시행령 제2조 제6항 제7호 가목부터 버목까지, 어목부터 허목까지의 금융기관

시행령 제2조 제6항 제7호 가목부터 버목까지, 같은 호 어목부터 허목까지
의 금융기관은 금융지주회사, 기술보증기금, 농업협동조합, 농업협동조합중앙회,
농협은행, 한국무역보험공사, 보험회사, 산림조합, 산림조합중앙회, 상호저축은
행, 상호저축은행중앙회, 새마을금고, 새마을금고중앙회, 수산업협동조합, 수산업
협동조합중앙회, 수협은행, 신용보증기금, 신용협동조합, 신용협동조합중앙회, 여
신전문금융회사(여신전문금융업법 제3조 제3항 제1호에 따라 허가를 받거나 등록을 한
자를 포함), 은행(외국은행의 지점 또는 대리점 포함), 금융투자업자·증권금융회사·
종합금융회사·자금중개회사 및 명의개서대행회사, 중소기업은행, 신용보증재단
과 그 중앙회, 한국산업은행, 한국수출입은행, 한국주택금융공사(영21②, 영2⑥ 가
목부터 버목까지, 같은 호 어목부터 허목까지)를 말한다.

(2) 시행령 제21조 제2항 각 호의 자

건설산업기본법에 따른 공제조합, 국채법에 따른 국채등록기관, 한국농수산
식품유통공사, 신용회복위원회, 근로복지공단, 소프트웨어공제조합, 엔지니어링
공제조합, 정리금융회사, 체신관서, 전기공사공제조합, 주택도시보증공사, 중소벤
처기업진흥공단, 중소기업창업투자회사 및 벤처투자조합, 중소기업중앙회, 한국
장학재단, 한국자산관리공사, 국민행복기금, 서민금융진흥원, 금융위원회에 등록
한 대부업자등, 자본재공제조합, 소상공인시장진흥공단, 금융위원회에 자산유동
화계획을 등록한 유동화전문회사, 농업협동조합자산관리회사, 한국교직원공제회,
여객자동차 운수사업법 제61조 제1항에 따라 설립된 공제조합, 화물자동차 운수
사업법 제51조의2 제1항에 따라 설립된 공제조합, 기술신용평가 업무를 하는 기
업신용조회회사, 온라인투자연계금융업자, 그 밖에 신용정보를 보유한 금융기관
중 금융위원회가 정하여 고시하는 기관[5]를 말한다(영21②(1)~(29)).

---

5) "금융위원회가 정하여 고시하는 기관"은 새출발기금 등 자산관리공사법 제26조 제1항 제1
   호 및 2호의 업무를 수행하기 위하여 같은 법 제26조 제1항 제4호 라목에 따라 설립된 기

2. 대통령령으로 정하는 금융거래

"대통령령으로 정하는 금융거래"란 다음 각 호의 거래를 말한다(영34의2②).

1. 법 제2조 제1호의3 가목에 따른 거래로서 개인인 신용정보주체가 채무자가
   되는 거래, 즉
   ⅰ) 신용공여, ⅱ) 신용카드, 시설대여 및 할부금융거래, ⅲ) 자본시장법 제
   34조 제2항(금융투자업자의 대주주에 대한 신용공여), 제72조(투자매매업자
   또는 투자중개업자의 투자자에 대한 신용공여), 제77조의3 제4항(종합금융
   투자사업자가 전담중개업무를 영위하는 경우에 증권 외의 금전등에 대한 투
   자와 관련하여 전문투자형 사모집합투자기구등에 신용공여) 및 제342조 제1
   항(종합금융회사의 동일차주에 대한 신용공여)에 따른 신용공여, ⅳ) 앞의 3
   가지와 유사한 거래로서 ㉠ 상호저축은행법 제2조 제6호에 따른 신용공여,
   ㉡ 신용협동조합법 제2조 제5호에 따른 대출등, ㉢ 새마을금고법 제28조 제
   1항 제1호 나목에 따른 대출, ㉣ 대부업법 제6조에 따른 대부계약, ㉤ 보험
   업법 제2조 제13호에 따른 신용공여 및 같은 법 제100조 제1항 제1호에 따
   른 대출등, ㉥ 온라인투자연계금융업법 제2조 제1호에 따른 연계대출, ㉦ 그
   밖에 앞의 6가지 거래와 유사한 거래로서 제5조 제2항 각 호 및 제21조 제2
   항 각 호의 기관이 수행하는 거래(영2⑥)로서 개인인 신용정보주체가 채무
   자가 되는 거래
2. 제1호와 유사한 거래로서 금융위원회가 정하여 고시하는 거래
   위 제2호에서 "금융위원회가 정하여 고시하는 거래"란 ⅰ) 공제 등의 대출거
   래, ⅱ) 은행법 제2조 제7호에 따른 신용공여 중 지급보증에 상당하는 거래
   로서 은행 이외의 주체가 거래당사자가 되는 거래를 말한다(감독규정43의4).

3. 대통령령으로 정하는 정보(=채권자변동정보)

"대통령령으로 정하는 정보"란 ⅰ) 채권의 취득·양도·양수 사실에 관한 정
보로서 최초 대출일, 최초 대출일 이후 채권의 양도·양수 내역 및 양도·양수 기
관 내역, 최종거래의 양도자, 양수자 및 거래일, 최종 양도·양수 당시 이전된 채
권원금(제1호), ⅱ) 채권의 소멸시효 완성 여부(소멸시효가 완성되지 않은 경우에는

관을 말한다(감독규정26의2①).

소멸시효 기산일을 포함)(제2호), iii) 기한의 이익 상실 여부 및 상실일(제3호), iv) 채무 관련 가압류, 강제집행 등 법적 조치 집행 여부 및 집행일(제4호), v) 채권추심회사에 대한 채권추심의 위탁 여부 및 위탁업체의 이름(제5호), vi) 신용정보주체가 연락을 취할 수 있는 신용정보제공·이용자의 연락처(제6호)를 말한다(영 34의2③).

Ⅱ. 개인인 신용정보주체 본인의 채권자변동정보 교부와 열람

개인인 신용정보주체는 종합신용정보집중기관이 제공받아 보유하고 있는 신용정보주체 본인에 대한 채권자변동정보를 교부받거나 열람할 수 있다(법39의2 ②).

Ⅲ. 종합신용정보집중기관의 보관

1. 분리 보관

종합신용정보집중기관은 제공받은 채권자변동정보를 집중관리·활용하는 정보("집중관리정보")와 분리하여 보관하여야 한다(법39의2③).

2. 채권자변동정보와 집중관리정보의 관리 기준 등 마련

종합신용정보집중기관은 채권자변동정보를 집중관리·활용하는 정보("집중관리정보")와 분리하여 보관하기 위해 채권자변동정보와 집중관리정보의 관리 기준, 접근 권한 및 저장 공간 등을 각각 별도로 마련하여 운영해야 한다(영34의2④).

3. 행사비용 청구

종합신용정보집중기관에 채권자변동정보를 제공하거나 종합신용정보집중기관이 개인인 신용정보주체 본인에게 채권자변동정보를 교부하거나 열람하게 하는 경우 채권자변동정보의 축적 및 보관 등에 소요되는 비용 등을 고려하여 신용정보집중관리위원회가 정하는 비용을 청구할 수 있다(영34의2⑤).

Ⅳ. 신용정보집중관리위원회의 세부사항 제정

채권자변동정보의 제공·교부·열람 및 열람권 행사의 비용 부담에 관한 세부 사항은 신용정보집중관리위원회가 정한다(영34의2⑥).

제10절 신용정보주체의 권리행사 방법 및 절차

Ⅰ. 열람등요구의 대리행사

신용정보주체는 ⅰ) 제33조의2(개인신용정보의 전송요구) 제1항에 따른 전송요구, ⅱ) 제36조(상거래 거절 근거 신용정보의 고지 등) 제1항에 따른 고지요구, ⅲ) 제36조의2(자동화평가 결과에 대한 설명 및 이의제기 등) 제1항에 따른 설명 요구 및 제2항 각 호의 어느 하나에 해당하는 행위, ⅳ) 제37조(개인신용정보 제공 동의 철회권 등) 제1항에 따른 동의 철회 및 제2항에 따른 연락중지 청구, ⅴ) 제38조(신용정보의 열람 및 정정청구 등) 제1항 및 제2항에 따른 열람 및 정정청구, ⅵ) 제38조의2(신용조회사실의 통지 요청) 제1항에 따른 통지 요청, ⅶ) 제39조(무료 열람권)에 따른 무료열람, ⅷ) 제39조의2(채권자변동정보의 열람 등) 제2항에 따른 교부 또는 열람의 권리행사("열람등요구")를 "서면 등 대통령령으로 정하는 방법·절차"에 따라 대리인에게 하게 할 수 있다(법39의3①).

여기서 "서면 등 대통령령으로 정하는 방법·절차"란 서면, 전자문서, 인터넷 홈페이지, 어플리케이션 또는 메신저 등 안전성과 신뢰성이 확보될 수 있는 수단을 사용하여 대리의 구체적인 내용과 범위 및 기간을 포함하여 대리권을 위임하는 것을 말한다(영34의3).

Ⅱ. 만 14세 미만 아동의 법정대리인

만 14세 미만 아동의 법정대리인은 신용정보회사등에 그 아동의 개인신용정보에 대하여 열람등요구를 할 수 있다(법39의3②).

제11절 신용정보회사등의 금지사항

Ⅰ. 금지행위

신용정보회사등은 ⅰ) 특정인의 소재 및 연락처("소재등")를 알아내는 행위 (다만, 채권추심회사가 그 업무를 하기 위하여 특정인의 소재등을 알아내는 경우 또는 다른 법령에 따라 특정인의 소재등을 알아내는 것이 허용되는 경우에는 그러하지 아니하다)(제4호), ⅱ) 정보원, 탐정, 그 밖에 이와 비슷한 명칭을 사용하는 일(제5호)[6]을 하여서는 아니 된다(법40①).

Ⅱ. 영리목적의 광고성 정보 전송

신용정보회사등이 개인신용정보 또는 개인을 식별하기 위하여 필요한 정보를 이용하여 영리목적의 광고성 정보를 전송하는 경우에 대하여는 정보통신망법 제50조[7]를 준용한다(법40②).

---

6) 제1호, 제2호, 제3호 삭제 [2020. 2. 4.].

7) 제50조(영리목적의 광고성 정보 전송 제한) ① 누구든지 전자적 전송매체를 이용하여 영리목적의 광고성 정보를 전송하려면 그 수신자의 명시적인 사전 동의를 받아야 한다. 다만, 다음의 어느 하나에 해당하는 경우에는 사전 동의를 받지 아니한다.
  1. 재화등의 거래관계를 통하여 수신자로부터 직접 연락처를 수집한 자가 대통령령으로 정한 기간 이내에 자신이 처리하고 수신자와 거래한 것과 같은 종류의 재화등에 대한 영리목적의 광고성 정보를 전송하려는 경우
  2. 방문판매법에 따른 전화권유판매자가 육성으로 수신자에게 개인정보의 수집출처를 고지하고 전화권유를 하는 경우
  ② 전자적 전송매체를 이용하여 영리목적의 광고성 정보를 전송하려는 자는 제1항에도 불구하고 수신자가 수신거부의사를 표시하거나 사전 동의를 철회한 경우에는 영리목적의 광고성 정보를 전송하여서는 아니 된다.
  ③ 오후 9시부터 그 다음 날 오전 8시까지의 시간에 전자적 전송매체를 이용하여 영리목적의 광고성 정보를 전송하려는 자는 제1항에도 불구하고 그 수신자로부터 별도의 사전 동의를 받아야 한다. 다만, 대통령령으로 정하는 매체의 경우에는 그러하지 아니하다.
  ④ 전자적 전송매체를 이용하여 영리목적의 광고성 정보를 전송하는 자는 대통령령으로 정하는 바에 따라 다음 각 호의 사항 등을 광고성 정보에 구체적으로 밝혀야 한다.
  1. 전송자의 명칭 및 연락처
  2. 수신의 거부 또는 수신동의의 철회 의사표시를 쉽게 할 수 있는 조치 및 방법에 관한 사항
  ⑤ 전자적 전송매체를 이용하여 영리목적의 광고성 정보를 전송하는 자는 다음 각 호의

Ⅲ. 위반시 제재

1. 형사제제

법 제40조 제1항 제4호 본문을 위반하여 특정인의 소재등을 알아낸 자(제3호), 또는 제40조 제1항 제5호를 위반하여 정보원, 탐정, 그 밖에 이와 비슷한 명칭을 사용한 자(제3호의2)는 3년 이하의 징역 또는 3천만원 이하의 벌금에 처한다(법50③).

2. 과태료

법 제40조 제2항을 위반하여 영리목적의 광고성 정보를 전송하는 행위에 이용한 자에게는 3천만원 이하의 과태료를 부과한다(법52③(15)).

▎ 관련 판례

① 대법원 2012. 9. 13. 선고 2012도5525 판결

신용정보의 이용 및 보호에 관한 법률은 제50조 제2항 제7호, 제40조 제4호에서 신용정보회사 등이 아니면서 특정인의 소재 및 연락처를 알아내거나

어느 하나에 해당하는 조치를 하여서는 아니 된다.

1. 광고성 정보 수신자의 수신거부 또는 수신동의의 철회를 회피·방해하는 조치
2. 숫자·부호 또는 문자를 조합하여 전화번호·전자우편주소 등 수신자의 연락처를 자동으로 만들어내는 조치
3. 영리목적의 광고성 정보를 전송할 목적으로 전화번호 또는 전자우편주소를 자동으로 등록하는 조치
4. 광고성 정보 전송자의 신원이나 광고 전송 출처를 감추기 위한 각종 조치
5. 영리목적의 광고성 정보를 전송할 목적으로 수신자를 기망하여 회신을 유도하는 각종 조치

⑥ 전자적 전송매체를 이용하여 영리목적의 광고성 정보를 전송하는 자는 수신자가 수신거부나 수신 동의의 철회를 할 때 발생하는 전화요금 등의 금전적 비용을 수신자가 부담하지 아니하도록 대통령령으로 정하는 바에 따라 필요한 조치를 하여야 한다.

⑦ 전자적 전송매체를 이용하여 영리목적의 광고성 정보를 전송하려는 자는 수신자가 제1항에 따른 사전 동의, 제2항에 따른 수신거부의사 또는 수신동의 철회 의사를 표시할 때에는 해당 수신자에게 대통령령으로 정하는 바에 따라 수신동의, 수신거부 또는 수신동의 철회에 대한 처리 결과를 알려야 한다.

⑧ 제1항 또는 제3항에 따라 수신동의를 받은 자는 대통령령으로 정하는 바에 따라 정기적으로 광고성 정보수신자의 수신동의 여부를 확인하여야 한다.

금융거래 등 상거래관계 외의 사생활 등을 조사하는 행위를 업으로 하는 자를 처벌하는 규정을 두고 있는바, 2인 이상의 서로 대향된 행위의 존재를 필요로 하는 대향범에 대하여는 공범에 관한 형법총칙의 규정이 적용될 수 없다고 할 것이나(대법원 2007. 10. 25. 선고 2007도6712 판결, 대법원 2011. 10. 13. 선고 2011도6287 판결 등 참조), 위와 같이 사생활 조사 등을 업으로 한다는 것은 그러한 행위를 계속하여 반복하는 것을 의미하고, 이에 해당하는지 여부는 사생활 조사 등 행위의 반복·계속성 여부, 영업성의 유무, 그 목적이나 규모, 횟수, 기간, 태양 등의 여러 사정을 종합적으로 고려하여 사회통념에 따라 판단할 것으로 반드시 영리의 목적이 요구되는 것은 아니라 할 것이므로(대법원 1996. 12. 10. 선고 94도2235 판결, 대법원 1999. 6. 11. 선고 98도617 판결, 대법원 2008. 10. 23. 선고 2008도7277 판결 등 참조), 사생활 조사 등을 업으로 하는 행위에 그러한 행위를 의뢰하는 대향된 행위의 존재가 반드시 필요하다거나 의뢰인의 관여행위가 당연히 예상된다고 볼 수 없고, 따라서 사생활 조사 등을 업으로 하는 행위와 그 의뢰행위는 대향범의 관계에 있다고 할 수 없다.

② 헌법재판소 2018. 6. 28. 선고 2016헌마473 전원재판부

[1] 특정인의 사생활 등을 조사하는 일을 업으로 하는 행위를 금지한 '신용정보의 이용 및 보호에 관한 법률'(2009. 4. 1. 법률 제9617호로 개정된 것) 제40조 후단 제4호 본문(이하 '사생활 등 조사업 금지조항'이라 한다)이 직업선택의 자유를 침해하는지 여부(소극): 사생활 등 조사업 금지조항은 특정인의 소재·연락처 및 사생활 등 조사의 과정에서 자행되는 불법행위를 막고 개인정보 등의 오용·남용으로부터 개인의 사생활의 비밀과 평온을 보호하기 위하여 마련되었다. 현재 국내에서 타인의 의뢰를 받아 사건, 사고에 대한 사실관계를 조사하고 누구나 접근 가능한 정보를 수집하여 그 조사결과 등을 제공하는 업체들이 자유업의 형태로 운영되고 있으나, 정확한 실태 파악은 어려운 실정이다. 최근에는 일부 업체들이 몰래카메라 또는 차량위치추적기 등을 사용하여 불법적으로 사생활 정보를 수집·제공하다가 수사기관에 단속되어 사회문제로 대두되기도 하였다. 이러한 국내 현실을 고려할 때, 특정인의 소재·연락처 및 사생활 등의 조사업을 금지하는 것 외에 달리 위 조

항의 입법목적을 동일한 정도로 실현할 수 있는 방법을 찾기 어렵다. 청구인은 탐정업의 업무영역에 속하지만 위 조항에 의해 금지되지 않는 업무를 수행하는 것이 불가능하지 않다. 예를 들어, 청구인은 현재에도 도난·분실 등으로 소재를 알 수 없는 물건 등을 찾아주는 일을 직업으로 삼을 수 있고, 개별 법률이 정한 요건을 갖추어 신용조사업, 경비업, 손해사정사 등 법이 특별히 허용하는 범위에서 탐정업 유사직역에 종사할 수 있다. 따라서 위 조항은 과잉금지원칙을 위반하여 직업선택의 자유를 침해하지 아니한다.

　[2] 탐정 유사 명칭의 사용 금지를 규정한 '신용정보의 이용 및 보호에 관한 법률'(2009. 4. 1. 법률 제9617호로 개정된 것) 제40조 후단 제5호(이하 '탐정 등 명칭사용 금지조항'이라 한다)가 직업수행의 자유를 침해하는지 여부(소극): 탐정 등 명칭사용 금지조항은 탐정 유사 명칭을 수단으로 이용하여 개인정보 등을 취득함으로써 발생하는 사생활의 비밀 침해를 예방하고, 개별 법률에 따라 허용되는 개인정보 조사업무에 대한 신용질서를 확립하고자 마련되었다. 우리나라에서는 '특정인의 소재 및 연락처를 알아내거나 사생활 등을 조사하는 일을 업으로 하는 행위'가 금지되어 있다. 그럼에도 불구하고 탐정 유사 명칭의 사용을 허용하게 되면, 일반인들은 그 명칭 사용자가 위와 같이 금지된 행위를 적법하게 할 수 있는 권한을 보유한 사람 내지 국내법상 그러한 행위를 할 수 있는 자격요건을 갖춘 사람이라고 오인하여 특정인의 사생활 등에 관한 개인정보의 조사를 의뢰하거나 개인정보를 제공함으로써 개인의 사생활의 비밀이 침해될 우려가 크다. 외국에서 인정되는 이른바 탐정업 분야 중 일부 조사관련 업무가 이미 우리나라에도 개별 법률을 통하여 신용조사업, 경비업, 손해사정사 등 다른 명칭으로 도입되어 있으므로, 탐정 유사 명칭의 사용을 제한 없이 허용하게 되면 탐정업 유사직종 사이의 업무 범위에 혼란을 일으켜 개별 법률에 의해 허용되는 정보조사업무에 대한 신용질서를 저해할 우려도 있다.

　우리 입법자는 사생활 등 조사업의 금지만으로는 탐정 등 명칭사용의 금지를 부가한 경우와 동일한 정도로 위와 같은 부작용 발생을 억제하여 입법목적을 달성할 수 있다고 보기 어렵다고 판단하여 위 조항을 별도로 마련한 것이고, 그러한 입법자의 판단이 명백히 잘못되었다고 볼 수는 없다. 탐정 등 명칭사용 금지조항에 의해 청구인이 입는 불이익은 탐정업 유사직역에 종사하면서 탐정 명칭을 사용하지 못하는 것인데, 이 경우 신용정보업자와 같이 다른 명칭을 사용하는 것이 오히려 청구인이 수행하는 업무를 더 잘 드러내면서 불필요한 혼란을 줄여주므로 탐정 등 명칭사용 금지조항이 달성하는 공익이 그로 인해 청구인이 입게 되는 불이익에 비해 작지 아니하다. 따라서 위 조항은 과잉금지원칙을 위반하여 직업수행의 자유를 침해하지 아니한다.

제4장

가명처리 · 익명처리에 관한 행위규칙 등

제1절 가명처리 · 익명처리에 관한 행위규칙

가명정보의 활용 범위 확대에 따른 개인정보 침해 문제를 보완하기 위하여 행위규칙을 마련한 것이다. 특히 가명처리에 사용한 추가정보를 분리 보관하거나 삭제하고, 가명정보의 처리 과정에서 특정 개인을 알아볼 수 있게 되는 경우에는 가명정보의 처리중지 및 삭제조치를 의무화하며, 가명조치 등의 기록을 3년간 보존하도록 함으로써 가명정보의 재식별을 방지하고 관련 정보의 체계적 관리를 도모한다는 측면에서 바람직한 입법조치로 생각된다.[1]

I. 개념의 정리

1. 가명처리

가명처리란 추가정보를 사용하지 아니하고는 특정 개인인 신용정보주체를 알아볼 수 없도록 개인신용정보를 처리(그 처리 결과가 다음 각 목의 어느 하나에 해

---

1) 정무위원회(2020), 25쪽.

당하는 경우로서 법 제40조의2 제1항 및 제2항에 따라 그 추가정보를 분리하여 보관하는
등 특정 개인인 신용정보주체를 알아볼 수 없도록 개인신용정보를 처리한 경우를 포함)
하는 것을 말한다(법2(15)).

> 가. 어떤 신용정보주체와 다른 신용정보주체가 구별되는 경우
> 나. 하나의 정보집합물(정보를 체계적으로 관리하거나 처리할 목적으로 일정한
> 규칙에 따라 구성되거나 배열된 둘 이상의 정보들을 말한다. 이하 같다)에
> 서나 서로 다른 둘 이상의 정보집합물 간에서 어떤 신용정보주체에 관한 둘
> 이상의 정보가 연계되거나 연동되는 경우
> 다. 가목 및 나목과 유사한 경우로서 대통령령으로 정하는 경우

2. 가명정보

가명정보란 가명처리한 개인신용정보를 말한다(법2(16)). 가명정보는 성명·
연락처 등을 암호화함으로써 추가정보의 사용 없이는 특정 개인을 알아볼 수 없
도록 안전하게 조치된 정보로 더 이상 개인을 알아볼 수 없게 조치한 익명정보
와는 개념상 차이가 있다.[2]

개인정보 관련 개념 및 활용가능 범위를 살펴보면 다음과 같다. ⅰ) 개인정
보란 특정 개인에 관한 정보, 개인을 알아볼 수 있게 하는 정보를 말하며, 사전
적이고 구체적인 동의를 받은 범위 내에서 활용이 가능하고, ⅱ) 가명정보란 추
가정보의 사용없이는 특정 개인을 알아볼 수 없게 조치한 정보를 말하며, 통계작
성(상업적 목적 포함), 연구(산업적 연구 포함), 공익적 기록보존 목적 등에 동의 없
이 활용이 가능하며(법32⑥(9의2)), ⅲ) 익명정보란 더 이상 개인을 알아볼 수 없
게 (복원 불가능할 정도로) 조치한 정보를 말하며, 개인정보가 아니기 때문에 제한
없이 자유롭게 활용이 가능하다.[3]

3. 익명처리

익명처리란 더 이상 특정 개인인 신용정보주체를 알아볼 수 없도록 개인신
용정보를 처리하는 것을 말한다(법2(17)).

---

2) 정무위원회(2020), 11쪽.
3) 정무위원회(2020), 12쪽.

〈참고자료〉 익명정보와 가명정보의 비교[4]

❶ 개인정보 ※ 원본상태

성명	전화번호	성별	생년월일	보험가입건수
권율	02-2345-6789	남	1990.3.26.	1
이순신	010-4567-9876	남	1993.11.3.	2
장동건	010-4562-7895	남	1988.7.16.	3
강수지	010-3698-5214	여	1994.2.3.	4
심은하	010-7412-5896	여	1982.6.28.	5
이영애	010-9871-6543	여	1985.8.5.	6
…	…	…	…	…

❶ 익명정보

성명	전화번호	성별	나이	보험 가입건수
권율	02-2345-6789	D	20대	1
이순신	010-4567-9876	D	20대	2
장동건	010-3698-5214	D	20대	3
강수지	010-4562-7895	C	30대	4
심은하	010-7412-5896	C	30대	5
이영애	010-9871-6543	C	30대	6

- '성명'과 '전화번호'를 삭제
- '성별'은 직접적으로 알아볼 수 없도록 코드 형태로 변환(여→C/남→D)

❷ 가명정보 ※ 암호화 기법인 해시함수 적용

ID(대체값)	성명	전화번호	성별	생년월일	보험 가입건수
9A00F1155584BA5DDFFC4B6 DDDBA	김희선	010-1234-5678	여	1974.10.1.	1
C2E6376B9035D7067C8B68F2 5FA39	권율	02-2345-6789	남	1990.3.26.	2
DACE2CCC9F459387EAE890D 85344F	강수지	010-3456-4321	여	1969.5.28.	3
…	…	…	…	…	…

- 성명, 전화번호를 조합하여 가명조치 기법 중 하나인 해시함수(SHA-256)를 통해 암호화

---

4) 정무위원회(2020), 13-14쪽.

Ⅱ. 가명처리에 관한 행위제한

1. 가명처리에 사용한 추가정보 분리보관 또는 삭제

신용정보회사등은 가명처리에 사용한 추가정보를 "대통령령으로 정하는 방법"으로 분리하여 보관하거나 삭제하여야 한다(법40의2①). 여기서 "대통령령으로 정하는 방법"이란 금융위원회가 정하여 고시하는 기술적·물리적·관리적 보호조치를 통해 추가정보에 대한 접근을 통제하는 방법을 말한다(영34의5①). 신용정보회사등의 경우 상거래기업 및 법인(법45의3)은 제외한다(법17의2①, 영14의2①).

추가정보는 식별자를 임의의 값으로 대체하는 과정에서 사용된 규칙 또는 암호화 방식 등을 의미한다. 이 경우 가명정보와 추가정보를 함께 보관하게 되면, 가명정보가 재식별될 가능성이 있다. 따라서 가명정보를 직접 사용하게 되는 자가 추가정보에 접근할 수 없도록 분리보관 등 통제장치를 마련·운영할 필요가 있다. 추가정보를 별도로 분리하지 않고 완전히 삭제할 경우 보다 안전하게 관리할 수 있다. 그러나 장기 시계열 분석 등 주기적으로 가명처리가 필요한 경우 동일한 추가정보를 활용하여 가명처리하여야 하므로 이를 분리하여 보관하는 것이 필요하다.[5]

2. 가명정보 보호와 보안대책

신용정보회사등은 가명처리한 개인신용정보에 대하여 제3자의 불법적인 접근, 입력된 정보의 변경·훼손 및 파괴, 그 밖의 위험으로부터 가명정보를 보호하기 위하여 내부관리계획을 수립하고 접속기록을 보관하는 등 대통령령으로 정하는 바에 따라 기술적·물리적·관리적 보안대책을 수립·시행하여야 한다(법40의2②).

3. 보안대책 포함사항

신용정보회사등은 ⅰ) 가명정보에 제3자가 불법적으로 접근하는 것을 차단하기 위한 침입차단시스템 등 접근통제장치의 설치·운영에 관한 사항, ⅱ) 가명정보의 변경·훼손 및 파괴를 방지하기 위한 사항, ⅲ) 가명정보 취급·조회 권한

---

5) 정무위원회(2020), 28쪽.

을 직급별·업무별로 차등 부여하는 것에 관한 사항 및 가명정보 접근기록의 주
기적인 점검에 관한 사항, ⅳ) 가명처리 전 개인신용정보와 가명정보의 분리에
관한 사항, ⅴ) 통계작성, 연구, 공익적 기록보존 등을 위하여 가명정보를 제공하
는 경우(법32⑥(9의2))에 해당 목적 외 활용 방지에 관한 사항, ⅵ) 그 밖에 가명
정보의 안전성 확보를 위하여 금융위원회가 정하여 고시하는 사항이 포함된 기
술적·물리적·관리적 보안대책을 수립·시행하고 가명정보의 처리 목적, 처리·
보유 기간 및 파기 등 금융위원회가 정하여 고시하는 사항을 작성하여 보관해야
한다(영34의5②).

4. 가명정보에 관한 보호조치 기준

시행령 제34조의5 제1항부터 제3항에 따라 금융위원회가 정하여 고시하는
방법, 사항 및 내용은 [별표 8]과 같다(감독규정43의7). 여기서는 [별표 8]의 내용
을 살펴본다.

[별표 8] 가명정보에 관한 보호조치 기준(감독규정 제43조의7 관련)
 Ⅰ. 기술적·물리적 보호조치
 1. 추가정보에 대한 보호조치
 ① 신용정보회사등은 추가정보를 삭제하지 아니하고 보존하여야 하는 경우
추가정보를 가명정보와 분리된 저장소에 암호화하여 저장하여야 한다.
 ② 신용정보회사등은 원칙적으로 가명정보를 취급하는 직원이 추가정보에
접근할 수 있는 권한을 부여하지 않아야 하며, 추가정보 접근이 불가피한 경우
관리책임자의 사전 승인을 받아 일시적으로 부여하고, 관련 기록을 보관하는 등
적절한 통제시스템을 갖추어야 한다.
 ③ 신용정보회사등은 제2항에 따른 기록 보관시 접근자의 신원, 관리책임자
의 신원, 접근일시, 대상정보, 조회가 불가피한 사유, 용도 등의 기록을 3년간 보
관하여야 한다.
 ④ 신용정보회사등은 추가정보가 가명정보를 재식별하는 데 사용되는 등 부
정한 목적으로 사용되지 않도록 월 1회 이상 주기적으로 점검하여야 한다.
 2. 가명정보에 대한 보호조치
 ① 신용정보회사등은 가명처리전 개인신용정보와 가명처리한 개인신용정보

를 분리하여 저장하여야 한다.

② 신용정보회사등은 가명정보를 취급하는 담당자를 별도로 지정·관리하고 가명처리전 개인신용정보를 취급하는 담당자와 접근권한을 구분하여 운영하여야 한다.

③ 신용정보회사등은 원칙적으로 가명정보를 취급하는 직원이 가명처리 전 개인신용정보에 접근할 수 있는 권한을 부여하지 않아야 하며, 가명처리 전 개인신용정보에 접근이 불가피한 경우 관리책임자의 사전 승인을 받아 일시적으로 부여하고, 관련 기록을 보관하는 등 적절한 통제시스템을 갖추어야 한다.

④ 신용정보회사등은 제3항에 따른 기록 보관시 접근자의 신원, 관리책임자의 신원, 접근일시, 대상정보, 접근이 불가피한 사유, 용도 등의 기록을 3년 이상 보관하여야 한다.

⑤ 신용정보회사등은 가명정보 처리 시 가명정보의 구체적인 처리 목적, 처리 방법, 처리 일시를 기록하여 가명정보가 파기된 이후 3년 이상 보관하고, 처리 기록에 대해 월 1회 이상 주기적으로 확인·감독하여야 한다.

⑥ 신용정보회사등은 가명정보 오·남용에 대한 자체 제재기준을 마련하여야 한다.

Ⅱ. 관리적 보호조치

① 신용정보회사등은 가명처리한 개인신용정보에 대하여 제3자의 불법적인 접근, 입력된 정보의 변경·훼손 및 파괴, 그 밖의 위험으로부터 가명정보를 보호하기 위해 다음 각 호의 사항을 포함하는 내부관리계획을 수립·시행하여야 한다.

1. 가명정보 및 추가정보에 대한 접근 권한 부여·변경·말소에 관한 사항

2. 가명정보 및 추가정보가 저장 또는 처리되는 시스템·단말의 보호조치에 관한 사항

3. 가명정보 및 추가정보에 대한 접근기록 보관 및 점검에 관한 사항

4. 가명정보 및 추가정보의 보유 기간 및 파기 기준·방법에 관한 사항

5. 가명정보의 목적 외 활용 방지 및 재식별 방지 대책에 관한 사항

6. 가명정보 제3자 제공 시 사후관리에 관한 사항

② 신용정보회사등은 가명정보 및 추가정보에 접근하는 취급자들에 대해 다음 각 호의 사항을 포함하는 가명정보보호교육을 연 1회 이상 수행하여야 한다.

1. 가명정보의 목적 외 활용 금지에 관한 사항

2. 가명정보의 재식별 금지에 관한 사항

3. 가명정보 재식별 시 즉시 회수 및 삭제에 관한 사항

③ 신용정보회사등은 영 제17조의2 제3항 각 호의 사항을 고려하여 가명정보의 보존기간을 주기적으로 검토하고, 그 적정성 여부를 판단하여 필요시 조정하여야 한다.

④ 신용정보회사등은 가명정보를 법 제32조 제6항 제9호의2에 따라 법 제32조 제1항부터 제5항까지를 적용하지 아니하고 제3자에게 제공하는 경우 다음 각 호의 사항을 준수하여야 한다.

1. 가명정보를 불특정 다수에게 공개하지 아니할 것

2. 가명정보 제공 시 가명정보를 제공 받는 자, 가명정보 활용목적, 가명정보 이용 · 보존기간 등을 구체적으로 명시하여 제공할 것

3. 가명정보의 재식별 금지, 가명정보의 목적 외 사용 금지 등 관련 법령 준수에 관한 사항을 주지시킬 것

4. 추가정보를 제공하거나 공개하지 않을 것

5. 가명정보의 재식별 가능성을 발견한 경우에는 그 정보를 처리하고 있는 자에게 해당 사실을 통지하고 해당 정보의 처리중단 및 파기를 요청하는 등 재식별 방지에 필요한 조치를 취할 것

Ⅲ. 보호대책의 준용

① 그 밖에 신용정보회사등이 마련해야 할 가명정보에 대한 보호조치는 별표 3의 신용정보의 기술적 · 물리적 · 관리적 보안대책을 준용한다.

② 가명정보 및 추가정보의 보호에 관하여 이 기준과 별표 3의 적용이 경합하는 때에는 본 기준을 우선 적용한다.

Ⅲ. 익명처리에 관한 행위제한

익명처리의 적정성 평가제도 도입과 관련해서 익명정보의 경우 더 이상 재식별이 불가능하기 때문에 개인정보로 보지 않아 정보의 자유로운 활용이 가능하지만, 이는 익명처리가 적정하게 이루어진 것을 전제로 한다는 점에서 공신력 있는 기관의 익명처리에 대한 적정성 평가는 필요하다. 이에 신용정보법은 금융위원회의 적정성 평가를 통과한 정보는 재식별이 불가능한 익명정보로 추정하여

적정성 평가제도의 효과를 부여하고 있으며, 금융위원회의 적정성 평가권한을 데이터전문기관에 위탁할 수 있도록 규정하고 있다.6)

1. 익명처리의 적정 여부 심사요청

신용정보회사등은 개인신용정보에 대한 익명처리가 적정하게 이루어졌는지 여부에 대하여 금융위원회에 그 심사를 요청할 수 있다(법40의2③).

2. 금융위원회의 심사

금융위원회가 심사요청에 따라 심사하여 적정하게 익명처리가 이루어졌다고 인정한 경우("인정 업무") 더 이상 해당 개인인 신용정보주체를 알아볼 수 없는 정보로 추정한다(법40의2④).

3. 데이터전문기관 위탁

금융위원회는 심사 및 인정 업무에 대해서는 대통령령으로 정하는 바에 따라 제26조의4에 따른 데이터전문기관에 위탁할 수 있다(법40의2⑤). 금융위원회는 데이터전문기관에 심사 및 인정 업무를 위탁하는 경우 해당 데이터전문기관이 해당 업무를 적절히 수행할 수 있는지 여부를 확인한 후 위탁해야 한다(영34의5④).

Ⅳ. 가명정보 처리 제한

1. 영리 또는 부정한 목적 처리 금지

신용정보회사등은 영리 또는 부정한 목적으로 특정 개인을 알아볼 수 있게 가명정보를 처리하여서는 아니 된다(법40의2⑥).

2. 가명정보 회수처리 중지와 삭제

신용정보회사등은 가명정보를 이용하는 과정에서 특정 개인을 알아볼 수 있게 된 경우 즉시 그 가명정보를 회수하여 처리를 중지하고, 특정 개인을 알아볼

---

6) 정무위원회(2020), 25쪽.

수 있게 된 정보는 즉시 삭제하여야 한다(법40의2⑦).

Ⅴ. 가명처리 · 익명처리와 조치 기록 보존

신용정보회사등은 개인신용정보를 가명처리나 익명처리를 한 경우 다음의
구분에 따라 조치 기록을 3년간 보존하여야 한다(법40의2⑧).

1. 개인신용정보를 가명처리한 경우

개인신용정보를 가명처리한 경우 가명처리한 날짜, 가명처리한 정보의 항
목, 가명처리한 사유와 근거를 보존하여야 한다(법40의2⑧(1)).

2. 개인신용정보를 익명처리한 경우

개인신용정보를 익명처리한 경우 익명처리한 날짜, 익명처리한 정보의 항
목, 익명처리한 사유와 근거를 보존하여야 한다(법40의2⑧(2)).

** 금융위원회 질의회신(2020. 8. 25.) ─────────────────

〈질의〉

□ 보험회사 등이 수집·조사 또는 제3자에게 제공하는 "개인의 질병·상해
또는 그밖에 이와 유사한 정보(이하 "질병정보등")"에 대해, 이를 "가명" 처리하는
경우 정보주체의 동의 없이 수집·조사 또는 제3자 제공이 가능한지?

〈회신〉

□ 보험회사를 포함한 신용정보회사등은 통계작성, 연구, 공익적 기록보존
등을 위해 가명처리된 질병정보등을 통계작성, 연구, 공익적 기록보존 등의 목적
으로 정보주체의 동의없이 수집·조사 또는 제3자에게 제공 가능합니다.

• 다만, 이 경우 신용정보법 제40조의2 등 가명정보와 관련한 법령 등을
준수하여야 함을 알려드립니다.

〈이유〉

□ 신정법 제32조 제6항 제9호의2는 가명처리된 개인신용정보는 통계작성,
연구, 공익적 기록보존 목적인 경우 정보주체 동의없이 제3자에게 제공할 수 있

도록 규정하고 있으며,

• 제15조 제2항에서는 개인정보 보호법 제15조 제1항 제2호(법률에 특별한 규정이 있거나 법령상 의무를 준수하기 위하여 불가피한 경우) 등에 해당하는 경우 정보주체 동의 없이 개인신용정보를 수집·조사할 수 있도록 규정하고 있습니다.

□ 신정법 제33조 제2항은 신용정보회사 등이 질병정보 등을 수집·조사하거나 제3자에게 제공하려면 해당 개인의 동의를 받도록 규정하고 있습니다.

• 이는 질병정보 등의 경우 일반적인 개인신용정보에 비해 민감성이 높아 개인정보침해가 발생할 우려가 높은 점 등을 감안하여 개인신용정보에 대한 수집·조사 또는 제공 동의를 받는 경우 질병정보 등 수집·조사 또는 제공에 대해 별도로 고지하고 동의를 받도록 하는 등 동의의 방법 측면에서 정보주체로부터 동의를 받아야 하는 의무를 보다 강화한 취지로 보입니다.

□ 그러나 가명처리된 질병정보 등은 정보 자체로는 특정 개인을 알아 볼 수 없고, 민감성도 극히 낮아 개인정보 침해가 발생할 우려가 높지 않은 정보로서 정보 자체로 특정 개인을 알아볼 수 있고, 민감성도 높은 통상적인 질병정보 등과 동일한 성질의 정보라 보기 어려운 것으로 보입니다.

• 또한 가명처리된 질병정보등은 추가정보 없이는 정보주체를 알아볼 수 없어 제33조 제2항에서 말하는 정보주체의 동의를 받는 것도 불가능합니다. (정보주체로부터 동의를 받기 위하여 추가정보를 이용하여 재식별화 하는 것이 이론적으로는 가능하지만, 추가정보를 이용한 재식별은 엄격이 금지되는 행위(신용정보법 제40조의2 제6항 및 제7항)로서 이는 신용정보법이 전혀 예정하고 있지 않습니다.)

□ 따라서 가명처리된 질병정보 등의 경우 일반적인 질병정보 등을 상정하여 규정된 제33조 제2항을 그대로 적용하기에는 어려운 측면이 있는 것으로 보이며, 신정법 제32조 및 제15조에 따른 가명정보 예외 규정 적용이 가능할 것으로 보입니다.

□ 한편, 신정법 제32조 및 제15조의 정보주체 동의 예외 규정은 정보처리 위탁, 법원의 제출 명령, 과세자료 제공, 가명정보 제공 등 정보제공의 필요성이 인정되고, 개인정보 침해 등이 발생할 가능성은 낮으며, 정보주체로부터 동의를 받는 것은 어려운 경우가 있음을 감안하여 도입한 것으로 보입니다.

• 가명처리된 질병정보 등의 경우에도 정보제공의 필요성이 인정되고, 개인정보 침해 등이 발생할 가능성이 낮지만, 동의를 받는 것은 사실상 불가능한

경우에 해당한다고 볼 수 있으며, 이는 제32조 및 제15조에 따른 예외 규정 마련 취지에 부합하는 것으로 보입니다.

제2절 가명정보에 대한 적용 제외

가명정보에 관하여는 제32조(개인신용정보의 제공·활용에 대한 동의) 제7항, 제33조의2(개인신용정보의 전송요구), 제35조(신용정보 이용 및 제공사실의 조회), 제35조의2(개인신용평점 하락 가능성 등에 대한 설명의무), 제35조의3(신용정보제공·이용자의 사전통지), 제36조(상거래 거절 근거 신용정보의 고지 등), 제36조의2(자동화평가 결과에 대한 설명 및 이의제기 등), 제37조(개인신용정보 제공 동의 철회권 등), 제38조(신용정보의 열람 및 정정청구 등), 제38조의2(신용조회사실의 통지 요청), 제38조의3(개인신용정보의 삭제 요구), 제39조(무료 열람권) 및 제39조의2(채권자변동정보의 열람 등), 제39조의3(신용정보주체의 권리행사 방법 및 절차), 제39조의4(개인신용정보 누설통지 등)의 규정을 적용하지 아니한다(법40의3).

제3절 채권추심회사의 금지 사항

Ⅰ. 채권추심회사의 명의대여 금지

채권추심회사는 자기의 명의를 빌려주어 타인으로 하여금 채권추심업을 하게 하여서는 아니 된다(법41①).

Ⅱ. 채권추심회사의 명칭사용 제한

채권추심회사는 다른 법령에서 허용된 경우 외에는 상호 중에 "신용정보"라는 표현이 포함된 명칭 이외의 명칭을 사용하여서는 아니 된다(법41② 본문). 다만, 채권추심회사가 신용조회업 또는 자본시장법 제335조의3 제1항에 따라 신용평가업인가를 받아 신용평가업을 함께하는 경우에는 그러하지 아니하다(법41② 단서).

Ⅲ. 채권추심회사 및 소속 위임직채권추심인의 준수사항과 금지사항

채권추심회사 및 소속 위임직채권추심인은 채권추심행위를 하는 과정에서 채권추심법 제5조(채무확인서의 교부),[7] 제6조(수임사실 통보)[8] 및 제8조(채무불이행정보 등록 금지)[9]를 준수하여야 하며, 채권추심법 제9조(폭행·협박 등의 금지),[10]

---

7) 제5조(채무확인서의 교부) ① 채권추심자(제2조 제1호 가목에 규정된 자에 한한다. 이하 이 조에서 같다)는 채무자로부터 원금, 이자, 비용, 변제기 등 채무를 증명할 수 있는 서류("채무확인서")의 교부를 요청받은 때에는 정당한 사유가 없는 한 이에 응하여야 한다. ② 채권추심자는 채무확인서 교부에 직접 사용되는 비용 중 대통령령으로 정하는 범위에서 채무자에게 그 비용을 청구할 수 있다.

8) 제6조(수임사실 통보) ① 채권추심자(제2조 제1호 라목에 규정된 자 및 그 자를 위하여 고용, 도급, 위임 등 원인을 불문하고 채권추심을 하는 자)가 채권자로부터 채권추심을 위임받은 경우에는 채권추심에 착수하기 전까지 다음 각 호에 해당하는 사항을 채무자에게 서면(전자문서법 제2조 제1호의 전자문서를 포함)으로 통지하여야 한다. 다만, 채무자가 통지가 필요 없다고 동의한 경우에는 그러하지 아니하다.
   1. 채권추심자의 성명·명칭 또는 연락처(채권추심자가 법인인 경우에는 채권추심담당자의 성명, 연락처 포함)
   2. 채권자의 성명·명칭, 채무금액, 채무불이행 기간 등 채무에 관한 사항
   3. 입금계좌번호, 계좌명 등 입금계좌 관련 사항
   ② 제1항에도 불구하고 채무발생의 원인이 된 계약에 기한의 이익에 관한 규정이 있는 경우에는 채무자가 기한의 이익을 상실한 후 즉시 통지하여야 한다.
   ③ 제1항에도 불구하고 채무발생의 원인이 된 계약이 계속적인 서비스 공급 계약인 경우에는 서비스 이용료 납부지체 등 채무불이행으로 인하여 계약이 해지된 즉시 통지하여야 한다.

9) 제8조(채무불이행정보 등록 금지) 채권추심자(제2조 제1호 가목 및 라목에 규정된 자 및 그 자를 위하여 고용, 도급, 위임 등 원인을 불문하고 채권추심을 하는 자)는 채무자가 채무의 존재를 다투는 소를 제기하여 그 소송이 진행 중인 경우에 신용정보집중기관이나 신용정보업자의 신용정보전산시스템에 해당 채무자를 채무불이행자로 등록하여서는 아니 된다. 이 경우 채무불이행자로 이미 등록된 때에는 채권추심자는 채무의 존재를 다투는 소가 제기되어 소송이 진행 중임을 안 날부터 30일 이내에 채무불이행자 등록을 삭제하여야 한다.

10) 제9조(폭행·협박 등의 금지) 채권추심자는 채권추심과 관련하여 다음의 어느 하나에 해당하는 행위를 하여서는 아니 된다.
   1. 채무자 또는 관계인을 폭행·협박·체포 또는 감금하거나 그에게 위계나 위력을 사용하는 행위

제10조(개인정보의 누설금지 등),[11] 제11조(거짓 표시의 금지 등),[12] 제12조(불공정한 행위의 금지),[13] 제13조(부당한 비용 청구 금지)[14]의 규정을 위반하여 채권추심을

2. 정당한 사유 없이 반복적으로 또는 야간(오후 9시 이후부터 다음 날 오전 8시까지)에 채무자나 관계인을 방문함으로써 공포심이나 불안감을 유발하여 사생활 또는 업무의 평온을 심하게 해치는 행위

3. 정당한 사유 없이 반복적으로 또는 야간에 전화하는 등 말·글·음향·영상 또는 물건을 채무자나 관계인에게 도달하게 함으로써 공포심이나 불안감을 유발하여 사생활 또는 는 업무의 평온을 심하게 해치는 행위

4. 채무자 외의 사람(제2조 제2호에도 불구하고 보증인을 포함)에게 채무에 관한 거짓 사실을 알리는 행위

5. 채무자 또는 관계인에게 금전의 차용이나 그 밖의 이와 유사한 방법으로 채무의 변제자금을 마련할 것을 강요함으로써 공포심이나 불안감을 유발하여 사생활 또는 업무의 평온을 심하게 해치는 행위

6. 채무를 변제할 법률상 의무가 없는 채무자 외의 사람에게 채무자를 대신하여 채무를 변제할 것을 요구함으로써 공포심이나 불안감을 유발하여 사생활 또는 업무의 평온을 심하게 해치는 행위

7. 채무자의 직장이나 거주지 등 채무자의 사생활 또는 업무와 관련된 장소에서 다수인이 모여 있는 가운데 채무자 외의 사람에게 채무자의 채무금액, 채무불이행 기간 등 채무에 관한 사항을 공연히 알리는 행위

11) 제10조(개인정보의 누설 금지 등) ① 채권추심자는 채권발생이나 채권추심과 관련하여 알게 된 채무자 또는 관계인의 신용정보나 개인정보를 누설하거나 채권추심의 목적 외로 이용하여서는 아니 된다.
② 채권추심자가 다른 법률에 따라 신용정보나 개인정보를 제공하는 경우는 제1항에 따른 누설 또는 이용으로 보지 아니한다.

12) 제11조(거짓 표시의 금지 등) 채권추심자는 채권추심과 관련하여 채무자 또는 관계인에게 다음의 어느 하나에 해당하는 행위를 하여서는 아니 된다.
1. 무효이거나 존재하지 아니한 채권을 추심하는 의사를 표시하는 행위
2. 법원, 검찰청, 그 밖의 국가기관에 의한 행위로 오인할 수 있는 말·글·음향·영상·물건, 그 밖의 표지를 사용하는 행위
3. 채권추심에 관한 법률적 권한이나 지위를 거짓으로 표시하는 행위
4. 채권추심에 관한 민사상 또는 형사상 법적인 절차가 진행되고 있지 아니함에도 그러한 절차가 진행되고 있다고 거짓으로 표시하는 행위
5. 채권추심을 위하여 다른 사람이나 단체의 명칭을 무단으로 사용하는 행위

13) 제12조(불공정한 행위의 금지) 채권추심자는 채권추심과 관련하여 다음의 어느 하나에 해당하는 행위를 하여서는 아니 된다.
1. 혼인, 장례 등 채무자가 채권추심에 응하기 곤란한 사정을 이용하여 채무자 또는 관계인에게 채권추심의 의사를 공개적으로 표시하는 행위
2. 채무자의 연락두절 등 소재파악이 곤란한 경우가 아님에도 채무자의 관계인에게 채무자의 소재, 연락처 또는 소재를 알 수 있는 방법 등을 문의하는 행위
3. 정당한 사유 없이 수화자부담전화료 등 통신비용을 채무자에게 발생하게 하는 행위
3의2. 채무자회생법 제593조 제1항 제4호 또는 제600조 제1항 제3호에 따라 개인회생채권에 대한 변제를 받거나 변제를 요구하는 일체의 행위가 중지 또는 금지되었음을 알면서 법령으로 정한 절차 외에서 반복적으로 채무변제를 요구하는 행위
4. 채무자회생법에 따른 회생절차, 파산절차 또는 개인회생절차에 따라 전부 또는 일부 면

해서는 아니 된다(영35).

Ⅳ. 위반시 제재

법 제41조 제1항을 위반한 자는 3년 이하의 징역 또는 3천만원 이하의 벌금
에 처한다(법50③(4)).

제4절 모집업무수탁자의 모집경로 확인 등

Ⅰ. 모집업무수탁자의 자격

모집업무수탁자는 ⅰ) 신용카드회원을 모집할 수 있는 자, ⅱ) 가맹점모집
인, ⅲ) 보험설계사, ⅳ) 보험대리점, ⅴ) 투자권유대행인, ⅵ) 대출모집인 중 어
느 하나에 해당하는 자로 한다(영35의2①).

Ⅱ. 신용정보제공 · 이용자의 모집업무수탁자의 모집경로 확인의무

신용정보제공 · 이용자는 본인의 영업을 영위할 목적으로 모집업무(그 명칭과
상관없이 본인의 영업과 관련한 계약체결을 대리하거나 중개하는 업무)를 제3자에게 위
탁하는 경우 그 모집업무를 위탁받은 자로서 모집업무수탁자에 대하여 ⅰ) 거짓
이나 그 밖의 부정한 수단이나 방법으로 취득하거나 제공받은 신용정보("불법취
득신용정보")를 모집업무에 이용하였는지 여부, ⅱ) 모집업무에 이용한 개인신용
정보 등을 취득한 경로, ⅲ) 모집업무에 이용한 개인신용정보를 안전하게 보관하

책되었음을 알면서 법령으로 정한 절차 외에서 반복적으로 채무변제를 요구하는 행위
  5. 엽서에 의한 채무변제 요구 등 채무자 외의 자가 채무사실을 알 수 있게 하는 행위(제9
    조 제7호에 해당하는 행위는 제외)
14) 제13조(부당한 비용 청구 금지) ① 채권추심자는 채무자 또는 관계인에게 지급할 의무가
    없거나 실제로 사용된 금액을 초과한 채권추심비용을 청구하여서는 아니 된다.
    ② 채권추심자가 채무자 또는 관계인에게 청구할 수 있는 채권추심비용의 범위 등 제1항
    과 관련하여 필요한 사항은 대통령령으로 정한다.

고 있지 아니한지 여부 및 그 이용 목적을 달성하였거나 이용기간이 종료되었음에도 불구하고 아직 그 정보를 파기하지 아니하였는지 여부, ⅳ) 앞의 개인신용정보를 모집업무 목적 외에 이용하였거나 제3자에게 제공하였는지 여부를 확인하여야 한다(법41의2①, 영35의2②).

Ⅲ. 위탁계약 해지와 보고

1. 위탁계약 해지

신용정보제공·이용자는 모집업무수탁자가 불법취득신용정보를 모집업무에 이용한 사실을 확인한 경우 해당 모집업무수탁자와의 위탁계약을 해지하여야 한다(법41의2②).

2. 금융위원회 또는 등록기관 보고

신용정보제공·이용자는 모집업무수탁자와의 위탁계약을 해지한 경우 이를 금융위원회 또는 대통령령으로 정하는 등록기관에 알려야 한다(법41의2③).

여기서 "대통령령으로 정하는 등록기관"이란 모집업무수탁자인 ⅰ) 신용카드회원을 모집할 수 있는 자, ⅱ) 가맹점모집인, ⅲ) 보험설계사, ⅳ) 보험대리점, ⅴ) 투자권유대행인, ⅵ) 대출모집인이 신용정보제공·이용자로부터 위탁받은 모집업무에 관한 법령 등에 따라 등록·등재한 기관("등록기관")을 말한다(영35의2③).

3. 보고기한

신용정보제공·이용자는 확인한 사항을 ⅰ) 모집업무수탁자가 불법취득 신용정보를 모집업무에 이용한 사실을 확인한 경우 그 확인한 날부터 7일 이내(제1호), ⅱ) 앞의 제1호에서 정하는 사항 외의 사항을 확인한 경우 매 분기의 말일을 기준으로 해당 분기의 말일부터 1개월 이내(제2호)이 기한까지 등록기관에 알려야 한다(영35의2⑤).

4. 등록기관의 금융위원회 보고

등록기관은 신용정보제공·이용자가 알린 사항을 매 분기의 말일을 기준으로 해당 분기의 말일부터 2개월 이내에 금융위원회에 보고하여야 한다(영35의2

⑦). 영 제35조의2 제7항에 따른 보고의 서식 및 방법은 금융감독원장이 정한다 (감독규정43의8).

Ⅳ. 확인사항의 확인

1. 분기별 확인

신용정보제공·이용자는 ⅰ) 거짓이나 그 밖의 부정한 수단이나 방법으로 취득하거나 제공받은 신용정보("불법취득신용정보")를 모집업무에 이용하였는지 여부, ⅱ) 모집업무에 이용한 개인신용정보 등을 취득한 경로, ⅲ) 모집업무에 이용한 개인신용정보를 안전하게 보관하고 있지 아니한지 여부 및 그 이용 목적을 달성하였거나 이용기간이 종료되었음에도 불구하고 아직 그 정보를 파기하지 아니하였는지 여부, ⅳ) 앞의 개인신용정보를 모집업무 목적 외에 이용하였거나 제3자에게 제공하였는지 여부를 매 분기마다 1회 이상 확인하여야 한다(영35의2④).

2. 확인사실의 금융위원회 보고

신용정보제공·이용자는 모집업무수탁자가 불법취득 신용정보를 모집업무에 이용한 사실을 확인한 경우(영35의2⑤(1))에 매 분기마다 1회 이상 확인한 사실을 금융위원회에도 알려야 한다(영35의2⑥). 영 제35조의2 제6항에 따른 보고의 서식 및 방법은 금융감독원장이 정한다(감독규정43의8).

제5절 업무 목적 외 누설금지 등

Ⅰ. 신용정보회사등과 신용정보업관련자의 개인비밀 누설금지

신용정보회사등과 신용정보의 처리를 위탁받은 자의 임직원이거나 임직원이었던 자("신용정보업관련자")는 업무상 알게 된 타인의 신용정보 및 사생활 등 개인적 비밀("개인비밀")을 업무 목적 외에 누설하거나 이용하여서는 아니 된다(법42①).

Ⅱ. 신용정보회사등과 신용정보업관련자의 개인비밀 누설금지 예외

신용정보회사등과 신용정보업관련자가 신용정보법에 따라 신용정보회사등에 신용정보를 제공하는 행위는 제1항에 따른 업무 목적 외의 누설이나 이용으로 보지 아니한다(법42②).

Ⅲ. 개인비밀의 타인 제공 또는 이용 금지

법 제42조 제1항을 위반하여 누설된 개인비밀을 취득한 자(그로부터 누설된 개인비밀을 다시 취득한 자를 포함)는 그 개인비밀이 제1항을 위반하여 누설된 것임을 알게 된 경우 그 개인비밀을 타인에게 제공하거나 이용하여서는 아니 된다(법42③).

Ⅳ. 개인신용정보의 타인 제공

신용정보회사등과 신용정보업관련자로부터 개인신용정보를 제공받은 자는 그 개인신용정보를 타인에게 제공하여서는 아니 된다(법42④ 본문). 다만, 신용정보법 또는 다른 법률에 따라 제공이 허용되는 경우에는 그러하지 아니하다(법42④ 단서).

Ⅴ. 위반시 제재

법 제42조 제1항 또는 제3항을 위반한 자는 10년 이하의 징역 또는 1억원 이하의 벌금에 처한다(법50①). 법 제42조 제4항을 위반한 자는 5년 이하의 징역 또는 5천만원 이하의 벌금에 처한다(법50②(8)).

▌ 관련 판례: 대법원 2008. 6. 12. 선고 2006도5400 판결
신용정보법 제2조 제1호, 구 신용정보법 시행령(2005. 5. 26. 대통령령 제18832호로 일부 개정되기 전의 것) 제2조 제1항 제1 내지 6호, 구 신용정보

법 시행규칙(2008. 3. 3. 재정경제부령 제875호로 개정되기 전의 것) 제2조 제1항 내지 제3항에 의하면 "신용정보"란 금융거래 등 상거래에 있어서 거래 상대방에 대한 식별·신용도·신용거래능력 등의 판단을 위하여 필요로 하는 정보로서, 개인의 성명·주소·주민등록번호(외국인의 경우 외국인등록번호 또는 여권번호)·성별·국적 및 직업 등과 기업 및 법인의 상호·법인등록번호·사업자등록번호·본점 및 영업소의 소재지·설립연월일·목적 및 임원에 관한 사항 등 특정 신용정보주체를 식별할 수 있는 정보는 나머지 신용정보와 결합하여 신용정보가 되고, 신용정보법 제2조 제2호에 의하면, "신용정보주체"란 처리된 신용정보에 의하여 식별되는 자로서 당해 신용정보의 주체가 되는 자를 말하며, 신용정보법 제27조 제1항은 "신용정보업자 등과 제16조 제2항의 규정에 의하여 신용정보의 처리를 위탁받은 자의 임원 및 직원이거나 이었던 자(이하 '신용정보업관련자'라 한다)는 업무상 알게 된 타인의 신용정보 및 사생활 등 개인적 비밀을 업무목적 외로 누설 또는 이용하여서는 아니 된다."고 규정하고 있는바, 위 각 규정의 내용 및 문언에 비추어 보면 신용정보법 제27조 제1항의 '타인의 신용정보'는 '개인과 기업 및 법인의 신용정보'를 의미한다고 해석함이 상당하다.

** 금융위원회 질의회신(2023. 9. 20.) ──────────────

〈질의〉

□ 금융기관의 임원이 직원의 검사서를 외부에 누설한 행위가 신용정보법 제42조 제1항를 위반하였는 지 여부, □ 신용정보법과 개인정보 보호법 간 관계

〈회신〉

□ 검사서 누설 행위의 신용정보법 위반 여부를 판단하기 위해서는 보다 정확하고 구체적인 사실관계에 대한 확인이 필요합니다.

□ 개인정보의 보호에 관하여는 신용정보법을 우선 적용하고, 신용정보법에서 특별한 규정이 없다면 개인정보 보호법에서 정하는 규정을 따라야 합니다.

〈이유〉

▫ 신용정보법 제42조 제1항에 따르면 신용정보회사등과 같은 법 제17조 제2항에 따라 신용정보의 처리를 위탁받은 자의 임직원이거나 임직원이었던 자는 업무상 알게 된 타인의 신용정보 및 사생활 등 개인적 비밀을 업무 목적 외에 누설하거나 이용하여서는 아니된다고 규정하고 있습니다.

▫ 다만, 검사서가 타인의 신용정보 및 사생활 등 개인적 비밀에 해당하는지 여부 등에 대하여는 구체적인 사실관계의 확인이 필요한 사안입니다.

• 신용정보법 제2조 제1호는 신용정보는 금융거래 등 상거래에서 거래 상대방의 신용을 판단할 때 필요한 정보라고 정의하고 있습니다.

– 따라서 검사서가 개인신용정보 등에 해당하는지 여부를 판단하기 위해서는 검사서를 A직원의 신용(거래내용, 신용도, 신용거래능력 등)을 판단하기 위해 활용되었는지 등에 대한 사실 조사 및 확인이 선행되어야 할 것으로 사료됩니다.

• 해당 검사서에 포함된 사항이 개인 사생활 정보로서 개인의 비밀에 해당하는지 여부, 업무 목적 외 누설에 해당하는지 여부 등에 대해서도 종합적 검토가 요구됩니다.

▫ 신용정보법 제3조의2 제2항에서는 개인정보의 보호에 관하여 이 법에 특별한 규정이 있는 경우를 제외하고는 개인정보 보호법에서 정하는 바에 따른다고 하고 있습니다.

• 따라서 구체적 사실관계에 따라 검사서 기재 정보가 개인신용정보 등에 해당하지 않는 경우라면 개인정보 보호법이 적용됩니다.

제 7 편

신용정보회사등에 대한 감독, 검사 및 제재

제 1 장

감독 · 검사 등

제1절 감독

I. 금융위원회의 감독권

금융위원회는 신용정보회사등(데이터전문기관을 포함)에 대하여 신용정보법 또는 신용정보법에 따른 명령의 준수 여부를 감독한다(법45①). 여기서 신용정보회사등은 i) 신용정보회사 및 채권추심회사, ii) 본인신용정보관리회사, iii) 신용정보집중기관, iv) 은행, 금융투자업자, 증권금융회사, 종합금융회사 및 명의개서대행회사, 보험회사, 상호저축은행과 그 중앙회, 신용협동조합 및 그 중앙회, 여신전문금융회사 및 겸영여신업자, 농협은행, 수협은행, 다른 법령에서 금융감독원이 검사를 하도록 규정한 기관(금융위원회법38)을 말한다(법45①).

II. 감독제외기관

신용정보회사등(데이터전문기관을 포함)에서 i) 자산유동화법에 따라 금융위

원회에 자산유동화계획을 등록한 유동화전문회사, ⅱ) 서민금융진흥원, ⅲ) 신용
회복위원회, ⅳ) 국민행복기금, ⅴ) 정리금융회사, ⅵ) 금융결제원, ⅶ) 금융지주
회사, 기술보증기금, 농업협동조합, 농업협동조합중앙회, 농협은행, 한국무역보험
공사, 보험회사, 산림조합, 산림조합중앙회, 상호저축은행, 상호저축은행중앙회,
새마을금고, 새마을금고중앙회, 수산업협동조합, 수산업협동조합중앙회, 수협은
행, 신용보증기금, 신용협동조합, 신용협동조합중앙회, 여신전문금융회사(여신전
문금융업법 제3조 제3항 제1호에 따라 허가를 받거나 등록을 한 자를 포함), 예금보험공
사 및 정리금융회사, 은행(외국은행의 지점 또는 대리점 포함), 금융투자업자·증권
금융회사·종합금융회사·자금중개회사 및 명의개서대행회사, 중소기업은행, 신
용보증재단과 그 중앙회, 한국산업은행, 한국수출입은행, 한국주택금융공사, 외
국에서 앞의 금융기관(예금보험공사 및 정리금융회사 제외)과 유사한 금융업을 경영
하는 금융기관, 외국 법령에 따라 설립되어 외국에서 신용정보업 또는 채권추심
업을 수행하는 자(영2⑥(7) 각목)(다만, 외국인에 해당하는 자는 제외)는 제외한다(영
36의2, 감독규정43의10).

Ⅲ. 명령권

금융위원회는 감독에 필요하면 신용정보회사등에 대하여 그 업무 및 재산상
황에 관한 보고 등 필요한 명령을 할 수 있다(법45②).

제2절 검사 및 조치

Ⅰ. 검사

1. 업무 및 재산상황 검사

금융감독원장은 그 소속 직원으로 하여금 신용정보법에 따른 신용정보회사
등의 업무와 재산상황을 검사하도록 할 수 있다(법45③).

2. 자료제출요구 등

금융감독원장은 검사에 필요하다고 인정하면 자료의 제출, 관계자의 출석 및 의견의 진술을 신용정보회사등에 요구할 수 있다(법45④).

3. 증표제시

검사를 하는 자는 그 권한을 표시하는 증표를 지니고 이를 관계인에게 내보여야 한다(법45⑤).

4. 검사결과의 보고, 통보 및 조치

금융감독원장은 검사를 마치면 그 결과를 금융위원회가 정하는 바에 따라 금융위원회에 보고하여야 한다(법45⑥). 금융감독원장은 결과보고를 하는 경우 「금융기관 검사 및 제재에 관한 규정」("검사제재규정") 제3장을 준용한다(감독규정 44). 준용 규정을 살펴보면 다음과 같다.

(1) 검사결과의 보고

금융감독원장은 금융기관에 대하여 검사를 실시한 경우에는 그 결과를 종합 정리하여 금융위원회에 보고하여야 한다(검사제재규정13① 본문). 다만, 금융기관의 특정부문에 대하여 실시한 부문검사로서 현지조치사항만 있거나 조치요구사항이 없는 경우에는 보고를 생략할 수 있다(검사제재규정13① 단서). 금융감독원장은 시스템리스크 초래, 금융기관 건전성의 중대한 저해, 다수 금융소비자 피해 등의 우려가 있다고 판단하는 경우에는 보고와 별도로 검사 종료 후 지체없이 그 내용을 금융위원회에 보고하여야 한다(검사제재규정13②). 금융감독원장은 타 기관에 위임 또는 위탁한 검사에 대하여도 그 검사결과를 보고받아 금융위원회에 보고하여야 한다(검사제재규정13③).

(2) 검사결과의 통보 및 조치
(가) 검사결과의 통보 및 조치요구
1) 의의
금융감독원장은 금융기관에 대한 검사결과를 검사서에 의해 당해 금융기관에 통보하고 필요한 조치를 취하거나 당해 금융기관의 장에게 이를 요구할 수 있으며(검사제재규정14①), 조치를 요구한 사항에 대하여 금융기관의 이행상황을 관리하여야 한다(검사제재규정14③ 본문). 다만, 현지조치사항에 대하여는 당해 금융기관의 자체감사조직의 장이나 당해 금융기관의 장에게 위임하며, 신용협동조합·농업협동조합·수산업협동조합·산림조합에 대한 조치요구사항은 당해 설립법에 의한 중앙회장에게 위임할 수 있다(검사제재규정14③ 단서).

2) 검사결과 조치요구사항

검사서 작성 및 검사결과 조치요구사항은 아래와 같이 구분한다(검사제재규정14②). 여기서 조치요구사항이란 경영유의사항, 지적사항, 현지조치사항 등 금융감독원장이 금융기관에 대하여 조치를 요구하는 사항을 말한다(검사제재규정3(8)).

가) 경영유의사항

경영유의사항이란 금융기관에 대한 검사결과 경영상 취약성이 있는 것으로 나타나 경영진의 주의 또는 경영상 조치가 필요한 사항을 말한다(검사제재규정3(9)).

나) 지적사항

지적사항이란 금융기관에 대한 검사결과 나타난 위법·부당한 업무처리내용 또는 업무처리방법의 개선 등이 필요한 사항을 말하며, 이는 문책·자율처리필요·주의·변상·개선사항으로 다음과 같이 구분한다(검사제재규정3(10)).

ⅰ) 문책사항(가목): 금융기관 또는 금융기관의 임직원이 금융관련법규를 위반하거나 금융기관의 건전한 영업 또는 업무를 저해하는 행위를 함으로써 신용질서를 문란하게 하거나 당해 기관의 경영을 위태롭게 하는 행위로서 과태료·과징금 부과, 기관 및 임원에 대한 주의적 경고 이상의 제재, 직원에 대한 면직·업무의 전부 또는 일부에 대한 정직·감봉·견책에 해당하는 제재의 경우

ⅱ) 자율처리필요사항(나목): 금융기관 직원의 위법·부당행위에 대하여 당해 금융기관의 장에게 그 사실을 통보하여 당해 금융기관의 장이 조치대상자와 조치수준을 자율적으로 결정하여 조치하도록 하는 경우

ⅲ) 주의사항(다목): 위법 또는 부당하다고 인정되나 정상참작의 사유가 크거나 위법·부당행위의 정도가 상당히 경미한 경우

ⅳ) 변상사항(라목): 금융기관의 임직원이 고의 또는 중대한 과실로 금융관

련법규 등을 위반하는 등으로 당해 기관의 재산에 대하여 손실을 끼쳐 변상책임이 있는 경우

ⅴ) 개선사항(마목): 규정, 제도 또는 업무운영 내용 등이 불합리하여 그 개선이 필요한 경우

다) 현지조치사항

현지조치사항이란 금융기관에 대한 검사결과 나타난 위법·부당행위 또는 불합리한 사항 중 그 정도가 경미하여 검사반장이 검사현장에서 시정, 개선 또는 주의조치하는 사항을 말한다(검사제재규정3(11)).

(나) 표준검사처리기간

금융감독원장은 표준검사처리기간 운영을 통해 검사결과가 신속히 처리될 수 있도록 노력하여야 한다(검사제재규정14⑤). 표준검사처리기간이란 검사종료 후부터 검사결과 통보까지 소용되는 기간으로서 180일 이내에서 금융감독원장이 정하는 기간을 말하는데(검사제재규정14⑤), 정기검사 180일, 수시검사 152일을 말하며, 세부사항은 별표 10의 표준검사처리기간에 의한다(시행세칙30의2①). 금융감독원장은 표준검사처리기간을 경과한 검사 건에 대하여 그 건수와 각각의 지연사유, 진행상황 및 향후 처리계획을 매 반기 종료 후 1개월 이내에 금융위원회에 보고하여야 한다(검사제재규정14⑧ 본문).

표준검사처리기간에는 ⅰ) 관련 사안에 대한 유권해석, 법률·회계 검토에 소요되는 기간(제1호), ⅱ) 제재대상자에 대한 사전통지 및 의견청취에 소요되는 기간(제2호), ⅲ) 검사종료 후 추가적인 사실관계 확인을 위해 소요되는 기간(제3호), ⅳ) 관련 소송 및 수사·조사기관의 수사 및 조사 진행으로 인하여 지연되는 기간(제4호), ⅴ) 제재심의위원회의 추가 심의에 소요되는 기간(제5호), ⅵ) 제재심의위원회의 최종 심의일로부터 금융위 의결일(금융위가 금융위원장에게 제재조치권한을 위임한 경우 동 제재조치의 결정일)(제6호), ⅶ) 기타 표준검사처리기간에 산입하지 않는 것이 제재의 공정성 및 형평성 등을 위해 필요하다고 금융감독원장이 인정하는 기간(제7호)은 산입하지 아니한다(검사제재규정14⑥). 표준검사처리기간의 운영과 관련하여 구체적인 불산입 기간 등 세부사항은 금융감독원장이 정한다(검사제재규정14⑦).[1]

---

1) 검사제재규정 시행세칙 제30조의2(표준검사처리기간) ② 규정 제14조 제7항에 따른 표준처리기간에 산입되지 아니하는 기간으로서 금융감독원장이 정하는 기간은 다음의 각 호

(3) 조치요구사항에 대한 정리기한 및 보고

금융기관은 조치요구사항에 대하여 특별한 사유가 있는 경우를 제외하고는 검사서를 접수한 날로부터 경영유의사항은 6월 이내(제1호), 지적사항(제2호) 중 문책사항은 관련 임직원에 대한 인사조치내용은 2월 이내, 문책사항에 주의사항 또는 개선사항 등이 관련되어 있는 경우에는 나목에서 정한 기한 이내(가목), 자율처리필요·주의·변상·개선사항은 3월 이내(나목)에 이를 정리하고 그 결과를 기한종료일로부터 10일 이내에 <별지 서식>에 의하여 금융감독원장에게 보고하여야 한다(검사제재규정15①).

금융감독원장은 검사결과 조치요구사항(경영유의사항, 자율처리필요사항 및 개선사항은 제외)에 대한 금융기관의 정리부진 및 정리 부적정 사유가 관련 임직원의 직무태만 또는 사후관리의 불철저에서 비롯된 것으로 판단하는 경우에는 책임이 있는 임직원에 대하여 제재절차를 진행할 수 있다(검사제재규정15②).

(4) 자체감사결과에 따른 조치

금융기관은 자체감사결과 등으로 발견한 정직 이상 징계처분이 예상되는 직원에 대하여 다음과 같이 조치하여야 한다(검사제재규정16②).

와 같다. 다만, 제1호, 제3호 및 제6호의 경우에는 최대 60일을 초과하여서는 아니 된다.

1. 검사실시부서가 관련법규 소관 정부부처, 법무법인, 회계법인 및 금융감독원 법무·회계 관련부서에 검사처리 관련 사안에 대한 유권해석(과태료·과징금 부과건의 관련 질의를 포함) 또는 법률·회계 검토를 의뢰한 날로부터 회신일까지 소요기간
2. 시행세칙 제59조 제1항의 규정에 의한 제재대상자에 대한 사전통지 및 의견청취 소요기간(사전통지일부터 의견접수일까지의 기간), 같은 조 제2항의 규정에 의한 제재대상자에 대한 공고기간, 제 60조의 규정에 의한 청문절차 소요기간(청문실시 통지일부터 청문주재자의 의견서 작성일까지의 기간)
3. 검사종료후 추가적인 사실관계 확인을 위한 후속검사 소요기간(검사총괄담당부서장이 합의하는 사전준비기간 및 집중처리기간을 포함) 및 주요 입증자료 등 징구에 소요되는 기간(자료요구일로부터 자료접수일까지의 기간)
4. 검사결과 처리가 관련 소송 및 수사·조사기관의 수사·조사 결과에 연관된다고 금융감독원장이 판단하는 경우 동 판단시점부터 재판 확정 또는 수사 및 조사 결과 통지 등까지 소요되는 기간
5. 제재심의위원회가 심의를 유보한 경우 심의 유보일로부터 제재심의위원회 최종 심의일까지의 소요기간
6. 제재의 형평성을 위해 유사사안에 대한 다수의 검사 건을 함께 처리할 필요가 있는 경우 일괄처리를 위해 소요되는 기간

1. 위법·부당행위가 명백하게 밝혀졌을 경우에는 지체없이 직위를 해제하되 징계확정 전에 의원면직 처리하여서는 아니 된다.
2. 직원이 사직서를 제출하는 경우에는 동 사직서 제출경위를 조사하고 민법 제660조 등 관계법령에 의한 고용계약 해지의 효력이 발생하기 전에 징계조치 및 사고금 보전 등 필요한 조치를 취한다.

II. 조치 및 관리책임

1. 금융위원회의 조치

금융위원회는 신용정보회사등이 신용정보법(채권추심회사의 경우에는 채권추심법을 포함) 또는 신용정보법에 따른 명령을 위반하여 신용정보 관련 산업의 건전한 경영과 신용정보주체의 권익을 해칠 우려가 있다고 인정하면 i) 신용정보회사등에 대한 주의 또는 경고(제1호), ii) 임원에 대한 주의 또는 경고(제2호), iii) 직원에 대한 주의 및 정직, 감봉, 견책 등의 문책 요구(제3호), iv) 임원에 대한 해임권고, 직무정지 또는 직원에 대한 면직 요구(제4호), v) 위반행위에 대한 시정명령(제5호), vi) 신용정보제공의 중지(제6호) 중 어느 하나에 해당하는 조치를 하거나, 금융감독원장으로 하여금 앞의 i) 신용정보회사등에 대한 주의 또는 경고(제1호), ii) 임원에 대한 주의 또는 경고(제2호), iii) 직원에 대한 주의 및 정직, 감봉, 견책 등의 문책 요구(제3호)에 해당하는 조치를 하게 할 수 있다(법45⑦).

2. 퇴임한 임원 등에 대한 조치내용의 통보

(1) 퇴임·퇴직한 임직원에 대한 조치내용의 통보

금융위원회(금융감독원장 포함)는 신용정보회사등에서 퇴임한 임원 또는 퇴직한 직원이 재임 또는 재직 중이었더라면 임원에 대한 주의 또는 경고, 직원에 대한 주의 및 정직, 감봉, 견책 등의 문책 요구, 임원에 대한 해임권고, 직무정지 또는 직원에 대한 면직 요구(법45⑦ 제2호부터 제4호까지) 조치 중 어느 하나에 해당하는 조치를 받았을 것으로 인정되는 경우에는 그 조치의 내용을 해당 신용정보회사등의 장에게 통보할 수 있다(법46①).

(2) 통보내용의 기록ㆍ유지

통보를 받은 신용정보회사등의 장은 이를 퇴임ㆍ퇴직한 해당 임직원에게 통보하고, 그 내용을 기록ㆍ유지하여야 한다(법46②).

3. 금융위원회의 관리책임

금융위원회는 개인신용정보가 유출되는 등 신용질서의 중대한 침해가 발생하지 않도록 관리할 책임을 진다(법45⑧).

Ⅲ. 위반시 제재

법 제45조 제2항부터 제4항까지의 규정에 따른 명령에 따르지 아니하거나 검사 및 요구를 거부ㆍ방해 또는 기피한 자에게는 5천만원 이하의 과태료를 부과한다(법52②(7)).

제3절 금융위원회의 조치명령권

금융위원회는 신용정보주체를 보호하고 건전한 신용질서를 확립하기 위하여 신용정보회사등에 ⅰ) 신용정보회사등이 보유하는 신용정보에 관한 사항(제1호), ⅱ) 신용정보의 처리에 관한 사항(제2호), ⅲ) 신용정보회사등의 업무 개선에 관한 사항(제3호), ⅳ) 신용정보활용체제의 공시에 관한 사항(제4호), ⅴ) 그 밖에 신용정보주체 보호 또는 건전한 신용질서 확립을 위하여 필요한 사항으로서 대통령령으로 정하는 사항(제5호)에 관하여 자료제출, 처리중단, 시정조치, 공시 등 필요한 조치를 명할 수 있다(법45의2).

위 제5호에서 "대통령령으로 정하는 사항"이란 ⅰ) 겸영업무(법11①) 및 부수업무(법11②)에 관한 사항, ⅱ) 내부통제기준에 관한 사항(법11의2), ⅲ) 내부통제기준 및 이용자관리규정에 관한 사항(법22의6③④), ⅳ) 신용정보회사등의 서비스 운영에 관한 사항, ⅴ) 신용정보회사등의 영업, 재무 및 위험에 관한 사항, ⅵ) 업무내용의 보고에 관한 사항을 말한다(영36의3)

제4절 개인신용정보 활용·관리 실태에 대한 상시평가

I. 점검결과 확인과 점수 또는 등급 표시

금융위원회는 "대통령령으로 정하는 신용정보회사등"이 신용정보관리·보호인을 통하여 점검한 결과를 제출받아 확인하고, 그 결과를 점수 또는 등급으로 표시할 수 있다(법45의5①).

여기서 "대통령령으로 정하는 신용정보회사등"이란 제17조 제7항 각 호의 자를 말한다(영36의5①). 즉 i) 신용정보회사, 본인신용정보관리회사, 채권추심회사 및 신용정보집중기관(제1호), ii) 금융지주회사, 농업협동조합, 농업협동조합중앙회, 농협은행, 한국무역보험공사, 보험회사, 산림조합, 산림조합중앙회, 상호저축은행, 상호저축은행중앙회, 수산업협동조합, 수산업협동조합중앙회, 수협은행, 신용보증기금, 신용협동조합, 신용협동조합중앙회, 여신전문금융회사(여신전문금융업법 제3조 제3항 제1호에 따라 허가를 받거나 등록을 한 자 포함), 은행(외국은행의 지점 또는 대리점 포함), 금융투자업자·증권금융회사·종합금융회사·자금중개회사 및 명의개서대행회사, 중소기업은행, 한국산업은행, 한국수출입은행, 한국주택금융공사(제2호), iii) 신용회복위원회, 근로복지공단, 정리금융회사, 한국자산관리공사, 서민금융진흥원, 금융위원회에 등록한 대부업자등(직전 사업연도 말 기준으로 총 자산이 100억원을 초과하는 기관에 한정)(제3호)의 기관을 말한다(영17⑦).

II. 점수 또는 등급의 검사 활용

금융위원회는 표시한 점수 또는 등급, 금융위원회가 제출받은 점검의 결과에 대한 내용 중 금융감독원장이 요청한 사항을 금융감독원장에게 송부하여 검사에 활용하도록 할 수 있다(법45의5②, 영36의5②).

Ⅲ. 안전성 인증마크 부여

금융위원회는 점수 또는 등급이 우수한 기관을 대상으로 개인신용정보 활용·관리 안전성 인증마크("인증마크")를 부여할 수 있다(영36의5③ 전단). 이 경우 인증마크의 부여를 위한 기준 등 세부 사항은 금융위원회가 정하여 고시한다(영36의5③ 후단).

Ⅳ. 점검결과의 확인 및 점수·등급의 표시, 송부의 방법 및 절차

1. 상시평가

점검결과의 확인 및 점수·등급의 표시, 송부의 방법 및 절차 등("상시평가")은 다음과 같다(감독규정45의2①). 즉 ⅰ) 신용정보관리·보호인은 점검결과를 컴퓨터 등 정보처리가 가능한 형태로 전송한다(제1호). ⅱ) 금융보안원은 점검결과를 제출받아 서면점검하여 점수 또는 등급으로 표시한다(제2호). ⅲ) 금융보안원은 금융위원회가 승인한 사항을 금융감독원장에게 컴퓨터 등 정보처리가 가능한 형태로 송부할 수 있다(제3호).

2. 상시평가위원회 설치

금융위원회는 상시평가 업무를 공정하고 객관적으로 운영하기 위하여 금융보안원에 ⅰ) 영 제17조 제8항에 따른 기준 및 관련 서식의 제·개정(법 제20조 제4항 제1호 각 목의 사항을 포함하여 제·개정)(제1호), ⅱ) 상시평가 절차·방법 등 중요사항의 심의(제2호), ⅲ) 상시평가 결과의 점수·등급 표시 방안의 심의(제3호), ⅳ) 인증마크의 부여 및 취소의 세부 기준·방법·절차 등 중요사항의 심의(제4호) 업무를 수행하는 상시평가위원회를 둘 수 있다(감독규정45의2②).

3. 의견제시

상시평가위원회는 금융위원회에 제2항 각 호의 사항에 대한 의견을 제시할 수 있다(감독규정45의2③).

제5절 업무보고서와 회계처리기준등

Ⅰ. 업무보고서의 제출

1. 분기 업무보고서 제출

신용정보회사, 본인신용정보관리회사, 채권추심회사, 신용정보집중기관 및 데이터전문기관은 매 분기의 업무보고서를 매 분기 마지막 달의 다음 달 말일까지 금융감독원장이 정하는 서식에 따라 작성하여 금융감독원장에게 제출하여야 한다(법47①).

이에 따라 신용정보회사, 본인신용정보관리회사, 채권추심회사, 신용정보집중기관 및 데이터전문기관은 업무보고서를 [별지 제5호 서식]에 따라 매분기 종료일 다음 달 말일까지 감독원장에게 제출하여야 한다(시행세칙7①).

2. 업무보고서의 서명

업무보고서에는 대표자, 담당 책임자 또는 그 대리인이 서명 또는 기명·날인하여야 한다(법47②).

3. 업무보고서 제출방법

업무보고서 제출은 정보통신망(정보통신망법에 따른 정보통신망)을 이용한 전자문서의 방법으로 할 수 있다(시행세칙7②).

4. 결산 결과 및 가결산 결과 반영

업무보고서는 회계연도말은 결산 결과, 매분기말은 가결산 결과를 반영하여 작성한다(시행세칙7③).

5. 위반시 제재

법 제47조를 위반하여 보고서를 제출하지 아니하거나 사실과 다른 내용의 보고서를 제출한 자에게는 5천만원 이하의 과태료를 부과한다(법52②(8)).

Ⅱ. 회계처리기준등

1. 회계처리기준 준수

신용정보회사는 회계처리 및 재무제표 작성에 관하여 외부감사법 제13조에 따른 회계처리기준을 따라야 한다(감독규정46①).

2. 결산재무제표와 감사보고서 제출

신용정보회사는 결산재무제표와 외부감사법 제3조에 따른 감사인의 감사보고서를 사업연도말로부터 3개월 이내에 금융감독원장에게 제출하여야 한다(감독규정46②).

3. 회계처리 불일치 보고

제출한 재무제표와 제출한 사업연도말 업무보고서가 일치하지 않는 경우에는 그 내용과 사유를 금융감독원장에게 보고하여야 한다(감독규정46③). 불일치의 내용과 사유는 [별지 제4호 서식]에 따라 보고하여야 한다(시행세칙6).

제 2 장

개인정보 보호위원회의 조사 및 시정조치

금융회사 등을 제외한 신용정보제공·이용자인 상거래 기업 및 법인에 대해서는 개인정보 보호위원회에게 자료제출요구·검사권·출입권·질문권·시정명령 권한·과징금 및 과태료 부과 등의 권한을 부여하고 있다(법38⑤⑥⑦⑧, 법39의4④, 법42의2①, 법45의3, 법45의4, 법52⑥).

제1절 개인정보 보호위원회의 자료제출요구·조사 등

Ⅰ. 자료제출요구

보호위원회는 다음의 어느 하나에 해당하는 경우에는 금융위원회의 감독을 받지 아니하는 신용정보제공·이용자("상거래기업 및 법인")에게 관계 물품·서류 등 자료를 제출하게 할 수 있다(법45의3①).

1. 상거래기업 및 법인이 다음 각 목의 규정("상거래정보보호규정")을 위반하는

사항을 발견 하거나 혐의가 있음을 알게 된 경우

가. 제15조(수집 및 처리의 원칙) 및 제17조(처리의 위탁)

나. 제19조(신용정보전산시스템의 안전보호) 및 제20조의2(개인신용정보의
보유기간 등)

다. 제32조(개인신용정보의 제공·활용에 대한 동의)·제33조(개인신용정보
의 이용)·제34조(개인식별정보의 수집·이용 및 제공)·제36조(상거래
거절 근거 신용정보의 고지 등)·제37조(개인신용정보 제공 동의 철회권
등)·제38조(신용정보의 열람 및 정정청구 등)·제38조의3(개인신용정보
의 삭제 요구)·제39조의4(개인신용정보 누설통지 등)·제40조의2(가명
처리·익명처리에 관한 행위규칙) 및 제42조(업무 목적 외 누설금지 등)

2. 상거래기업 및 법인의 상거래정보보호규정 위반에 대한 신고를 받거나 민원
이 접수된 경우

3. 그 밖에 개인신용정보 보호를 위하여 필요한 경우로서 대통령령으로 정하는
경우

제3호에서 "대통령령으로 정하는 경우"란 개인신용정보 누설 등 신용정보주
체의 개인신용정보에 관한 권리 또는 이익을 침해하는 사건·사고 등이 발생했거
나 발생할 가능성이 높은 경우를 말한다(영36의4①).

Ⅱ. 조사와 증표제시

보호위원회는 상거래기업 및 법인이 자료를 제출하지 아니하거나 상거래정
보보호규정을 위반한 사실이 있다고 인정되면 소속 공무원으로 하여금 상거래기
업 및 법인 및 상거래정보보호규정 위반사실과 관련한 관계인의 사무소나 사업
장에 출입하여 업무 상황, 장부 또는 서류 등을 조사하게 할 수 있다(법45의3②
전단). 이 경우 검사를 하는 공무원은 그 권한을 나타내는 증표를 지니고 이를 관
계인에게 내보여야 한다(법45의3② 후단).

Ⅲ. 지원요청

보호위원회는 자료의 제출 요구·조사 등을 위해 개인정보 보호법 제62조

제2항에 따라 지정된 전문기관(＝한국인터넷진흥원)에 기술적인 사항의 자문 등 필요한 지원을 요청할 수 있다(영36의4②).

Ⅳ. 제3자 제공 및 공개금지

보호위원회는 제출받거나 수집한 서류·자료 등을 신용정보법에 따른 경우를 제외하고는 제3자에게 제공하거나 일반에게 공개하여서는 아니 된다(법45의3③).

Ⅴ. 보안조치

보호위원회는 정보통신망을 통하여 자료의 제출 등을 받은 경우나 수집한 자료 등을 전자화한 경우에는 개인신용정보·영업비밀 등이 유출되지 아니하도록 제도적·기술적 보안조치를 하여야 한다(법45의3④).

Ⅵ. 개인정보 보호위원회의 조사 및 처분에 관한 규정

개인정보 보호법 및 동법 시행령, 신용정보법 및 동법 시행령("개인정보보호법령")에 따라 개인정보 보호위원회("보호위원회")가 실시하는 조사의 절차와 방법, 조사결과에 따른 처분 및 기타 필요한 사항을 정함으로써 조사업무의 원활과 공정을 기함을 목적으로 개인정보보호위원회 고시(제2020-12호 제정)인 「개인정보 보호위원회의 조사 및 처분에 관한 규정」이 시행되고 있다.

이 규정은 개인정보 보호법 제63조 및 동법 시행령 제60조, 신용정보법 제45조의3 및 동법 시행령 제36조의4에 따라 보호위원회가 조사를 실시하는 개인정보 보호법에 따른 개인정보처리자(같은 법 제39조의3 내지 제39조의15에 의한 정보통신서비스 제공자등을 포함), 신용정보법 제45조에 따라 금융위원회의 감독을 받지 아니하는 신용정보제공·이용자("상거래기업 및 법인")에 적용한다(동규정2).

제2절 개인정보 보호위원회의 시정조치

　보호위원회는 상거래정보보호규정과 관련하여 개인신용정보가 침해되었다고 판단할 상당한 근거가 있고 이를 방치할 경우 회복하기 어려운 피해가 발생할 우려가 있다고 인정되면 상거래기업 및 법인에 대하여 ⅰ) 개인신용정보 침해행위의 중지, ⅱ) 개인신용정보 처리의 일시적인 정지, ⅲ) 그 밖에 개인정보의 보호 및 침해 방지를 위하여 필요한 조치를 명할 수 있다(법45의4).

제 3 장
/
제 재

제1절 행정제재

Ⅰ. 과징금

1. 과징금 부과대상과 산정기준

(1) 과징금 부과대상

금융위원회(상거래기업 및 법인이 다음의 어느 하나에 해당하는 행위를 한 경우에는 보호위원회)는 다음의 어느 하나에 해당하는 행위가 있는 경우에는 전체 매출액의 3% 이하에 해당하는 금액을 과징금으로 부과할 수 있다(법42의2① 본문). 다만, 제1호에 해당하는 행위가 있는 경우에는 50억원 이하의 과징금을 부과할 수 있다(법42의2① 단서).

1. 제19조 제1항을 위반하여 개인신용정보를 분실·도난·누출·변조 또는 훼손 당한 경우
1의2. 제32조 제6항 제9호의2에 해당하지 아니함에도 제32조 제1항 또는 제2항

을 위반하여 신용정보주체의 동의를 받지 아니하고 개인신용정보를 제3자에게 제공한 경우 및 그 사정을 알면서도 영리 또는 부정한 목적으로 개인신용정보를 제공받은 경우

1의3. 제32조 제6항 제9호의2 및 제33조 제1항 제4호에 해당하지 아니함에도 제33조 제1항을 위반하여 개인신용정보를 이용한 경우

1의4. 제40조의2 제6항을 위반하여 영리 또는 부정한 목적으로 특정 개인을 알아볼 수 있게 가명정보를 처리한 경우

2. 제42조 제1항을 위반하여 개인비밀을 업무 목적 외에 누설하거나 이용한 경우

3. 제42조 제3항을 위반하여 불법 누설된 개인비밀임을 알고 있음에도 그 개인비밀을 타인에게 제공하거나 이용한 경우

(2) 전체 매출액과 연평균 매출액

법 제42조의2 제1항 각 호 외의 부분 본문에 따른 전체 매출액은 해당 신용정보회사등의 직전 3개 사업연도의 연평균 매출액("연평균 매출액")으로 한다. 다만, 다음의 구분에 따른 경우에는 그 금액을 연평균 매출액으로 한다(영35의3①).

1. 해당 사업연도 첫날을 기준으로 사업을 개시한지 3년이 되지 아니한 경우: 그 사업개시 후 직전 사업연도 말일까지의 매출액을 연평균 매출액으로 환산한 금액

2. 해당 사업연도에 사업을 개시한 경우: 사업개시일부터 위반행위일까지의 매출액을 연평균 매출액으로 환산한 금액

2. 과징금 부과 요건과 절차

(1) 부과요건

과징금을 부과하는 경우 신용정보회사등이 매출액 산정자료의 제출을 거부하거나 거짓의 자료를 제출한 때에는 해당 신용정보회사등과 비슷한 규모의 신용정보회사등의 재무제표나 그 밖의 회계자료 등의 자료에 근거하여 매출액을 추정할 수 있다(법42의2② 본문). 다만, 매출액이 없거나 매출액의 산정이 곤란한 경우로서 "대통령령으로 정하는 경우"에는 200억원 이하의 과징금을 부과할 수 있다(법42의2② 단서).

위에서 "대통령령으로 정하는 경우"란 다음의 어느 하나에 해당하는 경우를 말한다(영35의3②).

1. 영업을 개시하지 아니하거나 영업을 중단하는 등의 사유로 영업실적이 없는 경우
2. 재해 등으로 인하여 매출액 산정자료가 소멸되거나 훼손되는 등 객관적인 매출액의 산정이 곤란한 경우

제2항 단서에 해당하는 경우에는 다음의 금액 중 가장 적은 금액을 과징금 부과의 최고한도 금액으로 한다(영35의3④).

1. 해당 신용정보회사등과 비슷한 규모의 신용정보회사등의 연평균 매출액의 3%
2. 해당 신용정보회사등과 같은 종류의 신용정보회사등의 연평균 매출액의 3%
3. 200억원

(2) 필요적 고려사항

금융위원회 또는 보호위원회는 과징금을 부과하려면 ⅰ) 위반행위의 내용 및 정도, ⅱ) 위반행위의 기간 및 횟수, ⅲ) 위반행위로 인하여 취득한 이익의 규모를 고려하여야 한다(법42의2③).

(3) 과징금의 산정기준

과징금의 산정기준은 [별표 2의3]과 같다(영35의3③).

[별표 2의3] 과징금의 산정기준(제35조의3 제3항 관련)

1. 과징금의 산정절차

가. 기본과징금의 산정

1) 기본과징금은 법 제42조의2 제1항·제2항 및 이 영 제35조의3 제4항에서 정한 과 징금 금액의 상한에 2)에 따른 부과기준율을 곱한 금액으로 한다.

2) 부과기준율은 법 제42조의2 제3항 각 호의 사항 등을 고려하여 위반행위의 중대 성 정도를 "중대성이 약한 위반행위", "중대한 위반행위", "매우 중대한

위반행 위"로 구분하여 금융위원회가 정하여 고시한다.

나. 기본과징금의 조정

금융위원회는 법 제42조의2 제3항 각 호의 사항(부과기준율 산정 단계에서 고려된 세부 참작사항은 제외), 위반행위에 대한 검사의 협조 여부, 위반상태의 해소나 위반 행위의 예방을 위한 노력, 그 밖에 금융위원회가 정하여 고시하는 사유를 고려하여 가목에 따라 산정한 기본과징금 금액을 감경하거나 2분의 1 범위에서 가중할 수 있다. 다만, 가중하는 경우에도 법 제42조의2 제1항·제2항 및 이 영 제35조의3 제4항 에서 정한 과징금 금액의 상한을 초과할 수 없다.

다. 부과과징금의 결정

1) 금융위원회는 위반자의 현실적인 부담능력 등 특별한 사정, 금융시장 또는 경제여건, 위반행위로 인하여 발생한 피해의 배상 정도, 위반행위로 인하여 취득한 이익의 규모, 그 밖에 금융위원회가 정하여 고시하는 사유를 고려할 때, 나목에 따라 조정한 과징금 금액이 과중하다고 인정되는 경우에는 이를 감액하여 부과과징금으로 정할 수 있다.

2) 금융위원회는 위반자의 지급불능·지급정지 또는 자본잠식 등의 사유로 인하여 위반자가 객관적으로 과징금을 납부할 능력이 없다고 인정되는 경우, 자신의 행위가 위법하지 않은 것으로 오인한 데 정당한 사유가 있는 경우, 과징금 외에 실효성 있는 다른 조치를 이미 받은 경우, 위반의 정도가 경미한 경우, 나목에 따라 조정한 과징금 금액이 소액인 경우, 그 밖에 금융위원회가 정하여 고시하는 사유에 해당하는 경우에는 과징금을 면제할 수 있다.

2. 세부기준

부과기준율 등 기본과징금의 산정, 기본과징금의 조정, 부과과징금의 결정, 그 밖에 과징금의 부과 등에 필요한 세부기준에 관한 사항은 금융위원회가 정하여 고시한다.

(4) 자료제출 요청

금융위원회(상거래 기업 및 법인에 대해 과징금을 부과하는 경우에는 보호위원회를 말한다. 이하 제35조의4부터 제35조의7까지에서 같다)는 제1항에 따른 매출액 산정을 위하여 재무제표 등 자료가 필요한 경우 20일 이내의 기간을 정하여 해당 신용정보회사등에 관련 자료의 제출을 요청할 수 있다(영35의3⑥).

(5) 가산금의 징수

금융위원회 또는 보호위원회는 과징금을 내야 할 자가 납부기한까지 이를 내지 아니하면 납부기한의 다음 날부터 내지 아니한 과징금의 연 6%에 해당하는 가산금을 징수한다(법42의2⑤ 전단). 이 경우 가산금을 징수하는 기간은 60개월을 초과하지 못한다(법42의2⑤ 후단).

(6) 환급가산금 지급

법원의 판결 등의 사유로 부과된 과징금을 환급하는 경우에는 과징금을 낸 날부터 환급하는 날까지 연 6%에 해당하는 환급가산금을 지급하여야 한다(법42의2⑦).

(7) 모집인의 직원 간주

신용정보제공·이용자가 위탁계약을 맺고 거래하는 모집인(여신전문금융업법 제14조의2 제2호에 따른 모집인) 등 대통령령으로 정하는 자가 제1항 각 호에 해당하는 경우에는 그 위반행위의 범위에서 해당 신용정보제공·이용자의 직원으로 본다(법42의2⑧ 본문). 다만, 그 신용정보제공·이용자가 그 모집인 등의 위반행위를 방지하기 위하여 상당한 주의와 감독을 다한 경우에는 그러하지 아니하다(법42의2⑧ 단서).

여기서 "대통령령으로 정하는 자"란 제35조의2 제1항 각 호의 어느 하나에 해당하는 자를 말한다(영35의3⑦). 즉 ⅰ) 신용카드회원을 모집할 수 있는 자, ⅱ) 가맹점모집인, ⅲ) 보험설계사, ⅳ) 보험대리점, ⅴ) 투자권유대행인, ⅵ) 대출모집인을 말한다.

3. 의견제출

(1) 의견제출 기회 부여

금융위원회는 과징금을 부과하기 전에 당사자 또는 이해관계인 등에게 의견을 제출할 기회를 주어야 한다(영35의4①).

(2) 의견진술과 자료제출

당사자 또는 이해관계인 등은 금융위원회의 회의에 출석하여 의견을 진술하거나 필요한 자료를 제출할 수 있다(영35의4②).

(3) 대리인 지정

당사자 또는 이해관계인 등은 의견 진술 또는 자료 제출을 하는 경우 변호인의 도움을 받거나 그를 대리인으로 지정할 수 있다(영35의4③).

4. 독촉과 징수

금융위원회 또는 보호위원회는 과징금을 내야 할 자가 납부기한까지 이를 내지 아니한 경우에는 기간을 정하여 독촉을 하고, 그 지정된 기간에 과징금과 가산금을 내지 아니하면 국세 체납처분의 예에 따라 징수한다(법42의2⑥).

5. 과징금의 부과 및 납부절차 등

(1) 과징금 부과 통지

금융위원회는 과징금을 부과하려는 경우에는 위반사실, 부과금액, 이의제기 방법 및 이의제기 기간 등을 구체적으로 밝혀 과징금을 낼 것을 서면으로 통지하여야 한다(영35의5①).

(2) 납부기간

통지를 받은 자는 통지받은 날부터 60일 이내에 금융위원회가 정하는 수납기관에 과징금을 내야 한다(영35의5②).

6. 납부기한 연장과 분할 납부

(1) 사유

금융위원회는 과징금 부과처분을 받은 자("과징금납부의무자")가 ⅰ) 재해 등으로 재산에 현저한 손실을 입은 경우, ⅱ) 사업 여건의 악화로 사업이 중대한 위기에 처한 경우, ⅲ) 과징금을 한꺼번에 내면 자금사정에 현저한 어려움이 예상되는 경우에 해당하는 사유로 과징금 전액을 한꺼번에 내기 어렵다고 인정될 때에는 그 납부기한을 연장하거나 분할 납부하게 할 수 있다(영35의6① 전단). 이 경우 필요하다고 인정하면 담보를 제공하게 할 수 있다(영35의6① 후단).

(2) 납부기한 연장 및 분할납부의 제한

납부기한을 연장하거나 분할 납부하게 할 경우 납부기한의 연장은 1년을 초과할 수 없고, 분할 납부의 간격은 6개월 이내로 하며, 분할 납부의 횟수는 3회를 초과할 수 없다(영35의6②).

(3) 신청

과징금납부의무자가 제1항에 따라 과징금의 납부기한을 연장하거나 분할 납부를 하려는 경우에는 그 납부기한의 10일 전까지 금융위원회에 신청하여야 한다(영35의6③).

(4) 취소

금융위원회는 납부기한이 연장되거나 분할 납부가 허용된 과징금납부의무자가 ⅰ) 분할 납부하기로 결정된 과징금을 납부기한까지 내지 아니하였을 때, ⅱ) 담보 변경명령이나 그 밖에 담보보전에 필요한 금융위원회의 명령을 이행하지 아니하였을 때, ⅲ) 강제집행, 경매의 개시, 파산선고, 법인의 해산, 국세 또는 지방세의 체납처분을 받은 경우나 그 밖에 이와 비슷한 경우로서 과징금의 전부 또는 잔여분을 징수할 수 없다고 인정될 때에 해당하면 납부기한 연장 또는 분할 납부 결정을 취소하고 과징금을 한꺼번에 징수할 수 있다(영35의6④).

7. 결손처분

금융위원회는 과징금납부의무자에게 ⅰ) 체납처분이 끝나고 체납액에 충당된 배분금액이 체납액에 미치지 못하는 경우, ⅱ) 징수금 등의 징수권에 대한 소멸시효가 완성된 경우, ⅲ) 체납자의 행방이 분명하지 아니하거나 재산이 없다는 것이 판명된 경우, ⅳ) 체납처분의 목적물인 총재산의 추산가액이 체납처분 비용에 충당하면 남을 여지가 없음이 확인된 경우, ⅴ) 체납처분의 목적물인 총재산이 징수금 등보다 우선하는 국세, 지방세, 전세권·질권 또는 저당권으로 담보된 채권 등의 변제에 충당하면 남을 여지가 없음이 확인된 경우, ⅵ) 그 밖에 징수 가능성이 없는 경우로서 채무자회생법 제251조 본문에 따라 회생채권 등이 면책되는 경우 중 어느 하나에 해당하는 사유가 있으면 결손처분을 할 수 있다(영35의7).

II. 과태료

1. 1억원 이하의 과태료

다음의 어느 하나에 해당하는 자에게는 1억원 이하의 과태료를 부과한다(법 52①).

1. 제9조의2(최대주주의 자격심사 등) 제2항을 위반하여 보고를 하지 아니하거나 거짓으로 보고한 자
2. 제9조의2 제3항에 따른 금융위원회의 자료 또는 정보의 제공 요구에 따르지 아니하거나 거짓자료 또는 정보를 제공한 자

2. 5천만원 이하의 과태료

다음의 어느 하나에 해당하는 자에게는 5천만원 이하의 과태료를 부과한다 (법52②).

1. 제12조를 위반하여 허가받은 신용정보회사, 본인신용정보관리회사, 채권추심회사 또는 신용정보집중기관이 아님에도 불구하고 상호 또는 명칭 중에 신용정보·신용조사·개인신용평가·신용관리·마이데이터(MyData)·채권추심 또는 이와 비슷한 명칭을 사용한 자
2. 제15조 제2항을 위반한 자
2의2. 제17조의2 제2항을 위반하여 가명처리 또는 익명처리가 되지 아니한 상태로 전달한 자
3. 제19조를 위반한 자
4. 제20조 제6항을 위반한 자
4의2. 제22조의9 제3항을 위반하여 신용정보를 수집한 자
4의3. 제22조의9 제4항 및 제5항을 위반하여 개인신용정보를 전송한 자
4의4. 채권추심회사 소속 위임직채권추심인이 제27조 제9항 제1호의 위반행위를 한 경우 해당 채권추심회사. 다만, 채권추심회사가 그 위반행위를 방지하기 위하여 해당 업무에 관한 관리에 상당한 주의를 게을리하지 아니한 경우는 제외한다.
5. 제32조 제4항 또는 제5항(제34조에 따라 준용하는 경우를 포함)을 위반한 자
5의2. 제39조의2 제3항을 위반하여 분리하여 보관하지 아니한 자

6. 제41조의2 제2항을 위반하여 모집업무수탁업자와 위탁계약을 해지하지 아니한 자

7. 제45조 제2항부터 제4항까지의 규정에 따른 명령에 따르지 아니하거나 검사 및 요구를 거부·방해 또는 기피한 자

8. 제47조를 위반하여 보고서를 제출하지 아니하거나 사실과 다른 내용의 보고서를 제출한 자

3. 3천만원 이하의 과태료

다음의 어느 하나에 해당하는 자에게는 3천만원 이하의 과태료를 부과한다(법52③).

1. 제17조 제4항을 위반한 자

2. 제20조 제1항 또는 제3항을 위반한 자

2의2. 제20조 제3항 및 제4항을 위반하여 신용정보관리·보호인을 지정하지 아니한 자

3. 제20조의2 제2항을 위반한 자

4. 제21조를 위반한 자

4의2. 제22조의4 제1항 및 제2항을 위반하여 신용상태를 평가한 자

4의3. 제22조의4 제3항을 위반하여 불공정행위를 한 자

4의4. 제22조의5 제1항 및 제22조의6 제1항을 위반하여 신용상태를 평가한 자

4의5. 제22조의5 제2항을 위반한 자

4의6. 제22조의5 제3항을 위반한 자

4의7. 제22조의6 제2항을 위반한 자

4의8. 제22조의6 제3항을 위반한 자

4의9. 제22조의9 제1항을 위반한 자

4의10. 제22조의9 제2항을 위반한 자

5. 제23조 제5항을 위반한 자

5의2. 채권추심회사 소속 위임직채권추심인이 제27조 제9항 제2호의 위반행위를 한 경우 해당 채권추심회사. 다만, 채권추심회사가 그 위반행위를 방지하기 위하여 해당 업무에 관한 관리에 상당한 주의를 게을리하지 아니한 경우는 제외한다.

6. 제32조 제8항 또는 제9항(제34조에 따라 준용하는 경우를 포함)을 위반한 자

6의2. 제33조의2 제3항 또는 제4항을 위반하여 개인신용정보를 전송하지 아니한 자

6의3. 제34조의2 제1항을 위반하여 신용정보주체에게 알려야 할 사항을 알리지 아니한 자

6의4. 제34조의2 제3항 단서를 위반하여 신용정보주체가 요청하였음에도 불구하고 이에 따르지 아니한 자

6의5. 제34조의2 제4항을 위반하여 별도로 요청할 수 있음을 알리지 아니한 자

6의6. 제35조의3 제1항을 위반하여 통지하지 아니한 자

7. 제36조 제1항 또는 제3항을 위반한 자

7의2. 제36조의2 제1항을 위반하여 설명을 하지 아니한 자

8. 제37조 제3항을 위반한 자

9. 제38조 제3항부터 제6항까지 또는 제8항을 위반한 자

10. 제38조의2를 위반한 자

11. 제38조의3을 위반한 자

12. 제39조를 위반한 자

13. 제39조의4 제1항을 위반하여 신용정보주체에게 같은 항 각 호의 사실을 알리지 아니한 자

14. 제39조의4 제3항을 위반하여 조치결과를 신고하지 아니한 자

15. 제40조 제2항을 위반하여 영리목적의 광고성 정보를 전송하는 행위에 이용한 자

16. 제40조의2 제1항을 위반하여 가명처리에 사용한 추가정보를 분리하여 보관하거나 삭제하지 아니한 자

17. 제40조의2 제2항을 위반하여 가명처리한 개인신용정보에 대하여 기술적·물리적·관리적 보안대책을 수립·시행하지 아니한 자

18. 제40조의2 제7항을 위반하여 처리를 중지하거나 정보를 즉시 삭제하지 아니한 자

4. 2천만원 이하의 과태료

법 제10조 제4항 또는 제17조 제7항을 위반한 자에게는 2천만원 이하의 과태료를 부과한다(법52④).

5. 1천만원 이하의 과태료

다음의 어느 하나에 해당하는 자에게는 1천만원 이하의 과태료를 부과한다(법52⑤).

1. 제8조 제1항을 위반한 자
2. 제11조 제1항을 위반하여 금융위원회에 신고하지 아니하고 겸영업무를 한 자
2의2. 제11조의2 제1항을 위반하여 금융위원회에 신고하지 아니하고 부수업무를 한 자
2의3. 제11조의2 제8항에 따른 금융위원회의 제한명령 또는 시정명령에 따르지 아니한 자
2의4. 제13조를 위반하여 금융위원회의 승인 없이 다른 영리법인의 상무에 종사한 자
4. 제17조 제5항을 위반한 자
5. 제18조 제1항을 위반한 자
6. 제20조의2 제1항·제3항 또는 제4항을 위반한 자
7. 제22조의2를 위반하여 금융위원회에 보고를 하지 아니한 자
7의2. 제22조의6 제4항을 위반하여 이용자관리규정을 정하지 아니한 자
8. 제27조 제8항을 위반하여 채권추심업무를 할 때 증표를 내보이지 아니한 자
9. 제31조를 위반한 자
10. 제32조 제3항·제7항 또는 제10항(제34조에 따라 준용하는 경우를 포함)을 위반한 자
11. 제35조를 위반한 자
11의2. 제35조의2를 위반하여 해당 신용정보주체에게 설명하지 아니한 자
11의3. 제40조의2 제8항을 위반하여 개인신용정보를 가명처리하거나 익명처리한 기록을 보존하지 아니한 자
12. 제41조의2 제3항을 위반하여 위탁계약 해지에 관한 사항을 알리지 아니한 자

6. 부과 징수

과태료는 금융위원회가 부과·징수한다(법52⑥ 본문). 다만, 상거래기업 및 법인의 상거래정보보호규정 위반과 관련된 과태료 부과는 보호위원회가 부과·

징수한다(법52⑥ 단서). 이에 따라 과태료의 부과기준은 [별표 4]와 같다(영38).

[별표 4] 과태료의 부과기준(제38조 관련)

1. 일반기준
   가. 하나의 위반행위가 둘 이상의 과태료 부과기준에 해당하는 경우에는 그 중 금액이 큰 과태료 부과기준을 적용한다.
   나. 금융위원회 또는 보호위원회는 다음의 어느 하나에 해당하는 경우에는 제2호의 개별 기준에 따른 과태료 금액을 줄이거나 면제할 수 있다. 다만, 과태료를 체납하고 있는 위반행위자의 경우에는 그렇지 않다.
      1) 위반행위가 사소한 부주의나 오류로 인한 것으로 인정되는 경우
      2) 위반행위자의 법 위반상태를 시정하거나 해소하기 위한 노력이 인정되는 경우
      3) 그 밖에 위반행위의 정도, 위반행위의 동기와 그 결과 등을 고려하여 그 금액을 줄이거나 면제할 필요가 있다고 인정되는 경우
   다. 금융위원회 또는 보호위원회는 다음의 어느 하나에 해당하는 경우에는 제2호에 따른 과태료 금액의 2분의 1의 범위에서 그 금액을 늘릴 수 있다. 다만, 법 제52조 제1항부터 제5항까지의 규정에 따른 과태료 금액의 상한을 넘을 수 없다.
      1) 위반의 내용·정도가 중대하여 신용정보주체 등에 미치는 영향이 크다고 인정되는 경우
      2) 법 위반상태의 기간이 6개월 이상인 경우
      3) 그 밖에 위반행위의 정도, 위반행위의 동기와 그 결과 등을 고려하여 그 금액을 늘릴 필요가 있다고 인정되는 경우

2. 개별기준

(단위: 만원)

위반행위	근거 법조문	과태료 금액
가. 법 제8조 제1항 본문을 위반하여 변경사항을 미리 신고하지 않거나 같은 항 단서를 위반하여 7일 이내에 그 사실을 보고하지 않은 경우	법 제52조 제5항 제1호	1,000
나. 법 제9조의2 제2항을 위반하여 보고를 하지 않거나 거짓으로 보고한 경우	법 제52조 제1항 제1호	5,000
다. 법 제9조의2 제3항에 따른 금융위원회의 자료 또는 정보의 제공 요구에 따르지 않거나 거짓 자료 또는 정보를 제공한 경우	법 제52조 제1항 제2호	5,000
라. 법 제10조 제4항을 위반하여 영업 중단 또는 폐업을 미리 신고하지 않은 경우	법 제52조 제4항	1,000
마. 법 제11조 제1항을 위반하여 겸업을 미리 신고하지 않고 겸업업무를 한 경우	법 제52조 제5항 제2호	1,000
바. 법 제11조의2 제1항을 위반하여 금융위원회에 신고하지 않고 부수업무를 한 경우	법 제52조 제5항 제2호의2	1,000

사. 법 제11조의2 제8항에 따른 금융위원회의 제한명령 또는 시정명령에 따르지 않은 경우	법 제52조 제5항 제2호의3	1,000
아. 법 제12조를 위반하여 허가받은 신용정보회사, 본인신용정보관리회사, 채권추심회사 또는 신용정보집중기관이 아님에도 불구하고 상호 또는 명칭 중에 신용정보·신용조사·개인신용평가·신용관리·마이데이터(MyData)·채권추심 또는 이와 비슷한 명칭을 사용한 경우	법 제52조 제2항 제1호	3,000 (법인이 아닌 자의 경우 1,500)
자. 법 제13조를 위반하여 금융위원회의 승인 없이 다른 영리법인의 상무에 종사한 경우	법 제52조 제5항 제2호의4	1,000
차. 법 제15조 제2항을 위반하여 동의를 받지 않은 경우	법 제52조 제2항 제2호	4,000
카. 법 제17조 제4항을 위반하여 보호 조치를 하지 않은 경우	법 제52조 제3항 제1호	2,400
타. 법 제17조 제5항을 위반하여 교육하지 않거나 위탁계약에 반영하지 않은 경우	법 제52조 제5항 제4호	800
파. 법 제17조 제7항을 위반하여 재위탁한 경우	법 제52조 제4항	1,600
하. 법 제17조의2 제2항을 위반하여 가명처리 또는 익명처리가 되지 않은 상태로 전달한 경우	법 제52조 제2항 제2호의2	4,000
거. 법 제18조 제1항을 위반하여 등록·변경 및 관리하지 않은 경우	법 제52조 제5항 제5호	1,000
너. 법 제19조 제1항을 위반하여 기술적·물리적·관리적 보안대책을 수립·시행하지 않은 경우	법 제52조 제2항 제3호	4,000
더. 법 제19조 제2항을 위반하여 보안관리 대책을 포함한 계약을 체결하지 않은 경우	법 제52조 제2항 제3호	4,000
러. 법 제20조 제1항을 위반하여 신용정보관리기준을 준수하지 않은 경우	법 제52조 제3항 제2호	2,000
머. 법 제20조 제3항 및 제4항을 위반하여 신용정보관리·보호인을 지정하지 않거나 같은 조 제3항 단서를 위반하여 임원으로 지정하지 않은 경우	법 제52조 제3항 제2호의2	2,400
버. 법 제20조 제6항을 위반하여 신용정보관리·보호인의 업무에 관한 보고서를 금융위원회에 제출하지 않은 경우	법 제52조 제2항 제4호	3,000
서. 법 제20조의2 제1항 또는 제3항을 위반하여 관리하지 않은 경우	법 제52조 제5항 제6호	1,000
어. 법 제20조의2 제2항을 위반하여 개인신용정보를 삭제하지 않은 경우	법 제52조 제3항 제3호	2,400
저. 법 제20조의2 제4항을 위반하여 통지하지 않은 경우	법 제52조 제5항 제6호	800

처. 법 제21조를 위반하여 처분하거나 폐기하지 않은 경우	법 제52조 제3항 제4호	2,400
커. 법 제22조의2를 위반하여 금융위원회에 보고하지 않은 경우	법 제52조 제5항 제7호	800
터. 법 제22조의4 제1항 및 제2항을 위반하여 신용상태를 평가한 경우	법 제52조 제3항 제4호의2	2,000
퍼. 법 제22조의4 제3항을 위반하여 불공정행위를 한 경우	법 제52조 제3항 제4호의3	2,000
허. 법 제22조의5 제1항 및 제22조의6 제1항을 위반하여 신용상태를 평가한 경우	법 제52조 제3항 제4호의4	2,000
고. 법 제22조의5 제2항을 위반한 경우	법 제52조 제3항 제4호의5	2,000
노. 법 제22조의5 제3항을 위반하여 내부통제기준을 정하지 않은 경우	법 제52조 제3항 제4호의6	1,800
도. 법 제22조의6 제2항을 위반한 경우	법 제52조 제3항 제4호의7	2,000
로. 법 제22조의6 제3항을 위반하여 내부통제기준을 정하지 않은 경우	법 제52조 제3항 제4호의8	1,800
모. 법 제22조의6 제4항을 위반하여 이용자관리규정을 정하지 않은 경우	법 제52조 제5항 제7호의2	600
보. 법 제22조의9 제1항을 위반한 경우	법 제52조 제3항 제4호의9	2,000
소. 법 제22조의9 제2항을 위반하여 내부관리규정을 마련하지 않은 경우	법 제52조 제3항 제4호의10	1,800
오. 법 제22조의9 제3항을 위반하여 신용정보를 수집한 경우	법 제52조 제2항 제4호의2	4,000
조. 법 제22조의9 제4항 및 제5항을 위반하여 개인신용정보를 전송한 경우	법 제52조 제2항 제4호의3	4,000
초. 법 제23조 제5항을 위반하여 신용정보를 타인에게 제공한 경우	법 제52조 제3항 제5호	2,400
코. 법 제27조 제8항을 위반하여 채권추심업무를 할 때 증표를 내보이지 않은 경우	법 제52조 제5항 제8호	600
토. 채권추심회사 소속 위임직채권추심인이 법 제27조 제9항 제1호의 위반행위를 한 경우 해당 채권추심회사. 다만, 채권추심회사가 그 위반행위를 방지하기 위하여 해당 업무에 관한 관리에 상당한 주의를 게을리하지 않은 경우는 제외한다.	법 제52조 제2항 제4호의2	4,000
포. 채권추심회사 소속 위임직채권추심인이 법 제27조 제9	법 제52조	2,400

항 제2호의 위반행위를 한 경우 해당 채권추심회사. 다만, 채권추심회사가 그 위반행위를 방지하기 위하여 해당 업무에 관한 관리에 상당한 주의를 게을리하지 않은 경우는 제외한다.	제3항 제5호의2	
호. 법 제31조를 위반하여 신용정보활용체제를 공시하지 않은 경우	법 제52조 제5항 제9호	800
구. 법 제32조 제3항을 위반하여 동의를 받았는지를 확인하지 않은 경우(법 제34조에 따라 준용하는 경우를 포함)	법 제52조 제5항 제10호	800
누. 법 제32조 제4항을 위반하여 구분하여 동의를 받지 않은 경우(법 제34조에 따라 준용하는 경우를 포함)	법 제52조 제2항 제5호	3,000
두. 법 제32조 제4항을 위반하여 설명하지 않거나 고지하지 않은 경우(법 제34조에 따라 준용하는 경우를 포함)	법 제52조 제2항 제5호	800
루. 법 제32조 제5항을 위반하여 서비스의 제공을 거부한 경우(법 제34조에 따라 준용하는 경우를 포함)	법 제52조 제2항 제5호	3,000
무. 법 제32조 제7항을 위반하여 알리지 않거나 공시하지 않은 경우(법 제34조에 따라 준용하는 경우를 포함)	법 제52조 제5항 제10호	800
부. 법 제32조 제8항을 위반하여 승인을 받지 않은 경우(법 제34조에 따라 준용하는 경우를 포함)	법 제52조 제3항 제6호	2,000
수. 법 제32조 제9항을 위반하여 개인신용정보를 분리관리하지 않은 경우(법 제34조에 따라 준용하는 경우를 포함)	법 제52조 제3항 제6호	1,000
우. 법 제32조 제10항을 위반하여 개인신용정보를 제공받는 자의 신원과 이용 목적을 확인하지 않은 경우(법 제34조에 따라 준용하는 경우를 포함)	법 제52조 제5항 제10호	800
주. 법 제33조의2 제3항 또는 제4항을 위반하여 개인신용정보를 전송하지 않은 경우	법 제52조 제3항 제6호의2	3,000
추. 법 제34조의2 제1항을 위반하여 신용정보주체에게 알려야 할 사항을 알리지 않은 경우	법 제52조 제3항 제6호의3	2,400
쿠. 법 제34조의2 제3항 단서를 위반하여 신용정보주체가 요청했음에도 불구하고 이에 따르지 않은 경우	법 제52조 제3항 제6호의4	2,400
투. 법 제34조의2 제4항을 위반하여 별도로 요청할 수 있음을 알리지 않은 경우	법 제52조 제3항 제6호의5	1,200
푸. 법 제35조 제1항을 위반하여 개인신용정보의 이용 및 제공 사실을 조회할 수 있도록 하지 않은 경우	법 제52조 제5항 제11호	800
후. 법 제35조 제2항을 위반하여 개인신용정보의 이용 및 제공 사실을 통지하지 않거나 같은 조 제3항을 위반하여 통지를 요청할 수 있음을 알리지 않은 경우	법 제52조 제5항 제11호	800
그. 법 제35조의2를 위반하여 해당 신용정보주체에게 설명하지 않은 경우	법 제52조 제5항 제11의2	800
느. 법 제35조의3 제1항을 위반하여 통지하지 않은 경우	법 제52조 제3항 제6호의6	2,400

드. 법 제36조 제1항을 위반하여 상거래관계의 설정을 거절 또는 중지한 근거를 고지하지 않거나 같은 조 제2항을 위반하여 확인 요청에 따르지 않은 경우	법 제52조 제3항 제7호	2,000
르. 법 제36조의2 제1항을 위반하여 설명을 하지 않은 경우	법 제52조 제3항 제7호의2	2,400
므. 법 제37조 제3항을 위반하여 고지나 사후 고지를 하지 않은 경우	법 제52조 제3항 제8호	2,000
브. 법 제38조 제3항을 위반하여 신용정보를 삭제 또는 정정하지 않은 경우	법 제52조 제3항 제9호	2,400
스. 법 제38조 제4항을 위반하여 삭제하거나 정정한 내용을 알리지 않은 경우(법 제36조 제3항에 따라 준용하는 경우를 포함)	법 제52조 제3항 제7호 또는 제9호	2,000
으. 법 제38조 제5항을 위반하여 처리결과를 알리지 않은 경우(법 제36조 제3항에 따라 준용하는 경우를 포함)	법 제52조 제3항 제7호 또는 제9호	800
즈. 법 제38조 제6항을 위반하여 시정명령을 이행하지 않은 경우	법 제52조 제3항 제9호	2,400
츠. 법 제38조 제8항을 위반하여 시정조치 결과를 보고하지 않은 경우(법 제36조 제3항에 따라 준용하는 경우를 포함)	법 제52조 제3항 제7호 또는 제9호	1,000
크. 법 제38조의2 제2항을 위반하여 정보제공을 중지하지 않은 경우	법 제52조 제3항 제10호	2,000
트. 법 제38조의2 제2항을 위반하여 정보제공의 중지 사실을 통지하지 않은 경우	법 제52조 제3항 제10호	800
프. 법 제38조의3 제2항을 위반하여 개인신용정보를 삭제하지 않은 경우	법 제52조 제3항 제11호	2,400
흐. 법 제38조의3 제3항을 위반하여 분리하여 보관하지 않은 경우	법 제52조 제3항 제11호	1,000
갸. 법 제38조의3 제2항 및 제3항을 위반하여 신용정보주체에게 통지하지 않은 경우	법 제52조 제3항 제11호	800
냐. 법 제39조를 위반하여 무료로 제공하거나 열람하도록 하지 않은 경우	법 제52조 제3항제12호	2,000
댜. 법 제39조의2 제3항을 위반하여 분리하여 보관하지 않은 경우	법 제52조 제2항 제5호의2	4,000
랴. 법 제39조의4 제1항을 위반하여 신용정보주체에게 같은 항 각 호의 사실을 알리지 않은 경우	법 제52조 제3항 제13호	2,400
먀. 법 제39조의4 제3항을 위반하여 조치 결과를 신고하지 않은 경우	법 제52조 제3항 제14호	2,400
뱌. 법 제40조 제2항을 위반하여 광고성 정보를 전송하는 행위에 개인신용정보 또는 개인식별정보를 이용한 경우	법 제52조 제3항 제15호	2,400

샤. 법 제40조의2 제1항을 위반하여 가명처리에 사용한 추가정보를 삭제하지 않은 경우	법 제52조 제3항 제16호	2,400
야. 법 제40조의2 제1항을 위반하여 가명처리에 사용한 추가정보를 분리하여 보관하지 않은 경우	법 제52조 제3항 제16호	1,000
쟈. 법 제40조의2 제2항을 위반하여 가명처리한 개인신용정보에 대하여 기술적·물리적·관리적 보안대책을 수립·시행하지 않은 경우	법 제52조 제3항 제17호	2,400
챠. 법 제40조의2 제7항을 위반하여 처리를 중지하거나 정보를 즉시 삭제하지 않은 경우	법 제52조 제3항 제18호	2,400
캬. 법 제40조의2 제8항을 위반하여 개인신용정보를 가명처리하거나 익명처리한 기록을 보존하지 않은 경우	법 제52조 제5항 제11호의3	800
탸. 법 제41조의2 제2항을 위반하여 모집업무수탁업자와 위탁계약을 해지하지 않은 경우	법 제52조 제2항 제6호	3,000
퍄. 법 제41조의2 제3항을 위반하여 위탁계약을 해지한 사실을 알리지 않은 경우	법 제52조 제5항 제12호	1,000
햐. 법인인 자가 법 제45조 제2항부터 제4항까지의 규정에 따른 명령에 따르지 않거나 검사 및 요구를 거부·방해 또는 기피한 경우	법 제52조 제2항 제7호	5,000
겨. 법인이 아닌 자가 법 제45조 제2항부터 제4항까지의 규정에 따른 명령에 따르지 않거나 검사 및 요구를 거부·방해 또는 기피한 경우	법 제52조 제2항 제7호	2,500 (임직원의 경우 1,000)
녀. 법 제47조를 위반하여 보고서를 제출하지 않거나 사실과 다른 내용의 보고서를 제출한 경우	법 제52조 제2항 제8호	3,000

7. 형사처벌과 과태료 부과

법 제52조 제2항 제4호의2 본문에 해당하는 채권추심회사가 채권추심법에 따라 형사처벌을 받은 경우에는 과태료를 부과하지 아니하며, 과태료를 부과한 후 형사처벌을 받은 경우에는 그 과태료 부과를 취소한다(법52⑦).

제2절 민사제재

I. 손해배상책임

1. 신용정보회사등과 그로부터 신용정보를 제공받은 자와 입증책임의 전환

신용정보회사등과 그로부터 신용정보를 제공받은 자가 신용정보법을 위반하여 신용정보주체에게 손해를 가한 경우에는 해당 신용정보주체에 대하여 그 손해를 배상할 책임이 있다(법43① 본문). 다만, 신용정보회사등과 그로부터 신용정보를 제공받은 자가 고의 또는 과실이 없음을 증명한 경우에는 그러하지 아니하다(법43① 단서).

2. 신용정보회사등이나 그 밖의 신용정보 이용자의 고의 또는 중과실

(1) 손해배상액의 최대한도와 입증책임의 전환

신용정보회사등이나 그 밖의 신용정보 이용자(수탁자를 포함)가 고의 또는 중대한 과실로 신용정보법을 위반하여 개인신용정보가 누설되거나 분실·도난·누출·변조 또는 훼손되어 신용정보주체에게 피해를 입힌 경우에는 해당 신용정보주체에 대하여 그 손해의 5배를 넘지 아니하는 범위에서 배상할 책임이 있다(법43② 본문). 다만, 신용정보회사등이나 그 밖의 신용정보 이용자가 고의 또는 중대한 과실이 없음을 증명한 경우에는 그러하지 아니하다(법43② 단서).

(2) 배상액 산정시 고려사항

법원은 제2항의 배상액을 정할 때에는 ⅰ) 고의 또는 손해 발생의 우려를 인식한 정도, ⅱ) 위반행위로 인하여 입은 피해 규모, ⅲ) 위반행위로 인하여 신용정보회사등이나 그 밖의 신용정보 이용자가 취득한 경제적 이익, ⅳ) 위반행위에 따른 벌금 및 과징금, ⅴ) 위반행위의 기간·횟수 등, ⅵ) 신용정보회사등이나 그 밖의 신용정보 이용자의 재산상태, ⅶ) 신용정보회사등이나 그 밖의 신용정보 이용자의 개인신용정보 분실·도난·누출 후 해당 개인신용정보 회수 노력의 정도, ⅷ) 신용정보회사등이나 그 밖의 신용정보 이용자의 피해구제 노력의 정도를 고려하여야 한다(법43③).

3. 채권추심회사 또는 위임직채권추심인와 입증책임의 전환

채권추심회사 또는 위임직채권추심인이 신용정보법을 위반하여 채권추심법에 따른 채무자 또는 관계인에게 손해를 가한 경우에는 그 손해를 배상할 책임이 있다(법43④ 본문). 다만, 채권추심회사 또는 위임직채권추심인이 자신에게 고의 또는 과실이 없음을 증명한 경우에는 그러하지 아니하다(법43④ 단서).

4. 신용정보회사의 손해배상책임

신용정보회사가 자신에게 책임 있는 사유로 의뢰인에게 손해를 가한 경우에는 그 손해를 배상할 책임이 있다(법43⑤).

5. 신용정보의 처리를 위탁받은 자의 손해배상책임

신용정보의 처리를 위탁받은 자가 신용정보법을 위반하여 신용정보주체에게 손해를 가한 경우에는 위탁자는 수탁자와 연대하여 그 손해를 배상할 책임이 있다(법43⑥).

6. 채권추심회사와 위임직채권추심인의 연대책임과 입증책임의 전환

위임직채권추심인이 신용정보법 또는 채권추심법을 위반하여 채권추심법에 따른 채무자 또는 관계인에게 손해를 가한 경우 채권추심회사는 위임직채권추심인과 연대하여 그 손해를 배상할 책임이 있다(법43⑦ 본문). 다만, 채권추심회사가 위임직채권추심인 선임 및 관리에 있어서 자신에게 고의 또는 과실이 없음을 증명한 경우에는 그러하지 아니하다(법43⑦ 단서).

▎ 관련 판례: 대법원 2018. 12. 13. 선고 2018다217912 판결
　[1] 피고 주식회사 케이비국민카드(이하 '피고 국민카드'라 한다)의 상고이유 제1점에 관하여
　(가) 원심은 다음과 같은 이유로, 피고 국민카드는 개인정보처리자가 개인정보 보호를 위하여 준수하여야 할 법령상 의무를 위반함으로써 원고들의

개인정보가 포함된 고객정보가 유출되는 사고의 원인을 제공하였으므로, 피고 국민카드는 민법 제750조, 구 개인정보 보호법(2015. 7. 24. 법률 제13423호로 개정되기 전의 것, 이하 '개인정보 보호법'이라 한다) 제39조에 따라 이 사건 고객정보 유출사고로 인해 원고들이 입은 손해를 배상할 책임이 있다고 판단하였다.

피고 국민카드는 개인정보 보호법이 정한 개인정보처리자 또는 구 전자금융거래법(2013. 5. 22. 법률 제11814호로 개정되기 전의 것)이 정한 전자금융업자로서 각 법률 및 시행령, 이를 구체화한 고시(개인정보 안전성 확보조치 기준) 등 관련 법령에서 정한 개인정보의 안전성 확보 또는 이용자 정보의 보호에 필요한 조치를 취할 의무를 부담한다. 그런데도 피고 국민카드는 피고 코리아크레딧뷰로 주식회사(이하 '피고 KCB'라 한다)와 카드사고분석시스템(Fraud Detection System, 이하 'FDS'라 한다) 업그레이드 관련 개발용역계약을 체결한 후 피고 KCB의 개발인력들에게 카드고객의 개인정보를 제공하여 취급하도록 하는 과정에서 위와 같은 법령들을 위반하여 보안프로그램 설치 및 관리·감독의무, 접근권한 제한 등 보안조치를 취할 의무, 암호화된 카드고객정보 제공의무, 개인정보 처리업무 위탁 시 기술적·관리적 보호조치에 관한 문서약정의무, 단말기에 이용자 정보를 보관·공유하지 않을 의무 등을 다하지 않았다.

(나) 관련 법령과 기록에 비추어 살펴보면, 원심의 위와 같은 판단은 정당하고, 거기에 상고이유 주장과 같이 필요한 심리를 다하지 아니한 채 논리와 경험의 법칙을 위반하여 자유심증주의의 한계를 벗어나거나 개인정보 안전성 확보조치 기준 등에서 정한 각종 주의의무, 손해배상책임의 성립에 관한 법리를 오해하는 등의 잘못이 없다.

[2] 피고 KCB의 상고이유 제1점 내지 제4점에 관하여

(가) 원심은 그 판시와 같은 이유로, 피고 KCB의 피용자인 박○○가 그 사무집행에 관하여 이 사건 고객정보를 유출함으로써 원고들에게 손해를 가하였으므로, 피고 KCB는 박○○의 사용자로서 민법 제756조 제1항에 따라 피고 국민카드와 공동하여 원고들에게 그로 인한 손해를 배상할 책임이 있고, 또한 피고 KCB는 신용정보 관련 법령이 요구하는 안전성 확보에 필요한 기

술적·관리적 및 물리적 조치를 취하지 않았다고 봄이 타당하므로, 피고 KCB는 구 신용정보의 이용 및 보호에 관한 법률(2015. 3. 11. 법률 제13216호로 개정되기 전의 것) 제43조에 따라 불법행위를 원인으로 피고 국민카드와 공동하여 원고들에게 그로 인한 손해를 배상할 책임이 있다고 판단하였다.

(나) 관련 법리와 기록에 비추어 살펴보면, 원심의 위와 같은 판단은 정당하고, 거기에 상고이유 주장과 같이 필요한 심리를 다하지 아니한 채 논리와 경험의 법칙을 위반하여 자유심증주의의 한계를 벗어나거나 사용자책임에서의 사무집행 관련성, 면책사유, 인과관계, 신용정보 처리업무 위탁에 관한 법리를 오해하는 등의 잘못이 없다.

[3] 피고 국민카드의 상고이유 제2점 및 피고 KCB의 상고이유 제5점에 관하여

(가) 개인정보를 처리하는 자가 수집한 개인정보가 정보주체의 의사에 반하여 유출된 경우, 그로 인하여 정보주체에게 위자료로 배상할 만한 정신적 손해가 발생하였는지는, 유출된 개인정보의 종류와 성격이 무엇인지, 개인정보 유출로 정보주체를 식별할 가능성이 발생하였는지, 제3자가 유출된 개인정보를 열람하였는지 또는 제3자의 열람 여부가 밝혀지지 않았다면 제3자의 열람 가능성이 있었거나 앞으로 열람 가능성이 있는지, 유출된 개인정보가 어느 범위까지 확산되었는지, 개인정보 유출로 추가적인 법익침해 가능성이 발생하였는지, 개인정보를 처리하는 자가 개인정보를 관리해 온 실태와 개인정보가 유출된 구체적인 경위는 어떠한지, 개인정보 유출로 인한 피해 발생 및 확산을 방지하기 위하여 어떠한 조치가 취하여졌는지 등 여러 사정을 종합적으로 고려하여 구체적 사건에 따라 개별적으로 판단하여야 한다(대법원 2012. 12. 26. 선고 2011다59834 판결 등 참조). 또한 불법행위로 입은 정신적 고통에 대한 위자료 액수에 관하여는 사실심 법원이 여러 사정을 참작하여 그 직권에 속하는 재량에 의하여 확정할 수 있다(대법원 1999. 4. 23. 선고 98다41377 판결 등 참조).

(나) 원심은, 이 사건에서 유출된 원고들의 개인정보는 원고들 개인을 식별할 수 있을 뿐만 아니라 개인의 사생활과 밀접한 관련이 있고, 이를 이용한 제2차 범죄에 악용될 수 있는 정보로서, 그 판시와 같은 사정에 비추어

보면, 이 사건에서 유출된 원고들의 고객정보는 전파 및 확산과정에서 이미 제3자에 의해 열람되었거나 앞으로 열람될 가능성이 매우 크므로, 사회통념 상 원고들에게 이 사건 고객정보 유출로 인한 정신적 손해가 현실적으로 발생하였다고 봄이 타당하다고 판단한 다음, 여러 사정을 고려하여 피고들이 공동하여 원고들에게 배상하여야 할 위자료를 각 10만 원으로 정하였다.

(다) 앞서 본 법리와 기록에 비추어 살펴보면, 원심의 위와 같은 판단은 정당하고, 원심이 정한 위자료의 액수도 형평의 원칙에 반하여 재량의 한계를 일탈하였다고 볼 수 없다. 따라서 원심의 판단에 피고들의 상고이유 주장과 같이 필요한 심리를 다하지 아니한 채 논리와 경험의 법칙을 위반하여 자유심증주의의 한계를 벗어나거나 손해배상책임의 범위, 정신적 손해의 발생에 관한 법리를 오해하고, 판단을 누락하는 등의 잘못이 없다.

Ⅱ. 법정손해배상의 청구

1. 법정손해배상청구와 입증책임의 전환

신용정보주체는 신용정보회사등이나 그로부터 신용정보를 제공받은 자가 신용정보법의 규정을 위반한 경우에는 신용정보회사등이나 그로부터 신용정보를 제공받은 자에게 손해배상을 청구하는 대신 300만원 이하의 범위에서 상당한 금액을 손해액으로 하여 배상을 청구할 수 있다(법43의2① 전단). 이 경우 해당 신용정보회사등이나 그로부터 신용정보를 제공받은 자는 고의 또는 과실이 없음을 입증하지 아니하면 책임을 면할 수 없다(법43의2① 후단).

2. 손해배상청구의 변경 및 법원의 손해액 인정

손해배상 청구의 변경 및 법원의 손해액 인정에 관하여는 개인정보 보호법 제39조의2 제2항 및 제3항을 준용한다(법43의2②). 따라서 법원은 법정손해배상의 청구가 있는 경우에 변론 전체의 취지와 증거조사의 결과를 고려하여 300만원 이하의 범위에서 상당한 손해액을 인정할 수 있다(개인정보 보호법39의2②). 손해배상을 청구한 정보주체는 사실심의 변론이 종결되기 전까지 그 청구를 법정손해배상의 청구로 변경할 수 있다(개인정보 보호법39의2③).

Ⅲ. 손해배상의 보장

1. 보험 또는 공제 가입 등 조치 대상기관

"대통령령으로 정하는 신용정보회사등"은 손해배상책임의 이행을 위하여 금융위원회가 정하는 기준에 따라 보험 또는 공제에 가입하거나 준비금을 적립하는 등 필요한 조치를 하여야 한다(법43의3).

여기서 "대통령령으로 정하는 신용정보회사등"이란 ⅰ) 신용정보집중기관, ⅱ) 신용정보회사, ⅲ) 본인신용정보관리회사, ⅳ) 채권추심회사, ⅴ) 영 제2조 제6항 제7호 가목부터 허목까지의 자, ⅵ) 영 제21조 제2항 각 호의 어느 하나에 해당하는 자 중에서 금융위원회가 정하여 고시하는 자를 말한다(영35의9).

2. 보험 또는 공제 최소 가입금액

영 제35조의9에 따른 "금융위원회가 정하여 고시하는 자" 및 그 자가 보험 또는 공제에 가입하는 경우의 그 최소 가입금액은 다음과 같다(감독규정43의9①).

1. 신용정보집중기관, 개인신용평가회사(전문개인신용평가회사는 제외), 개인사업자신용평가회사, 금융지주회사, 농협은행, 수협은행, 은행(지방은행 및 외국은행의 국내지점 제외), 중소기업은행, 한국산업은행, 한국수출입은행, 한국주택금융공사: 20억원
2. 전문개인신용평가회사, 기업신용조회회사, 본인신용정보관리회사, 기술보증기금, 한국무역 보험공사, 보험회사, 신용보증기금, 여신전문금융회사(여신전문금융업법 제3조 제3항 제1호에 따라 허가를 받거나 등록을 한 자 포함), 예금보험공사, 지방은행, 외국은행의 국내지점, 금융투자업자·증권금융회사·종합금융회사·자금중개회사, 체신관서: 10억원
3. 영 제35조의9 각 호의 어느 하나에 해당하는 자 중 제1호 및 제2호 이외의 자(영 제21조 제2항 제8호 및 제27호에 해당하는 자는 제외), 신용조사회사, 채권추심회사: 5억원. 다만, 영 제2조 제6항 제7호 다목, 라목, 아목부터 거목, 러목, 머목 및 커목에 해당하는 자가 소속 중앙회 또는 연합회를 통하여 신용정보처리 관련 기술부문의 주요부분을 공동으로 이용하는 경우, 중앙회

또는 연합회가 공동 이용 금융회사 전체의 사고를 보장하는 내용으로 제1호의 금액 이상의 보험 또는 공제에 가입하면 공동 이용 금융회사는 본호의 보험 또는 공제에 가입한 것으로 본다.

3. 준비금 적립

제1항 각 호의 자가 준비금을 적립하는 경우 제1항 각 호에서 정하는 금액 이상의 금액을 보유하여야 한다(감독규정43의9②).

4, 보험 또는 공제 가입과 준비금 적립 병행

제1항 각 호의 자가 보험 또는 공제 가입과 준비금 적립을 병행하는 경우 보험 또는 공제의 최소 가입금액은 제1항 각 호에서 정한 금액에서 적립한 준비금을 뺀 금액으로 한다(감독규정43의9③).

5. 보험금 등이 손해배상책임의 이행을 보장하는 경우

전자금융거래법 제9조 제4항에 따라 가입한 보험·공제 또는 적립한 준비금이 법 제43조에 따른 손해배상 책임의 이행을 보장하는 경우 제1항에서 정한 금액에서 그 금액을 뺀 금액 이상으로 한다(감독규정43의9④).

6. 적용제외

제1항부터 제4항까지의 규정은 500명 이상의 신용정보주체에 관한 개인신용정보를 수집·이용·처리하지 않는 자에 대하여는 적용하지 아니한다(감독규정43의9⑤).

제3절 형사제재

Ⅰ. 벌칙

1. 10년 이하의 징역 또는 1억원 이하의 벌금

제42조(업무 목적 외 누설금지 등) 제1항 또는 제3항을 위반한 자는 10년 이하의 징역 또는 1억원 이하의 벌금에 처한다(법50①).

2. 5년 이하의 징역 또는 5천만원 이하의 벌금

다음의 어느 하나에 해당하는 자는 5년 이하의 징역 또는 5천만원 이하의 벌금에 처한다(법50②).

1. 제4조 제1항을 위반하여 신용정보업, 본인신용정보관리업 또는 채권추심업 허가를 받지 아니하고 신용정보업, 본인신용정보관리업 또는 채권추심업을 한 자
2. 거짓이나 그 밖의 부정한 방법으로 제4조 제2항 또는 제10조 제1항에 따른 허가 또는 인가를 받은 자
4. 제17조 제6항을 위반한 자
4의2. 제17조의2 제1항을 위반하여 정보집합물을 결합한 자
5. 권한 없이 제19조 제1항에 따른 신용정보전산시스템의 정보를 변경·삭제하거나 그 밖의 방법으로 이용할 수 없게 한 자 또는 권한 없이 신용정보를 검색·복제하거나 그 밖의 방법으로 이용한 자
5의2. 제25조 제1항을 위반하여 신용정보집중기관 허가를 받지 아니하고 신용정보집중기관 업무를 한 자
5의3. 제27조의2를 위반하여 채권추심회사 외의 자에게 채권추심업무를 위탁한 자
6. 제32조 제1항 또는 제2항(제34조에 따라 준용하는 경우를 포함)을 위반한 자 및 그 사정을 알고 개인신용정보를 제공받거나 이용한 자
7. 제33조(제34조에 따라 준용하는 경우를 포함)를 위반한 자
7의2. 제40조의2 제6항을 위반하여 영리 또는 부정한 목적으로 특정 개인을 알아볼 수 있게 가명정보를 처리한 자
8. 제42조 제4항을 위반한 자

3. 3년 이하의 징역 또는 3천만원 이하의 벌금

다음의 어느 하나에 해당하는 자는 3년 이하의 징역 또는 3천만원 이하의 벌금에 처한다(법50③).

1. 제14조 제2항에 따른 업무정지 기간에 업무를 한 자
1의2. 제22조의7 제1항 제1호를 위반하여 의뢰인에게 허위 사실을 알린 자
1의3. 제22조의7 제1항 제2호를 위반하여 신용정보에 관한 조사 의뢰를 강요한

자

1의4. 제22조의7 제1항 제3호를 위반하여 신용정보 조사 대상자에게 조사자료 제공과 답변을 강요한 자

1의5. 제22조의7 제1항 제4호를 위반하여 금융거래 등 상거래관계 외의 사생활 등을 조사한 자

2. 신용정보집중기관이 아니면서 제25조 제6항에 따른 공동전산망을 구축한 자

3. 제40조 제1항 제4호 본문을 위반하여 특정인의 소재등을 알아낸 자

3의2. 제40조 제1항 제5호를 위반하여 정보원, 탐정, 그 밖에 이와 비슷한 명칭 을 사용한 자

4. 제41조 제1항을 위반한 자

5. 제41조의2 제1항을 위반하여 모집업무수탁자가 불법취득신용정보를 모집업 무에 이용하였는지 등을 확인하지 아니한 자

4. 1년 이하의 징역 또는 1천만원 이하의 벌금

다음의 어느 하나에 해당하는 자는 1년 이하의 징역 또는 1천만원 이하의 벌금에 처한다(법50④).

1. 제9조 제1항을 위반하여 금융위원회의 승인 없이 신용정보회사, 본인신용정 보관리회사 및 채권추심회사의 주식에 대하여 취득등을 하여 대주주가 된 자

1의2. 제9조 제2항을 위반하여 승인 신청을 하지 아니한 자

2. 제9조 제3항에 따른 명령을 위반하여 승인 없이 취득한 주식을 처분하지 아 니한 자

4. 제18조 제2항을 위반한 자

5. 제20조 제2항을 위반한 자

6. 제27조 제3항을 위반하여 위임직채권추심인으로 금융위원회에 등록하지 아 니하고 채권추심업무를 한 자

7. 제27조 제4항을 위반한 자

8. 제27조 제5항을 위반하여 추심채권이 아닌 채권을 추심하거나 등록되지 아니 한 위임직채권추심인, 다른 채권추심회사의 소속으로 등록된 위임직채권추심 인 또는 업무정지 중인 위임직채권추심인을 통하여 채권추심업무를 한 자

9. 제27조 제7항에 따른 업무정지 중에 채권추심업무를 한 자

Ⅱ. 양벌규정

법인의 대표자나 법인 또는 개인의 대리인, 사용인, 그 밖의 종업원이 그 법인 또는 개인의 업무에 관하여 제50조의 위반행위를 하면 그 행위자를 벌하는 외에 그 법인 또는 개인에게도 해당 조문의 벌금형을 과(科)한다(법51 본문). 다만, 법인 또는 개인이 그 위반행위를 방지하기 위하여 해당 업무에 관하여 상당한 주의와 감독을 게을리하지 아니한 경우에는 그러하지 아니하다(법51 단서).

▌관련 판례: 대법원 2006. 6. 15. 선고 2004도1639 판결

[1] '신용정보의 이용 및 보호에 관한 법률' 제34조(현행 제51조)에 법인을 처벌하기 위한 요건으로서 규정한 '법인의 업무에 관하여' 행한 것으로 보기 위해서는 객관적으로 법인의 업무를 위하여 하는 것으로 인정할 수 있는 행위가 있어야 하고, 주관적으로는 피용자 등이 법인의 업무를 위하여 한다는 의사를 가지고 행위함을 요한다(대법원 1983. 3. 22. 선고 80도1591 판결, 1997. 2. 14. 선고 96도2699 판결 등 참조).

[2] 원심이 적법하게 채용한 증거에 의하면, 피고인 2는 신용카드의 발행 및 관리업 등을 영위하는 피고인 3 주식회사의 판촉팀 대리로서 신용카드 발급, 모집, 영업관리 업무를 담당하였고, 외부에 용역을 주거나 대행업체를 통하여 ○○카드 회원을 모집하는데, 연봉제로 급여를 수령함에 있어 대행업체의 회원모집실적에 의하여 영향을 받았던 사실, 피고인 3 주식회사 는 2002년 8월경 1년 기간으로 피고인 1이 대표이사로 있는 공소외인 주식회사와 ○○카드 회원모집 대리점계약을 체결하여 ○○카드 발급의 경우 1장당 13,000원-25,000원의 수수료를 지급하기로 약정한 사실, 피고인 2는 피고인 1로부터 ○○카드회원모집에 사용한다며 ○○ 카드 가맹점 업주의 개인신용정보를 제공해 줄 것을 요청받게 되자 피고인 2 본인의 실적과도 관계가 있으므로 ○○카드 회원모집의 용도로 ○○카드 가맹점 업주의 개인신용정보가 수록된 콤팩트디스크를 피고인 1에게 건네준 사실, ○○카드 가맹점 업주의 개인신용정보는 피고인 3 주식회사의 판촉팀에서 IT부서에 개인신용정보에 관한 자료를 뽑아달라고 요청하여 입수한 것을 피고인 2 가 보관하던 것

임을 인정할 수 있다.

　[3] 이러한 사실관계에 위의 법리를 덧붙여 보면, 피고인 2가 피고인 1에게 ○○카드 가맹점 업주의 개인신용정보를 제공한 것은 객관적 외형상 신용카드회사인 피고인 3 주식회사의 신용카드회원을 모집하기 위한 행위로서 법인의 업무에 관한 행위라고 할 것이고, 주관적으로도 신용카드회원모집이라는 회사의 업무를 위하여 개인신용정보를 제공한다는 의사가 있었음이 분명하므로 피고인 2의 위와 같은 행위는 피고인 3 주식회사와 업무관련성이 인정된다 할 것이다. 따라서 원심이 양벌규정에 따라 피고인 3 주식회사의 책임을 인정한 것은 정당하고, 거기에 업무관련성에 관한 법리오해나 채증법칙 위반 등의 위법이 없다.

부록 1: 신용정보업감독규정 별지 서식

[별지 제1호 서식] 신용정보업, 본인신용정보관리업 및 채권추심업(예비허가, 허가) 신청서(제5조 제2항 제1호 관련)

(앞면)

신용정보업, 본인신용정보관리업 및 채권추심업 (예비허가, 허가) 신청서			처리기간 : 90일 예비허가를 받은 경우: 30일	
신청인	성명(대표자)		주민등록번호	
	상호 또는 명칭		(전화번호)	
	본점 및 영업소의 소재지		자본금 또는 기본재산	
법인의 목적				
허가받고자 하는 업무				

「신용정보의 이용 및 보호에 관한 법률 시행령」 제4조 제1항에 따라 위와 같이 신청합니다.

0000년 00월 00일

신청인 _____ 서명 또는 인

금융위원회 위원장 귀하

※구비서류 1. 정관 및 법인등기부 등본 2. 재무제표 3. 2년간의 사업계획서 및 예상수지계산서 4. 그 밖에 별표 1의2의 해당 서류 및 이와 관련한 부속서류	수수료
	없음

(뒷면)

대표자 및 임원에 관한 사항		
인력에 관한 사항		
물적 시설에 관한 사항	정보처리·정보통신설비 / 전산설비 및 자료관리체계	
	그 밖의 시설	

[별지 제2호 서식] 신용정보업, 본인신용정보관리업 및 채권추심업 변경허가신청서(제5조 제2항 제2호 관련)

신용정보업, 본인신용정보관리업 및 채권추심업 변경허가 신청서				처리기간 : 30일
신청인	대표자의 성명		허가일자	0000년 00월 00일
	상호		허가번호	
	본점 소재지			
변경 사항				

    「신용정보의 이용 및 보호에 관한 법률 시행령」 제4조제1항에 따라 위와 같이 신청합니다.

0000년 00월 00일
신청인 _____ 서명 또는 인

금융위원회 위원장 귀하

※구비서류	수수료
1. 변경사항을 확인할 수 있는 서류 1부	없음

[별지 제2호의2 서식] 양도·양수·분할·합병 (예비인가, 인가) 신청서(제5조 제2항 제3호 관련)

양도·양수·분할·합병 (예비인가, 인가)신청서					처리기간		
					90일 (예비인가를 받은 경우 30일)		
양수 합병 법인	상호			대표자	성명		
					주민등록번호		
	임원에 관한 사항	구분	성명	주민등록번호			
	본점소재지			연락처	전화: 팩스:		
	법인의 목적						
	영위하고자 하는 업무						
	인력 및 물적시설에 관한 사항						
	자본금 또는 기본재산에 관한 사항						
양도 피합병 법인	상호			대표자	성명		
					주민등록번호		
	임원에 관한 사항	구분	성명	주민등록번호			
		대표이사 감사					
	본점소재지			연락처	전화: 팩스:		
	법인의 목적						
	영위하고자 하는 업무						
	인력 및 물적시설에 관한 사항						
	자본금 또는 기본재산에 관한 사항						
존속 법인	상호			대표자	성명		
					주민등록번호		
	임원에 관한 사항	구분	성명	주민등록번호			
	본점소재지			연락처	전화: 팩스:		
	법인의 목적						

	영위하고자 하는 업무	
	인력 및 물적시설에 관한 사항	
	자본금 또는 기본재산에 관한 사항	

「신용정보업감독규정」 제5조 제2항에 따라 위와 같이 신용정보업, 본인신용정보관리업 및 채권추심업의 (양도, 양수, 분할, 분할합병, 합병)의 (예비인가, 인가)를 신청합니다.

0000년 00월 00일

신청인 ＿＿＿＿＿ (인)

금융위원회 위원장 귀하

※구비서류	
1. 정관 및 법인등기부 등본 2. 재무제표	수수료
3. 사업양도·양수, 분할·합병 관련 계약서 또는 예약서 4. 그 밖에 별표 1의2의 해당 서류 및 이와 관련한 부속서류	없음

[별지 제2호의3 서식] 신용정보집중기관 허가신청서(제5조 제2항 제4호 관련)

신용정보집중기관 허가신청서		처리기간 : 90일 예비허가를 받 은 경우 30일)
신청인에 관한 사항	집중기관의 명칭	
	대표자의 성명	
	소재지	
허가받고자 하 는 집중기관의 유형	종합신용정보집중기관( ), 개별신용정보집중기관( )	
집중관리·활 용하려는 신용 정보의 범위		
교환대상자		

　　「신용정보의 이용 및 보호에 관한 법률 시행령」 제21조 제1항에 따라 위와 같이 신청합니다.

0000년 00월 00일
신청인 _____ 서명 또는 인

금융위원회 위원장 귀하

※구비서류 1. 정관 또는 정관(안) 2. 재산목록 및 그 증명서류 3. 2년간 사업연도분의 사업계획 및 수입·지출 예산을 적은 서류 4. 그 밖에 별표 1의2의 해당 서류 및 이와 관련한 부속서류	수수료
	없음

[별지 제3호 서식] 신용정보회사, 본인신용정보관리회사 및 채권추심회사가 허가받은 사항에 관한 변경신고서(제9조 제1항 관련)

신용정보회사, 본인신용정보관리회사 및 채권추심회사가 허가받은 사항에 관한 변경신고서			처리기간	
			15일	
신고인	대표자의 성명		신용정보업, 본인신용정보관리업 및 채권추심업 허가일자	0000년 00월 00일
	상호		허가번호	
	본점소재지			
변경 사항	1. □ 자본금 또는 기본재산의 감소 2. □ 상호 등 정관의 변경			
변경 사유				

　　　　「신용정보의 이용 및 보호에 관한 법률 시행령」 제8조 제1항에 따라 위와 같이 신고합니다.

0000년 00월 00일

신고인 _____ 서명 또는 인

금융위원회 위원장 귀하

※ 구비서류 1. 변경사항을 확인할 수 있는 서류 2. 제9조제2항 또는 제9조 제3항에 따른 심사에 필요한 자료	수수료
	없음

[별지 제4호 서식] 신용정보회사, 본인신용정보관리회사 및 채권추심회사가 허가받은 사항에 관한 변경 보고서(제10조 관련)

신용정보회사, 본인신용정보관리회사 및 채권추심회사가 허가받은 사항에 관한 변경 보고서			처리기간	
			15일	
보고자	대표자의 성명		신용정보업, 본인신용정보 관리업 및 채권추심업 허가일자	0000년 00월 00일
	상호		허가번호	
	본점소재지			
변경 사항	1. □ 대표자 및 임원의 변경 2. □ 법령의 개정내용을 반영하거나 법령에 의하여 인·허가 받은 내용을 반영하는 사항 3. □ 정관의 변경 중 정관의 실질적인 내용이 변경되지 아니하는 조문체제의 변경, 자구수정 등			
변경 사유				

「신용정보의 이용 및 보호에 관한 법률 시행령」 제8조 제2항에 따라 위와 같이 보고합니다.

0000년 00월 00일

보고자 _____ 서명 또는 인

금융감독원장 귀하

※ 구비서류 1. 변경사항을 확인할 수 있는 서류	수수료
	없음

[별지 제6호 서식] 신용정보업, 본인신용정보관리업 및 채권추심업(휴업, 폐업) 신고서 (제12조 관련)

신용정보업, 본인신용정보관리업 및 채권추심업(휴업, 폐업) 신고서			처리기간	
			즉시	
상호		허가번호		
본점소재지		허가일자		
휴업기간	0000년 0월 0일부터 0000년 0월 0일까지	폐업연월일	0000년 0월 0일	
사유				

　　「신용정보의 이용 및 보호에 관한 법률 시행규칙」 제4조에 따라 (휴업, 폐업) 하고자 위와 같이 신고합니다.

0000년 00월 00일

신고인 _____ 서명 또는 인

금융감독원장 귀하

※ 첨부서류 　신용정보업, 본인신용정보관리업 및 채권추심업 허가증	수수료
	없음

[별지 제7호 서식] 신용정보회사, 본인신용정보관리회사 및 채권추심회사의 겸영신고서(제13조 제2항 관련)

신용정보회사, 본인신용정보관리회사 및 채권추심회사의 겸영신고서			처리기간 : 15일	
신 청 인	상호		대표자의 성명	
	주소		연락처	
신고하고자 하는 업무 및 업무방법				

「신용정보업감독규정」 제13조 제2항에 따라 위와 같이 신고합니다.

0000년 00월 00일

신고인 _____ 서명 또는 인

금융감독원장 귀하

※ 구비서류	
1. 겸영업무의 예상 영업규모, 손익전망 등에 비추어 해당 신용정보회사, 본인신용정보관리회사 및 채권추심회사의 건전경영을 저해할 염려가 없고 수익기반 확충에 기여할 수 있는지 여부 2. 겸영업무가 관련법령에 따라 행정관청의 인가·허가·등록 및 승인 등의 조치가 필요한 경우 해당 인가·허가·등록 및 승인 등을 받았음을 증명할 수 있는 서류 또는 확약서	수수료
3. 겸영업무를 수행함에 따라 발생할 수 있는 이해상충 및 불공정행위 방지를 위하여 필요한 조직, 전문인력 및 적절한 업무체계를 증명할 수 있는 서류 또는 확약서	없음

[별지 제8호 서식] 신용정보회사, 본인신용정보관리회사 및 채권추심회사 상임임원의 겸직승인 신청서(제14조 제2항 관련)

신용정보회사, 본인신용정보관리회사 및 채권추심회사 상임임원의 겸직승인 신청서						처리기간 : 15일	
신청인	성명		겸직대상법인	상호			
	주민등록번호			주소			
	소속			업종			
	직위			대표자			
	연락처			법인번호			
겸직하고자 하는 업무							
겸직 사유							

「신용정보업감독규정」 제14조 제2항에 따라 위와 같이 신청합니다.

0000년 00월 00일

신청인 _____ 서명 또는 인

금융감독원장 귀하

※ 구비서류	수수료
	없음

[별지 제8호의2 서식] 결합 신청서(제15조의2 제1항 관련)[1]

결합 신청서 ①

	접수일		접수번호	

②결합신청유형	□ 결합 데이터 제공	□ 결합 데이터 이용	□ 결합 데이터 제공 및 이용

③결합신청기관 (제공, 이용)	기관명		사업자· 법인등록번호	
	주소		대표자명	
	담당자(성 명·직함)		연락처(전화, e-mail)	
④전체 결합 신청기관	총 기관 수	[　]개 기관(결합 데이터 제공·이용자 모두 포함)		
	기관명			
⑤지원요청사항	□ 결합신청에 필요한 가명처리 지원(결합전문기관만 해당)			

⑥이용기관명	
⑦결합데이터 이용목적	□ 통계작성 (상업적 목적 포함)　□ 연구 (산업적 연구 포함)　□ 공익적 기록보존 등
⑧세부 이용목적	
⑨데이터제공형태	□ 가명정보 / □ 익명정보 □ 결합키 삭제　□ 결합키 대체

⑩추가 서비스 신청	□ 해당없음 □ 주기적·반복적 결합　　　□ 사전결합률 신청(결합률 확인) □ 샘플링 결합(가명정보 추출)　□ 모의결합(결합전문기관만 해당) □ 원격분석시스템 사용 　－ □ 추가 가명처리 지원(결합전문기관만 해당) 　－ □ 결합정보 분석 지원(결합전문기관만 해당) 　－ □ 개인정보보호 교육(결합전문기관만 해당)

⑪**(데이터전문기관)** 「신용정보의 이용 및 보호에 관한 법률」 제17조의2 제1항에 따라 위와 같이 결합을 신청합니다.
　(결합전문기관) 「개인정보 보호법」 제28조의3 제1항, 제2항 및 동법 시행령 제29조의3 제1항, 제3항, 제6항, 「가명정보의 결합 및 반출 등에 관한 고시」 제10조 제3항에 따라 결합 및 반출을 위와 같이 신청합니다.

년　　　　　월　　　　　일

　　　　　⑫　　　신청인　　　　　　　　　　　(서명 또는 인)
　　　　　　　(전문기관명 or 결합전문기관명)장　귀하

⑬ 첨부 서류	1. [공통]사업자등록증 또는 법인등기부등본 1부 2. [공통]결합 대상 가명정보에 관한 서류(전체 항목명, 가명처리 대상 항목명, 가명처리 내역 등) 1부(결합정보 이용자에 한함, 결합전문기관 양식) /정보집합물 명세서 1부(데이터전문기관 양식) 3. [공통]반출 정보의 안전조치계획 및 이를 증빙할 수 있는 서류 1부[결합전문기관 양식] / 결합정보 관리환경 및 이행 확약서 1부[데이터전문기관 양식] 4. [결합전문기관]결합 목적을 증명할 수 있는 서류 1부 5. [데이터전문기관]결합의뢰기관 동의서 1부(필요시, 이용기관이 아닌 결합의뢰기관이 제출)

---

1) 이 서식은 2023년 12월 27일 데이터결합 절차의 불편을 해소하기 위해 신용정보업감독규정의 개정으로 신용정보법상 데이터 결합신청서와 개인정보 보호법상 결합신청서 서식의 공통항목을 표준화한 것이다.

[별지 제8호의3 서식] 신용정보관리 · 보호인의 점검 결과(제22조의2 제3항 관련)

개인신용정보 활용 · 관리 실태 점검 결과

문서번호 :
수　　신 :
참　　조 :

　「신용정보업감독규정」 제22조의2 제3항에 따라 신용정보관리 · 보호인에 의한 점검 결과 및 대표이사 또는 대표자 · 이사회에 대한 보고실적을 아래와 같이 제출합니다.

상호		대표자	
본점 소재지		신용정보관리 · 보호인	
1. 법 제20조 제6항에 따른 보고 실적			
구분	보고일	주요 보고사항 및 후속조치 등	
대표이사 또는 대표자			
이사회			

※ 첨부서류
1. 대표이사 또는 대표자 및 이사회에 보고한 보고서 1부.

0000년 00월 00일

신용정보관리 · 보호인 ＿＿＿ 서명 또는 (인)

[별지 제12호 서식] 신용정보집중관리위원회 협의·심의·결정 사항의 보고(제28조 관련)

신용정보집중관리위원회 협의·심의·결정 사항의 보고	처리기간
	15일

협의·심의·결정사항	1. 협의·심의·결정 일자
	  □
	2. 협의·심의·결정 내용
	  □
	  □

「신용정보의 이용 및 보호에 관한 법률」 제26조 제3항에 따라 위와 같이 보고합니다.

0000년 00월 00일

보고자 _____ 서명 또는 인

금융감독원장 귀하

※ 구비서류 협의·심의·결정과 관련된 서류	수수료
	없음

[별지 제12호의2 서식] 개인신용평가체계 검증위원회 심의결과 보고(제28조의2 제1
항 관련)

<table>
<tr>
<td colspan="2" align="center">개인신용평가체계 검증위원회 심의결과의 보고</td>
</tr>
<tr>
<td>심의
·
결정
사항</td>
<td>1. 심의 일자
  □
2. 심의 내용
  □
  □</td>
</tr>
<tr>
<td colspan="2"> 「신용정보의 이용 및 보호에 관한 법률」 제26조의3 제3항에 따라 위와 같이 보고
합니다.

                         0000년 00월 00일
                보고자 _____ 서명 또는 인

                                               금융감독원장 귀하</td>
</tr>
<tr>
<td>※ 첨부서류
1. 개인신용평가체계 검증위원회 심의결과 세부내용 및 관련 서류 1부</td>
<td>수수료

없음</td>
</tr>
</table>

[별지 제12호의3 서식] 개인신용평가체계 검증위원회 심의결과 알림(제28조의2 제1항 관련)

	개인신용평가체계 검증위원회 심의결과 알림
심의 · 결정 사항	1. 심의 일자 　□ 2. 심의 내용 　□ 　□
	신용정보의 이용 및 보호에 관한 법률」 제26조의3 제3항에 따라 위와 같이 알립니다. 　　　　　　　0000년 00월 00일 　　　위원장 ＿＿＿＿＿＿ 서명 또는 인 　　　　　　　　　　　　＿＿＿＿＿＿＿ 귀하
※ 첨부서류 1. 개인신용평가체계 검증위원회 심의결과 세부내용 및 관련 서류 1부	

[별지 제12호의4 서식]
데이터전문기관(예비지정, 지정)신청서(제28조의3 제3항 관련)

데이터전문기관 (예비지정, 지정)신청서				
신청인	성명(대표자)		주민등록번호	
	상호 또는 명칭		(전화번호)	
	본점 및 영업소의 소재지		자본금 또는 기본재산	

「신용정보의 이용 및 보호에 관한 법률」 제26조의4 및 같은 법 시행령 제22조의4에 따라 위와 같이 데이터전문기관 (예비지정, 지정)을 신청합니다.

0000년 00월 00일
신청인 _____ 서명 또는 인

금융위원회 위원장 귀하

※구비서류 1. 정관 또는 정관(안) 2. 법인 등기사항증명서 3. 시행령 제22조의4 제1항에 따른 요건 확인에 필요한 서류 및 이와 관련한 부속서류	수수료
	없음

[별지 제12호의5 서식] 데이터전문기관 지정서(제28조의3 제4항 관련)

< 데이터전문기관 지정서 >

기　　관　　명 :
대　　표　　자 :
주　　　　　소 :

　「신용정보의 이용 및 보호에 관한 법률」 제26조의4 및 같은 법 시행령 제22조의4에 따라 위와 같이 데이터전문기관으로 지정합니다.

년　월　일

금융위원회 인

[별지 제13호 서식] 위임직채권추심인 등록신청서(제30조 제2항 관련)

위임직채권추심인 등록신청서				
신청인	상호		대표자의 성명	
	주소		연락처	
등록대상자	자 격 구 분 (☑ 표시)	▢ 신용관리사	자격증 번호 ( )	
		▢ 연 수	• 연수기관 : • 연수기간 :	
	성명		주민등록번호	
	주소		연락처	
			E-mail	

	수수료
「신용정보업감독규정」 제30조 제2항에 따라 위와 같이 위임직채권추심인 등록을 신청합니다. 년 월 일 신청인 (인) 신 용 정 보 협 회 장 귀 하	

※ 첨부서류
   자격요건을 갖추었는지 여부를 확인할 수 있는 서류
※ 위 내용의 변경이 없는 범위 안에서 전산파일 형태로 제출할 수 있습니다.

[별지 제14호 서식] 위임직채권추심인 등록부(제30조 제4항 관련)

【 인 적 사 항 】			
성 명			사 진
주민번호			
연 락 처			
E-mail			
소속회사			
등록번호		등록 일자	
자격 구분	□ 신용관리사	자격증 번호 ( ) 합격일(년 월 일) ____ 회차	
	□ 연 수	• 연수기관 : • 연수일자 :	
주 소			
【 변 경 사 항 】			
연 월 일	내 용		

[별지 제14호의2 서식] 정보활용 동의등급 신청(변경)서(제39조의4 제2항 관련)

정보활용 동의등급 신청(변경신청)서

문서번호 :

수　　신 :

참　　조 :

「신용정보업감독규정」 제39조의4 제2항에 따라 정보활용 동의등급 신청
(변경신청)서를 아래와 같이 제출합니다.

상호		대표자	
본점 소재지		신용정보관리·보호인	

※ 첨부서류
1. 정보활용 동의등급을 부여받고자 하는 동의서

0000년 00월 00일

신용정보관리 · 보호인 ＿＿＿ 서명 또는 (인)

[별지 제15호 서식] 신용정보 이용 및 제공사실 통지서(제40조 제1항 관련)

신용정보 이용 및 제공사실 통지서

귀하

「신용정보의 이용 및 보호에 관한 법률」제35조에 따라 당사가 년 월 일(통지 요구일)부터 최근 3년간 귀하의 개인신용정보를 이용·제공(직접 제공한 경우에 한함)한 내역을 아래와 같이 통보합니다.

□ 이용내역

이용날짜	이용목적	이용한 개인신용정보의 내용	보유 및 이용기간

□ 제공내역

제공받은 자	제공목적	제공한 날짜	제공한 개인신용정보의 내용	보유 및 이용기간

* 기재내용에 대한 상세 설명내용 별도 첨부
본 통지내용이 사실과 다르거나 기타 문의사항이 있으신 경우에는 아래 담당자에게 연락하여 주시기 바랍니다.

20 . . .

○○○○㈜ 대표이사　　　(인)

담 당 자	직위 :　성명 :　(전화번호 :　)
영업점 주소	

<참고 : 신용정보 이용 및 제공사실 통지서 작성 방법>

□ 이용 및 제공된 신용정보를 구체적으로 안내
　O 식별정보, 신용거래정보, 신용능력정보, 공공정보, 신용등급(평점)정보, 신용조회정보 등으로 구분
　O 종류별로 세부 설명을 기술할 것

□ 이용목적에 대한 안내
　O 법 제33조 제1항 제2호에 따른 동의에 근거한 이용 또는 다른 법령상 의무를 준수하기 위하여 불가피한 경우 등을 구분하여 명시

□ 제공받은 자의 범위
　O 이용자는 금융회사, 신용정보집중기관, 신용정보회사, 본인신용정보관리회사, 채권추심회사, 공공기관, 그밖에 신용정보제공·이용자, 본인 등 해당 신용정보주체의 신용정보를 제공받은 자를 모두 포함한다는 사실 기재

□ 제공한 목적에 대한 안내
　O 여신심사, 신용카드발급, 신용상황변동확인, 신용정보 집중(수집), 채권추심, 신용조사, 고용, 민원처리, 재판, 수사, 본인조회 등으로 구분
　O 종류별로 세부 설명을 기술할 것
　　(예) 여신심사 : 대출, 지급보증 등의 신규 취급, 기간연장, 한도변경, 여신사후관리 등을 위해 신용정보를 조회

□ 그 밖의 안내 사항
　O 그 밖에 본 통지내용과 관련하여 신용정보주체에게 안내할 필요가 있는 내용 기재

[별지 제15호의2 서식] 자동화평가 설명요구(제40조의5 제1항 관련)

자동화평가 결과에 대한 설명요구서(제40조의5 제1항 관련)

1. 신용평가주체의 대응권 개요

개인인 신용정보주체는 「신용정보의 이용 및 보호에 관한 법률」 제36조의2 제1항 및 제2항 및 그에 따른 하위법령에 따라 개인신용평가회사 및 대통령령으로 정하는 신용정보제공·이용자에 대하여 개인신용평가, 대통령령으로 정하는 금융거래의 설정 및 유지 여부, 내용의 결정, 그 밖에 컴퓨터 등 정보처리장치로만 처리하면 개인신용정보 보호를 저해할 우려가 있는 일정한 행위에 대하여 자동화평가를 하는지 여부 및 자동화평가를 하는 경우 그 결과, 주요기준, 기초정보의 개요 등을 설명해줄 것을 요구할 수 있습니다. 또한, 자동화평가 결과의 산출에 유리하다고 판단되는 정보의 제출, 또는 자동화평가에 이용된 기초정보 등의 정정·삭제 및 이에 따른 자동화평가 결과의 재산출을 요구할 수 있습니다.

다만, 다른 법령 등에 특별한 규정이 있거나, 해당 신용정보주체의 요구에 따르게 되면 금융거래 등 상거래관계의 설정 및 유지 등이 곤란한 경우, 고객이 정정·삭제를 요청한 내용이 사실과 다른 경우, 동일한 금융거래에 대해 3회 이상 반복적으로 법 제36조의2제1항 및 제2항에 따른 권리를 행사하는 경우에는 금융회사가 고객의 요청을 거부할 수 있습니다.

2. 요청 내용

________은(는) 귀 사의 상기 설명 내용을 듣고 이해하였으며, 이에 따라 아래 내용에 대해 설명을 요구합니다.

① 자동화평가의 결과 (신청인 희망 신용평가 결과 : *금융회사 안내를 받아 기재*)

② 자동화평가의 주요 기준

③ 자동화평가에 이용된 기초정보의 개요

< 신청자 인적사항 >

성명		주민등록번호	−
휴대폰		이메일	

※ 이와 관련, 본인은 귀 사가 신용정보집중기관 또는 개인신용평가회사, 개인사업자 신용평가회사 또는 기업신용조회회사 등으로부터 본인의 개인신용정보를 제공받는 것에 동의합니다.(동의 ㅁ / 비동의 ㅁ)

20 . . .

__________(서명/인)

[별지 제15호의3 서식] 기초정보 정정·삭제 및 자동화평가 재산출 요청(제40조의5
제1항 관련)

기초정보 정정·삭제 및 자동화평가 재산출 요청(제40조의5제1항 관련)

1. 기초정보 정정·삭제 및 개인신용평가 결과 재산출 요청 제도 안내

　　당사는 고객의 요청에 따라 자동화평가 결과, 자동화평가의 주요 기준 및 자동화평가에
이용된 기초정보의 개요를 설명하고 있으며, 기초정보가 정확하지 않은 경우 해당 정보에
대한 정정·삭제 및 수정된 정보를 활용하여 자동화평가 결과를 재산출하여 줄 것을 당사
에 요청할 수 있습니다. 다만, 해당 기초정보가 당사가 직접 수집한 정보가 아니라 신용정
보집중기관 또는 개인신용평가회사, 개인사업자신용평가회사 또는 기업신용조회회사로부
터 수집한 타 금융회사의 정보인 경우에는 해당 금융회사에 정정·삭제를 요청하여야 합니
다.

2. 기초정보 정정·삭제 및 자동화평가 결과 재산출 요청

　　_____는(은) 기초정보 정정·삭제 및 자동화평가 결과 재산출과 관련하여 귀 사의 설
명을 읽고 이해하였으며, 귀 사가 보유하고 있는 본인의 기초정보 중 정확하지 않거나 최
신의 정보가 아닌 내용이 있어 아래와 같이 정정 및 삭제를 요구합니다.

구 분	현행 정보	정정 또는 삭제 내용
식별정보		
거래내용 판단정보		
신용도 판단정보		
신용거래능력판단정보		
기타 정보		

3. 다음과 같이 자동화평가 결과의 산출에 유리하다고 판단되는 정보를 제출합니다.
　　(해당 사항이 없는 경우 본란 삭제)

정보명	세부 내용
건강보험 납부실적	*'xx년 x월 x일~'◇◇년 ◇월 ◇일까지 연체없이 납부*
이하 생략	*이하 생략*

4. 상기 오류정보를 정정 또는 삭제하고, 수정된 정보를 활용하여 본인에 대한 개인신용평
가 결과를 재산출하여 줄 것을 요구합니다.

※ 붙 임 : 증빙자료

20 ． ． ．

(서명 / 인)

[별지 제15호의4 서식] 자동화평가 결과 안내(제40조의5 제2항 관련)

자동화평가 결과 안내서(제40조의5제2항 관련)

　귀하가 xxxx년 oo월 △△일 당사를 대상으로 자동화평가 결과 등에 대한 설명을 요청함에 따라 귀하에 대한 당사의 자동화평가 결과, 자동화평가의 기준 및 자동화평가에 이용된 기초정보의 개요를 아래와 같이 안내 드립니다. 또한, 기초정보의 내용이 정확하지 않은 경우 등에는 정정 및 삭제를 요청할 수 있으며, 수정된 정보를 활용하여 자동화평가 결과를 다시 산출하여 줄 것으로 요구할 수 있습니다.

1. 자동화평가 결과
　－ 평가 기준 시점 : 20◇◇년 △월 ○일(금융거래시점 시점)
　－ 평가 대상 : (금융상품명 기재)
　－ 당사의 자동화평가 결과 ＿＿＿＿＿＿＿＿＿＿＿＿＿＿＿＿＿＿＿＿＿＿

2. 당사의 자동화평가 주요 기준 및 기초정보의 개요

　① 식별정보(반영비중　　　%)

구 분	내 용	입수 경로
성 명		
주민등록번호		
직 업		
(이하 생략)		

　② 거래내용판단정보(반영비중　　　%)
　·대출정보

기관명	개설일	만기일	금액	입수 경로

　·신용카드 개설 정보

기관명	개설일	만기일	입수 경로

　③ 신용도판단정보(반영비중　　　%)
　·채무불이행정보

발생기관	발생일	해제일	등록금액	연체금액	입수 경로

· 단기연체정보

발생기관	발생일	연체일	연체금액	입수 경로

· 금융질서문란정보

발생기관	발생일	사유	입수 경로

④ 신용거래능력판단정보(반영비중　　　%)

종류	금액	기준일	입수 경로
소득정보			
기타 자산			
(이하 생략)			

⑤ 기타 정보(반영비중　　　%)
· 공공정보

발생기관	발생일	등록금액	등록사유	입수 경로

※ 작성 요령

(1) 상기 양식은 예시로서 금융회사에서 신용정보 구분별(식별정보, 거래내용판단정보, 신용도판단정보, 신용거래능력판단정보, 기타정보) 해당 정보가 있는 경우 모든 정보에 대해 세부 항목 및 입수 경로를 안내(다만, 신용정보의 구분, 세부 정보 및 세부 공개항목은 협회 또는 금융회사가 자체적으로 정할 수 있음)

(2) 입수 경로는 당사 자체입수, 신용정보집중기관 또는 개인신용평가회사, 개인사업자신용평가회사 또는 기업신용조회회사(「신용정보의 이용 및 보호에 관한 법률」 제2조제8호의 업무를 하기 위하여 같은 법 제4조제2항에 따라 금융위원회의 허가를 받은 회사 중 개인신용평가 업무를 하는 회사, NICE평가정보 또는 코리아크레딧뷰로(KCB) 등 회사 이름을 구체적으로 기재)중 해당되는 경로를 안내

(3) 상기 양식이 금융거래계약의 성격을 고려할 때 자동화평가 결과의 안내에 부적합하다고 판단하는 경우 협회 또는 금융회사가 자체적으로 정한 서식을 사용할 수 있음.

2. 자동화평가 결과의 산출에 유리하다고 판단되는 정보
(해당사항이 있는 경우 안내하고 없으면 본란 삭제)

해당 금융회사가 작성
(통신요금 납부실적, 국민연금 및 건강보험 납부실적 등)

20　　.　　.　　.

○○금융회사 대표이사 △△△

[별지 제16호 서식] 신용정보 시정요청서(제42조 관련)

금융위원회에 대한 시정요청서

신용정보 시정요청서				처리기간 : 15일	
요청인	성명		주민등록번호		
	주소				
열람 및 정정청구기관					
시정요청내용					

「신용정보의 이용 및 보호에 관한 법률」 제38조 제4항에 따라 위와 같이 요청합니다.

0000년 00월 00일
신청인 _____ 서명 또는 (인)

금융감독원장 귀하

※ 첨부서류 1. 정정청구를 한 내용을 기재한 서면 1부 2. 정정청구에 대한 처리결과 통지서 1부 3. 문제가 된 신용정보의 사실여부를 확인할 수 있는 서류 1부	수수료
	없음

개인정보보호위원회에 대한 시정요청서(제42조 관련)

신용정보 시정요청서				처리기간 : 15일
요청인	성명		주민등록번호	
	주소			
열람 및 정정청구기관				
시정요청내용				

「신용정보의 이용 및 보호에 관한 법률」 제38조 제4항에 따라 위와 같이 요청합니다.

0000년 00월 00일

신청인 ＿＿＿＿ 서명 또는 (인)

한국인터넷진흥원장 귀하

	수수료
※ 첨부서류 1. 정정청구를 한 내용을 기재한 서면 1부 2. 정정청구에 대한 처리결과 통지서 1부 3. 문제가 된 신용정보의 사실여부를 확인할 수 있는 서류 1부	없음

[별지 제17호 서식] 신용정보 시정조치결과보고서(제43조 관련)

금융위원회에 대한 시정조치결과보고서(제43조 관련)

시정조치 결과보고서			처리기간
			15일
보고자	상호 또는 명칭		사업자등록번호또는 법인등록번호(비영리법인의 경우 고유번호)	
	대표자의 성명			
	본점 또는 기관 소재지			
보고내용	1. 시정요청 내용 2. 발생사유 3. 시정조치 내용			

「신용정보의 이용 및 보호에 관한 법률」 제38조 제7항에 따라 위와 같이 보고합니다.

0000년 00월 00일
보고자 _____ 서명 또는 인

금융감독원장 귀하

	수수료
	없음

개인정보보호위원회에 대한 시정조치결과보고서(제43조 관련)

시정조치 결과보고서				처리기간
				15일
보고자	상호 또는 명칭		사업자등록번호또는 법인등록번호(비영리법인의 경우 고유번호)	
	대표자의 성명			
	본점 또는 기관 소재지			
보고 내용	1. 시정요청 내용 2. 발생사유 3. 시정조치 내용			
「신용정보의 이용 및 보호에 관한 법률」 제38조 제7항에 따라 위와 같이 보고합니다. 0000년 00월 00일 보고자 _____ 서명 또는 인 한국인터넷진흥원장 귀하				
				수수료
				없음

[별지 제18호 서식] 개인신용정보 누설신고서(제43조의6 관련)

금융위원회에 대한 신용정보회사등의 개인신용정보
누설신고서(제43조의6 관련)

신용정보회사등의 개인신용정보 누설신고서			처리기간 : 즉시
상호 또는 명칭		사업자등록번호 또는 법인등록번 호(비영리법인의 경우 고유번호)	
본점 또는 기관 소재지		대표자	
누설된 개인신용정보의 항목			
누설된 시점			
누설 경위			
누설로 인하여 발생할 수 있는 피해를 최소화하기 위하여 취한 조치			
누설로 인하여 발생할 수 있는 피해와 관련한 피해구제 절차			
신용정보주체에게 피해가 발생한 경우 신고 등을 접수할 수 있는 담당부서 및 연락처			
기타 참고사항			

「신용정보업감독규정」제43조의6에 따라 위와 같이 신고합니다.

0000년 00월 00일
신고인 ＿＿＿ 서명 또는 인

금융감독원장 귀하

※ 구비서류 1. 누설경위와 관련한 증거서류 등 관련문서 2. 누설로 인하여 발생할 수 있는 피해를 최소화하기 위하여 취한 조치와 관련한 증빙서류 등 관련문서	수수료
	없음

개인정보보호위원회에 대한 개인신용정보 누설신고서(제43조의6 관련)

신용정보회사등의 개인신용정보 누설신고서		처리기간 : 즉시
상호 또는 명칭		사업자등록번호 또 는 법인등록번호(비 영리법인의 경우 고 유번호)	
본점 또는 기관 소재지		대표자	
누설된 개인신용정보의 항목			
누설된 시점			
누설 경위			
누설로 인하여 발생할 수 있는 피해를 최소화하기 위하여 취 한 조치			
누설로 인하여 발생할 수 있는 피해와 관련한 피해구제 절차			
신용정보주체에게 피해가 발 생한 경우 신고 등을 접수할 수 있는 담당부서 및 연락처			
기타 참고사항			

「신용정보업감독규정」 제43조의6에 따라 위와 같이 신고합니다.

0000년 00월 00일

신고인 ＿＿＿ 서명 또는 인

한국인터넷진흥원장 귀하

※ 구비서류 1. 누설경위와 관련한 증거서류 등 관련문서 2. 누설로 인하여 발생할 수 있는 피해를 최소화하기 위하여 취한 조치 　와 관련한 증빙서류 등 관련문서	수수료
	없음

부록 2: 신용정보업감독업무시행세칙 별지 서식

〈별지 제1호 서식〉

대주주 변경 승인 신청

문서번호

20 . . .

수   신   금융위원회
참   조
사본수신   금융감독원장
제   목   대주주 변경 승인 신청

　　　「신용정보의 이용 및 보호에 관한 법률」제9조 제1항(또는 제2항)에 따라
○○○○회사의 주식을 취득하여 대주주가 되고자「신용정보업감독규정」제11조 제1
항에 의거 붙임과 같이 대주주 변경 승인을 신청합니다.

붙   임 :　대주주 변경 승인 신청내용 1부. 끝.

　　　　　　　　　　　　신청인　　　　　　(인)
　　　　　　　　　　　　주 소
　　　　　　　　　　　　연락처

　　　　　　　　　　　　대리인　　　　　　(인)

작 성 자 :	(직 위)
전화번호 :	

(붙임)

대주주 변경 승인 신청내용

1. 신청인 현황

상　호		대표이사	
업　종		설립연월일	
본점소재지			
최대주주명 (지분율)			
주요주주명 (지분율)			
자　본　금 (백만원)		의결권있는 발행주식총수	

　　＜내국인인 개인의 경우＞

성　　명		(한　　자)	주민등록번호	
직　　업			생년월일	
주　　소				

2. 대주주가 되고자 하는 본인 및 그 특수관계인 현황

구　분	법인명 (성 명[2])	관 계[3]	사업자등록번호 (주민등록번호)	업 종[4] (직 업)	비　고
본　　　인					
특수관계인[1]					

주 1) 해당 회사의 주식을 소유하고 있거나 소유하고자 하는 자를 기재
　　2) 자연인인 경우 한자명 또는 영문명을 부기
　　3) 특수관계인별 본인과의 관계를 기재하고, 영 제2조 제25항 제1호 및 제2호 중 해당
　　　되는 목을 표시
　　4) 「통계법」 제17조 제1항의 규정에 의하여 통계청장이 고시하는 한국표준산업분류에
　　　의한 업종 기재

3. 대주주가 되고자 하는 자 중 회사인 자의 현황

(단위 : 백만원)

구 분	업 종[1]	금융기관[2] 해당여부	자산[3]	부채[3]	자본[3]	당기순이익[3]
○○○						
△△△						
×××						
· · ·						
계						

주 1)「통계법」제17조 제1항의 규정에 의하여 통계청장이 고시하는 한국표준산업분류에 의한 업종 기재
  2)「금융위원회의 설치 등에 관한 법률」제38조의 규정에 의하여 금융감독원의 검사를 받는 기관
  3) 신청일 이전 최근 대차대조표(분기별 임시결산시의 대차대조표 포함) 기준

4. 주식취득예정 금융회사 주식발행 현황

금융회사명		대표이사	
본점소재지			
자 본 금		의결권있는 발행주식총수	

5. 주식보유현황 및 취득계획

구 분	법인명(성명)	관계[1]	승인신청일 현재 소유주식 현황(A)			추가로 취득하고자 하는 주식수 (B)	추가취득 후 소유주식수 (C=A+B)	추가취득 예정시기	추가취득 방법[2]
			주식수	지분율	취득원가(백만원)				
본 인						( )[3]	( )[3]		
특수관계인 :						( )	( )		
	:					( )	( )		
	소계					( )	( )		
계						( )	( )		

주 1) 특수관계인별 본인과의 관계를 기재하고, 영 제2조제25항제1호 및 제2호 중 해당되는 목을 표시
2) 장내거래, 장외거래 등으로 구분기재
3) ( )에는 의결권 있는 발행주식총수에 대한 소유지분율(%)을 소수점 두자리까지 기재

6. 주식 추가취득에 따른 소요액

구 분	추가 취득 예정주식수	예상소요액(백만원)		기 타
		최근 1개월 평균주가기준 ( )[1]	신청일 현재 주가기준 ( )[1]	
본 인				
특수관계인 · ·				
계				

주 1) ( )에는 주당가격 기재(단위 : 원)
【첨부서류】 최근 1개월 평균주가 산출근거자료

7. 소요자금 조달계획

(단위 : 백만원)

구 분	현금 및 예금	유가증권	부 동 산	기 타	계
본 인					
특수관계인 · ·					
계					

8. 주식취득 목적 및 경영참여 여부

9. 향후 소유계획 및 추가 취득계획

10. 대주주 변경승인 요건 점검표

① 대주주가 금융기관인 경우(영 별표1의2 제1호 관련)

항 목	내 용
가. 재무건전성 기준 충족[1]	
나. 상호출자제한기업집단등 또는 주채무계열의 부채비율(100분의 200 이하)[2]	(부채/자기자본) %
다. 대주주가 다음의 사실에 해당하지 않을 것. 다만, 그 위반 등의 정도가 경미하다고 인정되는 경우를 제외	
(1) 최근 5년간 법, 영, 금융관계법령 및 「조세범처벌법」을 위반하여 벌금형 이상에 상당하는 형사처벌을 받은 사실. 다만, 그 사실이 영위하고자 하는 업무의 건전한 영위를 어렵게 한다고 볼 수 없는 경우를 제외	
(2) 「금융산업의 구조개선에 관한 법률」에 따라 부실금융기관으로 지정되거나 법 또는 금융관계법령에 따라 허가·인가 또는 등록이 취소된 금융기관(부실금융회사로 지정된 금융회사를 제외)의 대주주 또는 그 특수관계인인 사실. 다만, 법원의 판결	

에 따라 부실책임이 없다고 인정되거나 금융위원회가 정하는「부실금융기관 대주주의 경제적 책임 부담기준」에 따라 경제적 책임부담의무를 이행 또는 면제받은 경우 제외[3]	
(3) 다음과 같이 건전한 신용질서, 그 밖에 건전한 금융거래질서를 저해한 사실. 다만, 그 사실이 영위하고자 하는 업무의 건전한 영위를 어렵게 한다고 볼 수 없거나 금융산업의 신속한 구조개선을 지원할 필요가 있는 경우를 제외 (가) 최대주주가 되고자 하는 경우에는 최근 1년간 기관경고 조치 또는 최근 3년간 시정명령이나 중지명령, 업무정지 이상의 조치를 받은 사실(기관경고를 받은 후 최대주주 및 그 특수관계인인 주주 전체가 변경된 경우에는 적용을 제외) (나) 최근 5년간 파산절차·회생절차, 그 밖에 이에 준하는 절차의 대상인 기업이거나 그 기업의 최대주주 또는 주요주주로서 이에 직접 또는 간접으로 관련된 사실. 다만, 이에 관한 책임이 인정되는 경우에 한함[4]	

주 1) ① 그 금융기관에 적용되는「금융산업의 구조개선에 관한 법률」에 따른 적기시정조치의 기준이 있는 경우에는 그 금융기관의 재무상태가 동 기준을 상회할 것
   ② 그 금융기관에 적용되는「금융산업의 구조개선에 관한 법률」에 따른 적기시정조치 기준이 없는 경우에는 그 금융기관의 재무상태가 그 금융기관와 유사업종을 영위하는 금융기관의 적기시정조치 기준을 상회할 것. 다만, 그 금융기관에 대하여 유사업종의 적기시정조치기준을 적용하는 것이 현저히 부적합한 경우에는 감독규정 별표2의2 제3호가목의 기준을 충족할 것
  2) 해당 금융기관이 상호출자제한기업집단등에 속하거나「은행업감독규정」에 따른 주채무계열에 속하는 회사인 경우에는 그 소속기업 중 금융회사를 제외한 기업의 수정재무제표를 합산하여 산출한 부채비율(최근 사업연도말 이후 승인신청일까지 유상증자에 따라 자기자본이 증가하거나 감자 또는 자기주식의 취득 등으로 자기자본이 감소하는 경우에는 이를 감안하여 산정한다. 이하 같다)이 100분의 200 이하일 것
  3) 부실책임이 없다고 인정되거나 부실에 따른 경제적 책임을 부담 또는 면제받은 경우 그 내용을 별도 기재
  4)「신용정보의 이용 및 보호에 관한 법률」에 의한 종합신용정보집중기관에 금융질서 문란정보 거래처 또는 약정한 기일내에 채무를 변제하지 아니한 거래처로 등록된 내용을 기재

② 대주주가 기금등인 경우(영 별표1의2 제2호 관련)

항 목	내 용
대주주가 다음의 사실에 해당하지 않을 것. 다만, 그 위반 등의 정도가 경미하다고 인정되는 경우를 제외	
(1) 최근 5년간 법, 영, 금융관계법령 및 「조세범처벌법」을 위반하여 벌금형 이상에 상당하는 형사처벌을 받은 사실. 다만, 그 사실이 영위하고자 하는 업무의 건전한 영위를 어렵게 한다고 볼 수 없는 경우를 제외	
(2) 「금융산업의 구조개선에 관한 법률」에 따라 부실금융기관으로 지정되거나 법 또는 금융관계법령에 따라 허가·인가 또는 등록이 취소된 금융기관(부실금융회사로 지정된 금융회사를 제외)의 대주주 또는 그 특수관계인인 사실. 다만, 법원의 판결에 따라 부실책임이 없다고 인정되거나 금융위원회가 정하는 「부실금융기관 대주주의 경제적 책임 부담기준」에 따라 경제적 책임부담의무를 이행 또는 면제받은 경우 제외[1]	
(3) 다음과 같이 건전한 신용질서, 그 밖에 건전한 금융거래질서를 저해한 사실. 다만, 그 사실이 영위하고자 하는 업무의 건전한 영위를 어렵게 한다고 볼 수 없거나 금융산업의 신속한 구조개선을 지원할 필요가 있는 경우를 제외 (가) 최대주주가 되고자 하는 경우에는 최근 1년간 기관경고 조치 또는 최근 3년간 시정명령이나 중지명령, 업무정지 이상의 조치를 받은 사실(기관경고를 받은 후 최대주주 및 그 특수관계인인 주주 전체가 변경된 경우에는 적용을 제외) (나) 최근 5년간 파산절차·회생절차, 그 밖에 이에 준하는 절차의 대상인 기업이거나 그 기업의 최대주주 또는 주요주주로서 이에 직접 또는 간접으로 관련된 사실. 다만, 이에 관한 책임이 인정되는 경우에 한함[2]	

주 1) 부실책임이 없다고 인정되거나 부실에 따른 경제적 책임을 부담 또는 면제받은 경우 그 내용을 별도 기재
  2) 「신용정보의 이용 및 보호에 관한 법률」에 의한 종합신용정보집중기관에 금융질서 문란정보 거래처 또는 약정한 기일내에 채무를 변제하지 아니한 거래처로 등록된 내용을 기재

③ 대주주가 금융기관 및 기금등 외의 내국법인[1]인 경우(영 별표1의2 제3호 관련)

항 목	내 용
가. 최근 사업연도말 현재 부채비율이 100분의 200 이하일 것	%
나. 해당 법인이 상호출자제한기업집단등에 속하거나 주채무계열에 속하는 회사인 경우에는 그 소속기업 중 금융회사를 제외한 기업의 수정재무제표를 합산하여 산출한 부채비율이 100분의 200 이하일 것	(부채/자기자본) %
다. 대주주가 다음 사실에 해당하지 않을 것. 다만, 그 위반 등의 정도가 경미하다고 인정되는 경우 제외	
(1) 최근 5년간 법, 영, 금융관계법령 및 「조세범처벌법」을 위반하여 벌금형 이상에 상당하는 형사처벌을 받은 사실. 다만, 그 사실이 영위하고자 하는 업무의 건전한 영위를 어렵게 한다고 볼 수 없는 경우를 제외	
(2) 「금융산업의 구조개선에 관한 법률」에 따라 부실금융기관으로 지정되거나 법 또는 금융관계법령에 따라 허가·인가 또는 등록이 취소된 금융기관(부실금융회사로 지정된 금융회사를 제외)의 대주주 또는 그 특수관계인인 사실. 다만, 법원의 판결에 따라 부실책임이 없다고 인정되거나 금융위원회가 정하는 「부실금융기관 대주주의 경제적 책임 부담기준」에 따라 경제적 책임부담의무를 이행 또는 면제받은 경우 제외[2]	
라. 건전한 신용질서, 그 밖에 건전한 금융거래질서를 저해한 경우로서 다음의 사실에 해당하지 않을 것. 다만, 그 사실이 영위하고자 하는 업무의 건전한 영위를 어렵게 한다고 볼 수 없는 경우를 제외	
(1) 최근 5년간 부도발생, 그 밖에 이에 준하는 사유로 인하여 은행거래정지처분을 받은 사실	
(2) 최근 5년간 파산절차·회생절차, 그 밖에 이에 준하는 절차의 대상인 기업이거나 그 기업의 최대주주 또는 주요주주로서 이에 직접 또는 간접으로 관련된 사실. 다만, 이에 관한 책임이 인정되는 경우에 한함[3]	
마. 다음의 어느 하나의 방법외의 방법에 따라 조성한 자금으로서 그 합계액이 출자금(대주주가 되고자 하는 자가 승인신청한 주식의 취득액)의 3분의 2 이하일 것 (1) 유상증자 (2) 1년내의 고정자산 매각 (3) 내부유보 (4) 그 밖에 (1)부터 (3)까지에 준하는 것으로 인정되는 방법	

주 1) 경영참여형 사모집합투자기구와 투자목적회사를 제외

2) 부실책임이 없다고 인정되거나 부실에 따른 경제적 책임을 부담 또는 면제받은 경우 그 내용을 별도 기재
3) 「신용정보의 이용 및 보호에 관한 법률」에 의한 종합신용정보집중기관에 금융질서 문란정보 거래처 또는 약정한 기일내에 채무를 변제하지 아니한 거래처로 등록된 내용

④ 대주주가 내국인으로서 개인인 경우(영 별표1의2 제4호 관련)

항 목	내 용
가. 대주주가「금융회사의 지배구조에 관한 법률」제5조 제1항 각 호의 결격사유에 해당하지 않을 것	
나. 대주주가 다음 사실에 해당하지 않을 것. 다만, 그 위반 등의 정도가 경미하다고 인정되는 경우 제외	
(1) 최근 5년간 법, 영, 금융관계법령 및 「조세범처벌법」을 위반하여 벌금형 이상에 상당하는 형사처벌을 받은 사실. 다만, 그 사실이 영위하고자 하는 업무의 건전한 영위를 어렵게 한다고 볼 수 없는 경우를 제외	
(2) 「금융산업의 구조개선에 관한 법률」에 따라 부실금융기관으로 지정되거나 법 또는 금융관계법령에 따라 허가·인가 또는 등록이 취소된 금융기관(부실금융회사로 지정된 금융회사를 제외)의 대주주 또는 그 특수관계인인 사실. 다만, 법원의 판결에 따라 부실책임이 없다고 인정되거나 금융위원회가 정하는 「부실금융기관 대주주의 경제적 책임 부담기준」에 따라 경제적 책임부담의무를 이행 또는 면제받은 경우 제외[1]	
다. 건전한 신용질서, 그 밖에 건전한 금융거래질서를 저해한 경우로서 다음의 사실에 해당하지 않을 것. 다만, 그 사실이 영위하고자 하는 업무의 건전한 영위를 어렵게 한다고 볼 수 없는 경우를 제외	
(1) 최근 5년간 부도발생, 그 밖에 이에 준하는 사유로 인하여 은행거래정지처분을 받은 사실	
(2) 최근 3년간 「신용정보의 이용 및 보호에 관한 법률」에 따른 종합신용정보집중기관에 금융질서 문란정보 거래처 또는 약정한 기일내에 채무를 변제하지 아니한 자로 등록된 사실	
(3) 최대주주가 되고자하는 경우에 최근 5년 이내에 금융회사 임원으로서 직무정지를 받거나 금융회사 직원으로서 정직요구 이상의 조치를 받은 사실. 다	

만, 주식취득대상 금융회사가 보험회사 또는 여신 전문금융회사인 경우에는 최근 4년간 금융위로부터 직무정지 또는 정직요구 이상의 조치를 받은 사실로 함	
(4) 최근 5년간 파산절차·회생절차, 그 밖에 이에 준하는 절차의 대상인 기업이거나 그 기업의 최대 주주 또는 주요주주로서 이에 직접 또는 간접으로 관련된 사실. 다만, 이에 관한 책임이 인정되는 경우에 한함[2]	
라. 출자자금 중 객관적으로 자금출처를 확인할 수 있는 소명자료에 따라 확인된 다음의 어느 하나에 해당하는 재원외의 재원으로 마련된 자금이 3분의 2 이하일 것 (1) 「상속세 및 증여세법」에 따라 적법하게 취득한 상속재산 또는 수증재산 처분자금 (2) 이자, 배당소득, 사업소득, 근로소득, 퇴직소득, 기타소득, 임대소득, 양도소득 (3) 그 밖에 (1) 및 (2)에 준하는 소득재원	

주 1) 부실책임이 없다고 인정되거나 부실에 따른 경제적 책임을 부담 또는 면제받은 경우 그 내용을 별도 기재
　　2) 「신용정보의 이용 및 보호에 관한 법률」에 의한 종합신용정보집중기관에 금융질서 문란정보 거래처 또는 약정한 기일내에 채무를 변제하지 아니한 거래처로 등록된 내용을 기재

⑤ 대주주가 외국법인인 경우[1](영 별표1의2 제5호 관련)

항　　목	내　　용
가. 국제적으로 인정받는 신용평가기관으로부터 투자적격 이상의 신용평가등급을 받거나 본국의 감독기관이 정하는 재무건전성에 관한 기준을 충족하고 있는 사실이 확인될 것	
나. 최근 3년간 금융업에 상당하는 영업의 영위와 관련하여 본국의 감독기관으로부터 기관경고 이상에 상당하는 행정처분(감독기관이 제재방법으로 행하는 활동·기능·영업에 대한 제한명령, 등록의 취소나 정지등이 포함되며 행정처분에 따라 민사제재금 등을 징구 받은 경우에는 해당국 감독기관의 전체적인 제재수준 및 위법행위의 내용 등을 감안하여 결정한다)을 받거나 벌금형 이상에 상당하는 형사처벌을 받은 사실이 없을 것	
다. 대주주가 다음의 사실에 해당하지 않을 것. 다만, 그 위반 등의 정도가 경미하다고 인정되는 경	

우를 제외	
(1) 최근 5년간 법, 영, 금융관계법령 및 「조세범처벌법」을 위반하여 벌금형 이상에 상당하는 형사처벌을 받은 사실. 다만, 그 사실이 영위하고자 하는 업무의 건전한 영위를 어렵게 한다고 볼 수 없는 경우를 제외	
(2) 「금융산업의 구조개선에 관한 법률」에 따라 부실금융기관으로 지정되거나 법 또는 금융관계법령에 따라 허가·인가 또는 등록이 취소된 금융기관 (부실금융회사로 지정된 금융회사를 제외)의 대주주 또는 그 특수관계인인 사실. 다만, 법원의 판결에 따라 부실책임이 없다고 인정되거나 금융위원회가 정하는 「부실금융기관 대주주의 경제적 책임 부담기준」에 따라 경제적 책임부담의무를 이행 또는 면제받은 경우 제외[2]	
(3) 다음과 같이 건전한 신용질서, 그 밖에 건전한 금융거래질서를 저해한 사실. 다만, 그 사실이 영위하고자 하는 업무의 건전한 영위를 어렵게 한다고 볼 수 없거나 금융산업의 신속한 구조개선을 지원할 필요가 있는 경우를 제외 (가) 최대주주가 되고자 하는 경우에는 최근 1년간 기관경고 조치 또는 최근 3년간 시정명령이나 중지명령, 업무정지 이상의 조치를 받은 사실(기관경고를 받은 후 최대주주 및 그 특수관계인인 주주 전체가 변경된 경우에는 적용을 제외) (나) 최근 5년간 파산절차·회생절차, 그 밖에 이에 준하는 절차의 대상인 기업이거나 그 기업의 최대주주 또는 주요주주로서 이에 직접 또는 간접으로 관련된 사실. 다만, 이에 관한 책임이 인정되는 경우에 한함[3]	

주 1) 대주주가 외국법령에 따라 설립된 외국법인인 경우. 다만, 그 외국법인이 지주회사인 경우에는 그 지주회사가 인가신청시에 지정하는 회사(그 지주회사의 경영을 사실상 지배하고 있는 회사 또는 지주회사가 경영을 사실상 지배하고 있는 회사에 한한다)가 가목부터 라목까지의 요건을 충족하는 때에는 그 지주회사가 그 요건을 충족한 것으로 봄

2) 부실책임이 없다고 인정되거나 부실에 따른 경제적 책임을 부담 또는 면제받은 경우 그 내용을 별도 기재

3) 「신용정보의 이용 및 보호에 관한 법률」에 의한 종합신용정보집중기관에 금융질서 문란정보 거래처 또는 약정한 기일내에 채무를 변제하지 아니한 거래처로 등록된 내용을 기재

⑥ 대주주가 경영참여형 사모집합투자기구 또는 투자목적회사인 경우(영 별표1의2 제6호 관련)

해당 경영참여형 사모집합투자기구의 업무집행사원과 그 출자지분이 100분의 30 이상인 유한책임사원(경영참여형 사모집합투자기구에 대하여 사실상의 영향력을 행사하고 있지 아니하다는 사실이 정관, 투자계약서, 확약서 등에 의하여 확인된 경우는 제외한다) 또는 경영참여형 사모집합투자기구를 사실상 지배하고 있는 유한책임사원 또는 해당 투자목적회사의 주주나 사원인 경영참여형 사모집합투자기구의 업무집행사원으로서 그 투자목적회사의 자산운용업무를 수행하는 자에 대하여 다음의 구분에 따른 요건을 적용한다.

가. 제1호의 금융기관인 경우 : 제1호의 요건을 충족할 것
나. 제2호의 기금등인 경우 : 제2호의 요건을 충족할 것
다. 제3호의 내국법인인 경우 : 제3호가목, 나목, 다목 및 라목의 요건을 충족할 것
라. 제4호의 내국인으로서 개인인 경우 : 제4호가목, 나목 및 다목의 요건을 충족할 것
마. 제5호의 외국법인인 경우 : 제5호가목부터 다목까지의 요건을 충족할 것

- -

【첨부서류】

1. 대주주가 되려는 자가 법인인 경우 다음 가 목의 구분에 따른 서류
   가. 정관
   나. 최근 사업연도말 현재의 재무제표(최근 사업연도말 이후 6개월이 지난 경우에는 해당 연도의 반기재무제표)
   다. 위 나목에 따른 재무제표에 대한 회계감사인의 감사보고서 및 검토보고서

2. 대주주가 되려는 자가 다음 각 목의 법인 등에 해당하는 경우, 그 해당서류
   가. 외국 기업인 경우 : 법인등기사항증명서에 준하는 서류
   나. 「금융위원회의 설치 등에 관한 법률」 제38조에 따라 금융감독원의 검사를 받는 기관 [「자본시장과 금융투자업에 관한 법률」에 따른 경영참여형 사모집합투자기구 또는 같은 법에 따른 투자목적회사(이하 "경영참여형 사모집합투자기구등"이라 한다) 및 「국가재정법」 제5조에 따른 기금 또는 그 기금을 관리·운용하는 법인을 제외하며, 이하 "금융기관"이라 한다]인 경우: 그 금융기관에 적용되는 재무건전성 기준에 따라 산출한 재무상태와 이에 대한 회계감사인의 검토보고서
   다. 「독점규제 및 공정거래에 관한 법률」에 따른 상호출자제한기업집단 및 채무보증제한기업집단(이하 "상호출자제한기업집단등"이라 한다) 또는 「은행법」에 따른 주채무계열(이하 "주채무계열"이라 한다)에 속하는 경우: 부채비율 산출명세서 및 회계법인의 확인서

3. 신청인이 외국인인 경우 당해 외국법인에 관하여 기본적인 사항(국적, 회사형태 및 설립근거, 설립일, 대표자, 경영진 구성, 임직원수, 자산규모, 자본금, 주주구성, 계열사 현황, 국내 투자현황 등)을 기재한 서류 및 신청인의 국적증명서류와 대리인의 대리권을 증명하는 서류

4. 신청인이 「전자정부법」 제36조 제1항에 따른 행정정보의 공동이용을 통하여 주민등록표 등본 또는 사업자등록증의 확인에 동의하지 아니하는 경우에는 주민등록표 등본 또는 사업자등록증 사본

5. 기타 대주주 요건 확인서류(확인서 및 입증서류 등)

〈별지 제1호의2 서식〉

최대주주 적격성 유지요건 심사자료 제출

문서번호
발신일자
수　　신　금융감독원장
참　　조　(담당 부서장)
제　　목　최대주주 적격성 유지요건 심사자료 제출

　　　　「신용정보의 이용 및 보호에 관한 법률」제9조의2 제1항에 따라 최대주주 적격성 유지요건 심사 관련 자료를 (해당 금융회사를 경유하여) 붙임과 같이 제출합니다.

붙　　임　최대주주 적격성 유지요건 심사 관련 제출내용 1부. 끝.

　　　　　　　　　제　　　출　　　인　　　(인)

　　　　　　　　　주　소
　　　　　　　　　연락처

　　　　　　　　　　　　○ ○ ○사　　대표이사　　(인)

작 성 자 :	(직 위)
전화번호 :	

(붙임)

최대주주 적격성 유지요건 심사 관련 제출내용

1. 최대주주 자격심사 관련 심사대상자 현황

자격심사 대상[1] (개인에 한함)				법인간 순환출자 구조 여부 (○, ×)	순환출자구조인 경우		비고[4]
성명	주민등록 번호	해당 금융회사의 지분 소유현황			기업집단[2]	동일인[3]	
		소유주식수	지분율				

주 1) 신용정보회사의 최대주주 중 최다출자자 1인(다만, 최다출자자 1인이 법인인 경우 그 법인의 최대주주 중 최다출자자 1인을 말하며, 그 최다출자자 1인도 법인인 경우에는 최다출자자 1인이 개인이 될 때까지 같은 방법으로 선정함)
　2) 순환출자구조의 법인이 속한 기업집단이란「독점규제 및 공정거래에 관한 법률」제2조 제2호에 따른 기업집단을 말함
　3)「독점규제 및 공정거래에 관한 법률」제2조 제2호에 따른 동일인을 말함. 다만, 동일인이 법인인 경우에는 그 법인의 최대주주 중 최다출자자 1인을 말하며, 그 최다출자자 1인도 법인인 경우에는 최다출자자 1인이 개인이 될 때까지 같은 방법으로 선정함
　4) 만약 개인인 최다출자자 1인을 선정하기 불가능한 경우 사유를 기재(예: 최다출자자가 국가, 국민연금공단, 연기금, 재단 등인 경우)

(심사대상 선정과정 상세내역[1])

(1단계)해당금융회사의 최대주주[2]				(2단계) 최다출자자(A)가 법인인 경우 해당법인의 최대주주			
주주명[3]	지분율[4]	최다출자자[5] (A)	최다출자자 와의 관계[6]	주주명	지분율	최다출자자 (B)	최다출자자 와의 관계

주 1) 3단계 이상인 경우 표를 추가하여 작성하고, 순환출자구조인 경우에도 순환출자구조를 확인할 수 있는 단계까지 작성
　2) 금융회사의 의결권 있는 발행주식 총수(출자지분을 포함한다, 이하 같다)를 기준으로 본인 및 특수관계인이 누구의 명의로 하든 자기의 계산으로 소유하는 주식(그 주식과 관련된 증권예탁증권을 포함한다)을 합하여 그 수가 가장 많은 경우의 그 본인(「신용정보의 이용 및 보호에 관한 법률」제2조 제18호 가목)
　3) 주주명은 보유지분비율이 가장 많은 순으로 5인 이상 기재(5인 미만인 경우 전부 기재)

4) 소수점 둘째자리까지 기재
5) 최대주주 중 최다출자자에 'O' 표시
6) 최다출자를 기준으로 다른 주주와의 특수관계 기재(특수관계는 「신용정보의 이용 및 보호에 관한 법률」 시행령 제2조 제25항의 해당 호 및 목을 기재)

2. 심사대상자의 최대주주 적격성 유지요건 충족여부

요건	충족여부	첨부서류
Ⅰ. 법 제22조 제1항이 준용하는 「금융회사의 지배구조에 관한 법률」 제5조 제1항에 따른 임원 결격사유에 해당하지 않을 것(다만, 3·4·8호 제외)		
1. 미성년자·피성년후견인 또는 피한정후견인		등록기준지 기준 결격사유조회회보서
2. 파산선고를 받고 복권(復權)되지 아니한 사람		
3. 이 법 또는 금융관계법령에 따라 벌금 이상의 형을 선고받고 그 집행이 끝나거나(집행이 끝난 것으로 보는 경우를 포함한다) 집행이 면제된 날부터 5년이 지나지 아니한 사람		① 해당사실이 있는 경우 판결문 또는 검사서
4. 다음 어느 하나에 해당하는 조치를 받은 금융회사의 임직원 또는 임직원이었던 사람으로서 해당 조치가 있었던 날부터 5년이 지나지 아니한 사람		
1) 금융관계법령에 따른 영업의 허가·인가·등록 등이 취소되거나 「금융산업의 구조개선에 관한 법률」 제10조 제1항에 따른 적기시정조치 또는 동법 제14조제2항에 따른 행정처분을 받은 금융회사의 감사 또는 감사위원		② 해당사실이 없는 경우 없음을 확인하는 확인서
2) 금융관계법령에 따른 영업의 허가·인가·등록 등의 취소 또는 「금융산업의 구조개선에 관한 법률」 제14조 제2항에 따른 행정처분의 원인이 되는 사유의 발생과 관련하여 위법·부당한 행위로 금융위원회 또는 금융감독원장으로부터 주의·경고·문책·직무정지·해임요구, 그 밖에 이에 준하는 조치를 받은 임원(업무집행책임자는 제외한다. 이하 같다.)		
3) 「금융산업의 구조개선에 관한 법률」 제10조 제1항에 따른 적기시정조치의 원인이 되는 사유의 발생과 관련하여 위법·부당한 행위로 금융위원회 또는 금융감독원장으로부터 직무정지·해임요구, 그 밖에 이에 준하는 조치를 받은 임원		
4) 금융관계법령에 따른 영업의 허가·인가·등록 등이 취소되거나 「금융산업의 구조개선에 관한 법률」 제10조 제1항에 따른 적기시정조치 또는 동법 제14조 제2항에 따른 행정처분의 원인이 되는 사유의 발생과 관련하여 위법·부당한 행위로 금융위원회 또는 금융감독원장으로부터 직무정지요구 또는 정직요구 이상에 해당하는 조치를 받은 직원(업무집행책임자를 포함한다. 이하 같다.)		

요건	충족여부	첨부서류
5) 2)부터 4)까지의 제재 대상자로서 그 제재를 받기 전에 퇴임하거나 퇴직한 사람		
5. 이 법 또는 금융관계법령에 따라 임직원 제재조치(퇴임 또는 퇴직한 임직원의 경우 해당 조치에 상응하는 통보를 포함)를 받은 사람으로서 조치의 종류별로 다음 기간이 지나지 아니한 사람		
1) 임원에 대한 제재조치의 종류별로 다음 각 목에서 정하는 기간 　　가. 해임(해임요구 또는 해임권고를 포함) : 해임일(해임요구 또는 해임권고의 경우에는 해임요구일 또는 해임권고일)부터 5년 　　나. 직무정지(직무정지의 요구를 포함) 또는 업무집행정지 : 직무정지 종료일(직무정지 요구의 경우에는 직무정지 요구일) 또는 업무집행정지 종료일부터 4년 　　다. 문책경고 : 문책경고일부터 3년		
2) 직원에 대한 제재조치의 종류별로 다음 각 목에서 정하는 기간 　　가. 면직요구 : 면직요구일부터 5년 　　나. 정직요구 : 정직요구일부터 4년 　　다. 감봉요구 : 감봉요구일부터 3년		
3) 재임 또는 재직 당시 금융관계법령에 따라 그 소속기관 또는 금융위원회·금융감독원장 외의 감독·검사기관으로부터 1) 또는 2)의 제재조치에 준하는 조치를 받은 사실이 있는 경우 1) 또는 2)에서 정하는 기간		
4) 퇴임하거나 퇴직한 임직원이 재임 또는 재직 중이었더라면 1)부터 3)까지의 조치를 받았을 것으로 인정되는 경우 그 받았을 것으로 인정되는 조치의 내용을 통보받은 날부터 1)부터 3)까지에서 정하는 기간		
II. 다음의 요건을 충족할 것. 다만, 그 위반 등의 정도가 경미하다고 인정되거나 해당 금융회사의 건전한 업무 수행을 어렵게 한다고 볼 수 없는 경우는 제외한다.		
1. 최근 5년간 금융관계법령 및 「조세범처벌법」을 위반하여 벌금형 이상에 상당하는 형사처벌을 받은 사실이 없을 것		① 해당사실이 있는 경우 판결문 또는 검사서
2.「금융산업의 구조개선에 관한 법률」에 따라 부실금융기관으로 지정되었거나 금융관계법령에 따라 영업의 허가·인가·등록 등이 취소된 금융기관의 대주주 또는 그 특수관계인이 아닐 것. 다만, 법원의 판결에 따라 부실책임이 없다고 인정된 자 또는 부실에 따른 경제적 책임을 부담하는 등 금융위원회가 정하여 고시하는 기준에 해당하는 자는 제외한다.		② 해당사실이 없는 경우 없음을

요건	충족여부	첨부서류
3. 최근 5년간 부도발생 및 그 밖에 이에 준하는 사유로 인하여 은행거래정지처분을 받은 사실이 없을 것		확인하는 확인서
4. 최근 3년간 「신용정보의 이용 및 보호에 관한 법률」에 따른 종합신용정보집중기관에 금융질서 문란정보 거래처 또는 약정한 기일 내에 채무를 변제하지 아니한 자로 등록된 사실이 없을 것		
5. 최근 5년간 「채무자 회생 및 파산에 관한 법률」에 따른 회생절차 또는 파산절차를 진행 중인 기업의 최대주주 또는 주요주주로서 해당 기업을 회생절차 또는 파산절차에 이르게 한 책임이 인정되지 않고 이에 직접 또는 간접적으로 관련된 사실이 없을 것		

【첨부서류】

1. 금융회사의 최대주주 및 출자자를 확인할 수 있는 서류(주주명부 등)
2. 금융회사의 지배구조에 관한 법률 제5조 제1항 제5호의 규정에 해당하지 않음을 입증하는 행정기관 발급서류(결격사유조회 회보서 등)
3. 소속기관, 금융위원회·금융감독원, 그밖에 감독·검사기관으로부터 문책경고(감봉요구)의 제재를 받은 사실유무를 확인할 수 있는 서류(인사기록카드, 감독기관·소속기관의 확인서 등)
4. 기타 심사항목에 대하여 해당사항이 없음을 확인할 수 있는 서류(본인 및 소속기관의 확인서 등)
5. 외국인의 경우 이전 및 현재 근무지의 관련 법규상 결격사유가 없음을 확인할 수 있는 서류(소속기관 또는 이전 근무처의 확인서 등)

〈별지 제1호의3 서식〉

최대주주 적격성 유지요건 미충족사유 발생 보고

문서번호
발신일자
수   신 금융감독원장
참   조 (담당 부서장)
제   목 최대주주 적격성 유지요건 미충족사유 발생 보고

　　　　「신용정보의 이용 및 보호에 관한 법률」제9조의2 제2항 및 동법 시행령 제9조의2
제6항에 따라 최대주주 적격성 유지요건 미충족사유 발생을 보고합니다.

붙   임 최대주주 적격성 유지요건 미충족사유 발생내용 1부. 끝.

　　　　　　　　　　　　　　ㅇ ㅇ ㅇ사 대표이사 (인)

작 성 자 :	(직 위)
전화번호 :	

(붙임)

최대주주 적격성 미충족사유 발생내용

1. 충족하지 못하는 적격성 유지요건의 내용 및 충족하지 못하게 된 사유

자격심사대상 (성명 및 주민등록번호)	요건 미충족 내용	요건 미충족 사유

2. 향후 적격성 유지요건 충족 가능 여부

3. 적격성 심사대상과 해당 금융회사와의 거래관계

〈별지 제2호 서식〉

폐업에 따른 보유정보 처리 결과 보고서			처리기간	
			15일	
제출자	성명(대표자)		신용정보업 허가일자	0000년 00월 00일
	상호 또는 명칭		허가번호	
	본점 및 지점 소재지		폐업일자	
			폐업사유	
처리 내용	1. 대상자료 　□ 신용정보 자료철 및 신용정보 관리대장 　□ 신용정보 데이터베이스 　□ 그밖에 신용정보가 수록·보관된 파일등 2. 처리일자 : 0000년 00월 00일 ~ 0000년 00월 00일 3. 처리방법 : 4. 처리결과 : ※ 입회인(소속, 직위, 성명) :			
「신용정보업감독규정」 제23조에 따른 보유정보 처리결과를 위와 같이 보고합니다. 0000년 00월 00일 제출자 ＿＿＿＿＿＿ 서명 또는 인 금융감독원장 귀하				
※ 구비서류 　처리결과를 확인할 수 있는 서류			수수료	
			없음	

〈별지 제3호의2 서식〉

모집업무수탁자의 모집경로 확인 등 보고

문서번호:
수　　신: 금융감독원장
참　　조: 00검사국장

「신용정보의 이용 및 보호에 관한 법률 시행령」 제35조의2 제6항에 따라 모집업무수탁자의 모집경로 등을 확인한 사항을 아래와 같이 보고합니다.

상호		대표자	
본점 소재지		신용정보관리·보호인	

모집경로 등 확인 사항(법 제41조의2 제1항 각호에 따른 확인 사항)		
구분	확인일 (대상기간)	주요 내용
불법취득신용정보를 모집업무에 이용하였는지 여부		
모집업무에 이용한 개인신용정보 등을 취득한 경로		
모집업무에 이용한 개인신용정보를 안전하게 보관하고 있는지 여부		
모집업무에 이용한 개인신용정보를 이용목적 달성, 이용기간 종료 등에 따라 적절히 파기하였는지 여부		
개인신용정보를 위탁한 업무 목적 외에 이용하였거나 제3자에게 제공하였는지 여부		

※ 첨부서류
1. 모집경로 등 확인의무 이행에 관한 증빙서류
2. 불법취득신용정보를 모집업무에 이용한 경우 그 사실을 확인할 수 있는 증빙서류
3. 모집업무에 이용한 개인신용정보를 적절히 보관, 파기하지 않은 경우 그 사실을 확인할 수 있는 증빙서류
4. 개인신용정보를 위탁한 업무 목적 외에 이용하였거나 제3자에게 제공한 경우 그 사실을 확인할 수 있는 증빙서류

0000년 00월 00일
0000 대표이사 ＿＿＿ 서명 또는 (인)

〈별지 제3호의3 서식〉

신용정보제공·이용자의 확인 등 보고사항 보고

문서번호:
수　　신: 금융감독원장
참　　조: ○○검사국장

「신용정보의 이용 및 보호에 관한 법률 시행령」제35조의2 제7항에 따라 신용정보제공·이용자가 알린 사항을 아래와 같이 보고합니다.

보고자	상호		대표자	
	본점 소재지		신용정보관리·보호인	

영 제35조의2 제5항에 따른 보고의 접수 내역		
신용정보제공·이용자의 상호	보고일	주요 내용

※ 첨부서류
1. 신용정보제공·이용자가 등록기관에 보고한 서류의 사본

0000년 00월 00일
보고자 _____ 서명 또는 (인)

〈별지 제4호 서식〉

불일치 사유보고서				
보고자	상호		신용정보업 허가일자	0000년 00월 00일
	대표자		허가번호	
	본점 소재지			
보고 내용	1. 재무제표와 업무보고서 불일치 내용 2. 불일치 사유			
	「신용정보업감독규정」 제46조에 따라 위와 같이 보고합니다. 0000년 00월 00일 보고자 _____ 서명 또는 인 금융감독원장 귀하			
※ 구비서류 보고내용을 확인할 수 있는 서류			수수료	
			없음	

참고문헌

강태욱(2020), "데이터 3법 통과 … 의료·AI 등 산업 탄력전망", KISO JOURNAL Vol. 38.

윤종수(2009), "개인정보보호법제의 개관", 정보법학 제13권 제1호(2009. 5).

이주연(2012), "구글 스트리트뷰와 개인정보 보호법", 정보법학 제16권 제3호(2012. 12).

임정하(2013), "국가기관의 금융거래정보 접근·이용과 그 법적 쟁점: 금융실명법과 특정금융거래보고법을 중심으로", 경제법연구 제12권 1호(2013. 6).

임효진(2021), "개인정보의 보호와 활용에 관한 정책변동 연구: 데이터 3법 개정과정을 중심으로", 성균관대학교 국정전문대학원 박사학위논문(2021, 12).

정무위원회(2020), "신용정보의 이용 및 보호에 관한 법률 일부개정법률안 심사보고서", 정무위원회(2020. 1).

한정미(2014), "외국의 신용정보 법제에 관한 비교법적 고찰", 은행법연구 제7권 제1호(2014. 5).

찾아보기

저자소개

이상복

서강대학교 법학전문대학원 교수. 서울고등학교와 연세대학교 경제학과를 졸업하고, 고려대학교에서 법학 석사와 박사학위를 받았다. 사법연수원 28기로 변호사 일을 하기도 했다. 미국 스탠퍼드 로스쿨 방문학자, 숭실대학교 법과대학 교수를 거쳐 서강대학교에 자리 잡았다. 서강대학교 금융법센터장, 서강대학교 법학부 학장 및 법학전문대학원 원장을 역임하고, 재정경제부 금융발전심의회 위원, 기획재정부 국유재산정책 심의위원, 관세청 정부업무 자체평가위원, 한국공항공사 비상임이사, 금융감독원 분쟁조정위원, 한국거래소 시장감시위원회 비상임위원, 한국증권법학회 부회장, 한국법학교수회 부회장, 금융위원회 증권선물위원회 비상임위원으로 활동했다. 현재 공적자금관리위원회 위원으로 활동하고 있다.

저서로는 〈판례회사법〉(2023), 〈부동산개발금융법〉(2023), 〈상호금융업법〉(2023), 〈새마을금고법〉(2023), 〈산림조합법〉(2023), 〈수산업협동조합법〉(2023), 〈농업협동조합법〉(2023), 〈신용협동조합법〉(2023), 〈경제학입문: 돈의 작동원리〉(2023), 〈금융법입문〉(2023), 〈외부감사법〉(2021), 〈상호저축은행법〉(2021), 〈외국환거래법〉(개정판)(2023), 〈금융소비자보호법〉(2021), 〈자본시장법〉(2021), 〈여신전문금융업법〉(2021), 〈금융법강의 1: 금융행정〉(2020), 〈금융법강의 2: 금융상품〉(2020), 〈금융법강의 3: 금융기관〉(2020), 〈금융법강의 4: 금융시장〉(2020), 〈경제민주주의, 책임자본주의〉(2019), 〈기업공시〉(2012), 〈내부자거래〉(2010), 〈헤지펀드와 프라임 브로커: 역서〉(2009), 〈기업범죄와 내부통제〉(2005), 〈증권범죄와 집단소송〉(2004), 〈증권집단소송론〉(2004) 등 법학 관련 저술과 철학에 관심을 갖고 쓴 〈행복을 지키는 法〉(2017), 〈자유·평등·정의〉(2013)가 있다. 연구 논문으로는 '기업의 컴플라이언스와 책임에 관한 미국의 논의와 법적 시사점'(2017), '외국의 공매도규제와 법적시사점'(2009), '기업지배구조와 기관투자자의 역할'(2008) 등이 있다. 문학에도 관심이 많아 장편소설 〈모래무지와 두우쟁이〉(2005), 〈우리는 다시 강에서 만난다〉(2021)와 에세이 〈방황도 힘이 된다〉(2014)를 쓰기도 했다.

신용정보법

초판발행	2024년 1월 20일
지은이	이상복
펴낸이	안종만·안상준
편 집	김선민
기획/마케팅	최동인
표지디자인	벤스토리
제 작	우인도·고철민·조영환
펴낸곳	(주) **박영사**
	서울특별시 금천구 가산디지털2로 53, 210호(가산동, 한라시그마밸리)
	등록 1959. 3. 11. 제300-1959-1호(倫)
전 화	02)733-6771
f a x	02)736-4818
e-mail	pys@pybook.co.kr
homepage	www.pybook.co.kr
ISBN	979-11-303-4608-3 93360

정 가   45,000원